NEUKIRCHENER

Manfred Schnitzler

Elementarisierung – Bedeutung eines Unterrichtsprinzips

Neukirchener

© 2007
Neukirchener Verlag
Verlagsgesellschaft des Erziehungsvereins mbH, Neukirchen-Vluyn
Alle Rechte vorbehalten
Umschlaggestaltung: Hartmut Namislow
Druckvorlage: Andrea Siebert
Gesamtherstellung: DIP, Witten
Printed in Germany
ISBN 978-3-7887-2225-8

Das Werk einschließlich aller seiner Teile ist urheberrechtlich geschützt. Jede Verwertung außerhalb der engen Grenzen des Urheberrechtsgesetzes ist ohne Zustimmung des Verlages unzulässig und strafbar. Das gilt insbesondere für Vervielfältigungen, Übersetzungen, Mikroverfilmungen und die Einspeicherung und Verarbeitung in elektronischen Systemen.

Bibliografische Information der Deutschen Nationalbibliothek

Die Deutsche Nationalbibliothek verzeichnet diese Publikation in der Deutschen Nationalbibliografie; detaillierte bibliografische Daten sind im Internet über http://dnb.d-nb.de abrufbar.

*»Es gibt keine rechte Einfalt ohne Klugheit
und keine Klugheit ohne Einfalt.«*

Dietrich Bonhoeffer (1940)

»Alle großen Wahrheiten sind einfach.«

Eduard Spranger (1950)

Inhalt

Dank 11
Vorwort 13

I. Einleitung
   Elementarisierung – Zugänge 17

1. Persönliche Zugänge 17
2. Sprachliche Zugänge 20
   – »Elementar« im alltäglichen Sprachgebrauch 20
   – Sprachwurzeln: etymologische Anmerkungen 21
   – Redewendungen 23
   – Exkurs: das Extremalprinzip 24
3. Erziehungswissenschaftliche Zugänge 27
   – pädagogisch bedeutsame Begriffe im Wortfeld
     »elementar« 28
   – Abgrenzungen im pädagogischen Wortfeld 32
   – Exkurs: das Problem der didaktischen Einordnung ... 34
4. Elementarisierung – eine Definition 41
5. Elementarisierung – Bedeutung angesichts heutiger
   Wirklichkeitserfahrung von Kindern und Jugendlichen 42
   – Beobachtungen und Ausgangsfragen 42
   – Sieben Thesen zur Elementarisierung 45
6. Aufbau und Methoden der Arbeit 46
   – Historisch-hermeneutischer Ansatz 47
   – Exkurs: Historia magistra vitae (paedagogicae)? 48
   – Systematischer Ansatz 50
   – Unterrichtspraktische Konsequenzen 51

II. Rekonstruktion: Elementarisierung – Facetten aus der
    Wirkungsgeschichte dieses Unterrichtsprinzips 53

1. Elementarisierungsansätze in der Bildungs- und
   Schulgeschichte 53

1.1	Bildung durch das Ganze – Johann Amos Comenius (1592–1670)	55
1.2	Die Idee der Elementarbildung – Johann Heinrich Pestalozzi (1746–1827)	71
1.3	Die fächerverbindende Konzentration des Unterrichts – Tuiskon Ziller (1817–1882)	86
1.4	Das Elementare im Modell der bildungstheoretischen Didaktik – Wolfgang Klafki (*1927)	100
1.5	Reduktion und Produktion von Komplexität – Christian Salzmann (*1931)	115
1.6	Pädagogisch-systematische Zusammenfassung: Bilanz der historischen Rekonstruktion	119
2.	Elementarisierung in der Religionsdidaktik nach 1945	121

Nachtrag oder Präludium:
Philipp Melanchthon (1497–1560) »Mannigfältigkeiten fliehen« .. 121

2.1	Zur Begründung der exemplarischen Vorgehensweise	125
	– Das Universum des Glaubens – eine Hinführung	125
	– Das Zeitfenster: 1945–2000	128
	– Fokussierung auf sieben Repräsentanten	131
	– Religionspädagogische Konzeptionen im Kontext – Versuch eines tabellarischen Überblicks	134
	– Religionspädagogische Elementarisierung 1945–1985: die wichtigsten Vertreter und ihre Hauptschrift(en)	136
2.2	Elementarisierung in religionsdidaktischen Ansätzen (1945–1990)	138
2.2.1	Das Konzept der Evangelischen Unterweisung: Hugo Gotthard Bloth (1898–1986) »Die Elementare Struktur in der Evangelischen Unterweisung«	138
2.2.2	Das Konzept des hermeneutischen Religionsunterrichts: Hans Stock (1904–1991) »Elementarisierung theologischer Inhalte und Methoden«	144
2.2.3	Das Konzept des problemorientierten Religionsunterrichts: Karl Ernst Nipkow (*1928) »Elementarisierung als religionsdidaktische Aufgabe«	149
2.2.4	Das Konzept der Symboldidaktik: Peter Biehl (1931–2006) »Das Elementare in Symbolen und Ritualen entdecken«	177

2.3	Der heutige Stand der Elementarisierungsdebatte in der Religionsdidaktik: drei Ansätze im Vergleich	196
2.3.1	Das Modell des Glaubens-lernens (Ingrid Schoberth)	198
2.3.2	Elementarisierung als Modell zur Planung von Unterricht (Friedrich Schweitzer)	206
2.3.3	Elementarisierung als fragmentarischer Prozess (Dietrich Zilleßen)	212
2.4	Sara – ein Schulbuchvergleich Oder: Wie wird Elementarisierung konkret?	217
2.5	Religionsdidaktisch-systematische Zusammenfassung: Bilanz des Ganges durch die neuere Religionsdidaktik	226

III. Konstruktion: Elementare Lernformen in der Pubertät . 231

1. Die fünfte Dimension: elementare Lernformen 231
   - Elementare Lernform oder Unterrichtsmethode? 231
   - Von der didaktischen Theorie zur Unterrichtspraxis: Elementare Lernformen als fünfte Dimension der Elementarisierung 234
   - Lernformen in der Pubertät – Vom Zusammenhang elementarer Zugänge elementarer Lernformen 248

2. Pubertät 250
   - Pubertät und Adoleszenz 250
   - Vom Übergangsritus zur Lebensphase 253
   - Physische und psychische Veränderungen 269
   - Kognitive und hirnphysiologische Entwicklungen 274
   - Entwicklung des religiösen Denkens und Handelns 284
   - Postmoderne Identitätsbildungen (psychosoziale Entwicklungen) 315
   - Schulpädagogische Konsequenzen: Grundsätze für einen angemessenen Umgang mit Pubertierenden 322

3. Elementare Lernformen in der Pubertät 331
3.1 Vom Individuum zur Lebenswelt – Versuch einer Systematisierung 331
3.2 Subjektorientierte Lernformen 339
   - Biografisches Lernen 340

	– Kontemplatives Lernen	349
	– Kreatives Lernen	368
	– Elementarisierung in subjektorientierten Lernformen	380
3.3	Dialogische Lernformen	384
	– Geschlechterdifferenziertes Lernen	384
	– Projektorientiertes Lernen	403
	– Lernen durch Lehren	418
	– Elementarisierung in dialogischen Lernformen	433
3.4	Gesellschaftsorientierte Lernformen	436
	– Diakonisches Lernen	436
	– Generationenübergreifendes Lernen	447
	– Lernen an und mit neuen Medien	456
	– Elementarisierung in gesellschaftsorientierten Lernformen	471
3.5	Lernform und Altersstufe	473

IV.	Elementarisierung – Bedeutung eines Unterrichtsprinzips: eine zusammenfassende Bilanz	475
	– Verifikation der Thesen	476
	– Ausblick	479
	– Einfältig klug!	484
	– Anhang	487

Literatur 491

Pfadfinder

Ein Schritt vom Wege
Zwei Schritte vom Wege
Drei Schritte vom Wege
Wo ist der Weg?

Vier Schritte vom Wege
Fünf Schritte vom Wege
Sechs Schritte vom Wege
Da ist kein Weg!

Sieben Schritte vom Wege
Acht Schritte vom Wege
Neun Schritte vom Wege
Ist da ein Weg?

Zehn Schritte vom Wege
Elf Schritte vom Wege
Zwölf Schritte vom Wege
Das ist der Weg!

Robert Gernhardt[1]

Dank

Ein langer – mitunter verschlungener, manchmal fast schon zur Sackgasse werdender – Weg mit dieser Arbeit liegt hinter mir. Dass dieser Weg sich schlussendlich doch als gangbar erwiesen hat, freut mich und macht mich dankbar.

Im Rückblick ist es eindrücklich zu sehen, wie viele Menschen mich auf diesem Weg begleitet und unterstützt haben. Ihnen allen will ich an dieser Stelle herzlich danken:
Herrn Prof. Dr. Siegfried Zimmer für den mutmachenden Anstoß zu dieser wissenschaftlichen (Nach-) Qualifizierung, der Schulleitung der Otto-Rommel-Realschule Holzgerlingen (Frau Rammaier, Frau Maaß und Frau Hammann) für die großzügige Einplanung eines Studientags und manche Freiheit, die sie mir im dichten Schulalltag gewährt haben. Danken möchte ich meinem verehrten Kollegen Dr. Harald Göbel für das sorgfältige und mitdenkende Korrekturlesen. Der Ev. Landeskirche in Württemberg (insbesondere Herrn Oberkirchenrat Werner Baur und Herrn Prof. Dr. Christoph T. Scheilke) verdanke ich die Möglichkeit, durch die Projektstelle »Religionsunterricht in der Pubertät« – etwas außerhalb des schulischen Praxisdrucks – die Arbeit abzuschließen. Meinen »Doktorvätern« Herrn Prof. Dr. Hans-Ulrich Grunder und Herrn Prof. Dr. Friedrich Schweitzer danke ich für die fakultätsübergreifende Kooperation, viele Anregungen in den Doktorandenkollo-

---

1 Gernhardt, R.: Lichte Gedichte; Zürich 1997, 148.

quien und etlichen Einzelgesprächen sowie die geduldige und verständnisvolle Begleitung meines Dissertationsvorhabens. Zu danken habe ich schließlich Frau Siebert für die sorgfältige Erstellung der Druckvorlage und Herrn Starke für die freundliche Aufnahme meiner Arbeit in das Programm des Neukirchener Verlags.

Ganz besonders danken möchte ich meiner Frau, die mir in den vergangenen Jahren immer wieder den Rücken freigehalten hat und unseren – inzwischen fünf – Kindern eine begeisternde Mama ist.

Schönaich, Silvester 2005   Manfred Schnitzler

Vorwort

Was soll an einer öffentlichen Schule zu Beginn des 21. Jahrhunderts gelehrt – und damit hoffentlich auch gelernt – werden? Das ist die Ausgangsfrage.

Sind es bestimmte grundlegende Bildungsinhalte, ein zu jeder Bildung notwendiges Orientierungswissen?[2] Wenn ja, wie könnten dieses Orien-

---

2 W. Huber votiert in seinem Vortrag »Orientierungswissen in Evangelischer Perspektive« auf dem Bildungskongress der EKD am 3.5.2004 in Berlin ausdrücklich für den unaufgebbaren Zusammenhang von Verfügungs- und Orientierungswissen: *»Ich bin davon überzeugt, dass von Bildung nur dann die Rede sein kann, wenn damit nicht nur Verfügungswissen, sondern auch Orientierungswissen gemeint ist. Ich glaube, dass wir die Ganzheitlichkeit von Bildung nicht nur darin sehen sollten, Körper, Seele und Geist in der Balance zu halten. Sie liegt auch darin, im Blick auf den menschlichen Geist nicht nur auf nur auf diejenigen Bildungsinhalte zu setzen, die jemand braucht, um für die Informationsgesellschaft fit zu sein. Vielmehr sind mit dem gleichen Gewicht diejenigen Bildungsinhalte zur Sprache zu bringen, die jemand braucht, um sich in seiner Welt zu orientieren und ethisch verantwortlich handeln zu können. In einer Schule, die dieser Vorstellung gerecht würde, wäre Ethik so wichtig wie Englisch, Religion so wichtig wie Mathematik, Geschichte so wichtig wie Informatik.«*
(Redeskript, S. 5)
Die Differenzierung in Verfügungs- und Orientierungswissen ist letztlich bis auf Johann Amos Comenius zurückzuführen:
»Als bedeutsamste Frage benannte er ... die nach dem vernünftigen Gebrauch im Gegensatz zu unvernünftigen Investitionen und überflüssigem Luxus, der an tatsächlichen Bedürfnissen vorbeigeht und das Leiden unzähliger Menschen übersieht. ›Wozu?‹ Diese (dritte) Prüffrage erschöpft sich nicht in den formalen methodischen Kompetenzen für ›Anwendung‹, so wie man eine Regel oder Formel anzuwenden gelernt haben sollte, das heißt ›Verfügungswissen‹. Es geht um eine inhaltlich werttende Fähigkeit, um Bildungswissen als ›Orientierungswissen‹. Derjenige Mensch ist gebildet, der umsichtig und verantwortungsbewusst ist und sich an dem orientiert, was hinsichtlich der ›menschlichen Angelegenheiten‹ (rerum humanorum) alle gemeinsam angeht« (EKD-Denkschrift: Maße des Menschlichen; Gütersloh 2003, 69).
Verfügungswissen geht es um Ursachen, Wirkungen und Mittel. Technik und Wissenschaft stellen – unter gegebenen Zwecken – Einsichten zur Verfügung, die dann in den jeweiligen Anwendungskontext umzusetzen sind. Orientierungswissen hingegen fragt nach den gerechtfertigten Zwecken und Zielen. Hier soll eine Einsicht dazu beitragen, dem Leben Orientierung zu geben.

tierungswissen in einem gesellschaftlichen Konsens bestimmt werden? Oder sind es für das spätere gesellschaftliche Leben elementare soziale Kompetenzen? Wenn ja, was muss ein Heranwachsender gelernt haben, um im 21. Jahrhundert gesellschaftsfähig zu sein? Sind es gar – angesichts der enormen Beschleunigung der gesellschaftlichen Veränderungen – »nur« noch einige grundlegende Methoden, wie man sich »neue« Lerninhalte aneignen kann? Wenn ja, welche Methoden soll Schule vermitteln, so dass Schülerinnen und Schüler sich im Sinne eines lebenslangen Lernens zukünftig in einer Informationsgesellschaft zurechtfinden?
Eine erste – ziemlich nahe liegende – Annahme lautet: Vermutlich müssen in einem umfassenden Bildungsbegriff die verschiedenen Teilaspekte komplementär und nicht exklusiv verstanden werden.

»Was soll in der Schule gelernt werden?« – Ein Gleichnis kann das deutlicher machen.

Stellen Sie sich eine Eisenbahnfahrt von München nach Hamburg vor. Sie haben Zeit und Muße, dabei aus dem Fenster zu schauen.
Auch wenn Sie hoch konzentriert sind, werden Sie sich kaum die in großem Tempo vorbeihuschenden Häuser und Fabriken merken können.[3] Ja, prinzipiell ist fraglich, ob diese Form von Lernen überhaupt Sinn machen würde. Denn der Vordergrund verändert sich so schnell, dass das Fließende eigentlich nicht zu erfassen ist.
Anders sieht das mit der mittleren Distanz aus. Nicht nur geographisch oder historisch Interessierte können sich zumindest die Highlights der Strecke – Städte und Sehenswürdigkeiten – merken.
Die Landschaft schließlich, durch die der Zug fährt, der weitere Hintergrund also, wird sogar der Reisende registrieren, der nur ab und zu aus dem Fenster schaut. Unschwer kann er erkennen, ob er sich auf der Schwäbischen Alb, im Verdichtungsraum Stuttgart, im Neckarland, im Odenwald usw. befindet, denn dieser Hintergrund ändert sich nur in längeren Fahrabschnitten. Diese Landschaften zumindest sollte jeder Fahrgast wahrgenommen haben.[4]

Gehaltvolle Bildung muss deshalb immer auch die Aneignung von Orientierungswissen intendieren. Insofern stellen Ethik- und Religionsunterricht einen wichtigen Bestandteil schulischer Bildung dar.
3 Es sei denn, sie hätten ein fotografisches Gedächtnis. Aber wer hat das schon?
4 Alfred K. Treml unterscheidet in seiner »Pädagogischen Ideengeschichte« (Stuttgart 2005) zwei Methoden, um zu einer historischen Grundlegung im Pädagogikstudium zu kommen: die Flugzeug- und die Fußgänger-Methode.
»Der Vorlesung lag die Absicht zugrunde, eine Einführung in die Zusammenhänge abendländischer Geistesgeschichte zu geben, insofern sie für das pädagogische Denken bedeutsam geworden sind, und damit einen Beitrag zur historischen Grundlegung des Pädagogikstudiums zu leisten. Das ist nur möglich durch eine Art ›Flugzeug-Methode‹: das weite Land hoch überfliegen, sich dabei mit bordeigenen

Überträgt man das Eisenbahn-Gleichnis auf die Ausgangsfrage, so lässt sich metaphorisch antworten: Schule hat die Aufgabe, in einer sich rasend schnell verändernden Zeit das einigermaßen Konstante als grundlegenden Orientierungsrahmen zu vermitteln, so dass der Schüler bzw. die Schülerin das Einzelne, das vorbeihuschend Singuläre, eher einordnen kann und dadurch eine Hilfe bekommt, sich in der auf ihn bzw. sie zukommenden Welt zurechtzufinden.

»Schule lehrt nicht isoliertes Faktenwissen, sondern Zusammenhänge. Schule repräsentiert keine spektakulären Einzelheiten, sondern Schule repräsentiert den Vorgang des Weltverstehens und Weltgestaltens. Das schulische Wissen legt das Fundament für alles weitere Wissen. Dieses fundamentale Wissen veraltet nicht so schnell, wie immer behauptet wird: Die Gesetze zur Berechnung von Flächen und Volumen haben sich seit dem Bau der Pyramiden von Gizeh nicht geändert. Die unregelmäßigen Verben im Englischen lauten seit 400 Jahren gleich. Und Quecksilber erstarrt nach wie vor bei minus 38,89 Grad Celsius.«[5]

Hinweise zu den Formaten in dieser Arbeit

In den letzten Jahren ist die deutsche Rechtschreibung heftig in der Diskussion und hat sich – in Kleinigkeiten wenigstens – immer wieder verändert. Ich habe mich bemüht, jeweils den neuesten Stand aufzunehmen und konsequent einzuarbeiten. Dennoch kann es sein, dass ab und zu Inkonsistenzen auftauchen, weil zu einem früheren Zeitpunkt der Abfassung eine bestimmte Rechtschreibvariante bevorzugt wurde und ich das beim nochmaligen Querlesen übersehen habe.
Zitate werden von mir – bis auf einige historische Ausnahmen – in der Rechtschreibung an die heute übliche Form angepasst (z.B. daß → dass). Ansonsten habe ich bei Zitaten das Original so getreu wie möglich übernommen, auch bei den Hervorhebungen. Abweichungen von diesem Grundprinzip sind jeweils ausdrücklich in ihrer Veränderung gekennzeichnet.

Mitteln orientieren, gelegentlich beim Flug die markanten Unterscheidungen (große Städte und große Flüsse) beobachten und nur selten eine Zwischenladung einschieben, bei der man nach der ›Fußgänger-Methode‹ sich ein bisschen die Füße vertreten und mit ein paar Schritten die Gegend erkunden kann« (S. 28).
Elementarisierung verbindet beides: das Erfassen der grundlegenden Strukturen und die exemplarische Vertiefung an einzelnen Punkten.
5 Ladenthin 2004, 133.

Maskulina und Feminina habe ich oft differenziert formuliert, dies allerdings im Sinne einer angemessenen Lesbarkeit nicht bis in die letzten möglichen Verästelungen ausgeführt.[6]
In den Fußnoten verwende ich die auch sonst üblichen Abkürzungen (z.B. ZfP – Zeitschrift für Pädagogik; LexRP – Lexikon der Religionspädagogik usw.).

---

[6] Kritisch und pointiert witzig setzt sich z. B. Bastian Sick mit dem aktuellen Trend auseinander, stets und überall zwischen Männern und Frauen zu differenzieren, um ja der »political correctness« gerecht zu werden:
»*Geradezu grotesk wird es, wenn das zu verweiblichende Hauptwort in Wahrheit gar nicht männlich, sondern sächlich ist, so wie sich das Wort Mitglied, das sich, zu ›Mitgliederinnen‹ vervielfältigt, recht seltsam anhört*« (Sick [19]2005, 170).

I. Elementarisierung – Zugänge

1. Persönliche Zugänge

Beim Begriff »Elementarisierung« fallen mir zuerst die »Elemente« aus dem Chemieunterricht meiner Schulzeit ein. Besonders erinnere ich mich an das große, aufklappbare und farbige Periodensystem an der Längsseite unseres Fachraumes. In verschiedenen Farben waren in Klasse 8 zunächst die acht Hauptgruppen der Elemente dargestellt. Später wurden auch die Nebengruppen aufgeklappt, die sich (ziemlich) logisch aus den Hauptgruppen entwickeln ließen. Die Elemente wurden von den Verbindungen, die sich durch chemische Reaktionen weiter zerlegen lassen, abgegrenzt. Ein Element – so die Definition in meinem damaligen Chemiebuch – lässt sich nicht weiter zerlegen und *»besteht aus Atomen der gleichen Protonenzahl.«*[7]

Faszinierend war für mich, wie sich einerseits die Vielfalt der Stoffe (des Lebens) auf so wenige Grundbausteine reduzieren lässt und wie systematisch andererseits das Ganze zu gliedern ist. Gibt es eine Möglichkeit, diese naturwissenschaftliche Stringenz auf ein geisteswissenschaftliches Fach wie z.B. Religion zu übertragen? Und wenn ja, welche Konsequenzen hätte dies für die Gestaltung eines Curriculums? Was könnte dabei gewonnen werden? Was wäre in Gefahr, in einem solchen Prozess stringenter Zuordnung verloren zu gehen?

Während meines Lehramtsstudiums an der Pädagogischen Hochschule Weingarten hatten wir uns in einem Seminar bei Prof. Dr. Horst-Klaus Berg (Sommersemester 1982) darum bemüht, die Bedeutung der Erfahrung für den Religionsunterricht auszuloten. In den zusammenfassenden Thesen am Ende des Seminars hieß es in Bezug auf die didaktischen Konsequenzen u.a.: *»Inhaltlich sollten einige wenige Basis-Texte* (der Bibel; M. S.) *besonders gründlich erarbeitet und in immer neuen Erfahrungszusammenhängen und Unterrichtsthemen bedacht werden.«*[8]
Ist hier ein Elementarisierungsmodell für den Religionsunterricht als Konsequenz aus der Neuorientierung an der Erfahrung zu folgern?

7 Christen [9]1974, 127.
8 Berg, Die Bedeutung der Erfahrung für den RU – Zusammenfassende Thesen (SoSe 1982).

In einer späteren Veröffentlichung zur Bibeldidaktik[9] spricht Horst Klaus Berg von »Grundbescheiden«, in denen sich die Glaubens- und Lebenserfahrung der Menschen in der Bibel exemplarisch so verdichten, dass sie auch für heutige SchülerInnen von Bedeutung sind. Aufgabe der Lehrerin bzw. des Lehrers ist es, aus dem Ensemble von sechs biblischen Grundbescheiden den Teilaspekt herauszugreifen, der in der jeweiligen Klassensituation/Entwicklungsphase für die Schülerinnen und Schüler besonders relevant erscheint.

»Inhaltlich findet H. K. Berg in der Bibel sechs Grundbescheide. Sie sind das Elementare, das die Bibeldidaktik herausstellen muss: Gott schenkt Leben, stiftet Gemeinschaft, leidet mit seinem Volk, befreit die Unterdrückten, gibt seinen Geist und herrscht in Ewigkeit. Schöpfung, Bund, Leid, Befreiung, Heiliger Geist und Gottesherrschaft sind die großen Themen der Bibel. Wenn sie ›Bescheide‹ genannt werden, so wird kerygma-theologisch von Gott her gedacht: ›Bescheide‹ erteilt eine übergeordnete Instanz.«[10]

In seinen autobiographischen Anmerkungen zu einem Lern-Gang schreibt Horst Klaus Berg auf die Frage, wie die Bibel aus einem »Lesewort« wieder zu einem »Lebenswort« (M. Luther) werden könne:

»Sicher nur so, dass die in der biblischen Überlieferung aufgehobenen Erfahrungen aufs Neue sichtbar, erfahrbar, erlebbar und wieder lebbar werden. Es ist vor allem wichtig, dass Erfahrung nicht erst ins Spiel kommt, wenn die (historisch-kritische) Exegese abgeschlossen ist – etwa in dem Sinne der Überlegung, ›was uns der Text heute zu sagen habe‹. Erfahrung muss schon im Blick auf die Entstehung eines Textes bedacht werden, d.h. die Exegese muss versuchen, die Erfahrungen herauszuholen, die in die biblischen Texte bei ihrer Entstehung eingegangen sind – und sie als heute orientierende, erneuernde und heilvolle Erfahrungen darzulegen.«[11]

In der biblischen Überlieferung stecken Lernchancen, die zunächst der Lehrer für sich entdecken muss, damit er motiviert ist, in der Arbeit mit zentralen biblischen Texten diese Angebote seinen Schülerinnen und Schülern durch unterschiedliche methodische Zugänge zu aktualisieren.

In meiner inzwischen fünfzehnjährigen Arbeit als Lehrer bemühe ich mich, zunehmend offene Unterrichtsformen in den Schulalltag zu integrieren. Projektartiges und – in Ansätzen – praktisches Lernen erscheinen

---

9   Berg 1993, bes. 76ff.
10 Theißen 2003, 102.
11 Berg 2000, 98f.

mir wichtig, um das Arbeiten in der Schule stärker zur Lebenswelt der Schüler hin zu öffnen.

Konkret habe ich u. a. an der Pädagogischen Hochschule in Ludwigsburg als Lehrbeauftragter ein religionsdidaktisches Seminar zum Thema »Projektorientiertes Lernen im RU« gehalten und parallel an der Schule mit meiner 8. Klasse eine »Einkaufshilfe für ältere Mitbürger« durchgeführt.
In einer Projektgruppe unter der Leitung von Schuldekan Diethard Gabius habe ich die Unterrichtseinheit »Lebens-Wege: Woran ich mich halten kann« für die Klasse 10 des Evangelischen Religionsunterrichts mit entwickelt. Eine wichtige Zielsetzung war, die biografiebegleitende Aufgabe des Religionsunterrichts im Jugendalter didaktisch umzusetzen.
Im Schuljahr 2000/2001 initiierten meine Klasse und ich einen »Babysitting-Service«. Dabei waren die SchülerInnen stolz darauf, Verantwortung übernehmen zu können und zeigen zu dürfen, was an Fähigkeiten schon in ihnen steckt. Gerade an den Realschulen in Baden-Württemberg hat dieser projektorientierte Unterricht in Form von WVR-TOP (Wirtschaften/Verwalten/Recht – themenorientiertes Projekt an Realschulen) an Bedeutung gewonnen und ist an allen Schulen ab dem Schuljahr 2001/2002 verpflichtender Teil des Lehrplans geworden.[12]

Seit September 2003 habe ich die Möglichkeit, im Auftrag des Dezernats 2 »Kirche und Bildung« des Evangelischen Oberkirchenrats in Württemberg die Begleitung und empirisches Auswertung einer explorativen Studie an zehn Realschulen in Württemberg durchzuführen. Ziel ist, neue Ansätze für den Religionsunterricht in der Pubertät gemeinsam mit den Kolleginnen und Kollegen zu suchen, auszuprobieren und wieterzuentwickeln.[13] Der konstruktive Schlussteil meiner Arbeit versucht, erste Ergebnisse zu bündeln, indem ich für diese Altersstufe elemen-

---

12 Vgl. Infodienst Schule 1/99, 7.
Inzwischen (2004) gibt es im neuen Bildungsplan für die Realschule vier verpflichtende Themenorientierte Projekte, die fächerübergreifend jeweils in einem Umfang von 70 Stunden, das entspricht zwei Jahreswochenstunden, unterrichtet werden: Technischisches Arbeiten in der Klasse 5 oder 6, Soziales Engagement, Berufsorientierung an der Realschule sowie Wirtschaften-Verwalten-Recht in den Klassen 7 bis 10.
13 Die Projektskizze meines Kollegen Dr. U. Böhm sowie mein Zwischenbericht des Projekts »RU in der Pubertät« (November 2003) sind digital nachzulesen unter: www.ptz-stuttgart.de/projekte.
Der aktuelle Stand der Auswertung der explorativen Studie wird im vituellen Seminarraum »Religionsunterricht in der Pubertät« dokumentiert und diskutiert: www.rpi-virtuell.de/ Seminarraum: RU in der Pubertät.

tare Lernformen aufzeige. Die empirische Auswertung ist zum Zeitpunkt der Abgabe meiner Arbeit noch nicht so weit vorangeschritten, dass daraus seriös zitiert werden könnte. Aber diese Veröffentlichung wird eine auch empirische Ergänzung des konstruktiven dritten Teils meiner Dissertation darstellen.

2. Sprachliche Zugänge

– »*Elementar*« *im alltäglichen Sprachgebrauch*

Außerhalb der didaktischen Fachsprache kommt der Begriff »Elementarisierung« nicht vor.
In der Umgangssprache wird fast ausschließlich das Adjektiv »elementar« verwendet.
Drei Bedeutungsrichtungen sind zu unterscheiden:[14]

— grundlegend, wesentlich, unverzichtbar
Z.B. *Für diesen Beruf sind Kenntnisse in Datenverarbeitung von elementarer Bedeutung.*

— anfängerhaft, Anfangs-, selbst einem Anfänger bekannt, geläufig, einfach
Z.B. *Leute! Das ist nun aber wirklich elementar!* (mit leichtem Vorwurf: Das solltet ihr schon längst wissen. Das ist eigentlich schon einem Anfänger bekannt.)

— naturhaft, urwüchsig, ungebändigt, ungestüm
Z.B. aus R. Musil: »Die Verwirrungen des Zöglings Törless«
»*Nachdem er schon einige Tage allein gewesen war und sich verhältnismäßig wohl befunden hatte, brach es plötzlich und elementar in ihm empor.*«[15]
oder aus W. Golding: »Herr der Fliegen«
»*Zahllose, unsägliche Misserfolge wirkten zusammen und ließen seinen Zorn mit elementarer, furchterregender Gewalt losbrechen.*«[16]

Die erste und zweite Bedeutungsrichtung weisen einen engen inhaltlichen Zusammenhang auf: »*Immer mehr Pädagogen beklagten bei ihren*

---

14 Wahrig Deutsches Wörterbuch, Gütersloh 1970, 1063.
Vgl. Brockhaus Enzyklopädie Bd. 6, Mannheim 1986, 297.
15 Musil 1988 (1959), 9.
16 Golding 1985 (1954), 83.

2. Sprachliche Zugänge

Schülern das Fehlen elementarer Verhaltensnormen, fühlten sich angegriffen und beleidigt.«[17]

»Elementar« kann hier sowohl im Sinne von
- das Fehlen »grundlegender/wesentlicher/unverzichtbarer« Verhaltensnormen
- als auch im Sinne von Fehlen (eigentlich) »einfacher/geläufiger« Verhaltensnormen verstanden werden.

An diese beiden Bedeutungsrichtungen – grundlegend und einfach – werde ich in den Überlegungen zur »Elementarisierung« anknüpfen.

Die Substantivierung des Adjektivs »elementar« zu »Elementarisierung« macht grammatikalisch deutlich, dass es sich bei »Elementarisierung« um einen dynamischen Prozess handelt.
Genauer: Es handelt sich um einen Vermittlungsprozess von Lerngegenstand und Lernendem, den der Lehrende zu gestalten hat. Damit gewinnt die Tätigkeit des Lehrenden im Prozess des »Elementarisierens« große Bedeutung.

– Sprachwurzeln: etymologische Anmerkungen

Elemente – Bausteine des Lebens

Eine menschliche Grundfrage war schon immer die nach der Entstehung des Lebens. Je nach Kulturkreis fielen die kosmogonischen Mythen zwar unterschiedlich aus, aber immer waren es unterschiedliche »Elemente« (Grundstoffe), die in ihrem Streit bzw. in ihrer Vereinigung das Ganze bewirkten.
In unserem westlichen Kulturkreis ist die griechische Vorstellung von den »vier« Elementen (Empedokles) am bekanntesten. Die vier »Elemente«, die das Werden alles Lebens bewirkten, sind nach dieser Vorstellung
- das Feuer
- das Wasser
- die Luft
- die Erde

Wichtig ist nun nicht so sehr das einzelne Element und seine Verehrung (z.B. das Element »Wasser« in der Verehrung der Quellennymphen), sondern das Zusammenspiel der einzelnen Elemente. Dieses Zusammenspiel ist die Voraussetzung für das kreative Werden, hinter dem der Wille der alles lenkenden Gottheit zu suchen ist.

---

17 Stuttgarter Zeitung vom 3. 11. 00, Titelseite.

»In die mythisch-theologische wie kultische Beachtung der Elemente führt das Moment der Ganzheit als Ansatz religiöser Weltanschauung. Dieses Moment der Ganzheit des Lebendigen, angeschaut nach Wirkung und bewirktem Stoff, prägt die religiöse Bedeutung der Elemente in ihrer verschiedenartigen Zusammenstellung.«[18]

Das griechische Wort »stoicheion«[19] (τὸ στοιχεῖον)

Im klassischen Griechisch entspricht das Substantiv το στοιχειον dem, was wir heute als Element bezeichnen. Es hat ein ziemlich breites Bedeutungsspektrum:

1. der Stift oder die zum Messen der Zeit aufgerichtete Stange an der Sonnenuhr und ihr Schatten
2. der Plural »stoicheia« (τὰ στοιχεῖα) bezeichnet darüber hinaus die Buchstaben und Laute als Grundbestandteile von Schrift und Sprache[20]
3. im neutestamentlichen Griechisch[21] finden sich vier Bedeutungen für das Substantiv τὸ στοιχεῖον
   a) die Anfangsgründe, die Grundlehren
   *»Denn obwohl ihr der Zeit nach schon Lehrer sein müsstet, braucht ihr von neuem einen, **die Anfangsgründe der Lehre** (τὰ στοιχεῖα τῆς ἀρχῆς τῶν λογίον) von der Offenbarung Gottes beibringt; Milch habt ihr nötig, nicht feste Speise«* (Hebr. 5,12; Einheitsübersetzung).
   b) die Urbestandteile, die Grundbestandteile
   c) die Elementargeister
   *»Gebt acht, dass euch niemand mit seiner Philosophie und falschen Lehre verführt, die sich nur auf menschliche Überlieferung stützen und sich auf **die Elementarmächte der Welt** (τὰ στοιχεῖα τοῦ κόσμου; wörtlich: die Elementargeister des Kosmos) nicht auf Christus berufen«* (Kol. 2,8 u. 20; Einheitsübersetzung).
   d) die Gestirne

Leitend bei der neutestamentlichen Verwendung des Begriffes τὰ στοιχεῖα ist das Interesse an Grundlegung

---

18 Ratschow; in: RGG³, Bd. 2; Tübingen 1986 (1958), Sp. 414f.
19 Gemoll 1988 (1954), 689f.
20 Aristoteles verzeichnet vier Bedeutungen für »stoicheia«, die dann auf das lateinische Wort »elementum« übertragen wurden:
1. Laute
2. Grundstoffe
3. Beweisgrundlage
4. oberste Allgemeinbegriffe
21 Bauer 1971, Sp. 1523f.

- in Form einer Analyse der Grundstoffe[22]
- sowie in Form einer Lehre der Anfangsgründe

Das lateinische Wort »elementum«

Dieses Neutrum weist nach dem kleinen Stowasser[23] zwei Bedeutungsfelder auf:

1. Grund- bzw. Urstoff
2. als Plural »elementi« kann es metaphorisch auch heißen: Anfangsgründe, Anfänge, Lehre
Bei Schriftstellern der nachklassischen Periode kann »elementum« auch mit »Alphabet« übersetzt werden.

Beide Bedeutungsfelder können für die Elementarisierungsdebatte umgesetzt werden.
Während »Grund- bzw. Urstoff« stärker den fachwissenschaftlichen Aspekt der Elementarisierung hervorhebt, stellt »Anfangsgründe, Anfänge, Lehre« auch sprachlich eine Verbindung zum entwicklungspsychologischen Aspekt her.[24]
Interessant ist die Beobachtung, dass die drei ersten Konsonanten des Wortes »elementum« genau die Mitte des lateinischen Alphabets bilden: l – m – n sind der 12. bis 14. Buchstabe unseres Alphabets aus 26 Buchstaben. Ohne es gleich allzu kabbalistisch ausdeuten zu wollen, lässt sich vielleicht doch sagen: Das Bemühen um das »Elementare« ist getragen von der Intention, die Mitte einer Sache herauszustellen und sich nicht in peripheren Exkursen zu verlieren.[25]

– *Redewendungen*

Die sprichwörtliche Verwendung ist selten.

Bekannt sind die Redewendung **»sich in seinem Element fühlen«** bzw. umgangssprachlich **»in seinem Element sein«**.

22 Die ursprünglich griechische Begrifflichkeit hat sich in der chemischen Fachsprache bis heute erhalten, wenn von der »Stöchiometrie« die Rede ist, d.h. der Lehre von der mengenmäßigen Zusammensetzung chemischer Verbindungen und der mathematischen Berechnung chemischer Umsetzungen.
23 Der kleine Stwasser; München 1980, 155.
24 »*In der vierten Hinsicht ist das Elementare im lebensgeschichtlich-dynamischen Sinne das zeitlich Anfängliche, worauf anderes aufbaut – eine genuin pädagogische Fragerichtung, denn der Pädagoge hat es mit heranwachsenden Kindern und Jugendlichen zu tun.*« In: Nipkow 1982, 218.
25 Diese Beobachtung verdanke ich meinem Kollegen Gerhard Ziener.

Gemeint ist, dass sich jemand in der ihm gemäßen Umgebung glaubt, sei es eine bestimmte Gesellschaft oder Tätigkeit, und sich deshalb wohlfühlt.
z.b. Wenn er die Berliner Philharmoniker dirigierte, war er ganz in seinem Element.[26]

Seltener ist die Redewendung »**jemand/etwas stellt ein ausgleichendes Element dar**«. Gesagt werden soll, dass diese Person/dieser Gegenstand dazu beiträgt, einen ausgeglichenen Gesamteindruck entstehen zu lassen. Das dazukommende »ausgleichende Element« bildet ein Korrektiv zum bereits Vorhandenen.[27]

Metaphorisch kann man vom »**Toben der Elemente**« sprechen und damit ein Unwetter kennzeichnen.

Übertragen ist auch die Rede von »**üblen/kriminellen Elementen**« im Sinne von nicht genauer zu benennenden schlechten Menschen.

Schließlich gibt es den Ausruf: »**Potz Element!**« Dieser Ausruf bringt Überraschung und Anerkennung zum Ausdruck und meint soviel wie ein erstauntes »Donnerwetter aber auch!«[28]

– *Exkurs: Das Extremalprinzip*

Extremale sind Funktionen, mit deren Hilfe die Variationsbreite eines Phänomens erfasst wird. Sie beschreiben die äußersten Werte, die den Rahmen für das zu beschreibende Phänomen bilden.

»Extremalprinzipien [sind] vorwiegend die Mechanik betreffende Aussagen über das Verhalten von Systemen, wobei eine bestimmte physikalische Größe bei der Bewertung der Systemteile bzw. bei Ablauf eines physikalischen Prozesses innerhalb des Systems einen Extremwert annimmt. Der Gedanke, Naturgesetze als E. zu formulieren und damit der Natur eine zweckmäßige und zielgerichtete (teleologische) Auswahl unter allen möglichen Bewegungsarten zuzusprechen, ist bereits in der Antike (Heron von Alexandria) versucht, danach aber erst besonders von Leibniz aufgegriffen worden.«[29]

---

26 Duden 11 – Redewendungen und sprichwörtliche Redensarten; Mannheim u.a. 1992, 176.
27 Duden 8 – Die sinn- und sachverwandten Wörter; Mannheim u.a. 1986, 193.
28 Wahrig – Deutsches Wörterbuch 1970, Sp. 1063.
29 Meyers Großes Universallexikon, Bd. 4; Mannheim 1981, 572.

Das Extremalprinzip geht von einer rationalen Ordnung allen Erfahrungswissens aus: Mit möglichst wenigen Voraussetzungen sollen alle Phänomene geordnet und geklärt werden.
Leibniz sieht gerade im Bereich der Astronomie das Extremalprinzip als geeignetes Erklärungsmodell, *»denn die Vernunft will, dass man die Vielfältigkeit der Hypothesen und Prinzipien vermeide, etwa so, wie in der Astronomie immer das einfachste System den Vorrang hat.«*[30]

Schon im hohen Mittelalter formulierte Wilhelm von Ockham (ca. 1280–1348) im Blick auf das sprachphilosophische Denken:

»Damit die Vielzahl der Möglichkeiten des ›deus secundus‹ nicht in einem undurchdringlichen Chaos mündet, hat Gott – und später der Mensch – in seiner Weisheit ein Kriterium gebraucht, das die Komplexität zu reduzieren erlaubt: das von Ockham zum ersten Mal formulierte Extremalprinzip... [Es] lautet: ›entia non sunt multiplicanda praeter necessitate‹ ... sinngemäß bedeutet das: Mache möglichst wenig ontologische Annahmen (über die Welt)! Dahinter steht der (theologische) Gedanke, dass Gott nichts Überflüssiges geschaffen hat und deshalb bei seiner Schöpfung nach einem ökonomischen Sparprinzip vorgegangen ist.«[31]

Grundsätzlich gilt in der Wissenschaftstheorie als formales Prinzip: Je einfacher etwas erklärt werden kann, je weniger Axiome vonnöten sind, desto plausibler ist das Modell.

Ein Beispiel aus dem Bereich der Physik mag das zunächst verdeutlichen. Zu Beginn des 20. Jahrhunderts gab es drei anerkannte große Theoriegebäude: die Mechanik als die Mitte der Physik, erweitert im 19. Jahrhundert durch die Elektro- und Thermodynamik. Diese drei Gebäude waren in sich weit gehend schlüssig, aber zwischen ihnen lagen Graubereiche und bei vergleichender Betrachtung auch Widersprüche.

---

30 Leibniz 1958, 31.
Das gilt für Leibniz über die Astronomie hinaus grundsätzlich genauso in Bezug auf die göttliche Weisheit:
»La raison de Dieu agit quand même à la manière de préferer cet ordre, qui est en même temps le plus simple en hypotheses et le plus riche en phénomènes.«
(Discours de Métaphysique, zit. nach Leibniz: Philosophische Schriften Bd. I, Darmstadt 1965, 70)
Die Fülle verschiedenster Phänomene ist die Außensicht der Welt. Aber in der Innensicht lassen sie sich für Leibniz letztlich auf wenige einfache Grundgesetze zurückführen, die sozusagen Gottes Schöpfungsprinzipien darstellen. Ein solches Prinzip entdecken heißt, den Schlüssel für viele Phänomene zu besitzen. Mit Hilfe eines Extremalprinzips lässt sich die Vielfältigkeit der Erscheinung sehr einfach und überzeugend erklären.
vgl. auch Sprangers Leitspruch: *»Alle großen Wahrheiten sind einfach.«*
31 Treml 2005, 157.

Gab es so etwas wie eine »Supertheorie«, die es ermöglichte, alle drei Ansätze des Verstehens physikalischer Vorgänge aus einem übergeordneten abzuleiten? Hier setzte Albert Einstein an. Mit seinen Arbeiten zur brownschen Molekularbewegung, seinem Artikel zur Quantenhypothese und schließlich seiner Relativitätstheorie aus dem Jahre 1905 wurde es möglich, eine neue Dimension des Denkens in der Physik zu eröffnen.[32]

»So gelang es ihm, die drei großen Theoriegebäude der Physik miteinander zu verstreben. Erst dank Einstein erscheinen sie nun wie verschiedene Ansichten ein und derselben Natur – die Vorstellung einer einheitlichen Naturbeschreibung war geboren; eine Idee, welche die Physik fortan maßgeblich bestimmen sollte. Wer heute mit den geistigen Erben Einsteins spricht, der spürt schnell, wie stark sie beseelt sind vom Glauben daran, dass sich alles Dasein zurückführen lassen müsse auf einige wenige Grundprinzipien der Natur- und letztlich womöglich sogar auf eine einzige Weltformel.«[33]

Das Extremalprinzip lässt sich meines Erachtens auf das Feld der Erziehungswissenschaft und Didaktik übertragen. Soll Schülerinnen und Schülern ein Sachverhalt vermittelt werden, so ist immer das einfachere Erklärungsmodell vorzuziehen. Eine verwirrende Vielfalt von Hypothesen und Prinzipien dagegen ist zu vermeiden. Allerdings: Das Vereinfachen darf nicht zum Simplifizieren ausarten, das dem zugrundeliegenden Phänomen nicht mehr gerecht wird. Es sollte Aussagen ausschließen, die auf einer höheren Stufe der Erkenntnis sich als »falsch« erweisen. Die Grenze zwischen gewünschter Einfachheit und verfälschender Vereinfachung ist eine Gradwanderung!

Alfred Treml wendet das Extremalprinzip im erziehungswissenschaftlichen Bereich mit dem Ziel einer evolutionstheoretisch konzipierten Pädagogik an. Im Blick auf Erziehung formuliert er:

»So finden wir z.B. in der Erziehung aller untersuchten Ethnien eine Mischung von Redundanzprinzip und Extremalprinzip, von Verschwendung und Effizienz, von Warten auf den Zufall und (zeitverkürzender) Planung. Das ist eigentlich auch nicht verwunderlich, denn Eltern handeln mit der Absicht, ihren Kindern eine hohe Fitness mit auf den (Lebens-)Weg zu geben (natürliche Selektion), und sie optimieren damit –

---

32 Einstein knüpft dabei an wichtige Vorarbeiten des niederländischen Physikers Lorentz und vor allem an die Überlegungen des französischen Mathematikers Pointcaré an. Durch seine eigenwillige, außerhalb der wissenschaftlichen Elite stehenden Art jedoch geht er unorthodox genug vor und findet so wichtige neue Wege des physikalischen Verstehens. Die Vielfalt der physikalischen Erscheinungen kann nun auf wenige Grundgesetze zurückgeführt werden!
33 Grolle, W.: Das Wunder von Bern; in: Der Spiegel 3/2005, 138.

wenn das gelingt – gleichzeitig auch deren Chancen, wiederum eigene Kinder zu haben (sexuelle Selektion).«[34]

Im Blick auf schulisches Lernen lautet die entscheidende Frage aus evolutionstheoretischer Perspektive: Was zu lernen ist »überlebensnotwendig«? Welche in der Schule erworbenen Kompetenzen erhöhen die Fitness der Schülerinnen und Schüler und helfen ihnen, den Herausforderungen des Lebens (eher) gewachsen zu sein?

»Lernen bedeutet immer, aus einer großen Anzahl potenzieller Informationen eine Selektion zu treffen und in Wissen zu übersetzen. Dass dies ein teleonomer und kein teleologischer Prozess ist, muss hier nicht ausdrücklich betont werden. Nur das, was auf Dauer (überlebens-) nützlich ist, wird als Information gelernt. Diese interne Reduktion von äußerer Komplexität bringt das Größenverhältnis von System und Umwelt zum Ausdruck: Die Umwelt ist immer komplexer als das System, auch beim Lernen. Das aber impliziert ein dauerhaftes Risiko, das nur dadurch verkleinert werden kann, dass die Selektivität der Information selbst als Erfahrung gelernt wird.«[35]

Elementarisierung soll den Blick der Schülerinnen und Schüler weiten, so dass die Gesamtheit der Phänomene erahnt wird und sich die äußeren Grenzen abzeichnen. Elementarisierung als Unterrichtsprinzip hat vor allem mit einer lebensdienlichen Reduktion von Komplexität zu tun, so dass den Lernenden in der Vielfalt des Möglichen nicht der handlungsrelevante Aspekt des Wesentlichen verloren geht.

3. Erziehungswissenschaftliche Zugänge

Im Sinne einer Tour d'Horizon soll in diesem Zugang ein kleiner Überblick gegeben werden, inwiefern die Begriffe »elementar« und »Elementarisierung« in der Erziehungswissenschaft vorkommen und welche Bedeutungsfelder damit anklingen. Der Gang durch pädagogische Lexika will das Umfeld skizzieren, in dem in der Erziehungswissenschaft diese Begriffe auftauchen. Dieser informierende Zugang in Bezug auf pädagogische[36] Assoziationen erhebt nicht den Anspruch auf erschöpfende Vollständigkeit.

---

34 Treml 2004, 208.
35 Treml 2004, 112f.
36 Ich verwende den Begriff »pädagogisch« anstelle von »erziehungswissenschaftlich«, um auch die Erwähnung der Begriffe in der älteren Literatur zu erfassen.

– *Pädagogisch bedeutsame Begriffe im Wortfeld »elementar«*

1. Elementarbildung – Grundbildung für alle

- Elementarbildung (hist. »Volksschulbildung«, d.h. Grundbildung in den »Elementen« Lesen, Schreiben und Rechnen)
- Elementarschule (hist. »Volksschule«)
- Elementarlehrer (hist. »Volksschullehrer«)

Hier sieht man die **historische** Verwendung des Begriffes »elementar« in der Schulpädagogik. Die Volksbildung (z.B. J. H. Pestalozzi) wird gegen die Gelehrtenbildung (z.B. W. von Humboldt) abgesetzt. Gefordert ist, dass mit Beginn der Schulpflicht möglichst alle Kinder eine Grundbildung von sechs bis acht Jahren erhalten, die ihnen hilft, den Anforderungen einer zunehmend durch die Industrie bestimmten Gesellschaft zu genügen.

2. Elementarbildung – Grundbildung für das Kind

- Elementarbereich/Elementarstufe/Elementarschule (Vorschule) vgl. école élémentaire (Primarstufe/Grundschule!) und elementary school
- Elementarerziehung (vorschulische Erziehung)
- Elementarschulbuch (Montessori-Pädagogik)
- Elementarunterricht[37]
- Elementarmethode[38]

Alle diese Begriffe sind aus dem Bereich der **Vorschulpädagogik**, zum Teil auch der Grundschulpädagogik. Sie befassen sich mit der Frage, was (kleinen) Kindern als Grundlage ihres Lernens vermittelt werden soll bzw. kann.
Interessant ist, dass im europäischen Vergleich das, was als »Elementarbereich« bezeichnet wird, durchaus variiert. Während z.B. in Deutschland die Elementarschule einen eher lockeres Bindeglied zwischen dem Ende des Kindergartens und dem Beginn der Schulzeit andeutet und meist nur ein knappes Jahr Zusatzunterricht im Kindergarten für die Ältesten dort darstellt, beginnt die école élémentaire in Frankreich erst mit der offiziellen Schulzeit und umfasst die ersten fünf Schuljahre (ca. 6.–11. Lebensjahr: enseignement élémentaire). Der école élémentaire ist die école maternelle vorgeschaltet, eine Art Vorschulerziehung für die ganz Kleinen im Alter zwischen drei und sechs Jahren. Stärker als in deutschen Kindergärten spielen hier bereits hin-

---

37 Vgl. Giel 1995, bes. 35ff.
38 Ebd., 31ff.

führende Übungen zu den grundlegenden Kulturtechniken Lesen, Rechnen und Schreiben eine Rolle.[39]

3. Elementarbildung – Bestimmung grundlegender Bildungsinhalte

- das Elementare (das Grundlegende)[40] bzw. die Elementaria
- die Elementarisierung
- das Elementarisierungsbestreben

Bei diesen drei Begriffen tritt nun die **didaktische** Aufgabe in den Vordergrund. Was ist – aus Sicht der jeweiligen Bezugswissenschaften – unaufgebbarer Kernbestand eines Faches? Und wie müssen diese im schulischen Kontext transformiert werden, dass sie für Schülerinnen und Schüler relevant werden können?

»Um zu Sachverhalten und Gegenständen eines schulisch institutionalisierten Lehrens und Lernens zu werden, müssen sich alle Inhalte, Themen und Sachverhalte einer zweifachen Umstrukturierung unterziehen.

---

39 Inzwischen gibt es auch in Deutschland verschiedene Modelle, wie die Neugier der Kinder bereits im Kindergarten durch entsprechende Gestaltung für Kinder angeregt und in bestimmte Lernprozesse gelenkt werden kann. Das Modell des Forschungsverbunds »Bildung in der Kindertagesstätte« richtet »Bildungsinseln« als Lernangebot für Kinder ein.
»Einheitlich eingerichtete Zimmer, in denen verschiedene Kindergartengruppen den ganzen Tag lang getrennt beschäftigt werden, gibt es in diesen Modelleinrichtungen nicht mehr. ›Bildungsinseln‹ heißen die Räume jetzt, in denen die Kleinen nach Herzenslust experimentieren, basteln oder schmökern können« (StZ vom 8.11.2005).
Die Arbeit der Erzieherinnen ändert sich auch dadurch, dass sie nun für jedes Kind einen Aktenordner anlegen und darin sorgfältig die Lernfortschritte der Einzelnen vermerken, um in den Elterngesprächen gezielte Anregungen geben zu können.
40 Vereinzelt taucht in älteren Untersuchungen auch der Begriff »das Elementarische« auf; z.B. Müller, H.: Elementarischer Unterricht; in: WPB 1957, 68–79.
In dieser Terminologie meint »das Elementare« das Grundlegende eines Wissensgebietes, das ganz Einfache. Ein Lehrgegenstand wird aus seiner höchsten Differenziertheit im wissenschaftlichen Umfeld auf die konstitutiven Elemente fokussiert. Der Schüler bleibt im Gegenüber zum Lehrgegenstand aber in der Haltung des Betrachtenden. Diese innere Distanz soll, damit es zu nachhaltigem Lernen kommen kann, durch »das Elementarische« überwunden werden. Elementare Erfahrungen des praktischen Lernens verhelfen der Schülerin und dem Schüler zu einem inneren Dabeisein.
»Damit haben wir den Punkt erreicht, der es uns ermöglicht, neben dem Begriff des Elementaren als dem ganz Einfachen, den des Elementarischen einzuführen, als das, welches uns umgreift; dem wir nicht bloß betrachtend gegenüberstehen, sondern in das wir ganz eintauchen; als das, welches uns in seinem Anspruch nimmt, uns durchstimmt und unter Umständen färbt; und als das, dem wir uns stellen müssen, um es zu bestehen und nicht darin unterzugehen. So möchten wir neben das Prinzip von der Fruchtbarkeit des Elementaren die Bedeutsamkeit des Elementarischen stellen« (Müller 1957, 75).

Von diesen ist die eine an eine Transformation außerpädagogischer Sachverhalte in die Eigenlogik eines an die menschliche Bildsamkeit anknüpfenden, Lernende zum Denken und Urteilen auffordernden Unterrichts, die andere an die Transformation außerpädagogischer Aufgaben in nicht-hierarchisch strukturierte Aufgaben zurückgebunden. Zu solcher Umstrukturierung gehört aber unabdingbar, dass das Proprium, das den Inhalten in ihren eigenen Kontexten zukommt, bei ihrer Umstrukturierung nicht verloren geht.«[41]

Das Elementare hat mit dem Proprium eines Sachverhaltes zu tun. Geht das Proprium eines Faches in der notwendigen doppelten Transformation der Inhalte auf die schulischen Gegebenheiten verloren, macht es sich selbst überflüssig. Dietrich Benner konkretisiert dieses Verständnis am Beispiel des Faches Religion:

»Religiöse Inhalte und Sachverhalte müssen ... im Curriculum der Schulen als solche erkennbar sein. Wo sie die Gestalt ethischer oder politischer Sachverhalte annehmen, statt zu diesen in fruchtbare Spannung zu treten, tragen sie zur Vernachlässigung und Nicht-Tradierung von Religion bei.«[42]

Was an den einzelnen Schulen gelernt werden soll und was nicht, ist jedoch keine rein empirisch zu treffende Entscheidung. Vielmehr beinhaltet ein gesellschaftlicher Konsens bezüglich des Bildungskanons stets normative Aspekte. Zugleich sagt die Zusammenstellung der materialen Gehalte von Bildung noch wenig über die tatsächlichen Ergebnisse von schulischen Lernprozessen aus: Letztlich ist das sich bildende Subjekt für die Bildung des Zusammenhangs seiner Bildung selbst verantwortlich. Relevant kann nur werden, was den Schülerinnen und Schülern als lebensdienlich einsichtig wird. So sind sie die Konstrukteure, die sich aus dem gebotenen Material ihr Lern- und Lebenshaus bauen.[43]

Schulische Transformationbemühungen von Bildungsgehalten stehen immer in der Gefahr, zu einer Selbstbanalisierung der entsprechenden Aspekte gesellschaftlicher Wirklichkeit beizutragen. Deshalb ist jede Fachdidaktik herausgefordert, die Elementaria ihrer Bezugswissenschaft(en) so auf schulische Bildung zu beziehen, dass die in der Gegenwart relevanten Aspekte eine interessante Brücke zur Tradition darstellen. In der Begegnung von Gegenwart und zentralen Inhalten der Überlieferung ereignen sich besondere Lernchancen. Deshalb ist von Lehrenden in der Vorbereitung von Unterricht immer wieder neu zu

---

41 Benner 2004, 43.
42 Ebd.
43 Vgl. im Teil III das handlungstheoretische Modell der menschlichen Entwicklung (bes. S. 286f. u. 310–314).

fragen: Welche Elemente aus der Tradition könnten für die je konkrete Gruppe von Lernenden wesentlich sein? Um es noch einmal am Beispiel des Faches Religion zu konkretisieren:

»*Bei der Verständigung über diese Elementaria kann nicht auf einen fertigen Kanon zurückgegriffen werden, der sich aus den Glaubensinhalten einer Religion von selbst ergibt. Die in den Religionen tradierten Glaubensinhalte müssen vielmehr in Auseinandersetzung mit den in ihnen unterdrückten, verfolgten und vernichteten Glaubensrichtungen stets von neuem befragt werden, was sie zur religiösen Deutung von Gegenwartsproblemen beitragen können.*«[44]

Das ist ein anspruchsvolles und hoch differenziertes Lernprogramm und es könnte zurückgefragt werden, wie viel Häresie oder auch nur Heterodoxie kann und soll in einem Bildungsplan aufgeführt werden. Unverzichtbar ist jedoch für die Auswahl die Berücksichtigung von ideologiekritischen Aspekten, damit den Schülerinnen und Schülern ein plurales Angebot verschiedener Interpretationsmöglichkeiten gemacht wird und sie nicht indoktriniert werden.

Bei der Frage nach der angemessenen Auswahl der Lerninhalte können nicht nur Kinder und Jugendliche, sondern auch eine Elterngruppe, eine Gruppe von Studienreisenden oder gar ein Seniorenkreis in der kirchlichen Gemeindearbeit mögliche Adressaten sein. Der zu vermittelnde Inhalt, der Lehrende sowie der Lernende und seine Lebenssituation treten in eine dynamische Wechselbeziehung zueinander, die es im didaktischen Feld möglichst sorgfältig zu beachten gilt.

Diese dritte Gruppe »Elementarbildung – Bestimmung grundlegender Bildungsinhalte« ist die für die Untersuchung maßgebende Kategorie, die im Folgenden zu erläutern sein wird.

---

44 Benner 2004, 44.

Abgrenzungen im (pädagogischen) Wortfeld:
»Elementarisieren« – Versuch einer Systematisierung synonymer Begriffe[45]

Das Wortfeld »elementarisieren«

	popularisieren	
verdünnen	----------------	plausibel machen/
verflachen	kind- bzw. jugendgemäß	fassbar machen,
verwässern	darstellen,	an die kindlichen Ver-
verniedlichen	vereinfachen,	stehensmöglichkeiten
verharmlosen	(sinnvoll) reduzieren,	anpassen,
vergröbern	parzellieren,	(all)gemeinverständlich
simplifizieren	Sachverhalte transpo-	darstellen;
trivialisieren	nieren/	verdeutlichen
zerstückeln	konzentrieren	erläutern
	das Wesentliche her-	erklären
	ausarbeiten	
	in kleine Münze gießen	
	mundgerecht servieren	
	verklickern (ugs.)	

abwertende Kennzeichnung des Elementarisierens	**neutrale/positive Kennzeichnung des Elementarisierens**

vertikale didaktische Reduktion:	**horizontale** didaktische Reduktion:
– der **Gültigkeitsumfang** der Aussage wird – von Stufe zu Stufe – eingeengt (Komplexitätsreduktion)	– der Gültigkeitsumfang der Aussage bleibt gleich
– Konzentration auf einen Ausschnitt der Aussage > stellt an das didaktische Gewissen des Lehrers große Anforderungen (**Welche Abschnittsbildung** und damit Verminderung des Gültigkeitsumfangs **lässt sich didaktisch rechtfertigen?**)	– Bemühung um eine anschaulichere Darstellung der Aussage (Analogie, Metapher, Anthropomorphismus, Beispiel) > die Aussage wird leichter eingänglich gemacht

---

45 Vgl. Grüner 1967, 417–419; aber: umstrukturiert u. aktualisiert.

3. Erziehungswissenschaftliche Zugänge

Synonym zur Verbalform »elementarisieren« werden in älteren erziehungswissenschaftlichen Lexika vor allem die Begriffe »popularisieren« und »vereinfachen« verwendet. O. Willmann grenzt zu Beginn des vergangenen Jahrhunderts den Begriff »popularisieren« folgendermaßen von »elementarisieren« ab:

»Ein Wissensinhalt kann in verschiedenen Formen dargelegt werden, von denen die wissenschaftliche die angemessenste ist. Allein auch Schule und freier Bildungserwerb haben ihr Recht: die erstere verlangt eine elementare, die letztere eine populäre Fassung des Stoffes. Jene soll den Grund zum Weiterbauen legen, diese soll anregen, zwanglos belehren, Interesse wecken; die elementare kann knapp sein, die populäre bedarf, weil sie sich an den Interessen des Lebens anschließen soll, einer gewissen Fülle.«[46]

Im weit verbreiteten Lexikon der Pädagogik in den 70-er Jahren werden »vereinfachen« und »elementarisieren« weitgehend gleichgesetzt:

»V.(ereinfachen) und E.(lementarisieren) sind Maßnahmen des Lehrenden, komplizierte und schwierige Aussagen, Sachverhalte und Zusammenhänge im Rahmen einer didaktischen Reduktion so aufzubereiten, dass sie von Schülern eines bestimmten sachstrukturellen Entwicklungsstandes aufgenommen und verstanden werden können. Das didaktisch Vereinfachte muss Ansätze bieten, den Gegenstand im Bewusstsein der Lernenden differenziert und sachgerecht aufzubauen.«[47]

Aktuell unterscheidet I. Baldermann[48] zwei gegensätzliche Richtungen der Frage nach dem Elementaren:
- Einerseits die Frage nach den kleinsten Einheiten, aus denen unsere komplexe Welt zusammengefügt ist. Ziel dieser analytisch-distanzierten Fragehaltung ist nach Baldermann das Beherrschen.
- Andererseits die Frage nach den elementaren Kräften, die in aller lebendigen Bewegung wirksam sind. Diese Frage erlaube keine Distanzierung; sie gehe auf das Ganze des Lebens. Das Ziel dieser Fragehaltung sei das Wahrnehmen und Verstehen.

Die im persönlichen Zugang am Anfang meiner Arbeit geschilderte Faszination aus dem Chemieunterricht entspringt wohl der ersten Fragerichtung, der Auflösung der komplexen Wirklichkeit in einzelne genau voneinander zu unterscheidende Bausteine.
Der pädagogischen Ausrichtung dieser Arbeit entsprechend wird jedoch die zweite Fragerichtung im Vordergrund stehen.

---

46 Lexikon der Pädagogik; Freiburg 1913, Bd. 1, 988.
47 Lexikon der Pädagogik (Neue Ausgabe); Freiburg 1971, Bd. 4, 287f.
48 Baldermann 1999, 47f.

Exkurs: das Problem der didaktischen Einordnung

Nach Dolch ist Didaktik »die Wissenschaft vom Lehren und Lernen«[49] bzw. »die wissenschaftliche Reflexion von organisierten Lehr- und Lernprozessen«[50]. Dieser Wissenschaft wird eine doppelte Aufgabe zugeschrieben: Sie soll einerseits die vorgegebene Unterrichtswirklichkeit empirisch untersuchen und möglichst genau den IST-Zustand von Unterricht und seinen Bedingungsfaktoren beschreiben. Didaktik soll andererseits Modelle eines »besseren« Unterrichts entwerfen und kommt damit in die Rolle, normativ einen SOLL-Zustand zu skizzieren. Wo zwischen deskriptiver Analyse und präskriptiver Handlungsorientierung könnte »Elementarisierung« im weiten Aufgabenfeld der Didaktik angesiedelt werden?

A) Elementarisierung – ein didaktisches Modell?

Betrachtet man die Entwicklung der Didaktik in Deutschland (West) nach 1945, so muss man für die Zeit unmittelbar nach dem Zweiten Weltkrieg zunächst besser von einer Unterrichtslehre sprechen, die den Lehramtsanwärtern vermittelt wurde. Im Mittelpunkt stand die schulpraktische Frage, wie denn unterrichtet werden solle. In der Nachkriegszeit ging es um eine notfallmäßige Rekrutierung des Lehrpersonals, so dass der Neubeginn auch in der schulischen Ausbildung möglichst zügig vorangetrieben werden konnte.

Erst ab 1960 kann von der Ausbildung einer Didaktik (im engeren Sinn) gesprochen werden. Wolfgang Klafki greift die Ansätze seines Lehrers Erich Weniger auf[51] und setzt sich intensiv mit der Frage auseinander, was in der öffentlichen Schule denn unterrichtet werden solle. Über viele Jahre war sein Artikel »Didaktische Analyse als Kern der Unterrichtsvorbereitung«[52] Standardlektüre in den Seminaren zur LehrerInnenausbildung. Die bildungstheoretische Didaktik (W. Klafki, W. Kramp; späte 50er und frühe 60er-Jahre; der Geisteswissenschaftlichen Pädagogik zuzuordnen) ergänzte sehr bald als Kontrapunkt die lerntheoretische Didaktik (P. Heimann, W. Schulz) mit der früheren Phase der »Berliner Schule« (60er-Jahre; der empirisch-analytischen Empirie verpflichtet).
Ging es der bildungstheoretischen Didaktik um die begründete Auswahl der Unterrichtsinhalte, so fragte die lerntheoretische Didaktik nach den

---

49 Dolch, J.: Lehrplan des Abendlandes; Ratingen 1965.
50 Gudjons [7]2001, 233.
51 Weniger, E.: Didaktik als Bildungslehre; Weinheim 1952.
52 Erstmals veröffentlicht in »Die Deutsche Schule« 10/1958, 450–471.

(soziologischen und institutionellen) Rahmenbedingungen von Unterricht. Diese didaktischen Modelle führten in ihrer gegenseitig befruchtenden Diskussion insgesamt zu einem höheren Anspruch in der Lehrer-Innenausbildung.

Ab etwa 1970 ergriff die deutsche Didaktik die Diskussion um die Curriculumtheorie (Robinsohn). Was vermag Unterricht zu leisten und inwieweit ist das abprüfbar? Das waren die bestimmenden Leitfragen. Eine möglichst differenzierte Beschreibung der Lernziele sowie eine auf Überprüfbarkeit achtende Formulierung betonten den Inhalt-Ziel-Komplex von Unterricht.

Ende der 70er und zu Beginn der 80er-Jahre wurde das in der Gesellschaft wichtige Thema der Emanzipation in die Unterrichtsdiskussion eingeführt. Schule sollte dazu beitragen, Kinder zu emanzipieren. Interaktion und Kommunikation wurden wichtige Unterrichtsinhalte und die kommunikative Didaktik (K.-H. Schäfer/ K. Schaller) bestimmte die Diskussion. Konnte am Lernort Schule der Versuch »symmetrischer Interaktion« gelingen?

Etwa zeitlich parallel entwickelte sich die informationstheoretisch-kybernetische Didaktik (F. von Cube; Programmierter Unterricht) ein völlig anders ausgerichteter Aspekt von Nachdenken über Lehren und Lernen. In dieser kybernetischen Sicht der Didaktik ist die Lehrkraft für die Steuerung von Lernvorgängen zuständig. Individuelles Lernen (z.B. Sprachlabor) und lerntheoretisch begründete Übungsphasen gewinnen in diesem die prozessualen Aspekte von Lernen betonenden Modell an Bedeutung.

Die didaktischen Modelle sind nicht im Sinne einer sich ausschließenden Abfolge zu verstehen. Vielmehr umschließen die neuen Modelle die bisherigen, so dass sich – wie bei einer Zwiebel – ein Modell um das andere fügt.

Besonders deutlich wird dies an der Weiterentwicklung der bildungs- und lerntheoretischen Didaktikmodelle: die von W. Schulz erarbeitete Weiterentwicklung des lerntheoretischen Ansatzes im »Hamburger Modell« (späte 70er-Jahre) sowie die Weiterentwicklung des bildungstheoretischen Modells bei W. Klafki zur »kritisch-konstruktiven Didaktik« (1985; konstruktive Aufnahme der Kritik der »Frankfurter Schule«) führen zu einer weit gehenden Annäherung im didaktischen Denken.

Ab 1990 stellt die konstruktivistische Didaktik alle bisherigen Didaktikansätze in Frage, indem sie die individuelle Konstruktion im Lernprozess hervorhebt und den Einfluss des Lehrenden auf diesen Konstruktionsprozess als eher gering betrachtet. Didaktische Konsequenz wäre eine weitgehende Differenzierung in den Lernangeboten, radikal zu Ende gedacht, die Auflösung der öffentlichen Einrichtung Schule als eines untauglichen Versuchs einer alle nivellierenden Lehr-Lern-Anstalt. Gleichzeitig wird auf der schulpraktischen Ebene diese Individualisierung von Lernprozessen von den Schulverwaltungen dadurch gefördert, dass die einzelnen Schulen im Rahmen der Schulentwicklung ermutigt werden, ein eigenes Profil, das den Besonderheiten vor Ort Rechnung trägt, herauszuarbeiten.

Ich frage zusammenfassend: Was ist Aufgabe der Allgemeinen Didaktik?
Grafisch lässt sich dies m.E. am modifizierten didaktischen Dreieck[53] gut zeigen:

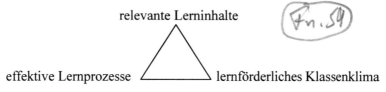

relevante Lerninhalte

effektive Lernprozesse   lernförderliches Klassenklima

Die didaktischen Modelle in der zweiten Hälfte des 20. Jahrhunderts haben den Akzent unterschiedlich gesetzt und entsprechend eine Seite des didaktischen Dreiecks besonders betont.
Die geisteswissenschaftliche Richtung betonte die Bedeutung der Auswahl der relevanten Lerninhalte. Die Grundfrage lautet: Welche Relevanz hat ein bestimmter Unterrichtsstoff für den Lernenden? Der lerntheoretischen Richtung war das unterrichtliche Arrangement wichtig. Sie bemüht sich um eine möglichst hohe Effektivität der Lernprozesse. Die kommunikativen Ansätze schließlich betonten den Stellenwert des menschlichen Miteinanders im Lehr-Lern-Prozess: Bildung braucht Beziehung! Für sie ist ein lernförderliches Lernklima die conditio sine qua non schulischen Lernens.
Diese drei Ansätze der Analyse schulischen Lernens sind jedoch keine sich ausschließenden, sondern sich ergänzende Teilaspekte von Unterricht. Dies kann die grafische Darstellung des didaktischen Dreiecks verdeutlichen. Fehlt eine Seite oder wird eine Seite überbetont, dann geht die harmonische Ausgeglichenheit eines gleichschenkligen Dreiecks verloren, ja es könnte sich gar zu einer Strecke oder – im Extremfall – zu einem Punkt zurückbilden.[54]

---

53 Beim klassischen didaktischen Dreieck werden *Unterrichtsinhalt* sowie *Lehrer* und *Schüler* zueinander in Beziehung gesetzt: Lehrer bereiten einen Unterrichtsinhalt vor, lehren ihn Schülern und diese lernen ihn.
Vgl. H. Meyer: Unterrichtsmethoden Bd. 1; Frankfurt a.M. ²1988 (1987), 132 oder: K. Prange: Bauformen des Lernens; Bad Heilbrunn 1985.
54 H.-U. Grunder differenziert dieses didaktische Dreieck auf drei Ebenen aus, so dass er zusammenfassend von einem »didaktischen Mobile« spricht:

Elementarisierung lässt sich gut in dieses modifizierte didaktische Dreieck einpassen, denn es geht ihr um ein gleichberechtigtes Mitbedenken aller drei Dimensionen von Lernen: die relevanten Lerninhalte, die effektiven Lernprozesse und die lernförderlichen positiven zwischenmenschlichen Beziehungen.

Zwar scheint Elementarisierung zuallererst eine Nähe zur Bestimmung relevanter Inhalte zu haben, aber sie bemüht sich ebenso um elementare Lernformen, die effektive Lernprozesse initiieren können sowie um ein Lernklima, in dem ein Austausch über elementare Erfahrungen und persönliche Gewissheiten geführt werden kann und in dem sich LehrerInnen und SchülerInnen wohl fühlen.

Ist nun aber »Elementarisierung« ein allgemeindidaktisches Modell? Der Begriff taucht in den Darstellungen zur Entwicklung der didaktischen Modelle nicht auf!
Ließe sich Elementarisierung an eines der beschriebenen Modelle anbinden, weil es inhaltlich dazu eine besonders große Nähe hat? Oder sollte das Modell Elementarisierung bisher schlicht übersehen worden sein und wäre (neu) zu entdecken?
Dazu scheint es sinnvoll, sich kurz zu vergewissern, was denn unter einem »didaktischen Modell« zu verstehen ist:

»1. Ein didaktisches Modell ist ein erziehungswissenschaftliches Theoriegebäude zur Analyse und Modellierung didaktischen Handelns in schulischen und nichtschulischen Handlungszusammenhängen.
2. *Ein didaktisches Modell stellt den Anspruch, theoretisch umfassend und praktisch folgenreich die Voraussetzungen, Möglichkeiten und Grenzen des Lehrens und Lernens aufzuklären.*
3. *Ein didaktisches Modell wird in seinem Theoriekern in der Regel einer wissenschaftstheoretischen Position (manchmal auch mehreren) zugeordnet.«*[55]

Könnte das auf ein »Modell Elementarisierung« zutreffen?

»Zum einen geht es um das Gleichgewicht zwischen Lehrkraft, SchülerInnen und Inhalten (das ›didaktische Dreieck‹); dann geht es um die Balance zwischen dem Vermitteln relevanter Inhalte, optimiert verlaufenden Lernprozessen und einem lernförderlichen Klima (das unterrichtsmethodische Dreieck). Und schließlich geht es um die Ausgewogenheit von lehren, lernen und interagieren (das kommunikative Dreieck). Die drei anzustrebenden Balancen hängen zwangsläufig zusammen und sind voneinander abhängig. Selbstredend liegt das Ideal in einer waagrechten Balance des gesamten Systems, der von der Lebenswelt partiell abgeschlossenen Schule.«
In: Grunder 2005, 213.
Im hier dargestellten modifizierten didaktischen Dreieck wird folglich der Akzent auf die unterrichtsmethodische Balance schulischer Lernprozesse gelegt!
55   Jank/Meyer ³1994 (1991), 92.

Jank/Meyer unterscheiden in ihrem Standardwerk vier Ebenen der Didaktik:⁵⁶

1. Ebene: Prozessebene	– konkreter Vollzug von Unterricht
2. Ebene: Planungsebene	– Analyse und Planung von Unterricht
3. Ebene: Reflexionsebene	– Nachdenken über grundlegende didaktische Strukturen von Unterricht
4. Ebene: wissenschaftstheoretische Ebene	– Nachdenken über den Stellenwert, die Funktion und Aussagekraft von Didaktiken

Auf welcher Ebene nun wäre »Elementarisierung« anzusiedeln? Als didaktisches Modell müsste es der dritten didaktischen Ebene zugeordnet werden. Elementarisierung dient zwar zweifellos der Analyse und Modellierung schulischen Handelns. Elementarisierung hat – wie noch zu zeigen sein wird – auch eine gewisse Nähe zur bildungstheoretischen Didaktik und lässt sich wissenschaftstheoretisch den hermeneutischen Wissenschaften, genauer der Geisteswissenschaftlichen Pädagogik, zuordnen.
Aber wäre es insgesamt nicht hypertroph, Elementarisierung als didaktisches Modell etablieren zu wollen?
Schon ein kurzer Blick in die Literaturliste zeigt, dass sich zum Stichwort »Elementarisierung« besonders viele Veröffentlichungen aus dem Fachbereich Religion finden. Womit lässt sich dieser Befund erklären? Wäre es vielleicht angemessener, »Elementarisierung« als eine vorrangig religionsdidaktisch wichtige Aufgabe zu bezeichnen?

B) Elementarisierung – ein religionsdidaktisches Modell?
Für diese Einordnung plädiert u.a. Friedrich Schweitzer⁵⁷:

*»Als religionsdidaktisches Modell findet die Elementarisierung ihren Ausdruck als Doppelbewegung zwischen Kindern und Jugendlichen einerseits und (theologischen) Inhalten andererseits. ... Elementarisierung steht für einen pädagogisch-bildungstheoretisch begründeten Religionsunterricht. Dies macht besonders die hervorgehobene Bedeutung der Fragen nach Erfahrungen und nach Zugängen von Kindern und Jugendlichen (oder Erwachsenen) deutlich.«*⁵⁸

Schweitzer stellt den Vorteil des Modells der Elementarisierung im Vergleich zu anderen didaktischen Modellen im Blick auf den Religionsunterricht heraus:

---

56 Jank/Meyer ³1994 (1991), 69–73.
57 Schweitzer 2000, 240–252.
58 Ebd., 244f.

»Im Vergleich zu allgemeindidaktischen Modellen bietet der Bezug auf Erfahrungen und Wahrheiten den entscheidenden Vorteil, dass hier religionsdidaktische Fragen von vornherein spezifisch beachtet sind. Die bei der Didaktischen Analyse üblichen Erschließungsfragen bleiben für den Religionsunterricht oft zu unspezifisch.«[59]

Auch wenn der didaktische Aspekt der Elementarisierung für den Religionsunterricht von herausragender Bedeutung ist, so ist er für andere Fachdidaktiken und die Allgemeine Didaktik nicht bedeutungslos. Deshalb ist diese Arbeit bewusst weiter – über den Blickwinkel des Religionsunterrichts hinaus – angelegt.

In Anknüpfung an die vier didaktischen Ebenen nach Jank/Meyer[60] hat Elementarisierung vielleicht noch mehr mit der zweiten Ebene, mit der Analyse und Planung von Unterricht, zu tun.[61] Wenn dem so ist, wäre es dann vielleicht angemessener, bei »Elementarisierung« von einem Unterrichtskonzept zu sprechen?

C) Elementarisierung – ein Unterrichtskonzept?

»Von diesen umfassenden Didaktikmodellen sind auf einer anderen Ebene ›Unterrichtskonzepte‹ zu unterscheiden, die nicht den Anspruch umfassender Theoriebildung haben, sondern eher aus der Praxis heraus entstanden sind und auf bestimmte Defizite vereinseitigten Schulunterrichts antworten (z.B. entdeckender Unterricht, erfahrungsorientierter oder handlungsorientierter Unterricht).«[62]

Was kennzeichnet ein Unterrichtskonzept? Jank/Meyer definieren wie folgt:

»Unterrichtskonzepte liefern eine griffige Orientierung unterrichtspraktischen Handelns. Sie haben deshalb einen unterrichtsmethodischen Akzent. ... Fragen der Umsetzung unter alltäglichen Arbeitsbedingungen, Rückwirkungen der Konzepte auf das Selbstverständnis von LehrerInnen und SchülerInnen ... stehen im Vordergrund. Unterrichtskonzepte sind – anders als die allgemeindidaktischen Modelle – von vornherein normativ und präskriptiv gemeint: Sie beschreiben, wie sich ihre Erfinder guten Unterricht vorstellen.«[63]

---

59 Ebd., 246.
60 Jank/Meyer ³1994 (1991), 69–73.
61 Vgl. Nipkow 1986, 3–16.
Vgl. auch: Schweitzer 1988, bes. 542–545.
62 Gudjons ⁷2001, 234.
63 Jank/Meyer ³1994 (1991), 290.

Hier frage ich mich, ob Elementarisierung wirklich »normativ und präskriptiv« gemeint sein will? Kann mit Hilfe von Elementarisierung der Unterricht maßgebend und vorschreibend dargestellt werden? Ist gar so etwas wie Bewertung und Verordnung denkbar? Muss nicht vielmehr Elementarisierung immer wieder in den unterschiedlichsten Konstellationen von Unterricht neu bedacht werden?
Außerdem: Lässt sich Elementarisierung als »normative Gesamtorientierung des didaktischen Handelns«[64] auf einer Ebene mit Projektunterricht, problemorientiertem Unterricht oder Offenem Unterricht verstehen?
Ich zögere.

D) Elementarisierung – ein Unterrichtsprinzip?

Um eine letzte Möglichkeit der didaktischen Einordnung aufzuzeigen, gebe ich im Folgenden eine schulpraktische Begegnung mit dem Begriff »Elementarisierung« wieder:
In der Gesamtlehrerkonferenz meiner Schule (Otto-Rommel-Realschule Holzgerlingen) wurde am 23.10.2000 über die Umsetzung der Leistungsstufen an der Schule diskutiert. Sollen besonders gute LehrerInnen einen Zuschlag auf ihr Gehalt bekommen. Und was sind Merkmale eines solchermaßen ausgezeichneten Unterrichts? In den Kriterien zur Erstellung einer solchen Leistungsbeurteilung heißt es unter anderem:

*»1. Teilbereich: Unterricht – Planung, Durchführung, Ergebnis, Selbsteinschätzung u.a. Umsetzung von Unterrichtsprinzipien (z.B. Veranschaulichung, **Elementarisierung**, Altersgemäßheit, Aktualität, Differenzierung, Schüleraktivität)«*[65] (Hervorhebung; M. S.)

Ist es vielleicht sinnvoller, Elementarisierung didaktisch als ein Unterrichtsprinzip einzuordnen? Zum letzten Mal eine Definition nach W. Jank/H. Meyer:

»Didaktische Prinzipien sind zusammenfassende Chiffren für die didaktisch-methodische Akzentuierung eines Unterrichtskonzepts.«[66]

Einerseits bilden mehrere didaktische Prinzipien die Grundlage für ein bestimmtes Unterrichtskonzept, andererseits befindet sich jedes einzelne didaktische Prinzip auf einer abstrakteren Ebene als das am Arrangement des konkreten Unterrichts ausgerichtete Unterrichtskonzept.

---

64 Ebd., 287 (Abb. 8.1: Ebenen des Orientierungswissens).
65 Verordnung des Oberschulamts Stuttgart – 2000.
66 Jank/Meyer ³1994 (1991), 293.

In der didaktischen Literatur werden für »didaktische Prinzipien« auch die Synonyme »Unterrichtsprinzipien« oder »Unterrichtsgrundsätze« verwendet.

Ich präferiere diese in der didaktischen Hierarchie eher »bescheidene« Einordnung und werde im Folgenden meiner Untersuchung vom didaktischen Prinzip (= Unterrichtsprinzip) Elementarisierung sprechen.[67]

Elementarisierung als didaktisches Prinzip zu verstehen, erleichtert einen wichtigen Ansatz dieser Arbeit: den fächerübergreifenden Aspekt, denn didaktische Prinzipien »gelten für alle Fächer«[68].

4. Elementarisierung – eine Definition[69]

Wer immer Unterricht erteilt, muss aus der Vielfalt des Möglichen auswählen. Er bemüht sich, das von der Sache her Wesentliche übersichtlich zusammenzufassen und so zu vereinfachen, dass es für die Lernenden verständlich(er) wird, ohne von der Sache her falsch zu werden. Dieser Prozess der Konzentration ist ganz von der inneren Logik einer Fachwissenschaft bestimmt.
Zugleich aber muss der Unterrichtende von den Adressaten her seine Auswahl bestimmen.
Was könnte für eine bestimmte Gruppe von Lernenden in ihrer augenblicklichen Entwicklungsphase und ihrer momentanen Lebenssituation grundlegend sein?
Hier wird der Prozess der Konzentration folglich von den aktuellen Möglichkeiten und Bedürfnissen der Lernenden bestimmt.[70]

---

67 Diese Einordnung finde ich – nachträglich – von einem der wichtigsten Vordenker der Elementarisierung im religionspädagogischen Bereich bestätigt:
»Elementarisierung setzt anders an, quer zu jenen Konzeptionen, zugleich aber in Aufnahme ihrer bewährten Aspekte. Sie ist nicht einfach eine neue religionsdidaktische Konzeption, sondern ein übergreifendes Unterrichtsprinzip« (Nipkow 2005, 326).
68 Bohl 2000, 44.
Entgegen meiner ursprünglichen Planungen habe ich schlussendlich den Vergleich der Fachdidaktiken hinsichtlich des Verständnisses von Elementarisierung nicht ausgeführt. (→ vgl. Desiderate in Kap. IV. 2)
69 Nach Schroer 1986, 502.
70 Interessant unter fachdidaktisch vergleichender Perspektive ist ein Blick in den Ethik- bzw. Philosophieunterricht. E. Martens (Martens 2003, 24) will in Bezug auf den schulischen Unterricht Vulgär- oder Pseudophilosophie von einer Popularphilosophie unterscheiden. Er nennt dafür folgende Kriterien für eine didaktisch legitimierte Popularphilosophie:
»Ihre Inhalte müssen möglichst allgemein interessierend aus persönlicher und gesellschaftlicher Sicht sein; ihre Methode muss eine möglichst weitgehende Verständlichkeit und Nachvollziehbarkeit aufweisen; sie muss dem Zweck einer letztlich

Elementarisierung ist somit das Ergebnis eines doppelten Konzentrationsprozesses:
Elementarisierung nimmt für die didaktischen Überlegungen einerseits die Ergebnisse der Konzentration auf das Grundlegende der zu vermittelnden *Sache* auf. Andererseits fordert Elementarisierung die Konzentration auf das im Blick auf die *Lernenden* Bedeutsame.
Womit von beidem begonnen wird, kann situativ offen bleiben.
Mehr lehrgangsorientierte Unterrichtsphasen werden eher vom ersten Aspekt der Konzentration ausgehen, stärker am momentanen Interesse der SchülerInnen orientierte Unterrichtsphasen werden zunächst den zweiten Aspekt der Konzentration in den Mittelpunkt stellen. Wichtig bleibt aber in beiden Zugehensweisen die Interdependenz dieses doppelten Konzentrationsprozesses.

Damit ist auch klar, dass Elementarisierung nicht ein für allemal mit Hilfe einer Fachdidaktik erarbeitet werden kann, sondern immer wieder neu zu bedenken ist.
In diesem Prozess wird aus der Vermittlung durch den Lehrenden im Idealfall eine Kommunikation von Lernenden und Lehrenden im Unterricht.

Elementarisierung
ist das Bemühen,
**Grundlegendes
didaktisch
zur Geltung zu bringen.**

---

5. Elementarisierung – Bedeutung angesichts heutiger Wirklichkeitserfahrung von Kindern und Jugendlichen

– Beobachtungen und Ausgangsfragen

Zu Beginn dieser didaktischen Arbeit muss auch die Frage stehen, welche Bedeutung das Prinzip der Elementarisierung angesichts heutiger Wirklichkeitserfahrung von Kindern und Jugendlichen hat?

praktischen Orientierung genügen und schließlich einen breiten ... Personenkreis ansprechen.«
Philosophische Inhalte und Methoden zu »popularisieren« entspricht also dem hier definierten »elementarisieren«. Es grenzt sich ab von unzulässigem »vulgarisieren«, das ich als »simplifizieren« oder »banalisieren« bezeichne.

5. Elementarisierung

1. Kinder und Jugendliche leben in einer Welt der Wissensexplosion. Die globale Vernetzung von Wissen und Kommunikation erfordert Kinder und Jugendliche, die äußerst flexibel agieren. Die einzelnen Wissensfelder – sei es in den immer differenzierteren Berufsbildern, sei es in den zunehmend ausdifferenzierten wissenschaftlichen Disziplinen – erfordern dringender denn je ein Orientierungswissen[71], ein Fundamentum, das hilft, die Vielfalt zu sichten, zu ordnen und zu werten.[72] Elementarisierung könnte dem Einzelnen helfen, dennoch den Überblick zu bewahren und aus der Überfülle qualifiziert auszuwählen. Durch das Unterrichtsprinzip der Elementarisierung kann Schule dazu beitragen, dass aus einer Flut von Informationen verarbeitetes Wissen wird und dieses in einen Werterahmen eingefügt wird.

2. Aufgabe der Schule war und ist es noch immer – so schwierig das auch zunehmend zu werden scheint – Kinder und Jugendliche auf das Leben in der Erwachsenengesellschaft vorzubereiten. Deshalb gilt es – bei abnehmender Halbwertszeit unseres Wissens[73] – eine Allge-

---

[71] Die PISA-Studie differenziert Orientierungswissen in vier Modi der Weltbegegnung aus. Diese bilden dann – jenseits einer variablen Fächerstruktur – kulturelle Basiskompetenzen, um deren Ausbildung Schule sich zu mühen hat: *»Kanonbildend wirkt ... der reflexive Zugang zu unterschiedlichen, nicht wechselseitig substituierbaren Modi der Welterfahrung, die Humboldt im königsberger und litauischen Schulplan (1809) linguistisch, historischmathematisch und gymnastischästhetisch nennt ...In der Substanz geht es um die Orientierungswissen vermittelnde Begegnung mit **kognitiver, moralisch-evaluativer, ästhetisch-expressiver** und **religiös-konstituiver** Rationalität«* (PISA 2000, 21).

[72] Gefährlich allerdings ist, wenn aus dem Bemühen um ein tragfähiges Fundamentum ein Fundamentalismus wird, der andere Meinungen und Vorstellungen ausblendet oder gar bekämpft. Aus der Angst vor Überforderung entsteht Pluralitätsverweigerung: *»Das Viele wird reduziert auf ein klares Einfaches: entweder – oder. Dadurch wird die Welt einfacher, als sie ist – und überschaubarer. Solch erzwungene Einfachheit kann zu fundamentalistischen Einstellungen führen. Diese fundamentalistischen Spielarten der Pluralitätsverweigerung finden sich im Bereich des politischen Handelns ebenso wie im Bereich der Religion und des Glaubens. Sie hat ihre Anziehungskraft, denn sie ordnen die Welt durch Reduktion der Komplexität. Junge Menschen haben den Wunsch, die Welt zu verstehen. Die Reduktion der Wirklichkeit auf einfache Positionen kann da zunächst durchaus eine Hilfe sein. Nur besteht die Gefahr darin, in der vermeintlichen Einfachheit und Einlinigkeit stehen zu bleiben, auf Dauer zu verhärten, nicht mehr gesprächsfähig zu sein«* (Biesinger/ Tscheetzsch 2005, 76f.). Elementarisierung will ein Wissensfundament aufbauen helfen und Orientierungswissen fördern, aber nicht durch Simplifizierungen die Vielfalt von Wirklichkeit verleugnen.

[73] Wer allerdings von einem rapiden Verfall der Halbwertszeit von Wissen in unserer Gesellschaft spricht, wird bei sorgfältiger Prüfung dieses Slogans konzidieren: Unsere Wissensbestände wachsen vor allem deshalb so rasant, weil es inzwischen zu einer kaum mehr zu überschauenden Ausdifferenzierung der Wissensbestände gekommen ist. Je mehr die in der Schule gelernten Wissensbestände aus solider All-

meinbildung/Grundbildung zu vermitteln, die sich nicht allein auf ein inhaltliches Basiswissen fixiert, sondern gleichermaßen personale, soziale und methodische Kompetenzen berücksichtigt.[74] Ein moderner Begriff von Elementarisierung muss dem Rechnung tragen, indem nicht nur ein für alle wichtiges Grundwissen gesucht wird, sondern diese Basiskompetenzen als bedeutsamer Aspekt moderner Bildung Beachtung finden.[75]
3. Die postmoderne Gesellschaft mit ihrer Individualisierung und Pluralisierung schafft für Kinder und Jugendliche viele neue Freiräume. Gleichzeitig bedeutet Postmoderne jedoch auch die Auflösung traditioneller Verbindlichkeiten. Damit eine angstfreie Begegnung mit dem Fremden möglich ist, ohne sich selbst zu verlieren oder in beliebiger Gleichgültigkeit aufzugehen, wird als Gegenpol Selbstvergewisserung die Basis persönlicher Identität. Die (Rück-)Besinnung auf das Elementare kann Räume der Identitätsbildung schaffen.

Gleich zu Beginn der Arbeit möchte ich – angesichts der Lebensweltbeschreibung heutiger Kinder und Jugendlicher – allerdings einem möglichen Missverständnis von Elementarisierung vorbeugend entgegentreten: Elementarisierung vermag nicht in Form von Bildung die verlorene Einheit der Welt wiederzugewinnen und damit der holistischen Sehnsucht vieler Menschen zu dienen.

»Bildung ist nicht mehr idealistisch als ›integrativer Gesamtbegriff‹ zu denken. Bildung kann auch nicht mehr auf einer einheitswissenschaftlichen Weltsicht aufruhen. Es kann keine Zentralperspektive mehr in Anspruch genommen werden, aus der die Welt ohne blinden Fleck, wie mit den Augen Gottes betrachtet wäre, auch wenn einheitswissenschaftliche Reduktionismen wegen der Entlastung von Differenzierungszumutungen immer wieder gefährlich attraktiv werden. Bildung kann unter diesen

gemeinbildung bestehen, desto geringer ist die Gefahr, dass das heute Gelernte schon morgen völlig überholt sein wird.
74 Vgl. Klippert 2000, 35
75 Vgl. z.B. Pädagogik 4/2001 »Basiskompetenzen vermitteln«
Dies hält auch H. v. Hentig in seiner Einführung in den Bildungsplan 2004 als eine der notwendigen Konsequenzen aus den internationalen Schulleistungsvergleichen für das deutsche Bildungssystem fest:
»Die insbesondere seit Pisa erkennbare und befolgte Absicht der Bildungsplaner, von den Wissenspyramiden wegzukommen, die die alten Lehrpläne kennzeichneten, nimmt eine frühere Forderung wieder auf, die volkstümlich ›Entrümpelung‹ hieß und die bildungstheoretisch mit der ›Exemplarität‹ des jeweils zu lernenden Gegenstandes begründet wurde. ... Wieder versucht diese Einführung eine Vorstellung davon zu vermitteln, was durch strenge Konzentration, durch die Einführung von Kerncurricula und Kontingentstundentafeln und durch einen Kanon ›zentraler Themen‹ erreicht werden kann: größere Übersicht, ein Sinn für die Einheit der Bildung, eine Vereinfachung des Gesamtplans, Spielräume für individuelle Schulcurricula«
(v. Hentig 2004, 14).

5. Elementarisierung

Voraussetzungen weder die mit der modernen Kultur unvermeidlich verbundenen Unsicherheiten beseitigen noch irgendeine Einheitsperspektive anbieten, in der sich die Differenzen auflösen. Bildung zielt nicht auf Sicherheit, sondern auf Unsicherheitstoleranz, nicht auf ganzheitliche Weltsicht, sondern auf Differenzkompetenz.«[76]

Elementarisierung ist folglich nicht Reduktion im Sinne von Simplifizierung, nicht der Versuch, Sicherheit im Bildungsprozess vorzugaukeln, wo es gilt, die Unsicherheit in den differenten Weltzugängen auszuhalten.

Ausgehend von diesen Überlegungen zur Lebenswelt der Kinder und Jugendlichen komme ich in Bezug auf das didaktische Prinzip der Elementarisierung zu folgenden sieben Thesen:

– Sieben Thesen zur Elementarisierung

A) These in Bezug auf die Allgemeine Pädagogik

In Zeiten äußerer Verunsicherung ist die Vergewisserung auf das Elementare, auf das trotz aller Veränderung Tragende und Bleibende, besonders wichtig. Deshalb ist die didaktische Bemühung um Elementarisierung im Bildungswesen ein **Indikator für gesellschaftliche Umbruchphasen**.

B) Thesen in Bezug auf Allgemeine Didaktik und Fachdidaktik

(1) Elementarisierungsansätze finden sich **eher in einzelnen Fachdidaktiken** als in der Allgemeinen Didaktik.
(2) Weil **Fach**didaktikern die Stofffülle ihrer Fachwissenschaft bedrängend nahe ist, neigen sie dazu, Elementarisierung **einseitig als Reduktion des komplexen Fachwissens** auf einfache Grundwahrheiten zu verstehen. Aufgabe der **Allgemeinen** Didaktik ist, die fachdidaktischen Elementarisierungsansätze kritisch zu befragen, inwieweit **sie die entwicklungspsychologischen Voraussetzungen und die lebensweltlichen Erfahrungen** der Lernenden mit bedenken.
(3) Elementarisierung braucht zu ihrer Konkretisierung im Schulalltag »elementare« Formen des Lernens. Die Allgemeine Pädagogik muss erforschen, welche Lernformen – unabhängig vom Fach – **eine pädagogisch elementare Lernkultur fördern**.

---

76 Dressler, B.: Bildung ist Lernen an Differenzen; Vortrag im Ev. Studienzentrum Stuttgart-Birkach am 30.11.2005 (Manuskript S. 4f.).

C) Thesen in Bezug auf die Unterrichtspraxis[77]

(1) Elementarisierung im Schulalltag ist **lernbar** – also auch lehrbar. Deshalb ist Elementarisierung in Studium und Fortbildung zu vermitteln sowie in der Vorbereitung der einzelnen Unterrichtseinheiten von LehrerInnen als Vorarbeit zu leisten.
(2) Elementarisierung im Schulalltag leisten LehrerInnen »**automatisch**«[78]. Es gehört zu den Grundaufgaben eines Lehrers/einer Lehrerin, komplexe Sachzusammenhänge im Blick auf seine/ihre Schüler zu vereinfachen. Je mehr Erfahrung er/sie darin hat, umso selbstverständlicher wird dies im Einzelfall gelingen. Hier können mitunter Berufsroutine und Intuition im Unterricht zeitaufwendige Vorüberlegungen in der Unterrichtsvorbereitung ersetzen.
(3) Das Auftreten des Elementaren im Schulalltag bleibt ein **Geschenk des Augenblicks**. Das Unterrichtsgeschehen ist dynamisch. Unvermutet tauchen Fragen auf, die außerhalb jeder Vorbereitungsmöglichkeit stehen, die aber in der Situation für (einzelne) SchülerInnen elementar sind.

6. Aufbau und Methoden der Arbeit

Meine Untersuchung zum didaktischen Prinzip der Elementarisierung will die unterrichtspraktischen Ansätze in einem schulpädagogischen Modell verankern und dessen bildungsgeschichtliche Entwicklung aufzeigen.

Im Anschluss an Dietrich Benner kann das komplexe Feld des Handelns in der Schule sowie des Nachdenkens darüber in die Trias »Erziehung – Pädagogik – Erziehungswissenschaft« gefasst werden. Erziehung verweist auf die Phänomene und Praktiken, die durch die Existenz von Menschen immer schon gegeben sind. Pädagogik hingegen kennzeichnet die existenzielle Reflexion darüber in einer jahrtausendalten Wissenschaftstradition. Erziehungswissenschaft ist der akademische Aspekt dieses Handlungsfeldes. Empirisch höchst differenziert werden Teilaspekte des Handlungsfeldes in Anlehnung an andere Sozialwissenschaften erforscht. In den letzten beiden Jahrhunderten hat dieser Zugang an Bedeutung gewonnen. Entscheidend ist nun, die Interdependenz in dieser Trias wahrzunehmen: das eine macht nur im engen Bezug auf die beiden anderen Sinn.

---

77 Schnitzler 2000, bes. 291f.
78 Der Begriff »automatisch« (αὐτοματική) in dieser These kann missverständlich sein. Zwar ergibt die Notwendigkeit der Unterrichtssituation »von selbst«, dass Lehrerinnen und Lehrer Lerninhalte auswählen und möglichst schülergemäß in den Lernprozess einbringen. Aber die Tatsache, dass Lehrer »automatisch« vereinfachen, sagt noch nichts über die Qualität der Elementarisierung. Die (vorläufige) Definition (I.4) zeigt, dass Elementarisierung eine anspruchsvolle Aufgabe im Lehr-/Lernprozess ist!

6. Aufbau und Methoden der Arbeit

»*Der dualistisch nicht auflösbare, zu bewahrende Sinn der Trias von Praxis, Handlungstheorie und Wissenschaft könnte ... darin liegen, dass die Wissenschaften von der Erziehung ... auf eine Reflexion, Aufklärung und Weiterentwicklung von Praktiken zurückbezogen sind, die, wie andere Praktiken auch, niemals völlig verwissenschaftlicht und durch sozialwissenschaftliche Technologien rationalisiert werden können. Zur Aufgabe handlungsbezogener, praktischer Wissenschaft gehörte dann, in sich Wissensformen zu unterscheiden und auszubilden, die auf ein in der Praxis nachweisbares Verhältnis von theoretischer Reflexion und Praxis bezogen sind, das nicht in wissenschaftliche Rationalität überführt, wohl aber durch Reflexion und Wissenschaft aufklärt und für neue Möglichkeiten geöffnet werden kann.*«[1]

Diese drei Aspekte pädagogischen Denkens und Handeln will ich in meiner Arbeit im Blick auf »Elementarisierung« eng aufeinander beziehen.

Zunächst wird die Bedeutung des didaktischen Prinzips der Elementarisierung an Beispielen aus der Schul- und Bildungsgeschichte aufgezeigt. Die Umsetzung des Unterrichtsprinzips Elementarisierung in der Fachdidaktik zeige ich an Beispielen aus der Religionsdidaktik nach 1945 auf. Schließlich stelle ich auf der schulpraktischen Ebene dar, was Elementarisierung in Bezug auf die Lernformen in der Altersstufe Pubertät heißen könnte.[2]

– Historisch-hermeneutischer Ansatz

Diese Arbeit hat zunächst einen historisch-hermeneutischen Ansatz. Ich nehme exemplarisch das auf, was in der bisherigen Geschichte der Erziehung zum Problem der Elementarisierung gedacht worden ist.
Ziel dieses Ansatzes ist der Versuch, eine historische Entwicklungslinie[3] in Bezug auf das Thema dieser Arbeit, dem Unterrichtsprinzip der Elementarisierung, aufzuzeigen. Wie haben Pädagogen früherer Jahrhunderte das Inhaltsproblem schulischen Unterrichts gelöst und welche Methoden der unterrichtlichen Umsetzung konnten zur Elementarisierung beitragen – auch wenn dafür andere Begriffe verwendet wurden?
Dieser Weg ist zwar etwas länger und mühsamer, aber er entspricht dem Respekt vor der Tradition des bisher Gedachten und bewahrt zugleich

---

1 Benner 2004, 14.
2 Die empirischen Hintergrundsuntersuchungen zum konstruktiven dritten Teil erscheinen als Projektbericht der Ev. Landeskirche in Württemberg: Böhm/Schnitzler; Religionsunterricht in der Pubertät – Auswertung einer explorativen Studie; Stuttgart 2007.
3 Knoop/Schwab 1981, 21.

davor, etwas als genial neue Idee anzupreisen, was so – oder zumindest ganz ähnlich – schon erarbeitet worden ist.⁴ Der historische Zugang ist für mich mehr als das Abstauben von pädagogischen Vorbildern, die in der Rumpelkammer der Schul- und Bildungsgeschichte abgestellt und weitgehend vergessen sind.⁵ Ich verbinde den historisch-hermeneutischen Ansatz auch mit der Hoffnung, dass das Historische Relevanz für gegenwärtige Fragestellungen hat. Deshalb schließt jedes der schulgeschichtlichen Teilkapitel mit einer Bilanz, in der ich mich bemühe, den Erkenntnisgewinn des geschichtlichen Beispiels für das heutige Unterrichtsprinzip »Elementarisierung« herauszustellen.

– *Exkurs: Historia magistra vitae (paedagogicae)?*

»Klassische« pädagogische Texte auswerten statt die Wirklichkeit in der Schule heute zu analysieren, ist das nicht ein Holzweg, zumindest ein unverhältnismäßig langer Umweg?⁶
Ich meine: nein!
Das Unterrichtsprinzip der Elementarisierung hat – wie viele andere schulpädagogische und didaktische Forschungsfelder – in der Frage der Organisation von schulischem Unterricht schon immer eine Rolle gespielt. Die Geschichte der Pädagogik kann folglich meines Erachtens sehr wohl Lehrmeisterin für heutige didaktische Ansätze sein, indem sie aufzeigt, wie Elementarisierung bisher berücksichtigt worden ist und was davon auch noch heute für die unterrichtliche Praxis Bedeutung haben könnte. Der historisch-hermeneutische Ansatz wehrt der Gefahr, hinter den Stand früherer Erkenntnis zurückzufallen.⁷

---

4 So ist es z.B. interessant zu beobachten, dass einiges von dem, was zur Zeit unter dem Label »Schulentwicklung« propagiert wird, wichtige Vorläufer in den Schulreformen des ausgehenden 19. und beginnenden 20. Jahrhunderts hatte (»Reformpädagogik«), ohne dass dies gesehen wird oder auf diese Bezug genommen werden würde.
5 Manches allerdings darf – zumindest für meine Fragestellung – auch ruhig in diesem dunklen Raum der Historischen Pädagogik vor sich hindämmern und einstauben. Es mag für andere Forschungsaspekte von Belang sein.
6 Vgl. die Auseinandersetzung zwischen H. Roth und O. F. Bollnow um den Stellenwert von Empirie und Hermeneutik in der Erziehungswissenschaft bes.: Bollnow, O. F.: Über den Wert einer Beschäftigung mit der Geschichte der Pädagogik für die systematische Pädagogik; Wiesbaden 1979, S. 13–26
7 Die Bedeutung eines historisch-hermeneutischen Zugangs zeigt sich auch in anderen Wissensgebieten. So beginnt C. Albrecht seine Überlegungen zur Bedeutung des Bildungsbegriffs für die Praktische Theologie im 1. Kapitel mit einer historischen Rekonstruktion und begründet diese wie folgt:
»Dieses Kapitel soll eine elementare Funktion erfüllen, indem geklärt wird, in welchem Sinne im Folgenden von Bildung die Rede ist. Es ist mehr als eine Pflichtübung, wenn dabei an ›den selbst unter Theologen zuweilen in Vergessenheit geratenen Schatz der spezifisch protestantischen Bildungstraditionen‹ (H. Schmoll 2002,

6. Aufbau und Methoden der Arbeit

Gleichzeitig muss natürlich vor einer Überforderung der Historischen Pädagogik gewarnt werden. Es ist wohl nicht zu erwarten, dass sich aus der Reflexion über die historische Dimension der Fragestellung – fast schon von selbst – die Lösung für die heute relevante Fragestellung ergeben würde.

»Sowenig die Erziehungsfragen und –lösungen der Gegenwart einfach aus der Vergangenheit deduziert und übernommen werden können, so wenig können sie doch ohne Kenntnis der historischen Zusammenhänge wirklich verstanden und beurteilt werden. Die Wurzeln der pädagogischen Gegenwartsprobleme reichen oft sogar tief in den historischen Boden hinein.«[8]

Die Beispiele aus der Geschichte der Pädagogik sollen einerseits historische Fakten aufnehmen und erklären. Gleichzeitig sollen die Erkenntnisse aber auch ausgewertet werden in ihrer Bedeutung für die Fragestellungen der Arbeit. Leitend ist dabei die Hoffnung, aus der Retrospektive Impulse für die Prospektive, den konstruktiven Teil der Arbeit, zu gewinnen.[9]

Was Karl Ernst Nipkow im Blick auf die Religionspädagogik formuliert, kann für die Pädagogik insgesamt verallgemeinernd festgestellt werden: Zukunftsfähigkeit entsteht gerade durch Geschichtsbewusstsein!

»Ein wissenschaftlicher Vorzug von Vorausschau durch Rückschau ist bereits, dass man erkennt, in wie vielen Hinsichten die Religionspädagogik das Rad nicht neu erfinden muss. Dies entlastet, stimmt manchmal aber auch leicht ironisch. Die lapidare Konsequenz ist...: Treiben wir mehr Geschichte der Religionspädagogik, dann wird sie auf jeden Fall zukunftsfähiger.«[10]

---

530) *erinnert wird. Denn der mit diesem Kapitel gepflegten Orientierungsabsicht liegt die vielleicht triviale, aber eben offensichtlich nicht selbstverständliche Überzeugung zugrunde, dass auch in der Praktischen Theologie das Medium des Verstehens, die Begrifflichkeit wesentlich geschichtlich ist, so dass jede ungeschichtliche Reflexion naiv sein muss.«*
In: C. Albrecht; Bildung in der Praktischen Theologie; Tübingen 2003, 16.
Dieselbe orientierende Funktion erhoffe ich mir durch eine historisch-hermeneutische Zugehensweise zum pädagogischen Begriff der Elementarisierung.
8   Reble, A.: [19]1999 (1951), S. 14f.
9   Böhm, W.: Nachträgliche Rechtfertigung einer noch zu schreibenden Geschichte der Pädagogik. In: Vierteljahrsschrift für wissenschaftliche Pädagogik 58 (1982), S. 397–410 bes. S. 398.
10 Nipkow, K. E.: Zur Bildungspolitik der evangelischen Kirche; Münster 2003, 237.

Ich formuliere zugespitzt: Wer die Geschichte der Pädagogik ignoriert, verspielt ihre Zukunftsfähigkeit. Deshalb ist mir die historisch-hermeneutische Zugehensweise wichtig.

Bei aller Werschätzung des historischen Zugangs will ich eine Einschränkung dennoch gleich zu Beginn der Arbeit festhalten: historisch-systematische Darstellungen der pädagogischen Tradition haben nicht per se normative Bedeutung für heutige erziehungswissenschaftliche Forschung:

»Anders, als frühere Formen der Geschichtsschreibung angenommen haben, sind nach heutigen Vorstellungen die vielfältigen Stränge der kulturell mehrfach kodierten abendländischen Pädagogik nicht unmittelbar systembildend zu nutzen.«[11]

So bin ich davon überzeugt, dass die Fragen der heutigen Erziehung und Bildung nur sinnvoll beobachtet werden können, wenn die historischen Bezüge der Fragestellung hinreichend bedacht sind: historia magistra vitae paedagogicae!
Allerdings reicht der historische Rückgriff nicht aus, um die erziehungswissenschaftliche Forschung heute produktiv voranzubringen: historia non sola magistra vitae paedagogicae est!

– Systematischer Ansatz

Deshalb bildet der Versuch einer systematischen Strukturierung des historisch Vorgefundenen den zweiten Schritt meiner Arbeit. Lassen sich im Blick auf die Elementarisierung in der Allgemeinen Didaktik und den einzelnen Fachdidaktiken übergreifende Linien herausarbeiten, die das Gemeinsame hervorheben, aber das Unterscheidende gleichzeitig deutlich machen?
Es wird sich zeigen, dass bei allen Entwicklungen in der Lehr-Lern-Methodik die Inhaltsfrage von Unterricht nicht obsolet geworden ist.[12]

---

11 Benner, D./ Oelkers, J. (Hgg.): Historisches Wörterbuch der Pädagogik; Weinheim/ Basel 2004, 8.
12 *»Wir werden in der Pädagogik das Inhalts- und Kanonproblem, die Themafrage, nicht los. Man mag im Einzelfall diesen oder jenen Wissensbestand, meinetwegen auch die Kenntnis der Deutschen Nationalgeschichte, die Bibelkenntnis und die Vertrautheit mit der antiken Mythologie für verzichtbar erklären, man mag das positive Einzelwissen, das nomologische Regelwissen und das systematische Zusammenhangswissen relativieren und auf seine Veränderlichkeit und Revisionswahrscheinlichkeit hinweisen, zuletzt kommt man doch nicht daran vorbei, dass zu bestimmen ist, was durchgenommen wird«* (Prange 2000, 269f.).

Insbesondere im Blick auf die Religionsdidaktik nach 1945 versuche ich die diversen Ansätze zur Elementarisierung zu systematisieren, um mit Hilfe des so gewonnenen Rasters heutige Entwicklungen zielsicherer einordnen zu können.

– *Unterrichtspraktische Konsequenzen*

Einerseits lebt (erziehungswissenschaftliche) Theoriearbeit von der kritischen Distanz zur eigenen Arbeit. Andererseits wird eine pädagogische Theorie durch persönliche Vorerfahrungen – im kritischen und dankbaren Erinnern des Erlebten – bereichert. Es entsteht eine – sozusagen mit Herzblut – entwickelte Theorie. Das will der dritte konstruktive Teil meiner Arbeit, indem ich nach elementaren Lernformen für die Altersstufe der Pubertät frage. Meine eigene Unterrichtserfahrungen in der Sekundarstufe I (Realschule) sowie die Begleitung und die empirische Auswertung des Projekts »Religionsunterricht in der Pubertät« fließen hier mit ein.

Das Formulieren unterrichtspraktischer Konsequenzen ist für mich – bei aller Vorläufigkeit – der entscheidende Schritt von der Theorie in den Schulalltag. Lehre und Forschung in der Allgemeinen Didaktik sind nicht Selbstzweck, sondern stehen in der Verantwortung vor der Praxis[13], d.h. Erziehungswissenschaft ist Theorie der Praxis für die Praxis. H. Roth formuliert diesen Zusammenhang pointiert so: »Allgemeine Didaktik muss erfahrungsgesättigt betrieben werden. Sie ist entweder Theorie der Praxis oder müßig.«[14]

Deshalb sollen am Abschluss meiner Arbeit Überlegungen stehen, wie das Prinzip der Elementarisierung sich in Bezug auf elementare Lernformen in der Pubertät konkretisieren lässt. Dieser konstruktive Teil enthält – hoffentlich – für die Kolleginnen und Kollegen hilfreiche Anregungen, so dass die theoretischen Untersuchungsansätze wieder zurückführen auf die Ebene des konkreten Unterrichts. Die Ergebnisse der Untersuchung können in der Konstruktion ihre praktische Relevanz erweisen.

Insgesamt beziehen sich in dieser Arbeit deskriptive Elemente (beschreibender Rückblick und systematisierende Zusammenfassung) und präskriptive Elemente (für zukünftige Unterrichtsplanung hilfreiche Aspekte)[15] eng aufeinander. Einerseits soll im rekonstruktiven/deskrip-

---

13 Beckmann 1986, 460.
14 Roth 1966, 72.
15 Dabei ist »präskriptiv« nicht im Sinne von »vorschreibend/ verordnend«, sondern im Sinne von »vorschlagend/ anbietend« zu verstehen.

tiven Teil dem wissenschaftlichen Anspruch an eine Dissertation entsprochen werden, andererseits ist mir wichtig, im konstruktiv/präskriptiven Teil die fruchtbare gegenseitige Ergänzung von erziehungswissenschaftlicher Theorie und unterrichtlicher Praxis aufzuzeigen.

II. Rekonstruktion:
Elementarisierung – Facetten aus der
Wirkungsgeschichte dieses Unterrichtsprinzips

1. Elementarisierungsansätze in der Bildungs- und Schulgeschichte

Elementarschulen als Ausbildungsstätte für alle gab es in der europäischen Schul- und Bildungsgeschichte erstmals im klassischen Griechenland um 500 vor Christus.
Die Polis als Staatsform erforderte eine Beteiligung aller Bürger am öffentlichen Leben. Um einigermaßen qualifiziert mitreden und handeln zu können, mussten die heranwachsenden Bürger auf ihre Aufgaben in einer schulischen Ausbildung vorbereitet werden. Vor allem die jährliche Verlosung der Staatsämter hatte zur Voraussetzung, dass möglichst viele befähigt wurden, die Geschicke des Stadtstaates mit verantworten zu können. Allerdings war es nicht der Staat selbst, der diese Grundbildung seiner Bürger organisierte, sondern alle Eltern waren verpflichtet, ihre Kinder vom 7. Lebensjahr an musisch und gymnastisch von Privatlehrern ausbilden zu lassen. In dieser antiken Form der Grundbildung ging es um geistige und körperliche Formung des Heranwachsenden. Ausgeschlossen von der Bildung waren im klassischen Griechenland die Mädchen und die Kinder der Unfreien, d.h. etwa drei Viertel der Kinder!
Wie kann man sich diese erste Form der Elementarbildung konkret vorstellen?

»Die Knaben erhalten unter Beaufsichtigung eines Knabenführers (›Pädagogen‹) aus dem Sklavenstande bei privaten Lehrern, die den Handwerkern (›Banausen‹) zugezählt werden und nicht geachtet sind, in manchmal sehr primitiven Lokalen Unterricht in Lesen, Schreiben, Sprachlehre, Musik, Gymnastik, Zeichnen, Rechnen. Das Grundbuch für das Lesen, Deklamieren und Lernen ist Homer. Überhaupt liegt das Schwergewicht dieses Unterrichts im Literarischen, wodurch die Jugend gleichzeitig in Geist und Haltung des hellenischen Volkes hineinwächst.«[1]

Der etwa achtjährigen Elementarschule der Knaben schloss sich die vierjährige Ausbildung der jungen Männer (»Epheben«) an. Diese stand unter der Leitung des Staates. Ziel war nun, auf die qualifizierte Mit-

---

1 Reble [19]1999, 26.

arbeit im Staat und einen möglichen Kriegsdienst vorzubereiten. Feierlicher Höhepunkt der antiken Ephebenbildung war nach zwei Jahren die Eintragung der jungen Männer in die Bürgerliste des jeweiligen Stadtstaates.

Aristoteles forderte um 350 v.Chr., dass der Staat auch die Verantwortung für die Elementarbildung übernimmt.
Der Hellenismus schließlich (ab 300 v.Chr.) brachte nochmals einen großen Aufschwung schulischer Bildung. Dabei stand nicht mehr die Polis und die Tauglichkeit des Einzelnen für das Leben in dieser Gemeinschaft im Zentrum der Bildung, sondern Ziel der Bildung wurde zunehmend die Formung der Persönlichkeit. Ideal war das innerlich selbstständige, geistig durchgeformte Individuum. Das Schulwesen wurde ausdifferenziert in Elementarschule (7–12 Jahre), Grammatikschule (12–15 Jahre) und höhere Schule (16–20 Jahre).

»Die Elementarschulen sind nun oft städtisch organisiert, es gibt neben der Knaben- auch Mädchenschulen. Zur Elementarbildung gehört die Pflege des Lesens, Schreibens, Rechnens, Zeichnens, der Musik und der gymnastischen Übungen, die allerdings jetzt etwas zurücktreten. Es werden Schulbücher geschaffen (sogar illustrierte), und die Lektüre Homers nimmt auch jetzt noch einen breiten Raum ein.«[2]

Das römische Schul- und Bildungswesen war im Elementarbereich wieder privat organisiert. Entweder kam ein Hauslehrer zu reichen Familien und unterrichtete die Knaben im Lesen, Schreiben und vor allem Rechnen. Nicht ganz so wohlhabende Familien schickten ihre Söhne auf eine der privaten Elementarschulen. Dort lehrte sie der »Literator« oder »Grammatist« über Lesen, Schreiben und Rechnen hinaus auch Sprüche und etwas in Literatur. Im Gegensatz zur griechischen Bildung spielten dagegen Gymnastik, Musik und Tanz in der römischen Elementarschule kaum eine Rolle.[3]

Im Mittelalter gab es überwiegend Formen praktischer Ausbildung. So wurden junge Männer in höfischen Ausbildungsstätten als Knappen in Kampfsportarten und höfischer Kultur unterwiesen, ehe sie zum Ritter geschlagen werden konnten und die Klosterschulen unterrichteten ihren klerikalen Nachwuchs sowie die gesellschaftliche Elite, aber von einer Allgemeinbildung breiterer Bevölkerungsschichten kann nicht die Rede sein.

Im Folgenden werden nun das 17.–20. Jahrhundert in der Schul- und Bildungsgeschichte vertieft, indem ich für jedes Säkulum einen Päda-

---

2 Ebd., 42.
3 Vgl. ebd., 47.

gogen auswähle. Die Wahl mag auf den ersten Blick willkürlich erscheinen, wird sich aber, so hoffe ich, im Rückblick als zwingend, zumindest möglich erweisen.[4] Die ausgewählten vier Pädagogen sind: Comenius, Pestalozzi, Ziller und Klafki. Sie alle haben Gedanken formuliert, die m.E. das, was heute unter »Elementarisierung« bedacht wird, entscheidend vorgeprägt, wenigstens aber mit angebahnt haben. Abschließen möchte ich diesen Gang durch die Schul- und Bildungsgeschichte mit einem Ausblick ins 21. Jahrhundert. In der zeitlichen Nähe ist das Urteil äußerst schwierig, aber mir erschienen für den schulpädagogischen Bereich die Überlegungen von Christian Salzmann für zukünftige Überlegungen zu Fragen der Elementarisierung besonders anregend.

1.1 Bildung durch das Ganze
– Johann Amos Comenius (1592–1670)

Warum eine Wirkungsgeschichte des Unterrichtsprinzips »Elementarisierung« mit Johann Amos Comenius beginnen, obwohl in seinen Schriften weder der Begriff des Elementaren noch gar der didaktische Fachterminus »Elementarisierung« vorkommt? Wichtiger als der Begriff ist die damit verknüpfte Sache! So wird sich zeigen, dass der später geprägte Begriff der Elementarisierung der Sache nach im Denken des Comenius' durchaus schon angelegt ist.

Zunächst gilt es jedoch im Rahmen einer schulpädagogischen Arbeit einschränkend zu konstatieren, dass sich Comenius zeitlebens mehr als Theologe denn als Pädagoge verstanden hat.[5]

---

4 Letztlich ist – um eine enzyklopädische Weite zu vermeiden – immer eine Auswahl nötig. Diese hat selbstverständlich mit den Vorkenntnissen und den Vorlieben des Autors zu tun und ist damit stets in einem gewissen Maße kontingent.
»Spätestens mit Chladenius in der Mitte des 18. Jahrhunderts hat sich in der Geschichtswissenschaft die Einsicht durchgesetzt, dass jedes historische Wissen vom Standort abhängt, den der Historiker einnimmt. Der Autor muss unvermeidlich auswählen, verkürzen, Schwerpunkte setzen, einteilen, Anfang und Ende von Entwicklungslinien bestimmen, Komplexität damit reduzieren, Begriffe definieren und metaphorisch gebrauchen und dabei auch immer gewichten und werten« (Treml, A.: Pädagogische Ideengeschichte; Stuttgart 2005, 7).
Mein Auswahlkriterium ist entsprechend der Fragestellung dieser Arbeit, inwieweit ein »Klassiker« wichtige Impulse zur Frage der Elementarisierung gesetzt hat. Dies schließt nicht aus, dass andere Pädagogen im jeweiligen Jahrhundert auch Wichtiges zu diesem Thema gedacht und geschrieben haben!
5 Scheuerl 1979, 68
»Was er an pansophischer Darstellung des Weltsystems und didaktischen Umsetzungen in zahlreichen Schulschriften entwickelt hat, stand immer im Dienst seiner zentralen Bemühung, an der Verbesserung von Gottes Schöpfungswerk mitzuwirken,

Andererseits aber wird man Comenius als den ersten systematischen Pädagogen der beginnenden Neuzeit bezeichnen dürfen, einer, bei dem es sich lohnt nachzuschauen, was besonders in seiner »Didactica magna« (Große Didaktik), aber auch in anderen seiner pädagogischen Werke zur Fragestellung der Elementarisierung zu finden ist.

*»Wohl kaum ein Pädagoge hat der Erziehung und speziell der Schule eine so gewaltige Aufgabe zugesprochen: sie hat für Comenius entscheidende Mitarbeit zu leisten an der – durchaus nicht weltimmanent verstandenen – **Erlösung der Menschheit**! Aus dieser sozusagen ins Metaphysische hinaufgesteigerten Bedeutung der Erziehung ergibt sich, dass sie mit allergrößter Sorgfalt, nach umfassendstem Plan und schon von frühester Kindheit geleistet werden muss. ... Bei der Erkenntnis und Bildung muss der Geist letztlich denselben Weg rückwärts gehen, den Gott in die Welt hinein vorwärts gegangen ist; der Weg der Bildung führt daher von den Sinnen über das Denken zum religiösen Glauben.«*[6]

Das Zeitalter des Barocks kann als Übergangsphase aufgefasst werden: Zwar ist die Vorherrschaft von Kirche und Religion noch für das alltägliche Leben bestimmend, aber doch beginnt sich das Denken in Politik, Philosophie und Erziehung zu emanzipieren. In der Erziehung wird dies deutlich durch eine Abkehr vom ausschließlich an der Theologie orientierten Sprachunterricht hin zu den Realien, einem sich den neuen naturwissenschaftlichen Erkenntnissen öffnenden Unterricht.

»Die Abwendung vom alten und die Fülle des neuen, naturkundlichen Wissens führte zu Unübersichtlichkeit und Verunsicherung. Es entstand das Bedürfnis, die Fülle der neuen Erkenntnisse zu sammeln und zu ordnen. Enzyklopädische Projekte hatten Hochkonjunktur. Die immer größere Bedeutung naturwissenschaftlicher und technischer Kenntnisse für das tägliche Leben, das wachsende Interesse des Staates an einer gewissen Allgemeinbildung der Bürger sowie der reformatorische Gedanke, dass jeder Gläubige imstande sein müsse, die Bibel selbst zu lesen, mündete in die Forderung einer Schulpflicht für alle. Die Aufgabe, allen Menschen ein gewisses Grundwissen, einigen Gruppen und Schichten aber ein vertieftes Spezialwissen zu vermitteln, forderte eine wirksame Methode, welche den gewünschten Erfolg gewährleistete.«[7]

Welche didaktischen und methodischen Überlegungen in Bezug auf den Bildungsprozess lassen sich bei Comenius ausmachen?
J. A. Comenius hat in seiner Studienzeit (1611–1614) das »Zettelkasten-

---

weil dieses auf den Synergismus (d.h. das Mitwirken) des Menschen angewiesen ist.«
6 Reble [19]1999, 116f.
7 Dieterich 1991, 12.

System« als hilfreiche Arbeitstechnik kennen gelernt. Dabei lassen die Professoren Zitate auf Zettel notieren, diese dann ordnen und schließlich (auswendig) lernen. Doch auch bei dem naturkundlichen Wissen begnügt sich Comenius nicht mit einer beliebigen Aneinanderreihung von Wissensfetzen, sondern schon gegen Ende seiner Studienzeit bemüht er sich aus pädagogischen und theologischen Gründen, diese Vielfalt zu ordnen, z.B. »Schauspiel der Gesamtheit der Dinge« (Theatrum und Amphitheatrum) ab 1613.

Zwanzig Jahre später schließlich bringt er 1633 die »Gesamtschau der Physik« (Physicae synopsis) heraus, in der Comenius die naturwissenschaftlichen Anschauungen seiner Zeit systematisiert und im Überblick seinen Schülern in einem Lehrbuch vorstellt.

»Mit der Erkenntnis der Natur verbindet er aber nicht nur ein naturwissenschaftliches, sondern auch ein pädagogisches Anliegen. Denn an der Erkundung der Natur lässt sich das emanzipatorische Interesse, das hinter der comenianischen Pädagogik steht, besonders deutlich machen. Auf diesem Gebiet kann jeder selbst nachprüfen, ob das, was gelernt werden soll, wirklich wahr ist.«[8]

Bild 1
»Orbis sensualium pictus«[9]

---

8   Dieterich 1991, 63f.
9   Comenius, J. A.: Orbis sensualium pictus; Nachdruck der Erstausgabe von 1658 mit einem Nachwort von H. Höfener); Dortmund 1978, Titelseite. Deutsch: »der /mit den Sinnen wahrnehmbare/ Erdkreis/ gemalt« = »die sichtbare Welt«.

Der »Orbis sensualium pictus« wurde von Comenius lange geplant, in der Ausführung immer wieder verzögert, aber schließlich in den Jahren 1650–54 erarbeitet, so dass sein Lehrbuch 1658 in Nürnberg erscheinen konnte. In dieser Zeit war er für die Reform des Schulwesens im Fürstentum Siebenbürgen[10] verantwortlich. Das Buch war für Lehrer und Schüler gleichermaßen gedacht und vermittelt einen Eindruck von der didaktischen Grundkonzeption seines Autors. Zweihundert Jahre lang gehörte es zu den auflagestärksten Büchern. Noch Goethe bezeichnet es als eines der eindrucksvollsten, die er als Kind gelesen hatte.

Was ist das Erstaunliche an diesem Buch?
Für Comenius selbst ist das Buch ein »Lichtträger«:

*»Hoc est omnium **fundamentalium** in mundo rerum et in vita actionum«*[11] (Hervorhebung; M. S.).

Comenius geht es in diesem Buch für Kinder darum, die Vielfalt der Erscheinungen – auch schon seiner damaligen Welt – auf das für die Heranwachsenden Grundlegende zu konzentrieren. Das wiederum wird eingeordnet in den großen Gesamtzusammenhang des Weltenlaufs: (Abstieg) von Gott (a deo)– (Umkehr) durch Gott (per deum) – (Bildung) zu Gott (ad deum). Der didaktische Ansatz des Buches entspricht also der Fragestellung dieser Arbeit nach der Elementarisierung als einer Grundaufgabe des Lehrens!
In Comenius' Darstellung strahlt das (göttliche) Licht des Ganzen auf.

Zugleich klingt sein Lebensmotto an: »Omnia sponte fluant. Absit violentia rebus.«
Der Wunsch ist, dass das Lernen »freiwillig fließen möge« (Omnia sponte fluant) und »Gewalt (im Lernprozess) außen vor bleiben möge« (Absit violentia rebus).

---

10   Landschaft im heutigen Rumänien.
11   Comenius 1658, Titelseite. Deutsch: »Dies ist alles **Grundlegende/Fundamentale** in der Welt der Dinge und im tätigen Leben.«

1. Elementarisierungsansätze in der Bildungs- und Schulgeschichte

Bild 2
»Omnia sponte fluant«[12]

Wie geht Comenius im »Orbis sensualium pictus« vor?
Das Buch besteht aus 150 kleinen Lektionen, jede auf zwei Seiten beschränkt, mit einem Bild und lateinisch-deutschen Bilderläuterungen. Offensichtlich ist, wie Comenius die herausragende didaktische Funktion des Bildes nutzt: Das Bild soll vermitteln zwischen der direkten sinnlichen Beobachtung und der Einordnung des Wahrgenommenen in die entsprechenden Verstehenszusammenhänge. Es geht um die Repräsentation der einzelnen Elemente in der rechten Ordnung.

Was ist für Comenius Ziel des »Orbis sensualium pictus«?

»Es ist/ wie ihr sehet/ ein kleines Büchlein:
aber gleichwol ein kurzer Begriff der ganzen Welt und ganzen Sprache/
voller Figuren oder Bildungen/ Benahmungen und der Dinge Beschreibungen.«[13]

Comenius geht es in seinem Buch um den Versuch einer Repräsentation der »ganzen« Welt.
»Ein kurzer Begriff der ganzen Welt«, das ist durchaus ernst gemeint. Dieser enzyklopädische Ansatz wird aber nicht alphabetisch – und damit für Comenius willkürlich – strukturiert.

12 Abbildung in Dietrich ³1999, S. 57.
13 Comenius 1658 o.S. (zweite Seite im: Vortrag an den Leser).

»Ihm schien eine derartige Zerlegung der Weltdinge problematisch, besonders wenn es sich um Erziehung und Bildung handelt. Er musste also einen Weg suchen, der zwischen einer beliebigen Zerstückelung der Welt in unzusammenhängende Einzeltatsachen und einem kosmischen Epos, das von Kindern nicht mehr lesbar ist, lag ... Das Prinzip, an dem er sich dabei orientierte, kann man so formulieren: Jeder einzelne Sachverhalt muss dem Kinde gegenüber so zur Darstellung kommen, dass das Einzelne in seiner Beziehung zum Ganzen deutlich wird, dass mithin seine Lebensbedeutung einsehbar wird.«[14]

Comenius setzt mit dem Erscheinen des »Orbis sensualium pictus« im Jahre 1658 in mehrfacher Weise neue Maßstäbe:
- Er wertet in der Lehre die Dinge der Welt gegenüber der bisher dominanten Sprach- und Gedankenwelt auf.[15]
- Er stellt neben das Latein der Gelehrten gleichberechtigt die deutsche Sprache.
- Und er erleichtert durch den Einsatz von Bildern allen das mühsame Erlernen der lateinischen Sprache.

»Das Neue an diesem Werk war, dass es zwei Sprachen (hier Deutsch und Latein) mit den Dingen (der Realien) bildlich verbindet und durch die Repräsentation einer parallelen Bilderwelt das Lernen erleichtert. Wenn man sich die bisherige Dominanz des Lateins vor Augen führt, wird vor allem die dabei vorgenommene Aufwertung der Muttersprache und der Realien deutlich. Comenius nimmt hier eine bedeutende Neugewichtung zugunsten der Dinge (und damit des Realismus) vor und relativiert damit den bisherigen Sprachbezug allen Lehrens und Lernens (als Idealismus).«[16]

Eine Aufwertung der Realien bedeutet für Comenius' Darstellung des Ganzen nicht, dass sein »Orbis sensualium pictus« Nicht-Anschauliches ausschließen würde. Nach der Einleitung und dem Alphabet beginnt sein Lehrgang mit »Gott« (I), beschäftigt sich mit der »Seele« des Menschen« (XLII) und umfasst auch menschliche Tugenden wie »Klugheit« (CX), »Aemsigkeit« (CXI) oder »Mässigkeit« (CXII).

---

14 Dieterich 1991, 57f.
15 Im Sinne einer sensualistischen Erkenntnistheorie formuliert Comenius in seiner Großen Didaktik:
»Der Anfang der Kenntnis (cognitio) muss immer von den Sinnen ausgehen, denn nichts befindet sich in unserem Verstande (intellectus), das nicht zuvor in einem der Sinne gewesen wäre. Warum sollte also nicht die Lehre mit einer Betrachtung der wirklichen Dinge beginnen, statt mit ihrer Beschreibung durch Worte? Dann erst, wenn die Sache gezeigt worden ist, sollte der Vortrag folgen, um die Sache weiter zu erläutern« (Didactica magna XX, 7).
16 Treml 2005, 234.

1. Elementarisierungsansätze in der Bildungs- und Schulgeschichte

»Der mundus sensibilis und der mundus intelligibilis dürfen nicht voneinander getrennt dargestellt werden. Der Mensch interpretiert die ganze Welt, die des Geistes und die der Sachen. Auch dies ist etwas, woran wir in der Schulpädagogik und Didaktik denken sollten, wenn es um ganzheitliches, fächerübergreifendes Lernen geht.«[17]

Erst über hundert Jahre später – im Jahre 1774 – erschien im deutschsprachigen Raum ein zweiter Versuch, in Form eines Lehrwerkes die wesentlichen Inhalte des Wissens in einem anschaulichen Buch zusammenzustellen, so dass Lehrer und Schüler eine verlässliche Grundlage für den schulischen Unterricht besitzen: das Elementarwerk von Johann Bernhard Basedow.

»Seit dem Erscheinen des Orbis pictus von Johann Amos Comenius unternahm es zum ersten Mal Johann Bernhard Basedow, gemäß den Gesetzen der ›natürlichen‹ Entwicklung des Kindes und Jugendlichen und gemäß dem Prinzip der anschauenden (›sinnlichen‹) Erkenntnis in die Natur und menschliche Lebenswelt einzuführen; der berühmteste Illustrator der Zeit, Daniel Chodowiecki (1726–1801), lieferte die Kupfertafeln dazu. Das Elementarwerk behandelt in neun Büchern Grundfragen der Erziehung, dann den Menschen, die Logik, die Religion und Sittenlehre, die Beschäftigungen und Stände der Menschen, schließlich Geschichte und Naturkunde. Mit der Verbindung von Text und Bild, Sachinformation und ihrer dialogischen Erörterung schuf Basedow den modernen Typ des Realienbuchs, das aufgrund seiner leichten Fasslichkeit sowohl für die Hand des Schülers als auch die des Elementarlehrers geeignet war.«[18]

Was ist das Ziel der Unterrichtslehre bei Comenius im Rahmen seines didaktischen Gesamtwerkes? Es geht weit darüber hinaus, junge Menschen für das Leben in ihrer Zeit tüchtig zu machen, eine schnelle und problemlose Eingliederung in die Gesellschaft zu gewährleisten. Unterricht sollte eine Verbesserung des Zusammenlebens in dieser Welt und eine Ausrichtung auf den Willen Gottes erreichen.

»Die Aufgabe pansophisch gebildeter Menschen – schon der Kinder – ist es, die Schöpfung gemäß dem Willen Gottes in Ordnung zu bringen, den Prozess der fortlaufenden Verwirklichung der göttlichen Schöpfung zu fördern, ihm nicht im Wege zu stehen und ihn nicht zu behindern, auf dass ›Omnia sponte fluant, absit violentia rebus‹.«[19]

---

17 Hericks/ Meyer/ Neumann/ Scheilke 2004, 21.
18 Hermann 1979, 144.
19 Schaller 2004, 65.

Das lässt heutigen Pädagogen ob des hohen Ziels den Atem stocken und auch Comenius selbst erntete für seine Überschätzung didaktischer Möglichkeiten heftige Kritik.[20] Deshalb zögert er auch fast zwanzig Jahre, ehe er die Herausgabe seines didaktischen Hauptwerkes wagt: Noch umfassender – und auch für damalige Ohren visionär, utopisch, um nicht zu sagen hochstaplerisch – formuliert Comenius seinen enzyklopädischen Lehransatz auf dem Titelblatt der Didactica magna wie folgt[21]:

»Die vollständige Kunst,
***alle** Menschen (**OMNES** – ›alle‹)*
***alles** (**OMNIA** – ›alles‹) zu lehren*
*... rasch, angenehm und **gründlich**«*
*(**OMNINO** = »ganz und gar, von Grund auf, auf wohl gegründete Weise, all-seitig«).*[22]

Der umfassende Ansatz bezieht sich auf die Adressaten der Belehrung, auf die Lehrinhalte sowie auf die Art und Weise ihrer Präsentation.

1. **»Alle« Menschen** (omnes) sollen nach Comenius in den Genuss von Unterricht kommen: arme Kinder und Jugendliche ebenso wie reiche, Mädchen ebenso wie Jungen, zukünftige Handwerker ebenso wie zukünftige Herrscher. Ausgehend von der theologischen Prämisse der Gottesebenbildlichkeit aller Menschen ist Comenius von der Möglichkeit, aber auch der Notwendigkeit dieses umfassenden Bildungsansatzes überzeugt.[23] Im Hintergrund steht wohl auch die eigene Lebenserfahrung: Comenius wuchs auf dem Land als Sohn eines Müllers auf, kam also aus einer Handwerkerfamilie.[24] Er wurde mit 11

---

20 Z.B. Joachim Hübner; vgl. Schaller 2004, 67–73.
21 Comenius J. A.: Große Didaktik. Übersetzt und herausgegeben von A. Flitner; Stuttgart ⁹2000 (1954), Titelseite; Im Folgenden zitiert: Didactica magna + lateinische Zahl = Kapitel + arabische Zahl = Unterpunkt.
22 Diese Übersetzung schlägt P. Menck vor, um zu versuchen, Comenius' Wortspiel aus dem Lateinischen ins Deutsche zu übertragen. (Menck 1993, 180)
23 Die Bedeutung von Chancengerechtigkeit im Bildungswesen ist heute in Deutschland eine nach wie vor ungelöste Aufgabe!
»Neben allen Lese- und Mathematik- und anderen Schlechtleistungen fällt das deutsche Bildungssystem bei internationalen Vergleichsstudien insbesondere dadurch auf, dass bei uns ein ganz enger Zusammenhang von Herkunft und Bildungschancen besteht, zu deutsch: ein hohes Maß an Chancenungleichheit! Nur ca. 12% der Jugendlichen aus Arbeitnehmerhaushalten, aber 70% derjenigen aus Beamtenhaushalten gehen nach der Grundschule auf das Gymnasium über. ... Bezieht man sich nur auf die herkunftsbezogene Chancenungleichheit, dann haben Beamtenkinder eine dreimal so hohe Chance zum Besuch des Gymnasiums wie Arbeiterkinder« (C. T. Scheilke »Gern Beten, lernen und fromm sein« – Luther und PISA; Vortrag am Reformationsfest 2004 in der Franziskakirche in Birkach, 8).
24 Knoop/ Schwab 1981, 30.

1. Elementarisierungsansätze in der Bildungs- und Schulgeschichte

Jahren Vollwaise: 1602 starb sein Vater, ein Jahr später kamen seine Mutter und seine beiden Schwestern durch die Pest ums Leben. Er wurde von einer Tante aufgenommen, musste 1603 aufgrund von Aufstandswirren nochmals fliehen und bekam schließlich noch als Sechzehnjähriger die Möglichkeit, die Lateinschule der Brüderunität in Prerau zu besuchen und ab 1611 in Herborn und Heidelberg zu studieren. Comenius' Bildungsweg war also nicht selbstverständlich und er galt, obwohl er nicht die besten Erinnerungen an seine Schulzeit hatte[25], als eifriger Schüler bzw. Student. In der Didactica magna begründet er den gemeinsamen Besuch der Muttersprachschule aller 7- bis 12-Jähriger u.a. wie folgt:

»Es werden nicht nur die Kinder der Reichen, der Adligen oder Beamten zu solchen Würden geboren, dass ihnen allein die Lateinschule offen stünde, während die anderen hoffnungslos ausgeschlossen wären. Der Geist weht, wo er will, und lässt sich die Zeit nicht setzen.«[26]

Öffentliche Schulen für alle – so ein weiteres Argument – seien sinnvoll, nicht nur weil die meisten Eltern weder die Zeit noch die Fähigkeit hätten, ihre Kinder selbst zu unterrichten, sondern auch, weil die gemeinschaftliche Erziehung durch Gruppeneffekte wesentlich wirksamer sei als Einzelerziehung.

»Weil jedoch bei der Zunahme der Menschen und der menschlichen Geschäfte die Eltern selten geworden, welche so gescheit und fähig sind und von ihrer Tätigkeit genügend Zeit erübrigen können, sich dem Unterricht ihrer Kinder zu widmen, war man schon vor Zeiten gut beraten, es so einzurichten, dass auserwählten Persönlichkeiten, die durch Verständigkeit und sittlichen Ernst hervorragen, die Kinder vieler Eltern gleichzeitig zur wissenschaftlichen Bildung anvertraut werden.«[27]

2. »Alles« (omnia) zu lehren scheint aus heutiger Sicht unmöglich[28] und das war auch schon bei Comenius nicht ganz so wörtlich gemeint.

---

25 *»Von vielen Tausenden bin ich auch einer, ein armes Menschenkind, dem der liebliche Lebensfrühling, die blühenden Jugendjahre mit scholastischen Flausen verdorben wurden«* (Didactica magna XI, 13).
26 Didactica magna XXIX, 2.
27 Ebd. VIII, 2.
28 *»Schule kann nicht alles lehren. Aber sie lehrt das Ganze. Schule lehrt natürlich nicht quantitativ alles von A bis Z, sondern das Ganze von Alpha bis Omega. Keine Sammlung von Daten, sondern ein Gesamtsystem des Wissens. Das Ganze: damit ist auch nicht die Geschichte des Wissens von seinen Anfängen bis heute gemeint, sondern darunter versteht man heute die Grundlage allen Wissens, die Basis.«* aus: Ladenthin 2004, 131f.

»Das ist jedoch nicht so zu verstehen, dass wir von allen die Kenntnisse aller Wissenschaften und Künste (und gar eine genaue und tiefe Kenntnis) verlangten. Das ist weder an sich nützlich noch bei der Kürze unseres Lebens irgendjemandem überhaupt möglich. ... Aber über Grundlagen, Ursachen und Zwecke der wichtigsten Tatsachen und Ereignisse müssen alle belehrt werden, die nicht nur als Zuschauer, sondern auch als künftig Handelnde in die Welt eintreten.«[29]

Was aber sind die »Grundlagen« (fundamentae), die »wichtigsten Tatsachen und Ereignisse«?
Diese didaktische Grundfrage ist in jeder Zeit neu zu stellen, sei es wie in den 50er-Jahren in der Frage nach dem »Exemplarischen«, sei es in den 70er-Jahren in der Diskussion um die Ziel- und Auswahlkriterien der Curriculumplanung oder sei es im Rahmen dieser Arbeit in der Frage nach der Elementarisierung.
Comenius versucht eine Antwort auf diese Frage, indem er den umfassenden Anspruch im schulischen Kontext am Beispiel von fünf »Fächern« konkretisiert:
- Wissenschaften (naturkundliche bzw. realwissenschaftliche Fächer; res)
- Künste (artes)
- Sprachen (linguae)
- Sittenlehre (mores)
- und Frömmigkeit (pietas)

Die Rangfolge der fünf »Fächer« müsste man, betrachtet man deren Wichtigkeit in Comenius Augen, eigentlich umdrehen: Die Frömmigkeitserziehung ist für ihn das Entscheidende.
Zur Ausgestaltung der religiösen Unterweisung gibt er sechs Hinweise: So soll der Erzieher bei jeder Gelegenheit von Gott sprechen, von Gottes Gericht erzählen, vor allem zum Beten anhalten, bestimmte Gebetshaltungen lehren und anständiges Verhalten der Kinder nicht ausdrücklich loben. Als sechstes schreibt er in der Pampaedia über die wesentlichen Glaubensinhalte:

»Vor allem müssen wir ihnen beizeiten die Grundlagen der christlichen Religion, des Glaubens, der Liebe und der Hoffnung fest einprägen ... 1. Ich bin der allmächtige Gott; 2. wandle vor mir aufrecht und wahrhaft; 3. ich bin dein Schild und dein sehr großer Lohn. Diese Worte haben folgenden Sinn: 1. Glaube an mich – hierin besteht die Grundlage des Glaubens. – 2. Höre und liebe mich, folge mir nach, das ist die

---

29 Didactica magna X, 1.

*Grundlage der Liebe. – 3. Vertraue mir und erwarte alles Gute von mir – das ist die Grundlage der Hoffnung.«*³⁰

3. Die Forderung schließlich, »**gründlich**« (omnino) zu lehren, wehrt aller Oberflächlichkeit im Unterricht. Der Mensch soll ein Wissender werden, indem er hinter die oberflächlichen Kenntnisse schaut. Es geht Comenius nicht um Vielwisserei, sondern um unverkürzte ganzheitliche Unterweisung, Bildung und Erziehung im Dienste Gottes und im Dienste der Welt. Dabei soll der Charakter des Menschen gebildet (»vollkommen«) werden.

*»Gemeint ist, dass jeder Mensch lernen soll, sein Leben gemäß der Pansophie zu gestalten, mit Rücksicht auf das Wesen, den Ursprung und das Ziel aller Dinge.«*³¹

Die Weite des Bildungsverständnisses ist bis heute herausfordernd und zeigt Comenius – für damalige Verhältnisse zumal – als einen »Mann der Sehnsucht«³². Bildung sollte alle erreichen, umfassend von den Inhalten sein und im Einzelnen gründlich vermittelt werden. Am Beispiel von Johann Amos Comenius kann gezeigt werden, dass pädagogische Klassiker für uns heute – wenn auch in veränderter Form – eine spannende Lektüre sein können. Comenius weist darauf hin, wie elementares Lernen aussehen kann.

*»Als Lernen vieler, eines jeden (omnes), ist es ein demokratisches Lernen; als Lernen in wachsend klarer werdenden Zusammenhängen, wo alle wichtigen Dinge (omnia [res]) deutlich werden sollten, ist es ein umsichtiges Lernen; als Lernen so gut und gründlich wie möglich (›gründlich‹ als Übersetzung für ›omnino‹, so Schaller) ist es ein tiefenstrukturell wirksam werdendes Lernen; nur dies ist dauerhaft.«*³³

Weiter gefasst kann dieses didaktische Motto von Comenius nicht nur auf elementares Lernen, sondern auf Bildung insgesamt bezogen werden:

»Der Grundsatz des ›omnes – omnia – omnino‹ kann als eine der klassischen Bestimmungen von Bildung verstanden werden. In der Realisierung dieses Bildungsprogramms sah Comenius die Möglichkeit, den Weg für das Friedensreich Christi vorzubereiten. ›Omnia in DEUM

---

30 Comenius, J. A.: Pampedia – Allerziehung (in dt. Übersetzung von K. Schaller); Sankt Augustin 1991, 185.
31 Dieterich 1991, 122.
32 Spranger ²1923, 56–63.
33 Nipkow 1998 Bd. 1, 208.

transferre‹ (Alles auf Gott hin übertragen.) *heißt das Ziel des Bildungsprozesses.*«[34]

Die verwirrende Vielfalt der Welt soll in der rechten Ordnung repräsentiert werden. Comenius' didaktische Grundsätze lassen sich auf zwei Prinzipien konzentrieren:

A. Der Unterricht muss der Natur folgen.

In der Didactica magna schreibt Comenius:

»*Wir wollen nun im Namen Gottes die Grundlagen zu ermitteln beginnen, auf denen Lehr- und Lernmethode wie auf einem unbeweglichen Fels aufgebaut werden können. Diese dürfen wir in der Natur suchen, da wir für Mängel der Natur Heilmittel schaffen wollen und es eine unumstößliche Wahrheit ist, dass die Kunst allein durch Nachahmung der Natur etwas vermag.*«[35]

Lehren bedeutet für Comenius Nachahmung der Natur. Schulisches Lehren muss sich an den Vorgängen in der Natur orientieren, wenn es sinnvoll erfolgen soll. Erst in seinen späten pädagogischen Arbeiten in Amsterdam (1657/58) vergleicht Comenius pädagogische Prozesse auch mit mechanischen Vorgängen.[36]

»*Comenius war davon überzeugt, dass die Beispiele aus der Natur für die Formulierung von pädagogischen Regeln zwingende, nahezu mathematische Beweiskraft besitzen. Vor allem in seiner Didaktik hat er diese so genannte synkritische (vergleichende) Methode intensiv angewandt. Das Prinzip der Naturgemäßheit führt zu der Forderung nach der Einheitlichkeit der Methode, die in den einzelnen Fächern nur ihre Erscheinungsform ändert.*«[37]

Nachahmung der Natur ist letztlich auch »imitatio dei«, Nachahmung des Schöpfers selbst.
Was sind nun solche »natur-gemäßen« Lehr- und Lernformen nach Comenius? Welche Grundsätze gilt es zu beachten, um den Lernerfolg zu sichern?
Im Blick auf die Frage nach der Elementarisierung als Unterrichtsprinzip ist der sechste Grundsatz besonders interessant:

---

34 Biehl 1989, 70f. (F6).
35 Didactica magna XIV, 1.
36 Vgl. Dieterich 1991, S. 100f.
37 Ebd., 57f.

1. Elementarisierungsansätze in der Bildungs- und Schulgeschichte

»Die Natur beginnt bei allem, was sie bildet, mit dem Allgemeinsten und hört mit dem Besondersten auf.«[38]

An den Beispielen der Entwicklung eines Eies zum Vogeljungen, der Arbeit eines Baumeisters, eines Porträtmalers oder eines Bildhauers versucht Comenius zu veranschaulichen, dass die Vorstellung des Ganzen der Ausführung des Einzelnen vorauszugehen hat. Und er folgert aus diesen Beobachtung für die Lehrmethode:

»Der Stoff ist so anzuordnen, dass alle späteren Studien nichts Neues hinzufügen, sondern eine besondere Ausgestaltung des Früheren sind. ... Jede Sprache, Wissenschaft oder Kunst muss von den einfachsten Anfangsgründen aus geboten werden, damit ihre ganze Idee begriffen wird. Daran soll sich die Vervollständigung durch Regeln oder Beispiele, durch systematische Zusammenstellungen unter Einschluss der Abweichungen und schließlich, wenn nötig, die Erklärung durch Kommentare anschließen. Wer eine Sache von Grund auf erfasst hat, benötigt Kommentare nicht so sehr, er wird vielmehr bald selbst kommentieren können.«[39]

Im Zusammenhang mit der Curriculumdiskussion der sechziger und frühen siebziger Jahre ist für den beschriebenen Sachverhalt der Begriff des »Spiral-Curriculums« geprägt worden.

B. Der Unterricht muss die unterschiedliche Fassungskraft der Altersstufen berücksichtigen.

Comenius selbst beschreibt dieses zweite Prinzip in seinem didaktischen Hauptwerk so:

»Der Lernstoff ist so zu verteilen, dass nichts zu lernen aufgegeben wird, was das jeweilige Fassungsvermögen (captus) übersteigt. ... (Ein Hauptübel des Lernens der Schüler ist), dass man ihnen meist Wissenschaften, Sitten und Frömmigkeit aufpfropfen will, bevor der Stamm selbst Wurzeln geschlagen hat, d.h. bevor auch bei denen der Lerneifer geweckt worden ist, die nicht schon von Natur aus begeistert sind.«[40]

Deutlich wird, dass sich Comenius ausdrücklich gegen eine Verfrühung des Unterrichts wendet.

---

38   Didactica magna XVI, 38.
39   Didactica magna XVI, 45.
40   Ebd., XVI, 10 u. 24.

Über die Dauer des Lernprozesses hat Comenius im Laufe seines Lebenswerkes seine Auffassung geändert: zunächst ging er in der Didactica magna davon aus, dass in vier Zyklen von je sechs Jahren mit dem 24. Lebensjahr der Lernprozess abgeschlossen sei.

»*Dass 24 Jahre für die Schule, also für das Lernen der Wissenschaften, Tugenden und des Glaubens bestimmt werden, ist wieder nicht Willkür, sondern folgt einem Wink der Gottnatur, die für das körperliche Wachstum genau dieselbe Zeit beansprucht.*«[41]

Später aber führten ihn seine pansophischen Überlegungen – und wohl auch seine Lebenserfahrung – zu der Überzeugung, dass Lernen ein lebenslanger Prozess sei. In der Pampaedia unterscheidet Comenius acht Lebensphasen, denen er acht Schulen zuordnet, so dass der Mensch stufenweise zur Vollendung geführt wird: von der ersten Stufe, der des vorgeburtlichen Werdens (geniturae) bis hin zur Schlussstufe, der des Todes (mortis).

Die beiden Prinzipien der Natur- (A.) und Altersgemäßheit (B.) klingen sehr modern.
Comenius scheint Vorläufer einer entwicklungsorientierten Didaktik zu sein. Damit wird man ihm allerdings nicht ganz gerecht!

Zwar ist Comenius in der Methodik durchaus um kindgerechtes Lehren bemüht (Anschaulichkeit – Holzschnitte!/Spiele – vgl. »Die Schule als Spiel« (scola ludens)/ dramatische Übungen), aber in seiner Stoffauswahl bleibt Comenius ganz traditionell.
So fordert er in seiner Schrift »Informatorium maternum, der Mutterschul« bereits für das dritte Lebensjahr, dass das Vaterunser und sogar das Glaubensbekenntnis – Artikel für Artikel – auswendig gelernt werden sollten.
Für diese Stoffauswahl argumentiert Comenius nicht pädagogisch und organologisch (von den Kindern her), sondern theologisch bzw. pansophisch (von der übergreifenden Ordnung her). Comenius bemüht sich letztlich um die Wiederherstellung und Erneuerung der göttlichen Weltordnung.

»*Alle Bildung und Erziehung hat bei Comenius zugleich soteriologischen Charakter, nämlich, den Menschen an den rechten Ort zurückzuführen (reparatio), an dem er sich für seine Aufgaben in diesem und dem zukünftigen Leben vorbereiten kann (praeparatio vitae aeternae).*«[42]

---

41 Blättner [14]1973, 67.
42 Biehl 1989, 64.

Wieder zeigt sich, wie sehr sich Comenius letztlich als Theologe verstand.
Auch die dem Kind angepasste Methode begründet Comenius theologisch:

»Accommodieret sich Gott ... zu unserer Schwachheit, warum sollen wir uns nicht auch unseren Kindern accommodieren?«[43]

Das Vorbild für die Anpassung der Methodik an das Kind ist die Menschwerdung Gottes.
So wie uns durch das Herabsteigen Gottes (Kondeszenz) möglich wird, Gott in Jesus Christus zu erfassen, so sollen die Erwachsenen in die Welt der Kinder »herabsteigen«, damit diese die Erwachsenenwelt besser erfassen können.

*»Die Grundidee hinter allen diesen Lehrbüchern ist religiös: Gott hat uns an unseren Platz gestellt, damit wir als vernünftige, rechtschaffende und fromme Wesen an seinem Schöpfungsplan mitarbeiten; vernünftig können wir aber nur werden, wenn wir alle Dinge und Mitgeschöpfe **kennen, benennen** und recht zu **behandeln** lernen. Die Didaktik ist eine Stufe auf dem Wege zum vernünftigen Gebrauch alles Wissbaren und Gottgeschaffenen und damit ein unerlässlicher, bisher allerdings sträflich vernachlässigter Beitrag zur Verbesserung der weltlichen Dinge.«*[44]

Welch unerhört hohe Bedeutung die Bildung für die Verbesserung des Menschen und der Zustände dieser Welt hat, wird in seinem Spätwerk »De rerum humanorum emandatione consultatio catholica« (Allgemeine Beratung über die Verbesserung der menschlichen Dinge) deutlich. Das Werk ist in sieben Teilbereiche untergliedert.[45] Nicht zufällig steht die Pampaedia, die Bildung aller, für das Ganze und von Grund auf, an vierter Stelle und damit in der Mitte des Werkes. Bildung ist für Comenius der Dreh- und Angelpunkt zur Verbesserung der Zustände, da die jungen Menschen – auch für das Gute – formbar sind. Diese Bildungsarbeit gilt es mit großer Sorgfalt und Mühe zu gestalten.

---

43 Nach Schweitzer 1992, 88.
44 Scheuerl 1979, 70.
45 Vgl. Kurzfassung in: Dieterich 1991, 116f.

Auswertung
(im Blick auf den Aspekt der Elementarisierung)

»*Die Furcht des Herrn
ist der Weisheit Anfang.*«
(Psalm 111,10)

So hätte Comenius vielleicht die heutige Frage nach der Elementarisierung kurz und bündig mit einem Bibelzitat beantwortet.[46]

Wie gesagt: Comenius verwendet in seinen Schriften nicht den Begriff des Elementaren oder gar den der Elementarisierung. In der Darstellung über Comenius ist aber deutlich geworden, dass er mindestens zweimal den Begriff des Fundamentalen in seinen didaktischen Schriften gebraucht:
– auf dem Titelblatt seines Orbis sensualium pictus (»Hoc est omnium **fundamentalium** in mundo rerum & in vita actionum«)
– und in der Didactica magna (10,1: »Aber über alle **Grundlagen/fundamentae**, Ursachen und Zwecke müssen alle belehrt werden.«)

W. Klafki wird zwar zwischen dem Fundamentalen und Elementaren differenzieren, aber ich glaube hier für Comenius doch festhalten zu können, dass für ihn das Fragen nach dem Grundlegenden, dem für alle SchülerInnen Notwendigen eine didaktische Grundaufgabe des Unterrichtenden darstellt. Elementarisierung – in heutiger Begrifflichkeit – könnte für ihn das Bemühen des Lehrenden kennzeichnen, das für das Leben seiner SchülerInnen Grundlegende zu vermitteln.
Comenius kann die Schule als »Werkstätte der Menschlichkeit« bezeichnen, so dass es ihre vornehmste Aufgabe ist, die Heranwachsenden zu »Menschen zu machen« oder theologisch pointiert ausgedrückt: die Heranwachsenden in das Bild Gottes hineinzuformen

Dabei dürfen drei Lehrgebiete in allen vier Schulstufen (Mutterschule – Muttersprachschule – Lateinschule – Universität) nicht auseinander gerissen werden:
– Erkenntnis der Dinge (Bildung; »weise an Verstand«)
– Tugend (Sittlichkeit; »umsichtig im Handeln«)
– und Frömmigkeit (»fromm im Herzen«)[47]

---

46 Vgl. Didactica magna X, 17
»*Denn wie die Furcht des Herrn Anfang und Ende der Weisheit ist, so ist sie auch Gipfel und Krone alles Wissens, denn die Fülle der Weisheit liegt darin, den Herrn zu fürchten.*«
47 Vgl. Didactica magna IV, 6 und X, 3.

1. Elementarisierungsansätze in der Bildungs- und Schulgeschichte 71

Unterricht ist nach Comenius wohl dann erfolgreich elementarisiert, wenn diese drei Lehrgebiete gleichzeitig mit bedacht werden, so dass aus Bildung, Tugend und Frömmigkeit »Ströme höchster Freuden fließen«[48] können.

»Halten wir also fest: in dem Maße, wie wir uns in diesem Leben um gelehrte Bildung, um Sittlichkeit und Frömmigkeit bemühen, kommen wir unserer letzten Bestimmung näher. Diese drei sollen also das Werk unseres Lebens bestimmen, alles andere ist nur Beiwerk, Hemmnis und falscher Schein.«[49]

Anders gewendet ließe sich dasselbe auch so zusammenfassen: Comenius fordert eine Bildung durch »das Ganze«:
- durch das »Buch der Sinne« (Wahrnehmungen des Menschen)
- durch das »Buch des menschlichen Geistes« (Verstand)
- und durch die »Heilige Schrift« (Glaube des Menschen)

Diese drei Bücher soll und kann jeder Mensch lesen. Sie sind in Comenius' Verständnis die Grundbildung, auf die jeder Mensch ein Recht hat, so dass er bei allem, was ihm auf seinem Lebensweg begegnet, die inneren Zusammenhänge zu erkennen vermag.

1.2 Die Idee der Elementarbildung
   – Johann Heinrich Pestalozzi (1746–1827)

Wer über »Elementarisierung« nachdenkt und dabei nach den Wurzeln des Begriffes in der Schul- und Bildungsgeschichte fragt, wird unweigerlich auf Johann Heinrich Pestalozzi stoßen.

Zeitgeschichtlich lässt sich Pestalozzi der klassischen Epoche (1770–1830) zuordnen. Der junge Pestalozzi selbst versteht sich zunächst eher als Teil des Sturm und Drangs.[50] Die jungen Menschen seiner Zeit wehrten sich gegen die rein rationale Sicht des Menschen in der Aufklärung, u.a. der junge Goethe, auf den sich Pestalozzi in seiner »Abendstunde eines Einsiedlers« aus den Jahren 1779/80 ausdrücklich bezieht.[51] Das Irrationale und Geniale wird für entscheidend gehalten.

48 Ebd. X, 14.
49 Ebd. IV, 9.
50 Nohl 1958, 12.
 »Denn das ist nun hier meine Hauptthese: die geistige Welt Pestalozzis und die in ihr gegründete Pädagogik stammt aus der Generation des Sturms und Dranges, und wer sie verstehen will, muss ihn im Zuge der Bewegung sehen, die diese Generation damals gegen die Aufklärung entwickelt.«
51 Dietrich 1983, 16.

»Diese Jugend revoltiert im Namen des saftigen, vollkräftigen Lebens gegen die Herrschaft des trockenen Verstandes, im Namen des Urwüchsigen, Naturhaften gegen das Moralisieren und Dozieren, gegen die Lese- und Schreibwut des ›tintenklecksenden Säkulums‹. Sie heiligt die Sinne und die Leidenschaft, den Enthusiasmus und verabscheut alles Gekünstelte...«[52]

Für den jungen Pestalozzi hat sich Bildung an der Natur zu orientieren und alles Gekünstelte, alles nur Angelernte, nicht durch persönliche Anschauung Erfahrene, gilt es zu vermeiden. In seiner »Abendstunde« drückt er das in feierlicher Sprache so aus:

»*Das zerstreute Gewirr des Vielwissens ist ebenso wenig die Bahn der Natur.*
Der Mensch, der mit leichtem Flug jedes Wissen umflattert und nicht durch stille, feste Anwendung seine Erkenntnis stärkt, auch dieser verliert die Bahn der Natur, den festen, heiteren Blick, das ruhige, stille, wahrer Freuden empfängliche Wahrheitsgefühl.
Schwankend wird der Gang der Männer, die im Wirrwarr ihres Vielwissens zwar viel Rednerei finden, ihr aber den stillen Sinn reiner Menschenweisheit aufopfern. Beim Lärmgeräusch ihres Stolzes wirst du nahe um sie, in den Verhältnissen, in denen die Kraft des gesegneten Weisen hell strahlet, leere Öden und Dunkelheit finden.
Bildung der Menschen zur Wahrheit, du bist Bildung ihres Wesens und ihrer Natur zur beruhigenden Weisheit.«[53]

Das Leben gemäß der Natur ist ungebunden, einfach und gut. Allein der natürliche Mensch ist wahrhaft Mensch. Der junge Pestalozzi befindet sich damit ganz in der gedanklichen Spur von Jean-Jacques Rousseau: Zurück zur Natur![54]
Aber Pestalozzi grenzt sich im Strom des Sturm und Drangs nicht nur gegen die Aufklärung ab, sondern setzt sie auch in gewisser Weise fort: Während die klassisch-idealistische Epoche im Ganzen (1770–1830) eher elitär war und mit Bildung meist – nach dem Vorbild der Antike – persönliche Bildung meinte, ist Pestalozzi derjenige, der den Gedanken der Volksbildung betont und damit das Erbe der Aufklärung fortführt. Pestalozzi will Bildung für die Breite der Bevölkerung ermöglichen. Schon zehn Jahre vor der Französischen Revolution deutet Pestalozzi den Machthabern bildungspolitisch Möglichkeiten an, Revolutionen unnötig zu machen:

---

52 Reble 1951, 175.
53 Dietrich 1983, 7.
54 Pestalozzis (anfängliche) Verehrung für Rousseau wird bis hinein in die Namensgebung für seinen ältesten Sohn deutlich: Hans Jakob (= Jean Jacques).

»Fürst, der Segen der Welt ist gebildete Menschlichkeit, und nur durch sie wirket die Kraft der Erleuchtung und der Weisheit und der innere Segen aller Gesetze.«[55]

Bildung und Sozialpolitik gehören für Pestalozzi auf Engste zusammen. Deshalb ist Bildung nicht für die gesellschaftliche Elite zu fordern, sondern für die Benachteiligten in einem Staat. Mit liebevoller Zuwendung und Bildung hofft Pestalozzi diesen von Gott ebenso geliebten Menschen am Rande der Gesellschaft eine Zukunftsperspektive geben zu können, die sie aus ihrem Elend befreit.[56]

»Zu einer Zeit, da kaum noch eine soziale Frage in den Gesichtskreis der Menschen getreten war, schaut Pestalozzis Seherblick die Zusammenhänge von Erziehung und sozialem Leben, ja er wertet letzten Endes die soziale Frage als Bildungsfrage. Wenn ihn in seiner Jugend der ›Emil‹ Rousseaus, der Roman vom Zögling und seinem Hofmeister, schwärmerisch begeistert hatte, so nennt er ihn im Alter ein ›unpraktisches Traumbuch der Erziehung‹ und stellt ihm aus seinen Lebenserfahrungen und Einsichten in ›Lienhard und Gertrud‹ schon zeitig den ersten sozialen Bildungsroman gegenüber.«[57]

Worin besteht nun im Besonderen Pestalozzis Beitrag zum Unterrichtsprinzip der Elementarisierung?
Besonders wichtig in Bezug auf die Fragestellung meiner Arbeit ist die »Theorie der Elementarbildung.«[58] Bevor ich diese Theorie ausführe, will ich sie zunächst in ihrer Bedeutung innerhalb des Lebens und Werkes von Johann Heinrich Pestalozzi darstellen.

»Das Leben Pestalozzis und seine Theorie sind nicht zu trennen. Während Rousseau mit seinem Handeln sein Denken verhöhnte, strebte Pestalozzi auch im praktischen Tun dem Ziel entgegen, das er seinem Leben gesetzt hatte: dem armen Volke zu helfen. Und seine Theorie, erprobte, versuchende und helfende Gedanken, war nicht Literatur, sondern Anweisung für alle, die mit ihm den einfachen Menschen helfen wollten.«[59]

---

55 Dietrich 1983, 9.
56 Die Ergebnisse der PISA-Untersuchungen zeigen die bleibende Aktualität dieser Forderung. Nirgends ist der Zusammenhang von sozialer Herkunft und Erfolg im Bildungssystem so eng wie in Deutschland. Ein Kind aus einer Migrantenfamilie bzw. bildungsfernen Herkunftsfamilie hat eine sechsfach geringere Chance auf einen Studienplatz als das Kind einer Akademikerfamilie.
57 Eberhard ²1952, 63.
58 Klafki 1957, bes. 13–63.
59 Blättner 1951, 120.

Durch häufige Besuche bei seinem Großvater, Pfarrer in Höngg, einem kleinen Ort bei Zürich, lernte er das einfache Leben der Landbevölkerung im Gegensatz zum privilegierten Stadtleben kennen. Es wuchs in ihm der Wunsch, in den Fußstapfen seines Großvaters diesen Armen zu helfen. Zunächst dachte er daran, ebenfalls Pfarrer zu werden, aber sein Leben sollte sich anders entwickeln, so dass er sich schließlich als Pädagoge für diesen benachteiligten Teil der Bevölkerung einsetzte. Ausgangspunkt für Pestalozzis Denken und Handeln ist somit ein sozialpädagogisches Motiv.

Erst relativ spät beschäftigte sich Pestalozzi mit der methodischen Frage, wie ein (schulischer) Unterricht zu gestalten sei, damit er diesem Grundmotiv besonders gut entspreche.

»Pestalozzis Ausführungen über seine Unterrichtsversuche mit der Entwicklung eigener Unterrichtsprinzipien haben gegenüber seinen sozialerzieherischen Intentionen nur untergeordnete Bedeutung. Es ging ihm um ›Vereinfachung aller Lehrmittel‹ und um die ›Suche nach dem Elementaren‹.«[60]

Gerade die wenigen Monate des intensiven Zusammenlebens und Unterrichts mit bis zu hundert durch Kriegswirren verwaister oder vernachlässigter Kinder in Stans (1799) ließen aus dem Landwirt und Schriftsteller immer deutlicher den Pädagogen Pestalozzi werden.

»Die Frage, wie Erziehung und Unterricht planmäßig aufgebaut und elementarisiert werden können, wird ihm bedeutsam, ja, er ist nicht frei von einer gewissen Überschätzung dieses Problems. Er stellt sich dabei die psychologische Frage, wo denn die elementaren Tätigkeiten des Erkennens und des Gemüts ihre Wurzeln haben und nach welchem Gesetz sie fortschreiten. Und er findet ihre Grundlage in der Anschauung und in der Selbsttätigkeit.«[61]

Für Pestalozzi hat die Idee der Elementarbildung fünf Grundsätze: Elementarbildung ist naturgemäß, wohnstubenartig, allgemein bildend, die Entfaltung der menschlichen Grundkräfte und Bildung zur Menschlichkeit.

– Elementarbildung ist **naturgemäß**.

---

60 Knoop/ Schwab 1981, 82.
61 Reble 1951, 221.

»*Die Idee der Elementarbildung ... ist nichts anderes als die Idee der Naturgemäßheit in der Entfaltung und Ausbildung der Anlagen und Kräfte des Menschengeschlechts.*«[62]

Funktion der Elementarbildung ist es, die menschlichen Kräfte schneller zu entfalten und höher zu heben, als die (unbewusste) Natur dies tun würde. Elementarbildung – so könnte man sagen – beschleunigt und veredelt die Entwicklung der natürlichen Anlagen des Menschen. Pestalozzis Werk ist von starken Spannungen geprägt. Das gilt auch für sein Naturverständnis und was damit aufs Engste zusammenhängt: sein Menschenbild.
Der junge, noch ganz in der Faszination von Rousseau stehende Pestalozzi hatte ein ausgesprochen optimistisches Menschenbild. Einig ist man sich in der Pestalozzi-Rezeption, dass der Naturbegriff für Pestalozzi zentral ist und maßgeblich von Rousseau geprägt wurde. Karl Müller versucht ihn so zu fassen:

»*... wobei mit Natur der Kern des menschlichen Daseins gemeint ist, die unableitbare, auch das Göttliche in sich schließende Grundlage der menschlichen Existenz, die in Gefühl und Gewissen sich offenbart.*«[63]

Auf der Grundlage dieses Naturverständnisses lehnt der junge Pestalozzi schulischen Unterricht als künstliches Arrangement ab, weil er nicht den natürlichen Bedürfnissen des Einzelnen entspricht.

»*Die Natur will also, dass der Mensch durch ruhiges, stilles, festhaltendes Anschauen und Betrachten aller Dinge, die ihn vor sich kommen, sich in Stand stelle, nach und nach richtige Urteile über diese Gegenstände zu fällen. Die Kunst und Schul bringt dem Menschen das Urteil in den Kopf, ehe er die Sache sieht und kennt.*«[64]

Nach 1785 erhält sein Menschenbild wesentlich pessimistischere Züge: Die Natur des Menschen zeigt nun auch Neigungen zur Zerstörung, so dass Erziehung mehr sein muss als ein gutmütiges Gewährenlassen. Erziehung muss gelegentlich bewusst den »natürlichen Neigungen« entgegenwirken, um das Positive zu fördern bzw. das Negative zu hemmen. Für die Unterrichtsmethoden hat das Konsequenzen: Nicht die bloße Anschauung genügt als Lehrmeisterin, sondern es kommt für Pestalozzi wesentlich auf die didaktisch intendierte Anordnung an, eine gestaltete Lernsituation, durch die Lernprozesse erleichtert, wenn nicht gar erst ermöglicht werden.

---

62 Seyffarth ²1903 Bd. XII, 293.
63 Müller 1952, 52.
64 Zitiert nach: Liedtke 1979, 179.

»Wo du die Erde der Natur überlässest, da führt sie dasselbe weiter nicht, als – in den Wirrwarr einer Anschauung; die weder für deine noch für die Fassungskraft deines Kindes so geordnet ist, wie ihr es für den ersten Unterricht bedürfet. Es ist daher gar nicht in den Wald oder auf die Wiese, wo man das Kind gehen lassen muss, um Bäume und Kräuter kennen zu lernen; Bäume und Kräuter stehen hier nicht in der Reihenfolge, welche die geschicktesten sind, das Wesen einer jeden Gattung anschaulich zu machen, und durch den ersten Eindruck des Gegenstandes zur allgemeinen Kenntnis des Faches vorzubereiten.«[65]

Im Gegensatz zum früheren didaktischen Ansatz heißt naturgemäße Elementarbildung jetzt für Pestalozzi durchaus, dass die Unmittelbarkeit der Begegnung in der didaktischen Reflexion durchbrochen und nach bestimmten Grundsätzen angeordnet wird. Dennoch bleibt der Rückbezug zu den Realien, das Prinzip der Anschaulichkeit, für Pestalozzis Denken tragend.

Dass Elementarbildung naturgemäß sei, erinnert an Comenius und seine Forderung, dass Bildung der Natur nach zu geschehen habe.

- Elementarbildung ist **wohnstubenartig**.

»So ist die Elementarbildung in ihrem Wesen nichts anderes als ein erhabener Rückschritt zur wahren Erziehungskunst und der Einfachheit der Wohnstubenbildung.«[66]

Elementarbildung ist für Pestalozzi nur scheinbar ein Rückschritt, ein sich gnädiges Herablassen. Das Adjektiv »erhaben« zeigt, dass Pestalozzi in der familiären Erziehung den unverzichtbaren Kern aller Bildung sieht, auf den es ganz wesentlich ankommt.
So ambivalent Pestalozzis Haltung gegenüber der Institution »Schule« zeitlebens blieb,[67] so hoch schätzt er die Bedeutung der häuslichen Erziehung für die Elementarbildung ein.

---

65 Pestalozzi; J. H.: Wie Gertrud ihre Kinder lehrt; in: Kritische Ausgabe – Bd. 13; Berlin/ Leipzig 1932, 324.
66 Seyffarth ²1903 Bd. X, 567.
67 Blättner 1951, 129
»Ursprünglich war Pestalozzi – ganz rousseauisch – gegen eine Schule für alle Kinder. Die Kinder der wohlhabenden Bauern sollten auf dem Hof das Notwendige in den ›Realverhältnissen‹ lernen. Schule ist nur ein Notbehelf für diejenigen, die in schwierigen Verhältnissen leben, die besonderer Kenntnis bedürfen, um sie zu meistern: die Baumwollspinnerkinder und die Kinder der verschuldeten Bauern mussten lernen, mit Geld umzugehen; sie mussten schreiben und rechnen lernen.«

»Und nun der innerste Kern: die Familie in ihrer Wohnstube, die Verhältnisse der Kinder zu Vater und Mutter, Schwestern und Brüdern und zu den Nachbarn – das ist die wahre Brunnenstube des Lebens. Der Genuss dieser Lebensverhältnisse ist unser Glück, ihm ist Beruf und Stand und alles, was das Leben sonst geben kann, untergeordnet.«[68]

Pestalozzis Schrift »Wie Gertrud ihre Kinder lehrt« trägt den Untertitel »Ein Versuch, den Müttern Anleitung zu geben, ihre Kinder **selbst** zu unterrichten.« Den Eltern, besonders den Müttern obliegt für Pestalozzi die entscheidende Aufgabe in der Erziehung der Kinder. In einer Schrift aus den Jahren 1803/04, in der es um die Bedeutung der Sprache bei der Bildung des Menschen geht, stellt er heraus, welche Bedeutung die Mutter in der Entwicklung der Sinneswahrnehmung für das Kind hat:

»Das erste Gefühl des Zusammenhanges eines Tones mit dem Gegenstand, der ihn hervorgebracht hat, ist das Gefühl des Zusammenhangs deiner Stimme mit dir, Mutter! Es fängt an, deine Stimme als die deinige zu erkennen, ehe es irgendetwas anderes durch das Gehör auf diese Art zu kennen anfängt. Du bist also allgemein für dein Kind der Anfangspunkt der Erkenntnis aller Sinneseindrücke, folglich auch derjenigen, die durch das Gehör ihm zu Bewusstsein gebracht werden; du bist das erste, reine Mittel der Natur in ihrem Gang für die Entwicklung deines Kindes.«[69]

Den heutigen Leser wird die pathetische Sprache, die (Über-) Betonung der Mutter in der frühen Erziehung irritieren. Mehr noch: Die »Wohnstube«, vor allem die Rolle der Mutter, steht bei Pestalozzi in der Gefahr, religiös überhöht zu werden. In derselben Schrift fährt er appellativ, geradezu beschwörend fort:

»Mutter! Erkenne deine hohe Bestimmung! Erkenne dich als Mittlerin zwischen der Natur und deinem Kinde! Lass es in Rücksicht auf die Entwicklung aller seiner fünf Sinne die leitende Sorgfalt genießen, deren wesentliche Kraft Gott selbst in dich gelegt hat. Das Schicksal deines Kindes hängt von Gottes wegen von der Art ab, wie du von dieser Kraft einen Gebrauch machst. Dein Benehmen in der Leitung der ersten Eindrücke, die ihm durch seine fünf Sinne zu Bewusstsein gebracht werden, entscheidet durchaus, ob es in der ersten Richtung seines Geistes und seines Herzens besorgt oder verwahrlost, ob es durch das erste Fühlen seines Herzens, ob es durch die ersten Aufmerksamkeiten und aus diesen entkeimenden Fertigkeiten seines Geistes beruhigt, erheitert und erhoben oder aber verwirrt, erniedrigt, beunruhigt und ver-

---

68 Nohl 1958, 25.
69 Pestalozzi; J. H.: Über den Sinn des Gehörs in Hinsicht auf Menschenbildung durch Ton und Sprache; in: Kritische Ausgabe – Bd. 16; Berlin/ Leipzig 1934, 317

*krüppelt werde; das alles liegt in der Stellung, in der du von Gottes wegen gegen dein Kind stehst, in deiner Hand.
Mutter! Sei'st du Fürstin oder Bettlerin, die Misskennung dieser Stellung gegen dein Kind und die Misskennung deiner Kraft, dieser Stellung ein Genüge zu leisten, ist Misskennung deiner Stellung gegen Gott.«*[70]

Die religiöse Überhöhung birgt die Gefahr der Überforderung. Welche Familie, welche Mutter wird dieser Verantwortung gerecht? Die Gefahr der Überforderung der Wohnstube in der Erziehung wird etwas abgemildert, indem Pestalozzi die Mütter ermutigt, dass Gott selbst »die wesentliche Kraft« für diese Aufgaben in sie hineinlegen wird.
Dieses Zitat deutet übrigens schon an, dass Elementarbildung bei Pestalozzi allgemeine Bildung ist und keine Standesgrenzen kennt. Die Bettlerin trägt als Mutter die gleiche Verantwortung wie die Fürstin!

Die Wohnstube ist auch deshalb wichtig, weil die dort gemachten Erfahrungen die Grundlage bilden für die Art und Weise, wie es Menschen gelingt, in größeren Gemeinschaften zusammenzuleben. Für Pestalozzi strahlt die häusliche Erziehung auf das Miteinander der gesellschaftlichen Gruppen im Staat aus. Schon in der »Abendstunde eines Einsiedlers« hält er fest:

»Immer ist die ausgebildete Kraft einer nähern Beziehung Quelle der Weisheit und Kraft des Menschen für entferntere Beziehungen. Vatersinn bildet Regenten – Brudersinn Bürger; beide erzeugen Ordnung im Hause und im Staate. Die häuslichen Verhältnisse der Menschheit sind die ersten und vorzüglichsten der Natur.«[71]

Die Gefahr dieses Ansatzes der Elementarbildung ist die Verschulung der Wohnstube.
An die Stelle des zweckfreien kindlichen Spiels könnte eine verfrühte didaktische Systematisierung treten.
Wie schon im ersten Grundsatz der Naturgemäßheit, so erinnert Pestalozzi auch in der Betonung der frühen familiären Erziehung für die Bildung an Comenius, der in seiner »Informatorium der Mutterschul« erstmals die Bedeutung der frühkindlichen Erziehung in der Familie herausstellte.

– Elementarbildung ist **allgemeine** Bildung.

»Die elementarische Entwicklung der menschlichen Kräfte ist ihrer Natur nach dreifach. Sie ist körperlich, sittlich und geistig. Alle diese

70 Ebd.
71 Dietrich 1983, 9.

drei Seiten derselben aber stehen in innigstem Zusammenhang untereinander; so sehr auch die Ausbildung einer einzelnen derselben einen Teil der menschlichen Kräfte entfalten könnte, so wenig würde eine solche einseitige Entfaltung dem Bedürfnis und Zweck der Menschenbildung ein Genüge leisten. Der Mensch wird nur durch die übereinstimmende Ausbildung aller seiner Kräfte seiner Vollendung näher gebracht.«[72]

Allgemeine Bildung meint bei Pestalozzi zunächst die Bildung aller Kräfte des Individuums. Ging es der Aufklärung vor allem um die Ausbildung des Verstandes (»Kopf«), so legt er Wert auf die Beachtung von praktischen Fähigkeiten und Fertigkeiten (»Hand«) sowie ausdrücklich auf die Bildung der inneren Haltung (»Herz«).[73] Darüber hinaus ist allgemeine Bildung die zumindest im Kern gemeinsame grundlegende Bildung aller Menschen.

»Man muss sich an den Standpunkt des Lebens halten, an die Natur und ihr Ziel mit dem Menschen: das innere Gefühl seiner Kräfte. Diese Kräfte zu entfalten ist das allgemeine Ziel der Bildung. Das ist die Idee der Elementarbildung; der höchste wie der niederste Mensch muss sie bekommen, der Fürst wie der Mensch im Staube. Jede Berufs- und Standesbildung setzt diese Elementarschulung voraus. Wer nicht Mensch ist, in seinen inneren Kräften ausgebildeter Mensch, dem fehlt die Grundlage zur Bildung auch seiner näheren Bestimmung und seiner besonderen Leistung.«[74]

Pestalozzi hatte auf Grund seines sozialpädagogischen Grundmotivs immer die Bildung der Benachteiligten seiner Gesellschaft im Blick. Während zum Beispiel Wilhelm von Humboldt (1767–1835) in Preußen sich vor allem um die Reform des höheren Schulwesens und der Universität bemühte, kann der ältere Pestalozzi als engagierter Begründer der »Volksschulen« bezeichnet werden.

– Elementarbildung ist **Entfaltung der menschlichen Grundkräfte**, nicht deren Anwendung.

»Wesentlich söndert sie [d.i. die Elementarbildung; M. S.] *den Elementarunterricht von allem Anwendungsunterricht.«*[75]

---

72 Kritische Ausgabe – Bd. 18; Berlin 1943, 57.
73 Auch für Comenius waren »mores« und »pietas« die Kernanliegen der Erziehung (s.u. S. 80).
74 Nohl 1958, 24.
75 Kritische Ausgabe – Bd. 18; Berlin 1943, 109.

In einem ersten Schritt sollen in der Elementarbildung die Kräfte des Individuums entfaltet werden. Darauf aufbauend und daran anschließend kann dann in der Berufsbildung die Anwendung erfolgen. Die Elementarbildung stellt ein Allgemeines dar, die Berufsbildung ihre Anwendung auf ein je Besonderes, das der Gesellschaft dient. Pestalozzi fordert eine strikte Trennung der beiden Unterrichtsbereiche. Dabei besteht einerseits die Gefahr, dass die Elementarbildung sehr theoretisch und trocken wird und andererseits die Trennung von Entfaltung und Anwendung dem Leben nicht gerecht wird.

- Elementarbildung ist vorrangig Bildung zur Menschlichkeit. (Herz)

»Mit einem Wort: Glaube und Liebe sind das A und O der naturgemäßen, folglich der elementarischen Bildung zur Menschlichkeit. Die Geistesbildung und die Kunstbildung sind nur ihr untergeordnete Bildungsmittel und vermögen nur in dieser Unterordnung mitwirkend das Ihrige zur Harmonie unserer Kräfte und zum Gleichgewicht derselben untereinander beizutragen.«[76]

(Christlicher) Glaube und Liebe gehören für Pestalozzi aufs engste zusammen und bilden gemeinsam die Wurzel jeder Bildung.

»Wer bei der Würdigung dieses Großen etwa nur nach seiner ›Methode‹ fragt und nicht nach seinem Glauben und seiner Liebe, der verkennt den Mann ganz gründlich und zerstört den innersten Sinn seines Werkes. Alle echte Menschenbildung geht aus Glauben und Liebe und zielt wieder auf Glauben und Liebe. Und die beiden Schwestern sind ihm gar nicht zu trennen, man soll nicht etwa Pestalozzis überströmende Liebe preisen, aber seinen Glauben anzweifeln.«[77]

Pestalozzi fordert in der Elementarbildung eine harmonische Gesamtbildung, in der Kopf, Herz und Hand je eigenständig ihren Wert besitzen. Aber er zögert auch nicht, die drei Bereiche der Elementarbildung in eine Wertordnung einzufügen:

- Die Bildung zur Menschlichkeit ist das übergeordnete Ziel der Elementarerziehung.
  (HERZ = Glaube und Liebe = sittliche/religiöse Erziehung)
- Dem sind die Geistes- und Kunstbildung (KOPF und HAND) untergeordnet.

---

76 Seyffarth ²1903, Bd. XII, 387.
77 Eberhard ²1952, 23.

1. Elementarisierungsansätze in der Bildungs- und Schulgeschichte

»Der im Kind liegende Trieb ist Selbsttätigkeit, und diese ist moralisch die Selbsttätigkeit der Liebe, sie ist geistig die Selbsttätigkeit des Denkens, sie ist physisch die Selbsttätigkeit des Körpers. In diesen drei Richtungen hat er [Pestalozzi; M. S.] versucht, die Selbsttätigkeit des Kindes zu entfalten. Sie sind ihm unabhängig voneinander, aber in einem richtig organisierten Leben steht das geistige und physische Dasein im Dienst der Liebe, sind der Einheit der Liebe untergeordnet.« [78]

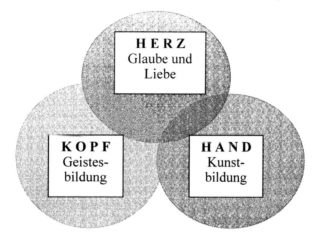

Nach der Darstellung der fünf Grundsätze der Elementarbildung bei Pestalozzi schließt sich die Frage ihrer methodischen Umsetzung an. Wie stellt sich Pestalozzi Elementarbildung konkret vor?

Auf allen drei Gebieten – Herz, Kopf und Hand – versucht Pestalozzi eine allgemeine Methode zu formulieren, die sich einerseits auf Beobachtungen und Erfahrungen seiner Erziehungs- und Bildungsarbeit stützt, aber andererseits versucht, wissenschaftlich konsequent auf psychologischen Fundamenten aufzubauen. Allerdings führt Pestalozzi selbst, weder als Erzieher noch als Schriftsteller, alle drei Gebiete gleichermaßen aus:

»Bereits in Teil 3 und 4 des Dorfromans [Lienhard und Gertrud; M. S.], noch deutlicher im Stanser Brief und in ›Wie Gertrud ihre Kinder lehrt‹, konzipiert Pestalozzi eine Theorie der Elementarbildung, der pädagogischen Förderung der intellektuell-kognitiven Kraft (›Kopf‹), der manuell-körperlich-praktischen Kraft (›Hand‹) und der gemüthaft-religiösen Kraft (›Herz‹). Pestalozzi hat zwar vor allem die Methode der intellek-

---

[78] Nohl 1958, 21.

tuellen Elementarbildung ausgearbeitet und in Yverdon praktiziert bzw. demonstriert. Aber seine spätere eigene Kritik an der Elementarbildung betont auch die Bedeutung des Gemüthaften-Emotionalen, des Sittlich-Religiösen.«[79]

Das bestärkt mich in meiner Entscheidung, die sittliche bzw. religiöse Elementarbildung[80] näher auszuführen, zumal sie mir im Ganzen eine noch heute plausible Abfolge religiöser Erziehung aufzeigt.

Pestalozzi schreibt im Jahre 1799 in einem Brief an seinen Freund, den Buchhändler Heinrich Geßner, über seinen Aufenthalt in Stans:

»Meine diesfällige Handlungsweise ging von dem Grundsatz aus:
*Suche deine Kinder **zuerst weitherzig zu machen** und Liebe und Wohltätigkeit ihnen durch die Befriedigung ihrer täglichen Bedürfnisse, ihren Empfindungen, ihrer Erfahrung und ihrem Tun nahe zu legen, sie dadurch in ihrem Inneren zu gründen und zu sichern,*
***dann** ihnen **viele Fertigkeiten anzugewöhnen**, um dieses Wohlwollen in ihrem Kreise sicher und ausgebreitet ausüben zu können.*
***Endlich und zuletzt** komme mit den gefährlichen Zeichen des Guten und Bösen, **mit den Wörtern**: Knüpfe diese an die täglichen häuslichen Auftritte und Umgebungen an und sorge dafür, dass sie gänzlich darauf gegründet seien, **um deinen Kindern klarer zu machen, was in ihnen und um sie vorgeht**, um eine rechtliche und sittliche Ansicht ihres Lebens und ihrer Verhältnisse mit ihnen zu erzeugen. Aber wenn du Nächte durchwachen müsstest, um mit zwei Worten zu sagen, was andere mit zwanzig erklären, so lass dich deine schlaflose Nacht nicht dauern«*[81] (Hervorhebungen; M.S.).

Was für die Erziehung im Allgemeinen gilt, ist in der religiösen Erziehung von größter Bedeutung: die klärenden Worte müssen sorgsam bedacht sein. Hier gilt: Weniger ist mehr! Nohl hält dies für ein Grundanliegen Pestalozzis, der

»... immer wieder das ›Maulbrauchen‹ angreift und die wortlose Arbeit preist, der ein schweigendes Denken innewohnt.«[82]

Ausgangspunkt für die sittliche und religiöse Bildung sind eben nicht die Worte, die Sprache oder der Begriff und die Belehrung, sondern die

---

79 Heiland, H.: Art. Pestalozzi; in: LexRP 2001 – Bd. 2, Sp. 1491f.
80 Vgl. hierzu: Klafki 1957, 57–63; Schweitzer 1992, 191–195; Nipkow/Schweitzer 1991, 38f. u. 240–243.
81 Pestalozzi; J. H.: Pestalozzi's Brief an einen Freund über seinen Aufenthalt in Stans; in: Kritische Ausgabe – Bd. 13; Berlin/ Leipzig 1932, 14f.
82 Nohl 1958, 14.

1. Elementarisierungsansätze in der Bildungs- und Schulgeschichte

Anschauung. Was im Alltagsleben als richtig, schön und gut erfahren wird, prägt das Kind entscheidend.

*»Bei jeder einzelnen Ansicht komme ich auf die Behauptung zurück: dass die Lücken des europäischen Unterrichts oder vielmehr das künstliche Auf-den-Kopf-stellen aller natürlichen Ansicht desselben diesen Weltteil dahin gebracht hat, wo er jetzt liegt, und dass kein Mittel gegen unsre schon geschehene und noch zu erwartende bürgerliche, sittliche und religiöse Überwälzungen möglich sei als die Rücklenkung von der Oberflächlichkeit, Lückenhaftigkeit und Schwindelköpferei unseres Volksunterrichtes zur Anerkennung, dass **die Anschauung das absolute Fundament aller Erkenntnis sei**, mit anderen Worten, **dass jede Erkenntnis von der Anschauung ausgehen und auf sie müsse zurückgeführt werden können.**«*[83]

Sittliche und religiöse Elementarbildung vollziehen sich für Pestalozzi in einem Dreischritt:
– von der Weckung von Gefühlen und Stimmungen,
  (in Form der »inneren Anschauung« innerhalb der Mutter-Kind-Beziehung)
– über die Habitualisierung im täglichen Tun
  (sittliche Selbsttätigkeit als Gewöhnungsprozess)
– bis hin zur sittlichen Ansicht im Nachdenken.
  (Begriffsbildung als Hilfe zur Klärung des Tuns)

Er setzt sich damit gegen die von der Aufklärung geprägten Religionspädagogen (z.B. Christian Gotthilf Salzmann) ab. Im Mittelpunkt ihres sokratischen Unterrichts stand das fragend-entwickelnde Gespräch, das »Ablocken« der Wahrheiten des Glaubens. Für Pestalozzi ist religiöse Erziehung nicht primär als Erkenntnisprozess zu verstehen, geht religiöse Elementarbildung nicht von rationalen Gründen und Schlüssen aus, sondern ist ein personal vermittelter, sozialer Vorgang, in dem wiederum die Mutter im Zentrum steht:

»Gott ist der Gott meiner Mutter, er ist der Gott meines Herzens, er ist der Gott ihres Herzens; ich kenne keinen anderen Gott. Der Gott meines Hirns ist ein Hirngespinst. Ich kenne keinen Gott als den Gott meines Herzens und fühle mich nur im Glauben an den Gott meines Herzens ein Mensch; der Gott meines Hirns ist ein Götze, ich verderbe mich in seiner Anbetung; der Gott meines Herzens ist mein Gott, ich veredle mich in seiner Liebe. Mutter! Mutter! Du zeigtest mir Gott in deinen Befehlen, und ich fand ihn in meinem Gehorsam.«[84]

---

[83] Pestalozzi; J. H.: Wie Gertrud ihre Kinder lehrt; in: Reble, A (Hg.) ⁵1994, 104.
[84] Ebd., 140.

In dem personal vermittelten Vorgang der religiösen Elementarbildung kommt der Mutterbeziehung eine konstitutive Bedeutung zu.[85] Letztlich ist die Gottesbeziehung bei Pestalozzi als Verinnerlichung und Vertiefung der Mutterbeziehung zu verstehen.

»Die entkeimende Selbstkraft macht jetzt das Kind die Hand der Mutter verlassen, es fängt an, sich selbst zu fühlen und es entfaltet sich in seiner Brust ein stilles Ahnen: **ich bedarf der Mutter nicht mehr.** *Diese lieset den keimenden Gedanken in seinen Augen, sie drückt ihr Geliebtes fester als je an ihr Herz, und sagt ihm in einer Stimme, die es noch nie hörte: Kind! Es ist Gott, dessen du bedarfst, wenn du meiner nicht mehr bedarfst, es ist ein Gott der dich in seine Arme nimmt, wenn ich dich nicht mehr zu schützen vermag; es ist ein Gott, der dir Glück und Freude bereitet, wenn ich dir nicht mehr Glück und Freude zu bereiten vermag – dann wallet im Busen des Kindes ein unaussprechliches Etwas, es wallet im Busen des Kindes ein heiliges Wesen, es wallet im Busen des Kindes eine Glaubensneigung, die es über sich selbst erhebt.«*[86]

Die Gottesbeziehung tritt gewissermaßen in der Entwicklung des Kindes an die Stelle der Mutterbeziehung und ersetzt diese. Um die Gefahr einer Divinisierung der Mutterbeziehung abzumildern, ergänzt Pestalozzi in späteren Schriften, dass auch die Mütter/ die religiösen Erzieher ihrerseits auf den Glauben an Gott angewiesen seien. Die Gefühle aber müssen nach Pestalozzi das Fundament der religiösen Elementarerziehung bilden und er begründet dies wie folgt:

»Das sehe ich bald, die Gefühle der Liebe, des Vertrauens, des Danks und die Fertigkeiten des Gehorsams müssen in mir entwickelt sein, ehe ich sie auf Gott anwenden kann. Ich muss Menschen lieben, ich muss Menschen trauen, ich muss Menschen danken, ich muss Menschen gehorsamen, ehe ich mich dahin erheben kann, Gott zu lieben, Gott zu danken, Gott zu vertrauen und Gott zu gehorsamen.«[87]

---

85 Eine ähnliche Bedeutung der Mutter konstatierte Pestalozzi schon für die Sinnesentwicklung des Kindes (s.o. S. 77).
86 Pestalozzi; J. H.: Wie Gertrud ihre Kinder lehrt; in: Kritische Ausgabe – Bd. 13; Berlin/ Leipzig 1932, 344.
87 Ebd., 341.

Auswertung
(im Blick auf den Aspekt der Elementarisierung)

»Das geknickte Rohr zerbricht er nicht,
und den glimmenden Docht löscht er nicht aus.«
(Jesaja 42,3)

Dieses Wort aus dem Propheten Jesaja hat Pestalozzi öfters zitiert[88] und es passt auch eindrücklich zu seiner Vita. Einerseits musste Pestalozzi selbst mit dem Scheitern seiner Unternehmungen zurechtkommen und da wird er aus diesem Wort Trost geschöpft haben, andererseits fühlte er sich immer stark den Benachteiligten seiner Gesellschaft verbunden und sein Nachdenken über Erziehung war vor allem durch das Bemühen geprägt, den Kindern aus diesen armen Gesellschaftsschichten bessere Startbedingungen zu ermöglichen, ihnen durch (eine elementare) Bildung Perspektiven jenseits von Armut und Kriminalität zu eröffnen.

In der Darstellung zu Pestalozzi ist bereits die Nähe zu Comenius in Teilen der Elementarerziehung deutlich geworden: besonders die Naturgemäßheit und die Betonung der familiären Erziehung. Wie Comenius, so sieht auch Pestalozzi einen engen Zusammenhang von elementarer Bildung und religiöser Erziehung der Kinder und Jugendlichen.

»Ich möchte den Religionsgeist in allem Unterricht, und ich meine, er liege im Wesen des Elementarunterrichts. Also dem Wesen unserer Stellung von allen Seiten getreu bauen wir dann das Unwesentliche auf dieses Fundament. Ich weiß, wie tief diese Forderung greift, aber ich muss sie machen, oder den Zweck der Elementarbildung für mein Haus aufgeben.«[89]

Dabei liegt der Schwerpunkt der religiösen Erziehung nicht im Erlernen irgendwelcher dogmatischer Formeln, im »Maulbrechen«, das er so abgrundtief verachtet, sondern im religiösen und sittlichen Tun: den Andachten, dem Vorbild des Lehrers, dem sozialen Engagement. Pestalozzi sieht – je länger je mehr – die Ambivalenz des menschlichen Wesens. Niemand ist »von Natur aus« nur gut, wie er zunächst von Rousseau kommend glaubte. Vielmehr gilt es in einer elementaren Erziehung das Gute zu wecken und zu fördern und das Schlechte zu hemmen.[90] Um ein Maß für das Gute zu haben und um im Scheitern, das

---

88 März 1988, bes. 289–294 u. 487, Anm. 108.
89 Pestalozzi, J. H.: Über Religionsunterricht (1807/08): zitiert nach: März 1988, 288.
90 Vgl. Schleiermachers Erziehungsverständnis: Unter Erziehung sind Handlungen zu verstehen, durch die Menschen versuchen, die Ausbildung des Guten zu unterstützen, das Wertvolle zu bewahren und dem Schlechten entgegenzuwirken!

unabdingbar ist, nicht ins Bodenlose zu fallen, bedarf eine elementare Erziehung der Einbettung in den Glauben an Gott, der jenseits des erzieherischen Bemühens auch ein Herr über das menschliche Scheitern ist und Gelingen jenseits des menschlichen Vermögens schenkt.

Elementare Bildung ist bei Pestalozzi zugleich der Entwicklung der Kinder und Jugendlichen angepasste Bildung:

»*Es gibt also notwendig in den Eindrücken, die dem Kind durch den Unterricht beigebracht werden müssen, eine Reihenfolge, deren Anfang und Fortschritt dem Anfange und Fortschritte der zu entwickelnden Kräfte des Kindes genau Schritt halten soll.*«[91]

Hier wird der empirische, entwicklungspsychologische Ansatz der Elementarmethode deutlich. Wie eine solche, entwicklungspsychologisch begründbare Abfolge aussehen müsste, das hat ihn intensiv beschäftigt. Gründlich hat er den Aufbau einer Sprach-, Formen- und Zahlenlehre erarbeitet, Aspekte, die sich mit der intellektuellen Bildung (Kopf) befassen.

»*Der starre Formalismus, der darin dominiert, die gänzlich missglückte Sprachlehre und vieles mehr sind weit von einer praktisch durchführbaren und akzeptablen Unterrichtsmethode entfernt und haben den Schweizer auch auf diesem Gebiet scheitern lassen.*«[92]

Pestalozzis Ziel bleibt letztlich eine ausgewogene Förderung von Wissen (Kopf)), Wollen (Herz) und Können (Hand). Deshalb dürfen Zweifel an seinen Methoden der elementaren Bildung nicht das zeitlos Gültige seiner Elementarerziehung überdecken. Die umfassende Sorge für das (benachteiligte) Kind, seine Erziehung zu sittlichem Verhalten und die große Zurückhaltung in Bezug auf wortreiche Reflexionen scheinen mir bleibende Forderungen einer elementaren Erziehung.

1.3 Die fächerverbindende Konzentration des Unterrichts – Tuiskon Ziller (1817–1882)

Drängen sich im 17. und 18. Jahrhundert Comenius und Pestalozzi als Vertreter des Gedankens der Elementarisierung in der Schul- und Bildungsgeschichte schon nach kurzer Einlesephase geradezu auf, so ist das mit Tuiskon Ziller für das 19. Jahrhundert keineswegs so.

---

91 Pestalozzi; J. H.: Wie Gertrud ihre Kinder lehrt; in: Reble, A (Hg.) [5]1994, 22.
92 März 1988, 259.

Das Zeitalter der Industrialisierung (1830–1900) kennzeichnet zunächst eine der Elementarisierung scheinbar gegenläufige Ausrichtung: die zunehmende Differenzierung in die verschiedenen Teilbereiche der Realien, der ganz konkret zu erforschenden Dinge dieser Welt. Die sich daraus ergebende Notwendigkeit der bündelnden Konzentration spielt in der Begeisterung über die Entdeckung von immer mehr Einzelerkenntnissen eine nachgeordnete Rolle. Das Lebensgefühl ist beherrscht von der Faszination der Kräfte der realen Welt. Geistesgeschichtlich sind Naturalismus und Materialismus die prägenden Strömungen.

Auch das Bildungs- und Erziehungswesen dieser Epoche ist vom technischen Denken erfasst. Schulische Bildung wird als Verstandesbildung aufgefasst. Es geht vorrangig darum, die Bildung für das Leben in den immer wichtiger werdenden wirtschaftlichen und immer unüberschaubarer werdenden staatlichen Zusammenhängen zu »nutzen«. Bildung ist weniger Selbstbildung als vielmehr Vorbereitung auf ein möglichst optimales gesellschaftliches Vorankommen in den unterschiedlichsten Berufs- und Innovationsfeldern.

»Wo so die Ratio das Feld beherrscht und das Leben so den Naturwissenschaften und der Technik huldigt, da müssen auch Erziehung und Bildung vom technischen Denken erfasst werden. Ähnlich wie in der Aufklärung wird Bildung nun wieder in erster Linie als Schulung des Intellekts und als Nutzbarmachung des Menschen für das ökonomischsoziale Dasein verstanden. Es fehlt dabei aber der volksbildnerische Schwung, den der junge Rationalismus der Aufklärung hatte, und der Nützlichkeitsaspekt tritt mehr hervor.«[93]

Ist die Suche nach dem Unterrichtsprinzip Elementarisierung in dieser Epoche eine Fehlanzeige? Auch das wäre ein Ergebnis! Wenn sich zu einer bestimmten Fragestellung in einer Epoche nichts sagen lässt, dann kann dies durchaus aussagekräftig sein – vielleicht noch kennzeichnender – als ein peripheres Beispiel, das die Aufmerksamkeit auf sich lenkt und die Hauptströmung mehr verdeckt als offen legt.

Ich halte zunächst einmal fest, dass im 19. Jahrhundert der eigentliche Aufschwung der Volksschule und ihrer Lehrerschaft stattgefunden hat. Das hatte sicher mit dem enormen Bevölkerungswachstum ab 1830 zu tun, aber auch damit, dass die sich ausbildenden Industriezweige zunehmend qualifizierte Arbeiter benötigten.
Eine gebildete Arbeiterschaft und vor allem eine weit über den eigenen Horizont hinaus denkende (Volksschul-)Lehrerschaft sind jedoch für die Herrschenden ein nicht immer willkommenes kritisches Potenzial. So hatte das Scheitern der Revolution von 1848 auch für die Lehrerausbil-

---

93 Reble 1999, 255.

dung in den Seminaren sowie die schulische Elementarbildung einschneidende Auswirkungen: Ziel der Preußischen Regulative aus dem Jahr 1854 war nicht die Konzentration auf das Elementare in der Bildung, sondern eine politische gewollte Simplifizierung[94], d.h. die Schüler (und Lehrer) sollten in einfachster Grundbildung zu treuen und frommen Untertanen der staatlichen Führung ausgebildet werden. Das erste Stiehlsche Regulativ legte für alle Seminare die Ziele in der Volksschullehrerausbildung wie folgt fest:

»Zunächst ist unter Berücksichtigung der faktisch bestehenden Verhältnisse, der nur kurzen Zeit, welche den Seminarien zur Bildung ihrer Zöglinge gewährt werden kann, und des Maßes der Vorbildung, mit welcher die letzteren eintreten, als erste und unter allen Umständen zu lösende Aufgabe des Seminar-Unterrichts die anzusehen, dass durch denselben und der Benutzung der mit den Seminarien verbundenen Übungsschule die angehenden Lehrer zum einfachen und fruchtbringenden Unterricht in der Religion, im Lesen und in der Muttersprache, im Schreiben, Rechnen, im Singen und in der Vaterlands- und Naturkunde – sämtliche Gegenstände in ihrer Beschränkung auf die Elementarschule – theoretisch und praktisch befähigt werden. Die unbedingte Erreichung dieses Zieles darf nicht in Frage gestellt oder behindert werden durch den Versuch einer wissenschaftlichen Behandlung von Disziplinen, welche mit jener nächsten Aufgabe der Seminarien in keinem unmittelbaren Zusammenhang stehen, welche für die allgemeineren Bildungszwecke zwar wünschenswert und nützlich, für den Elementarlehrer als solchen aber nicht unbedingt erforderlich sind, und hinsichtlich derer das Seminar sich daher darauf zu beschränken hat, **durch elementarische Grundlegung und Behandlung der Anfangsgründe Neigung und Befähigung zum weiteren Studium zu erzeugen**«[95] (Hervorhebung; M. S.).

Die Argumentation ist heuchlerisch. Die wissenschaftliche Arbeit als Grundlage wird zwar als »wünschenswert und nützlich« bezeichnet, aber angesichts der Kürze der Ausbildungszeit sei eben doch eine Konzentration auf die schulpraktischen Tätigkeiten der auszubildenden Lehrer vonnöten. Nicht erwähnt wird das dahinter stehende politische Motiv. Infolge einer bewussten Vereinfachung der Ausbildung sollen die Lehrer eng auf ihre zukünftige Aufgabe hin festgelegt werden. Weiter gehende philosophische, erziehungswissenschaftliche oder gar politische Gedanken bringen – so die Annahme – nur Unruhe in die Lehrer-

---

94 Der Gegensatz zum Elementaren ist nicht nur das ausdifferenziert Komplexe, sondern ebenso das Banale!
95 Rönne, L. V.: Das Volksschulwesen des Preußischen Staates; Berlin 1855, 895ff. Zitiert nach: A. Reble, Geschichte der Pädagogik – Dokumentationsband; Stuttgart [4]1999 (1971), 473.

und Schülerköpfe und destabilisieren das konservative politische Establishment.[96]

Nur wenn ich Elementarisierung als Simplifizierung verstehen wollte, könnte ich die Stiehlschen Regulative aus dem Jahr 1854 als Beispiel für meine Nachforschungen verwenden. Also doch: Elementarisierung im 19. Jahrhundert – eine Fehlanzeige?

Nach längerer Suche bin ich bei den Herbartianern, genauer bei einem ihrer wichtigsten Vertreter, Tuiskon Ziller, »*dem eigentlichen Schöpfer des Herbartianismus*«[97], fündig geworden.
Ich stelle im Folgenden Johann Friedrich Herbart und die Herbartianer kurz vor, ehe ich ausführlicher auf Tuiskon Ziller eingehe.

Die Herbartianer haben zunächst Teil am wissenschaftlichen Optimismus ihrer Epoche. Im Blick auf Erziehung und Unterricht halten sie vieles für plan- und machbar, bis hin zu einem geradezu positivistisch zu nennenden Verstehen der Aufgaben eines Lehrers. Schon Herbart betont in seiner »Allgemeinen Pädagogik« (1806), welche Bedeutung für ihn »Wissenschaft« in der Lehrerausbildung hat:

»Vom Erzieher habe ich Wissenschaft und Denkkraft gefordert. Mag Wissenschaft andern eine Brille sein, mir ist sie ein Auge, und zwar das beste Auge, was Menschen haben, um ihre Angelegenheiten zu betrachten.«[98]

Grundlage der Unterrichtsmethodik bei den Herbartianern ist die Assoziationspsychologie, wie sie Johann Friedrich Herbart (1776–1841) entwickelt hatte. Seine Frage lautet: Wie gelingt es den Schülerinnen und Schülern, sich neue Vorstellungen anzueignen? Antwort: durch Apperzeption, d.h. indem die neuen Vorstellungen in rechter Weise an die alten angeschlossen werden. Diese Aneignung von

---

96 Die Sorge vor einer szientifizistischen Zergliederung der Ganzheit des Lebens zeigte sich Mitte des 19. Jahrhunderts auch in anderen Wissenschaftsbereichen. Dies kommt z.B. in der Theologie des August F. C. Vilmar (1800–1868) zum Ausdruck. *»Die ›Theologie der Thatsachen wider die Theologie der Rhetorik‹ (1856) entstand aus akademischen Vorlesungen* [an der Universität Marburg; M.S.]. *Die Schrift hat einen dezidiert pädagogischen Zweck, evangelische Pastoren sollten durch die Tatsachen der Offenbarung Gottes und so der Heilsgewissheit erzogen werden, nicht durch kunstvolle Hermeneutik.«*
aus: Oelkers, J.: Religiöse Sprachen in pädagogischen Theorien. In: Groß, E. (Hg.): Erziehungswissenschaft, Religion und Religionspädagogik; Münster 2004, 95.
97 Blättner [14]1973 (1951), 254.
98 Herbart, J. F.: Allgemeine Pädagogik; in: Reble, A.: Geschichte der Pädagogik: Dokumentationsband, 394.

Neuem gelingt nach Herbart in einem Wechselspiel von »Vertiefung« und »Besinnung«.

»Wer jemals sich irgendeinem Gegenstand menschlicher Kunst mit Liebe hingab, der weiß, was Vertiefung heißt. Denn welches Geschäft und welche Art des Wissens ist so schlecht, welcher Gewinn auf dem Weg der Bildung lässt sich ganz ohne Verweilung erhaschen, dass man nicht nötig hätte, eine Zeitlang von allem andern die Gedanken abzuziehen, um sich hier einzusenken! Wie jedem Gemälde seine Beleuchtung gehört, wie die Richter des Geschmacks für jedes Kunstwerk eine eigene Stimmung des Betrachtenden fordern, so gehört allem, was würdig ist, bemerkt, gedacht, empfunden zu werden, eine eigene Sorgfalt, um es richtig und ganz zu erfassen, um sich hineinzuversetzen.«[99]

Zunächst fordert Herbart, das Kind solle sich isoliert und einseitig mit einem (wesentlichen) Gegenstand beschäftigen. Diese Vertiefungsphase dient dem klaren Erfassen des Neuen. Zwar ist das saubere Erfassen des Einzelnen unabdingbare Voraussetzung für einen gelingenden Unterricht, aber die unerlässliche Klarheit zu erlangen, ist für den Lehrer eine schwierige Aufgabe. Deshalb war für Herbart in der Lehrerausbildung – zumindest ansatzweise – eine Hinführung zu wissenschaftlichem Denken vonnöten.

»Das Schwerste vielleicht ist hier dem Lehrer, das völlig Einzelne zu finden, sich selbst seine Gedanken elementarisch zu zerlegen. Lehrbücher können hier zum Teil vorarbeiten.«[100]

Die Stufe der Klarheit mit dem »elementarischen Zerlegen der eigenen Gedanken« bildet nach Herbart die erste von vier Stufen in der Aneignung neuer Vorstellungen. Es folgen die Stufen der Assoziation (Verknüpfung mit Bekanntem), der Einordnung (Eingliederung des bestimmten Einzelnen in ein allgemeineres System) und der Anwendung (weitere Übungen aus der Logik des erweiterten Systems heraus).

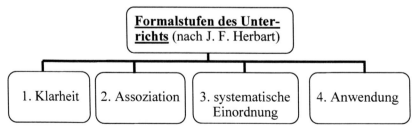

Formalstufen des Unterrichts (nach J. F. Herbart)

| 1. Klarheit | 2. Assoziation | 3. systematische Einordnung | 4. Anwendung |

---

99 Herbart, J. F.: Umriss pädagogischer Vorlesungen (1835); in: Reble, A., a.a.O., 398.
100 Ebd., 401.

Diese vier Stufen der Aneignung von neuen Vorstellungen werden Formalstufen genannt. Sie hält Herbart für methodisch durchgehend anwendbar, weil er sie als von den Vorstellungsinhalten unabhängig erachtet. Von den Schülern Herbarts modifiziert und für die Unterrichtspraxis noch griffiger formuliert, haben die Formalstufen für die Lehrerausbildung der folgenden Jahrzehnte große Bedeutung erlangt. Generationen von Lehrern lernten in den Seminaren:

»Jeder Unterricht, egal welchen Stoff er behandelt (deshalb ›formal‹!) soll in vier Stufen ablaufen: von der Klarheit (des einzelnen Neuen) zur Assoziation (mit anderem bereits Bekannten) und von dort zum System (als Ordnung und Einordnung in den allgemeinen Zusammenhang) und zur Methode (als Weiterbildung und Anwendung des Erkannten).« [101]

Herbart und seine Schüler sind als Menschen ihrer Zeit ausgesprochen wissenschaftsorientiert, ja wissenschaftsgläubig. Der Gedanke der fächerverbindenden Konzentration des Unterrichts bei Tuiskon Ziller jedoch verdeutlicht eine Gegenrichtung. Ziller kommt dabei der schulpraktische Ansatz zugute: die didaktischen Überlegungen verlieren die konkrete Unterrichtssituation nicht aus dem Auge, so wie es den Herbartianern insgesamt auch mehr um die Methodik des Unterrichtens als um Bildungspolitik ging, so dass sie in politisch schwierigen Zeiten weitgehend unbehelligt arbeiten und forschen konnten.
Ziller greift Herbarts Gedanken der Vertiefung auf und ergänzt ihn um ein konzentrierendes Unterrichtsarrangement: ein bestimmter Stoff soll zur gleichen Zeit in mehreren Fächern behandelt werden, so dass er besser zu apperzipieren ist, d.h. als Erlebnis oder Wahrnehmung bewusst erfasst werden kann.

»Für jede Unterrichtsstufe, für jede Schulklasse muss nämlich ein Gedankenganzes, und zwar wegen des sittlich-religiösen Erziehungszweckes ein Gesinnungsstoff als konzentrierender Mittelpunkt hingestellt werden, um welchen sich alles übrige peripherisch herumlegt, und von dem aus nach allen Seiten hin verbindende Fäden auslaufen, wodurch die verschiedenen Teile des kindlichen Gedankenkreises fortwährend geeint und zusammengehalten werden. Auf diese Weise hört der Unterricht auf, ein loses Aggregat einzelner Lehrfächer zu sein, was er außerdem unausbleiblich ist. An die Stelle der bunten Lektionspläne, die durch Vermischung z.B. der räumlichen und zeitlichen Verhältnisse alle Reinheit der Stimmung untergraben, und auf Klarheit, Aufmerksamkeit und Interesse notwendig hemmend wirken, tritt hier eine Einrichtung, wodurch der gleichzeitig zu behandelnde Stoff der verschiedenen Fächer so geordnet und bearbeitet wird, dass stets ein innerlicher Zusam-

---

101 Lachmann ⁵1997, 224.

menhang und eine wechselseitige Beziehung unter demselben streng festgehalten wird und deutlich zu erkennen ist.«[102]

Das Problem einer Aufspaltung in unterschiedliche Wissensgebiete, deren Zusammenhang aus dem Blick gerät, wird hier von Ziller in Bezug auf den schulischen Unterricht deutlich gesehen. Durch den Gedanken der Konzentration auf wenige wesentliche Inhalte in allen Fächern versucht er, dem entgegenzuwirken. Unterricht soll für Ziller nicht zu einem zusammenhangslosen Nebeneinander verschiedenster Lehrinhalte degenerieren.

Die Anordnung dieser wesentlichen Inhalte, die die einzelnen Fächer in den Schuljahren verbinden, ist bei Ziller als Kulturstufentheorie begründet. Er geht davon aus, dass jeder Mensch in seiner persönlichen Entwicklung (Ontogenese) die Entwicklung der Menschheit insgesamt (Phylogenese) wie in einem Schnelldurchgang durchläuft.

»Die Auswahl aber und der Fortschritt der konzentrierenden Mittelpunkte ist so einzurichten, dass sie teils der Entwicklung und Fortbildung des kindlichen Geistes und namentlich den Apperzeptionsstufen, die darin nach psychologischen Gesetzen aufeinander folgen müssen, entsprechen, teils den der Entwicklung des einzelnen im großen korrespondierenden Fortschritt in der Entwicklung der Geschichte der Menschheit, soweit sie uns durch klassische, der Jugend zugängliche Darstellungen bekannt ist, in allen seinen für unsere gegenwärtige Kulturstufe nachweisbar bedeutsamen Hauptperioden repräsentieren.«[103]

Die Parallelität von Ontogenese und Phylogenese wird von Herder bereits um 1780 in seiner Geschichtsphilosophie angenommen. Die für ihn hier zentralen Kategorien sind Individualität, Entwicklung und die Tradition. Im Wechselspiel dieser drei Kategorien bildet der Mensch Humanität aus. Alles beginnt mit der unwissenden Kindheit. Auch in den reformpädagogischen Ansätzen (um 1900) spielt dieser Gedanke wieder eine wichtige Rolle.[104]

---

102 Ziller, T.: Grundlegung zur Lehre vom erziehenden Unterricht (1864); in: Reble, A., a.a.O., 437f.
103 Ebd., 438.
104 *»Reformpädagogische Konzepte sind wesentlich durch den Entwicklungsbegriff bestimmt. Die Rolle, die ein naturwissenschaftlich geprägter, teilweise stark popularisierter Entwicklungsbegriff um 1900 einnimmt, markiert auch die Differenz zur Romantik, mit der sowohl die Reformpädagogik als auch die vagierende Religiosität um 1900 immer wieder in Verbindung gebracht wird. In der Romantik findet sich zwar bereits die Idee von der Parallelität der Entwicklung von Onto- und Phylogenese, die auf Herders Geschichtsphilosophie zurückgeht, aber sie ist nicht, wie etwa bei Key im Anschluss an Haeckel, naturwissenschaftlich begründet. Die*

Ziller konkretisiert die parallele Entwicklung von Einzelwesen und Menschheit durch eine diesen Zusammenhang berücksichtigende Anordnung der Unterrichtsinhalte im schulischen Lerngang:

- Kindergarten: Sprüche, Reime und Fabeln
- 1. Schuljahr: Märchen
- 2. Schuljahr: Robinson
- 3. Schuljahr: Geschichte der Patriarchen und deutsche Heldensagen
- 4. Schuljahr: Geschichte der Richter als »jüdische Heldenzeit« sowie deutsche Königsgeschichte
- 5. Schuljahr: König David und Barbarossa
- 6. Schuljahr: Leben Jesu und Reformationsgeschichte
- 7. Schuljahr: Apostelgeschichte und Geschichte des Altertums
- 8. Schuljahr: Katechismus, Freiheitskriege und »Gründung des neuen deutschen Reiches«[105]

Es lässt sich zunächst eine entwicklungspsychologisch begründete Anordnung der Lerninhalte konzedieren, allerdings nicht mit dem Blick auf das Individuum, sondern im Blick auf das Werden der menschlichen Gattung und der entsprechenden Konsequenz für die Entwicklung des einzelnen Menschen.

Von den literarischen Gattungen lokalisiert Ziller den Ansatzpunkt bei epischen Texten. Je stärker das Historische im Erzählenden zum Tragen kommt, desto später wird es in der Altersstufung eingefügt. Die Auseinandersetzung mit den historischen Realien bildet den Abschluss der (nichtgymnasialen) Bildung.

In Bezug auf die religiöse Erziehung fällt auf, dass Ziller zunächst auf religiöse Inhalte völlig verzichtet. Ab der 3. Klasse stellt er Parallelisierungen von biblischen Geschichten bzw. biblischer Geschichte und Profan- bzw. Nationalgeschichte her. Ab dem 6. Schuljahr ist die religiöse Erziehung, wie Ziller sie konzipiert, christologisch zentriert:

»Der ganze Bildungsablauf beinhaltet als eine Grundlinie das Leben Jesu, wobei auf diesen Stoff die konzentrierten ›Gesinnungsstoffe‹ ihrerseits wieder konzentriert sind. Darin liegt die erwähnte, von Kant, aber wohl auch aus der zeitgenössischen Theologie übernommene Pointierung des aufklärerischen Moral- und Vernunftglaubens: In der Persönlichkeit Jesu konvergieren auf anschauliche Weise die Handeln ermöglichenden Ideen. Anders als auf anschauliche Weise können diese Ideen nicht vermittelt werden. Die Geschichte ist ein weiteres Feld derartiger

pädagogische Gedankenfigur, dass man durch die Förderung der Entwicklung des Einzelnen zugleich zur Höherentwicklung und damit zur Erlösung der Menschheit beitrage – exemplarisch in Keys ›Jahrhundert des Kindes‹ formuliert –, wird jetzt auch naturwissenschaftlich begründet.« Aus: Baader 2004, 60.
105 Vgl. Schweitzer 1992, 236.

Anschauungen. Aber sie ist auf das ›konkrete Tugendbild‹ Jesu als ihr Leitbild und ihr moralisches Kriterium bezogen.«[106]

Wie zeitgebunden die Stoffanordnung bei Ziller ausfällt, wird im 8. Schuljahr besonders anschaulich: Die Gründung des Deutschen Reiches im Jahre 1871 ist für ihn der Kulminationspunkt profaner Geschichte.

Die didaktische Anwendung der Kulturstufentheorie durch Ziller (und andere Herbartianer) wird heute im Gegensatz zum genetischen Prinzip bei Herbart scharf kritisiert:

»Das genetische Prinzip Herbarts wird zu einem Parallelismus von Onto- und Phylogenese verhärtet. Die Kulturstufentheorie unterstellt die Wiederholung der menschlichen Kulturgeschichte im schulischen Unterricht (biogenetisches Grundgesetz). Den Märchen, Robinsonaden und deutschen Sagen im Elementarschulbereich folgen ab 5. Schuljahr Kulturgeschichte bzw. parallel Religionsgeschichte. In diesem Zusammenhang hat Z. entscheidende Weichenstellungen vorgenommen und so zur Verfälschung der Herbart'schen Pädagogik beigetragen.«[107]

Gerade in Bezug auf die religiöse Bildung ist die Kulturstufentheorie kritisch zu bewerten, weil sie die Tendenz zur Säkularisierung verstärkt.

»Vor dem Hintergrund der immer noch beliebten Parallelisierung von Phylogenese und Ontogenese nimmt sich das kindliche Denken dann als Ausdruck eines in der Erwachsenenwelt der Moderne überwundenen Stadiums aus. Das religiöse Denken der Kinder ist dann allenfalls eine merkwürdige Erinnerung an die Kindheitsphase unserer Kultur, nicht weiter zu beachten und zu fördern, sondern möglichst bald zu überwinden.«[108]

Neuere Untersuchungen zeigen, dass es im Bereich der Religion zwischen Kindern und Erwachsenen mehr Gemeinsamkeiten gibt als die Entwicklungspsychologie bisher annahm und die Religiosität von Kindern so etwas wie eine »condition humaine«[109] ist, ein angeborener Grundzug, dessen Förderung ihr Leben bereichert.
Andererseits wird gerade in der lebhaft diskutierten evolutionären Erziehungstheorie der selektive Vorteil eines phylogenetisch orientierten Lernprozesses unterstrichen:

---

106 Heesch 1999, 94.
107 Heiland: Art. T. Ziller; in: LexRP (2001), Bd. 2, Sp. 2259.
108 Büttner 2005, 14.
109 Ebd., 16.

1. Elementarisierungsansätze in der Bildungs- und Schulgeschichte

»Auf der Basis spezifischer Begabungen (Gene) werden Lernprozesse von Individuen (Phäne) durch Erziehung dadurch angeregt, dass sie an ausgewählten Kulturgütern (Meme) lernen. Der Selektionsvorteil dieses komplizierten Prozesses liegt vor allem in der sich gegenseitig optimierenden Verknüpfung der unterschiedlichen Lernebenen:
- *Durch Rückgriff auf bzw. Entfaltung der angeborenen Begabungen wird auf einen phylogenetischen Lernprozess zurückgegriffen, der seine Überlebensdienlichkeit in Millionen Jahren evolutionär getestet und stabilisiert hat.*
- *Durch Rückgriff und Entfaltung des Erfahrungsschatzes kultureller Meme wird das gesammelte Wissen der Kulturgeschichte ›angezapft‹ und damit von einem soziogenetischen Lernprozess profitiert, der Tausende von Jahren nützliches Wissen angehäuft hat.*
- *Durch Anregung und Entfaltung individueller Kompetenzen von Phänen wird eine zeitliche und räumliche Feinabstimmung an die jeweilige Umwelt lebender Systeme in kurzen Zeiträumen (etwa von einem Menschenleben) möglich und damit ein ontogentischer Lernprozess in Gang gesetzt, den wir dann, wenn er von anderen Menschen angeregt und betreut wird, auch als Erziehung zu bezeichnen pflegen.«*[110]

Die alte Kulturstufentheorie feiert hier in biologischem Gewand eine Neubelebung. Offen ist allerdings, ob ein von Fortschrittsoptimismus und rein funktionalem Denken geprägtes Erziehungsverständnis nicht einen Neodarwinismus (»survival of the fittest«) fördert? Ist es nicht hoch spekulativ, Phylo- und Ontogenese so unmittelbar aufeinander abzubilden? Lernen wird utilitaristisch zu einer Selektionsofferte, die (vernünftigerweise) angenommen, aber auch ausgeschlagen werden kann.

Neben dem Gedanken der Konzentration erweitert Ziller die Überlegungen von Herbart in einem zweiten Punkt.
Wie kann dem Lehrer eine Theorie an die Hand gegeben werden, so dass er – wissenschaftlich fundiert – »guten« Unterricht vorbereiten kann? Darin erweist sich letztlich seine Professionalität. Deshalb steht im Mittelpunkt der Überlegungen von Tuiskon Ziller die Frage, wie sich neue Lehrinhalte didaktisch vermitteln lassen.

»Die Antwort favorisiert ein gestuftes Modell von Lehren und Lernen: Der Lehrer muss so handeln, dass sich der neue Unterrichtsstoff an den immer schon vorhandenen ›Gedankenkreis‹ der Schüler anschließen kann. Das verlangt eine gestufte Reihenfolge: Zuerst muss das Neue als neu erfahren werden (Analyse/Synthese), dann wird das Neue mit dem Alten im Gedankenkreis des Schülers verbunden (Assoziation), begrifflich fixiert und einem größeren Erkenntnissystem (der Fachwissen-

110 Treml 2000, 16.

schaft) zugeordnet (System); schließlich muss der Schüler dann noch diese Verknüpfung übend anwenden (Methode).«[111]

Die Formalstufe der Klarheit unterteilt er in Analyse (Hinführung) und Synthese (Darbietung des neuen Stoffes). Gerade die Analyse macht deutlich, dass Ziller im Sinn der Elementarisierung nicht nur den Stoff bzw. dessen methodische Vermittlung bedenkt, sondern sich schon sehr früh überlegt, wie das Neue an die vorhandenen Kenntnisse des Schülers möglichst geschickt angeknüpft werden kann. Um solche Anknüpfungspunkte zu finden, bedarf es der Beschäftigung mit dem Umfeld der Schüler. Bei Ziller geraten also die Schülerinnen und Schüler – zumindest indirekt – in der Unterrichtsvorbereitung gleich als erste Stufe in den Blick des Lehrers.

»Die Hauptmasse der Gedanken muss aber immer von dem Zögling selbst herbeigeholt werden, nachdem er gefragt worden ist, ob ihm nicht manches auf das Ziel Bezügliche schon bekannt ist. Es fällt ihm dann sogleich auf: was ihm in Form des Ziels als neu hingestellt wird, ist für ihn doch nicht völlig neu, sondern mit bekannten Elementen verschmolzen, und das ist der Anfang der so genannten Analyse, mit der jeder neue Abschnitt des Unterrichts beginnen muss. ... (Es handelt sich) bei der Analyse um eine ganz spezielle Beziehung auf das ihm [d.i. dem Schüler, M.S.] *schon Bekannte, das in dem Gegenstand des Zieles liegt, also durchaus nicht bloß um eine Repetition von früher durchgearbeitetem Gedankenstoff.«*[112]

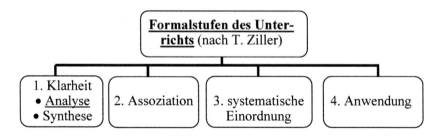

Ein Standardwerk für Lehramtsstudierende des Faches Religion fasst Zillers Schema so zusammen:

»Tuiskon Ziller teilte die erste Formalstufe Herbarts in zwei Schritte – ›Analyse‹ als Feststellung des bisherigen Wissens des Schülers und ›Synthese‹ als Darbietung des Neuen – auf und stellt ihnen noch die so-

---

111 Oelkers 1988, 517.
112 Ziller, T.: Vorlesungen über Allgemeine Pädagogik (1876); in: A. Reble a.a.O., 439.

genannte Zielangabe voran. *Nach diesem Fünferschritt, der primär mit dem fragend-entwickelnden Unterricht verbunden wurde, erarbeiteten und unterrichteten Generationen von Lehrern jeden Stoff für alle Altersstufen und im Blick auf alle Unterrichtsziele.«*[113]

Für die vierte Stufe, der Anwendung (Übung/Methode), stellte Ziller heraus, welche Vorteile es bietet, wenn es im Unterrichtsprozess gelingt, das Neue dem Schüler in einer durchdachten Artikulation so nahe zu bringen, dass er es mühelos wahrnehmen und einordnen kann:

»Wenn einmal die begrifflichen Elemente und Fundamentalwahrheiten in rechter Weise gewonnen sind, so schließen sich nicht bloß neue Kombinationen, es schließen sich auch Deduktionen, Schlüsse und Beweise, überhaupt alle Arten des Denkens auf dem Boden jener Begriffe zum Behuf der Erkenntnis neuer Wahrheiten ganz von selbst an, und das System erweitert sich durch wirkliche Produktion.«[114]

Diese Zeilen verdeutlichen Zillers Glauben an die Machbarkeit von »gutem« Unterricht. Seine Prämisse lautete: Wenn nur der Unterricht gemäß den Regeln der Assoziationspsychologie folgerichtig aufgebaut ist, dann wird es von selbst zu überzeugenden Lernergebnissen kommen. Machbar erschien ihm Unterricht, weil er sich in Form eines logisch aufbauenden Lehrganges organisieren lasse. So war gerade für das niedere Schulwesen im 19. Jahrhundert das vorrangige Ziel, die Unterrichtsmethode zu optimieren und zu perfektionieren.

»Das Hauptgesetz des elementaren Lehrgangs fand man in der Regel der ›Lückenlosigkeit‹, wobei für die lückenlose Darstellung der Lernstoffe galt: Schreite vom Nahen zum Entfernteren, vom Leichten zum Schweren, vom Einfachen zum Zusammengesetzten, vom Bekannten zum Unbekannten fort. Den Unterricht elementarisieren hieß im Verständnis jener Zeit, den Lehrstoff fachsystematisch einerseits und andererseits in folgerichtiger Weise von den Lernvoraussetzungen des Kindes ausgehend zu entfalten. In der zweiten Hälfte des 19. Jahrhunderts entwickelten die Volksschulpädagogen, aufbauend auf der Elementarmethode, den ›systematischen Lehrgang‹, orientiert am Lehrstoff, an den Lehrformen und an den methodischen Grundsätzen des Volksschulunterrichts.«[115]

Hier zeigt sich das Nachwirken der didaktischen Grundsätze von Pestalozzi. Verbunden mit dem Prinzip der Formalstufen prägten sie die

---

113 Lachmann ^{5}1997, 224.
114 Ziller, T.: Grundlegung zur Lehre vom erziehenden Unterricht (1864); in: Reble, A., a.a.O., 442f.
115 Friedrich 1987, 140.

Unterrichtswirklichkeit im 19. Jahrhundert: entscheidend für das Lehren ist die folgerichtige Anordnung des Lernstoffes:

»*Die vier Kategorien* [d.h. die vier Formalstufen bei Ziller; M. S.] *zusammen beschreiben die methodische Einheit, mit deren Hilfe eine ›Kontinuität der Geistesbildung‹ erreicht werden soll. Das Kontinuitätsproblem ist tatsächlich beherrschend für die Optik des Lehrerhandelns, denn die Präsentation des Stoffes soll nicht nur situatives, sondern muss aufbauendes Lernen ermöglichen, ein Lernen, das wie ein Fortschrittsprozess organisiert wird.*«[116]

So konsequent auf vorher festgelegt Ziele hin aber lässt sich Unterricht, der den dynamischen und letztlich unverfügbaren zwischenmenschlichen Prozess ernst nimmt, nicht planen. Ist Vorbereitung von Unterricht damit hinfällig? Mitnichten!

»*Worauf sich der Lehrer vorbereitet, ist ... die Bewältigung von Kontingenz. In jeder Erlebnissekunde kann sich die Aufmerksamkeit der Schüler verändern, kann der Verstehensspielraum enger oder weiter werden, kann die Bereitschaft zu lernen nachlassen oder gerade gesteigert werden. Der Unterrichtsplan dient dazu, mit diesen Überraschungen fertig zu werden, nicht aber um sie zu beseitigen, sondern um von ihnen nicht so tangiert zu werden, dass die Linie des Unterrichts in eine gänzlich andere Richtung gezogen wird. Die Vorbereitung dient der Kontinuität trotz permanenter Diskontinuität; ohne eine solche Leitlinie hätte der Unterricht keine Struktur und würde sich dann chaotisch auf chaotisches Lernen einstellen, also selbst unmöglich werden.*«[117]

Schon Zeitgenossen wie Christian D. F. Palmer (1811–1875) wenden sich jedoch gegen die Überbetonung der Formalstufen in der Methodik.

»*Die erste Voraussetzung für einen gelingenden Unterricht in diesem Sinne ist nach Palmer der Lehrer selbst, denn er ist – modern gesprochen – das Modell, an dem der Schüler die Einheit von Wollen und Wissen entdecken kann. Denn Kinder, ›deren Sinn nur für das Konkret-Lebendige‹ zugänglich ist, sind nur durch Vorbilder zu gewinnen.*«[118]

Heutige Pädagogen würden da gewiss vorsichtiger argumentieren und die Vielschichtigkeit unterrichtlicher Faktoren hervorheben, Einflussgrößen, die zu einem guten Teil eben auch außerhalb des Unterrichts anzusiedeln sind und die deshalb von einem noch so folgerichtigen Unterrichtsarrangement nicht aufgehoben werden können.

116 Oelkers 1988, 517.
117 Oelkers 1988, 527f.
118 Lämmermann 1994, 30.

Auswertung
(im Blick auf den Aspekt der Elementarisierung)

Da die Welt heute durch eine enorme Spezialisierung des Wissens in den verschiedensten Teilgebiete geprägt ist, wird die Wahrnehmung von Zusammenhängen und Grundtatbeständen umso wichtiger. Der Spezialist weiß von immer weniger immer mehr. Eine zum Fachunterricht komplementäre Konzentration von Unterricht auf einige für die Schülerinnen und Schüler in ihrer Entwicklung bedeutende Inhalte wird heute durch fächerverbindende Themen[119] zunehmend in Form von projektorientiertem Lernen und Fächerverbünden[120] angestrebt. Tuiskon Ziller sprach vom »*Gesinnungsstoff als konzentrierender Mittelpunkt*«[121]. Wir würden heute vielleicht von »Schüsselproblemen, Grund- oder Kernkompetenzen« sprechen, aber der Effekt der elementarisierenden Konzentration ist durchaus vergleichbar.

Wichtig im Blick auf die Elementarisierung ist bei Tuiskon Zillers Formalstufen der erste Schritt: die Analyse. Der Schüler soll an einen neuen Stoff herangeführt werden, indem sich der Lehrende um Anknüpfungspunkte in der Erfahrungswelt der Schüler bemüht. Entscheidend ist nicht allein die Sachlogik des zu vermittelnden Inhalts, sondern ebenso wichtig ist die Zugänglichkeit des Inhalts für die Schülerinnen und Schüler. Im zweiten Schritt, der Synthese, ist es dann die Kunst des Lehrers, beides möglichst einleuchtend miteinander zu verknüpfen. Diese Erkenntnis ist ein bleibender Gewinn.

119   »*Eine grundlegende Differenzierung unterscheidet zwischen dem fächerverbindenden Unterricht, der sich einer gemeinsamen Zielsetzung verpflichtet weiß, und einem nur fächerübergreifenden Arbeiten, das – meist unter Führung eines sogenannten Leitfaches – ein thematisch zentriertes Lernen ermöglicht, ohne explizite innere Verknüpfung und Unterordnung unter ein verbindliches pädagogisches Ziel.*«
Aus: Dieterich 2002, 200f.
Bei T. Ziller ist das verbindliche pädagogische Ziel der Ausgangspunkt der Konzentration des Unterrichts und folglich scheint mir hier der Begriff des fächerverbindenden Themas angemessener.
120   So sind im neuen Bildungsplan der Realschule in Baden-Württemberg (2004) die Fächer Biologie, Physik und Chemie zum Fach »Naturwissenschaftliches Arbeiten« (NWA) gebündelt, um ein isoliertes Lernen in den einzelnen Segmenten zu verhindern und die übergreifenden Fragestellungen und Lösungsansätze der naturwissenschaftlichen Fächer herauszustellen.
121   Einen ähnlichen didaktischen Ansatz sehe ich in den Marchtaler Bildungsplänen, die in etlichen katholischen Privatschulen die Grundlage des Unterrichts darstellen. Jeder Jahrgangsstufe sind hier zentrale Unterrichtsinhalte zugewiesen, die von den einzelnen Fächern her bedacht und erarbeitet werden. Entscheidend ist dabei, dass Glaubensthemen in diese konzentrierenden Stoffe hineingewoben werden und somit ein ganzheitliches religiöses Lernen gefördert werden soll.
Vgl. Marchtaler Plan. Erziehungs- und Bildungsplan für Katholische Freie Grund- und Hauptschulen in der Diözese Rottenburg-Stuttgart; Rottenburg 1990.

Einschränkend gilt festzuhalten: Elementarisierung versteht sich als ein offenes Unterrichtsprinzip. Die Herbartianischen Formalstufen dagegen sind in ihrem Selbstverständnis so angeordnet, dass sie schematisch auf jede Vorbereitung von Unterricht angewendet werden können. Auch wenn Ziller mit der ersten Stufe die Möglichkeit einfügt, den Unterricht an den Vorerfahrungen der Schüler auszurichten, so bleibt letztlich eine schematische Starre in der unterrichtlichen Abfolge erhalten.

1.4 Das Elementare im Modell der bildungstheoretischen Didaktik – Wolfgang Klafki (*1927)

In der pädagogischen Diskussion ist der Begriff »Elementarisierung« zwar in der Form des substantivierten Adjektivs »das Elementare« mit Pestalozzi (vgl. II. 1. 2) eingeführt, im 20. Jahrhundert aber vor allem durch die geisteswissenschaftliche Pädagogik vertieft worden. Wolfgang Klafki ist als Schüler von Erich Weniger (1894–1961) und Theodor Litt (1880–1962) in die dritte Generation dieser Traditionslinie einzuordnen. Ab Mitte der 50-er Jahre hat er maßgeblich die didaktische Diskussion an den deutschen Universitäten und Pädagogischen Hochschulen mitbestimmt und über die Jahrzehnte hinweg die geisteswissenschaftliche Didaktik zu einer kritisch-konstruktiven Didaktik weiterentwickelt.

Die geisteswissenschaftliche Pädagogik bzw. die aus ihr nach dem Zweiten Weltkrieg abgeleitete bildungstheoretische Didaktik geht davon aus, »*dass lange nicht alles, was gelehrt und gelernt werden kann, auch bildet.*«[122] Deshalb soll in der »Didaktischen Analyse« geklärt werden, welche Unterrichtsinhalte für die Bildung geeignet sind und welche nicht. Ziel dieser kritischen Sichtung der Unterrichtsinhalte ist eine bewusst didaktisch orientierte Auswahl, um die Qualität und Effektivität von Unterricht zu erhöhen. Als Nebeneffekt kann die kritische Sichtung zugleich die Quantität der möglichen Unterrichtsinhalte einschränken und eine Reduktion didaktisch begründen.

Um aufzuzeigen, nach welchen Kriterien diese kritische Sichtung möglicher Unterrichtsinhalte erfolgt, haben die geisteswissenschaftlichen Bildungstheoretiker drei Begriffe geprägt:
– das Elementare
– das Fundamentale
– und das Exemplarische

In seiner Habilitationsschrift aus dem Jahr 1957 »Das pädagogische Problem des Elementaren und die Theorie der kategorialen Bildung« gibt Wolfgang Klafki der didaktischen Frage nach der »Elementarisie-

---

122 Jank/Meyer 1991, 146.

rung« in der Mitte des 20. Jahrhunderts einen fulminanten neuen Impuls.
Im ersten Teil (ca. 300 Seiten) zeigt er in einer historischen Analyse auf, dass »die Frage nach dem Elementaren« Wissenschaftler und Schulpraktiker von der Antike bis in die Gegenwart hinein beschäftigt hat.
Im zweiten Teil, seiner systematischen Konstruktion (ca. 200 Seiten), stellt Klafki einen Bezug zwischen der kategorialen Bildung und ihrer didaktischen Seite her, dem pädagogischen Problem des Elementaren. Unter »kategorialer Bildung« versteht er – in Absetzung von den alten Vorstellungen rein materialer oder rein formaler Bildung – Bildung in einem Doppelsinn, so dass sich im Bildungsprozess dem Menschen – im exemplarischen Lerninhalt – eine (neue)Wirklichkeit erschließt und dass eben damit er selbst für diese (neue) Wirklichkeit erschlossen wird.

Die Formel des »exemplarischen Lernens« war Ende der 50-er Jahre in der Didaktik vorherrschend. Insofern war es Klafkis vorrangiges Anliegen, in seiner systematischen Konstruktion das Verhältnis des Exemplarischen zum Elementaren und Fundamentalen zu klären.

Versuch abgrenzender Definitionen:

- »**Das Exemplarische**« ist das konkrete Beispiel, das für etwas Allgemeines erschließende Funktion hat: »*Wo wir vom Exemplarischen sprechen können, da liegt ein Verhältnis von Allgemeinen und Besonderem vor, das am klarsten in der Beziehung von ›Gesetz‹ und ›Fall‹ zum Ausdruck kommt. ... Während das Besondere ... immer ein konkretes Exempel ist, auf das man gleichsam hinweisen, hinzeigen kann – d i e s e s immer schneller bergab rollende Rad, d i e s e Rechenaufgabe, d i e s e Anwendung historischer Quellenkritik – ist das Allgemeine hier immer ein rein gedanklicher Zusammenhang: Gesetz, Struktur, Prinzip, Begriff. Und so wird das Allgemeine beim pädagogisch Exemplarischen nicht im Besonderen, sondern am Besonderen gewonnen.*«[123]

- »**Das Elementare**« ist das über den besonderen Einzelfall Hinausweisende. Das Besondere lässt ein allgemeines Prinzip erfahrbar werden. »Elementare« Unterrichtsinhalte zeigen also im Blick auf die Sache im Besonderen ein Allgemeines auf: »*Der Begriff ›das Elementare‹ endlich meint nichts anderes als den Inbegriff eben solcher erschließender Inhalte; er deutet auf das Verhältnis der Bildungsinhalte zu der ihnen repräsentierten Wirklichkeit hin: nur weil die Bildungsinhalte relativ einfach sind, vermögen sie dem Sich-Bildenden Wirklichkeit geistig aufzuschließen. D a s E l e m e n t a r e i s t*

---

123 Klafki 1957, 443.

das doppelseitig Erschließende.«[124] Einerseits erschließen sich die Inhalte einer dinglichen und geistigen Wirklichkeit (Welterschließung; objektives, materiales Moment der Bildung), andererseits wird eine Person für jene Inhalte erschlossen (Selbsterschließung; subjektives, formales Moment der Bildung).

- **»Das Fundamentale«** beschreibt Grunderfahrungen, in denen dem Lernenden eine grundlegende Einsicht auf einprägsame Weise klar wird.»Fundamentale« Unterrichtsinhalte vermitteln also im Blick auf die (zu unterrichtende) Person und Sachen grundlegende Einsichten. Ihnen geht sozusagen ein Licht auf. Daran wird deutlich, dass Bildungsinhalte nicht nur eine kognitive Dimension haben, sondern ebenso eine persönliche Erfahrung darstellen können. Etwas als »fundamental« zu erfahren, hat eine stark subjektive, für den Unterricht kaum fassbare Komponente: *»Grunderfahrungen und Grunderlebnisse können nur ausgelöst, nicht eigentlich gestiftet werden. Sie entspringen in jeweils spezifischen Situationen, deren weckende Kraft in einer begrifflich schwer auslegbaren Stimmung, Atmosphäre liegt.«*[125] Man könnte dies auch als Aha-Moment bzw. »disclosure-Erfahrung« beschreiben.[126]

Im Lexikon für Religionspädagogik systematisiert Godwin Lämmermann den Gedanken der Elementarisierung bei Klafki folgendermaßen:

*»Nach W. Klafki ist E. die did. Seite der kategorialen Bildung ... Grundsätzlich nennt Klafki ... drei Schichten der kategorialen Bildung, die sich im Grad ihrer Konkretheit bzw. Allgemeinheit unterscheiden: das **Fundamentale** als solches, das **Päd.-Elementare** u. das **Gesch.-Elementare**. Während ersteres zu allgemein ist, um unmittelbar von gesch. Individuen erschlossen werden zu können, ermangelt es dem Gesch.-Elementaren an der für die Bildung notwendigen Allgemeinheit. Gegenstand did. E. kann dem gemäß nur die Ebene des Päd.-Elementaren sein, denn diese ist die Begegnungsebene zwischen dem aus seiner besonderen Geschichte lebenden Subjekt u. den allgemeinen, übergreifenden Kategorien, mit denen ein Subjekt seine Umwelt begreifen und gestalten kann.«*[127]

---

124 Ebd., 322.
125 Ebd., 442f.
126 Wendebourg/ Brandt 2001, 3.
»Verstehen und Erkenntnis kommen vielmehr erst dort zustande, wo Sinn und Wahrheit dessen, was überliefert wird, sich einem Menschen erschlossen haben. Erst dort, wo ihm der Inhalt einer solchen Überlieferung evident wird, entstehen Erkenntnis und Gewissheit.«
127 Lämmermann, G.: Art. Elementarisierung; in: LexRP 2001, Bd. 1 – Sp. 382f.

1. Elementarisierungsansätze in der Bildungs- und Schulgeschichte

Die entscheidende Schicht für den Prozess der Elementarisierung ist somit das Pädagogisch-Elementare. Kategoriale Bildung, also die wechselseitige Erschließung von Sache und Person, kann für Klafki auf unterschiedlichen Ebenen herbeigeführt werden. Für die genauere Klassifizierung der didaktischen Entscheidung unterscheidet er sieben Ebenen der Begegnung, die er im letzten Kapitel seiner Habilitationsschrift aufzeigt. Klafki verwendet als Oberbegriff das Pädagogisch-Elementare, dem er verschiedene Grundformen des (Pädagogisch-)Elementaren subsumiert. Je nach Art des Pädagogisch-Elementaren bieten sich in den unterschiedlichen schulischen Lernfeldern für Klafki verschiedene Zugänge an.

Grundformen des Pädagogisch-Elementaren[128] – eine Übersicht

Grundform	das Verhältnis von Allgemeinem und Besonderem	beispielhafte Bildungsinhalte	schulische Anwendungsbereiche
1. das **Fundamentale**	Das Allgemeine ist nur als besondere Erfahrung bzw. besonderes Erlebnis existent.	sittliche, ästhetische und lebenskundlich-philosophische Grunderfahrungen wie Liebe, Freundschaft oder Treue	bes. Rel/Ethik u. D[129]
2. das **Exemplarische**	Das Allgemeine (ein Gesetz, ein Prinzip, ein Begriff) wird **gedanklich am Besonderen** (konkretes Beispiel/ Exempel) erfahren.	an einem fallenden Gegenstand das Fallgesetz; an einer Rechenaufgabe ein mathematisches Gesetz	bes. Naturwissenschaften und M

128 Klafki 1957, 381–398 (vgl. 3/4 1964, 441–457).
Klafki selbst wählt als Überschrift: »Grundformen des Fundamentalen und Elementaren«. Ich ersetze die beiden Begriffe durch den von ihm in der Einleitung des Kapitels verwendeten Begriff des Pädagogisch-Elementaren, damit »Fundamentales« nicht als Oberbegriff und Teilkategorie auftaucht!
129 Natürlich kann auch für alle anderen Fächer ein Fundamentales formuliert werden. So wäre z.B. im Fach Biologie die Kenntnis des menschlichen Körpers grundgelegt im Staunen über die faszinierende Sinnhaftigkeit seines Aufbaus und seiner Funktionsweisen. Die schulischen Anwendungsbeispiele sind folglich als besonders beispielgebend, nicht aber ausschließend zu verstehen!

3. das **Typische** (vgl. das »Urphänomen« bei Goethe)	Das Allgemeine (ein Typus) wird **anschaulich** am Besonderen (einer prägnanten Erscheinung) erfahren.	am Beispiel des Absolutismus eine historische Staatsform; den mittelalterlichen Bürger als historischen Typen	EK, Bio, Wirtschaft, G, GK, D u. Rel/Ethik
4. das **Klassische**	Das Allgemeine (etwas Inneres, ein Wesen; z.B. eine vorbildliche menschliche Haltung oder Leistung) wird am Besonderen (etwas Äußeres, ein Ausdruck; z.b. ein vorbildliches Individuum/ Musterleben) als **Wert** erfahren.	am Beispiel der Ringparabel Werte wie Toleranz und Humanität; eine als vorbildlich erlebte menschliche Haltung oder Leistung	bes. G, D u. Rel/Ethik
5. das **Repräsentative**	Das Allgemeine (die geschichtliche Wirksamkeit bis in die Gegenwart) wird am Besonderen (ein überschaubarer geschichtlicher Höhe- bzw. Wendepunkt) als **Vergegenwärtigung** erfahren. (Prinzip der symbolischen Verdichtung)	Besuch in Verdun als Vergegenwärtigung der Geschehnisse des 1. Weltkriegs; die Reformation als ein die gegenwärtigen Verhältnisse beeinflussendes Geschehen	bes. G
6. die einfache **Zweckform**	Das Allgemeine und das Besondere sind im **praktischen** Bereich identisch. Sie stehen im	Rechnen (Fertigkeit – Zweck) durch Rechnen (Tätigkeit – Mittel) lernen; handwerklichtechnische	bes. Technik, Sport u. D (Aufsatzformen)

		Verhältnis von Zweck und Mittel zueinander.	Grundformen (z.B. falten, schneiden, feilen, hobeln, fugen, falzen) durch praktisches Tun lernen	
7.	die einfache ästhetische Form	Das Allgemeine und das Besondere sind im **künstlerischen** Bereich identisch, d.h. das Allgemeine ist immer nur im Konkreten schaubar und erlebbar.	Kunst wird in einfachen Formen oder Farbkombinationen Realität; Musik gestaltet sich in einfachen Tonfolgen oder Melodien	bes. Musik u. BK; auch D (Literatur)

Nachtrag (auf Anregung von J. Derbolav; vgl. F 1388*, S. 469f.)

das **Symbolische**	Das Allgemeine verkörpert sich im Besonderen als etwas Abstraktes, das nur als Erlebnis existent und erfahrbar ist.	Baum oder Wasser als Zeichen des Lebens, Kreuz als Zeichen des Leidens	bes. Rel/Ethik

Unterrichtspraktisch sind zwei Erkenntnisse wichtig: Allgemeines (Elementares und Fundamentales) kann in der Regel nur über Besonderes (Exemplarisches) zugänglich gemacht werden. Sodann ist je nach Inhalt zu überlegen, welche Grundform besonders hilfreich für den Lernprozess ist. Wie im Einzelnen diese Grundformen definitorisch gegeneinander abzugrenzen sind, ist demgegenüber eine nachgeordnete Frage.

»Durch subtile terminologische Festsetzungen dürfte jedoch kaum größere Klarheit erreicht werden, denn fast allen aufgezählten Bestimmungen haftet vermöge der semantischen Vieldeutigkeit der verwendeten Ausdrücke ein Moment der Willkür an.«[130]

---

130 Preul 1971, 61.

Klafki selbst schreibt relativierend in der Einleitung seiner Ausdifferenzierung des (Pädagogisch-)Elementaren:

»Es zeigte sich bereits früher, dass es nicht möglich ist, jede dieser Formen jeweils streng einer einzigen der von uns unterschiedenen Problemebenen zuzuordnen. Diese Erkenntnis ist für das Folgende festzuhalten.«[131]

Deshalb leuchtet in der didaktischen Analyse am ehesten ein Dreischritt ein:
- das Fundamentale: die sehr abstrakte Grundrichtung eines Faches
- das Elementare: die noch allgemein gehaltenen wesentlichen Teilaspekte eines Faches
- das Exemplarische: ein konkretes Beispiel, das einen dieser Teilaspekt veranschaulicht

Im Folgenden möchte ich dieses Dreierschema mit Hilfe von zwei Beispielen konkretisieren, einem aus der Literatur entnommen, das auf das Fach Physik rekurriert (A) und einem aus dem Bildungsplan 1994 für den Religionsunterricht in Baden-Württemberg (B).

(A) das Exemplarische – das Elementare – das Fundamentale: Versuch einer literarischen Konkretisierung für den Physikunterricht

In der »Feuerzangenbowle« von Hans Spoerl versucht Herr Bömmel seinen Schülern das Funktionsprinzip einer Dampfmaschine auf möglichst einfache Weise zugänglich zu machen.[132]

Klafki selbst greift in späteren Veröffentlichungen diese ausdifferenzierten Grundformen des Pädagogisch-Elementaren nicht mehr auf. Manchmal gewinnt eine Systematik in ihrer Entwicklung auch eine Eigendynamik, die sich in der unterrichtlichen Wirklichkeit nur schlecht verifizieren lässt und die sich in der didaktischen Vermittlung als nur wenig hilfreich erweist.
131 Klafki 1957, 441.
132 Spoerl ^{16}1987 (1933), bes. 28–30.

1. Elementarisierungsansätze in der Bildungs- und Schulgeschichte 107

> **das Exemplarische**
>
> der konkrete Lerninhalt
> *die Dampfmaschine*
> ↓
>
> **das Elementare**
>
> Im Besonderen kann etwas Allgemeines erschlossen werden
> (elementar v. a. im Blick auf die SACHE)
> *z.B. Wärmeenergie wird*
> *- in einem Kolben*
> *und mit Hilfe von Kraftübertragung –*
> *in Bewegungsenergie umgewandelt*
> *(vgl. Verbrennungsmotor, Turbine)*
> ↓
>
> **das Fundamentale**
>
> Dem Lernenden können grundlegende Einsichten erschlossen werden
> (fundamental v. a. im Blick auf die PERSON)
>
> *Die Faszination der SchülerInnen durch das technische Gerät »Dampfmaschine« soll sie dazu anregen, sich mit den physikalischen Grundlagen auseinander zu setzen.*
> *(vgl. LPE 9. 3 »Fotoapparat«[133])*

In diesem Lernprozess vom Exemplarischen zum Fundamentalen wird ein Doppeltes ermöglicht: einerseits Welterschließung, so dass wesentliche Momente der Welt erkannt werden, andererseits aber auch Selbsterschließung, weil durch den erweiterten Horizont auch das Selbstverständnis des erkennenden Subjektes sich erneuert:

---

133 Bildungsplan – Realschule (Baden-Württemberg); Stuttgart 1994, 316.

»Er hielt nicht viel von verstiegener Wissenschaft, er war mehr für einfache, plastische Begriffe und für eine volkstümliche Darstellung.« [134]

Was kennzeichnet die Lehrmethode des Physikus Bömmel?
Wie ein roter Faden zieht sich durch die Schilderung des »Schülers« Pfeiffer das Prinzip der Vereinfachung (*Da stelle mer uns janz dumm*).
Die didaktische Vereinfachung des Physiklehrers betont die besonders wichtigen Bestandteile des komplexen Gegenstandes »Dampfmaschine«. Dadurch wird aus einer differenzierten eine auf »das Wesentliche« reduzierte Aussage bzw. Darstellung. Der Physiklehrer Bömmel hebt das allgemeine Grundprinzip hervor.

Ist »Bömmels« Didaktik nun unzulässiges Simplifizieren oder geniales Elementarisieren?
Zwei – angesichts der vagen literarischen Vorgaben – vorsichtige Antwortversuche:

Geniale Elementarisierung ist Bömmels Lehrmethode dann, wenn
- in seiner Vereinfachung das allgemeine Grundprinzip der Dampfmaschine richtig erfasst wird.
- seine reduzierte Aussage später einen widerspruchsfreien Übergang zu komplexeren Aussagen ermöglicht (z.B. bei einem Ingenieursstudium an der TU).

Die kurze literarische Szene soll nicht überinterpretiert werden, aber es ließen sich noch weiter gehende Aspekte der Elementarisierung herauslesen.
Die Frage nach elementaren Wahrheiten öffnet den Blick für die Folgen der Erfindung der Dampfmaschine. Ein ganz neues Zeitalter bricht an! Das Leben der Menschen wird einerseits erleichtert, andererseits enorm beschleunigt und die Verteilung von Arm und Reich gerät immer mehr aus der Balance. Die Dampfmaschine – ein Segen oder ein Fluch? Auf dem Bild »Der breite und der schmale Weg« von Reihlen[135] aus dem Jahre 1866, das im Pietismus viele Jahrzehnte große Bedeutung hatte, ist ganz nahe am Abgrund ein dampfender Zug dargestellt. Entheiligung des Sonntags und menschliche Allmachtsfantasien werden aus christlicher Sicht hinterfragt. – Von alledem ist im Physikunterricht von Lehrer Bömmel nicht die Rede.
Im Blick auf die elementaren Zugänge darf der Lehrer Bömmel voraussetzen, dass gerade bei Jungen die Faszination einer sich schnell bewegenden Maschine und die Freude an der Transformation von Wärme- in Bewegungsenergie ihre Wirkung tun werden.

---

134 Spoerl [16]1987 (1933), 28.
135 Vgl. J. J. W. A. Wijchers, Der breite und der schmale Weg, Lahr 1991, bes. 35f.

Aber in Lernformen ist dies keineswegs umgesetzt. Die Verfilmung der »Feuerzangenbowle« mit Heinz Rühmann[136] aus dem Jahre 1944 zeigt einen routinierten, durchaus liebenswerten, aber letztlich schrulligen Vortrag hinter dem Katheter ohne die Erwartung, dass ernstlich zugehört wird. Von eigenen Experimenten in kleinen Gruppen ist keine Rede. Dennoch gibt sich Bömmel selbstbewusst: »*Das steht alles auch im Buch, aber längst nicht so schön!*«[137]

Pfeiffers Resümee am (vorläufigen) Ende seines Schulexperiments jedenfalls lautet – weniger abwertend als mit anerkennender Sympathie: »*Und Bömmel lehrte Physik in Volksausgabe.*«[138]

(B) das Exemplarische – das Elementare – das Fundamentale:
Versuch einer Konkretisierung für den Religionsunterricht

Ein alltägliches Beispiel aus der Unterrichtspraxis im Fach evangelische Religionslehre soll das literarische Beispiel eines ungewöhnlichen Physikunterrichts ergänzen. In der Klassenstufe 7 ist als Pflichteinheit »Der Prophet Amos: Gott will Gerechtigkeit« (LPE 7. 2. 1[139]) zu unterrichten.[140] Wie könnte hier das Verhältnis von Exemplarischen, Elementaren und Fundamentalen inhaltlich gefasst und grafisch veranschaulicht werden?

---

136 Regie: Heinz Weiß.
137 Zitat aus dem Film von H. Weiß.
138 Spoerl [16]1987 (1933), 83.
139 Bildungsplan für die Realschule BW (1994), 147.
140 Inzwischen kann ergänzt werden: Die Pflichteinheit »Amos« ist im Bildungsplan 2004 geweitet worden. Nun ist lediglich für die Klassenstufe 7/8 vorgegeben, dass die Schülerinnen und Schüler einen alttestamentlichen Propheten kennen lernen. In der Grafik gesprochen: Der Bildungsplan nennt nunmehr die elementare Kategorie und überlässt es den Religionslehrkräften selbst, an welchem Beispiel sie das zu Erlernende exemplifizieren.

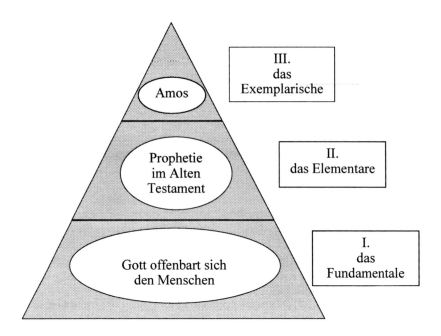

| das Exemplarische – ein repräsentatives Beispiel: der Prophet Amos → Anknüpfungspunkt für den Lernprozess **das BESONDERE** | das Elementare – ein entscheidender biblischer Inhalt/ Zusammenhang: alttestamentliche Prophetie → folgerichtiger Verlauf des Lernprozesses **das ALLGEMEINE** | das Fundamentale – ein Grundbereich des Glaubens, eine Grunderfahrung: Gott offenbart sich einem (einzelnen) Menschen → Zielpunkt des Lernprozesses |

Die unterschiedliche Größe der Pyramidensegmente zeigen, dass verschieden umfassende didaktische Intentionen hinter dem konkreten Unterrichtsgeschehen stehen. Der konkrete Lerninhalt (Spitze der Pyramide) ist der deutlich zu Tage tretende Inhalt im Lernprozess. Ein folgerichtiger Verlauf des Lernprozesses ermöglicht die Übertragung des Besonderen ins Allgemeine. Der Zielpunkt des Lernprozesses (Fundament der Pyramide) ist das im Blick auf den Lerninhalt Grundlegende sowie das im Blick auf die Lernenden Wesentliche.

Die didaktische Reflexion in Bezug auf den Lerninhalt kann induktiv oder deduktiv sein. In der Unterrichtseinheit selbst geht es aus Sicht der Schülerinnen und Schüler v. a. um das Besondere, die Begegnung mit einzelnen Textpassagen des Propheten Amos, mit seiner schneidend

1. Elementarisierungsansätze in der Bildungs- und Schulgeschichte 111

scharfen Forderung nach Gerechtigkeit. Erst am Ende der Beschäftigung könnte der Ausblick stehen, wie andere alttestamentliche Propheten in ähnlicher oder ganz anderer Weise aufgetreten sind. Das Fundamentale begleitet als Frage nicht nur diese Einheit des Religionsunterrichts: Offenbart sich Gott den Menschen? Wenn ja, nur damals oder auch heute? Wir sehen hier: Unterricht lässt sich zwar analytisch in die verschiedenen Ebenen differenzieren, aber gleichzeitig gehen sie in der Unterrichtspraxis auch immer fließend ineinander über.

Um die Gleichzeitigkeit der drei Ebenen zu betonen, ließe sich dasselbe grafisch auch wie folgt darstellen:

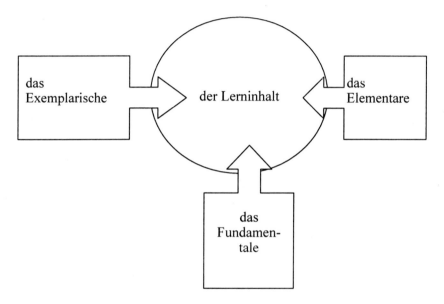

Gerd Theißen ergänzt aus bibeldidaktischer Perspektive Klafkis drei Kriterien der didaktischen Analyse um das Kriterium der Kommunizierbarkeit biblischer Überlieferung.[141]

»Die Pluralisierung und Individualisierung unserer Gesellschaft macht es notwendig, dass wir bei dem, was wir lernen, immer fragen, wie wir dadurch mit anderen Menschen ins Gespräch kommen. Das Kommunikative und Dialogfähige entspricht als neues Kriterium nicht nur dem

---

141 Damit knüpft er auch an das Verständnis von Hans Stock an, für den Elementarisierung die Aufgabe hat, »*eine substantiell gültige kommunizierbare Inhaltlichkeit der Theologie im komplizierten Medium gegenwärtiger Frage- und Konfliktsituationen vernünftig zu ermitteln und verstehbar zur Sprache zu bringen*« (Stock 1977, 7; vgl. Kap. II. 2. 2. 2).

didaktischen Gespräch zwischen Lehrenden und Lernenden, sondern auch unserer geschichtlichen Lage, in der sich Menschen mit verschiedenen Überzeugungen verständigen müssen. Wie werden diese vier Kriterien: das Fundamentale in der Sache, das Elementare im Leben, das Exemplarische für das Lernen und das Kommunikative als Elementarisierung und Dialogisierung zusammenfassen. Elementarisierung besteht darin, das Fundamentale (oder die elementaren Sachstrukturen) in der Bibel herauszustellen.«[142]

Diesen Ansatz führt Theißen überzeugend aus, indem er die biblische Überlieferung auf die beiden Grundaxiome: Monotheismus und Glaube an einen Erlöser sowie vierzehn Grundmotive von Schöpfung bis Rechtfertigung bündelt, um dann aufzuzeigen, wie diese beiden Axiome und die einzelnen Grundmotive auch und manchmal gerade in einer pluralen Welt durchaus dialogfähig sind.

Wolfgang Klafki hat in späteren Veröffentlichungen die strenge Differenzierung der drei Kriterien der didaktischen Analyse relativiert.

»Klafki verwendet die Begriffe ›Elementares‹ und ›Fundamentales‹, die in früheren Studien gegeneinander abgegrenzt werden, in dieser Veröffentlichung (1966) synonym.«[143]

Dennoch hat Klafki mit beeindruckender Konsequenz die Thesen, die er zu Beginn seiner wissenschaftlichen Laufbahn aufgestellt hat, in den folgenden Jahrzehnten seiner Forschungstätigkeit weiter verfolgt und dabei zum Teil modifiziert, zum Teil auch als unverlierbar wichtig erachtete Aspekte beibehalten.
So schreibt er 1985 (fast 30 Jahre später!) in seiner nunmehr »kritisch-konstruktiven Didaktik« in der 4. Studie mit dem Titel »Exemplarisches Lehren und Lernen«:

*»Ob es heute und in Zukunft noch möglich sein wird, die Begriffe des Elementaren und Fundamentalen weiter zu verwenden, d.h. im didaktischen Sprachgebrauch neu zu verankern, lasse ich offen. Die sprachlichen Beziehungen kann man ggf. durch andere ersetzen; die mit den Begriffen bezeichneten Problemstellungen aber sind nach wie vor zentral wichtig ...
Auf sie zu verzichten hieße, hinter eine im Prozess des didaktischen Denkens schon einmal erarbeitete Differenzierung des Problembewusstseins wieder zurückzufallen.«*[144]

---

142 Theißen 2003, 118f.
143 Heinen 1988, Fußnote 9 (im Anhang).
144 Klafki [5]1996, 152.

1. Elementarisierungsansätze in der Bildungs- und Schulgeschichte 113

1997 verzichtet Klafki in der zusammenfassenden Darstellung seiner kritisch-konstruktiven Didaktik völlig auf die oben dargestellte Differenzierung. Im Blick auf die Unterrichtsplanung schreibt er im Zusammenhang der Begründung eines bestimmten Lehr-/Lerninhaltes:

»Ein thematischer Zusammenhang kann nicht allein durch die Gegenwarts- und Zukunftsbedeutung gerechtfertigt werden, sondern erst, wenn darüber hinaus seine exemplarische Bedeutung nachgewiesen werden kann: Am potentiellen Thema müssen sich allgemeine Zusammenhänge, Beziehungen, Gesetzmäßigkeiten, Strukturen, Widersprüche, Handlungsmöglichkeiten erarbeiten lassen.« [145]

Aber es bleibt dabei: Am besonderen Unterrichtsinhalt soll etwas Allgemeines deutlich werden können. Das Exemplarische steht stellvertretend für den gemeinten Gesamtzusammenhang. Exemplarisches Lernen, in dem Elementares aufleuchtet und Fundamentales erahnt werden kann, ist nicht obsolet geworden, wenn es auch nicht mehr so ausdifferenziert dargestellt ist.

Eine weitere Begrenzung von Elementarisierung ist zu beachten: Die Verhältnisbestimmung von Besonderem zu Allgemeinen kann nicht ein für alle mal herausgearbeitet werden. Vielmehr muss ein Lehrer im Blick auf seine Klasse, aber auch eine Schule im Blick auf ihre Schülerinnen und Schüler und im Wissen um die begrenzten Humanressourcen im Kollegium gemeinsam überlegen, wie ein passendes Schulprofil entwickelt werden kann, wie sich an dieser ganz speziellen Schule das Verhältnis von Allgemeinem zu Besonderem konkretisieren ließe.

»Gerechtigkeit kann angesichts der Pluralisierung der Lebenslagen der Kinder nicht mehr durch ein uniformes Lernangebot abgesichert werden. Der Lehrplan kann nur noch einen Rahmen abstecken. In diesem Rahmen muss immer neu für Kinder nicht nur sozial, sondern auch kulturell höchst unterschiedlicher Herkunft und Zukunft geplant werden. Schule im kulturellen und religiösen Pluralismus muss immer neu das Verhältnis des Besonderen zu dem Allgemeinen klären, zu dem sie Zugänge eröffnen soll. Damit wird das Recht auf Differenz zum schulpädagogischen Generalthema. Das betrifft die Einzelschule, aber auch das Schulsystem. Gerade die Einzelschule muss Anpassungsleistungen an ihre jeweilige Klientel vollbringen, für die zentrale Vorabregelungen kein zureichendes Instrumentarium bieten.« [146]

Bildungspläne sollen einerseits Mindestanforderungen formulieren, die eine Vergleichbarkeit unterschiedlicher Schulen gewährleistet und ein

---

145 Klafki [10]1999, 13–34; hier: 21.
146 Knab, D.: Art. Schule; In LexRP 2001 – Bd. 2; Neukirchen-Vluyn, Sp. 1945.

gewisses Lernniveau absichern. Aber Bildungspläne müssen genauso Freiräume enthalten, die ein spezifisches Herausarbeiten des Besonderen im Blick auf die Gegebenheiten vor Ort ermöglichen.

Auswertung
(im Blick auf den Aspekt der Elementarisierung)

Nach 1945 hat Wolfgang Klafki der Frage nach dem Elementaren in der Allgemeinen Didaktik ein neues Gewicht gegeben. Etliche Fachdidaktiken haben diesen Impuls aufgegriffen.

Nach Klafki kann man »Elementarisierung« so definieren:

Im Kontext der kategorialen Bildung ist Elementarisierung die Suche des Lehrenden nach exemplarischen Lerninhalten. Exemplarisch nun sind Lehr- und Lerninhalte, wenn sie zweierlei vermögen:

(1) wenn sie im Blick v. a. auf die PERSON, der sich eine Sache erschließen soll, **fundamental** sind, d.h. durch die ausgewählten Lehr- und Lerninhalte werden **grundlegende Einsichten** gefördert
(2) und wenn sie im Blick v. a. auf die SACHE, die zu erschließen ist, **elementar** d.h. **von allgemeiner, grundlegender Bedeutung** für einen größeren Zusammenhang sind.

Was haben nun die einzelnen Fachdidaktiken aus dem allgemeindidaktischen Modell der kategorialen Bildung für die unterrichtliche Umsetzung zu lernen?

Jede Fachdidaktik steht in der Gefahr, zwar die Unterrichtsinhalte von der jeweiligen Fachwissenschaft her stringent herauszuarbeiten, die Frage nach der Bedeutung dieser Inhalte für die Schülerinnen und Schüler heute aber zu vernachlässigen.
Elementarisierung dagegen ist für die Vorbereitung von inhaltlich und relational bedeutsamen Unterricht eine wertvolle Hilfe, denn

1. bemüht sich Elementarisierung, auf der Ebene der am Unterricht beteiligten Personen die Bedeutung der möglichen Lerninhalte zu bedenken (Primat der Didaktik) und deshalb erlaubt Elementarisierung
2. auf der Ebene der auszuwählenden Lerninhalte, Wesentliches von weniger Wichtigem zu unterscheiden.

1.5 Reduktion und Produktion von Komplexität – Christian Salzmann (1931)

Was wird in der Allgemeinen Didaktik nach Wolfgang Klafki zum Thema »Elementarisierung« veröffentlicht? Wenig, fast nichts! Andere Fragestellungen scheinen in den Jahren 1970–2005 wichtiger.

»In pädagogischen Lexika, ja sogar in schulpädagogischen Wörterbüchern und Grundlagenschriften zur Schulpädagogik fristet der Begriff ›Elementarisierung‹ ein kümmerliches Dasein. Unzureichend erläutert, durch ähnliche Ausdrücke lediglich partiell substituiert und praxisfern erklärt, ist der Terminus ›Elementarisierung‹ in **schul***pädagogischer Sicht (was für* **fach***didaktische Belange nicht gilt) argumentativ unterbelichtet und aus der heutigen Diskussion beinahe verschwunden«*[147] (Hervorhebung; M. S.).

Ist also die Frage der »Elementarisierung« für einzelne Fachdidaktiken von Bedeutung, für die Schulpädagogik im 21. Jahrhundert jedoch ohne besondere Perspektive?
Eine Ausnahme zu dieser Defizitanalyse stellt die systematische Abhandlung zum Thema »Elementarisierung« von Christian Salzmann dar.[148]

Zwei Aspekte seiner Abhandlung will ich vorstellen:
- das Phänomen der »Schwierigkeit« als überraschender Ausgangspunkt seiner Überlegungen
- und das verschränkte Verhältnis von Komplexitätsreduktion und – scheinbar paradox – der (erneuten) Produktion von Komplexität

Wolfgang Klafki ging es darum, Kriterien für die Auswahl von Lerninhalten zu entwickeln. Entscheidend ist für ihn, welche besonderen Lerninhalte für die Gewinnung allgemeiner Erkenntnisse ergiebig sind. Christian Salzmann dagegen nimmt einen Perspektivwechsel vor. Ausgangspunkt des didaktischen Nachdenkens ist nun nicht der zu vermittelnde Lerninhalt, sondern die Person des Lernenden. Er stellt die Frage, was – aus der Sicht des Schülers – die »Schwierigkeit« eines Lerninhalts ausmachen könnte. Er unterscheidet dabei fünf Schwierigkeitsmomente.

---

147 Grunder 2000, 263.
148 Salzmann, C.: Elementarisierung und Vereinfachung als Kernproblem des Lehr-/Lernprozesses. Bestandaufnahme und Versuch einer Systematisierung wesentlicher Aspekte der didaktischen Reduktion; in: Päd. Rundschau 1982, 535–556.

Fünf Schwierigkeitsmomente eines Lerngegenstands[149]

Schwierigkeitsmoment	Form der Elementarisierung	mögliche Fehlform
die Verwicklung der Struktur des Gegenstandes	das Hervorheben der wesentlichen Strukturelemente	strukturell Nebensächliches wird zur Hauptsache gemacht
die Verflechtung des Gegen-standes mit benachbarten oder umfassenden Zusammenhängen (Außenhorizont)	zeitweise Isolierung von Teilen (bei gleichzeitiger Wahrung größerer Zusammenhänge)	elementarische Zerstückelung eines Ganzen (Klischees, Vorurteile, einseitige Betrachtungen)
die Mehrschichtigkeit des Gegenstandes	Konzentration auf jeweils eine Schicht (bei gleichzeitiger Offenheit für die anderen Schichten)	Verabsolutierung einer Schicht
die Unanschaulichkeit, Unzugänglichkeit oder Abstraktheit eines Gegenstandes	Veranschaulichung	Verniedlichung des Gegenstandes durch anschauliches Beiwerk
die Statik und Abgeschlossenheit vieler Kulturgüter	Auflösung des Gegenstandes in seinen Werdensprozess (Rückführung des Kulturgutes in seine Ursprungssituation)	das Bestreben, eine objektive Lückenlosigkeit im Werdensprozess herzustellen

Beim ersten Aspekt, der Struktur des Lerngegenstands, sieht Salzmann die Aufgabe der Elementarisierung darin, den Schülerinnen und Schü-

---

[149] Nach: Salzmann 1982, bes. 540f.

lern durch angemessene didaktische Zugehensweisen das Verständnis desselben zu erleichtern.
Zum zweiten stellt Salzmann in seiner Abhandlung den wichtigen Zusammenhang von Reduktion und Produktion von Komplexität als Aufgabe von Elementarisierung heraus. Elementarisierung soll Komplexität reduzieren. Das leuchtet unmittelbar ein. Undurchschaubare Komplexität verunsichert und kann Angst auslösen, schließlich jede Art der Handlung lähmen. Elementarisierung dagegen teilt die Welt in überschaubare Teile und fügt diese in ein ordnendes System, so dass Erkennen möglich wird.
Zugleich soll jedoch gelten: Elementarisierung hat die Aufgabe, Komplexität zu produzieren! Wie ist das gemeint?

Christian Salzmann unterscheidet zwei Qualitäten von Komplexität:
- Komplexität aus der Sicht des Lehrenden ist – wenigstens partiell – geklärte, verstandene und in seiner Struktur durchschaute Komplexität.
- Komplexität aus der Sicht des Lernenden ist – zumindest zu Beginn des Lernprozesses – undurchschaute, bedrohliche und bedrängende Komplexität. Aber für den Lernenden gilt auch: Er erlebt – jedenfalls zunächst – die Realität nicht als Problem, denn Umgangswissen, Umgangserfahrung und Umgangssprache sorgen durch vielerlei Reduktionen dafür, dass Komplexität nicht in Erscheinung tritt.

Die didaktische Aufgabe des Lehrers besteht einerseits darin, Denk- und Verhaltensgewohnheiten dosiert aufzubrechen, denn nur wer in Verlegenheit geraten ist, sucht nach einer (neuen) Lösung.[150] Ohne dass der Lernende die Komplexität nicht zumindest als Herausforderung im Ansatz erfahren hätte, wird ihm der Sinn eines vom Lehrenden angebotenen – oder gemeinsam erarbeiteten – vereinfachten Modells nicht deutlich.
Andererseits sollte der Lehrer eine völlige Verunsicherung z.B. durch ständiges Hinterfragen vermeiden. Dem Lehrenden muss in diesem Prozess eine leitende Funktion zuerkannt werden.

Aber: das vereinfachende Modell ist noch nicht die Wirklichkeit, sondern nur ein Hilfsmittel zur Orientierung in der Wirklichkeit! Deshalb ist es didaktisch angemessen, wenn auf die Reduktion von Wirklichkeit auf der Basis der gewonnenen Einsichten die Produktion von Komplexität folgt und der Lernprozess sich nicht mit Scheinlösungen begnügt.

---

150 Ein literarischer Vergleich liegt nahe: Bertolt Brecht baut in seiner Theatertheorie maßgeblich auf den Verfremdungseffekt. Nur wenn es gelingt, etwas (allzu) Vertrautes aus einer neuen Sicht wahrzunehmen, können Denkprozesse in Gang kommen!

Das Ergebnis des Lehr-/Lernprozesses verändert die Qualität von Komplexität: aus der anfänglich ungeklärten, bedrohlichen Komplexität wird schließlich die in ihrer differenzierten Struktur allmählich immer mehr durchschaute Komplexität.

Auswertung
(im Blick auf den Aspekt der Elementarisierung)

Salzmann bestätigt in seinem Ansatz der Elementarisierung eine wichtige Tendenz heutiger Didaktik: die Schülerorientierung. Aus dem Nachdenken darüber, was Lehrerinnen und Lehrer unterrichten sollen, wird zunehmend die Frage, wie Schülerinnen und Schüler lernen können.[151] Elementarisierende didaktische Überlegungen können ihnen helfen, die Schwierigkeiten eines Lerninhaltes in der selbstgesteuerten Aneignung dosiert und bewältigbar zu erfahren. Damit wird klar: Elementarisierung soll nicht alles einebnen. Die Fremdheit neuer Lernwelten kann sehr wohl motivieren und Fehler dürfen integraler Bestandteil des Lernprozesses sein.[152] Dennoch bleibt es Aufgabe des Lehrenden, die gröbsten Fallstricke vorausschauend aus dem Weg zu räumen, damit am Ende des Lernprozesses nicht der Frust einer nicht lösbaren Aufgabe steht.

Ebenso wichtig im Blick auf weitere didaktische Überlegungen zur Elementarisierung scheint mir der Aspekt einer neuen – zumindest teilweise – durchschauten Komplexität.

Das Erlebnis, durch Lernen von einer verunsichernden zu einer durchschauten Komplexität durchgedrungen zu sein, ermutigt Schülerinnen und Schüler, sich auch anderen Bereichen ihrer Wirklichkeit zuversichtlich zu öffnen, mit dem zunehmenden Selbstbewusstsein, die »chaotische« Welt wenigstens ein bisschen für sich ordnen zu können. Damit wären wir – wieder – bei einer wahrhaft klassischen Aufgabe schulischer Bildung!

---

151 Englert 2002, 234.
152 Weingardt, M.: Fehler zeichnen uns aus. Transdisziplinäre Grundlage zur Theorie des Fehlers in Schule und Arbeitswelt; Stuttgart 2002.

1.6 Pädagogisch-systematische Zusammenfassung
Bilanz der historischen Rekonstruktion

»In Zeiten äußerer Verunsicherung ist die Vergewisserung auf das Elementare, auf das trotz aller Veränderung Tragende und Bleibende, besonders wichtig. Deshalb ist die didaktische Bemühung um Elementarisierung im Bildungswesen ein Indikator für gesellschaftliche Umbruchphasen.«

So lautete im Einleitungsteil meiner Arbeit[153] die allgemeinpädagogische These. Diese These hat sich im Gang durch die Geschichte der Pädagogik bestätigt:

- Das für Comenius' Leben prägende Erlebnis ist der Dreißigjährige Krieg. In dieser Zeit des Chaos und vielfachen Todes fragt er sich, inwiefern Bildung dazu beitragen könne, die Welt zu verbessern. Er ist überzeugt, dass elementare Bildungsgehalte, die allen gelehrt werden, die beste Grundlage dafür sind, eine gesellschaftliche Wende zum Besseren hin zu erreichen. Bildung ist Arbeit an der Verbesserung der Welt. Deshalb gewinnen in seinen Arbeiten die Überlegungen zur Gestaltung des schulischen Unterrichts immer größere Bedeutung.

- Ausgangspunkt für Pestalozzis pädagogisches Wirken ist seine Betroffenheit über das Elend vieler Kinder und Jugendlicher angesichts der Benachteiligung der Landbevölkerung im Verhältnis zur etablierten städtischen Bürgerschaft. Bestätigt durch das Scheitern einer revolutionären Vorgehensweise wie in der Französischen Revolution bemüht er sich, durch die Bildung der Armen mit Hilfe seiner Elementarmethode die Grundlage für mehr Gerechtigkeit in der Gesellschaft zu legen.

- Das Zeitalter der Industriellen Revolution ist geprägt durch das, was der Mensch an technischen Geräten zu entwickeln vermag. Die Faszination des technisch Machbaren, die euphorische Aufbruchstimmung und zunehmende Spezialisierung in der Gesellschaft wird aber beeinträchtigt durch die Ungerechtigkeitserfahrung breiter Arbeiterschichten. Technische Neuerungen verstärken die sozialen Unterschiede zwischen Arm und Reich. Maschinen sind nicht nur Arbeitserleichterung, sondern auch Gefahrenquelle. Nach Ziller soll schulischer Unterricht zur Konzentration einer sich diversifizierenden Welt beitragen. Dabei ist der christliche Glaube zentraler Inhalt schulischen Lernens.

---

153 Vgl. S. 45f.

- Ausgelöst vor allem durch Klafki spielt in den späten 50-er und frühen 60er-Jahren des vergangenen Jahrhunderts in der deutschen Pädagogik und den unterschiedlichen Fachdidaktiken die Frage nach dem Elementaren erneut eine zentrale Rolle. Der Schock des verlorenen Zweiten Weltkrieges ist überwunden und die bloße Nachahmung amerikanischer Setzungen scheint auf Dauer unbefriedigend. So erfolgt auf breiter Front ein Fragen nach den tragenden Säulen einer Bildungsarbeit, die den Verführungen einer wie auch immer gearteten politischen Herrschaft gegenüber resistent sein könnte.

- Am Anfang des 21. Jahrhunderts nun lässt sich eher von einer inneren Verunsicherung sprechen. Das Individuum steht, in einer pluralen und zugleich hoch komplexen Gesellschaft, vor unendlich vielen Möglichkeiten, so dass Orientierung schwer zu gewinnen ist. Kontingenz scheint das leitende Prinzip auf dem Lebensweg des Einzelnen. Was kann Schule an grundlegender Orientierung zukünftig vermitteln, damit bis zu einem gewissen Grad ein gesellschaftlicher Konsens noch möglich bleibt? Und wie kann eine öffentliche Schule das tun, ohne die Freiheit des Einzelnen wesentlich einzuschränken? Die Ansätze von Salzmann weisen der Elementarisierung heute den Weg und bedürfen der Konkretisierung in die einzelnen Lebens- und Fachbereiche hinein.

2. Elementarisierungsansätze in der Religionsdidaktik[1] nach 1945

Nachtrag oder Präludium
Philipp Melanchthon (1497–1560)
»Mannigfältigkeit fliehen«

Melanchthon hat in Bezug auf sein pädagogisches und didaktisches Denken keine systematisch zusammenfassende Schrift hinterlassen. Was lässt sich aber aus den in mehreren Schriften und Vorträgen geäußerten Gedanken im Blick auf die Frage der Elementarisierung festhalten?

Melanchthon war ein von seinen Studenten sehr geschätzter Lehrer. Er hatte an der neu gegründeten Universität Wittenberg mindestens ebenso viele Hörer in seinen Vorlesungen wie sein weitaus berühmterer Kollege Martin Luther. Die allseitige Gelehrtheit sowie sein didaktisch-methodisches Talent prädestinierten ihn für die Arbeit an der Gründung neuer Schulen, die der Landesfürst wünschte und in dessen Auftrag Melanchthon seit 1527 Visitationsreisen durchführte.

»Gerne hätte sich Melanchthon weit stärker seinen pädagogischen und humanistischen Neigungen hingegeben, doch wurde er immer mehr in theologische, kirchliche und politische Streitigkeiten hineingezogen. Luther konnte als Gebannter und Geächteter Kursachsen kaum verlassen. So musste Melanchthon bei wichtigen Anlässen als gelehrter Sprecher der Protestanten auftreten, so auf den Reichstagen von Augsburg und Regensburg 1530 und 1546. Seine irenisch vermittelnde Art brachte ihm mancherlei Angriffe nicht nur vonseiten des kirchlichen und theologischen Establishments, sondern auch von den Ultra-Lutheranern her ein, besonders als ihm nach dem Tode Luthers 1546 erhöhte Verantwortung zugefallen war. Brieflich äußerte er gelegentlich gegenüber Freunden, wie viel lieber er sich den litterae widmen würde als den controversiae.«[2]

Eine frühe Quelle zu Melanchthons didaktischen Überlegungen findet sich in »Unterricht der Visitatoren« (1528). Im Rahmen seiner Schulbesuche sind darüber hinaus etliche Reden Melanchthons überliefert, die für die Frage der Elementarisierung wertvolle Aufschlüsse geben. Vier didaktische Prinzipien lassen sich herausfiltern:

---

1 Da ich mich in meiner Untersuchung auf den schulischen Unterricht konzentriere, wähle ich den engeren Begriff der »Religions**didaktik**«. Im Zentrum der Darstellung stehen damit die Lehr- und Lernprozesse. Denkbar wäre auch der Begriff »Religions**pädagogik**«. Dann wäre stärker das Gesamtfeld religiöser Erziehung und Bildung sowie Sozialisation und Entwicklung im Blick.
2 Schmidt 1989, 25.

– Die Lehrgegenstände hängen für Melanchthon eng zusammen, denn oft erklärt sich das Eine aus dem Anderen. Deshalb ist einerseits auf eine gewisse Vollständigkeit zu achten, damit Bildung umfassend und ganzheitlich ist.
– Andererseits ist aber die Aufnahmefähigkeit der Kinder und Jugendlichen begrenzt, so dass sie weder durch die Quantität noch durch die Verschiedenartigkeit gleichzeitig auftretender Lerninhalte überfordert werden dürfen.
– Drittens ist – um die Quantität einzuschränken – ein Kriterium zu definieren, nach dem eine qualifizierte Entscheidung für die Auswahl eines bestimmten Unterrichtsinhalts getroffen werden kann.
– Daraus ergibt sich schließlich die Forderung einer sachgemäßen zeitlichen Anordnung der Lehrgegenstände.

Die didaktischen Prinzipien klingen plausibel und könnten durchaus auch heute noch Referendarinnen und Referendaren in einem Seminar für schulpraktische Ausbildung als Maximen ihres Unterrichtens vermittelt werden. Was sagen sie im Einzelnen?

1) Das erste didaktische Prinzip scheint dem Bemühen der Elementarisierung zunächst eher entgegenzulaufen. Ist Vollständigkeit – und sei es in Teilbereichen – je erreichbar?
Zutreffend ist sicher der Gedanke des sich gegenseitig bedingenden Verstehens. Wer nur einen Teilaspekt wahrnimmt, steht in der Gefahr, die Wirklichkeit verkürzt wahrzunehmen. Mehrperspektivische Zugänge hingegen vermitteln eine Ahnung vom Ganzen.[3]

2) Das zweite didaktische Prinzip relativiert das erste. Es liegt ganz nah am Thema meiner Arbeit: Melanchthon fordert eine Beschränkung der Mannigfaltigkeit, eine Konzentration auf das Wesentliche. Ein Vorschlag Melanchthons diesbezüglich lautet, dass die Schüler ihr Sprachgefühl zunächst nur mit lateinischen Texten schulen und erst später Griechisch (und Hebräisch) lernen.

»Nun sind viel Missbrauch in der Kinder Schulen. Damit nun die Jugend recht gelehret werde, haben wir diese Form gestellet.
Erstlich sollen die Schulmeister Fleiß ankehren, dass sie die Kinder allein Lateinisch lehren, nicht Deutsch oder Griechisch oder Hebräisch, wie etliche bisher getan, die armen Kinder mit solcher Mannigfältigkeit beschweren, die nicht allein unfruchtbar, sondern auch schädlich ist. Man siehet auch, dass solche Schulmeister nicht der Kinder Nutz bedenken, sondern um ihres Ruhmes willen so viele Sprachen vornehmen.

---

3   Vgl. zur Mehrdimensionalität von Wirklichkeit das wunderschöne Kinderbuch von E. Young: 7 blinde Mäuse; München 1995.

Zum andern, sollen sie auch sonst die Kinder nicht mit viel Büchern beschweren, sondern in allewege Mannigfältigkeit fliehen.«[4]

Aus heutiger Sicht bedeutet schon der Einstieg »nur« mit lateinischen Texten bei gleichzeitigem Verbot, in der Schule deutsch zu sprechen, eine sehr hohe Forderung! Dennoch: Melanchthons Mahnung an die Schulmeister, ihre Schüler nicht zu »überladen«, nicht »jeden Tag ein neues Buch« aufzugeben, stellt ein von ihm immer wieder in Erinnerung gerufenes Unterrichtsprinzip dar. Der humanistische Grundzug im Denken Melanchthons wird darin deutlich, dass er die Auswahl der Lektüre keineswegs auf biblische Texte beschränkt, sondern eine ausgewogene Mischung von biblischen Texten und Texten aus der antiken Klassik anstrebt:

»Wir müssen also Modelle und Bilder der Tugenden in uns tragen, nach denen wir uns bei allen unseren Entscheidungen und bei der Beurteilung aller unserer Angelegenheiten richten. Diese Lehre hat etwas mit wahrer menschlicher Bildung zu tun. Sie zeigt allen Altersstufen eine gesittete Lebensweise auf, bei deren Unkenntnis man fast in die Nähe der Tiere gerät. Obwohl vielleicht besser an anderer Stelle aufzuzeigen wäre, worin sich diese Lehre vom Evangelium unterscheidet, muss ich doch, wie mir scheint, auch hier darauf zu sprechen kommen, um meine Hörer von dem Irrtum fernzuhalten, der schon gar manchen erfasst hat, es sei für Christen unwürdig, jene Schriften der Heiden zu lesen und sie hätten der Philosophie möglichst weit aus dem Wege zu gehen. Deshalb möchten wir darüber kurz unsere Auffassung entwickeln. Die Philosophie sagt nichts über den Willen Gottes aus, sie gebietet nicht die Furcht vor Gott und das Vertrauen zu ihm. Denn all das gehört ausschließlich zum Evangelium. Jedoch sind außerdem auch Vorschriften zum weltlichen Leben nötig, denen die Menschen entnehmen, wie sie friedlich zusammenleben können. All das wird in der Philosophie weitergegeben, von hervorragenden Männern sind die in der Vernunft liegenden Ansätze dafür aufgespürt worden.«[5]

Ausgehend von Luthers Zwei-Reiche-Lehre unterscheidet Melanchthon zwischen Erziehung und Evangelium. Erziehung ist für ihn – wie die Ehe – ein »weltlich Ding«, ein anthropologisches Grundphänomen, das jedem Menschen in seiner Wirklichkeitserfahrung zugänglich ist. Ziel der Erziehung ist das gesittete Leben in einer bewährten gesellschaftlichen Ordnung. Für die Erziehung der Schüler sind die antiken Philosophen äußerst relevant.

---

4 Melanchthon, P.: Unterricht der Visitatoren (1528); in: Nipkow/Schweitzer 1991, Bd. 1, 86.
5 Melanchthon, P.: Vorrede zu Ciceros Buch »Über die Pflicht« (1534); in: Nipkow/Schweitzer 1991, Bd. 1, 92f.

»Die Erziehung vermag die bürgerliche Gesittung zu fördern, die sich in sozial akzeptablen Handlungen äußert, nicht jedoch die selbstzentrierte Abgewandtheit des Menschen von Gott (aversio, concupiscentia) zu beseitigen. Diese verschwindet vielmehr nur, wenn der Mensch im Glauben auf die Verkündigung des Evangeliums antwortet und so die geistliche Gerechtigkeit erlangt, die neue Regungen in ihm entstehen lässt.«[6]

Das Evangelium bestätigt zwar einerseits die Gerechtigkeit der bürgerlichen Ordnung, weist aber darüber hinaus und darf nicht moralistisch zu einem Mittel der Erziehung gemacht werden.

Mit der Frage, welche Inhalte für den Unterricht besonders geeignet seien, befasst sich das dritte didaktische Prinzip. Auswahlkriterium bei einem Text (und nur um Textauswahl geht es!) ist für Melanchthon einerseits seine sprachlich-ästhetische Qualität, andererseits sein religiös-ethischer Gehalt, denn für ihn ist sprachliche Bildung die Basis ethisch-religiöser Bildung.

Das vierte didaktische Prinzip hat in den folgenden Jahrhunderten viele Lehrplankommissionen beschäftigt. Wie können die grundlegenden Lerninhalte zeitlich so angeordnet werden, dass ein Curriculum entsteht, das sowohl der Sachlogik der zu vermittelnden Inhalte entspricht als auch den entwicklungspsychologischen Möglichkeiten der Kinder und Jugendlichen optimal angepasst ist? Wie kann das Lernarrangement für unvorhersehbare Impulse aus dem Umfeld der einzelnen Schule/Lerngruppe offen bleiben, damit das Gelernte als lebensrelevant erscheint, ohne dass die logische Stringenz aus dem Blick gerät?
Melanchthon schlägt eine Einteilung der Schülerschaft in drei Gruppen (»hauffen«) vor:

- Die erste Gruppe konzentriert sich auf das Lesen- und Schreibenlernen.
- Bei der zweiten Gruppe stehen die Grammatik sowie das Repetieren von Sentenzen im Zentrum der Unterrichtsarbeit.
- Die geschicktesten Schüler sollen dann in der dritten Gruppe in Dialektik und Rhetorik geschult werden. Mit Hilfe klassischer Vorbilder sollen die Schüler eigene kleine Texte anfertigen. Damit ist dann auch ein möglichst problemloser Übergang zur Universität und die Vorbereitung auf das dortige Trivium (Grammatik, Rhetorik und Dialektik) gewährleistet.

6 Schmidt 1989, 33.

Die vier didaktischen Prinzipien Melanchthons deuten hinreichend an: Ansätze zur Elementarisierung gab es in der Religionsdidaktik schon lange vor dem 20. Jahrhundert.
Nach diesem Exkurs in die Reformationszeit nun ein zeitlich gewaltiger Sprung von etwa 400 Jahren in die Zeit nach dem Zweiten Weltkrieg.

2.1 Zur Begründung der exemplarischen Vorgehensweise

– *Das Universum des Glaubens*[7] – *eine Hinführung*

Der Blick in den nächtlichen Sternenhimmel ist für mich faszinierend.
Außerhalb lichtdurchfluteter Städte sind einzelne Sternbilder klar erkennbar. In genau zu berechnenden Zeitabschnitten wandern sie über den nächtlichen Himmel.
Langsam gewöhnt sich das Auge an das Dunkel der Nacht und schon das bloße Auge entdeckt viele tausend Sterne, die teils in Milchstraßen zerfließen, teils auch einsam in der Weite des Universums zu blinken scheinen. Mit Hilfe eines Teleskops lassen sich bei optimaler Sicht Millionen von Sternen erkennen. Je intensiver das Auge sich in Einzelheiten des Universum vertieft, desto mehr taucht es ab in eine nicht zu fassende Unendlichkeit.

DIE STERNSEHERIN LISE[8]

Ich sehe oft um Mitternacht,
Wenn ich mein Werk getan
Und niemand mehr im Hause wacht,
Die Stern' am Himmel an.

Sie gehen da, hin und her zerstreut
Als Lämmer auf der Flur;
In Rudeln auch und aufgereiht
Wie Perlen an der Schnur;

Und funkeln alle weit und breit,
Und funkeln rein und schön;
Ich seh' die große Herrlichkeit,
Und kann mich satt nicht sehn ...

---

7 Die Anregung zu dieser Hinführung verdanke ich: Lange, G.: Glaube – Was ist wesentlich?; in: KatBl 2/2001, 98–101.
8 Claudius, M.: Der Wandsbeker Bote; Zürich 1947, 273.

Dann saget, unterm Himmelszelt,
Mein Herz mir in der Brust:
›Es gibt was Bessers in der Welt
Als all ihr Schmerz und Lust.‹

Ich werf' mich auf mein Lager hin,
und liege lange wach,
und suche es in meinem Sinn,
Und sehne mich darnach.

Der Blick in den nächtlichen Sternenhimmel weckt in der Sternseherin bzw. im Sternseher ein Gefühl der Bescheidenheit: ich bin nichts als ein kleiner Punkt in den unendlichen Weiten des Kosmos. Dieser Blick kann bei einem religiösen Menschen wie Matthias Claudius ein Symbol für ein tröstlich besseres jenseitiges Reich Gottes sein, dem er sich entgegensehnt. Der Blick in den nächtlichen Sternenhimmel kann Dankbarkeit darüber auslösen, dass es einen Gott gibt, den Schöpfer des Universums, der mich als einen von über sechs Milliarden Menschen auf diesem Planeten sieht, kennt und liebt. Er kann aber auch rational das Bedürfnis wecken, nicht nur die Vielfalt zu bestaunen, sondern ein Ordnungssystem zu gewinnen, das hilft, Schneisen des Verstehens in die unübersichtliche Fülle von Sternen und Sternsystemen zu schlagen.

Der nächtliche Sternenhimmel ist ein einprägsames Bild für die Aufgabe eines (Religions-) Lehrers, in die faszinierende, aber auch verunsichernde Fülle der Welt einzuführen. Wie gelingt es, hilfreiche Zugänge zu schaffen, die ein Mindestmaß an Orientierung garantieren, aber das im Innersten bleibende Mysterium nicht rationalistisch zerreden?

»Der christliche Glaube ist ein Kosmos. Man kann ihn bewundern und bestaunen, studieren und erfassen wie den nächtlichen Sternenhimmel.«[9]

Anknüpfend an das Bild vom nächtlichen Sternenhimmel stellen sich mir hinsichtlich der Aneignung von Glauben folgende Fragen:
Wie lässt sich aus der Vielfalt der Glaubensüberlieferung das Wesentliche erfassen? Was sind die Fixsterne, die zur Orientierung beitragen, was nur schnell verglühende Sternschnuppen?
Wie ließe sich eine Einführung in das Universum des Glaubens didaktisch so bewerkstelligen, dass Wesentliches über den Glauben als Grundorientierung gesagt und verstanden ist und dennoch das Staunen des Betrachters über das letztlich Unfassbare, das Geheimnis des Glaubens, erhalten bleibt?

9 Lange 2001, 98.

Die Bibel selbst gibt zur Beantwortung dieser Fragen erste Hinweise: Im Judentum lernt ein Junge zu seiner Bar-Mizwah zentrale Texte der Hebräischen Bibel auswendig und bindet sie in Lederkapseln bei jedem Gebet auf seine Stirn, um seine Hand und in die Nähe seines Herzens. Diese zentralen Bibelworte sollen sein Denken, sein Handeln, sein Fühlen und Wollen bestimmen. Zwar kennt das Judentum mit 613 Ge- und Verboten eine Vielzahl von Bestimmungen und eine noch größere Anzahl von Auslegungstraditionen, aber letztlich konzentriert sich der Glaube im Doppelgebot der Liebe: der Gottes- und der Nächstenliebe.
Auch die ersten Christen bemühten sich, den Katechumenen im Taufunterricht das Wesentliche des Glaubens übersichtlich und leicht verständlich zu vermitteln. Eine solche Kurzformel des Glaubens verwendet Paulus im Brief an die Gemeinde in Rom:

»Wenn du mit deinem Mund bekennst:
›Jesus ist der HERR‹
und in deinem Herzen glaubst:
›Gott hat ihn von den Toten auferweckt‹
so wirst du gerettet werden.« (Römer 10,9)

Noch kürzer ist das Bekenntnis: »Jesus (ist der) Christus«, d.h. Jesus von Nazareth ist der von Gott gesandte Messias, mit dessen Wirken das Reich Gottes angebrochen ist.
In der frühen Kirche schließlich komprimiert sich das christliche Glaubensbekenntnis auf die trinitarische Formel:
»GOTT (ist) Vater, Sohn und Heiliger Geist.«

Ist damit nicht ein Gutteil der Elementarisierungsaufgabe im Religionsunterricht geleistet?
Ja und nein!
Als Religionslehrer sehe ich die Gefahr, dass die im geschichtlichen Prozess gewonnene und komprimierte Lehrformel im Unterricht zur nichtssagenden Leerformel verkümmert. Unverzichtbar ist, dass jeder Glaubende die Bekenntnisformel für sich mit Leben ausfüllen kann. Es muss im Gespräch über den Glauben zu einer Wechselbeziehung von überliefertem Glaubensinhalt und heute lebendigem Glaubensgehalt kommen.
Die christliche Rede vom »dreieinigen« Gott soll das veranschaulichen. Sie ist konstitutiver Teil des christlichen Gottesverständnisses und für das interreligiöse Lernen ist es wichtig, dass Christen ihr Spezifikum auch versprachlichen können.
Wie ist das Verhältnis von GOTT – Vater, GOTT – Sohn und GOTT – Heiliger Geist zu verstehen? Zwei Entfaltungsversuche[10] im Vergleich:

---

10   G. Lange 2001, 100.

»Gott ist als Geheimnis über uns;
Gott ist in Jesus Christus mit uns;
Gott ist im Heiligen Geist in uns.«
(H. Küng)

»Gott als Vater über mir – in Liebe auf mich, sein Adoptivkind, schauend;
Gott als Sohn neben mir – in Geschwisterlichkeit mich begleitend und ermutigend;
Gottes Geist in mir – mich innerlich anregend und anfeuernd.«
(G. Lange)

Ein Christ – ein Pfarrer oder Religionslehrer allemal – sollte Rechenschaft von seinem Glauben ablegen können, nicht in formelhafter Richtigkeit, sondern in seine Mitmenschen erreichender Lebendigkeit.
Darum soll es bei den Fragen zur Elementarisierung im Religionsunterricht im Folgenden gehen.

– *Das Zeitfenster: 1945–2000*

Im Kapitel II.1, meinem Abschnitt zur Bildungs- und Schulgeschichte, bin ich so vorgegangen, dass ich – beginnend mit dem 17. Jahrhundert, dem Ausgangspunkt moderner Erziehungswissenschaft – für jedes Jahrhundert einen möglichst repräsentativen Vertreter vorgestellt habe, um an ihm Entwicklungen bezüglich des Gedankens der Elementarisierung zu veranschaulichen.

In dem nun folgenden Kapitel fokussiere ich die Perspektive zweifach: fachspezifisch auf die Religionsdidaktik, zeitlich auf die Epoche nach dem Zweiten Weltkrieg. Die doppelte Fokussierung erscheint mir zunächst sinnvoll, weil der Begriff der Religionspädagogik bzw. Religionsdidaktik erst ab 1900 aufkommt.[11] Davor verschwimmen die Grenzen zwischen Allgemeiner Pädagogik und Religionspädagogik noch weitest gehend. Überspitzt formuliert: Pädagogik war im Kern Religionspädagogik, Erziehung im Kern moralische Erziehung, Unterricht im Kern Unterricht in und mit der Bibel.
Weil das so ist, hat das kleinere Zeitfenster zugleich den Vorteil, Überschneidungen mit dem vorhergehenden Kapitel zu vermeiden.
Allerdings wäre es möglich gewesen, die Bemühung um eine elementare Theologie schon durch die alt- und neutestamentlichen Texte nachzuweisen, z.B. in den Bekenntnisformeln, die im Katechumenat (Taufunterricht) in den ersten christlichen Gemeinden Verwendung fanden

---

11 Vgl. Nipkow/Schweitzer 1991, 20.

und die den neu zum Glauben Gekommenen helfen sollten, das Wesentliche des (christlichen) Glaubens zu lernen.
Einen neuen Bildungsimpuls brachte die Reformationszeit. Über die Bedeutung Martin Luthers im Zusammenhang der Elementarisierung ist schon Etliches geschrieben worden.[12] Vor allem die Rolle seines Kleinen Katechismus (1529) kann man nicht hoch genug einschätzen.[13] Da ich in der Schul- und Bildungsgeschichte aus erziehungswissenschaftlichen Gründen mit dem 17. Jahrhundert einsetze, war ich mit einem kleinen Exkurs zu einem anderen für die Schul- und Bildungsgeschichte in Deutschland wichtigen Reformator, zu Philipp Melanchthon, in dieses Kapitel eingestiegen. Dieser Exkurs hatte angedeutet, dass auch über Luther hinaus und weit vor 1945 in der religiösen Bildung der Gedanke der Elementarisierung bedeutsam war.

Im Hauptteil dieses Kapitels wähle ich für jede religionspädagogische Konzeption nach 1945 einen mir besonders repräsentativ erscheinenden Vertreter des Elementarisierungsgedankens aus, um am Beispiel seines Denkens die Gesamtentwicklung darzustellen. Diese Vorgehensweise lässt meines Erachtens die markanten Aspekte deutlicher hervortreten. Zudem kann ich auf schon bestehende Untersuchungen zur Geschichte des Elementarisierungsgedankens in der Religionsdidaktik[14] verweisen. Durch ein solchermaßen exemplarisches Vorgehen werden neue Akzente gesetzt und ermüdende Wiederholungen vermieden.

Wie schon in meinem Abschnitt über die Bildungs- und Schulgeschichte lässt sich im Einzelfall diskutieren, ob ich wirklich den jeweils entscheidenden Repräsentanten gewählt habe. Doch eine Arbeit über Elementarisierung wäre in sich unlogisch, nutzte sie nicht selbst

---

12 Fraas, H.-J.: Katechismustradition; Göttingen 1971, bes. 9–53; Nipkow, K. E.: Martin Luther und die vier Fragerichtungen der Elementarisierung; in: Grundfragen der Religionspädagogik – Bd. 3; Gütersloh 1982, 187–191.
Schoberth, I.: Die Praxis des Glauben-lernens im Kleinen Katechismus; in: Glauben-Lernen; Stuttgart 1998, 177–203.
13 Kaufmann, H. B.: Martin Luther, in: Schroer/Zilleßen, Klassiker der Religionspädagogik; Frankfurt 1989, 7–23.
»Luthers Katechismus-Konzeption ist ein Modell der Elementarisierung, weil an elementaren Einheiten, – in denen nach Luthers Meinung biblische Überlieferung, gegenwärtige christliche Praxis (in Familie, Gemeinde und Gesellschaft) und persönliches Fragen, Suchen und Hineinwachsen in den Glauben miteinander verbunden sind –, das Fundamentale des christlichen Glaubens erfahren und verstanden werden kann, nämlich Gottes barmherziges Handeln am Menschen, das unseren Glauben wecken und uns zur Liebe befreien möchte« (S. 17).
14 Rohrbach, W.: Das Problem der Elementarisierung in der neueren religionspädagogischen Diskussion; in: EvErz 35 (1983), 21–39; Heinen, N.: Elementarisierung als Forderung an die Religionsdidaktik mit geistig behinderten Jugendlichen und jungen Erwachsenen; Köln 1988, 123–180. Lämmermann, G.: Art. Elementarisierung ; in: LexRP (2001), Sp. 383–388.

das Prinzip exemplarischen Vorgehens; sie verlöre sich im Bestreben um enzyklopädische Vollständigkeit.

Andeutet sei wenigstens das Verhältnis zur katholischen Religionspädagogik. Diese sollte nicht grundsätzlich außen vor bleiben. Aber in der dortigen Diskussion spielt Elementarisierung als religionspädagogische Aufgabe eine eher marginale Rolle. So stellt der katholische Theologe Ralph Sauer fest:

»Durchforstet man die Literatur zur Elementarisierungsdebatte, so fällt auf, dass fast alle Beiträge aus der Feder von evangelischen Religionspädagogen stammen, die katholischen Religionspädagogen schweigen sich weit gehend darüber aus. Ich vermute, das hängt mit der von kirchenamtlicher Leitung immer wieder eingeschärften Forderung nach Vollständigkeit der Lehre in der Glaubensvermittlung zusammen.«[15]

Für einen Vergleich müssten die Verbindungen und Differenzen zwischen der (katholischen) Korrelationsdidaktik und den (evangelischen) Elementarisierungsansätzen ausgeführt werden[16] und sicher sind auch einige wichtige Äußerungen katholischer Religionspädagogen zu finden wie zum Beispiel von Norbert Mette.[17]

Meines Erachtens wäre es eine spannende interkonfessionelle Untersuchung, genauer zu erforschen, wie es zu diesem Ungleichgewicht kommt. Die religionspädagogische Aufgabe im schulischen Unterricht jedenfalls ist gleichermaßen herausfordernd. Sind es eher fundamentaltheologische Gründe für die katholische Zurückhaltung in dieser Frage, sind es Vorgaben der Kirchenleitung oder andere Akzentuierungen in der religionspädagogischen Forschung?[18]

Da aber die überwiegende Zahl der Veröffentlichungen aus evangelischer Feder stammen, konzentriere ich mich im Folgenden auf die Darstellung von sieben evangelischen ReligionspädagogInnen, die dem

---

15 Sauer, R.: Elementarisierung als Aufgabe der Bildung von Religionslehrerinnen und Religionslehrern; in: Lachner/ Spiegel: Qualitätsmanagement in der Theologie – Chancen und Grenzen einer Elementarisierung im Lehramtsstudium; Kevelaer 2003, 36f.
16 Vgl. hierzu: Reilly, G.: Elementarisierung und Korrelationsdidaktik; in: KatBl 2/ 2001, 90–93 und: Schmid, B.: Religionspädagogik als Mitte der Theologie? Korrelations- und Elementarisierungsdidaktik auf dem Prüfstand; in: Rothgangel/ Thaidigsmann: Religionspädagogik als Mitte der Theologie?; Stuttgart 2005, 54–67.
17 Mette, N.: »Suche den Frieden und jage ihm nach!« (Ps. 34, 15) Biblische Wegweisungen zu einer Kultur gerechten Friedens (Schalom); in: Schweitzer (Hg.) 2003 (a), 93–113.
18 In jedem Fall wäre das Themenheft »Elementares Lernen« (KatBl 2/ 2001) ein guter erster Zugang für einen solchermaßen interkonfessionellen Vergleich.

Nachdenken um die Elementarisierung wichtige Impulse gegeben haben.

– *Fokussierung auf sieben Repräsentanten*

Als ich in ersten Skizzen die wichtigeren Vertreter des Elementarisierungsgedankens in der Religionspädagogik nach dem Zweiten Weltkrieg aufgelistet hatte, kam ich auf über zwanzig Religionspädagoginnen und -pädagogen.[19]
Zwar wäre denkbar, sie zeitlich einzuordnen, einzeln darzustellen und am Ende eine Systematisierung vorzunehmen. Ich wähle jedoch den umgekehrten Weg, indem ich zunächst ein systematisches Raster Grund lege und daran orientiert eine qualifizierte Auswahl treffe.

Vier Vertreter sollen die Phasen der Entwicklung (bis etwa 1985) repräsentieren. Dabei nehme ich für jedes Jahrzehnt einen Vertreter genauer unter die Lupe.
Gängig ist in der Religionspädagogik die Gliederung in unterschiedliche Konzeptionen. Sie greife ich auf, versuche aber die Konzeptionen nicht nur aus der Binnenperspektive einer Fachdidaktik, in diesem Fall der Religionsdidaktik, darzustellen, sondern mit den gesellschaftlichen und schulischen Entwicklungen zu verknüpfen, in die sie als fachdidaktische Konzeptionen eingebettet sind und auf die sie in gewisser Weise immer auch reagieren. Der Religionsunterricht ist ein sensibles Fach, das die Strömungen und Tendenzen einer Gesellschaft gut wiedergibt.

»Die Veränderungen der gesellschaftlichen Situation, die Wandlungen der religiösen Situation der Zeit spiegeln sich im Religionsunterricht. Darum könnte man wohl auch behaupten: Wer etwas über die Probleme der Gesellschaft erfahren möchte, die Themenschwerpunkte ihrer öffentlichen Auseinandersetzung, über ihre Gewissheiten und Zweifel, der hospitiere im Religionsunterricht. Gerade weil der Religionsunterricht für mehr als nur einen bestimmten Lernstoff Raum gibt, registriert er geradezu seismografisch – allerdings oft mit einer gewissen Verzögerung: als Nachbeben und nicht als Erdbebenwarnung – die Wandlungen der gesellschaftlichen und religiösen Situation.«[20]

---

19 Vgl. Schoberth 1998, 139–176; Schweitzer 2003, 203–208.
Eine tabellarische Übersicht zu den Vertretern der Religionspädagogik der Jahre 1945–1985, die sich zentral mit Fragen der Elementarisierung beschäftigt haben, habe ich auf S. 137f. zusammengestellt.
20 Schwöbel, C.: Glaube im Bildungsprozess; in: ZPT 2/ 1998, 170. Vgl. auch: Mette, N./Schweitzer, F.: Neuere Religionsdidaktik im Überblick; in: JRP 18 (2002), 21–40.

Das gilt für die Religionsdidaktik als theoretische Reflexion dieses Unterrichts in verstärktem Maße, denn selbstverständlich vergehen stets etliche Jahre, bis religionsdidaktische Neuerungen sich in der fachwissenschaftlichen Diskussion durchgesetzt haben und flächendeckend den Unterricht in den einzelnen Klassen erreichen.
Gleichzeitig muss bei aller Vorliebe für Systematisierungen, die Gefahr von Klischeebildungen bewusst bleiben. Jeder konkret gehaltene Unterricht ist zumindest eine Mischung aus fachdidaktischer Theorie der entsprechenden Zeit und ihrer individuellen Adaption durch die Persönlichkeit der jeweiligen Lehrkraft.
Im Blick auf die drei ersten religionspädagogischen Konzeptionen nach 1945: Evangelische Unterweisung, hermeneutischer Religionsunterricht und thematisch-problemorientierter Religionsunterricht gibt Karl Dienst – mit Verweis auf Helmuth Kittel – zu bedenken:

»*Diese ›trinitarische Liturgie religionspädagogischer Historiker‹, die Kittel zu Recht kritisiert, der ungeschichtliche Charakter dieses Schemas liegt auf der Hand. War z.B. die ›Evangelische Unterweisung‹ wirklich nur ein ›Vehikel religiöser Repression‹? Besaß sie wirklich keine Hermeneutik? War die ›Problemorientierung‹ vor allem denen, die es mit der Berufsschule zu tun hatten, wirklich bis dahin unbekannt? Schon von hieraus ergibt sich für mich – auch und gerade im Blick auf die Religionslehrerinnen und Religionslehrer – die Notwendigkeit einer Differenzierung der Beurteilung der verschiedenen Konzepte (auch der ›Evangelischen Unterweisung‹!) als ein wichtiges religionspädagogisches Desiderat.*«[21]

Die einzelnen Konzeptionen sind weder zeitlich noch inhaltlich trennscharf voneinander abgegrenzt. Vielmehr sollte man das ergänzende Nebeneinander der unterschiedlichen Ansätze so wahrnehmen, dass in der jeweiligen Akzentuierung eine religionspädagogische Antwort auf die Herausforderungen der entsprechenden Epoche zu sehen ist.

Ein weiterer Nachteil der an den religionspädagogischen Konzeptionen orientierten Darstellung ist der mögliche Eindruck von vorherrschender Diskontinuität: das Differente wird (über)betont, das bleibend Gemeinsame der unterschiedlichen Konzeptionen droht aus dem Blick zu geraten. Gibt es grundlegende Kategorien für Religionsunterricht quer durch alle Konzeptionen?

---

21 Dienst, K.: Eine verlässliche Tradition: Aus der Anfangszeit des »Gesamtkirchlichen Ausschusses für den Evangelischen Religionsunterricht« in der Evangelischen Kirche in Hessen und Nassau. Festvortrag am 12. 11. 2003 in Frankfurt/M.; in: ZPT 1/2004, 42.

2. Elementarisierungsansätze in der Religionsdidaktik nach 1945   133

»*Wir gehen davon aus, dass drei Kategorien für das religiöse Leben fundamental sind: die symbolische, die geschichtliche und die lebensweltlich-ethische. Für Religionen und religiöse Gruppen sind konstitutiv: ihre zentralen Symbole und Rituale sowie die grundlegenden Überlieferungen und sittlichen Weisungen, die die Lebensformen prägen und das Handeln orientieren.*«[22]

Diese grundlegenden Kategorien finde ich überzeugend und sie spiegeln sich in der jeweils zeitbedingten Akzentuierung in den einzelnen Konzeptionen: die geschichtliche mit der Betonung der Glaubenstradition besonders im Hermeneutischen RU, die lebensweltlich-ethische im thematisch-problemorientierten RU sowie die symbolische – unschwer zu erkennen – im symboldidaktischen RU.[23]

Das Problem einer verallgemeinernden Differenzierung gilt in besonderem Maße für die Beurteilung der zeitnahen, neuesten Ansätze der Elementarisierung! Dennoch soll eine Skizze der aktuellen Diskussion (1985–2000) zur Frage der Elementarisierung innerhalb der Religionspädagogik abschließend ihre drei momentan wesentlichen Richtungen und das jeweilige Profil belegen sowie denkbare Weiterentwicklungen aufzeigen. Dabei konkretisiere ich das unterschiedliche Elementarisierungsverständnis mithilfe eines Schulbuchvergleichs. Eine Bilanz der Elementarisierungsbestrebungen in der Religionsdidaktik der zweiten Hälfte des 20. Jahrhunderts rundet das zweite Kapitel ab.

---

22   Biehl, P.: Didaktische Strukturen des Religionsunterrichts; in: JRP 12 (1995), 201f.
23   Angesichts der aktuellen Herausforderungen an den Religionsunterricht erweitert Biehl diese drei Grundkategorien religiöser Bildung fokussiert auf kirchengeschichtliches Lernen um zwei Perspektiven: den lebensgeschichtlich-biographischen und den phänomenologisch-lebensweltlichen Ansatz (vgl. P. Biehl in: JRP 18 [2002] 139f.).

Religionspädagogische Konzeptionen im Kontext
– Versuch eines tabellarischen Überblicks[24]

Religionspädagogische Konzeptionen nach 1945:

Zeitleiste	epochale Veränderungsprozesse in Gesellschaft, Schule und Theologie (Strukturen)	allgemeindidaktische Modelle	religionsdidaktische Konzeptionen
1945 1960 1970	Stunde Null: Orientierungsvakuum und restaurative Tendenzen; große Erwartungen an die Kirchen; Rekonfessionalisierung des Volksschulwesens → RU = Ort der Verkündigung = Kirche in der Schule = integraler Bestandteil des auch ansonsten religiös geprägten Schulwesens	bildungstheoretische Didaktik → kategoriale Bildung: wechselseitige Erschließung von Tradition (Objekt) und Lernendem (Subjekt) (W. Klafki): Bildung im Zentrum (ab 1985: kritisch-konstruktive Didaktik) die lern-/ lehr-theoretische Didaktik → soziologische Analyse der Rahmenbedingungen von Unterricht (W. Schulz): Lernen im Zentrum die kybernetische Didaktik → rationalistische	didaktischer Schwerpunkt für den RU: Vermittlung von Glaubensinhalten **Evangelische Unterweisung** (ev.) / **kerygmatischer RU** (rk): Betonung der Eigenständigkeit des RU innerhalb der Schule (Einfluss der theologischen Inhalte z.B. Katechismus ausschlaggebend) **hermeneutischer Bibelunterricht** (ev.): Bibel im Mittelpunkt des RU unter Berücksichtigung historisch-kritischer Auslegungsmethoden **problemorientierter RU** (ev.) / **Korrelationsdidaktik** (rk):

---

24 Diese tabellarische Synopse basiert auf dem Beitrag: Mette, N./ Schweitzer, F.: Neuere Religionsdidaktik im Überblick; in: JRP 18 (2002), 21–40. Die allgemeindidaktischen Modelle sind von mir in das Zeitraster ergänzend eingefügt.

2. Elementarisierungsansätze in der Religionsdidaktik nach 1945

1980	Konsolidierung der Gesellschaft Lockerung der Verbindung von Schule und Kirche/Gemeinde; Vorwurf der Indoktrination an den RU: Beitrag des RU zur Bildung? → emanzipatorische/ kritische Ausrichtung des RU	Steuerung von Lehr-Lern-Prozessen(F. v. Cube): Information im Zentrum die curriculare Didaktik → lernzielorientierter Unterricht (C. Möller): Lernziele im Zentrum die kritisch-kommunikative Didaktik → Lehren und Lernen als Interaktion (R. Winkel): Beziehungsstrukturen von Unterricht im Zentrum	Aufnahme gegenwärtiger Herausforderungen und Erfahrungen mit Rückbezug auf die biblische Tradition didaktischer Schwerpunkt für den RU: Aneignung in einem dialogischen Prozess (Betonung des lernenden Subjekts) **Symboldidaktik** (ev./rk): Symbole als Brücke zwischen Erfahrung (Gegenwart) und Offenbarung (Tradition) (ab 1985: semiotische Didaktik Betonung der Zeichenbildung in einem kommunikativen Prozess)
1985	kritische Distanzierung vieler Jugendlicher von kirchlich gelebter Religion Spuren von Religiosität in nichtkirchlichen Lebensbereichen entdecken		
1995	→ RU als Ort der Bildung (Identität), des konstruktiven ökumenischen Dialogs und der Diakonie (soziales Lernen)	die konstruktivistische Didaktik → Lernen als aktiver Prozess des autonomen Subjekts (K. Reich): Selbststeuerung der	**das Unterrichtsprinzip der Elementarisierung**[25]: mehrschrittiges didaktisches Verfahren zur Suche einer dialogischen Verknüpfung von grundlegenden Strukturen des Glaubens im Blick auf

---

25 Diese Einordnung erfolgt wohl wissend, dass Elementarisierung eben nicht als religionsdidaktische Konzeption im engeren Sinne zu verstehen ist, sondern dazu querliegend als Unterrichtsprinzip mit einem festen Kern an didaktischen Strukturen als Ensemble zur Unterrichtsvorbereitung oder als Kriterien zur Evaluation von Unterrichtsqualität.

2000	Pluralisierungs- und Individualisierungsprozesse in einer »postmodernen« Gesellschaft	Lernenden im Zentrum evolutionäre Didaktik → Unterricht als Evolution unter herabgesetztem Risiko des Scheiterns (A. Scheunpflug): Unterricht als systemisches Geschehen (von Variation, Selektion und Stabilisierung) im Zentrum	Erfahrungen, entwicklungsbedingte Verstehensweisen und existenzielle Wahrheitsansprüche Ziel: Konzentration auf das Wesentliche und lebensbezogenes Lernen Entwurf einer pluralitätsfähigen Religionspädagogik Ziel: Befähigung zum interreligiösen Dialog

Religionspädagogische Elementarisierung 1945–1985: die wichtigsten Vertreter und ihre Hauptschrift(en)

Neben den für diesen Zeitraum ausgewählten vier Repräsentanten – Hugo Gotthard Bloth, Hans Stock, Karl Ernst Nipkow und Peter Biehl – gibt es eine beachtliche Zahl von Religionspädagoginnen und -pädagogen, die mit zum Teil wichtigen Beiträgen den Elementarisierungsgedanken in die Religionspädagogik hineingetragen haben. Sie sollen trotz des exemplarischen Vorgehens in diesem Überblick erwähnt werden, so dass die Breite der Diskussion zumindest erahnt werden kann.[26] Die Zuordnung der einzelnen Vertreter zu den religionspädago-

---

26 Ich greife in dieser Zusammenstellung auf eine Zusammenfassung der religionspädagogischen Diskussion um die Elementarisierung aus dem Jahre 1983 zurück und ergänze sie an der einen oder anderen Stelle.
Rohrbach, W.: Das Problem der Elementarisierung in der neueren religionspädagogischen Diskussion; in: EvErz 35 (1983), 21–39

2. Elementarisierungsansätze in der Religionsdidaktik nach 1945

gischen Modellen kann im Einzelfall durchaus noch einmal diskutiert werden.

Epoche	Vertreter	Hauptwerk(e)
I. Evangelische Unterweisung/ kerygmatischer RU (1945–1960)	neben Hugo Gotthard Bloth: a) Gert Otto b) Karl Witt c) Helmut Angermeyer d) Helmuth Kittel	Kirchengeschichte im RU. Zugleich ein Beitrag zum exemplarischen Lernen (1957) Das exemplarische Lernen in der Evangelischen Unterweisung (1957) Didaktik und Methodik der Evangelischen Unterweisung (1965) Freiheit zur Sache. Eine Streitschrift zum Religionsunterricht (1970)
II Hermeneutischer RU (1960–1970)	neben Hans Stock: a) Karl Hauschildt b) H.-K. Beckmann c) H.-W. Surkau d) Klaus Wegenast e) Erich Bochinger f) Martin Stallmann	Fundamentale und elementare Dimensionen in der Bibel (1963) Probleme einer Fachdidaktik für den evangelischen Religionsunterricht (1963) Vom Text zum Unterrichtsentwurf (1965) Das Fundamentale und das Elementare in Theologie und Religionspädagogik (1969) Distanz und Nähe (1968) Die Hermeneutik des Elementaren (1969)

III. Problemorientierter RU/ Korrelations- didaktik (1970–1980)	neben Karl Ernst Nipkow:	
	a) Reiner Preul	Kategoriale Bildung im Religionsunterricht (1973)
	b) Gisela Kittel	Elementarisierung der biblischen Didaktik (1975)
	c) Ingo Balder- mann (mit Stock u. Nipkow)	Bibel und Elementarisie- rung (1979)
	d) Heinz Schmidt	Religionspädagogische Rekonstruktionen (1977)
	e) Günther Biemer/ Albert Biesinger	Theologie im Religions- unterricht (1976)
IV. Symboldidaktik (ab 1980)	neben Peter Biehl:	
	a) Georg Baudler (mit Biehl)	Erfahrung – Symbol – Glaube (1980)
	b) Hubertus Halb- fas	Das dritte Auge (1982)
	c) Jürgen Werbick	Glaube im Kontext. Pro- legomena – Skizzen einer elementaren Theologie (1983)

2.2 *Elementarisierung in religionsdidaktischen Ansätzen* (1945–1990)

2.2.1 Das Konzept der Evangelischen Unterweisung:
Hugo Gotthard Bloth (1898–1986)
»Die Elementare Struktur der Evangelischen Unterweisung«
(1960)

Die meisten Religionspädagogen der Evangelischen Unterweisung wa- ren stark an der Theologie, insbesondere der Systematischen Theologie, orientiert. In Absetzung zur liberalen Religionspädagogik des beginnenden 20. Jahrhunderts war ihnen jede Form von anthropologisch begründeter Religiosität suspekt. Um Bloths Überlegungen und Anliegen zur Elementaren Struktur der Evangelischen Unterweisung besser zu verstehen, bietet sich zunächst eine Rückblende auf die theologischen Strömungen vor 1933 an:

»Es ist Krieg gewesen (G. Bohne schreibt 1929; folglich ist der Erste Weltkrieg gemeint; M. S.), *der uns in eine ganz neue Erkenntnis der Wirklichkeit des Lebens hineingestoßen hat. Er hat uns die Idee des harmonischen Menschen zerbrochen und den Glauben, man könne die Wirklichkeit des Lebens auf eine rationale Formel bringen. Und wir trauern jenem Glauben nicht nach, wie man auch dem schönen Verlorenen nicht nachtrauert, wenn an die Stelle des Schönen das Wahre trat.«*[27]

Das religionsdidaktische Konzept der Evangelischen Unterweisung betont deshalb einen auf Offenbarung begründeten christlichen Glauben, der ganz Geschenk Gottes und damit letztlich unverfügbar ist. Folglich haben diese Religionspädagogen ein eher distanziertes Verhältnis zur Allgemeinen Pädagogik und Didaktik. Zwischen dem theologischen und pädagogischen Menschenbild erkennen sie einen unüberbrückbaren Gegensatz. Die Fragen nach dem Exemplarischen, Elementaren und Fundamentalen laufen demzufolge zu sehr auf eine »Didaktisierung des Evangeliums« hinaus. Aus Sicht der Evangelischen Unterweisung bewirkt das Evangelium die Krise jeglicher (menschlicher) Bildungsbemühung. Missachtet nicht, so haben die Religionspädagogen der Evangelischen Unterweisung kritisch gefragt, jeder Versuch der Elementarisierung die Unverfügbarkeit des Wortes Gottes? Insgesamt ist festzustellen: Didaktische und methodische Überlegungen in Bezug auf den Lehr-Lern-Prozess sind im Religionsunterricht der Evangelischen Unterweisung nachgeordnet wichtig. Die Lebenswelt der Schülerinnen und Schüler spielt keine eigenständige Rolle.

»Das Ziel eines evangelischen RUs, der mit Bewusstsein in der lebendigen Spannung zwischen der menschlichen und der göttlichen Wirklichkeit stehen will, kann es nur sein, dass er das ihm aufgetragene Wort Gottes dem jungen, werdenden Menschen in menschlicher Lebendigkeit und steter psychologischer Anknüpfung an seine Entwicklung sagt und ihn dadurch in die Entscheidung vor Gott stellt oder doch ruft.«[28]

Theologische Prämissen bestimmen die Diskussion, auch wenn psychologische Anknüpfungspunkte in der Entwicklung der Schülerinnen

---

27 Bohne, G.: Das Wort Gottes und der Unterricht; Berlin 1929; zitiert nach: Nipkow/ Schweitzer 1989, Bd. 2/2, 78.
28 Ebd., 83.

und Schüler nicht unbeachtet bleiben. Religionsdidaktik erscheint in der Evangelischen Unterweisung als Anwendungswissenschaft der Theologie.

Anders sieht dies H. G. Bloth, von 1951–1963 Professor für Ev. Theologie und ihre Didaktik an der PH Dortmund. Er kritisiert zunächst die Evangelische Unterweisung, weil sie ausschließlich von der »Sache« (dem theologischen Wissen, dem Evangelium) her denke und dabei die Schüler und deren Lebens- und Verstehensbedingungen nicht reflektiere.

»Wir glauben nachgewiesen zu haben, dass der überkommene Religionsunterricht in seiner heutigen Gestalt als Evangelische Unterweisung ... einer totalen Kritik bedarf. Eine totale Kritik betrifft seine theologische Struktur, denn die heutige Theologie geht zumeist an den anthropologischen Grundformen vorbei, ohne deren Beachtung ein fruchtbarer Unterricht nicht möglich ist.«[29]

Deshalb bemüht sich Bloth, die Zusammenarbeit von Theologie und Pädagogik neu anzuregen, zumal zwischen religionspädagogischen Anliegen und den allgemeinpädagogischen Tendenzen um 1960 gewichtige Parallelen existieren.

»Wir sind überzeugt, dass auf diesem Wege das vielberufene ›Gespräch‹ zwischen Theologie und Pädagogik an Substanz gewinnen wird, denn beide Seiten sind hiermit vor die elementare Kernfrage gestellt, wie sie ihre eigene objektiv-materiale Aufgabe in Verbindung mit ihrer eigenen subjektiv-formalen Aufgabe pädagogisch zu bewältigen gedenken.«[30]

Bloth weist in seinem Artikel nach, dass bereits in den 30er-Jahren in den Arbeiten von Theodor Heckel das Thema des Elementaren in der Religionspädagogik anklingt.

»1928 entfaltete Theodor Heckel als erster das didaktische Problem des Fundamentalen im Religionsunterricht. Nach der einen Seite erstreckt es sich auf die »Sache«, um die es sich hier handelt, und nach der anderen Seite auf den »Personkreis«, um dessentwillen der Unterricht sachgemäß gestaltet werden muss.«[31]

---

29 Bloth, H. G.: Die Elementare Struktur der Evangelischen Unterweisung; in: Ev. Unterweisung 1960, 73.
30 Ebd.
31 Bloth, H. G.: Die Sachbezüge der Evangelischen Unterweisung; in: Ev. Unterweisung 1960, 160.

Bloth zufolge darf die Religionsdidaktik weder im Sinn einer rein materialen Bildung die Stofflichkeit absolut setzen – er verweist hier warnend auf die Herbartianer – noch darf sie in der Person des Lernenden das Maß aller Dinge sehen; hier sieht Bloth Gefahren im reformpädagogischen Ansatz, der die formale Bildung überbetone.
Friedrich Copei prägt 1930 den pädagogischen Gedanken vom »fruchtbaren Moment im Bildungsprozess«.[32] Durch geschicktes unterrichtliches Arrangement bemühen sich Lehrerinnen und Lehrer zwar, diesen »fruchtbaren Augenblick« anzubahnen, aber letztlich bleibt er unverfügbar. Bloth knüpft an diesen Gedanken an und erweitert ihn theologisch. Der fruchtbare Moment im Bildungsprozess kennzeichnet das Zusammenkommen eines passiven und eines aktiven Geschehens, die Begegnung einer Sache (Lerninhalt) mit einer Person (Lernender), die in und mit der Sache spontane Erfahrungen macht oder eben auch nicht. Analoges gilt im Glaubensprozess:

»Dem Handeln Gottes (actum), das in den Worten der Heiligen Schrift (nomina) und in dem Zusammenhang dieser Berichte (res) bezeugt wird, steht der von diesem Wort (verbum) getroffene wirkliche Mensch gegenüber.«[33]

Die didaktische Kategorie des »fruchtbaren Moments« parallelisiert Bloth in Anlehnung an Edmund Schlink[34] theologisch mit der Kategorie des »Durchbruchs«. Gerade auch theologisch gesehen erscheint Bloth eine dogmatische Fixierung als gefährlich, denn der Geist Gottes »durchbricht« mit seiner Botschaft von der »Heilstat Gottes in Jesus Christus«[35] systematische Denkformen.
Bloth ermahnt die Evangelische Unterweisung, von der Fragehaltung der Schüler auszugehen und deren Erfahrungen in den didaktischen Prozess zu integrieren. Es gelte, ein Ineinander von Selbst-, Welt- und Glaubensdeutung im Religionsunterricht zu ermöglichen.

»Die Kategorie des Durchbruchs schließt (nämlich) ein, dass die anthropologischen Grundformen des Erkennens in der Pädagogik, wenngleich durch die Begegnung mit dem Evangelium geweitet, entschränkt, durchbrochen, sich doch als eigentümlich bleibend erweisen.«[36]

---

32 Copei, F.: Der fruchbare Moment im Bildungsprozess; Leipzig 1930 (Heidelberg ²1950; von H. Sprenger bearbeitet und herausgegeben).
33 Bloth, H. G.: Die Sachbezüge der Evangelischen Unterweisung; in: Ev. Unterweisung 1960, 163.
34 Schlink 1936, 309.
35 Bloth, H. G.: Die Elementare Struktur der Evangelischen Unterweisung; in: Ev. Unterweisung 1960, 66.
36 Ebd., 72.

Didaktisch akzentuiert Bloth das Primat der Laienfrage[37], die Orientierung an der subjektiven Wahrnehmung des christlichen Glaubens durch die Schüler, nicht das Primat des Lernstoffes, die normativ-deduktive Überordnung dogmatischer Inhalte. Wichtiger als die Frage nach dem Inhalt (was?) oder jene nach der Vermittlung (wie?) sei die Frage des Adressaten der biblischen Unterweisung (wer?). Angelehnt an Eugen Rosenstock-Huessy kann Bloth auch vom »dativen Denken« (Wem ist dieses Denken zugedacht?) sprechen.

»Als die religiöse Frage den Laien im frühen Mittelalter bewegt und er damit zum Priester kommt, wendet sich dieser an den Doktor der Theologie, und dieser sagt ihm, was er dem Laien zu sagen hätte. Laie, Priester und Theologe stehen damit im rechten Verhältnis. Erst als das Was in der Auskunft des Gelehrten seinen Dativ-Charakter verliert, entsteht seit Abailard die wissenschaftliche Theologie. Jetzt vergisst der Denker, wem sein Denken zugedacht sein sollte.«[38]

Die Überlieferung religiöser Inhalte im Rahmen des Religionsunterrichts darf folglich nicht unabhängig von der »persönlichen Anteilnahme«[39] der Schülerinnen und Schüler, der Adressaten der Verkündigung, versucht werden, allerdings auch nicht in inhaltlicher Beliebigkeit erfolgen. Letzteres ist in der Evangelischen Unterweisung unbestritten.

Wolfgang Klafki greift 1963 in der Neuauflage seines Werks »Das pädagogische Problem des Elementaren und die Theorie der kategorialen Bildung« diese Überlegungen auf:

»Vor allem H.-G. Bloth bemüht sich darum, die Bedeutung der Kategorien des Elementaren und Fundamentalen und zugleich die Theorie Copeis vom fruchtbaren Moment für die didaktische Durchleuchtung der evangelischen Unterweisung zu erhellen und nachzuweisen, dass die damit angesprochenen Probleme in der Theorie der evangelischen Unterweisung seit der Neubesinnung der ausgehenden 20er Jahre latent schon immer bedacht worden ist, dass also diesem Fache mit den neuen didaktischen Kernbegriffen keine sachfremden Kategorien übergestülpt werden.«[40]

Bloth ist es gelungen, das lange vernachlässigte Gespräch zwischen Religionsdidaktik und allgemeiner Didaktik wieder zu initiieren und die

---

37 Bloth, H. G.: Die Elementare Struktur der Laien-Bibel; in: Ev. Unterweisung 1960, 94 – 100; bes. 99.
38 Ebd., 94.
39 Bloth, H. G.: Die Sachbezüge der Evangelischen Unterweisung; in: Ev. Unterweisung 1960, 159.
40 Klafki ²1963, 340.

Frage nach dem Elementaren und Fundamentalen in den religionsdidaktischen Bereich hineinzutragen, zunächst allerdings mit mäßiger Resonanz. Was versteht Bloth – im Kontext der Evangelischen Unterweisung – unter Elementarisierung?

Grundsätzlich gilt für das Konzept der Evangelischen Unterweisung, dass die allgemeindidaktischen Begriffe der kategorialen Bildung und das damit verknüpfte Problem des Elementaren, wie sie Klafki in die pädagogische Diskussion einführte, kritisiert wurden. Diese Begriffe widersprachen dem religionspädagogischen Denken, weil »*... in der diskategorialen Antinomie des simul justus et peccator keine humanistische Kategorialisierung*«[41] als möglich denkbar ist.
Der Begriff Elementarisierung kommt – so weit ich das sehe – auch bei Bloth nicht vor. Stattdessen spricht er vom Elementaren. Elementares Motiv des Religionsunterrichts ist weder die Frage, was verkündigt werden soll (Gefahr der Überbetonung des gegenständlichen Objektivismus), noch jene, wie dies im Rahmen von Unterricht geschehen soll (Gefahr der Überbetonung des subjektiv-formalen Schematismus). Vielmehr muss für den Religionsunterricht die Frage, wer zur Sprache kommen und wer angesprochen werden soll, das Elementare sein.

»*Um des Menschen Jesus Christus willen darf die Theologie nicht weniger menschlich sein, als jede andere Wissenschaft, die sich um den Menschen bemüht.*«[42]

Findet der Religionsunterricht in Jesus Christus sein elementares Motiv, dann bewirkt dies ein Doppeltes: Der Unterricht ist beim wesentlichen Gehalt seiner Verkündigung, aber er ist auch beim einzelnen Menschen, der in dieser Verkündigung erreicht werden soll, denn auch für Jesus war der Mensch immer wichtiger als die dogmatisch korrekte Unterweisung.

»*Sobald und solange das Elementare Motiv in der Unterweisung dominiert, verlieren die theologischen Denkmodelle ihre Systemverhärtung und geben der Entschränkung und dem Durchbruch des Gehaltes der biblischen Aussagen Raum.*«[43]

Für Bloth stellt die christologische Zentrierung das Elementare des Religionsunterrichts dar.

---

41 Hammelsbeck 1961, 44f.; in: LexRP 2001, Bd. 1, Sp. 384.
42 Bloth, H. G.: Die Elementare Struktur der Evangelischen Unterweisung; in: Ev. Unterweisung 1960, 69.
43 Ebd., 72.

2.2.2 Das Konzept des hermeneutischen Religionsunterrichts: Hans Stock (1904–1991) »Elementarisierung theologischer Inhalte und Methoden«

Das religionspädagogische Konzept des hermeneutischen Religionsunterrichts weist eine große Nähe zur geisteswissenschaftlichen Pädagogik bzw. zur bildungstheoretischen Didaktik auf. Die wechselseitige Erschließung von Sache (Objekt) und Person (Subjekt), von Tradition und Situation entspricht der existenzialen Auslegung biblischer Texte. Dabei steht das Verstehen biblischer Texte mittels historisch-kritischer Exegese (Hermeneutik) im Vordergrund der schulischen Unterrichtsarbeit. Die Schülerinnen und Schüler sollen jedoch zur eigenen Stellungnahme herausgefordert werden und der Glaube als Kategorie der existenzialen Betroffenheit ist keineswegs ausgeschlossen.

»›Überlieferung‹ bezeichnet also nicht nur die geschichtlich entstandenen und vorhandenen Objektivationen christlichen Geistes, die dann gegenständlich tradierbar werden, gleichsam unwandelbar. Vielmehr ist Überlieferung als geschichtlicher Prozess zu sehen, der beim Tradierenden beginnt; indem er Überliefertes aufnimmt, holt er Vergangenes zu sich her; erst in solcher Rezeption wird Tradition als Tradieren zur geschichtlichen Bewegung; dabei wird das Traditum das Tradendum ständig ›in ein neues Licht gegenwärtiger Bedeutung‹ gerückt, es bleibt nicht unverändert, obgleich es ›objektiv‹ dasselbe bleibt. Entsprechend bleibt der Tradierende selbst nicht unverändert.«[44]

Die kategoriale Bildungstheorie, die wechselseitige Erschließung von Tradition und Situation, wird religionsdidaktisch an biblischen Texten konkretisiert. Das Ziel des hermeneutischen Religionsunterrichts ist dabei ein zweifaches: Einerseits sollen die Schülerinnen und Schüler das Gewordensein biblischer Texte kritisch beurteilen können, andererseits die biblischen Aussagen als Möglichkeiten des eigenen Existenzverständnisses begreifen lernen. Tradition und Situation beleben sich gegenseitig.

Hans Stock war von 1946 bis zu seiner Emeritierung 1972 Professor für Religionspädagogik an der PH Göttingen. Seine religionspädagogische Arbeit konzentrierte sich auf die hermeneutischen Fragen eines biblischen Unterrichts. Sein Verständnis des Bibelunterrichts lässt sich auf die Formel bringen: »Verkündigung durch Auslegung!«[45] Stock nimmt die existenziale Interpretation von biblischen Texten aus der Exegese von Rudolf Bultmann auf und versucht sie für den schulischen Unterricht fruchtbar zu machen. Zugleich bricht damit die Frage der Diskre-

---

44 Baldermann/Nipkow/Stock: Elementarisierung und Bibel; Frankfurt 1979, 77.
45 Otto, G.: Art. Stock, Hans; in: LexRP; Neukirchen 2001 – Bd. 2, Sp. 2064.

2. Elementarisierungsansätze in der Religionsdidaktik nach 1945

panz zwischen historischem Jesus und verkündigtem Christus auch in der Religionsdidaktik auf. Seine »Studien zur Auslegung der synoptischen Evangelien im Unterricht« (1959) waren die Nagelprobe für diesen hermeneutischen Ansatz. Sie lösten heftige Diskussionen aus. Obwohl sich Stock einerseits um die Konzentration des Religionsunterrichtes auf die Auslegung biblischer Texte bemüht, geht es ihm andererseits auch um seine Öffnung hin zu den Humanwissenschaften und eine dialogische Auseinandersetzung mit den Ergebnissen der Pädagogik, Psychologie und Soziologie.

In diesem Zusammenhang übernahm Hans Stock 1973 im Comenius-Institut in Münster die Leitung eines breit angelegten Projekts, das im Gespräch mit den Humanwissenschaften die Inhalte eines zukünftigen Religionsunterrichts angesichts der gesellschaftlichen Kritik neu fundieren sollte. Es ging um die »Elementarisierung theologischer Inhalte und Methoden im Blick auf die Aufgabe einer theologisch zu verantwortenden Lehrplanrevision und Curriculumentwicklung in den wichtigsten religionspädagogischen Arbeitsfeldern«, so der etwas umständliche Titel des Projekts. Beteiligt waren Pädagogen, Psychologen, Humanbiologen, Historiker, Kommunikationswissenschaftler, Anthropologen und Wissenschaftstheoretiker. 1975 legte Stock einen Zwischenbericht und 1977 den Abschlussbericht vor.

In diesem interdisziplinären Forschungsvorhaben ging es um Wahrheitsfindung im wissenschaftlichen Diskurs. Dabei war die Theologie auf Mitsprache verpflichtet. Aber erst in der zweiten Phase des Projektes spielte sie in der Frage nach den Erträgen des Gesprächs eine wichtige Rolle. Der Ansatzpunkt der Untersuchung ist als lebensweltlich und erfahrungsbezogen zu bezeichnen. Dabei kann Erfahrung Lebens- und Glaubenserfahrung sein. In den 70er-Jahren ist der christliche Glaube sich in seiner gesellschaftlichen Bedeutung unsicher geworden. Daraus resultiert der Wunsch nach einer mit den modernen Humanwissenschaften kommunikationsfähigen Theologie. Entscheidend ist die Kommunizierbarkeit von Glauben im gesellschaftlichen Umfeld. Das Elementare ist das das Leben Konstituierende.

»Elementarisierung bedeutet die Aufgabe, eine substanziell gültige kommunizierbare Inhaltlichkeit der Theologie im komplizierten Medium gegenwärtiger Frage- und Konfliktsituationen vernünftig zu ermitteln und verstehbar zur Sprache zu bringen.«[46]

Bei der Frage nach dem theologisch Elementaren gelangen Stock und seine Mitarbeiter zu einer pneumatologisch akzentuierten Christologie. Das Zentrale des Evangeliums ist die Person Jesus Christus. Im »Geist Jesu« wird Gottes Wort gegenwärtig und wirksam.

---

46 Stock: Abschlussbericht 1977, 7.

»*Der elementare Grundentscheid in Richtung auf Konzentration – Geist Jesu Christi als Motivation und als Kriterium christlich-humaner Lebenspraxis – hat sich uns als Schlüsselformel erwiesen, die einerseits ein theologisches Basisdenken ermöglicht, weitreichend genug gefasst ist und nicht ein dogmatisches Sonderkapitel darstellt; andererseits enthält dieser Satz Konkretionsmöglichkeiten in alle Bereiche von Praxis und Öffentlichkeit hinein und erscheint deshalb auch für eine theologische Ethik brauchbar.*«[47]

Durchgehend galt als Maxime des Forschungsvorhabens, dass die Ergebnisse des Elementarisierungsbemühens nicht deduktiv theologisch vorgegeben sein dürften, sondern anthropologisch induktiv am Ende eines Gesprächs gleichberechtigter Partner zu finden sein sollten.

Was kann nun als Ertrag dieses Forschungsprojektes für die Religionspädagogik im Allgemeinen und die Frage nach der Elementarisierung im Besonderen festgehalten werden?
Zunächst ist das ursprüngliche Ziel, bis zur pädagogischen Praxis vorzustoßen, nicht erreicht worden:

»*Der Ruf nach theologischer Elementarisierung entspringt aus Verlegenheit und Notwendigkeit der Praxis, und zwar auf allen ihren Ebenen bis hin zum Theologiestudium selbst. Daraus motiviert sich das Projekt, und darauf zielt auch der noch unabgeschlossene Arbeitsgang.*«[48]

Das interdisziplinäre Gespräch verblieb zunächst auf der Meta-Ebene eines wissenschaftlichen Diskurses und fand in all seinen fachwissenschaftlichen Details keine Erdung in der religionsdidaktischen Praxis. Das Wort »Kind« tauchte nirgendwo in den beiden ersten Veröffentlichungen des Comenius-Instituts auf.

Angesichts der beiden nachgereichten Publikationen (1979 u. 1985)[49] allerdings kann man konzedieren, dass die Diskussion erste religionsdidaktische Früchte trägt.
Zunächst ist da die Frage, wie von Jesus im Religionsunterricht gesprochen werden kann? Schon in der eigentlichen Projektphase (1973–77) galt die reformatorische Maxime: Jesus, der Christus, ist der Kanon im Kanon. Dies mündet 1979 in die Formel vom »Geist Jesu«, der für die hermeneutische Aufgabe den Schlüssel zum Erkennen darstellt.[50] Der

---

47 Ebd. 15.
48 Ebd. 4.
49 Kaufmann/ Ludwig-Steup/ Wrege (Hgg.): Elementar erzählen – Zwischen Überlieferung und Erfahrung; Münster 1985 (FS zum 80. Geburtstag von H. Stock) und: Kaufmann/Ludwig (Hgg.): Die Geistesgegenwart der Bibel; Münster 1979.
50 Ebd., 1979, 20f.

didaktische Weg soll nicht den historischen gegen den kerygmatischen (= der von den ersten Christen Verkündete) Jesus ausspielen, sondern über das geschichtlich geklärte Wissen zu Jesus von Nazareth einen Weg zum Glauben an Jesus, den Christus, eröffnen.

»Vom geschichtlichen Jesus sollte quer durch die Texte kritisch-konstruktiv erzählt und zugleich interpretierend gehandelt werden, unter Zurückstellung der urchristlichen Deutungen und Preisungen, gleichsam vor-christlich, wie die theologische Geschichtswissenschaft uns dies heute ermöglicht. Diese epochale Chance muss didaktisch genutzt werden, zumal im Blick auf die Entfremdung des Laien von kirchlicher Sprache im Ernstnehmen der Religions- und Kirchenkritik und ihres untrüglichen Gespürs für die Unterscheidung zwischen Kirche und Jesus. Aber dann sollte nicht minder der nachösterlich-kerygmatische Durchbruch von der indirekten zur direkten Christologie didaktisch aufgenommen werden. Er erst eröffnet die Möglichkeit, den Christus praesens als kritische Instanz vergangener und gegenwärtiger Geschichte zu erkennen. In diesem Augenblick wird die historisch-kritische Methode sekundär, sie ist nicht mehr Selbstzweck.«[51]

Interessant ist in diesem Zitat die Formulierung, dass vom geschichtlichen Jesus »erzählt« werden soll. Erzählen wird bei Hans Stock zum bevorzugten Modus des Unterrichtens in Religion:

»Die aktuelle Um-Schreibung der alten Texte von deren Intention her kann zwar zu neuen Texten führen, kann aber die Ebene von Texten ganz verlassen und sich in Wort und Tat existenzieller Betroffenheit niederschlagen. Will man die Bezeichnung ›Erzählen‹ im Blick auf die vorherrschende Grundstruktur der kerygmatischen Bibeltexte beibehalten, so ließe sich sagen: nicht nacherzählen, sondern weitererzählen ist der angemessene Modus von Überlieferung.«[52]

Hans Stock ermutigt die Religionslehrkräfte, weniger am Buchstaben eines biblischen Textes zu kleben. Stattdessen sollen sie dem »Geist Jesu« im Weitererzählen Freiräume geben und zeitgemäße Umformulierungen austesten. Die Tradition im Nacherzählen zu neuem Leben zu erwecken, das ist ein Ziel des von ihm geforderten Religionsunterrichts. Gleichzeitig aber gilt es, den Geist der Tradition in die heutige Lebenswelt hineinwirken zu lassen.

---

51 Ebd., 25.
52 Ebd., 22.

»Wir sind und bleiben auf die Geschichten aus erster Hand angewiesen, auf ihr erzählendes Zeugnis vom geschichtlichen Jesus als dem Christus – das ist und bleibt Grund, Ermächtigung, Kriterium auch unserer erzählenden Rede in allen ihren Entwicklungsstufen und Zeitformen. Nur: Wir können uns nicht darauf beschränken, die alte Überlieferung zu wiederholen. Gerade wenn sie uns unentbehrlich wird, entsteht in uns eine innere Lebendigkeit, die notwendig nach eigenem, neuem Ausdruck verlangt. Da unsere gegenwärtige Welt es ist, deren Problematik und deren Erfahrungsgehalt uns unentrinnbar bestimmen und die wir miteinbringen, müssen wir in der Begegnung mit den Ursprungstexten uns selbst ganz einbeziehen und darin sowohl behaupten als auch verändern, um hörend in unserer Sprache weiterzureden. So allein bleiben wir bei der Sache.«[53]

Im Übrigen stelle ich fest, dass die beiden ersten Veröffentlichungen des Comenius-Instituts zum Thema »Elementarisierung« zwar interessante Einzelstudien enthalten, aber noch kein in sich konsistentes Ganzes bilden.[54]

Erahnen lässt sich jedoch, dass der Religionsunterricht im Kontext von Schule einen wichtigen Platz im Gespräch um »wahres« Menschsein einnehmen sollte. Ohne den Religionsunterricht wären soziale und religiöse Kompetenzen im Bildungsprozess weitgehend ausgeblendet.

»Elementarisierung, inhaltlich durchgebracht, wäre Einlösung der These, dass das Christliche nicht ein Spezialfall des Menschlichen sei, aber auch nicht Vorspann oder Überbau, sondern die Aufdeckung des wahrhaft Menschlichen als einer geschichtlich vorgegebenen und angebotenen Kompetenz; sie basiert auf Erfahrung, Wahrnehmung und Übernahme des radikalen Menschseins Jesu Christi, nicht in illusionär angemaßter Wiederholung, sondern in produktiver Aneignung des ›für uns‹ gegebenen.«[55]

Ich fasse den Ansatz zur Elementarisierung bei Stock pointiert so zusammen:

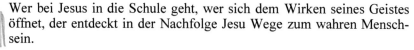
Wer bei Jesus in die Schule geht, wer sich dem Wirken seines Geistes öffnet, der entdeckt in der Nachfolge Jesu Wege zum wahren Menschsein.

Die Phase des Hermeneutischen Religionsunterrichts bewertet Peter Biehl bezüglich der Elementarisierung als Konzentration auf fundamentaltheologische Fragestellungen:

---

53 Kaufmann/ Ludwig-Steup/ Wrege (Hgg.) 1985, 114.
54 Theologische Kritikpunkte am Ansatz des Forschungsvorhabens finden sich auch in: Schoberth 1998, 143ff.
55 Abschlussbericht 1977 14f.

»In der Auseinandersetzung mit der bildungstheoretischen Didaktik innerhalb der Geisteswissenschaftlichen Pädagogik wird in der Religionspädagogik der 60er Jahre versucht, das Elementare, Fundamentale und Exemplarische als Kernfragen der Fachdidaktik zu bestimmen. Es geht dabei um die Struktur der Bildungsinhalte und die Kriterien ihrer Auswahl. Die Frage nach der Struktur der Inhalte führt in das Zentrum theologischen Denkens.«[56]

2.2.3 Das Konzept des problemorientierten Religionsunterrichts Karl Ernst Nipkow (*1928) »Elementarisierung als religionsdidaktische Aufgabe«

Ausgangspunkt für das Konzept des problemorientierten Religionsunterrichts ist der Versuch einer pragmatischen Lösung der sich zuspitzenden Krise des Religionsunterrichts an den Schulen Mitte der 60er-Jahre[57]. Religionspädagogik versteht sich in der Konzeption des (thematisch-) problemorientierten Religionsunterrichts als Verbundwissenschaft. Sie betrachtet die Humanwissenschaften (v.a. Pädagogik und Soziologie) als (weitest gehend) gleichberechtigte Partnerinnen im Gespräch mit der Theologie. Die Religionspädagogik wird eingebunden in ein mehrdimensionales Theoriegefüge aus Sozial- und Erziehungswissenschaften sowie Theologie. Umstritten ist allerdings in den unterschiedlichen Teilkonzeptionen des problemorientierten RU, ob der Theologie letztlich ein Prae eingeräumt werden soll, um so sein Proprium klarer herausstellen zu können – oder nicht. Kennzeichnend für den RU um 1965 ist ein zunehmendes Identitäts-Relevanz-Dilemma. In den geänderten gesellschaftlichen Rahmenbedingungen erscheint es wesentlich, die bleibende Relevanz religiöser Bildung aufzuzeigen, ohne dabei die religiöse Identität aufzugeben.
Der RU bzw. die Lehrerinnen und Lehrer haben nun eine doppelte Aufgabe: Einerseits sollen sie theologische Aussagen unter pädagogischen Kriterien in ihrer Relevanz für das gesellschaftliche Leben prüfen, andererseits pädagogische Theorien von der Theologie her kritisch befragen.

---

56 Biehl, P.: Didaktische Strukturen des Religionsunterrichts; in: JRP 12 (1995); Religionspädagogik seit 1945 – Bilanz und Perspektiven; Neukirchen-Vluyn 1996, 199.
57 Die Loccumer Tagung im Oktober 1966 insgesamt sowie die pointiert formulierten sechs Thesen von H. B. Kauffmann »Muss die Bibel im Mittelpunkt des RU stehen?« im Besonderen können als Initialzündung des Problemorientierten RU betrachtet werden (vgl. T. Knauth »Problemorientierter Religionsunterricht«, Göttingen 2003, 171ff.). Damit ist historisch der problemorientierte RU nicht in Folge der 68er-Unruhe, sondern bereits in deren Vorfeld bedacht. Allerdings erfuhr er in den Jahren 1969–1972 einen Aufschwung, eine Konsolidierung sowie eine Pluralisierung (vgl. Knauth 2003, 167ff.).

Darum lässt sich von einer wechselseitigen Infragestellung von Pädagogik und Theologie, von Leben und Glauben, sprechen.

»Christliche Botschaft konvergiert nicht einfach mit geschichtlich-gesellschaftlichen Lebensdeutungen. Sie kritisiert, verändert, öffnet, erneuert sie und gibt neue Hoffnung, setzt neue Ziele. Sie ist Kritik und Verheißung, Gericht und Gnade, Ja und Nein. ... Christliche Theologie kann nie in der Weise elementar werden, dass sie sich bruchlos in menschliche Vorstellungen und Erwartungen einfügt. Sie muss ihre Inhalte als Negation der bestehenden Vorstellungen entwickeln – diese aufnehmend, ohne sie einfach aufzuheben.«[58]

Spannend ist, dass sich in der Krise des RU die Gesamtkrise des Schulwesens dieser Zeit spiegelt. Wie die Bibel als Kernbestandteil des RU standen die Klassiker der anderen Fächer auf dem gesellschaftskritischen Prüfstand.

»Die Problemorientierung des Lernens wurde zum Schlüsselbegriff einer um Wissenschaftsorientierung und Gesellschaftsrelevanz bemühten Schulreform. Die Aufgabe für die Religionspädagogik bestand darin, die Grundkategorie gleichsam in die ›einheimischen Begriffe‹ der Disziplin zu übersetzen. Als eine solche fachdidaktische Kategorie zielte Problemorientierung auf die Schnittfläche anthropologischer und theologischer, sozialer, politischer und religiös-ethischer Fragen; sie meinte ein religiöses Lernen in kritischer Bezogenheit auf soziale und politische Brennpunkte und Konflikte.«[59]

Der Religionsunterricht in diesem Konzept führt von der Alltagswelt der Schülerinnen und Schüler hin zum Bibeltext. Hans Stock spricht von einer Religionsdidaktik im »Rückwärtsgang«[60]. Aktuelle Erfahrungen werden in Beziehung gesetzt zu den Erfahrungen der (biblischen) Überlieferung. In Abgrenzung vom Hermeneutischen RU gab es in der frühen Phase Ansätze des problemorientierten RU, die sehr stark die gesellschaftskritischen Themen in den Vordergrund stellten. Die biblische Tradition stand in der Gefahr, zum Appendix eines sozialethisch motivierten Unterrichts zu werden.[61]

---

58 Schmidt, H.: Religionspädagogische Rekonstruktionen; Stuttgart 1975, 106f.
59 Knauth, T.: Das unabgegoltene Potential des problemorientierten Religionsunterrichts; in: Rickers/ Dressler: Thematisch-problemorientierter Religionsunterricht; Neukirchen-Vluyn 2003, 120.
60 Stock, H.: Religionsunterricht in der »Kritischen Schule«; Göttingen 1968.
61 Themen wie »Frieden«, »Startbahn West«, »Paragraph 218«, »Arbeitslosigkeit«, Ökologie« oder »Dritte-Welt« bestimmten den Unterricht. Gemeinsame (Protest-) Aktionen führten hin zu handlungsorientierten Umsetzungen des Diskutierten.

Die Weiterentwicklung der Konzeption des problemorientierten RU[62] hat Karl Ernst Nipkow maßgebend beeinflusst. Dabei ist für ihn zunächst »RU nach dem Kontexttypus« der Terminus. Aus dem Kontexttypus entwickelt er ab Mitte der 70er-Jahre das Elementarisierungsmodell. Religionsunterricht nach dem Kontextmodell bedeutet für Nipkow die Verschränkung von Problem- und Bibelorientierung. Es geht Nipkow nicht um ein radikales Entweder-Oder. Dem ersten didaktischen Grundtypus »Unterricht über biblische Texte« sollte mit dem zweiten Grundtyp »Unterricht über Christsein und Menschsein in der Gegenwart«[63] verschränkt werden: Sowohl die Bibel in einem glaubenshermeneutischen Unterricht als auch thematisch orientierte Problemstellungen bilden gemeinsam einen erfahrungsorientierten (Religions-) Unterricht.

Das Kontextmodell will didaktisch die traditionserschließenden mit den problemerschließenden Strukturen zu einem Religionsunterricht verbinden. Dies heißt aber im Blick auf den bisherigen Stand der religionsdidaktischen Praxis durchaus, dass der erste Typus zugunsten des zweiten zurückgenommen – nicht ersetzt – werden soll. Grundthema eines christlichen Religionsunterrichts ist für Nipkow: »Christus in der Welt«.

»Die moderne christliche Existenz lebt heute als ein Dialog in der doppelten Spannung zwischen den biblischen Aussagen und den gegenwärtigen theologischen Äußerungen sowie zwischen den christlichen und nichtchristlichen Stimmen. Genau in dieser Vielfalt der Stimmen muss auch der christliche Glaubensunterricht seine Sprache finden, wenn er die jungen Menschen auf den Dialog mit der Welt und in der Welt vorbereiten will.«[64]

Damit wird auch klarer, was Nipkow mit »Kontext« meint. Glaube und Welt, Religion und Alltag sind ineinander verwoben.

»Man kann von den Dokumenten der Welt im Kontext zu biblischen und anderen theologischen Stoffen einen doppelten Gebrauch machen: Sie können entweder bloß als Folie für die christliche Wahrheit benutzt werden, oder sie können dazu dienen, die christliche Überlieferung tat-

---

[62] Inzwischen (2005) kann man K. E. Nipkow als Nestor der Religionspädagogik in Deutschland bezeichnen und in Anbetracht seiner langjährigen Wirkung wäre es sicher eine Verkürzung, ihn ausschließlich in die Konzeption des problemorientierten RU einzuordnen. Allerdings geht es ihm in seinem konvergenztheoretischen Modell immer um eine Verschränkung von Glauben und Leben, von Theologie und Pädagogik.
[63] Nipkow, K. E.: Christlicher Glaubensunterricht in der Säkularität; in: ders., Schule und Religionsunterricht im Wandel; Heidelberg 1971, 252ff.
[64] Ebd., 260.

sächlich *ganz offen zu befragen* und mit anderen, ebenso ernstzunehmenden Deutungsversuchen zu konfrontieren.«[65]

Religionsunterricht nach dem Kontexttypus hat eine dialogische Grundstruktur. Nipkow geht es um ein offenes Gespräch verschiedener individueller, religiöser und ideologischer Lebens- und Weltdeutungen – und das schon in der Grundschule beginnend!

»*Der kooperative Unterrichtsstil muss **früh angebahnt** werden. Wer jahrelang seine Schüler im Rahmen einer vermeintlich feststehenden kirchlichen Erkenntnis und bergenden kirchlichen Sitte aufwachsen lässt, um auf diese Weise zunächst den christlichen ›Standpunkt‹ des Heranwachsenden zu festigen, bevor dann der Jugendliche in der Pubertät langsam freigegeben wird, kommt unter Umständen zu spät.*«[66]

Die Verschränkung des RU ist bei Nipkow nicht nur pädagogisch begründet. Das Mitbedenken der Lebenswelt der Kinder und Jugendlichen und die Verschränkung von persönlichen und gesellschaftlichen Problemstellungen mit der biblischen Botschaft begründet er im Rückgriff auf Ebeling ebenso theologisch!

»*Das Evangelium darf zweifellos nicht wie eine geschichtslose und damit weltlose Wahrheit weitergesagt werden. Es muss so ausgelegt werden, dass zugleich die Bezüge des Menschen zu sich selbst und zur Welt freigelegt und bewusst gemacht werden, damit Gottes Wort und die geschichtliche Wirklichkeit zusammentreffen können. Hierbei darf man nicht im Allgemeinen und Abstrakten bleiben, was heute vor allem der existenzialen Hermeneutik vorgeworfen wird. Gott hat sich in der Geschichte des Volkes Israel, in der Verkündigung Jesu und im urchristlichen Kerygma als konkretes Wort offenbart.*«[67]

Hier zeigt sich die Abgrenzung Nipkows zu einem im Abstrakten, stark kognitiv geprägten rein hermeneutischen RU. Gleichzeitig erweist sich das theologisch Gebotene als das didaktisch äußerst Sinnvolle.

»*Wir wollen den Kontextunterricht, in dem sich die biblischen, kirchengeschichtlichen, dogmatischen und kirchenkundlichen Stoffe im Zusammenhang mit Statistiken und Gesetzestexten, Zeitungsreportagen, eigenen Beobachtungen, dichterischen Deutungen und natürlich auch im Zusammenhang mit Auffassungen anderer Weltanschauungen und Religionen befinden, noch genauer beschreiben, und zwar unter dem*

---

65 Nipkow, K. E.: Problemorientierter Religionsunterricht nach dem Kontexttypus; in: ders., Schule und Religionsunterricht im Wandel; Heidelberg 1971, 276.
66 Christlicher Glaubensunterricht, 249.
67 Problemorientierter RU, 270.

2. Elementarisierungsansätze in der Religionsdidaktik nach 1945   153

Gesichtspunkt der vielfältigen funktionalen Wechselbeziehungen. Negativ gesprochen: Die Botschaft der Kirche soll nicht kritiklos der Welt angepasst werden; diese soll aber auch nicht umgekehrt als dunkle Folie zur Glorifizierung der eigenen christlichen Auffassung dienen.«[68]

Die Berücksichtigung der konkreten Situation im Religionsunterricht erfordert didaktisch induktives Lernen am exemplarischen Einzelfall. Wichtig ist Nipkow, das aktuelle Problem nicht als »Sprungbrett« zu missbrauchen, um dann zwar aktuell angehaucht, aber doch zielstrebig zum Eigentlichen zu kommen, den biblischen Texten – ganz abgesehen davon, dass sich zu manch aktueller Fragestellung nur vage eine biblische Beziehung aufbauen lässt.

»... jene zweite didaktische Grundform, die ihren Ausgang von den gegenwärtigen Tatbeständen und Problemen nimmt, die geduldig bei den Fragen verweilt, an denen heute in erfahrungsnahen Situationen der Jugendlichen selbst das Verhältnis von Welt und Kirche akut wird und die erst als letzten Schritt, und zwar in außerordentlich vorsichtiger und unaufdringlicher Weise das Gespräch mit den biblischen Aussagen selbst zu erreichen sucht.«[69]

Der inhaltlichen Offenheit muss die methodische entsprechen. Nipkow ermutigt zu einer modernen pädagogischen Unterrichtsgestaltung, die z.B. eine Mitbestimmung der Schülerinnen und Schüler bei der Planung und Durchführung von Unterricht bewusst einplant.

»Die unterrichtlichen Entscheidungen über die auszuwählenden Stoffe wie über die gewählten Verfahren müssen mit zunehmendem Alter der Schüler immer selbstverständlicher als diskussionsfähig und ggf. veränderungsbedürftig hingestellt werden. Der Lehrer muss sich zumindest immer wieder mit seinen Schülern über den Sinn der gemeinsam vorgenommenen Aufgaben aussprechen und verständigen. Seine Rolle wird dadurch nicht untergraben.«[70]

Mit dem Religionsunterricht nach dem Kontexttypus unternimmt Nipkow den Versuch, die themenorientierten Fragestellungen des problemorientierten Ansatzes und die klassischen bibelorientierten Inhalte des Religionsunterrichts gleichberechtigt nebeneinander zu stellen. Dem Bemühen um Realitätsnähe und theologischer Reflexionstiefe soll gleichursprünglich Beachtung geschenkt werden.

---

68 Ebd., 273.
69 Christlicher Glaubensunterricht, 258.
70 Christlicher Glaubensunterricht, 248.

Die wechselseitige Erschließung von Situation und Tradition führt Karl Ernst Nipkow ab Mitte der 70er-Jahre religionsdidaktisch im Modell der Elementarisierung weiter aus. Werden in aktuellen Kompendien zur Religionsdidaktik wesentliche Themen- und Arbeitsfelder des Religionsunterrichts für Referendarinnen und Referendare knapp zusammenfasst dargestellt, dann findet sich unter dem Stichwort »Elementarisierung« zuverlässig ein zentraler Bezug auf Nipkow.

»*Während die Begrifflichkeit Baldermanns* [in Bezug auf das Elementare, die Elementarisierung usw.; M. S.] *ebenso wie die anderer Religionspädagogen oft nur noch assoziativ auf das bezogen wird, was in der Allgemeinen Pädagogik und Didaktik mit der Frage nach dem Elementaren gemeint war, gilt die Elementarisierungskonzeption Karl Ernst Nipkows als umfassender, auch die allgemeinpädagogische Diskussionslage aufgreifender Ansatz: Nipkow versteht Elementarisierung als einen komplexen didaktischen Prozess, der sich zwischen den im Unterricht behandelten Sachverhalten und den am Unterricht beteiligten Personen abspielt.*«[71]

Wie hat sich nun in den religionspädagogischen Arbeiten von Karl Ernst Nipkow das Elementarisierungsmodell entwickelt?
Seine Beschäftigung mit der Frage der Elementarisierung knüpft an die Vorarbeiten des Comenius-Instituts unter der Leitung von Hans Stock an. Genauer: Sie resultieren aus Nipkows Unzufriedenheit mit den Ergebnissen des Forschungsprojekts.

»*Auf mein Konzept der Elementarisierung war ich durch H. Stock gekommen, weil ich unzufrieden mit dem war, was wir im Auftrag des Comenius-Instituts bei unserem, maßgeblich von Hans Bernhard Kaufmann initiierten, Elementarisierungsprojekt in den 70er Jahren versucht hatten. Hans Stock war Neutestamentler und entsprechend hat er ein wunderschönes Buch über elementare Theologie im Umgang mit dem Neuen Testament geschrieben. Aber für mich ist Elementarisierung ein religionsdidaktisches Konzept und keine Frage nach irgendeiner Vereinfachung lediglich von theologischen Inhalten und Methoden.*«[72]

In einer ersten unveröffentlichten Studie – einem Vortrag aus dem Jahr 1976 – stellt Nipkow fünf Sinnrichtungen des Elementaren zur Diskussion: »*das Elementare als ...*
– *das unverwechselbar Charakteristische*
– *das lebensnotwendig Bedeutsame*

---

71 Kliemann, P.: Art. Elementarisierung; in: Bosold/Kliemann (Hg.): Ach, Sie unterrichten Religion?; Stuttgart 2003, 22.
72 Boschki/ Schlenker: Brücken zwischen Pädagogik und Theologie; Gütersloh 2001, 113f.

- *das zeitlich Anfängliche*
- *das exemplarisch Eröffnende, das Allgemeines erschließt*
- *und als die gelungene Vereinfachung«*[73]

Der Hintergrund des Vortrags bildet die Einführung eines neuen (vorläufigen) Lehrplans für die Orientierungsstufe in Baden-Württemberg und die Frage von Schulpraktikern, inwiefern es dem vorgeschlagenen Curriculum für Evangelische Religionslehre gelungen sei, im Blick auf Schülerinnen und Schüler sowie auf die Sache des Evangeliums elementar zu sein.

Nipkow betont, es komme nicht auf das religionspädagogische Gesamtkonzept an. In allen Konzeptionen, egal ob bibel- oder problemorientiert, bestehe die Gefahr, das unverwechselbar Charakteristische des RU zu verfehlen.

»Nicht nur der problemorientierte Unterricht kann auf eine Lebenskunde reduziert werden, auch der biblische Unterricht auf eine Bibelkunde. Die Sache bzw. der Gegenstand des RU ist erst beides zusammengenommen: Die christliche Religion im Deutehorizont der christlichen Theologie. Nur so erreichen wir die Ebene des Elementaren, auf der das Elementare als das unverwechselbar Charakteristische sichtbar werden kann.«[74]

Aufgrund seiner prinzipiellen Überlegungen kritisiert Nipkow einzelne Unterrichtseinheiten des neuen Lehrplans. An der Konzeption des Themas »Evangelisch-katholisch« bemängelt er die stark religionskundliche Ausrichtung.[75] Tabellarische Gegenüberstellungen komprimieren das Gemeinsame und Trennende der Konfessionen. Aber das sei noch ohne Leben. Die Begegnung mit der gelebten Frömmigkeit der anderen Konfession hingegen schärfe das eigene konfessionelle Profil und lasse zugleich etwas von der ökumenischen Vielfalt erahnen.

Schon in diesem ersten Entwurf ist Nipkow die betonte Berücksichtigung der entwicklungspsychologisch-genetischen Voraussetzungsabfolgen bei Kindern und Jugendlichen wichtig. Ergebnisse der kognitiven (Piaget) und moralischen (Kohlberg) Entwicklungspsychologie werden vorgestellt und in Beziehung zu den Inhalten des Religionsunterrichts in der Orientierungsstufe gesetzt. Dabei kritisiert er die Unterrichtseinheit »Martin Luther« als zu früh im Curriculum angesetzt. Kirchengeschichtliche Themen überstiegen die theologischen und historischen Verstehensmöglichkeiten von 11- bis 12-Jährigen weit, weil weder die Rechtfertigungslehre noch die Bedeutung von Kirche und Glauben hin-

---

73 Nipkow, K. E.: Die Frage der Elementarisierung im Religionsunterricht; Materialarchiv des Päd. Theol. Zentrums Stuttgart, 1976 (42 Seiten).
74 Ebd., 5.
75 Ebd., 7.

reichend Verstehensvoraussetzungen bei den Schülerinnen und Schülern hätten.

»Die entwicklungspsychologischen Einsichten müssen veranlassen, die Lernziele zu präzisieren und sie im Sinne der Herausforderung (nicht Überforderung) mit der Entwicklung des Kindes abzustimmen.«[76]

Laut Nipkow existiert ein enger Zusammenhang zwischen den beschriebenen fünf Sinnrichtungen. Gleichwohl sei es hilfreich, genauer zu bestimmen, welche Sinnrichtung gemeint sei, wenn man über »das Elementare« rede.

Siegfried Ley fasst diesen Vortrag 1978 für einen Studienbrief zum Umgang mit der Bibel thesenartig zusammen, indem er den fünf Sinnrichtungen des Elementaren Notwendigkeiten und Gefahren gegenüberstellt:
– das unverwechselbar Charakteristische: Ist RU Gesellschaftslehre? – Ist Gott nur für Religion zuständig? → das Propriumproblem
– das lebensnotwendig Bedeutsame: Darf RU lebensfremd sein? – Weiß einer allein, was er braucht? → das Relevanzproblem
– das zeitlich Anfängliche: Muss es die ganze Heilsgeschichte sein? – Gibt es ein Christentum für Grundschüler? → das Sequenzproblem
– das exemplarisch Eröffnende: Ertrinken in der Stofffülle? – Ist nicht alles exemplarisch? → das Problem des Exemplarischen
– und als die gelungene Vereinfachung: Vor lauter Bäumen den Wald nicht sehen? – Simpel zwar – aber falsch? → das Problem der Vereinfachung[77]

Als Anwendungsbeispiel für das Unterrichtsprinzip der Elementarisierung und dessen Einübung wählt Ley in diesem Studienbrief die Parabel »Von den Arbeitern im Weinberg« (Mt. 20,1–16). Dabei wird besonders deutlich, dass das Gerechtigkeitsverständnis der Kinder in der Gefahr steht, überfordert zu werden, so dass die Parabel lediglich von den Kindern mit ihren Verstehensmöglichkeiten assimiliert wird, nicht aber der Lerngegenstand zu einer Akkomodation beim Lernenden herausfordert.

Im Jahr 1979 veröffentlicht Karl Ernst Nipkow eine Schrift mit dem Titel »Bibel und Elementarisierung«[78]. Der zentrale Artikel in dieser Veröffentlichung stammt von Nipkow und trägt den Titel: »Elementari-

---

76 Ebd., 35.
77 DIFF: Fernstudienlehrgang für evangelische Religionslehrer. Umgang mit der Bibel im RU; Tübingen 1978, 25–42; bes. 25–28.
78 Baldermann/Nipkow/Stock: Bibel und Elementarisierung; Frankfurt/Main 1979.

sierung biblischer Inhalte. Zum Zusammenspiel theologischer, anthropologischer und entwicklungspsychologischer Perspektiven in der Religionspädagogik«[79].
Die fünf Sinnrichtungen des Elementaren (1976) finden sich nun auf drei konzentriert:
– Die elementaren Strukturen beschreiben den fachwissenschaftlichen Ansatz und referieren die theologischen Grundlagen.
– Die elementaren Erfahrungen erfassen den anthropologischen Aspekt im Unterrichtsgeschehen.
– Und die elementaren Anfänge suchen nach dem zeitlich Anfänglichen in der entwicklungspsychologisch fassbaren Welt der Kinder.

Im Abschnitt zu den elementaren Erfahrungen gelingt es Nipkow – wie auch Baldermann zuvor am Beispiel der Psalmen – einen engen Bezug von Erfahrungen in der biblischen Tradition mit Erfahrungsangeboten in der jeweiligen Situation des RU herzustellen.

»Der Religionsunterricht kann nicht nur eine elementarisierte Theologie vermitteln. Der Schüler soll nicht nur durch die Brille der Wissenschaft – hier besonders der Exegese – elementare Strukturen erkennen, sondern soll eigene elementare Erfahrungen machen. ...
Es ist das Großartige an den biblischen Schriften, dass sie gerade diesen Sinn uns ihrerseits allenthalben zu verstehen geben: die Bibel als eine Sammlung von Büchern ist der literarische Niederschlag von Erfahrungen. Die biblischen Texte sind nicht Selbstzweck, weder damals noch heute. Sie haben ihren Sitz im Leben und drängen auf Vollzug im Leben.«[80]

Angesichts radikaler Formen des problemorientierten RU kann das Programm der Elementarisierung in den 70er-Jahren durchaus als »konservativer« Ansatz bezeichnet werden. Elementarisierung will die konstitutive Bedeutung von Theologie für den Religionsunterricht und damit die Identität bewahren und zugleich die anthropologischen Hinsichten wahrnehmen und konzeptionell integrieren, damit die Relevanz des RU für den Einzelnen und die Gesellschaft deutlich wird.
Allerdings ist die Beziehung von biblischer und anthropologischer Erfahrung nicht nur linear als Chance der Anknüpfung zu sehen. Zugleich muss die Offenheit für die die menschliche Erfahrung durchbrechende biblische Botschaft gewahrt bleiben.

»Die elementaren christlichen Erfahrungen sind gerade die neuen Erfahrungen, die wir mit unseren alten, alltäglichen, wiederkehrenden Erfahrungen machen. Ohne diese Kategorie des Neuen bleibt die Rede

---

79 Ebd., 35–73.
80 Baldermann/Nipkow/Stock 1979, 45.

von elementaren menschlichen Erfahrungen unvollständig. Diese unsere elementaren menschlichen Erfahrungen werden freilich in den neuen Erfahrungen des Glaubens nicht ausgelöscht, sondern aufgehoben. Sie werden verwandelt und sind doch noch erkennbar. Hier liegt auch der Ermöglichungsgrund für ihre Funktion als hermeneutisches Anknüpfungspotential.«[81]

Mit der Kategorie der Erfahrung wird in diesem Modell der Elementarisierung der erste Entwurf gestrafft, indem das Charakteristische der Überlieferung (1. Sinnrichtung) mit dem lebensnotwendig Bedeutsamen für die heutige Erfahrungswelt (2. Sinnrichtung) enger aufeinander bezogen ist.

Überdies wird die Interdependenz der verschiedenen Fragerichtungen zu einem wesentlichen Merkmal der Elementarisierungsmodelle nach Nipkow.

»Elementarisierung biblischer Inhalte verlangt als religionspädagogische Aufgabe die Verschränkung von drei Fragerichtungen: die Suche nach den elementaren Strukturen biblischer Texte, nach elementaren allgemein-menschlichen Erfahrungen und nach den elementaren Anfängen dieser Erfahrungen in der Entwicklung des Kindes in Beziehung zur Bedeutung der Texte.«[82]

Nipkows Aufsatz »Das Problem der Elementarisierung der Inhalte des RU« ist im Gespräch mit der katholischen Religionsdidaktik 1982 entstanden[83]. Nipkow stellt die Frage, inwiefern das Modell der Elementarisierung bei der Konstruktion bzw. Revision eines Curriculums hilfreich sei.
Neben den drei schon genannten Fragerichtungen tritt als vierte Dimension die Frage nach den elementaren Grundlagen hinzu.
Elementarisierung ist fachwissenschaftlich als wertende Auswahl innerhalb des theologischen Gesamtspektrums zu verstehen. Damit stellt sich dem Unterrichtenden das Problem der theologischen Priorität. Was ist letztlich unabdingbarer Inhalt, auf den es im Religionsunterricht ankommt? Diese Wertungsfrage lässt sich nicht allein fachwissenschaftlich entscheiden. Hier taucht – in Anlehnung an Klafki – der Begriff des Fundamentalen auf.

---

81 Ebd., 60.
82 Ebd., 72.
83 Biemer/Knab (Hgg.): Lehrplanarbeit im Prozess – religionspädagogische Lehrplanreform; Freiburg 1982, 73–95.

»Elementarisierung als Reduktion und Konzentration wird zur Bestimmung des Fundamentalen, des für den christlichen Glauben schlechthin Grundlegenden.«[84]

Der Mut zur Auswahl, zur Reduktion auf »die Mitte der Schrift« ist geleitet vom Wunsch nach Klarheit über die unerlässlichen theologischen Grundlagen.
In Bezug auf die Auswahl der theologischen Inhalte für ein Curriculum sind zwei Wege denkbar: entweder ein subjektiv-positioneller, der in Form einer Kurzformel eine bestimmte theologische Akzentuierung vornimmt oder ein tendenziell objektiv-enzyklopädischer, der aber das Problem der Rückkehr zur Stofffülle mit sich bringt.
Nipkow erkennt in der Curriculumsarbeit seiner katholischen Kollegen vor allem den Wunsch, den RU inhaltlich vor der Gefahr der Beliebigkeit und Willkür zu bewahren. Er akzeptiert durchaus die orientierende Aufgabe theologischer Fachleute, aber betont zugleich, das Grundlegende müsse im Prozess der Aneignung von den Beteiligten stets neu aufgedeckt, ja erstritten werden.

»Daraus folgt aber, dass der Raum für die Austragung dieser Fragen umfassender sein und Wissenschaftler und Laien, Theoretiker und Praktiker, Theologie und Kirche, christliche Gruppen und Ortsgemeinden, nicht zuletzt Lehrer und Schüler mit einschließen muss. Das Interpretieren der Glaubensüberlieferung im Verhältnis zur gegenwärtigen Lebenswirklichkeit kann nicht nur für die Betroffenen, sondern muss auch von ihnen im Lebensraum des Unterrichts selbst vorgenommen werden dürfen.«[85]

Am Beispiel des Themas »Unterdrückung der Leiblichkeit als Herrschaftsinstrument« versucht Nipkow – nach der Skizze der vier Fragerichtungen – zu belegen, dass die Lehrkraft dieses didaktische Modell bei der Planung von Unterricht *»zum selbständigen Mitdenken und Weiterdenken befähigen«*[86] könne.
Sein Fazit lautet, dass Elementarisierung zwar bei der Erstellung eines Curriculums insofern helfen dürfe, als die Mehrdimensionalität unterrichtlichen Geschehens bewahrt bleibe, aber er nennt zugleich einschränkend vier Grenzen des Modells:

»Elementarisierung als Vereinfachung fördert Zugänglichkeit und Verständnis, aber löst nicht oder nur sehr begrenzt das Problem der Stofffülle bzw. –auswahl. Elementarisierung als Konzentration auf die unverzichtbaren Grundlagen hilft das Auswahlproblem zu lösen, aber

---

84 Ebd., 78.
85 Biemer/Knab 1982, 82.
86 Ebd., 93.

verwickelt in die innertheologischen und innerkirchlichen Auslegungskontroversen und theologischen Prioritätendiskussion. Elementarisierung als Erschließung der lebensbedeutsamen Erfahrungen hilft die Aufgabe der Übersetzung der Tradition in unsere Zeit zu lösen, verwickelt aber ebenfalls in das Ringen um die zeitgemäße elementare Daseinanalyse und führt darüber hinaus an die Grenzen der pädagogischen Verfügbarkeit über existentielle elementare Erfahrungen. Elementarisierung als Ermittlung der Anfangsvoraussetzungen und der Stufung verpflichtet den Curriculumplaner und den Lehrer, pädagogisch vom sich entwickelnden Kind her zu denken. Hier liegen die Grenzen mehr in der unzulänglichen Forschungssituation.«[87]

So hilfreich also Elementarisierung in der Planung von Unterricht auch sein mag, Nipkow macht klar: Sie ist kein didaktisches Allheilmittel!

Zeitgleich erscheint im Jahre 1982 der dritte Band von Karl Ernst Nipkows »Grundfragen der Religionspädagogik«[88]. Darin fasst er im vierten Kapitel seine bisherigen Überlegungen unter dem Titel »Elementares Gespräch mit der Bibel im Unterricht – Wege zum biblischen Glauben« zusammen. Die Überlegungen zur Elementarisierung bekommen damit im Werk des Autors einen wichtigen Platz.
In einem geschichtlichen Zugang zur Fragestellung verdeutlicht Nipkow, dass viele Aspekte seines Modells bereits im Denken von Martin Luther anklingen.
In der Darstellung des Elementarisierungsprozesses entdecke ich jedoch im Vergleich zur nur wenig früher erschienenen Studie bei Biemer/Knab[89] einen wichtigen Unterschied: die Frage nach den elementaren Grundlagen wird umbenannt in die Frage nach den elementaren Wahrheiten[90] und ganz an den Anfang des Elementarisierungsprozesses gestellt. Damit bekommt die Elementarisierung als Unterrichtsvorbereitung – im Verhältnis zur Didaktischen Analyse bei Klafki – einen stärker religionsdidaktischen Akzent. Den Aspekt »elementare Wahrheit« führt Nipkow im vierten Kapitel des dritten Bandes der »Grundfragen der Religionspädagogik« besonders sorgfältig aus. Im Religionsunterricht ist die Dimension »elementare Wahrheit« bzw. persönliche Gewissheit zwar nicht in jeder Unterrichtsstunde expressis verbis vorhanden, aber implizit schwingt sie oft mit. Deshalb ist es für das Selbstverständnis des Unterrichtenden unabdingbar, sich immer wieder neu

---

87 Ebd.
88 Nipkow, K. E.: Grundfragen der Religionspädagogik – Band 3: Gemeinsam leben und glauben; Gütersloh 1982, bes. 185–232.
89 Biemer/ Knab 1982, 54.
90 Ebd., 196.
»Ich habe an anderer Stelle daher diese erste Fragerichtung nach den elementaren Wahrheiten auch die nach den elementaren Grundlagen genannt.«

2. Elementarisierungsansätze in der Religionsdidaktik nach 1945

dieser Wahrheitsfrage zu stellen, um dort, wo sie virulent wird, authentisch unterrichten zu können.

Allerdings: Für Nipkow ist Wahrheit keine ontologisch vorgegebene und im Unterricht lediglich freizulegende Größe.

»*Hat die christliche Theologie und die ihr folgende Religionspädagogik die elementaren Wahrheiten eindeutiger im Blick, sicherer in der Benennung als die allgemeine Didaktik? Ja und nein. Theologisch-religionspädagogische Elementarisierung hat einerseits eine eindeutige Ursprungstradition: die Überlieferung der Bibel Alten und Neuen Testaments. Hier hat Elementarisierung immer wieder einzusetzen. ... Aber jeder weiß: Es gibt einen belastenden Streit innerhalb der christlichen Kirchen und Theologien und zwischen den Kirchen um die Aussagen der Schrift und damit um die Wahrheitsansprüche, auf die es ankommen soll ... Christliche Theologie gibt es nur im Plural. Die Theologie, die helfen soll, die Konsens- und Wahrheitsfrage zu lösen, hat selbst teil an dem Streit um die Bibel und bringt ihn selbst mit hervor.*«[91]

»Elementare Wahrheit« hat eine objektive und eine subjektive Seite. Objektiv geht es um den biblischen Text bzw. etwas allgemeiner gesagt um die Sache des Glaubens, um den Streit darüber, was dem Evangelium am ehesten entspreche.
Subjektiv jedoch geht es darum, was der einzelne Mensch persönlich als wahr erfährt, um den möglichen Anspruch dieser Sache im Leben eines Menschen. Liegt der Akzent bei den elementaren Strukturen auf der angemessenen Vermittlung, ist der Gesichtspunkt »elementare Wahrheit« eine Frage der persönlichen Aneignung. Dabei ist das Gespräch mit anderen entscheidend. Deshalb ist für Nipkow das Bemühen um elementare Wahrheit vorrangig ein dialogisches Geschehen, sei es im Unterricht oder in der Gemeinde.

»*Traditionserschließung hat auch in theologischer Sicht die Struktur des Gesprächs zwischen Menschen. Elementare Traditionserschließung ist elementares Gespräch ... Es sind nicht einfach transportable Inhalte zu vermitteln (Lehren, Werte, Weisheiten, Wahrheiten oder Fakten, ausweisende Sachverhalte), sondern Menschen mit ihren Erfahrungen sollen miteinander sprechen: die Menschen der Bibel, die mit Gott und Jesus ihre Erfahrungen gemacht haben, und die jungen und alten Menschen heute. Wir sollen mit den Menschen ins Gespräch kommen, mit den Menschen in und hinter den Texten damals und mit anderen Menschen vor den Texten heute – und so mit den Texten selbst. Hineinzunehmen sind alle Generationen dazwischen.*«[92]

---

91 Ebd., 198f.
92 Biemer/ Knab 1982, 200f.

Als interessant erachte ich die Nähe des Elementarisierungsverständnisses zu Bloth, der schon 1960 die Bedeutung der Laienfrage in Anlehnung an Martin Luther betont hat. Deshalb ist entscheidend, wie der nicht akademisch gebildete Glaubende in der Bibel nach Gott fragen und ihn in den Texten erfahren kann. Der Theologe hat eine dem Laien dienende Aufgabe. Sein Denken muss der Gottesbegegnung des Laien dienen und ihm helfen, Antworten auf seine manchmal bohrenden Fragen zu finden z.B. in der Erfahrung von Leid.

Die Entwicklung des Modells der Elementarisierung hat sich in sechs Jahren (1976–1982) bei Karl Ernst Nipkow so weit abgeschliffen, dass es danach nur noch geringfügig verändert wurde. Darum füge ich als erste Zwischenbilanz eine schematische Darstellung ein.

Die vier Dimensionen der Elementarisierung lassen sich als Grafik übersichtlich fassen:

Elementarisierungsmodell
(nach K. E. Nipkow 1982, 185–232)

Aufgabe: biblische Wahrheiten in ihrer Bedeutung für den Glauben heute ermitteln
Ziel: **Gewissheit**
Problem: Wie kann diese Gewissheit kritisch geprüft werden?

Aufgabe: Komplementarität von überlieferter und gegenwärtiger Erfahrung erschließen
Ziel: **Relevanz**
Problem: Wie bedeutsam ist der Inhalt für das Leben heute?

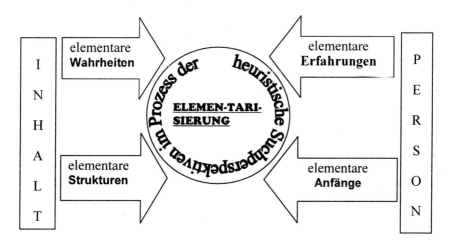

Aufgabe: Sprach- und Sinnzusammenhänge der Bibel sachgemäß konzentrieren
Ziel: **Einfachheit**
Problem: Wie kann das Wesentliche bestimmt und Simplifizierung verhindert werden?

Aufgabe: an die Verstehensvoraussetzungen der jeweiligen Altersstufe anknüpfen
Ziel: **Verständlichkeit**
Problem: Wie ist das zeitlich Angemessene und zugleich zu Neuem Herausfordernde?

Wichtig ist Nipkow die didaktische Aufgabe der Vermittlung zwischen den Schülern und den Unterrichtsinhalten. Das Zwischen kennzeichnet den didaktischen Suchprozess. Die Frage nach elementaren Wahrheiten und Strukturen positioniert das Elementare schwerpunktmäßig auf der objektiven Seite der Wirklichkeit, die nach den elementaren Erfahrungen und Anfängen stärker auf der subjektiven. Alle vier Fragerichtungen sind Suchperspektiven auf einem Weg, der Schülerinnen und

Schülern einen elementaren Zugang zu Fragen des christlichen Glaubens eröffnen soll.

Abschließend veranschaulicht Nipkow sein Modell der Elementarisierung, indem er die vier Fragerichtungen am Beispiel der Versuchungsgeschichte Jesu (Mt. 4,1–11) konkretisiert. Dabei ist die Reihenfolge von elementarer Wahrheit, elementarer Struktur, elementarer Erfahrung und elementarem Anfang ein Frageraster für die Unterrichtsvorbereitung des Lehrers. Sie sagt aber noch nichts über die didaktische Umsetzung der Erzählung im Religionsunterricht aus.

Im Sammelband »Subjektivität und Schule« veröffentlicht Karl Ernst Nipkow 1983 einen Artikel unter dem Titel »Sinnentschließender[93] Unterricht und Elementarisierung«[94]. Nipkow stellt heraus, dass in der Schule zu Beginn der 80er-Jahre das Sinnproblem stark in den Vordergrund trete. Zentrales Thema sei nicht mehr – wie in den 70er-Jahren – die Emanzipation von den autoritären Hierarchien. Nachdem die Gesellschaft viele neue Freiheiten erlangt habe, stelle sich umso bedrängender die Frage, zu welchem Zweck der Einzelne diese neuen Freiheiten sinnvoll einsetzen könne und wolle.
Nipkow verweist in diesem Zusammenhang auf das seit 1976 entwickelte Modell der Elementarisierung. Seine These: Ein »elementar« vorbereiteter Unterricht (nicht nur Religionsunterricht!) ist »*ein Weg*«[95], in der Schule Ansätze zur Sinnerschließung zwischen objektiven Vorgaben der Gesellschaft und subjektiven Zugehensweisen zu finden.

Nipkow erweitert die Frage nach den elementaren Wahrheiten ausdrücklich auch in andere Fachdidaktiken hinein, indem er zeigt, wie schulischer Unterricht zu neuen Gewissheiten beitragen und somit die Orientierungslosigkeit vieler Jugendlicher überwinden helfen kann:
– Sinn als logisch-rationale Bedeutung → bes. Mathematik
– Sinn als historisches Verstehen und soziale Verständigung → bes. Geschichte, Deutsch u. Religion
– Sinn als ethische Erfahrung und Einsicht → alle Fächer, nicht nur Ethik
– Sinn als existenzielle Lebensgewissheit → Religion und Ethik[96]

»In allen aufgeführten Aspekten ist das Elementare das gewissmachende Wahre. Nach der erfolgten Ausdifferenzierung der Aspekte braucht

---

93 sic! Vermutlich ist »sinnerschließend« gemeint, zumal Nipkow im Folgenden immer von »sinnerschließendem Unterricht« spricht: »Das Elementarisierungskonzept versteht sich lediglich als ein Weg zu einem sinnerschließenden Unterricht« (Breyvogel/Wenzel 1983, 157).
94 Breyvogel/Wenzel (Hgg.): Subjektivität und Schule; Essen 1983, 137–164.
95 Ebd., 157.
96 Zusammenfassung nach: Ebd., 151f.

*nicht eigens betont zu werden, dass entsprechend der Reihenfolge die
Aufgaben für den Lehrer schwieriger und persönlicher werden. Mit den
Herausforderungen und Chancen der Schule werden auch ihre Grenzen
sichtbar.«*[97]

Ich stimme mit Nipkow überein: Schule hat die Chance, jungen Menschen auf unterschiedlichen Ebenen Gewissheitserfahrungen zu ermöglichen. Gewissheitserfahrungen in Mathematik sind dabei sicher eher unterrichtlich zu vermitteln, so dass z.b. ein Schüler die Beweisführung versteht und fortan eine Formel bewusst anwendet. Gewissheitserfahrungen in Ethik oder Religion jedoch entwickeln sich aus dem Gespräch durch persönliche Aneignung. Sie lassen sich kaum didaktisieren. Doch auch wenn existenzielle Lebensgewissheit nicht »gemacht« werden kann, sollte Schule die Sinndimension menschlicher Existenz nicht einfach ausklammern. Vielmehr eröffnet gerade der Ethik- und Religionsunterricht Räume, um diesen menschlichen Grundfragen in Ruhe nachzudenken.

Nipkow erweitert einerseits den Wahrheitsaspekt in andere Fachdidaktiken hinein. Andererseits ist die Frage nach den elementaren Anfängen ein Spezifikum seines Zugangs zu Unterricht. Im Unterschied zu vielen didaktischen Modellen für die Unterrichtsvorbereitung sieht Nipkow im Elementarisierungskonzept die biographischen und entwicklungspsychologischen Aspekte der Schülerinnen und Schüler stärker wahrgenommen, eine Perspektive, die »schülerorientierten« Unterricht erst hinreichend begründet.

*»Elementarisierender Unterricht wird gerade dann in besonderer Weise
zu einem sinnerschließenden Unterrichten beitragen können, wenn das
Lehren und Lernen die persönlich biographische Entwicklung begleitet.
Durch die Einbeziehung nicht nur des Lebensalltags, sondern auch des
Lebenslaufs können wir vielleicht zu einer im doppelten Sinne lebensnäheren Didaktik vordringen. Die ›Alltagswende‹ ist der westdeutschen
Pädagogik längst geläufig, die Wende zu biographischen und entwicklungspsychologischen Kategorien dagegen kaum.«*[98]

Die Argumentation verdeutlicht, dass Nipkow sich mit seiner Arbeit auch in die allgemein-didaktischen Diskussionen einbringt. Insofern weitet sich im Lauf der Jahre das Konzept der Elementarisierung von seiner Anwendung in der biblischen Didaktik über die Religionsdidaktik hin zu einem allgemeindidaktischen Modell der Unterrichtsvorbereitung.

---

97 Ebd., 152.
98 Breyvogel/ Wenzel 1983, 155.

Ebenfalls 1983 veröffentlicht Nipkow einen Artikel, der sein Modell der Elementarisierung knapp zusammengefasst unter der Sinnperspektive schulischen Lernens nochmals in einem etwas anderen Licht erscheinen lässt.[99]

Nipkow bedauert zunächst, wie zusammenhangslos Jugend- und Schulforschung fast ausschließlich in ihrem Teilbereich arbeiten. Wieder verdeutlicht er, dass die Sinnfrage der Jugendlichen nicht vorrangig über die Lösung des vertikalen Autoritätskonflikts, sondern vor allem über das Bewusstwerden und Eingehen auf die horizontale Orientierungskrise anzugehen sei. Bezeichnend dafür ist die Suche vieler Jugendlicher nach Geborgenheit in einer kleinen überschaubaren, fast familiären Gruppe.

»Der gesuchten Gruppenerfahrung entspricht die Funktion einer vereinfachten Gruppenideologie, einer Sinngebung durch ein ›beliefsystem‹ (Operationalisierungen in der kognitiven Dimension). Verhaltenssicherheit bildet und stabilisiert sich – auf dem Hintergrund kognitiver Konsistenz- und Dissonanztheorien – über das Zusammenwirken von sozialer Unterstützung, gemeinsamem Fühlen und gemeinsamen Überzeugungen. Alles drei zusammen erst vermittelt Sinnerfahrung.«[100]

Der Wunsch nach Geborgenheit ist verständlich, aber er könnte von »unheimlichen Vereinfachern« für ihre Zwecke ausgenutzt werden. Deshalb muss genauso gelten: Der Unterricht darf nicht der Gefahr der Simplifizierung unterliegen. Elementare Strukturen wollen *»das grundlegend Einfache«*[101] herausstellen, nicht aber Scheinorientierung durch simple Lösungen vorgaukeln.

Aus der Tatsache, dass Unterricht Sinn weder herstellen noch erzwingen kann, leitet Nipkow didaktisch die Forderung ab, Schülerinnen und Schüler in meditative Phasen der Besinnung einzuführen.

»Der Unterricht muss meditativen Phasen Raum geben, einer abwartenden Haltung ... Nicht das überstürzte Handeln oder gar nur Wieterproduzieren (materieller Produkte wie Lebensprogramme), sondern der gesammelte Ernst gemeinsamer gedanklicher Prüfung unserer gegenwärtigen Lebenswirklichkeit ist die dringende, aber auch der Schule angemessene Aufgabe, um darüber gewiss zu werden, was an anderer Stelle, im Leben selbst, getan werden muss. Sinnerschließender Unterricht verlangt die Schule als einen Ort der Besinnung (Herbart).«[102]

99 Nipkow, K. E.: Sinnerschließendes elementares Lernen – Handlungsperspektiven für die Schule angesichts der Lage der Jugend; in: Schweitzer/Thiersch (Hgg.): Jugendzeit – Schulzeit. Von den Schwierigkeiten, die Jugendliche und Schule miteinander haben; Weinheim 1983, 154–186.
100 Ebd., 164.
101 Ebd., 172.
102 Nipkow 1983, 168.

Damit befindet sich Nipkow nah am eigentlichen Sinn des griechischen Wortes für »Schule« (σχολή), einem Raum der Muße, des Rastens, ja des Müßiggangs und Nichtstuns.[103]

1984 gibt die führende religionspädagogische Zeitschrift in Deutschland, »Der Evangelische Erzieher«, ein Themenheft unter dem Titel »Elementare Zugänge zu christlichen Grunderfahrungen – auf dem Weg zur Sache selbst« heraus. Das Themenheft ist zugleich eine Festausgabe zu Ehren des 80. Geburtstags von Hans Stock.[104] Die Frage der Elementarisierung ist zwischenzeitlich zu einer wichtigen Facette in der religionsdidaktischen Diskussion geworden.
K. E. Nipkow wählt diesmal die alttestamentliche Elia-Erzählung des Gottesurteils auf dem Karmel (1. Könige 18) als biblische Veranschaulichungsgeschichte für sein Elementarisierungsmodell. Der badenwürttembergische Lehrplan sah eine Behandlung dieser Geschichte in der Orientierungsstufe vor. Wieder nimmt Nipkow Fragen aus der Praxis des Religionsunterrichts auf und versucht darzustellen, inwiefern eine Behandlung dieser Erzählung in elementarisierender Weise zu vertreten und was dabei zu beachten ist.
Ausgangspunkt sind die teilnahmslos wiedergegebenen Erinnerungsfragmente einer 19-Jährigen an die frühere Behandlung dieser Elia-Erzählung. Wie können die Spannung und Betroffenheit, die beim ersten Hören wohl vorhanden waren, erhalten bleiben? Wie ist zu verhindern, dass elementare Eindrücke recht schnell zerfallen und der einstige Ernst des Geschehens sich in gleichgültige Distanz wandelt? Heute würde man fragen, wie nachhaltiges Lernen am besten zu erzielen sei.
Von den vier Dimensionen der Elementarisierung stellt Nipkow besonders die Frage nach der elementaren Wahrheit heraus.

»Dabei wird die elementare (Glaubens)wahrheit auf jeder Überlieferungsstufe für ihre jeweiligen Träger eine gewisse Wahrheit. Sie ist ihrer Natur nach eindeutig. An die Stelle hypothetischer Vieldeutigkeit, wie sie historisch-kritische theologische Auslegung zutage fördert, je nach der Überlieferungsschicht und –absicht, tritt Eindeutigkeit. Sie ist für den religiösen, im Unterschied zum wissenschaftlichen Umgang wesensgemäß. Religiöse Zeugnisse wollen in ihrem Anspruch auf religiös gewissmachende Wahrheit gelesen und ernst genommen werden.«[105]

Das hat Konsequenzen für den Unterricht. Der Lehrkraft gelingt es nur dann, biblische Geschichten und Personen als Identifikationsangebote lebendig werden zu lassen, wenn sie sich selbst in die Geschichte

---

103 Vgl. im konstruktiven Teil der Arbeit: Kontemplatives Lernen, S. 345–367.
104 Vgl. II.2.2.2, S. 144–149.
105 Nipkow, K. E.: Elia und die Gottesfrage im Religionsunterricht – Elementarisierung als religionsdidaktische Aufgabe; in: EvErz 36 (1984), 139.

hineinbegibt und sich mit dem Erzählten identifiziert. Die biblische Worttreue ist im Erzählen deshalb weniger wichtig als das Erahnen, dass diese Geschichten auch etwas mit heutigem Leben zu tun haben.

»*Auslegungen aus der persönlichen Eindeutigkeit des Elementaren als des subjektiv Authentischen und aus der Kraft des Elementaren als des gewissmachenden Wahren springen über, stecken an, zweifellos auch in der Schulklasse, wenn biblische Geschichten wie eigene Geschichten erzählt werden oder Lehrer überzeugungsstark sagen, womit es ihnen ernst ist.*«[106]

Elementarisierung ist für Nipkow vorrangig ein Modell für Lehrplangestaltung und Unterrichtsvorbereitung, sagt aber noch nicht, welche konkreten Unterrichtsschritte didaktisch geboten sind. Dennoch wird deutlich, dass Erzählen eine der elementaren Lernformen ist. So wie der heutigen Bibel eine zum Teil jahrhundertlange Erzähltradition vorausgegangen ist, ehe aus gesprochener geschriebene Sprache wurde, so muss heute das Geschriebene wieder in authentisch Erzähltes zurückverwandelt werden, damit es die Hörer elementar treffen kann.

Zusammenfassend stellt Nipkow Elementarisierung als Doppelbewegung zwischen Inhalt und Person heraus und demonstriert seine Nähe zum kategorialen Bildungsbegriff von Klafki:

»*Pädagogisch ist man erst beim Thema, wenn nicht nur zur Seite der Unterrichtsgegenstände hin Texte und Themen elementar interpretiert werden, sondern wenn zu den Unterrichtsgegenständen und zu den Schülern hin elementarisierend gefragt und zwischen ihnen elementarisierend vermittelt wird, damit der Vorgang des Lehrens und Lernens zwischen Unterrichtsinhalten und Schülern elementaren Charakter gewinnt.*«[107]

Wie Religionspädagogen im Prozess des Schreibens ihre Gedanken weiterentwickeln und perfektionieren, sieht man an Nipkows 1986 erschienenem Artikel »elementarisierung als kern der lehrplanung und unterrichtsvorbereitung am beispiel der elia-überlieferung«[108] Der Artikel greift den Aufsatz aus der Festschrift des Evangelischen Erziehers auf, ist jedoch strenger strukturiert, dadurch klarer und überzeugender in der Gedankenführung und um drei Aspekte erweitert.

Nipkow zieht Verbindungslinien und Entsprechungen zwischen Klafkis »Didaktischer Analyse als Kern der Unterrichtsvorbereitung«[109] und

---

106 Ebd., 141.
107 Nipkow 1984, 133.
108 In: braunschweiger beiträge 1986/3, 3–16.
109 Klafki, W.: Studien zur Bildungstheorie und Didaktik; Weinheim 1963, 126–153.

2. Elementarisierungsansätze in der Religionsdidaktik nach 1945

seinem Modell der Elementarisierung. Ich fasse sie in einer Tabelle zusammen:

Elementarisierung (Nipkow 1986)	Didaktische Analyse (Klafki 1958)
elementare Strukturen	(Frage I: Welchen größeren bzw. welchen allgemeinen Sinn- und Sachzusammenhang vertritt und erschließt dieser Inhalt? Welches Urphänomen oder Grundprinzip, welches Gesetz, Kriterium, Problem, welche Methode, Technik oder Haltung lässt sich in der Auseinandersetzung mit ihm exemplarisch erfassen?) und Frage IV: Welches ist die Struktur des Inhaltes?
elementare Wahrheiten d.h. objektive Wahrheit im Blick auf die Sache und subjektive Wahrheit im Blick auf die Person	(Frage II Welche Bedeutung hat der betreffende Inhalt bzw. die an diesem Thema zu gewinnende Erfahrung, Erkenntnis, Fähigkeit oder Fertigkeit bereits im geistigen Leben meiner Klasse, welche Bedeutung sollte er – vom pädagogischen Gesichtspunkt aus gesehen – darin haben? und Frage III: Worin liegt die Bedeutung des Themas für die Zukunft der Kinder?)
elementare Erfahrungen d.h. Erfahrungswelt des Schülers heute und Erfahrungsgrund hinter den überlieferten Strukturen	Frage V: Welches sind die besonderen Fälle, Phänomene, Situationen, Versuche, Personen, Ereignisse, Formelemente, in oder an denen die Struktur des jeweiligen Inhaltes den Kindern dieser Bildungsstufe, dieser Klasse interessant, fragwürdig, zugänglich, begreiflich, anschaulich werden?

elementare Anfänge	–

In einem nur wenig früher erschienen Aufsatz Nipkows in den »Katechetischen Blättern« wird die Nähe der beiden Modelle für die Planung von Unterricht schon im Titel deutlich: »Elementarisierung als Kern der Unterrichtsvorbereitung«[110]. K. E. Nipkow greift Klafkis Titel aus dem Jahre 1958 auf und ersetzt »didaktische Analyse« durch »Elementarisierung«. Damit knüpft er einerseits deutlich erkennbar an die bildungstheoretische Didaktik an. Gegen eine Dominanz der inhaltlichen Gesichtspunkte bei der Unterrichtsvorbereitung (»Sachanalyse«) wird sowohl bei Klafki wie bei Nipkow die didaktische Dimension an den Anfang der Überlegungen gestellt. Warum soll überhaupt ein bestimmter Inhalt gelernt werden? Welche existenzielle Bedeutung könnte er für die Schülerin bzw. den Schüler haben?
Die Anknüpfung an Klafki ist noch offensichtlicher bei der Frage nach der elementaren Struktur. Andererseits setzt er aber mit Überlegungen hinsichtlich elementarer Wahrheit einen deutlich religionsdidaktischen Akzent.

»Wo sie [d.h. die elementare Wahrheit, M.S.] aufgeht, verbinden sich Sache und Schüler nicht nur im Sinne irgendeiner elementaren Betroffenheit, sondern in der Kraft einer Erschließungserfahrung, die übergreifenden Sinn mit einem allgemeingültigen Wahrheitsanspruch aufscheinen lässt, der möglicherweise lebensführende Bedeutung erlangen kann. Freilich ist dieses Elementarisierungskriterium am wenigsten zu methodisieren.«[111]

Trotz dieses fachspezifischen Akzents hält Nipkow das Elementarisierungsmodell für in andere Fachdidaktiken übertragbar.

»Abschließend sei erwähnt, dass die eingeführten elementarisierenden Frageweisen in allen Fächern anzuwenden sind.«[112]

Deshalb entfaltet er in diesem Aufsatz seine Überlegungen zu den elementaren Anfängen. In Weiterentwicklung der Fragedimensionen bei Klafki veranschaulicht Nipkow auch, inwieweit entwicklungspsychologische (und biografische) Vorüberlegungen bei der Planung von Unterricht relevant sind. Konkretisiert auf die alttestamentliche Erzählung bedeutet dies: Die Schülerinnen und Schüler beschäftigt in der Elia-Ge-

---

110 Nipkow, K. E.: Elementarisierung als Kern der Unterrichtsvorbereitung; in: KatBL 111 (1986), 600–608.
111 Nipkow 1986, 5.
112 Ebd., 6.

schichte besonders die Tötung der Baalspriester. Ist das gerecht? Darf Elia/Gott das? Mit Hilfe der Niveaustufen der Moralentwicklung nach L. Kohlberg[113] belegt Nipkow, welche Antworten der Schülerinnen und Schüler – je nach Stufe der moralischen Entwicklung – zu erwarten sind.

Am Ende des Artikels zieht Nipkow Konsequenzen für die Platzierung der Erzählung im Lehrplan:

» Wenn eine so tiefgreifende Präokkupation mit der moralischen Problematik vorherzusehen und pädagogisch zu akzeptieren ist, weil sie in diesem Lebensstadium den Schülern zur sozialen Stabilisierung durch das Wissen um eine festgefügte moralische Ordnung dient, liegt es näher, statt der Geschichte von der Entscheidungssituation auf dem Karmel die Geschichte von Nabots Weinberg (1. Könige 21) zu behandeln, und zwar unter dem Thema ›Recht und Unrecht vor Gott‹.«[114]

Um die Entscheidung auf dem Karmel mit den notwendigen religionspolitischen und existenziellen Dimensionen einordnen zu können, schlägt er ihre Behandlung statt in der Orientierungsstufe erst in der Sekundarstufe II vor.

In zwei Richtungen geht Nipkows didaktisches Modell also über die Didaktische Analyse von Klafki hinaus: in der entwicklungspsychologischen Frage nach den elementaren Anfängen und in der Dimension der elementaren Wahrheit, die nach der existenziellen Relevanz des zu Lernenden sucht.

»An diesen beiden Stellen geht das Konzept über das bei Wolfgang Klafki in seiner sogenannten ›Didaktischen Analyse‹ von 1954 Angelegte hinaus.«[115]

Schließlich erläutert Karl Ernst Nipkow 1987 am Beispiel des ›Gottesurteils auf dem Karmel‹ in der ›Zeitschrift für Pädagogik‹[116] einem breiten Publikum, welche Bedeutung die Entwicklungspsychologie inzwischen nicht nur für die religionspädagogische Grundlagendiskussion, sondern auch für das religionsdidaktische Feld der Lehrplangestaltung sowie der Unterrichtsplanung gewonnen hat. Da Glauben nicht nur ein unverfügbares Offenbarungsgeschehen sei, sondern sehr wohl mit Denken und Urteilen zu tun habe, sei die Berücksichtigung entwick-

---

113 Vgl. Schweitzer [4]1999 (1987), 112–121.
114 Nipkow 1986, 12.
115 Boschki/ Schlenker 2001, 114.
116 Nipkow, K. E.: Entwicklungspsychologie und Religionsdidaktik; in: ZfP 33 (1987), 149–165.

lungspsychologischer Sachverhalte in der Unterrichtsvorbereitung ein wichtiges Kriterium, vor allem in der Lehrplangestaltung, aber auch in der Unterrichtsplanung der einzelnen Lehrkraft. Im Blick auf die von der Allgemeinen Pädagogik herkommende Leserschaft streicht Nipkow die Bezüge und Unterschiede zwischen Klafkis »Didaktischer Analyse« und seinem Modell »elementarisierender Unterrichtsplanung« deutlicher heraus.

»Schon Klafki hatte die didaktische Analyse auf seine Weise als Elementarisierung aufgefasst, als er sich an die Vorstellung vom ›Exemplarischen‹ anlehnte und seine Theorie der ›kategorialen Bildung‹ auf dem Hintergrund der Geschichte des pädagogischen Problems des ›Elementaren‹ entfaltete (1964). Für einen Durchbruch in der Unterrichtspraxis gibt es jedoch bisher nur Ansätze. Dies gilt für alle Fächer. Sozialisations- und Curriculumforschung verwischten mit ihren veränderten Interessen die alten Spuren, auch in den folgenden Veröffentlichungen Klafkis selbst. Umso bemerkenswerter ist die Wiederaufnahme des Grundgedankens Anfang der siebziger Jahre in der evangelischen Religionspädagogik. Erste Anstöße gingen vom Comenius-Institut aus, wobei jetzt nicht nur vom Elementaren, sondern auch von ›Elementarisierung‹ gesprochen wurde, ein Begriff, der bei Klafki noch keine Rolle gespielt hat.«[117]

Im Vergleich zu den beiden Beiträgen aus dem Vorjahr wird die inhaltliche Ausführung des biblischen Beispiels gestrafft, zugleich jedoch die Übertragbarkeit des Modells der Elementarisierung auf andere Fächer hervorgehoben.

»Zusammengefasst meint Elementarisierung nicht nur ein Vereinfachungsproblem im Sinne der Konzentration auf konstitutive Elemente (elementare Strukturen), sondern auch ein Relevanzproblem (elementare Erfahrungen), ein Sequenzproblem (elementare Anfänge) und ein Wert- und Normenproblem, letztlich ein Vergewisserungsproblem (elementare Wahrheit). Es wird dabei angenommen, dass die elementarisierenden Frageweisen als Ausdruck des Interesses an ›sinnerschließendem, elementarem Lernen‹ in allen Unterrichtsfächern anwendbar sind.«[118]

Mit dieser Darstellung ist der Gedanke der Elementarisierung im Werk Nipkows zu einem vorläufigen Abschluss ausgereift, was allerdings nicht ausschließt, dass er in den folgenden Jahren nicht mehr modifizierend von ihm bearbeitet worden wäre. Gemeinsam mit Friedrich Schweitzer hat Karl Ernst Nipkow das Modell der Elementarisierung bis

117 Nipkow 1987, 156.
118 Ebd., 157.

heute zum »Tübinger Modell« weiterentwickelt und für die Praxis des Religionsunterrichts konkretisiert.[119]

Spannend zu beobachten ist, wie Nipkow an einer biblischen Erzählung bzw. der sorgfältigen Analyse der Dokumentation einer Religionsstunde zur Geschichte »Elia auf dem Berg Karmel« sein religionsdidaktisches Konzept der Elementarisierung ausfeilt. In Anlehnung an Marie-Rose Debot-Sevrin kann man methodisch von »experimental teaching«[120] sprechen. Durch sorgsam ausgewertete Unterrichtsversuche im pädagogischen Feld werden didaktische Theorien bestätigt bzw. erweitert und modifiziert.

»Anhand dieser Einzelstunde konnte Nipkow seine aus der Literatur gewonnenen Überlegungen zur altersspezifischen Rezeption biblischer Inhalte im Rahmen seines Elementarisierungskonzeptes entscheidend präzisieren. Man hat den Eindruck, dass es nicht zuletzt die intensive Beschäftigung mit dieser Stundendokumentation war, die das umfassendere Folgeprojekt zu ›Religionsunterricht und Entwicklungspsychologie‹ inspiriert hat und so zu einem wichtigen Baustein zur Weiterentwicklung des Elementarisierungskonzeptes wurde.«[121]

Was lässt sich zusammenfassend nach gut zehn Jahren Weiterentwicklung als wesentlicher Gewinn des Nipkow'schen Elementarisierungsmodells festhalten? Worin liegt die besondere Leistung von Karl Ernst Nipkow?
Das Stichwort »Elementarisierung« taucht zunächst konzentriert in bibeldidaktischen Fragestellungen auf (s.o. H. G. Bloth und H. Stock; vgl. auch I. Baldermann). Elementarisierung soll helfen, den Schülerinnen und Schülern biblische Texte heute versteh- und erfahrbar zu machen. Nipkow erweitert die Suche nach dem Elementaren in zweifacher Hinsicht:
- Elementarisierung soll einerseits mehr und mehr zum didaktischen Modell für alle Fragen des Religionsunterrichts werden: Theodizee, Christologie, Rechtfertigung u.a.m.[122]
- Und Elementarisierung soll andererseits nicht nur ein spezifisch fachdidaktisches Modell für den Religionsunterricht bleiben. Nipkow gelingt es in beeindruckender Weise, Brücken zum allgemeindidaktischen Denken zu bauen.

---

119 Vgl. II.2.3.2, S. 206–212.
120 Debot-Sevrin, M.-R.: An Attempt in Experimental Teaching; in: A. Godin (Hg.): From Cry to Word; Brüssel 1968, 135–158.
121 Büttner, G.: »Experimental Teaching« zur Christologie; in: Fischer/ Elsenbast/ Schöll (Hgg.): RU erforschen. Beiträge zur empirischen Erkundung von religionsunterrichtlicher Praxis; Münster 2003, 172.
122 Vgl. Schweitzer 2003.

Elementarisierung – so seine These – eignet sich grundsätzlich für die Vorbereitung von schulischem Unterricht. Dabei setzen die Fragen nach elementarem Anfang und elementarer Wahrheit Akzente, die über W. Klafki hinausgehen und für andere Fachdidaktiken neue herausfordernde Dimensionen eröffnen.
Die Suchperspektive der elementaren Anfänge verstärkt den Schülerbezug, indem seine entwicklungspsychologischen Voraussetzungen in den einzelnen Altersstufen stärker erforscht und dann in der Unterrichtsvorbereitung mit bedacht werden. Zunehmend beschränkt sich Nipkow nicht auf die elementaren Anfänge in Kindheit und Jugend, sondern bezieht verschiedene Stadien des Erwachsenenlebens mit ein. Die biographische Dimension mit den verschiedenen Aspekten eines (religiösen) Lebenslaufes wird zu einem Spezifikum seines bildungstheoretischen Modells.[123]
Der Aspekt der elementaren Wahrheit macht klar, dass Unterricht eben nicht einen bis ins Letzte planbaren Vermittlungsprozess darstellt, sondern vielmehr die Aneignung durch die einzelnen Schülerinnen und Schüler selbst der entscheidende Schritt im Lernprozess ist. Das gewiss machende Wahre kann jeder nur für sich selbst im Gespräch erfassen und annehmen.

Die alles entscheidende Präposition lautet: *zwischen*.
Zwischen Inhalt und Person, *zwischen* den elementaren Fragen nach Wahrheit, Erfahrung, Struktur und Anfang ereignet sich bedeutsames, sinnstiftendes Lernen. Auch innerhalb der einzelnen Fragerichtungen zeigt sich die Bedeutung des hin und herpendelnden *Zwischen*.[124] Wahrheit ist einerseits ein Anspruch, der sich aus dem Inhalt ergibt, andererseits die Gewissheitserfahrung einer bestimmten Person.

»Was als wahr und tragfähig einleuchtet oder auch nicht, gehört in das ›Zwischen‹, zwischen Sache (Wahrheitsanspruch) und Person (Wahrheitserfahrung), also auf beide Seiten.«[125]

123 Vgl. dazu auch die ausführliche Darstellung dieses Aspektes in: Nipkow, K. E.: Bildung als Lebensbegleitung und Erneuerung. Kirchliche Bildungsverantwortung in Gemeinde, Schule und Gesellschaft; Gütersloh 1990.
124 Vgl. hierzu die Ausführungen auf S. 162.
Für Bubers dialogisches Prinzip ist der Begegnungsraum zwischen Ich und Du von entscheidender Bedeutung. Lebendige Beziehung lebt in diesem Zwischenraum.
»Das Gefühl Jesu zum Besessenen ist ein anderes als das Gefühl zum Lieblingsjünger, aber die Liebe ist eine. Gefühle werden ›gehabt‹; die Liebe geschieht. Gefühle wohnen im Menschen; aber der Mensch wohnt in seiner Liebe. Das ist keine Metapher, sondern die Wirklichkeit: die Liebe haftet dem Ich nicht an, so dass sie das Du nur zum ›Inhalt‹, zum Gegenstand hätte; sie ist zwischen Ich und Du.«
(Buber, M.: Ich und Du; Stuttgart 1995, 15)
Das Zwischen ist in der objektiven Welt der ICH-ES-Beziehungen ohne Belang, aber in der Beziehung stiftenden ICH-DU-Beziehung der alles ermöglichende – wenn auch schwer zu fassende – Raum der Begegnung. In der Sphäre des Zwischen,

Weder allein deduktiv von der Fachwissenschaft[126] noch allein induktiv von den Schülerinnen und Schülern ausgehend, ist elementarisierender Unterricht möglich, sondern nur in der einfühlsamen und kreativen Suchbewegung zwischen diesen Teilaspekten von Unterricht.
Rückblickend bilanziert Nipkow:

»Das mehrdimensionale Konzept versucht der ... polaren Grundspannung von Person und Sache durch zwei eigentümliche Verschränkungen besonders gerecht zu werden. Um ›Erfahrung‹ und ›Wahrheit‹ geht es an zwei Stellen. Erfahrungen beziehen sich nicht nur auf die der Schüler, sondern auch auf jene, die jeweils den biblischen Texten, religiösen Ritualen, theologischen Lehraussagen, ästhetischen religiösen Ausdrucksformen, Handlungsformen, Lebensformen usw. zugrunde liegen. Umgekehrt wird die Frage nach der Wahrheitserfahrung nicht nur auf Seite der religiösen Tradition akut (mit der Gefahr des objektivistischen Missverständnisses), sondern auch auf der Seite der Schüler (und Lehrer) als Subjekten (mit der komplementären Gefahr subjektivistischer Beliebigkeit). Somit ist der Ansatz insgesamt betont prozessorientiert, insofern er die Zeiten – zwischen Gegenwart, Vergangenheit und wieder Gegenwart oszillierend – verschränkt und hierbei der von außen angehende Wahrheitsanspruch innen, das Herz überführend, erfahren werden muss.«[127]

Die polare Grundstruktur zwischen Sache (Inhalt/ Objekt/ Bibel/ Theologie/ Glaube) und Person (Subjekt/ Problem, Erfahrung/ Alltag) bestimmt viele religionsdidaktische Ansätze.
Hans Stock verstand Elementarisierung noch stark auf die theologischen Inhalte bezogen (d.h. als Elementartheologie). Wichtig war die aus der sachorientierten Elementarisierung resultierende, begründete Auswahl der theologischen Inhalte. Karl Ernst Nipkow geht in seinem Elementarisierungsmodell darüber hinaus und ergänzt die sachbezogene durch eine subjektbezogene Elementarisierung. Anthropologische (elementare

die Buber erst in späteren Schriften als eine eigene Kategorie einführt, werden Individuen zu Personen, Kollektive zu Gemeinschaften.
125 Schweitzer (u.a.) 1995, 27.
126 C. Albrecht betont die Eigenständigkeit als Basis für die Praktische Theologie insgesamt. Sie ist mehr ist als Anwendungswissenschaft für die Ergebnisse der Philosophischen (z.B. Systematik) und Historischen Theologie (z.B. Exegese): *»Praktische Theologie ist nicht mehr einfach der anwendungsorientierte Teil der Theologie. Ihre Aufgabe ist nicht mehr einfach die Anwendung des in anderen theologischen Disziplinen Erarbeiteten, ihre Funktion ist nicht mehr einfach die Sichtung biblisch-theologische, historisch-theologischer und systematisch-theologischer Einsichten mit dem Ziel, überflüssigen Ballast hinauszuwerfen, um dann das Allernotwendigste zu didaktisieren, zu operationalisieren und zu elementarisieren«* (Albrecht 2003, 106).
127 Nipkow, K. E.: Art. Elementarisierung; in: Neues Handbuch religionspädagogischer Grundbegriffe; München 2002, 453.

Erfahrungen) und entwicklungspsychologische (elementare Anfänge) Fragestellungen kommen hinzu und bringen die subjektive Seite des Lernprozesses zum Tragen. Damit gewinnt sein religionsdidaktisches Modell überzeugend mehr Ausgeglichenheit zwischen Sache und Person.

Dieses Modell der Elementarisierung lässt sich gut auf die konkrete Unterrichtsplanung anwenden. Ein vor kurzem erschienenes Studien- und Arbeitsbuch belegt dies eindrücklich am Beispiel der Gleichnisse Jesu. Zum Ort der Elementarisierung zwischen Sache und Person halten die Autoren für die Behandlung der Gleichnisse Jesu im Unterricht fest:

»*Elementarisierung bedeutet nicht, einen Stoff von ›nicht so wichtigen‹ Einzelheiten zu entlasten. Elementarisierung muss vielmehr als Prozess verstanden werden, in dem verschiedene Aspekte ineinander greifen. Dabei gibt es stärker an der ›Sache‹ orientierte (elementare Struktur) und stärker auf die Schülerinnen und Schüler bezogene Aspekte (elementare Zugänge) und solche, in denen beide Seiten miteinander verknüpft werden (elementare Erfahrungen und elementare Wahrheiten). Diese verschiedenen Aspekte sind in einem Prozess aufeinander zu beziehen – und eben dies meint Elementarisierung.*«[128]

Allerdings bleibt im Blick auf die Sachseite mit Henning Luther kritisch zu fragen:

»*Die Logik der Elementarisierung von Inhalten impliziert ein zentrierendes und hierarchisierendes Vernunftkonzept, das Besonderes einem Allgemeinen zu- und unterordnet. Diese Vernunftvorstellung ist zumindest nicht mehr unumstritten. Geht man von einem nichtharmonistischen Bildungsverständnis aus, das an der Wahrnehmung des Nicht-Identischen und Fragmentarischen ausgerichtet ist, dürften elementarisierende Ordnungsmodelle didaktisch nur einen begrenzten Wert haben.*«[129]

Dennoch: Nipkow gelang es mit den vier Fragerichtungen seines Elementarisierungsmodells, das religionspädagogische Denken im Allgemeinen und die Vorbereitung des Religionsunterrichts im Besonderen wieder stärker in den Horizont der Didaktik zu stehen.

128 Müller/Büttner/Heiligenthal/Thierfelder: Die Gleichnisse Jesu; Stuttgart 2002, 99.
129 Luther, H.: Sache oder Subjekt?; in: Pädagogik 3/1989, 56.

2.2.4 Das Konzept der Symboldidaktik:
Peter Biehl (1931–2006)
»Das Elementare in Symbolen und Ritualen entdecken«

Das Konzept der Symboldidaktik ist seit etwa 1980 maßgeblich von zwei Religionspädagogen geprägt worden: Hubertus Halbfas und Peter Biehl. Im Wahrnehmen und Erfahren von Symbolen und Ritualen wollen sie den Religionsunterricht für ästhetische und emotionale Kategorien öffnen.

Halbfas' Symboldidaktik basiert auf einer archetypischen Hermeneutik. Religion ist für ihn ein Apriori menschlicher Existenz, die religiöse Frage eine grundlegend menschliche. Dieses ontologische Verständnis von Religion behauptet, dass der Weg des Menschen zu Gott dem Weg des Menschen zu sich selbst entspreche. Die Erschließung religiöser Symbole öffnet das Bewusstsein für die Tiefendimension hinter der vordergründigen Wirklichkeit. Es gilt, »das dritte Auge« (neu) zu entdecken.

»Entscheidend ist nicht die rationale Auseinandersetzung, sondern ein emotionaler Bezug, die Entwicklung einer Intuition für das Symbol, oder – symbolisch gesagt – das dritte Auge.«[130]

Im Mittelpunkt des Religionsunterrichts steht das Erleben, nicht die Reflexion. Damit setzt sich Halbfas stark vom problemorientierten Konzept des Religionsunterrichts ab, in dem das Diskutieren, die Forderung einer denkenden Vermittlung von Glauben bestimmend ist. Die Symboldidaktik dagegen versucht, religiöse Erfahrung zu inszenieren. Die methodische Umsetzung im Unterricht ist vom jeweiligen Symbol abhängig. Zentral jedoch ist, dass die Lehrperson selbst »ein drittes Auge« hat und aus persönlicher Betroffenheit heraus die Begegnung mit dem Symbol gestaltet (z.B. das Labyrinth).

Deutlich anders ausgerichtet ist der symboldidaktische Ansatz bei Peter Biehl. »Symbole geben zu lernen«, so der Obertitel seiner symboldidaktischen Werke. Das Nachdenken über elementare Symbole soll den Zugang zu fundamentalen Sachverhalten des Glaubens eröffnen. In einem Dreischritt von lebensweltlichen über religiöse und bis hin zu christlichen Symbolen soll den Schülern eine Brücke gebaut werden zwischen ihrer Lebenswirklichkeit und dem Verstehen der biblischen Symbolwelt. Die kritische Symbolkunde Biehls versteht Symbole nicht

---

130 Halbfas, H.: Das dritte Auge. Religionsdidaktische Anstöße; Düsseldorf [7]1997 (1982), 128. Im konstruktiven Teil meiner Arbeit greife ich einige dieser Anstöße auf, um die Interdependenz von Unterrichts- und Schulkultur aufzuzeigen (S. 242ff.).

als ontologische Gegebenheiten, sondern in ihrem gesellschaftlich-historischen Gewordensein.

»Symbolverstehen vollzieht sich in der Dialektik von Sinnvorgabe und kritischer Reflexion, Engagement und Distanz; es verbindet also den ganzheitlichen Zugang mit der kritischen Distanz.«[131]

Wie für Halbfas gilt auch für Biehl der Vorrang des Subjekts und seiner Erfahrungen. Die Schülererfahrungen werden aktiviert und auf die Tradition zurückbezogen. In der unterrichtlichen Umsetzung werden ästhetisch-kreative Zugangsformen bevorzugt.
Spielt die Symboldidaktik im heutigen Religionsunterricht noch eine Rolle? Ich meine, ja! Denn anders als in den 60er und 70er Jahren löst nicht mehr ein religionsdidaktisches Modell wie im Pendelschlag ein anderes ab, sondern symboldidaktische Ansätze bleiben in den kultur-ästhetisch orientierten Zugängen bis heute (z.B. religiöse Elemente in Film und Werbung) durchaus wirksam.

»Die Frage nach dem Ende der Symboldidaktik ist zwar schon gestellt worden, aber verabschiedet und ad acta gelegt sind die symboldidaktischen Ansätze keineswegs. Es wird z.B. diskutiert, in welchen Schulen die Symboldidaktik eingesetzt werden kann, ob sie auch für berufliche Schulen und Sonderschulen geeignet sei. Eine Weiterentwicklung erfolgt z.B. im Bereich der Semiotik.«[132]

Welche Impulse verleiht der symboldidaktische Ansatz Biehls dem religionsdidaktischen Modell der Elementarisierung?

Peter Biehl ist ein Religionspädagoge, der stark von der Systematischen Theologie her denkt. Deshalb gilt er auch als »der Systematiker unter den Religionspädagogen«[133]. Wie sollte sinnvollerweise eine Aufgabenteilung zwischen den einzelnen theologischen Teildisziplinen im Gesamtfeld der Theologie aussehen? Was kann und soll die Systematik an grundlegender Vorarbeit leisten, weil sie nicht unter dem unmittelbaren Handlungsdruck steht? Und was bleibt die von der Praktischen Theologie im Allgemeinen und der Religionspädagogik im Besonderen zu leistende Aufgabe? Theologie muss sich nach Biehl »im Kontext von Lebensgeschichte und Zeitgeschehen«[134] darstellen. Das wird gerade im Religionsunterricht deutlich. Zugleich hat aber kein Lehrer die Zeit und

---

131 Biehl, P.: Symbole geben zu lernen – Einführung in die Symboldidaktik; Neukirchen-Vluyn ²1991 (1989), 166.
132 Edelbrock, A.: Symboldidaktik am Beispiel von Hubertus Halbfas und Peter Biehl; in: JRP 18 (2002), 75.
133 Wegenast, K.: Rez. zu »Festsymbole« (1999); in: ZPT 2/2000, 227.
134 Biehl, P.: Theologie im Kontext von Lebensgeschichte und Zeitgeschehen; in: Theologia Practica 20 (1985) Heft 2, 155–170.

2. Elementarisierungsansätze in der Religionsdidaktik nach 1945

Kraft, sich bis in die Tiefen der theologischen Teildisziplinen einzuarbeiten. Daraus erwächst die Forderung nach einer Didaktisierung der Theologie, einer Elementartheologie, die am besten im Zusammenwirken von systematischer und praktischer Theologie zu formulieren ist. Die Aufgabe des Systematikers ist es, eine inhaltliche Absicherung die christliche Identität zu gewährleisten, die Aufgabe des Pfarrers oder Religionspädagogen dagegen muss sein, Verbindungen zwischen der Botschaft und der aktuellen Lebenswirklichkeit herzustellen und damit die Relevanz zu unterstreichen. Biehl referiert drei Ansätze, wie man zu einer so verstandenen Elementartheologie gelangen kann.

Der erste Weg ist deduktiv. In wissenschaftstheoretischer Reflexion werden Prolegomena zu einer Elementartheologie entwickelt. Die wichtigsten Inhalte und Aussagen der einzelnen Fachbereiche werden kommuniziert, zu einem in sich stringenten Ganzen zusammengeflochten und schließlich in eine Alltagssprache gegossen, die eine Vermittlung der Inhalte erleichtert, vielleicht sogar erst ermöglicht. So ist etwa Hans Stock mit seinem Team im Forschungsprojekt des Comenius-Instituts (vgl. II. 2. 2. 2) vorgegangen. Dieser Weg hat gewiss den Vorteil, der christlichen Identität in hohem Maße gerecht zu werden, impliziert aber weltfremde Abstraktheit.

Deshalb ist der zweite Weg induktiv. Ausgangspunkt ist die Vermittlungssituation der christlichen Botschaft. Wie gelingt es in je konkreten Bezügen von Lebensgeschichte und Zeitgeschehen, den Glauben befreiend ins Gespräch zu bringen? Dank des Einsatzes »vereinfachter« theologischer Erkenntnisse und Inhalte hofft man, schrittweise eine Elementartheologie entwickeln zu können. Hier steht die Relevanz in Bezug auf die aktuelle Lebenssituation im Vordergrund.

Einen dritten Weg beschreitet Karl Ernst Nipkow, indem er zwischen theologischen (elementare Strukturen und Erfahrungen) und lebensweltlichen (elementare Anfänge und Erfahrungen) Dimensionen vermittelt, um in einer Pendelbewegung zu elementaren Wahrheiten zu gelangen, die sowohl theologisch abgesichert sind als auch den Einzelnen in seiner Existenz betreffen. (vgl. II. 2. 2. 3)

Das Elementare weist auf allen drei Wegen zwei Aspekte auf. Es ist einerseits didaktisch zu verstehen: Was ist für Menschen in bestimmten Lebenssituationen bedeutsam? Es ist andererseits fundamentaltheologisch zu verstehen: Was ist bei allem theologischen Scharfsinn in den Details – auch in der Praktischen Theologie selbst – das verbindend Gemeinsame, das im Mittelpunkt bleiben sollte? Und: Was bleibt bei allem Bemühen um Relevanz in der heutigen Lebenswelt an der christlichen Botschaft unverzichtbar, auch wenn es in den Ohren vieler Zeitgenossen fremd und »kantig« klingen mag?

Daraus ergibt sich für die Frage nach der Elementartheologie für Biehl folgende Konsequenz:

»Der Begriff der Elementartheologie bezieht sich auf die eingangs erwähnte Identitäts- und Relevanzkrise der Theologie. In diesem Zusammenhang bezeichnet er einen doppelten Sachverhalt: Einmal geht es um den Prozess der Konzentration des komplex Christlichen auf das Einfache und Konstituierende, alles einzelne Begründende, zum anderen zielt Elementartheologie auf das ständige Bemühen um Konkretion, auf die Bewährung des ursprünglich Christlichen an den Lebenserfahrungen der Zeitgenossen vor Ort. Elementar wird die Theologie angesichts der Identitäts- und Relevanzkrise durch eine doppelte, spannungsvoll aufeinander bezogene Bewegung: (1) Sie gewinnt ihre Identität, indem sie sich selbst durch den Rückbezug auf das vergewissert, was sie als Denken des Glaubens konstituiert, das Evangelium. (2) Sie kommt zur Relevanz, indem sie sich entäußert in die gesellschaftlichen Zusammenhänge, in den Kontext von Lebens- und Zeitgeschehen, indem sie ihre Wahrheit im Dialog aufs Spiel setzt, verwechselbar wird, und so ihre Wahrheit bewährt und neu gewinnt.«[135]

Diese Doppelbewegung zwischen Identität und Relevanz ist entscheidend. Für viele Religionslehrerinnen und -lehrer wäre es deshalb wichtig, wenn sich ab und an Freiräume schaffen ließen, in denen der unmittelbare Handlungsdruck zurückgenommen ist, so dass in einzelnen Unterrichtsstunden eine identitätsvergewissernde Beschäftigung mit Fragen des Glaubens möglich wird.

Biehl nennt – ohne eine systematische Entfaltung anzustreben – drei Anforderungen[136], die an eine Elementartheologie zu stellen sind: Sie untersucht die gelebte Religiosität auf elementare Phänomene hin (z.B. das »heilige Essen«), sie befragt die biblischen Texte auf ihren Erfahrungshintergrund, so dass der Erfahrungshintergrund der Texte und die religiöse Erfahrung des Rezipienten zu neuen Erfahrungen verschmelzen können, und sie bezieht sich auf psychische und soziale Vorgänge, die durch religiöse Symbole und Rituale ausgelöst werden.

Biehl selbst setzt diese elementartheologische Forderung am Beispiel des Gebets überzeugend um. Ausgangspunkt für seine Gedanken zum Gebet im RU der Sekundarstufe I ist die These von Gerhard Ebeling, dass sich im Gebet – wie in einem Brennglas – alle Linien christlicher Lehre und christlichen Lebens vereinen[137]. Die Konsequenz ist für Ebeling die Forderung nach einem erfahrungsbezogenen Ansatz der Theologie.

---

135 Biehl 1985, 164.
136 Ebd., 165–169.
137 Vgl. Ebeling, G.: Dogmatik des christlichen Glaubens – Bd. 1; Tübingen 1979, 192ff. (§ 9 – Das Gebet).

»Das Gebet als Ort des Erfahrungsumgangs mit Gott eröffnet einen hermeneutisch sachgemäßen Zugang zum Gottesverständnis; die Gotteslehre reflektiert auf die Sachgemäßheit der Gotteserkenntnis, die sich im praktischen Vollzug erschließt (Primat der Praxis vor der Dogmatik). Soll dem Wort ›Gott‹ Universalität und Allgemeingültigkeit zukommen, dann muss sich das Gebet – als Ort seiner praktischen Bewahrheitung – auf Erfahrungen beziehen, die prinzipiell jeder Mensch machen könnte.«[138]

Dabei ist das oft unergiebige Streitgespräch über Gott, inwiefern er existiere und inwieweit sich das »be«-weisen (besser: »er«-weisen) lasse, überwindbar. Statt eines rechthaberischen Redens über Gott kommt man im Gebet zu einem erfahrungsoffenen Reden zu Gott. Dieses Reden ist ein Wagnis und soll im Unterricht gewiss nicht verordnet werden. Aber der RU kann Erfahrungsangebote machen, die Schülerinnen und Schülern einen unmittelbaren Zugang zur elementaren Fragen des christlichen Gottesverständnisses eröffnen.

Biehl greift diese These auf, indem er das Gebet systematisch in seiner trinitarischen Struktur hervorhebt, um es in einem zweiten Schritt religionsdidaktisch für den Unterricht als Hilfe zur Erschließung des Gottesverständnisses zu nutzen.[139]

Ebeling dagegen versteht das Gebet vorrangig christologisch. Es ist ein Dialog zwischen dem einzelnen Christen und seinem Herrn, Jesus Christus. Die Gefahr besteht darin, dass die gesellschaftliche Dimension ausgeblendet wird, auch wenn Ebeling ergänzend zum »Beten mit Jesus« vom »Beten im Geist und Namen Jesu« spricht. Was unter einem trinitarischen Gebet zu verstehen ist, macht Biehl an Jesu Verlassenheitsschrei am Kreuz deutlich: *»Mein Gott, mein Gott, warum hast du mich verlassen?«* (Mk. 15,34)

»Gott schreit nach Gott. Der im Geist Betende entdeckt, dass er in die Beziehung zwischen Gott und Gott mit einbezogen ist. Er macht die Erfahrung, dass seine Gebetssituation von einem Geschehen umgriffen ist, in der Gott als Schöpfer und Versöhner bereits wirksam ist. Er ist nämlich einbezogen in die schöpferische Ermöglichung des Lebens und die durch Jesus Christus eröffnete neue kommunikative Lebenspraxis. Umso schmerzhafter empfindet er den Widerspruch zwischen der schon geschehenen Versöhnung und der Entfremdung in der konkreten Situation, er klagt die eschatologische Erfüllung ein und entwirft immer neue Bilder christlicher Hoffnung. Der Geist macht das Gebet zum Vater durch

---

138 Ebd., 200.
139 Biehl, P.: Erschließung des Gottesverständnisses durch elementare Formen des Gebets; in: EvErz 36 (1984), 168–188.

den Sohn als ein Gebet möglich. Es vollzieht sich in einem Prozess, in dem das dreifach unterschiedene, aber eine ›Ereignis Gottes‹ als Liebe wirksam wird.
Das Durchdenken der Gebetssituation bringt das Symbol der ›Dreieinigkeit‹ in den Blick. Es kann die theistische Vorstellung des einen persönlichen Gottes, die zu einem unsachgemäßen Streit um das Gebetsverständnis in der RP geführt hat, überwinden helfen.«[140]

Das Gebet Jesu am Kreuz öffnet den Schülerinnen und Schülern die Augen für ein trinitarisches Gottesverständnis. Gebet ist mehr als ein individualisierter Dialog mit dem himmlischen Vater. Es bezieht die anderen mit ein. Jesus macht das in dem Gebet, das er seine Jünger lehrt, deutlich: »Unser Vater im Himmel ...« Ein trinitarisches Gebetsverständnis will die Weltverantwortung der Christen mit im Blick haben. Deshalb muss für eine recht verstandene christliche Gebetsschule gelten: Gebet soll weder zum Rückzug in eine meditative Innerlichkeit führen, noch zur magisch verstandenen Absicherung des eigenen Lebensglücks verengt werden. Vielmehr ist das Leiden der Welt der Barmherzigkeit Gottes anzuvertrauen.

In einer späteren Neuauflage seines Artikels[141] hat Biehl noch ein Kapitel zur psychologischen Sicht des Gebets eingefügt. Darin wird die große Bedeutung der frühkindlichen Entwicklung für das Gebetsverständnis deutlich. Egal ob ein kognitiv orientierter Ansatz mit einer rollentheoretischen Erklärung des Gebets oder aber ein psychoanalytischer Ansatz, in dem das Gebet die Funktion eines Übergangsobjekts einnimmt und dem Kind hilft, sich von der Mutter zu lösen, in jedem Fall geht das Gebet dem Aufbau des Gottesverständnisses voraus. Ebelings These vom Gebet als hermeneutischem Schlüssel zur Lehre von Gott findet hier eine Bestätigung aufgrund psychologischer Studien.

Was heißt das für eine systematisch angelegte Hinführung zum Beten, »eine Gebetsschule« (Romano Guardini) im Religionsunterricht der Sekundarstufe I?
Phänomenologisch lassen sich in vielen Gebeten drei Strukturelemente nachweisen:
- erinnern und reflektieren (z.B. Kindergebete)
- einholen (Gottes in das Leben) und zueignen (z.B. die Frage nach Gott in der eigenen Lebensgeschichte unter der Perspektive noch nicht eingelöster Versprechungen)
- hoffen und handeln (z.B. Beten als Hilfe zum Tun)[142]

---

140 Biehl 1984, 175f.
141 Biehl, P.: Erfahrung, Glaube und Bildung; Münster 1991, 75–100.
142 Biehl 1984, 179–181.

Diese Strukturelemente sind das Muster für die Formulierung eigener Gebete, die entweder jeder nur für sich selbst im Sinn einer Selbstvergewisserung spricht oder die in einem zweiten Schritt in der Klasse kommuniziert und ggf. in einen Schulgottesdienst als authentische Schülergebete eingebracht werden können.

»In der Grundform des christlichen Gebets werden schon in der Anrede die Situation des Beters und die Verheißungen Gottes in eine Beziehung gesetzt. Durch Erinnerung vergewissert sich der Beter dessen, was er von Gott schon erfahren hat, und reflektiert auf seine eigene Situation, die ihm Anlass zur Freude und zum Dank oder zur Klage und Anklage gibt. An die Erinnerung schon erfahrenen Heils knüpft sich die Hoffnung.«[143]

Keine Frage: Wer im RU der Sek. I eine »Gebetsschule« initiieren möchte, steht vor einer großen religionsdidaktischen Herausforderung. Die dabei auftretenden Schwierigkeiten sollten nicht verharmlost oder ignoriert werden. Ich wähle drei der von Peter Biehl genannten Problemfelder aus, die sich auch nach meiner Erfahrung als erschwerend erweisen:

»Ablösung von der Gottesvorstellung der Kindheit, ... Scheu über die eigene Bedürftigkeit zu sprechen, Sprachlosigkeit im Blick auf die eigene (religiöse) Erfahrungen in einem gesellschaftlichen Kontext, in dem die Beweissprache vorherrscht und alles machbar zu sein scheint.«[144]

Gerade hierin liegt aber auch eine Chance für die Suche elementarer Formen des Gebets im RU. Religiöse Bildung braucht die Entwicklung sprachschöpferischer Fähigkeiten, um geistliches Empfinden Ausdruck werden zu lassen. Die Nähe zum Stimmungsbild oder der Erlebnisschilderung des Deutschunterrichts ist deutlich. Da der Ausdruck aber genauso gut gestalterisch in Form eines Bildes, Tanzes, Klangwerkes usw. gesucht werden kann, sind fächerverbindende Aspekte zum Kunst- oder Musikunterricht denkbar. Dies ist in einer stark am »Output« orientierten Bildungspolitik ein unabdingbarer Teil ganzheitlicher Bildung eines heranwachsenden Menschen.

Stilleübungen, Entspannungs- und Konzentratrationsübungen, Fantasiereisen und Meditationsübungen können Wegbereiter zu elementaren Formen des Gebets sein und zugleich elementare Zugänge zum Gottesverständnis schaffen.

»Sprechen wir von elementaren Zugängen, nehmen wir das Elementare als das ›wechselseitig Erschließende‹ in Anspruch. Es sollen ja nicht

---

143 Ebd., 180.
144 Ebd., 182.

nur Zugänge zu dem ursprünglich Christlichen gefunden werden, sondern zugleich die wahren Bedürfnisse junger Menschen aufgedeckt werden.«[145]

Eine Gebetsschule im RU der Sek. I ist ein offener Prozess, da sich das Gebets- und Gottesverständnis im Lauf der Lebensgeschichte wandelt, sowohl bei den Schülerinnen und Schülern als auch bei den Religionslehrerinnen und -lehrern. Dennoch sind die so gefundenen Sprachhandlungen derart elementar, dass viel didaktische Fantasie aufzuwenden sein wird, sie im RU so offen und persönlich wie möglich zu inszenieren. Symboldidaktisch eignet sich das Gebet, weil in ihm religionsübergreifend Rituale eine wichtige Rolle spielen; Gebetsrituale im Christentum sind Hände falten und knien, im Judentum Gebetsschal und –riemen anlegen und im Islam einen Teppich ausbreiten oder eine bestimmte Abfolge von Bewegungsabläufen vollziehen. Ein interreligiöser Vergleich der äußeren Gebetsformen zeigt viele Facetten, die in ihrer inhaltlichen Relevanz auszuleuchten sind, so dass eine Brücke zwischen äußerer und innerer Wirklichkeit gebildet werden kann.

1985 fordert Biehl eine »Theologie im Kontext von Lebensgeschichte und Zeitgeschehen«[146]. Nicht nur die Praktische, sondern auch die Systematische Theologie soll die Relevanz ihrer Erkenntnisse in der gelebten Religiosität beachten. Deshalb ist für das Spannungsfeld von Identität und Kommunizierbarkeit theologischer Rede das Miteinander beider theologischer Teildisziplinen so wesentlich. Im Schwerpunkt sichert die Systematische Theologie – befreit vom belastenden Praxisdruck – die christliche Identität von Glaubensaussagen, während die Praktische Theologie – und darin inbegriffen die Religionspädagogik – auf die allgemeine Verständlichkeit der Glaubensaussagen zu achten hat. Allerdings muss sich die Praktische Theologie am innertheologischen Streit um die Wahrheit beteiligen, will sie nicht zur bloßen Anwendungswissenschaft werden.[147] In der Suche nach Lösungen formuliert Biehl drei Anforderungen an eine elementare Theologie:
- Elementare Theologie untersucht die gelebte Religiosität auf elementare Phänomene hin und arbeitet ihren anthropologischen Sinn heraus (z.B. das Phänomen des »heiligen Essens« – Abendmahl).
- Elementare Theologie befragt biblische Texte auf ihren Erfahrungsgrund und auf ihre Wirkungen hin (wirkungsgeschichtliche und rezeptionsästhetische Reflexion, um einen Brückenschlag zwischen biblischer Zeit und Gegenwart zu erleichtern).

---

145 Biehl 1984, 188.
146 Biehl, P.: Theologie im Kontext von Lebensgeschichte und Zeitgeschehen; in: Theologia Practica 20 (1985), Heft 2, 155–170.
147 Ebd., 157.

- Elementare Theologie bezieht sich auf die psychischen und sozialen Vorgänge, die durch religiöse Symbole und Rituale ausgelöst werden (z.B. der Wandel des Gebetsverständnisses im Laufe des Lebens).[148]

Die Forderung nach einer elementaren Theologie erfordert eine begriffliche Differenzierung: Das Elementare kann eine didaktische oder eine fundamentaltheologische Kategorie sein.[149]
Biehl bilanziert die Elementarisierungsdebatte bis 1985, indem er in der Religionsdidaktik zwei Ansätze einander gegenüberstellt: einen eher deduktiven Ansatz, der fundamentaltheologisch ansetzt und einen induktiv vorgehenden Ansatz, der didaktisch bei der Frage nach der Vermittlung vereinfachter theologischer Erkenntnisse und Inhalte einsetzt.[150] Worum geht es ihm bei seiner Forderung nach einer elementaren Theologie?

»Einmal geht es um den Prozess der Konzentration des komplex Christlichen auf das Einfache, Konstituierende, alles einzelne Begründende; zum anderen zielt Elementartheologie auf das ständige Bemühen um Konkretion, auf die Bewährung des ursprünglich Christlichen an den Lebenserfahrungen der Zeitgenossen vor Ort. Elementar wird die Theologie angesichts der Identitäts- und Relevanzkrise durch eine doppelte, spannungsvoll aufeinander bezogene Bewegung: (1) Sie gewinnt ihre Identität, indem sie sich selbst durch den Rückbezug auf das vergewissert, was sie als Denken des Glaubens konstituiert, das Evangelium. (2) Sie kommt zur Relevanz, indem sie sich entäußert in die gesellschaftlichen Zusammenhänge, in den Kontext von Lebens- und Zeitgeschehen, indem sie ihre Wahrheit im Dialog aufs Spiel setzt, verwechselbar wird, und so ihre Wahrheit bewährt und neu gewinnt.«[151]

Als um 1980 die Symboldidaktik in der Religionspädagogik an Bedeutung gewann, war sie v. a. bei Georg Baudler[152] eng auf die Korrelationsdidaktik bezogen. Die Korrelationsdidaktik sieht eine Entsprechung zwischen existenzieller Frage und theologischer Antwort. Biehl greift diesen Denkansatz auf und verweist auf die elementare Bedeutung von Symbolen im Prozess der Glaubensüberlieferung. Dabei beschreibt er die Vermittlung von Symbolen als doppelte Verstehensbewegung:

---

148 Ebd., 165–169.
149 In der Regel spricht man in der Religionspädagogik, wenn vom Elementaren in didaktischer Sicht die Rede ist, von Elementarisierung. Spricht man dagegen vom Elementaren in fundamentaltheologischer Sicht, hat sich der Begriff der Elementartheologie etabliert.
150 Vgl. Biehl 1985, 163.
151 Ebd., 164.
152 Biehl/Baudler: Erfahrung – Symbol – Glaube; Aachen ²1991 (1980), 88ff.

»*In der ersten Bewegung geht es darum, mit Hilfe anthropologischer Grunderfahrungen, die in den Lebenssymbolen verdichtet sind, elementare Zugänge zu den biblisch-christlichen Glaubenssymbolen zu gewinnen.*«[153]

Glaubensüberlieferung und heutige Lebenssituation werden so zueinander in Beziehung gesetzt, dass Entsprechungen deutlich werden. Paul Tillich vergleicht die theologische Arbeit mit einer Ellipse. Sie hat zwei Brennpunkte:

»*Der eine Brennpunkt stellt die existenzielle Frage dar und der andere die theologische Antwort. Beide stehen im Raum derselben religiösen Grundhaltung, aber sie sind nicht identisch.*«[154]

Diese erste Bewegung illustriert den lebensweltlich orientierten Ausgangspunkt der Symboldidaktik Biehls. So geht es im ersten Band von »Symbole geben zu denken« aus dem Jahr 1989 um allgemein menschliche Symbole wie »Hand, Haus und Weg«. Didaktisch macht Biehl Vorschläge für den Unterricht in der Sekundarstufe I. Gerade für diese Altersstufe sind die Kontrastsymbole »Haus« und »Weg« besonders sprechend, weil sie zwei gleich wichtige Aspekte im Leben Jugendlicher andeuten: den Mut zum Aufbruch, die Entschlossenheit, Neues zu wagen einerseits und die Sehnsucht nach (neuer) Behausung, nach Wärme und Geborgenheit andererseits.
Nehmen wir als Beispiel die »Weg«-Symbolik: In der Werbung ist das Motiv allgegenwärtig. Ein neues Automodell findet trotz widrigster äußerer Umstände sicher den Weg nach Hause. Ein Kreditunternehmen wirbt schon jahrelang damit, den Weg zu vielen Wünschen frei zu machen. Reisen ist heute für viele Familien selbstverständlich. So mag ein Weg heute weniger »ergangen« (»Wie ist es dir ergangen?«), sondern eher »er-fahren« werden, aber es finden sich in der Lebenswelt viele Anknüpfungspunkte, die bewusst gemacht werden können, ehe biblische Bezugspunkte für das Symbol »Weg« gezeigt werden: die Weg-Geschichte Gottes mit seinem Volk durch die Wüste (Exodus), der Weg der Emmaus-Jünger (Lukas 24) u.a.m.
Der Vorteil der ersten Bewegung liegt darin, dass schülerorientierte Zugänge zur biblischen Überlieferung angebahnt werden können. Didaktisch zeigt sich allerdings die Gefahr, dass der Anlauf über die Symbole des Alltags sehr lang ist und sich in einer gewissen Eigendynamik zu verlieren droht. Die befreiende Wirkung der biblischen Symbole kommt zu kurz. Sie bilden lediglich den »frommen Appendix« der Einheit. Deshalb schlägt Biehl eine zweite Verstehensbewegung als Zugang zu Symbolen vor:

---

153 Biehl 1989(b), 188.
154 Tillich, P.: Systematische Theologie – Bd. 2; Stuttgart ³1958, 21.

2. Elementarisierungsansätze in der Religionsdidaktik nach 1945

»Die zweite Verstehensbewegung geht von den christlichen Symbolen und ihrem Verheißungsüberschuss aus. Bei diesem Weg werden die Symbole von vornherein als Alternativ- und Gegensymbole gegenüber einem Leben, das selbstvergessen dahingelebt wird, ins Spiel gebracht. Es soll aufgedeckt werden, dass gesellschaftlich vermittelte ›Ersatz-Transzendenzen‹ (M. Machoveč) den Transzendenzbezug des Lebens faktisch schon besetzt haben. Vermittlung vollzieht sich auf diesem Weg als provozierende Verfremdung oder produktive Unterbrechung alltäglicher Erfahrungen sowie als Streit um Auslegung und Veränderung dieser Wirklichkeit.«[155]

Ein biblisches Symbol wie »Reich Gottes« wirft ein ganz neues Licht auf Fragen der Gesellschaft, des gerechten Umgangs miteinander und diese Begegnung mit dem Fremden entbindet neue Dimensionen. Das Symbol »Reich Gottes« verdeutlicht Schülerinnen und Schülern: Gelingendes Leben ist ein Geschenk und nicht (nur) das Resultat menschlichen Bemühens. Im zweiten Band seiner Symboldidaktik (1993) stellt Biehl konsequenterweise elementare christliche Symbole in den Mittelpunkt des Unterrichtsgeschehens: Brot, Wasser und Kreuz veranschaulichen Abendmahl, Taufe und Passion Jesu. Im dritten Band schließlich (1999) befasst sich Biehl aus symboldidaktischer Sicht mit dem Zentrum des christlichen Glaubens: der Auferstehung.
Die Voraussetzung der doppelten Verstehensbewegung lautet: Es besteht »*eine Entsprechung zwischen Glauben und Leben*«[156]. Didaktisches Ziel der Doppelbewegung im Umgang mit Symbolen ist die Resymbolisierung:

»Die anspruchsvollste didaktische Möglichkeit der Symbolkunde besteht darin, zu Formeln erstarrte christliche Lehrinhalte zu resymbolisieren, also den Weg von den Formeln zum Leben zurückzufinden.«[157]

Symbole sind damit weit mehr als Signale, arbiträre Zeichen, die zwar auf etwas hinweisen, aber eigentlich auf Konvention beruhen und genauso gut durch andere Zeichen ersetzt werden könnten. Symbole sind Zeichen mit Mehrwert, den zu entdecken sich lohnt.
Allerdings grenzt Biehl das Ziel der Resymbolisierung von der Remythologisierung bei Halbfas ab. Im schulischen Kontext bleibt immer eine kritisch reflektierte Distanz zu den Symbolen tragend, während Halbfas stärker anstrebt, den Schülerinnen und Schülern einen emotional meditativen Zugang zu Symbolen zu ermöglichen.
Teil der kritischen Symbolkunde Biehls ist die didaktische Warnung zum sparsamen Einsatz von Symbolen. Symbolkunde ist nicht der Reli-

---

155 Biehl 1989(b), 190f.
156 Ebd., 188.
157 Ebd., 191.

gionsunterricht, sondern nur ein neu zu entdeckender Bestandteil desselben. Der gefühlsmäßige Zugang zur biblischen Überlieferung ersetzt nicht den kritisch reflektierenden, sondern ergänzt ihn.
Im Nachwort bemerkt I. Baldermann, der den symboldidaktischen Ansätzen in der Religionsdidaktik »misstrauisch« gegenüber steht, durchaus anerkennend:

»Aber Peter Biehl hat es immer wieder verstanden, seinen Leser aus der Ecke des verärgerten Widerspruches zu holen und auf Wege mitzunehmen, die zugegebenermaßen zu interessanten Aussichtspunkten führten. Mit solcher Neugier und solchem Misstrauen also lasse ich mich von ihm in die Symboldidaktik einführen. Und dabei finde ich einen Symbolbegriff, der durchaus scharfe Konturen hat, der keineswegs dem Bild das Prae vor dem Wort einräumt, der auch nicht das Dritte Auge braucht, sondern sich auf die Knotenpunkte der Erfahrung konzentriert und auf den Vorgang, in dem sich komplexe Erfahrungen zu einfachen, mitteilbaren Zeichen verdichten. Ich entdecke didaktische Wege, die versprechen, in der Frage der Elementarisierung noch ein Stück weiter voranzukommen.«[158]

Der symboldidaktische Ansatz dient einem elementarisierenden Religionsunterricht, indem er in der Konzentration von komplexen Erfahrungen in einem mehrdeutigen Symbol Glaube elementar veranschaulichen kann. Zugleich können diese elementaren Symbole Anlass sein, aufgrund der Vielfältigkeit der hineinverwobenen Glaubenserfahrungen, miteinander über die verschiedenen Deutungsmöglichkeiten ins Gespräch zu kommen. Das gemeinsame Abwägen unterschiedlicher Verstehensweisen bewirkt beiden am religiösen Gespräch beteiligten Personen, dass die Symbole selbst an persönlicher Bedeutung gewinnen. Inwiefern der Religionsunterricht prägend wirksam werden kann, ist nicht nur eine Frage der Inhalte oder der methodischen Gestaltung, sondern entscheidend abhängig von den am Diskurs beteiligten Personen und deren gegenseitiger Achtung.

»Das Verhältnis von Biographie und Religion sowie das spannungsvolle Verhältnis von religiöser Lebensform und Glaube bedürfen aus religionspädagogischer Sicht dringend der theologischen Reflexion. Das Leben selbst und seine religiöse Dimension, die Lebensgeschichte und die religiöse Lern- und Bildungsgeschichte stehen in einer dialektischen Spannung zum christlichen Glauben. Das Glaubensverständnis wird durch die wechselvollen Erfahrungen der Lebensgeschichte mit be-

---

158 Biehl 1989(b), 253.

2. Elementarisierungsansätze in der Religionsdidaktik nach 1945

stimmt; umgekehrt bereichert der Glaube die religiöse Lerngeschichte eines Menschen.«[159]

Die Lebensgeschichte und die religiösen Erfahrungen des Einzelnen sind für ein substanzielles Gespräch im RU unabdingbar. Ihr Einbezug trägt zu einer Elementartheologie bei, die religiöse Alltags- und Durchschnittserfahrungen berücksichtigt und entsprechenden Anknüpfungspunkten aufmerksam nachspürt. Umgekehrt lassen sich biblische Texte leichter verstehen, wenn sie – so weit das möglich ist – in ihren biografischen Kontext hineingestellt werden und damit in ihrer lebensgeschichtlichen Bedeutung klarer werden.

»Didaktisch gesehen besteht die Aufgabe lebensgeschichtlicher Theologie darin, komplexe theologische Sachverhalte (wie z.B. die Rechtfertigungslehre) in die ursprüngliche Erschließungssituation zurückzuführen, so dass es zu einer ›originalen Begegnung‹ (H. Roth) mit der Sache selbst kommen kann. Die biographischen Komponenten der Erschließungssituation sind von besonderer didaktischer Bedeutung; eine probeweise Identifikation mit der Person, welche die Sache authentisch vertritt, kann nämlich zu einem ganzheitlichen Verständnis beitragen. Im Sinne dieses Grundsatzes der Elementarisierung lassen sich für die Rechtfertigungslehre Erschließungssituationen im Kontext der Verkündigung Jesu (z.B. zu Mt. 20,1–15) und im biographischen Zusammenhang bei Paulus und Luther aufsuchen.«[160]

Die biografische Einbettung theologischer Inhalte lässt die Intentionen bestimmter Aussagen klarer hervortreten und schafft zugleich Anknüpfungspunkte zur eigenen Lebensgeschichte. Insofern ist der biografische Ansatz hermeneutisch sinnvoll, weil er das Verstehen erleichtert. Zugleich setzt er schöpferische Kräfte frei, die Glaubenstradition in die eigene Lebensgeschichte zu transferieren. In diesem Wechselspiel von biblischer Glaubenstradition und heutiger Lebenssituation ist eine *»Überbietung und Intensivierung der Alltagerfahrungen«*[161] erzielbar. Aber es genügt nicht, nur die historische Person in ihrer Lebensgeschichte in das Licht des Bewusstseins zu heben. Die Lehrperson selbst mit ihrem Habitus ist für die Glaubwürdigkeit des Gesprächs über religiöse Symbole entscheidend. Das wird für Biehl an einer kleinen qualitativen Untersuchung zur religiösen Biografie von Religionslehrerinnen und -lehrern deutlich, die er für seinen Artikel auswertet.

---

159 Biehl, P.: Der biographische Ansatz in der Religionspädagogik; in: ders.: Erfahrung, Glaube und Bildung; Münster 1991, 224.
160 Biehl 1991, 227.
161 Ebd., 229.

»*Evangelische Theologie und emanzipatorische Pädagogik stimmen nämlich in der Kritik des Vorbildlernens überein, während die Protokolle zeigen, dass sich religiöses Lernen faktisch durch Imitation und Identifikation vollzieht, ob das die Theorie bejaht oder kritisiert. Es ist daher erforderlich, diesen Sachverhalt in die religionspädagogische Reflexion einzubeziehen, damit erörtert werden kann, ob das, was über Imitation und Identifikation gelernt wird, den Übergang zu einem selbstverantwortlichen Leben ermöglicht. Nachdem es in der säkularisierten Gesellschaft keine heiligen Orte, Zeiten oder Gegenstände mehr gibt, sind es vor allem Personen (Lehrer, Pfarrer, Gruppenmitglieder), die als Symbole Religion glaubhaft verkörpern.*«[162]

Im dritten Band seiner Symboldidaktik (1999) betont Biehl nicht nur die Vorbildfunktion des Religionslehrers für den Prozess der religiösen Bildung, sondern auch die Rolle der Lehrperson in der Inszenierung von Lernprozessen im Umfeld lebensweltlicher, religiöser und christlicher Symbole. Er vergleicht sie mit der des Regisseurs. Die Unterrichtsvorbereitung ist unerlässlich und entspricht dem Drehbuch. Aber in der Aufnahme sind die Schülerinnen und Schüler aktiv ihre Rolle Ausgestaltende. Die Lehrperson lässt sich als Mitspielerin bzw. Mitspieler auf den Prozess ein. Planung und Offenheit, beides bestimmt den Unterricht. Da Symbole ein komplexes Bedeutungsumfeld haben, kann in einer gemeinsamen Suchbewegung das situativ besonders relevante Element sich herausbilden, ohne dass der Deuteprozess in subjektivistischer Beliebigkeit zerfließen sollte. Deshalb sind die Rückbindung an das Drehbuch und die kritische Begrenzung der Deutefülle ein wichtiges kognitives Gegengewicht dieses Prozesses.

»*Ein guter Regisseur wird daran erkennbar, dass er spielerische Freiheit und experimentelles Verhalten fördert und doch die ›paradoxe Notwendigkeit‹ (Oelkers) von Regieanweisungen die thematische Kontinuität der Aufführung aufrechterhält. An der Choreographie wird auch sein persönlicher Stil erkennbar. Da die Inszenierung symboldidaktischer Lernprozesse, bei denen der Weg wichtiger ist als das Ergebnis, von den Improvisationen der Mitspieler abhängig ist, ist die Vorbereitung selbst bei Routine ein kreativer Akt und selbst Fiktion.*«[163]

Man erkennt, wie hoch der Anspruch in dieser Form von Unterricht ist und wie sehr sich eine Lehrerin oder ein Lehrer als Person in die Inszenierung hineingeben muss. So aber eröffnet sich in der Begegnung mit authentischen Erwachsenen für Jugendliche die Chance, mit Hilfe von Symbolen Brücken zwischen Alltagserfahrungen und den religiösen Erfahrungsangeboten der Lehrperson zu bauen.

162 Ebd., 245.
163 Biehl, P.: Festsymbole; Neukirchen-Vluyn 1999, 115.

2. Elementarisierungsansätze in der Religionsdidaktik nach 1945

Für die Unterrichtsplanung selbst baut Biehl auf das Perspektivschema zur Unterrichtsplanung von Klafki.[164] Am Beispiel des Symbols »Wasser« führt Biehl besonders die ersten beiden (der vier) Komplexe aus: den Begründungszusammenhang und die thematische Strukturierung. Zu fragen, welche Bedeutung ein Symbol im Leben eines Jugendlichen habe, zukünftig haben könnte und inwiefern es exemplarisch für anderes stehe, betont die Subjektebene des Lernprozesses.

»Das Exemplarische erscheint im Bereich der Symbolkunde als das Repräsentative, als symbolische Verdichtung konkreter Wahrnehmungen und Erfahrungen, und zwar im Blick auf elementare Erfahrungen des Glaubens als auch im Blick auf Wahrnehmungen und Erfahrungen der Zeitgenossen in ihrer Lebenswelt.
Das Symbol Wasser ist repräsentativ für die Art von Symbolen, die aus Phänomenen der Natur gewonnen werden, wie Luft, Licht, Erde. Ambivalenz und Vielgestaltigkeit religiöser Symbole lässt sich exemplarisch am Symbol des Wassers erarbeiten. Das Symbol ist repräsentativ für biblische Erfahrungszusammenhänge wie Schöpfung und Exodus (Durchzug durch das Meer). Angesichts gegenwärtiger Bedrohung wird es wieder zum Symbol des Lebens, es schließt Tod, Wiedergeburt und Verwandlung ein.«[165]

Neben der subjektiven Frage nach der Bedeutung des Symbols in der Lebenswelt des Jugendlichen ist das zweite Aufgabenfeld des Lehrers, nach der thematischen Struktur und der Überprüfbarkeit eines Symbols zu fragen. Dieser Komplex stellt in der Unterrichtsplanung die Objektebene in den Vordergrund. Die Komplexität eines Symbols legt es dabei nahe, genauer zu bestimmen, unter welcher Perspektive ein Symbol zu erschließen ist. Das Ergebnis eines Unterrichtsprozesses zu validieren, ist allerdings in der Symboldidaktik besonders schwierig, da es sich um ästhetische Produkte handelt, die am Ende eines Lernprozesses stehen.

Wie kann man sich die Elementarisierung von Symbolen denken? Biehl fasst sie – in Anlehnung an die vier Dimensionen Nipkows – in einer anschaulichen Grafik[166] zusammen:

---

[164] Klafki, W.: Neue Studien zur Bildungstheorie und Didaktik; Weinheim/Basel 1985, bes. 272.
[165] Biehl 1999, 118f.
[166] leicht modifiziert übernommen aus: Ebd., 122.

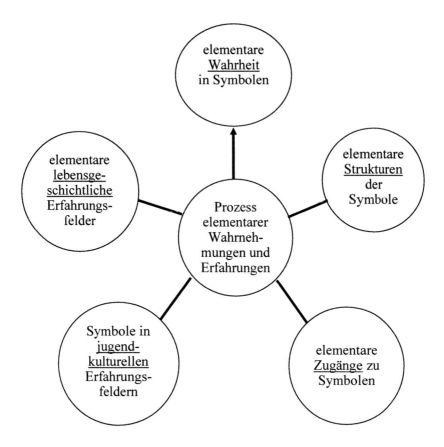

Die elementaren Erfahrungen der Schülerinnen und Schüler werden differenziert in lebensgeschichtliche und jugendkulturelle, also eher individuell geprägte oder durch gesellschaftliche Trends vorgegebene Erfahrungsfelder.
Die Struktur (biblischer) Symbole bzw. Symbolgeschichten ist in ihrer Komplexität auf Zugangsmöglichkeiten zu befragen und entsprechend in den Unterrichtsprozess einzubringen.

Mittels der elementaren Zugänge fragt die Lehrkraft schließlich nach den entwicklungspsychologischen Verstehensvoraussetzungen der Kinder und Jugendlichen. Diese Voraussetzungen zu beachten, bewahrt vor Verfrühung und Überforderung. Im Rückgriff auf James Fowler[167] beschreibt Biehl fünf Stufen des Symbolverständnisses:
– das magisch-numinose Verstehen
– das eindimensional-wörtliche Verstehen

167 Vgl. Darstellung in: Schweitzer [4]1999 (1987), 199–215.

- das mehrdimensional-symbolische Verstehen
- das symbolkritische Verstehen
- und das nachkritische Verstehen

»Es ist eine der Aufgaben der Symbolkunde, das Symbolverständnis so weit zu fördern, dass möglichst die Stufe des kritischen Symbolverständnisses erreicht wird.«[168]

Deshalb stellt Biehl auch Überlegungen zur Anlage eines Curriculums in symboldidaktischer Perspektive an. In welchen Altersstufen bieten sich lebensgeschichtlich und von den Verstehensmöglichkeiten her welche Symbole besonders an? Auch können zentrale christliche Symbole im Sinne eines Spiralcurriculums mehrmals vorkommen, sollten dann aber unter je besonderer Perspektive erarbeitet werden.

Im Zentrum der Elementarisierung steht ein Wechselspiel von Wahrnehmungsschule und (neuen) Erfahrungsangeboten, als dessen Ergebnis sich für Lehrer und Schüler elementare Wahrheiten in Bezug auf ein bestimmtes Symbol herausbilden.

»Elementar ist der Prozess des Wahrnehmens und Erfahrens, in dem sich Subjekt und Symbol wechselseitig erschließen und sich elementare Wahrheit – beide Seiten umfassend – herausprozessiert.«[169]

Eingebettet ist die gemeinsame Suche nach elementaren Wahrheiten mit Hilfe von Symbolen in einen kritischen Bildungsbegriff, wie er – angelehnt an Klafkis kritisch-konstruktive Didaktik – zurzeit die Religionspädagogik prägt. Dieser Bildungsbegriff fordert einen Vorrang der Didaktik vor der Fachwissenschaft. Das heißt für die Elementarisierung, dass im Mittelpunkt des didaktischen Bemühens die Lernenden selbst stehen, nicht eine stringente fachwissenschaftliche Deduktion: Lebens – vor Wissenschaftsorientierung. Dennoch soll die Wissenschaftsorientierung des Lernens nicht aufgegeben werden. Biehl definiert in Anlehnung an Heydorn den kritischen Bildungsbegriff in diesem Spannungsverhältnis:

»Der Bildungsprozess ist unabschließbar, aber gerade nicht ohne Substanz. Bildung als Subjektwerdung des Menschen vollzieht sich über Inhalte oder Anlässe, die inhaltliche Bedeutung haben; denn Erkenntnisvermittlung und glaubhaft gemachte Hoffnung auf Leben machen den Bildungsvorgang aus.«[170]

---

168 Biehl 1989, 160.
169 Biehl 1999, 122f.
170 Biehl, P./ Nipkow, K. E.: Bildung und Bildungspolitik in theologischer Perspektive; Münster 2003, 57.

Peter Biehl greift das Modell der Elementarisierung von Nipkow[171] auf, erweitert aber – wie die folgende Grafik zeigt – die vier Gesichtspunkte um zwei weitere: elementare Zugänge[172] und elementare gesellschaftliche Vermittlungsgestalten[173].

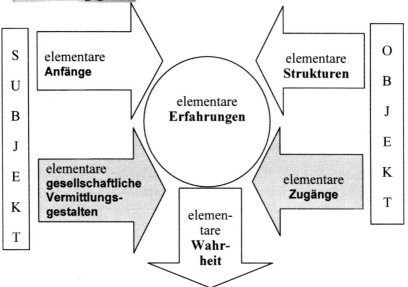

Auf der Subjektseite ergänzt Biehl die individuelle entwicklungspsychologische Frage nach den elementaren Anfängen durch die gesellschaftlich relevante Dimension nach den elementaren gesellschaftlichen Vermittlungsgestalten. Man könnte auch von »Vorbildern aus der Zeitgeschichte« sprechen.

»Für eine elementare Didaktik ist nicht nur die Frage von Bedeutung, welche religiösen Motive und Symbole jeweils in der individuellen Lebensgeschichte wirksam sind; zu fragen ist darüber hinaus, welche Rolle religiöse Motive im Umfeld der Heranwachsenden, etwa in der jugendlichen Subkultur, spielen (z.B. Musikerlebnisse, die mit Gemeinschaftserfahrung verbunden sind). Zur Förderung elementarer Erfahrungen sind zukunftsweisende Vermittlungsgestalten in den Ökologie- Friedens- und Dritte-Welt-Bewegungen besonders produktiv.«[174]

---

171 Vgl. S. 161.
172 Bei P. Biehl sind »elementare Zugänge« didaktisch zu verstehen.
In den neueren Veröffentlichungen von K. E. Nipkow bezeichnen »elementare Zugänge« jedoch die entwicklungspsychologischen Verstehensvoraussetzungen in den verschiedenen Lebensphasen.
173 Biehl/ Nipkow 2003, 74.
174 Ebd.

An den gesellschaftlichen Vermittlungsgestalten wird deutlich, dass biblische Gedanken nicht nur theoretisch interessant sein können, sondern Leben »in echt« verändern. Das hat einen herausfordernden Charakter und kann zu ähnlichem Tun ermutigen.

Auf der Objektseite fragt Biehl – wie schon Klafki – nach der didaktischen Zugänglichkeit bzw. Darstellbarkeit eines Inhalts.

»Dabei handelt es sich nicht um methodische Gags zum Einstieg, sondern um didaktische Leitideen, die den gesamten Lernprozess so strukturieren, dass elementare Erfahrungen bzw. Wahrheiten ermöglicht werden.«[175]

Wie es konkret aussehen könnte, zeigt Biehl sehr eindrücklich an einer 9. Realschulklasse und ihrer Auseinandersetzung mit Passion. Dadurch, dass sie zunächst kreativ einen Schüler-Kreuzweg aus ihrer Lebenswelt erstellen konnten, gewannen sie im zweiten Durchgang überraschend neue Zugänge zur Passionsgeschichte Jesu.[176] Die didaktische Leitidee »Kreuzweg gestalten« half, Erfahrungen der Schüler und biblische Erfahrungen zu verschränken.

Im Zusammenhang der elementaren Strukturen begründet Biehl die besondere Bedeutung der Symboldidaktik im christlichen Überlieferungsprozess doppelt:

»Die christlichen Glaubenssymbole repräsentieren nicht ein Allgemeines, das sich ohne Rest in Begriffe überführen ließe; sie enthalten vielmehr – kraft ihrer Überdeterminiertheit – eine geschichtliche Sinn- und Bedeutungsvielfalt, die zu denken gibt (Ricoeur). ... Symbole verdichten elementare Erfahrungen und Erwartungen des Glaubens (fokussierende Wirkung). Sie verdichten ebenfalls elementare Erfahrungen, die die Zeitgenossen in ihrer Lebenswelt machen. Daher kann gerade anhand der Symbole der notwendige Streit um die Auslegung der Lebenswelt gefördert werden.«[177]

In der grafischen Darstellung des Elementarisierungsmodells nach Biehl ist auffällig, dass die didaktische Suchbewegung links mit den Fragen nach dem Subjekt einsetzt, die Kategorie der elementaren Erfahrungen zentral in der Mitte steht und das Erkennen elementarer Wahrheit eine mögliche Konsequenz des gemeinsamen Lernprozesses darstellt. Es wird deutlich, dass im symboldidaktischen Ansatz von Biehl die Kategorie der Erfahrung leitend ist und damit die hermeneutische Such-

---

175 Biehl/ Nipkow 2003, 75.
176 Ebd., 73.
177 Ebd., 76.

bewegung der Elementarisierung einen biografischen und lebensweltlichen Akzent erhält.

»Symboldidaktik ist ein Elementarisierungsversuch. Man kann davon ausgehen, dass sowohl Halbfas als auch Biehl um Elementarisierung bemüht sind und von daher dieser These zustimmen könnten.«[178]

Beeindruckend ist dabei für mich, wie Biehl Fragen der Elementarisierung nicht nur auf einer metatheoretischen Ebene diskutiert, sondern konkrete religionsdidaktische Ausführungen bis hin zu kopierfähigen Unterrichtsbausteinen entwickelt (s.o. Schüler gestalten einen eigenen Kreuzweg, um Zugänge zur Passionsgeschichte Jesu zu gewinnen).

2.3 Der heutige Stand der Elementarisierungsdebatte in der Religionsdidaktik: drei Ansätze im Vergleich

Die Kennzeichnung der drei Ansätze geht von Universitäten aus, an deren theologischer Fakultät in der Praktischen Theologie/Religionspädagogik eine bestimmte Richtung der Elementarisierung pointiert vertreten wird.[179]
Wichtiger als die Kennzeichnung ist die unterschiedliche inhaltliche Ausrichtung. Ich wähle als Bezuggröße das klassische didaktische Spannungsfeld zwischen Inhalt/Objekt und Person/Subjekt. Der Erlanger Ansatz geht von den theologischen Inhalten aus und betont die Bedeutung der Sachseite in der Unterrichtsvorbereitung. Der Kölner Ansatz dagegen denkt von den Schülerinnen und Schülern her und stellt den dynamischen Prozess der Aneignung in den Mittelpunkt. Der Tübinger Ansatz legt den Ausgangspunkt der Elementarisierung nicht fest, fordert vielmehr ein ständiges Pendeln zwischen theologischen Inhalten und den Lernenden. Dieser Ansatz fragt zunehmend nach unterrichtspraktischen Gestaltungsmöglichkeiten eines elementaren Lernens.

---

178 Wiedenroth-Gabler, I.: Religionspädagogische Konzeptentwicklung zwischen Integration und Pluralität; Münster 2003, 320.
179 Die Bezeichnung »Erlanger« Ansatz ist meines Wissens so nirgends zu finden. Ich habe es in Analogie zu Tübinger und Kölner Ansatz ergänzt (vgl. F. Schweitzer in: ZPT 3/00, 240–252).

Drei Elementarisierungsansätze im Überblick

»Erlanger« Ansatz	»Tübinger« Ansatz	»Kölner« Ansatz
Beispiel: I. Schoberth »Glauben-lernen. Grundlegung einer katechetischen Theologie« (1998)	Beispiel: F. Schweitzer (u.a.) »Religionsunterricht und Entwicklungspsychologie. Elementarisierung in der Praxis« (1995)	Beispiel: D. Zilleßen/U. Gerber »Und der König stieg herab von seinem Thron« (1997)
Akzent bei den **Inhalten des Glaubens**	Akzent beim **Unterrichtsprozess**	Akzent bei den **Lernenden**
Die grundlegende biblische Botschaft, die Gemeinschaft der Glaubenden und das Gespräch über den eigenen Glauben sind die tragenden Elemente des Glauben-lernens.	Versuch einer ausgeglichenen Berücksichtigung von Inhalten und Schülern bei der Vorbereitung des RU: elementare Strukturen, Wahrheiten, Erfahrungen, Zugängen und Lernwege	Die Achtung des Anderen durchkreuzt jede Unterrichtsplanung. Achtsamkeit gibt dem Lernprozess und seinen Unverfügbarkeiten Raum.
⇨ **theologische** Betonung der Elementarisierung	⇨ **didaktische** Betonung der Elementarisierung	⇨ **anthropologische** Betonung der Elementarisierung
Lernort (eher) Konfirmandenarbeit	Lernort Schule, aber auch gemeindepädagogische Arbeitsfelder	Lernort Schule

Ziel ist die Ausbildung religiöser **Identität** durch Einübung in den Glauben mit der Kirche als tragender Gemeinschaft	Ziel ist die **wechselseitige Erschließung** von Glaubensinhalten und Erfahrungen von Schülerinnen und Schülern im Rahmen einer nachvollziehbaren, kompetenten Konstruktion von Lernprozessen	Ziel ist die **Verständigung** zwischen Lernenden mit unterschiedlichsten Lebens- und Glaubenskonzepten im Kontext von Unterricht
weitere Religionspädagogen in der Nähe dieses Ansatzes: – Ingo Baldermann – Christoph Bizer – Rainer Lachmann	weitere Religionspädagogen in der Nähe dieses Ansatzes: – Klaus Wegenast – Rainer Oberthür – Hans Mendl	weitere Religionspädagogen in der Nähe dieses Ansatzes: – Bernd Beuscher – Godwin Lämmermann – Kurt Schori

2.3.1 Das Modell des Glauben-lernens (Ingrid Schoberth)

»Glauben-lernen. Grundlegung einer katechetischen Theologie« wurde im Wintersemester 1996/97 von der theologischen Fakultät der Universität Erlangen-Nürnberg im Fachbereich Praktische Theologie als Habilitationsschrift angenommen. Die Erlanger Theologie hat eine eher konservative Tradition: Ein Christ wächst in die Kirche als Heilsanstalt hinein. Religiöse Unterweisung hat einen engen Bezug zur Kirche, so dass konsequenterweise nicht von Religionspädagogik, sondern von Katechetik gesprochen wird. Aus diesem Erlanger Umfeld heraus ist der Elementarisierungsansatz von Ingrid Schoberth zu verstehen.

Die Arbeit weist eine einleuchtende Dreiteilung auf: die Bedingungen des Glauben-lernens, das Elementare im Glauben-lernen und die Gestalten des Glauben-lernens. Der erste Teil gibt Antwort auf die Frage, inwiefern bzw. unter welchen Bedingungen Glauben-lernen überhaupt möglich ist. Der zweite Teil fragt, was die grundlegenden Inhalte des Glauben-lernens sind und der dritte Teil schließlich zeigt, wie sich Glauben-lernen praktisch verwirklichen kann.

Die Zusammenfügung von »Glauben« und »Lernen« ist spannungsreich. Kann Glauben denn gelernt werden? Oder ist Glaube nicht Geschenk Gottes, jedem menschlichen Bemühen vorausgehend? Und wenn

2. Elementarisierungsansätze in der Religionsdidaktik nach 1945

Glaube gelernt werden kann, was ist lehrbar und was bleibt unverfügbar? In der ersten Ausgabe einer religionspädagogischen Zeitschrift mit eben diesem Titel beschreiben die Herausgeber das Verhältnis von Glauben und Lernen folgendermaßen:

» *Lernen wird auf Glaubensüberlieferung zu achten haben und an ihr mehr als genug zu tun bekommen, doch Tradition wird auf die Probe gestellt, wo ein Dissens entsteht; sie bewährt sich und zeigt ihre Verbindlichkeit, indem sie zum Konsens verhilft, der die Wahrheit des Glaubens neu, in ungewohnter Weise und mitunter tastend, auszusprechen erlaubt.* «[180]

Dieser sehr vorsichtigen Verhältnisbestimmung entspricht das Modell des Glauben-lernens bei Ingrid Schoberth. Deshalb muss einem einlinigen Missverständnis des Elementarisierungsmodells gewehrt werden: Glauben lässt sich im Fach Religion nicht erlernen wie der menschliche Blutkreislauf in Biologie oder die Zeichensetzung in Deutsch.

»*Theologische Urteilsbildung sollte ... den Kurzschluss vermeiden helfen, ›glauben lernen‹ zu wollen wie ein Verhaltensprogramm oder eine Lebensbewältigungspraxis. Derart ›glauben zu lernen‹ könnte ein attraktives Angebot in einer Zeit wie der unserigen sein, wo viele nach festen Überzeugungen, nach klaren Leitlinien, nach letzten Sicherheiten für Lebensentscheidungen suchen. Theologische Urteilsbildung muss – ohne jeden religiösen Hochmut – solche Wünsche austreiben, um das Auge zu schärfen für jene eigentümliche Gewissheit des christlichen Glaubens, die den Christen nicht in seiner Gläubigkeit verankert, sondern in Gottes Verheißungen.*«[181]

Ingrid Schoberth verknüpft ihre Verhältnisbestimmung von Glauben und Lernen mit den Ansätzen bei Kierkegaard und Bultmann.[182] Sie betont, dass Menschen im Glauben immer Lernende seien. Damit ist die Unterscheidung von Lehrenden und Lernenden immer nur vorläufig. Der wahre Lehrer ist und bleibt Gott selbst. Aufgabe der Schülerinnen und Schüler ist es, treu in der Lehre zu bleiben und zugleich auf die Gültigkeit der Heilstaten Gottes zu vertrauen. Das Bleiben in der Nachfolge führt dazu, dass das durch Christus eröffnete neue Leben Gestalt gewinnt. Für das Verhältnis von Glauben und Lernen heißt dies:

»*Glaube ist als fides quaerens intellectum zu bestimmen.*«[183]

---

180 Aus: Glauben und Lernen – Einführung der Herausgeber; 1/ 1986, 9.
181 Ebd.
182 Vgl. Schoberth 1998, 44–49.
183 Schoberth 1998, 47 (fides quaerens intellectum – »ein Glaube, der das Verstehen sucht bzw. ein mit dem Verstand zu befragende Glaube«).

Glaube darf sich folglich nicht ausschließlich auf ein »Geheimnis des Glaubens« zurückziehen und damit jeder intellektuellen Auseinandersetzung ausweichen. Im Bemühen um intellektuelle Redlichkeit trachtet der Glaubende danach, immer wieder dem (Noch-) Nicht-Glaubenden Brücken des Verstehens zu schlagen. Umgekehrt muss das Lernen und Verstehen des Glaubens sich seiner Grenzen bewusst bleiben. Deshalb könnte ein Wort aus Psalm 32 biblisches Leitmotiv für das Modell des Glauben-lernens sein:

»Ich will dich unterweisen und dir den Weg zeigen, den du gehen sollst; ich will dich mit meinen Augen leiten« (Ps. 32,8).

Glauben-lernen ist zuallererst ein personales Geschehen zwischen Gott und dem einzelnen Glaubenden. Es beschränkt sich nicht auf die Vermittlung dogmatischer Inhalte, sondern zielt auf Gestaltung des Lebens. Deshalb ist Glauben-lernen nicht denkbar in einem »strengen« Unterricht mit herrischen Anweisungen von oben herab. Vielmehr ist Glauben-lernen zu verstehen als ein sanftes Geschehen, in dem ein unauffälliges Zeichen wie ein Augenzwinkern genügt. Geleitet von Gottes Augen wird dem Einzelnen im Glauben-lernen sein Lebensweg bewusst.[184]

Diese Formel zur Verhältnisbestimmung von Glauben und Lernen bzw. Glauben und Verstehen/Erkennen wurde in der kirchlichen Dogmatik schon im 11. Jahrhundert durch Anselm von Canterbury (1033–1109) eingeführt. Im System mittelalterlicher Scholastik ist »fides quaerens intellectum« für Anselm der Ausgangspunkt seiner Gottesbeweise. K. Barth war von der Theologie des Anselm tief beeindruckt und schrieb zwischen dem Entwurf einer »Christlichen Dogmatik« (1927) und der berühmten dreizehnbändigen »Kirchlichen Dogmatik« (1932–1967) ein kleines, ihm aber wichtiges Buch mit dem Titel »Fides quaerens intellectum. Anselms Beweis der Existenz Gottes« (1931).
*»In seiner ›Kirchlichen Dogmatik‹ hat Barth nach seiner eigenen Meinung nur das theologische Programm des Anselm von Canterbury durchgeführt; es lässt sich auf die Formel bringen: ›Fides quaerens intellectum‹ der Glaube, der nach Erkenntnis trachtet. Ursprung und Gegenstand des Glaubens und seiner Erkenntnis ist die Offenbarung des dreieinigen Gottes in dem menschgewordenen Sohn, wie sie die Heilige Schrift bezeugt. Das ist die göttliche Wirklichkeit, der Barth sich fügt und der er nachgeht, mit deren Bezeugung er den ›Hohlraum‹ der Frühzeit jetzt positiv ausfüllt. Sich gehorsam an das Zeugnis der Heiligen Schrift anschmiegend, sucht er der göttlichen Offenbarung **nachzudenken** und sie in ihrem inneren Zusammenhang und in ihrer strengen gedanklichen Notwendigkeit darzustellen, um sie einsichtig zu machen.«*
(aus: Zahrnt, H.: Die Sache mit Gott; München [4]1980 (1966), 96f.)
184 Vgl. Hammelsbeck, O.: Der kirchliche Unterricht; München 1939. Hammelsbeck differenziert zwischen Unterricht und Lehre. Unterricht ist das menschliche Tun im Auftrag Jesu. Ziel des Unterrichtens ist, dass der Mensch im Angesicht Gottes seine Schuld erkennt – unter das Wort Gottes gerichtet wird. Von diesem kirchlichen Unterricht ist die Lehre zu unterscheiden:

»In der Unterweisung Gottes wird erfahrbar, dass sich die Lebensform des Glaubens nicht der Gestaltungskraft des Menschen verdankt und auch nicht Resultat eigenen Begreifens und Verstehens ist. Der Verstand, der sich der Wegleitung Gottes anvertraut, ist also nicht einfach subjektives Vermögen, sondern bleibt Erfahrung mit dem Wort Gottes als dem verbum externum, das bei aller Notwendigkeit eines Verstehens immer den Menschen von außen zukommt.« [185]

Wenn Gott einen Menschen »unterweist«, dann gibt er ihm Weisheit, ein Leben zu gestalten, das seinen Weisungen entspricht, ein Leben zu führen, das dem Heil des Glaubenden selbst und dem Heil seiner Mitmenschen dient.

In einer Grafik zusammengefasst lässt sich das Modell des Glauben-Lernens nach Ingrid Schoberth so darstellen:

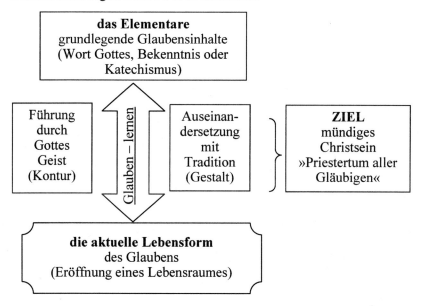

Glauben-lernen beginnt mit dem Wahrnehmen des Elementaren. In den einfachen Aussagen des Glaubens leuchtet das Ganze des Glaubens auf. Das Elementare konkretisiert sich jedoch stets in bestimmten Lebensformen des Glaubens. Die Inhalte vermitteln vergewissernde Identität, die Lebensform bietet Geborgenheit in einer glaubenden Gemeinschaft.

»Die Lehre, unter die gerichtet wird, ist nicht menschliche Setzung, sondern das Wort Gottes, das uns des rechten Weges bewusst macht, geleitet von Gottes Augen« (S. 18).
185 Schoberth 1998, 209f.

»Darum ist Glauben-lernen mit dem Elementaren gekennzeichnet als das Bleiben an dem, was notwendig zum Glauben gehört und was zum Leben im Glauben hilft. In dieser Einfachheit ist der Vorstellung widersprochen, dass im Glauben Vollkommenheit erreicht werden müsse. Die Dialektik des Elementaren ist also darin zu erkennen, dass in ihm sich in der Konzentration auf das Notwendige gerade die Komplexität des Glaubens ausdrückt, das bereits in jedem Anfang des Glaubens da ist: Gerade auf diese Weise ist der Glaube zugleich alleiniges Werk des Heiligen Geistes und Lebensform.«[186]

Es geht Ingrid Schoberth um einen *»theologisch präzisierten Begriff des Elementaren.«*[187]
Die Bibel, christliche Bekenntnisse und der Katechismus helfen, sich christlicher Identität zu vergewissern. Das Wirken Gottes in der Überlieferung gibt für die für heute zu suchenden Lebensform eine Kontur, mehr aber nicht. Denn es ist nicht damit getan, einzelne Inhalte (auswendig) zu lernen.
Die Kontur der Lebensform gewinnt in einem kommunikativen Prozess eine spezifische Gestalt. Die aktuelle Lebensform des Glaubens ist offen für die Zugänge und Erfahrungen der Menschen heute. Das Herausbilden dieser Lebensform ereignet sich im Prozess des Glauben-lernens. Er ist einerseits Geschenk, Leitung durch den Geist Gottes, andererseits das Bemühen, in der kritischen Auseinandersetzung mit der Tradition und ihrer zumindest partiellen Fremdheit, neue Glaubensformen auszugestalten. Die aktuelle Glaubensform ist offen für vielfältige Wege und Erfahrungen des Einzelnen. Besonders kennzeichnend für das Glaubenlernen ist jedoch die kontinuierliche Beschäftigung mit der Glaubensüberlieferung, ein – bei aller Kritik im Einzelnen – treues Festhalten am Glauben insgesamt.

»Die peregrinatorische Gestalt christlichen Glaubens [Glaube ist einer Wanderung/Reise im Ausland vergleichbar; M.S.] führt gleichwohl zu einem weiteren Kennzeichen der katechetischen Aufgabe der Kirche. Indem Glauben nicht als ein endgültig zu erreichendes Ziel verstanden wird, sondern Glauben in seiner Gestalt des Unterwegs-seins und des Wanderns verstanden wird, gehört der katechetischen Aufgabe ein Verständnis von Glauben-lernen zu, das sich um ein Bleiben im Glauben annimmt. Es geht darum, mit dem Anfangen im Glauben zugleich um das das ganze Leben bestimmende Bleiben im Glauben, das gleichsam als ›Drinbleiben‹ in der Geschichte, die Gott mit den Menschen angefangen hat und zu einem guten Ende führen wird, zu verstehen ist.«[188]

---

186 Schoberth 1998, 204f.
187 Ebd., 203.
188 Schoberth 1998, 217.

2. Elementarisierungsansätze in der Religionsdidaktik nach 1945

Das Dranbleiben am Glauben – in kritischer Auseinandersetzung und im praktischen Mitvollzug in der Kirchengemeinde – ist Voraussetzung dafür, dass der Einzelne seine aktuelle Lebensform des Glaubens entwickelt und zugleich heimisch wird im Glauben der kirchlichen Gemeinschaft. Das Bleiben ist wesentlicher Bestandteil des Glauben-lernens nach Schoberth. Jesus selbst verwendet für diesen Zusammenhang das Bild des Weinstocks und der Reben:

»Bleibt in mir, dann bleibe ich in euch. Wie die Rebe aus sich keine Frucht bringen kann, sondern nur, wenn sie am Weinstock bleibt, so könnt auch ihr keine Frucht bringen, wenn ihr nicht in mir bleibt. Ich bin der Weinstock, ihr seid die Reben. Wer in mir bleibt und in wem ich bleibe, der bringt reiche Frucht.«[189]

Ein derart christozentrischer Prozess des Glauben-lernens ist im öffentlichen Raum der Schule nur schwer vorstellbar. Lernort ist eher die Kirchengemeinde und hier nicht nur der Konfirmandenunterricht, sondern alle kirchlichen Gruppen von der Krabbelgruppe bis zum Seniorennachmittag: Glauben-lernen ist nach Ingrid Schoberth als lebenslanger Prozess zu verstehen.

»Wie der Glauben der Gemeinschaft der Glaubenden bedarf, hat das Glauben-lernen in der Praxis der Kirche seinen Ort: Kirche wird als der Ort des Glauben-lernens bestimmbar. Sie ist der Ort des gemeinsamen Lebens im Glauben, der sich im Priestertum aller Gläubigen manifestiert und ist darum zugleich der Ort des Lernens des Glaubens.«[190]

Das Fach Religion im System Schule ließe sich so in einer pluralen Gesellschaft nicht rechtfertigen. Vielmehr legt das Modell des Glaubenlernens eine religiöse Unterweisung in der Kirchengemeinde nahe, so wie es in der ehemaligen DDR die Christenlehre war oder in den USA, in denen es an öffentlichen Schulen keinen Religionsunterricht gibt, die »Sonntagsschulen« sind.[191]

Ziel des Glauben-lernens ist die Mündigkeit des einzelnen Christen. Die einzelnen Glaubenden sollen im Glauben-lernen drei Kompetenzen erwerben: die christliche Überlieferung und ihre Lebensformen kennen, sie kritisch ins eigene Leben übertragen und anderen Rechenschaft vom Glauben geben können.
Ingrid Schoberth spricht eher vom Elementaren als vom Prozess der Elementarisierung, denn für sie gilt:

---

189 Joh. 15,4f. (Einheitsübersetzung).
190 Schoberth 1998, 69.
191 Vgl. Schweitzer, F.: Religiöse Erziehung und Religionsunterricht im internationalen Vergleich; in: Loccumer Pelikan 1/2001, 7f.

»Die Entdeckung und das Auffinden des Elementaren ist demnach nicht an einen Prozess der Elementarisierung gebunden, sondern erst in der Wahrnehmung und Beschreibung des Glauben-lernens selbst zu vollziehen. Das Elementare ist immer in seiner Verwiesenheit auf die Lebensform im Glauben und also auf seine Praxis bezogen wahrzunehmen, zu entdecken und aufzufinden.«[192]

So faszinierend die theologisch überzeugende Ableitung dieses ersten Ansatzes von Elementarisierung auch ist, für das Praxisfeld »Schule« trägt er nicht. Die Lebenswelt der Schülerinnen und Schüler ist allermeist – zumindest heutzutage[193] – eine andere. Klaus Wegenast fasst in der Rezension zum Buch seine Kritik so zusammen:

»Die gesellschaftlichen Strukturen der Postmoderne werden nicht genügend ernstgenommen, zumal sie es sind, die unsere Schüler und Schülerinnen hin und her reißen und eine Identitätsfindung zur Sache des einzelnen machen in einem Tohuwabohu von Angeboten.«[194]

Der Ansatz ist allerdings für die Kirchengemeinden im Umfeld der Schulen eine große Herausforderung. Können sie ein Angebot hinsichtlich der Lebensformen des Glaubens machen, das den Jugendlichen heute in ihrer Identitätssuche attraktiv erscheint oder zumindest ausreichend Reibungsfläche bietet, um eigene Konzepte herauszubilden? Umgekehrt wird im Ansatz von Ingrid Schoberth die Angewiesenheit des schulischen Religionsunterrichts auf die Kirchengemeinde mit all ihren Lebensformen deutlich. Das sollte in Anbetracht von zwei Stunden Religion pro Woche und deren eingeschränkter Bildungswirksamkeit nicht übersehen werden.

Besonders beeindruckt haben mich im Buch von Ingrid Schoberth ihre Ausführungen zur architektonischen Ausgestaltung von Kirche, dem Lernort für Glauben:

»Kirche, die sich als Haus des Lernens versteht, kann sich darum letztlich nur in einer Form ausdrücken, die Offenheit und Bestimmtheit von Kirche zum Ausdruck bringt in der Bemühung um eine eigene architektonische Sprache. Mit der Funktionalität stellt sich zugleich die Frage nach der Form der Kirche als einem Haus des Lernens, weil in der Gestalt der Kirche Form und Funktion ineinander fließen und sich be-

---

192 Schoberth 1998, 205.
193 Aber das gilt in ähnlicher Weise wohl auch für viele andere Epochen unserer Geschichte!
194 Wegenast, K.: Rez. in ZPT 2/ 2000, 231.

dingen. *Die Gestalt der Kirche zeugt von dem, was in ihr geschieht, wodurch sie bestimmt ist und wovon sie lebt.«*[195]

Auch Schule versteht sich als »Haus des Lernens«[196]. Die Atmosphäre einer Schule wird nicht unbeträchtlich durch die räumliche Ausgestaltung des Lernumfeldes beeinflusst, das gilt für die architektonische Grundkonzeption, die Innenausstattung des Schulgebäudes und die Gestaltung der einzelnen Klassenzimmer.[197] Im Blick auf den Religionsunterricht wäre zu überlegen, ob nicht ein gesonderter Religionsraum mit kommunikativen und meditativen Gestaltungsmöglichkeiten religiöse Lernerfahrungen nachhaltig fördern könnte. Dieser Kontrast-Raum könnte eine Art »heiliger Raum« im profanen Getriebe des Schulalltags bilden. Im Zuge des Ausbaus von Schulen zu Ganztagsschulen ist dieser Religionsraum auch als Ort der Stille in den einzelnen Phasen des Schultages sinnvoll einsetzbar. Es wäre eine spannende Aufgabe für Innenarchitekten, Bauelemente eines Religionsraumes zu konzipieren, der zugleich ein Ort des Lernens, des Diskutierens, aber auch des Feierns und der Besinnung sein könnte.

»Kirche als ein Haus des Lernens braucht Räume, in denen unbefangen gelernt und gefeiert werden kann; in ihrer Funktionalität leben sie auch von der architektonischen Schönheit, die versucht, der Erfahrung der Gegenwart Gottes in der alltäglichen Erfahrung Raum zu geben.«[198]

Das gilt für Klassenräume – Religionsräume zumal – in gleicher Weise. Bewusst gestaltete Räume fördern das gemeinsame Glauben-lernen.

Das Konzept des Glauben-Lernens fragt nach einer religiösen Grundbildung, einer Art Kerncurriculum, in dem die wesentlichen Aspekte christlicher Erziehung altersgemäß thematisiert werden. Was Bernd Schröder für das Elementarisierungskonzept grundsätzlich sagt, gilt für den »Erlanger Ansatz« besonders:

---

[195] Schoberth 1998, 280f.
[196] Vgl. Bildungskommission NRW: Zukunft der Bildung – Schule der Zukunft; Neuwied 1995, bes. 77ff.
[197] Ein m.E. besonders gelungenes modernes Schulhaus ist die Albert-Schweitzer-Realschule in Tübingen-West.
Architektur und pädagogisches Konzept entsprechen sich. So wie das Gebäude Offenheit nach außen demonstriert, strebt das Schulkonzept eine möglichst große Offenheit der Menschen nach innen an.
»Beim Festakt zur Einweihung des neuen Hauses am 16. Oktober 1998 waren sich alle einig, dass das Gebäude mit seiner lichten und offenen Architektur sich sehr positiv auf das Schulleben auswirken wird.«
Aus: 50 Jahre Albert-Schweitzer Realschule Tübingen 2002, 9.
Siehe auch: www.ars.tue.schule-bw.de.
[198] Schoberth 1998, 287.

»Das Elementarisierungskonzept definiert religiöse Grundbildung themen- und zugleich subjektorientiert. Es wählt analog zum Katechismus klassischer Prägung theologisch relevante Themen. Freilich Themen, die eben entwicklungsgemäß und subjektbezogen sind bzw. dem Kairos der Bildsamkeit entsprechen sollen.«[199]

Der von Ingrid Schoberth gewählte Untertitel: Grundlegung einer katechetischen Theologie zeigt die Nähe dieses Ansatzes zur Konfirmandenarbeit: Die Bedeutung der christlichen Gemeinde für den Prozess des Glauben-lernens wird betont, sei es durch die Vorbilder gelebten Glaubens im Umfeld der christlichen Gemeinde, sei es durch die besondere Ausstrahlung »heiliger« Räume wie sie die Kirche im Gegensatz zur Schule bieten kann.

2.3.2 Elementarisierung als Modell zur Planung von Unterricht (Friedrich Schweitzer)

Der Tübinger Ansatz fragt nach der Bedeutung von Elementarisierung für die Planung von Unterricht. Das zeigt der Untertitel der für dieses Modell zentralen Veröffentlichung aus dem Jahr 1995: »Elementarisierung in der Praxis«.[200] Ausgangspunkt ist eine Dokumentation von 24 Religionsstunden in den Klassen 5/6 sowie 10.[201] Drei Themenkomplexe bilden den inhaltlichen Vergleichspunkt: bibeldidaktisch die Gleichnisse Jesu, anthropologisch die Gottesfrage und ethisch die Frage nach Gerechtigkeit. Elementarisierung wird im Tübinger Ansatz so definiert:

»Elementarisierung als Doppelbewegung zwischen Schülern und Inhalten hat als Grundaufgabe der Unterrichtsvorbereitung hierbei nachdrücklich den Prozesscharakter von Unterricht überhaupt, nicht nur des Religionsunterrichts, zu beachten.«[202]

Wie der Obertitel »Religionsunterricht und Entwicklungspsychologie« verdeutlicht, spielt im Tübinger Ansatz die Beachtung entwicklungspsychologischer Gegebenheiten bei den Schülerinnen und Schülern eine

---

199 Schröder, B.: Mindeststandards religiöser Bildung und Förderung christlicher Identität; in: Rothgangel/ Fischer: Standards für religiöse Bildung; Münster 2004, 20.
200 Schweitzer, F. / Nipkow, K. E. / Faust-Siehl, G. / Krupka, B.: Religionsunterricht und Entwicklungspsychologie. Elementarisierung in der Praxis; Gütersloh 1995.
201 Faust-Siehl, G. / Krupka, B. / Schweitzer, F. / Nipkow, K.E.: 24 Stunden Religionsunterricht; Münster 1995.
202 Schweitzer u.a. 1995, 165.

wichtige Rolle. Damit bekommt die Doppelbewegung der Elementarisierung zwischen Sache und Person einen anthropologischen Akzent:

»*Die Berücksichtigung von Kategorien der Entwicklungspsychologie ist nicht instrumentell gemeint, um, pointiert und provozierend formuliert, die Schüler hierdurch nur noch sicherer in den Griff zu bekommen und effektiver ›steuern‹ zu können, in Form von kleinen Einzelschritten im Unterricht, wodurch Lernziele ohne Störungen planmäßig erreicht werden. Die Schülerinnen und Schüler sind vielmehr als eigenständige **Partner** auf dem Weg persönlicher **bildender** Aneignung und Auseinandersetzung anzusehen, und alle sozialwissenschaftlichen Hilfen sind diesem pädagogischen Leitkriterium, dem individuell bildenden Sinn von Unterricht, unterzuordnen.*«[203]

Der Tübinger Ansatz baut auf dem Modell der Elementarisierung von Karl Ernst Nipkow auf. Folglich ist das oben besprochene Modell (vgl. II. 2. 2. 3) hier weitest gehend vorauszusetzen. Die Begrifflichkeit ist in einem Punkt geändert: statt von »elementaren Anfängen« setzt sich jetzt der Terminus »elementare Zugänge« durch. Der Begriff »Zugänge« erlaubt es, in den unterschiedlichsten Lebensphasen nach den entwicklungspsychologischen Voraussetzungen für Lernprozesse zu fragen, während der Terminus »Anfänge« Gefahr läuft, stark mit (früher) Kindheit assoziiert zu werden. Der Tübinger Ansatz will zeigen: elementares Lernen ist als lebenslanges Lernen zu denken. Die Lebensgeschichte insgesamt bildet den Rahmen.

Wie bei Nipkow ziehen Schweitzer und seine MitarbeiterInnen vier psychologische bzw. soziologische Schulen parallel zu Rate. Sie gewinnen so eine mehrdimensionale Betrachtungsweise menschlicher Entwicklung.

»*Um Einseitigkeit zu vermeiden, wird ... ein mehrdimensionales Modell von Entwicklungspsychologie favorisiert. Es umschließt erstens (1) Stufentheorien der religiösen Entwicklung (J. W. Fowler, F. Oser, L. Kohlberg u.a.), zweitens (2) Theorien des menschlichen Lebenszyklus (s. bes. E. H. Erikson), drittens (3) weitere psychoanalytisch informierte Sichtweisen, besonders auch unbewusster Zusammenhänge, und viertens (4) soziologische Theorien der religiösen Sozialisation.*«[204]

Ein wichtiger Teilaspekt stellt die von Jean Piaget übernommene Differenzierung von Assimilation und Akkommodation im Lernprozess dar. In der Begegnung mit Neuem besteht die Gefahr, dass der Lernende den Lerngegenstand lediglich an die vorhandenen geistigen Verarbeitungsmöglichkeiten angleicht (assimiliert). Das passiert vor allem dann, wenn

---

203 Ebd., 165f.
204 Schweitzer u.a. 1995, 158.

der kognitive Konflikt zwischen Vertrautem und Neuem dem Lernenden zu groß wird. Entwicklungspsychologisches Ziel im Lernprozess ist, den Lerngegenstand so zu wählen, dass das Neue Anknüpfungspunkte im bisherigen Wahrnehmungsmuster finden kann und zugleich in der Auseinandersetzung mit dem Neuen das erlernte Schema erweitert (akkommodiert) wird.

»Ein guter Unterricht beachtet beides: Er versucht wahrzunehmen, wie die Kinder **reagieren**, und er bemüht sich, falls die Kinder immer wieder das Neue an die alten Strukturen assimilieren, sie ohne Überforderung zu **provozieren**.«[205]

Für die Wahl des Schwierigkeitsgrads der Unterrichtsinhalte bedeutet dies konkret: die Entwicklungsstufe der Mehrheit der Klasse ist zu ermitteln. Hier können verallgemeinernde Ergebnisse der Entwicklungspsychologie den Erwartungshorizont sinnvoll eingrenzen. Dann sollte der Lerngegenstand eine Stufe darüber (+ 1- Modell) angesiedelt sein, so dass viele Schüler herausgefordert sind, ihr Denkschema zu erweitern. Einige in der Klasse, die in ihrer Entwicklung schon etwas weiter sind, können den Lernerfolg beschleunigen, indem sie ihren Mitschülern durch ihre Beiträge die Richtung weisen. Eine gewisse Heterogenität der Lerngruppe ist einerseits unvermeidbar, aber didaktisch andererseits oft ein erfreulicher Gewinn.

Im Kontext von entwicklungspsychologischen Gegebenheiten beachtet der Elementarisierungsansatz von Schweitzer erstmals auch geschlechtsspezifische Fragestellungen. Zwar ist die Grundaufgabe der Elementarisierung für Mädchen und Jungen vergleichbar, aber Mädchen haben mitunter deutlich andere Zugänge zu Themen des Glaubens als Jungen. Dies ist wahrzunehmen und in der Planung von Unterricht zu berücksichtigen. So lassen sich bei biblischen Themen neben den »Glaubenshelden« auch »starke Frauen« aus dem Alten und Neuen Testament in den Mittelpunkt stellen, damit Mädchen Identifikationsangebote bekommen. Für die Didaktik des Religionsunterrichts sind weitere geschlechtsspezifische Fragestellungen von Bedeutung: Wie stellt sich ein Thema im Religionsbuch dar? Werden implizit Rollenklischees vermittelt? Inwieweit soll das im Unterricht bewusst gemacht werden? Wer ist Gott? Kann Gott als Frau gedacht werden? Auch das Gottesbild hat unterschiedliche Akzente. Mädchen denken eher in Kategorien der Beziehung, Jungen sind stärker an Fragen der Macht interessiert.[206]

---

205 Ebd., 30.
206 Vgl. hierzu die näheren Ausführungen im Kapitel »geschlechterdifferenziertes Lernen« (III. 3. 3. 1).

»Unserem besonderen Interesse am Zusammenhang von Elementarisierung und Entwicklungspsychologie entsprechend sollen im Folgenden zwei Fragen aufgenommen werden: Welche psychosozialen oder kognitiv-strukturellen Voraussetzungen und Zusammenhänge werden dabei erkennbar? Wie werden solche Fragen im Unterricht aufgenommen?«[207]

Während Mädchen die Vorstellung eines weiblichen Gottes fragend und offen aufgreifen, lehnen Jungen eine Frau als Gott oft entschieden ab. Die geschlechtsspezifische Differenz lässt sich ebenso beim Gerechtigkeitsbegriff aufzeigen.
Die Auseinandersetzung zwischen einem Schüler und einer Schülerin über das angemessene Vorgehen gegenüber einem jugendlichen Untersuchungshäftling zeigt:

*»Die Schülerin vertritt eine **person- und kontextbezogene Sicht**, der zufolge die Strafe nur in Abhängigkeit von der subjektiven (Ein-) Sicht des Jugendlichen sowie der ihn prägenden und belastenden Kindheit bestimmt werden kann. Dem widerspricht der Schüler energisch. Er vertritt eine an einem **unpersönlichen Subjekt** ausgerichtete Strafe.«*[208]

Mädchen und Frauen interessieren sich signifikant stärker für Fragen des Glaubens und der Religion. Mädchen haben in der Schulzeit gegenüber den Jungen in ihrer Klasse meist einen eindeutigen Entwicklungsvorsprung. Ein nur flüchtiger Blick in das Leben einer beliebigen Schulklasse belegt dies.
Das sind erste Ergebnisse einer geschlechtsspezifischen Analyse von elementaren Zugängen, die nach den Gegebenheiten menschlicher Entwicklung fragen. Ergänzt werden müssen diese Ergebnisse durch Beobachtungen zu geschlechtsspezifischen Erfahrungen von Mädchen und Jungen in ihrer Sozialisation, der gender-orientierten Betrachtung.[209]

Entsprechend dem unterrichtspraktischen Akzent der Untersuchung wird von Friedrich Schweitzer – über das Nipkow'sche Modell (vgl. S. 161) hinausgehend – eine fünfte Suchperspektive im Prozess der Elementarisierung angedacht: die Frage nach elementaren Lernformen.[210]
Lernformen haben zwar mit Unterrichtsmethoden zu tun, gehen aber nicht in deren geschickten Einsatz auf. Lernformen suchen nach angemessenen Zugängen für einen Lerngegenstand in die Lebenswelt eines

---

207 Schweitzer u.a. 1995, 137.
208 Ebd., 141f.
209 Vgl. z.B. Hofmann, R.: Geschlechtergerechte Sozialisation im Religionsunterricht; Niebüll 2001.
210 Da ich im konstruktiven Teil meiner Arbeit auf »Lernformen in der Pubertät« ausführlicher eingehe, deute ich hier nur kurz an, was nach F. Schweitzer unter elementaren Lernformen zu verstehen ist.

Lernenden. Diese Suchperspektive in der Vorbereitung von Unterricht steht in enger Verbindung zur fünften Frage der Didaktischen Analyse bei Klafki:

Klafki (1958):	Nipkow (1982)	Schweitzer (1995)
Frage V: Welches sind die besonderen Fälle, Phänomene, Situationen, Versuche, Personen, Ereignisse, Formelemente, in oder an denen die Struktur des jeweiligen Inhaltes den Kindern dieser Bildungsstufe, dieser Klasse interessant, fragwürdig, zugänglich, begreiflich, anschaulich werden?	elementare Erfahrungen d.h. Erfahrungswelt des Schülers heute und Erfahrungsgrund hinter den überlieferten Strukturen	elementare Lernwege

Nipkow versteht »Zugang« eher biografisch-individuell aus den persönlichen Erfahrungen der Schülerinnen und Schüler heraus. Für Schweitzer kommt darüber hinaus mit »Zugang« auch die Frage nach einem dem Lerngegenstand und den Lernenden angemessenen unterrichtlichen Arrangement in den Blick. Welche Lernformen dienen der Absicht eines elementar bildenden Unterrichts?

*»Für die Wege elementaren Lernens sind jene Lehr- und Lernformen vorzuziehen, die erstens vom aktiven Sinn der ›Rezeption‹ und ›Assimilation‹ ausgehen und darum die Kreativität der Schülerinnen und Schüler fördern. Wenn sich zweitens ... elementar bildendes Lernen als persönlich relevantes Lernen vornehmlich an ›***kognitiven Konflikten‹*** entzündet, sind solche Konflikte ... pädagogisch verantwortlich fruchtbar zu machen. Drittens wissen wir, dass im Lichte der kognitiv-strukturellen Entwicklungstheorien tiefenstrukturelle Veränderungen ebenfalls durch* **gedankliche und emotionale Auseinandersetzungen** *angesichts von Konflikten, z.B. ›Dilemmata‹ angestoßen werden. Viertens schließlich begünstigen jene Methoden Entwicklungsfortschritte, bei denen die Schülerinnen und Schüler mit unterschiedlichen Vorstellungen* **gemeinsam** *zu tun bekommen.«*[211]

---

211 Schweitzer u.a. 1995, 180.

Diese Dimension elementarisierender Unterrichtsplanung ist 1995 angedacht und wird von Schweitzer in den folgenden Jahren weiter bedacht.[212]

Der Tübinger Ansatz hat in der Folgezeit die Elementarisierung auf weitere wichtige Fragestellungen des Religionsunterrichts erweitert. So kommen zu den Themenbereichen »Gleichnisse«, »Gottesfrage« und »Gerechtigkeit« im Jahr 2002 Kriterien für eine konfessionell-kooperative Didaktik hinzu.[213]

Eine wesentliche Erweiterung des thematischen Spektrums erfolgt durch die neueste Veröffentlichung »Elementarisierung im Religionsunterricht«.[214] Das Problem der Theodizee, das Verhältnis von Schöpfungsglaube und Naturwissenschaften, Aspekte einer »Erziehung nach Auschwitz«, Friedenserziehung, die theologisch zentrale Frage der Rechtfertigung, interreligiöses Lernen in der Grundschule und Jesus-Bilder bei Jugendlichen zeigen, wie hilfreich das religionsdidaktische Modell der Elementarisierung bei der vorbereitenden Erschließung von religionspädagogisch relevanten Themen ist.

Zusammengefasst ist der Tübinger Ansatz geprägt durch das Bemühen, das didaktische Prinzip der Elementarisierung eng mit der Praxis des alltäglich zu haltenden Religionsunterrichts zu verknüpfen. »Religionsunterricht und Entwicklungspsychologie« wertet Unterrichtsstunden aus und will helfen, Religionsunterricht kompetent und nachvollziehbar vorzubereiten. Das Kapitel 5 »Elementarisierung als Modell der Planung von Unterricht« (S. 165–183) eignet sich bestens für schulpraktische Seminare, so dass Referendarinnen und Referendare wissenschaftlich fundiert und zugleich praxisorientiert Hinweise zur Vorbereitung von (Religions-) Unterricht erhalten. Allerdings soll nochmals betont sein: Auch die sorgfältigste Vorbereitung von Unterricht will und kann nicht über die Schülerinnen und Schüler sowie den Unterrichtsprozess verfügen.

»Das Buch richtet sich an die Praxis. Es ist ein Plädoyer für einen Unterricht, in dem Überraschungen möglich sind, und zwar sowohl für die Kinder und Jugendlichen als auch für diejenigen, die diesen Unterricht erteilen. Vielleicht kann man auch noch einen Schritt weitergehen und von Überraschungen für Theologie und Religionspädagogik sprechen. Denn ein solcher Religionsunterricht schließt auch für diese Neues ein –

---

212 Vgl. bes. Kap. III. 1.
213 Schweitzer, F./ Biesinger, A.: Gemeinsamkeiten stärken – Unterschieden gerecht werden; Freiburg/Gütersloh 2002, 160–168.
214 Schweitzer, F. (Hg.): Elementarisierung im Religionsunterricht; Neukirchen-Vluyn 2003.

Entdeckungen, neue Fragestellungen und manchmal sogar neue Antwortmöglichkeiten.«[215]

2.3.3 Elementarisierung als fragmentarischer Prozess (Dietrich Zilleßen)

Die Veröffentlichung »religion elementar« von Zilleßen/Gerber[216] ist als Prototyp für ein Schulbuch der Sekundarstufe I, genauer: die Klassenstufe 7/8, gedacht. Die erste Hälfte des Buches stellt die Konzeption der Autoren dar, der zweite Teil veranschaulicht die Theorie mit sechs Kapiteln. Kontrastierend angeordnete anthropologische Grunderfahrungen sind der Ausgangspunkt des Lernens: lachen – weinen, reden – schweigen, essen – trinken, sehen – hören und geben – nehmen (S. 82–160). Im Umgang mit diesen Grunderfahrungen können *»heilsame«* Lebensmöglichkeiten neu wahrgenommen werden.

»Was heilsam ist, wird nicht auf der Ebene menschlicher Bedürfnisse, sondern auf der Ebene des humanen Begehrens, nämlich der unbenennbaren Sehnsucht nach tiefer menschlicher Kommunikation entschieden. Begehren (der stumme Wunsch) ist die Tiefendimension unserer Bedürfnisse.«[217]

Zilleßen/Gerber geht es nicht um die Quantität (religiöser) Lerninhalte, sondern um eine exemplarische Durchdringung von Grunderfahrungen, die hinter die Fassade der Bedürfnisse dringt und den Lernenden hilft, ihr Leben auf der Ebene des Begehrens zu erahnen. So sind heilsame Gestaltungsmöglichkeiten neu zu entdecken und Zilleßen gelangt zu einer anthropologisch zugespitzten Definition von Elementarisierung:

»Elementarisierung bedeutet: ... die vielfältigen Inhalte qualitativ strukturieren, in den vielfältigen menschlichen Bedürfnissen die Tiefendimension eines unbenennbaren Begehrens nach humaner Kommunikation zu ent-decken. Elementares Lernen heißt: grundlegend fragen lernen, also Basis- und Schlüsselfragen gewinnen und sich in den Fragen entschieden, aber nicht unumstößlich festlegen, auch wenn die Probleme meist komplex und uneindeutig sind.«[218]

Kurz zusammengefasst definiert Zilleßen Elementarisierung als *»Prozess religiösen Lernens, der zwar Inhalte gewinnt, aber sie auch wieder*

---

215 Schweitzer u.a. 1995, 9.
216 Zilleßen, D. / Gerber, U.: Und der König stieg herab von seinem Thron; Frankfurt 1997.
217 Ebd., 10.
218 Ebd., 9.

verlieren darf.«[219] Der Religionsunterricht löst sich nicht in individualistische Beliebigkeit der Positionen auf. Er will zu begründeten Entstehung eigener Positionen beitragen und gleichzeitig deren kontextuelle Bedingtheit bewusst machen.

»Um riskante Entscheidungen des Unentscheidbaren kommen wir auch theologisch nicht herum. Sie beinhalten stets ein Moment des Konfessorischen. Es sind Lernentscheidungen im Kontext eines experimentellen Lernstils, einer experimentellen Lernkultur, die nicht auf moralistische Sicherungen des Humanen erpicht ist. Gerade deshalb ist Pluralität nicht die Alternative zum Fundamentalismus. Pluralität ist ein Wert. Aber Elementarisierung als Lernentscheidung ermutigt auch zur Position, zur Auseinandersetzung, zum Widerspruch, zur Konfession, zum Konsens und Dissens.«[220]

In der grafischen Ausgestaltung des Schulbuches fällt eine ausgesprochen künstlerische und spielerische Präsentation mit modernen Bildern und ungewöhnlichen, zum Teil provozierenden Fotografien auf. Oft münden die einzelnen Aufgaben in einer kreativen Gestaltung des Vorgegebenen. Farblich herausgehoben ist die »Tradition im Kasten« jeweils unten in der Mitte einer Doppelseite. Ziel ist eine spielpädagogische Umsetzung bzw. eine kreative Umgestaltung der Tradition in heutige Lebenswelten hinein, die maßgeblich zu einer Verlangsamung von Lernprozessen beiträgt.

»Religion elementar ermuntert nicht, vertraute Traditionen zu ignorieren, sondern mit ihnen spielerisch umzugehen. In diesem (auch anstrengenden) Spiel werden beständigere Verbindungen zur Tradition geknüpft als durch reine Trainingsprogramme zur Einübung feststehender Werte und Normen.«[221]

Der Titel »... und der König stieg herab von seinem Thron« verdeutlicht, dass der Tradition keine Machtposition per se zukommt. Sie wird durch die Erfahrungen des Einzelnen verifiziert, falsifiziert oder meist zwischen beidem modifiziert und aktualisiert. Der König von Ninive ist das Vorbild. Er hört auf die Bußpredigt des Propheten Jona und steigt freiwillig herab von seinem Thron.

»Wo es scheinbar nichts mehr zu hoffen gibt, ändert er seine Haltung und verlässt seinen Sitz, um sich ›in die Asche‹ zu setzen. Gerade in dieser Bewegung entspricht er Gott, der sich bewegen lässt, der sich herablässt. Auch der Höchste steigt vom Thron herab. Aber nicht nur das: er schwankt auch noch. Jona will dem schwankenden Gott sein

219 Ebd., 41.
220 Zilleßen, D.: Lernentscheidungen: Elementarisierungen im Religionsunterricht; in: ZPT 3/2000, 261.
221 Zilleßen/ Gerber 1997, 5.

Vertrauen entziehen. Der König von Ninive setzt auf ihn: ›Vielleicht schwankt Gott noch mal; vielleicht ist er nicht so konsequent‹.«[222]

Das Schwankende zeigt sich auch in der Konzeption dieses Schulbuches. Einerseits muss ein gedrucktes Werk sich festlegen, indem es Texte und Bilder auswählt, Aufgaben stellt und Verbindungslinien zur Tradition andenkt. Andererseits will es sich »*korrigierbar festlegen.*«[223] Zilleßen geht von den Jugendlichen und deren Erfahrungen in ihrer Lebenswelt aus. Doch die lebensgeschichtlichen Situationen und gesellschaftlichen Gegebenheiten unterliegen einem steten Wandel, deshalb muss auch der Glaube ein äußerst beweglicher Glaube sein.

»*Das Leben enthält keine vorgegebene mythische Grundstruktur, der sich Glaubende nur anzupassen hätten. Leben verwirklicht sich in der Dialektik von Finden und Erfinden; es muss gefunden und erfunden, ›aus Glauben und im Glauben‹ immer wieder neu strukturiert und in diesem Sinne elementarisiert werden.*«[224]

Elementarisierung wird zu einem fragmentarischen Prozess des Individuums zwischen Finden und Erfinden, zwischen (Re-) Konstruktion und Dekonstruktion, zwischen Tradition und Situation.

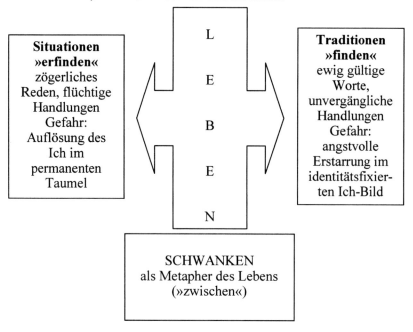

---

222 Ebd., 19.
223 Ebd., 9.
224 Ebd., 22.

2. Elementarisierungsansätze in der Religionsdidaktik nach 1945

Allerdings kann sich in Zilleßens Ansatz zur Elementarisierung eine andere Gefahr einschleichen: kaum ist der König von seinem Thron herabgestiegen, wird der leer gewordene Platz vom Schwankenden selbst eingenommen. Die Dogmatik spielt keine Rolle mehr und die Bezüge zur Tradition sind eher kontingent. Die poetische Sprache des Buches fasziniert, aber sie ist theologisch nur noch bedingt ausweisbar. Der für viele Schwankungen offene Ansatz weitet Räume. Aber wie gelingt es Lehrenden, in diesen Freiräumen Lernziele didaktisch sinnvoll strukturiert anzustreben?

Keine Frage: Der Entwurf von Zilleßen stellt hohe Anforderungen an die Lehrerinnen und Lehrer. Sie sind herausgefordert, Glauben kreativ und flexibel ins Spiel zu bringen. Unterricht wird zu einem didaktischen Spiel, in das sich Lehrende und Lernende mit wechselnden Impulsen einbringen. Unterricht gleicht einer Collage. Wer aber sichert die Stringenz des Unterrichts? Inwiefern verschmelzen die unterschiedlichen Impulse und Einheiten zu einem kommunikablen Konzept für den Religionsunterricht?

Erstaunlich ist, dass trotz anthropologischer Orientierung des Ansatzes entwicklungspsychologische Vorüberlegungen keine größere Rolle spielen. Bietet sich zum Beispiel für die vorgeschlagenen sechs Unterrichtseinheiten eine altersgemäße Abfolge an? Im theoretischen ersten Teil des Schulbuches ist eine Gesamtkonzeption von den Autoren durchaus angedacht:

»*Auf der Stufe 5/6 ist* **elementares Wahrnehmen** *das Leitthema. Wir nehmen wahr, indem wir unterscheiden. Wir grenzen eines vom anderen ab. ... Das Leitthema 5/6 als frühe Möglichkeit nichtideologischer Wahrnehmung bereitet sozusagen den Boden, um eigene* **Positionen und Bewegungen** *(Leitthema für die Stufe 7/8) zu gewinnen. Dieses Thema wird im vorliegenden Einführungsband in das Konzept* **Religion elementar** *erarbeitet und weiter entfaltet. ... Das Leitthema elementaren Lernens auf der Stufe 9/10 ist das Thema* **Lebensentwürfe**. *Die Unterrichtseinheiten für 9/10 führen den Weg von 5/6 (elementares Wahrnehmen) über 7/8 (eigene Positionen und Bewegungen finden) weiter. In 9/10 geht es darum, konkrete Lebens- und Sinnkonzepte zu erörtern und gestalten. In ihnen sind sowohl elementares Wahrnehmen wie Positionsbestimmung integriert. Keineswegs werden sich Wahrnehmen ohne Positionsbestimmung und Positionsbestimmung ohne Lebensentwurf verwirklichen lassen. Aber auf den einzelnen Stufen ist jeweils ein besonderer Akzent gesetzt, mit dem ein wichtiger Aspekt elementaren Lernens altersgemäß verdeutlicht wird.*«[225]

---

225 Zilleßen/ Gerber 1997, 13f.

Die Stufung der drei Schulbücher für die Sekundarstufe I ist bei Zilleßen wahrnehmungstheoretisch und neostrukturalistisch begründet. Es geht ihm um eine phänomenologische Erfassung der Lebenswelt. Dabei ist Leben geschichtlich und fließend. Entwicklungspsychologische Stufungsmodelle dagegen stehen – in der Sicht von Zilleßen – in der Gefahr, individuelle Entwicklungen zu generalisieren und damit in gewisser Weise auch zu normieren.

»Wer Spielräume arrangiert, muss sich weniger um entwicklungspsychologische Stufen kümmern.«[226]

Denn diese Stufen können dem Einzelnen nur »in etwa« gerecht werden. Zudem befürchtet Zilleßen, sie könnten im Sinne einer Verfügungsdidaktik missbraucht werden, um die Lernenden im Blick auf das angestrebte Unterrichtsziel umso sicherer manipulieren zu können. Zilleßen sieht im unverfügbaren Individuum das Zentrum seines Elementarisierungsansatzes.

Die Individualisierung dieses Ansatzes von Elementarisierung zeigt sich auch darin, dass die Kirche als Institution in »religion elementar« überhaupt nicht in den Blick kommt. Die Dimension der (Klassen-) Gemeinschaft bleibt ebenfalls weitgehend außen vor. Der individuelle Prozess elementaren religiösen Lernens ist entscheidend.

»Religion (ist) zwar auf die Herausarbeitung von Inhalten (Gehalten, Elementen etc.) bezogen, aber sie darf sich nicht auf sie fixieren. Sie müsste sonst einen imaginativen Halt gegen die Haltlosigkeit, Unsicherheit, Relativität des Bewusstseins oder des Konsenses setzen. In Identifikation und Ent-Identifikation, in Einheitssuche und Differenzierung, in Position und Negation, in Gewinnen- und Verlieren-können bildet sich Religion als Prozess aus. Sie artikuliert sich als Strukturphänomen. Sie ist Fähigkeit und Bereitschaft (Vertrauen), sich zu binden und sich zu verabschieden, sich einzulassen auf den Wechsel von Stehen, Liegen, Aufstehen, auf das Sterben als Bedingung des Lebens.«[227]

Allerdings ist das Leben des Einzelnen nicht völlig losgelöst vom gesellschaftlichen Kontext zu sehen. Zilleßen will keine individualistische, gar solipsistische Didaktik, die sich ausschließlich an den Erfahrungen der Schülerinnen und Schüler orientiert. Das Leben des Einzelnen schwankt vielmehr zwischen Situation und Tradition. Lebenserfahrungen haben eine individuelle und eine gesellschaftliche Dimension!

---

226 Ebd., 35.
227 Zilleßen, D.: Elementarisierung theologischer Inhalte oder elementares religiöses Lernen?; in: Hilger/Reilly (Hgg.): Religionsunterricht im Abseits?; München 1993, 37.

»Jede Erfahrung (enthält) zugleich Rückgriff und Vorgriff: Rückgriff auf Bestehendes, auf Überlieferung und Tradition; Vorgriff auf Ungesichertes, Zukünftiges, Utopisches. In allem aber ist sie bedingt durch die gesellschaftliche Situation, in der der Mensch sich befindet. Erfahrung und Praxis gehören wesentlich zusammen. Erfahrung ist niemals voraussetzungslos, sondern nur im Raum von Tradition möglich.«[228]

Religion soll zum einen keineswegs privatisiert werden und der Anpassung an gesellschaftliche Gegebenheiten dienen. Vielmehr muss elementarer Religionsunterricht im kritisch-konstruktiven Sinne gesellschaftlich orientiert bleiben.

Christliche Traditionsinhalte sollen zum anderen nicht privatisiert und entpolitisiert werden. Dies gilt gerade auch dann, wenn das Ästhetische in Zilleßens Ansatz der Elementarisierung große Beachtung hat.

»Poetische Gestaltung und Wahr-Nehmung der Lebenswelt sind fähig, lebensweltliche Gegebenheiten umzustrukturieren: Die Lebenswelt wird als Formproblem wahrgenommen; Distanz wird möglich zu inhalts- und bedürfnisfixierten Erfahrungen. Aber niemals kann poetische Distanz einen Ort außerhalb der Lebenswelt und Lebensgeschichte erreichen, ohne die Subjektivität zu zerstören. Es gibt keine unbeteiligten Zuschauer. Recht verstanden bedeutet Ästhetisierung nicht Entpolitisierung.«[229]

2.4 Sara – ein Schulbuchvergleich
Oder: Wie wird Elementarisierung konkret?

Die drei vergleichend vorgestellten aktuellen Ansätze zur Elementarisierung habe ich zunächst auf der Ebene didaktischer Theorie formuliert. Die Nagelprobe für einen Ansatz zur Elementarisierung ist allerdings dessen unterrichtspraktische Umsetzung. Deshalb will ich anhand eines Schulbuchvergleichs exemplarisch aufzeigen, wie die Unterschiede der Ansätze in der praktischen Umsetzung aussehen.

Ich wähle Schulbücher, die dem Erlanger bzw. Kölner Ansatz zuzuordnen sind, als Vergleichspunkt. Zu vermuten wäre, dass im ersten Schulbuchausschnitt die biblische Tradition identitätsstiftend im Mittelpunkt steht, während im zweiten die heutige Lebenswelt der Schülerinnen und Schüler dominiert und eher vage Hinweise auf die »Tradition im Kasten«[230] zu finden sind.

---

228 Zilleßen, D.: Art. Glaube und Erfahrung; in: ders.: religionspädagogisches werkbuch; Frankfurt 1972, 181.
229 Zilleßen, D.: Elementare Erfahrungen im Religionsunterricht; in: Heumann, J. (Hg.): Freiheit und Kritik (FS für S. Vierzig); Oldenburg 1992, 32.
230 Zilleßen/ Gerber 1997, 31f.

Inhaltlich mache ich den Vergleich an Sara fest, einer beeindruckenden Frau der Hebräischen Bibel (vgl. 1. Mose 12- 23). Sie ist eine außerordentlich schöne Frau, zieht mit ihrem Mann in die Fremde, bleibt lange kinderlos, ehe ihr schließlich doch noch – im hohen Alter – ein Sohn geschenkt wird.

»**Frauen brechen auf**« – Versöhnung lernen 9/10 (I. Baldermann)

Da es zum Erlanger Ansatz meines Wissens (noch) kein Schulbuch gibt[231] greife ich auf ein Schulbuch zurück, das in einem ähnlichen Verständnis von Elementarisierung gegründet ist. Ingo Baldermann, einer der geistigen Väter dieser Schulbuchreihe für die Sekundarstufe I vertritt eine biblische Didaktik, die davon ausgeht, dass sich die Bibel selbst elementarisiert. Wer sensibel den elementaren Sprachformen der biblischen Texte nachspürt, entdeckt gemeinsam mit seinen Schülerinnen und Schülern diese implizite Form der Elementarisierung. Baldermann arbeitet fünf elementare Strukturen der biblischen Texte heraus: die Sprache der Ermutigung (Verheißungen), die Sprache der Menschlichkeit (Gebote), die Sprache der Angst (Klage und Bitte), die Sprache der Freude (Lob und Dank) und die Sprache der Einsicht (Sprichwörter und Formeln).[232] Besonders eindrücklich zeigt Baldermann am Beispiel der Psalmen, wie sein Weg der elementaren Bibeldidaktik unterrichtspraktisch verwirklicht werden kann.[233] Mit didaktischem Spürsinn für die elementaren Sprachformen kann ein Weg vom ganz Einfachen zum immer Komplexeren in den unterschiedlichen Bibeltexten selbst entdeckt werden. Baldermann ist davon überzeugt: Bibel- und Schülerorientierung sind kein unüberbrückbarer Gegensatz! Biblische und lebensweltliche Erfahrungen vermögen sich gegenseitig zu erhellen.

»Ein Satz der Bibel, der mir immer nur fern und fremd war, wird angesichts bestimmter Erfahrungen schlagend deutlich; ganze Passagen, die mir immer stumm blieben, werden im Lichte neuer Begegnungen ungeheuer beredt; allzu bekannte Worte, die schon Gemeinplätze erscheinen, sprechen auf einmal mit scharfer Pointe. Nicht nur lässt die Sprache der Bibel mich manche Erfahrungen besser verstehen, sondern umgekehrt lassen auch meine Erfahrungen mich die Bibel neu und anders verstehen.«[234]

231 Es wäre wohl auch eher ein auf heutige Bedürfnisse zugeschnittener Katechismus, ein Lehrbuch für den Konfirmandenunterricht. Aktuelle Veröffentlichungen in diese Richtung sind z.B.
 – Lübking, H.-M.: Neues Kursbuch Konfirmation; Düsseldorf 2000.
 – Starck/ Hahn/ Szepanski-Jensen/ Weber: Grundkurs KU; Gütersloh 2004.
 – Ebinger/Hinderer/Wildmuth: Anknüpfen – Praxisideen für die Konfirmandenarbeit; Stuttgart 2005.
232 Baldermann, I.: Einführung in die Bibel; Tübingen ^{4}1993 (1988), 30–59.
233 Baldermann, I.: Wer hört mein Weinen?; Neukirchen-Vluyn 1986.
234 Baldermann ^{4}1993, 28.

Die von Baldermann verantwortete Reihe setzt sich aus drei Schulbüchern zusammen: »Hoffnung lernen« für die 5./6. Jahrgangsstufe, »Gerechtigkeit lernen« für die 7./8. Jahrgangsstufe und »Versöhnung lernen« für die 9./10. Jahrgangsstufe.
Sara kommt im dritten Band für die Klassenstufe 9/10[235] vor. Im Kapitel »Da zog Abraham aus – gehen, wo noch kein Weg ist« (S. 54–71) wird Sara und ihrer ägyptischen Magd Hagar eine Doppelseite gewidmet. Es geht in Zusammenhang des Kapitels um den Aufbruch Abrahams damals und wie Gott auch heute auf neuen Wegen mitgeht, es geht um die verbindende Bedeutung des Erzvaters für Juden, Christen und Muslime im heutigen Nahen Osten und Chancen einer Versöhnung (Titel!) durch die Besinnung auf die gemeinsame Herkunft und es geht ausführlich um die schwierige Geschichte von der Bereitschaft Abrahams, seinen einzigen Sohn Gott zu opfern.

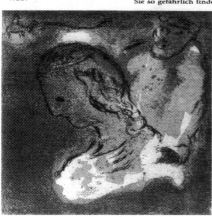

Bild 3:
Frauen brechen auf[236]

235 Religion 9/10: Versöhnung lernen; Stuttgart 1997.
236 Ebd., 60f.

Die Doppelseite, die sich auf Sara bezieht, ist mit »Frauen brechen auf – Sara und Hagar« überschrieben. Das Layout ist auffällig und beim ersten Lesen gewöhnungsbedürftig: gelb unterlegt in der Mitte der Doppelseite steht der Haupttext. Kleine erläuternde Texte oder Aufgaben finden sich am Rand. Diese Darstellungsform ist dem Talmud entlehnt. Auch dort ist der Text der Hebräischen Bibel in der Mitte und am Rand stehen die Glossen berühmter Rabbinen zur jeweiligen Bibelstelle. Neben die Texte haben die Schulbuchautoren ein Bild von Marc Chagall gestellt: »Abraham und Sarah« (1956). Im Vordergrund steht Sara, in sich gekehrt und mit dem Rücken zu Abraham. Dieser tritt im Hintergrund aus der Dunkelheit heraus. Seine linke Hand berührt sanft ihre Schulter, als wolle er sagen: »Komm doch mit!« Im Hintergrund ist ein Kamel auf dem Weg durch die Wüste zu erkennen.

Die Doppelseite beginnt mit einer Überraschung! Der erste Text ist eine – nicht gehaltene – Rede, die eine deutsche Lehrerin an eine Kollegin richtet. Sie hat sich entschlossen, mit ihrem Mann von München nach Izmir zu ziehen und stößt mit dieser Entscheidung auf großes Unverständnis ihrer Kollegin. Das wesentliche Argument der Lehrerin ist: Leben muss aus dem Planbaren ausbrechen und Neues wagen, damit es nicht erstarrt. Deshalb bricht sie auf. Die Verfremdung der biblischen Tradition durch eine vergleichbare heutige Situation steht am Anfang!

Zum Aufbruch heute wird auf der zweiten Seite die biblische Geschichte von zwei starken Frauen, Sara und Hagar (1. Mose 16), parallelisiert. Allerdings verwenden die Schulbuchautoren nicht die biblische Fassung der Geschichte als Vorlage, sondern die erweiterte jüdische Erzähltradition des Talmuds. Hagar bricht in diesem Kapitel zweimal auf: einmal in einer Mischung aus Stolz und Verzweiflung, weil sie Demütigungen ihrer Herrin nicht mehr erträgt und dann, weil sie von ihrer Herrin vertrieben und in die Wüste geschickt wird.

»Sara bedrückt und erniedrigt … Hagar, die werdende Mutter – und das so sehr, dass diese die Situation schließlich für unerträglich hält. Ihre Stärke erträgt die Stärke der Anderen nicht. Ihr Stolz bäumt sich gegen den Stolz der Anderen auf. Sie entflieht der Hand der Herrin, sie ›emanzipiert‹ sich. Sie flieht in die Freiheit.
Indessen, der Weg in die Freiheit ist konkret ein Weg in die Wüste. Und in der Wüste kann man, wenn man auf sich selbst gestellt ist, nicht überleben. Wenn man Glück hat, findet man – wie Hagar – eine Wasserquelle. Aber die Wasserquelle macht eigentlich alles nur noch schlimmer. Denn sie gibt gerade soviel her, wie man braucht, um zu merken, was fehlt. Und nur zu leicht kann auch diese Quelle versiegen. Sie hilft für den Augenblick, aber nicht darüber hinaus. Hagar weiß das … Die sich emanzipierende Hagar wird zu einer in jeder Hinsicht einsamen Frau. Niemand sieht sie, niemand hört sie, niemand spricht mit

ihr. Der Weg in die Freiheit hat sie in eine wüste Einsamkeit geführt.«[237]

Zwei Texte am Rand, eine Frage von Martin Stöhr und ein Gedicht von Hilde Domin vervollständigen die Doppelseite. Die Aufgaben setzen unterschiedliche Schwerpunkte: Erfassen der Aufbruchsmotive in der Rede der Lehrerin, eigene Aufbruchs-Geschichten von Frauen entdecken, das Gedicht mit den beiden Haupttexten in Beziehung setzen, sich über die Bedeutung des elterlichen Segens für ein jüdisches Mädchen Gedanken machen. Besonders kreativ scheint mir die Aufgabe, den biblischen Text (1. Mose 16,1–16) mit verteilten Rollen zu lesen und die möglichen Gefühle der Personen einzufügen. Diese Aufgabe setzt ein Textblatt mit der biblischen Originalgeschichte sowie Leerstellen voraus, die Raum für eigene Gedanken bieten. Schließlich soll zusammenfassend das Schicksal der drei Frauen verglichen werden. Im Lehrerband zum Schulbuch[238] finden sich weitere didaktische Hinweise, wie ein Transfer der Aufbruchgeschichte von Frauen in heutige Fragestellungen angebahnt werden kann.
Im Zusammenhang des Kapitels bietet sich ein geschlechtsspezifizierender Vergleich an: Ist der Aufbruch von Frauen anders als der von Männern? Hier ließe sich gut das Bild von Chagall als Ausgangsmedium für die Diskussion einsetzen. Auch könnte Hagars Schicksal mit dem Schicksal vieler Frauen in der Dritten Welt in Beziehung gesetzt werden: Prostitution als letzte Chance, Leben zu erhalten? Ein Aspekt interreligiösen Lernens ist die Bedeutung des Brunnens Semsem in der Hagar-Geschichte und bei der muslimischen Wallfahrt nach Mekka. Im ethischen Bereich ließe sich über Kinderlosigkeit heute und die Möglichkeiten und Probleme von Leihmutterschaft diskutieren. Saras Lachen – einmal bitter und ungläubig, dann dankbar – könnte ebenfalls im Mittelpunkt der Bearbeitung stehen (s.u.). Schließlich könnte eine Parallele zwischen Altem und Neuem Testament aufgezeigt werden: Gott tut das scheinbar Unmögliche und schenkt ein Kind, einmal der alten Stammesfürstin Sara und dann dem noch jungen Mädchen Maria. Je nach Klasse mag sich eine dieser zusätzlichen Ideen anbieten. Der Duktus der beiden Schulbuchseiten aber geht dahin, den Aufbruch von Frauen heute und einst als Bereicherung von Lebensmöglichkeiten wahrzunehmen.

Bei der Gestaltung des Themas »Sara« in »Versöhnung lernen« fällt formal und inhaltlich der starke Bezug zur jüdischen Tradition auf. Das ist kein Zufall, sondern Ergebnis der Konzeption Baldermanns. Er geht

---

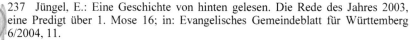
237 Jüngel, E.: Eine Geschichte von hinten gelesen. Die Rede des Jahres 2003, eine Predigt über 1. Mose 16; in: Evangelisches Gemeindeblatt für Württemberg 6/2004, 11.
238 Religion 9/10: Versöhnung lernen – Lehrerband; Stuttgart 1998, 51f.

von der elementaren Bedeutung des jüdischen Glaubens für den christlichen aus und weist immer wieder auf dessen jüdischen Wurzeln hin. Aber sowohl im Schul- als auch im Lehrerhandbuch wird der Transfer der Tradition in die Lebenssituation vielfältig bedacht. Im Haupttext beginnen die Aufbruchgeschichten bei Frauen von heute, Frauen, die sich z.b. als Mitteleuropäerinnen in ein islamisches Umfeld begeben und damit sich mit ganz anderen Lebensformen konfrontiert sehen. Ich denke, den Schulbuchautoren ist die Balance zwischen Tradition und Situation gut gelungen.

»Warum lacht denn Sara?« – religion elementar (Zilleßen/Gerber)

Das Unterrichtskonzept »religion elementar« von Zilleßen/Gerber habe ich in seiner didaktischen Konzeption oben skizziert (vgl. II. 2. 3. 3). Jetzt analysiere ich die Präsentation der biblischen Person Sara im Praxisteil des Schulbuches.
Gedacht ist die Sequenz für die Klassenstufe 7/8, also etwa zwei Jahre früher als im Unterrichtswerk »Versöhnung lernen«. Der Abschnitt zu Sara bildet den Abschluss des Kapitels »lachen – weinen« (S. 108–121) und umfasst sechs Seiten (S. 116–121).
Auf der ersten Doppelseite geht es um das Spannungsfeld »Tod – Friedhof – weinen« versus »Fest – Tanz – lachen«. Beerdigungsbräuche anderer Länder werden angedeutet, um die Einlinigkeit eigene Erfahrungen zu durchbrechen und das Lachen im Weinen zu erahnen. Ein modernes Gemälde und zwei Fotografien veranschaulichen und vertiefen den Text. Von Sara ist – außer in der Teilüberschrift – nicht die Rede.
Auf der dritten Seite ist der biblische Text aus 1. Mose 18,1–16 abgedruckt. Am Rand steht eine Kette gleichförmiger Fragen: »Warum lacht denn Sara? ... Warum lacht denn Britta?«
Die Überschrift auf der ersten Doppelseite ist in Anführungszeichen und mit Fragezeichen gesetzt, auf der dritten Seite des Teilkapitels fehlt beides. Die erste und dritte Aufgabe dieser Seite sichern das Verständnis des biblischen Textes ab.[239]

---

[239] Die Versangabe in der dritten Aufgabe dieser Seite macht wenig Sinn, da der Bibeltext selbst ohne Gliederung in einzelne Verse wiedergegeben ist.

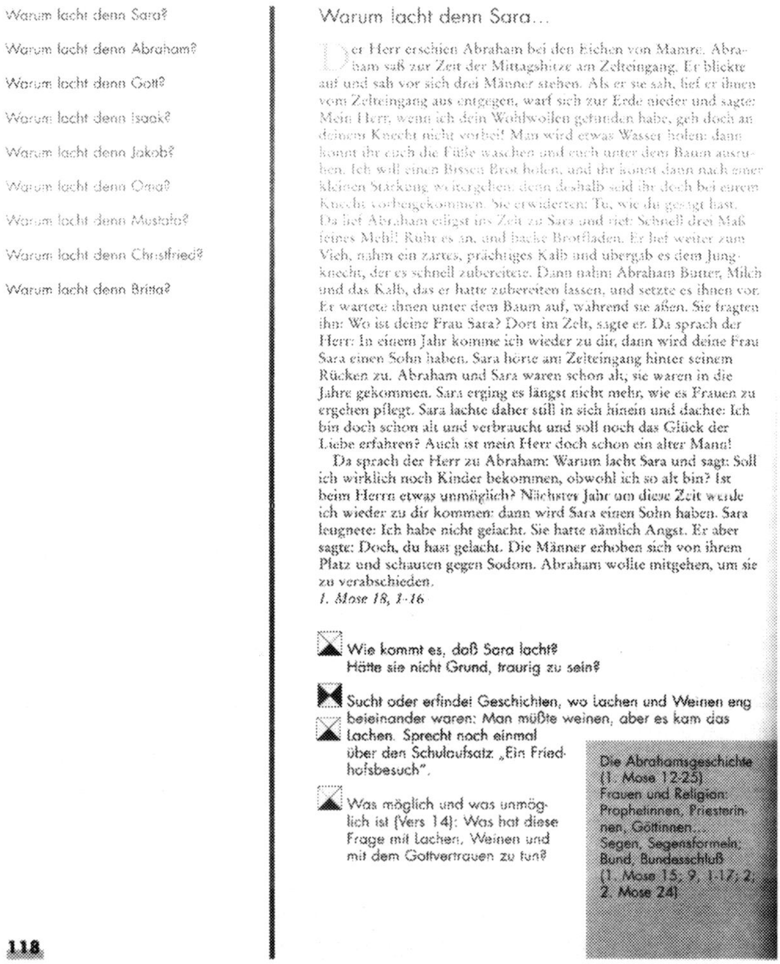

2. Elementarisierungsansätze in der Religionsdidaktik nach 1945 223

> Warum lacht denn Sara?
> Warum lacht denn Abraham?
> Warum lacht denn Gott?
> Warum lacht denn Isaak?
> Warum lacht denn Jakob?
> Warum lacht denn Oma?
> Warum lacht denn Mustafa?
> Warum lacht denn Christfried?
> Warum lacht denn Britta?

> Warum lacht denn Sara...
>
> Der Herr erschien Abraham bei den Eichen von Mamre. Abraham saß zur Zeit der Mittagshitze am Zelteingang. Er blickte auf und sah vor sich drei Männer stehen. Als er sie sah, lief er ihnen vom Zelteingang aus entgegen, warf sich zur Erde nieder und sagte: Mein Herr, wenn ich dein Wohlwollen gefunden habe, geh doch an deinem Knecht nicht vorbei! Man wird etwas Wasser holen; dann könnt ihr euch die Füße waschen und euch unter dem Baum ausruhen. Ich will einen Bissen Brot holen, und ihr könnt dann nach einer kleinen Stärkung weitergehen; denn deshalb seid ihr doch bei eurem Knecht vorbeigekommen. Sie erwiderten: Tu, wie du gesagt hast. Da lief Abraham eilends ins Zelt zu Sara und rief: Schnell drei Maß feines Mehl! Rühr es an, und backe Brotfladen. Er lief weiter zum Vieh, nahm ein zartes, prächtiges Kalb und übergab es dem Jungknecht, der es schnell zubereitete. Dann nahm Abraham Butter, Milch und das Kalb, das er hatte zubereiten lassen, und setzte es ihnen vor. Er wartete ihnen unter dem Baum auf, während sie aßen. Sie fragten ihn: Wo ist deine Frau Sara? Dort im Zelt, sagte er. Da sprach der Herr: In einem Jahr komme ich wieder zu dir, dann wird deine Frau Sara einen Sohn haben. Sara horte am Zelteingang hinter seinem Rücken zu. Abraham und Sara waren schon alt, sie waren in die Jahre gekommen. Sara erging es längst nicht mehr, wie es Frauen zu ergehen pflegt. Sara lachte daher still in sich hinein und dachte: Ich bin doch schon alt und verbraucht und soll noch das Glück der Liebe erfahren? Auch ist mein Herr doch schon ein alter Mann!
> Da sprach der Herr zu Abraham: Warum lacht Sara und sagt: Soll ich wirklich noch Kinder bekommen, obwohl ich so alt bin? Ist beim Herrn etwas unmöglich? Nächstes Jahr um diese Zeit werde ich wieder zu dir kommen; dann wird Sara einen Sohn haben. Sara leugnete: Ich habe nicht gelacht. Sie hatte nämlich Angst. Er aber sagte: Doch, du hast gelacht. Die Männer erhoben sich von ihrem Platz und schauten gegen Sodom. Abraham wollte mitgehen, um sie zu verabschieden.
> *1. Mose 18, 1-16*
>
> ▲ Wie kommt es, daß Sara lacht?
> Hätte sie nicht Grund, traurig zu sein?
>
> ▲ Sucht oder erfindet Geschichten, wo Lachen und Weinen eng beieinander waren: Man müßte weinen, aber es kam das Lachen. Sprecht einmal über den Schulaufsatz „Ein Friedhofsbesuch".
>
> ▲ Was möglich und was unmöglich ist (Vers 14): Was hat diese Frage mit Lachen, Weinen und mit dem Gottvertrauen zu tun?
>
> Die Abrahamsgeschichte (1. Mose 12-25) Frauen und Religion: Prophetinnen, Priesterinnen, Göttinnen... Segen, Segensformeln; Bund, Bundesschluß (1. Mose 15; 9, 1-17; 2. Mose 24)
>
> 118

Bild 4:
Warum lacht denn Sara ...[240]

Die erste Aufgabe möchte die Ambivalenz von Saras Lachen herausarbeiten. Das entspricht dem ergänzenden Vorschlag im Lehrerband bei Baldermann, das <u>verschiedenartige Lachen der Sara</u> wahrzunehmen. Allerdings liegt hier bei Zilleßen/Gerber der Akzent der Unterrichtsarbeit, was sich aus der thematischen Einbettung ja auch zwingend ergibt. Die zweite Aufgabe ist ein Schreibauftrag. Die Schülerinnen und Schüler sollen eine eigene Geschichte erfinden, in der Lachen und Weinen eng beieinander sind. Dabei verweisen die Autoren zurück auf den

---

240 religion elementar, 118.

Aufsatz »Ein Friedhofsbesuch« der ersten Seite, den eine (italienische) Schülerin geschrieben hat. Der Verweis auf die Tradition im mattrot unterlegten Kasten spannt einen weiten Bogen. Der Bezug zur gesamten Abrahamserzählung ist einleuchtend. Die anderen Bezüge sind allgemein und offen gehalten (z.b. Prophetinnen, Priesterinnen und Göttinnen) und müssten durch zusätzliches Material erschlossen werden.

Die vierte Seite zeigt an Auszügen aus dem Tagebuch der Anne Frank, wie ihr stets fröhliches Lachen durch äußere Umständen zurückgedrängt wird. Gleichzeitig jedoch gewinnt ihr Leben im Versteck über die zwei Jahre des dichten Zusammenlebens mit sieben Familienangehörigen an Tiefe.

Die abschließende Doppelseite wird durch das Verpackungsobjekt eines Heimbewohners in Bethel bestimmt. Das Objekt hat eine lachende Vorderseite und eine ernste Rückseite. Als Beilage zum Schulbuch gibt es Dias, so dass die Erarbeitung des Objektes auch mit deren Hilfe erfolgen kann. Kreativaufgabe ist diesmal, selbst eine Lachcollage anzufertigen. Warum sollen die Lernenden nicht selbst ein Verpackungsobjekt in der Spannung von Lachen und Weinen herstellen? Damit hätten sie das Schwankende künstlerisch bearbeitet und nicht nur eine lachende Fassade hergestellt! Auf diesen Gegensatz zielt die Schlussfrage des Kapitels »lachen – weinen«: Vergleicht (eure Lachcollagen) mit dem Verpackungsobjekt. In welchem Zusammenhang auf dieser Doppelseite die Tradition im Kasten zum Verpackungsobjekt steht, ist noch offener, so dass Lehrende sehr assoziativ damit umgehen können oder sie auch einfach ignorieren. Was Luthers Kampf mit dem Papsttum und das Verpackungsobjekt verbindet erschließt sich nicht ohne weiteres. Ist es Luthers Kritik auf der Romreise 1510 am äußerlichen Prunk, der nicht durch innerliche Frömmigkeit abgedeckt ist, so dass alle Zeremonien zum frommen Spektakel verkommen?

Ein Blick in den Theorieteil des Schulbuches, der zugleich so etwas wie das Lehrerhandbuch darstellt, zeigt die Mittelpunktsstellung des biblischen Textes im Kapitel »Warum lacht denn Sara?«[241] Das Gastmahl der drei fremden Männer bei Abraham (und Sara) soll spielpädagogisch umgesetzt und aktualisiert bzw. neu akzentuiert werden.

»In diesem Buch werden Umgangsformen mit biblischer Überlieferung vorgestellt, die der Bedeutung sinnenhaften Lernens entsprechen und deutlich körper-, spiel- und handlungsbezogen sind.«[242]

Dann öffnen die Autoren einen ganzen Fächer an Möglichkeiten, kreativ mit der biblischen Erzählung umzugehen: ein Familienspiel »Fremde kommen zu Besuch« mit Rollenwechsel; ein Statuentheater (nach A. Boal); stumme Szenen als Standbilder; Kulissenbilder malen; eine ak-

---

241 Zilleßen/Gerber 1997, 46–49 u. 66–69.
242 Ebd., 46.

tuelle Spielszene: »Aufstand im Altenheim« entwickeln; Körperformen von Abraham und Sara herstellen und inhaltlich füllen oder zwei szenische Spiele aus Abrahams und Saras Perspektive vorbereiten. Die kreative Vielfalt ist beeindruckend, aber auch verwirrend, zumal wenn man stärker noch die Impulse des Schulbuches integrieren möchte. Die Scheu vor praxeologischen Rezepten ist Programm, aber für einen Lehrenden äußerst anspruchsvoll, angesichts der knappen Zeit der Vorbereitung oft eine Überforderung.

»Wer genügend frei für kreative Ideen und Arrangements ist, hat in der Regel keine Schwierigkeiten, eigene Erfahrungen in Lernwege für Schüler und Schülerinnen, für den Unterricht insgesamt zu transformieren. Dementsprechend wird hier auch darauf verzichtet, die Projektarbeit mit 1. Mose 18 für ein unterrichtliches Arrangement umzuarbeiten. Die Dokumentation macht viele Anregungen sichtbar.« [243]

Nach meinem Eindruck ist in der Vielfalt der spielpädagogischen Umsetzungsangebote der zentrale Aspekt des Kapitels »lachen – weinen« zu wenig mitbedacht. Es geht in den Umsetzungen um Fragen der Gastfreundschaft, darum dass alte Menschen durchaus noch Lebensperspektiven haben können oder wie unterschiedlich Männer und Frauen ein und dasselbe Ereignis wahrnehmen können. Die Vielfalt kann zur Beliebigkeit führen. Die Stringenz der unterrichtlichen Erarbeitung leidet.

Auswertung des Schulbuchvergleichs

Als erstes Ergebnis dieses Vergleichs ist festzuhalten: der Kontext ist wichtiger als der religionsdidaktische Grundansatz. Bei »Versöhnung lernen« geht es um Aufbruchsgeschichten. Ist der Aufbruch ins Unbekannte für Frauen anders als für Männer? Sara und vor allem Hagar sind Exempel für Frauen, die aus ganz unterschiedlichen Gründen das Vertraute verlassen und sich in die Fremde begeben. In »religion elementar« dagegen ist der Kontrast »lachen – weinen« der Kontext. Entsprechend sind die sechs Seiten des Schulbuches auf die vielen Zwischentöne dieses Kontrastes ausgerichtet.

Als zweites Ergebnis sehe ich den Umstand, dass trotz Unterschieden im Einzelnen so kontroverse Ansätze der Elementarisierung auf der Praxisebene einer Themenpräsentation in Form eines Schulbuches ein hohes Maß an Gemeinsamkeiten aufweisen.
Beiden Schulbüchern gelingt es, in der Sara-Thematik Tradition und Situation eng zu verknüpfen, wobei erstaunlich ist, dass »Versöhnung lernen« einen heutigen Text an den Anfang setzt, während in »religion

243 Ebd.

elementar« der Bibeltext das didaktische Zentrum bildet. Auch verbinden beide Bücher rezeptive und produktive Aspekte des Lernens. Absicherung des Verständnisses der biblischen Tradition und Möglichkeiten der kreativen Aneignung im Lernprozess sind für einen elementarisierenden Unterricht unverzichtbar.
Letztlich wird es eine Frage des persönlichen Stils und auch der didaktischen Kompetenz sein, welches Schulbuch bevorzugt wird. Leichter ist es meines Erachtens, mit »Versöhnung lernen« Unterricht vorzubereiten. Hier ist der Hauptweg klar erkennbar und im Lehrerband sind alternative Möglichkeiten vorgeschlagen. Mit »religion elementar« bekommt der Lehrende eine Fundgrube kreativer Umsetzungsmöglichkeiten angeboten, aber er muss sich darin seinen eigenen Weg bahnen. Der offene Ansatz fördert gewiss Kreativität und Flexibilität. Neue Verbindungslinien zwischen Tradition und Situation blitzen auf. Aber er kann gerade den nicht so kreativen Kollegen auch hilflos stehen lassen, wenn er spannende Begegnungen mit der Tradition inszenieren will.

Diese Auswertungsergebnisse müssten durch weitere Vergleiche abgesichert werden, aber das würde den mir gesetzten Rahmen sprengen. Dennoch scheint es mir plausibel, dass in der Theorie die Kontroverse als das Profilbildende betont wird, während in der praktischen Umsetzung das oft unausgesprochen Gemeinsame stärker zum Tragen kommt und so die theoretischen Differenzen sich relativieren.

2.5 Religionsdidaktisch-systematische Zusammenfassung: Bilanz des Ganges durch die neuere Religionsdidaktik

Das Prinzip der Elementarisierung ist für die Didaktik des Evangelischen Religionsunterrichts nach 1945 zunehmend bedeutsam geworden. Dies ist die Bilanz meines exemplarischen Durchgangs durch die religionspädagogischen Konzeptionen.

Die Konzeption der Evangelischen Unterweisung geht von der Unverfügbarkeit des zu verkündigenden Evangeliums aus und setzt stark theologische Akzente. Elementarisierung als Unterrichtsprinzip spielt keine Rolle, da das Evangelium nicht didaktisiert werden kann und soll. Das Wirken Gottes verschließt sich menschlicher Machbarkeit.
Hugo Gotthart Bloth ist als später Vertreter dieser Konzeption des Religionsunterrichts in seinem Denken eine Ausnahme. Er hebt die Adressaten der Verkündigung mit ihren Verstehensvoraussetzungen und -möglichkeiten ins Bewusstsein der Unterrichtenden. Der von Luther aufgegriffene Aspekt der Laienfrage führt aber letztlich nicht zu einem anthropologisch, sondern einem christologisch zentrierten Religionsunterricht.

In der Konzeption des Hermeneutischen Religionsunterrichts ist Elementarisierung für die Bestimmung der grundlegenden biblischen Texte, die vermittelt werden sollen, ein wichtiges Hilfsmittel der Auswahl. Diese Konzeption steht in engerer Verbindung mit den Sozialwissenschaften und kann deshalb auch die entsprechenden Impulse aus der geisteswissenschaftlichen Pädagogik aufnehmen und für die Religionsdidaktik umsetzen.

»In der Auseinandersetzung mit der bildungstheoretischen Didaktik innerhalb der Geisteswissenschaftlichen Pädagogik wird in der Religionspädagogik der 60er Jahre versucht, das Elementare, Fundamentale und Exemplarische als Kernfragen der Fachdidaktik zu bestimmen. Es geht dabei um die Struktur der Bildungsinhalte und die Kriterien ihrer Auswahl.«[244]

Elementarisierung theologischer Inhalte ist für Hans Stock eine Konzentration auf das Konstitutive des christlichen Glaubens und zugleich eine Konkretion der Grundformel »*Geist Jesu Christi als Motivation und Kriterium christlich-humaner Lebenspraxis*«[245] in das Alltagsleben der Schülerinnen und Schüler.

Karl Ernst Nipkow verschränkt in der Konzeption des problemorientierten Religionsunterrichts mit seinen vier Fragerichtungen der Elementarisierung Bibel- und Problemorientierung. Der Lebenskontext der Schülerinnen und Schüler wird zum wesentlichen Bezugsrahmen biblischer Texte.

»Die Frage nach der Struktur der Inhalte führt in das Zentrum theologischen Denkens. Daher wird in den 70er Jahren das Problem der Elementarisierung vor allem als fundamentaltheologisches Problem bearbeitet. Ohne den Bezug zur strittigen theologischen Wahrheitsfrage aufzugeben, wendet Nipkow mit seinen vier Fragerichtungen einer elementaren Bibel- und Lebensauslegung das Problem wieder in den Horizont der Didaktik.«[246]

Didaktische Fragen bekommen in Nipkows Modell der Elementarisierung im Verhältnis zu theologischen Fragen zunehmend Bedeutung. Planung und Vorbereitung von Religionsunterricht sind professionelle Aufgabe der Lehrkraft und stehen unter einem hohen Anspruch. Entwicklungspsychologische Erkenntnisse fließen in diesen Planungsprozess mit ein und fordern ein intensives Gespräch zwischen Allgemeiner

---

244 Biehl, P.: Didaktische Strukturen des Religionsunterrichts; in: JRP 12 (1995), 199.
245 Stock 1977, 14.
246 Biehl 1995, 199.

Didaktik und Fachdidaktik. Erfahrungshermeneutische Aspekte bestimmen die Unterrichtsplanung.

Die symboldidaktische Konzeption des Religionsunterrichts betont die fokussierende Wirkung von Symbolen. In ihnen konzentrieren sich biblische Erfahrungen und Alltagserfahrungen zu menschlichen Grunderfahrungen. Das Symbol hat eine didaktische Brückenfunktion zwischen Bibel und Alltag. Für Peter Biehl fördern der kreative Umgang mit (Alltags-) Symbolen und die kritische Reflexion auf die biblisch-christliche Überlieferung eine elementare theologische Urteilsfähigkeit.

»Weil das Symbol Sprache der Religion sei, können elementare Symbole den didaktischen Zugang zu den fundamentalen Sachverhalten der Religion garantieren. Gegenüber der Tendenz, Elementarisierung als Strukturierung von objektiven theologischen Gehalten zu verstehen, soll hier das didaktische Programm einer wechselseitigen Erschließung stärker berücksichtigt werden. Dazu soll der Begriff der Erfahrung dienen, insofern Symbole als primär in ontogenetischen, aber auch in phylogenetischen Prozessen geronnene Erfahrungen verstanden werden, die – zu leiblich-seelischen Grundbefindlichkeiten des Menschen geworden – neue eigene Erfahrungen mit den alten fremden ermöglichen.«[247]

Und wie lassen sich die drei aktuellen Ansätze zur Elementarisierung bilanzieren?
Im Zuge der Einführung von Bildungsstandards in die deutsche Schullandschaft[248] hat der Aspekt der Nachhaltigkeit von Lernen eine große Bedeutung gewonnen. Im bildungstheoretischen Kontext stellt der normative Gebrauch von Nachhaltigkeit vor die Frage: Was soll – jenseits der jeweiligen Tagesaktualität – von den Schülerinnen und Schülern bleibend gelernt und gekonnt werden, damit sie an der Gesellschaft partizipieren und sich produktiv in die Fortentwicklung der Gesellschaft einbringen können? Elementarisierung kann helfen, diese Frage zu beantworten. Im Spannungsfeld von Person und Sache, von Situation und Tradition, von Pädagogik und Fachwissenschaft ist dies jeweils neu zu bestimmen. Hierin sind sich die drei zuletzt besprochenen Ansätze der

---

247 Lämmermann, G.: Art. Elementarisierung; in: LexRP 2001,Bd. 1, Sp. 385.
248 Michalke-Leicht, W.: Nachhaltiges Lernen im Religionsunterricht; in: entwurf 2/2004, 19–22.
»Im bildungstheoretischen Kontext richtet sich der Gedanke der Nachhaltigkeit zum einen auf die Grundintention pädagogischen Handelns. Hier werden Entscheidungen über anzustrebende Ziele, Mittel und Methoden hinsichtlich einer Bildung für eine nachhaltige Entwicklung begründet. Daneben lässt sich in diesem Kontext aber auch die Diskussion um die Nachhaltigkeit der Bildungsinhalte selbst einordnen, nämlich die Frage, welcher langfristige Bildungswert einem bestimmten Bildungsinhalt zukommt« (S. 19).

Elementarisierung einig. Elementarisierender (Religions-) Unterricht hat sowohl die didaktische Perspektive auf die Schülerinnen und Schüler als auch die jeweilige fachwissenschaftliche Perspektive zu berücksichtigen. Umstritten ist der Ausgangspunkt der Elementarisierung: Der Kölner Ansatz kann als induktive Elementarisierung bezeichnet werden. Er geht von den Lernenden aus. Ihre Lebenssituation entscheidet die Auswahl der relevanten Inhalte. Der Erlanger Ansatz ist demgegenüber eine deduktive Elementarisierung. Die fachwissenschaftlichen Inhalte haben so großes identitätsstiftendes Gewicht, dass von ihnen auszugehen ist. Als Zusage und Anspruch sind sie auf die Lebenswelt der Schülerinnen und Schüler zu beziehen. Der Tübinger Ansatz steht dazwischen. Er bemüht sich um eine angemessene Gestaltung der Lernprozesse zwischen den Ansprüchen eines Glaubensinhalts und den Bedürfnissen der jeweiligen Schülerinnen und Schüler.

Welche Bedeutung kann das Unterrichtsprinzip der Elementarisierung zukünftig für den Religionsunterricht gewinnen?
Eine der entscheidenden Zukunftsaufgaben des RU wird die Befähigung zum interreligiösen Dialog sein. Eine globalisierte Gesellschaft wird in Bezug auf den Glauben nicht automatisch gleichgültiger werden – und das wäre m.E. auch nicht erstrebenswert! Umso wichtiger ist eine Verständigung der Menschen, die mit unterschiedlichen Glaubensvorstellungen in unmittelbarer Nachbarschaft leben. Dialog aber braucht ein Mindestmaß an Beheimatung und Identität. Das Programm einer Elementarisierung in fundamentaltheologischer Sicht hilft, sich seines Glaubens zu vergewissern und ihn entsprechend konzentriert in den interreligiösen Dialog einzubringen.

»Da zu den Voraussetzungen eines interreligiösen Dialogs die Fähigkeit zu elementarer theologischer Urteilbildung auf der Grundlage einer elementaren Form der Glaubenslehre gehört ist auch das Programm der Elementarisierung in fundamentaltheologischer Hinsicht weiterzutreiben.«[249]

Die Wahrheitsfrage darf dabei im Sinne eines echten und ehrlichen Dialogs nicht ausgeklammert werden.

»Ebenso wenig kann man den Wahrheitsstreit zwischen verschiedenen konkurrierenden Religionen von einer dritten, scheinbar objektiven Warte aus entscheiden. Es gibt religionskundliche Konzepte des Religionsunterrichts, die wegen dieser Schwierigkeit die sog. Wahrheitsfrage ausklammern; dies soll hier nicht geschehen. Man würde den

---

249 Biehl, P.: Didaktische Strukturen des Religionsunterrichts; In: JRP 12 (1995), Religionspädagogik seit 1945 – Bilanz und Perspektiven; Neukirchen-Vluyn 1996, 222.

Ernst von Glaubensfragen und das Interesse von Schülern unterbieten.«[250]

Elementarisierung wird andererseits sich noch stärker um elementare Formen (religiöser) Bildung bemühen müssen, um die zunehmende Erfahrungsarmut in Sachen Glauben ernst zu nehmen. Es lässt sich sinnvollerweise nur über das reden, was Anhaltspunkte im Erleben hat.[251] Ohne Frage sind solche Erfahrungsangebote an der öffentlichen Schule eine schwierige Gratwanderung, aber sie sind unverzichtbar, wenn der Religionsunterricht nicht zum belanglosen »Laber-Fach« degenerieren soll, dessen Abschaffung dann die konsequente Folge wäre. Im konstruktiven dritten Teil meiner Arbeit werde ich am Beispiel der Altersstufe »Pubertät« aufzeigen, wie wichtig elementare Lernformen für das Gelingen religiöser Bildung sind.

---

250 Nipkow, K. E.: Art. Elementarisierung; in: Neues Handbuch religionspädagogischer Grundbegriffe; München 2002, 452.
251 Dieser Aspekt religiöser Erziehung wird verstärkt unter dem Stichwort »performativer Religionsunterricht« diskutiert. (vgl. rhs 1/2002).

III. Konstruktion:
Elementare Lernformen in der Pubertät

1. Die fünfte Dimension: elementare Lernformen

– *Elementare Lernform oder Unterrichtsmethode?*

Da ich im konstruktiven Teil das Unterrichtsprinzip Elementarisierung auf elementare Lernformen fokussiere, soll zunächst geklärt werden, was unter einer elementaren Lernform zu verstehen ist und inwiefern sie sich von einer Unterrichtsmethode unterscheidet.

Eine Unterrichtsmethode bestimmt die konkrete Ausgestaltung der jeweiligen Lektion. Wie kann ich als Lehrer das Zu-Lernende im Unterricht so arrangieren, dass die Schülerinnen und Schüler motiviert sind, sich auf bestimmte Fragestellungen einzulassen, dass sie Freude daran haben, Neues zu entdecken, dass sie es schrittweise und möglichst nachhaltig lernen und dass sie schließlich ihre erworbenen Kompetenzen in einer späteren Lernkontrolle nachweisen können?

»Unterrichtsmethoden werden in einem übergreifenden Verständnis zur **Sammelbezeichnung für alle Wie- und Wegfragen unterrichtlichen Lehrens und Lernens.**«[1]

Meyer möchte die verwirrende Vielfalt des Methodenbegriffs umgehen und führt darum die Bezeichnung »Handlungsmuster« ein:

»Handlungsmuster sind historisch gewachsene, von Lehrern und Schülern mehr oder weniger fest verinnerlichte Formen der Aneignung von Wirklichkeit. Sie haben einen bestimmten Anfang und ein Ende. Sie sind in sich zielgerichtet. Konkreter Unterricht ist eine inhaltliche und methodische Variation der durch die Handlungsmuster vorgegebenen Strukturen.«[2]

Daran anknüpfend definiert Lachmann erweiternd Unterrichtsmethoden als *»***Lehr- und Lernformen**, *Verfahren und Arbeitsweisen, die im Un-*

1 Lachmann ²1996, 18.
2 Meyer ²1988, 127.

terricht verwendet werden, um ein Lernergebnis zu erzielen«[3] (Hervorhebung; M. S.).

Hier sind Lernformen eine unterrichtliche Arbeitsweise dargestellt aus der Perspektive von Schülerinnen und Schülern, also ein Aspekt von Unterrichtsmethoden. Nipkow differenziert die fünfte Fragerichtung im Elementarisierungsmodell in Methoden und Medien einerseits und elementare Formen des Lernens andererseits:

»*Im Laufe der Entwicklung des Konzepts ist schließlich die Frage nach elementaren Methoden/Medien und damit auch ›elementaren Formen des Lernens‹ hinzugefügt worden.*«[4]

Was ist in Abgrenzung zu Unterrichtsmethoden unter »elementaren Lernformen« zu verstehen? Eine angemessene Lernform zu wählen, ist nur ein Teilaspekt von Unterrichtsplanung. Das oben dargestellte Elementarisierungsmodell macht deutlich, dass elementare Lernformen in einem unaufgebbaren Zusammenhang mit elementaren Strukturen, Erfahrungen Zugängen und Wahrheiten zu verstehen sind. Bestimmte Lernformen sind per se nicht besser oder schlechter als andere, sondern im einen Kontext bietet sich diese Lernform als angemessener Lernweg an, im anderen jedoch eine andere.[5] Das Elementarisierungsmodell integriert die Frage nach der adäquaten Lernform stärker in den Gesamtprozess der Unterrichtsvorbereitung. Ob im Planungsprozess die Überlegung der Lernform den Schlussstein bildet, kann offen bleiben. Elementare Lernformen liegen eher quer zu den anderen Dimensionen der Unterrichtsplanung. Im Prozess der Planung kommen dem Lehrenden Ideen, wie das Geplante unterrichtlich in der Klasse umgesetzt werden könnte. Diese Ideen werden festgehalten und können sich in den weiteren Überlegungen als angemessen festigen oder müssen, wenn sich wesentliche Nachteile dieser Idee für einen möglichen Lernweg zeigen, auch wieder verworfen werden.

Als zweites unterscheiden sich Unterrichtsmethode und elementare Lernform m.E. hinsichtlich ihrer Tragweite für die Unterrichtsarbeit an

---

3 Lachmann 1996, 19.
4 Nipkow 2003, 32.
5 Selbstverständlich sollen auch Methoden (die Frage nach dem ›Wie?‹) nicht unabhängig von Inhalten (die Frage nach dem ›Was?‹) und Zielen (die Frage nach dem ›Wozu?‹) des Unterrichts betrachtet werden. Zwischen den drei Fragerichtungen von Unterrichtsplanung gibt es eine Interdependenz, die beachtet werden muss, damit »guter« Unterricht entstehen kann:
»*Methoden können fehlende Inhalte nicht ersetzen. Die Ziele und Inhalte sind wesentlich. Demgegenüber behalten die Methoden stets eine dienende Funktion.*«
(G. Adam: Kommunikation und Methodenkompetenz; In: Adam/ Lachmann; Methodisches Kompendium für den RU, Bd. 2; Göttingen 2002, 29).

1. Die fünfte Dimension: elementare Lernformen

einer Schule insgesamt. Während eine Unterrichtsmethode sich auf das Unterrichtsarrangement in der einzelnen Klasse bezieht, reicht eine elementare Lernform weiter: Sie ist nicht nur ein angemessener Lernweg für einen bestimmten Lerninhalt in einem bestimmten Fach einer bestimmten Jahrgangsstufe, sondern Teil einer schülergemäßen Unterrichts- und Schulkultur. Folglich geht es bei der Frage nach der angemessenen Lernform nicht nur um die Mikroebene von schulischen Lernprozessen im Unterricht der einzelnen Klasse, sondern auch um die Mesoebene.[6] Elementare Lernformen strahlen auf die pädagogische Kultur in einer Schule aus, denn Schulkultur setzt sich aus Organisation-, Sozial- und Lernkultur zusammen. Wird ein Aspekt verändert, so beeinflusst das – im positiven wie im negativen Fall – die Schulkultur insgesamt.

»Schließlich gehört zur Schulkultur auch eine bestimmte Lernkultur; Projekte wie das praktische Lernen, die Beachtung kultureller Differenz, ein inhaltlich anspruchsvoller und methodisch qualifizierter Un-

---

6 Die Differenzierung der Organisation von Lernprozessen in Mikro-, Meso- und Makroebene verwendet u.a. H. Fend (Theorie der Schule, München 1980, bes. 66ff.):
- Mikroebene bzw. -system: der Unterricht in der einzelnen Schulklasse
- **Mesoebene bzw. -system: die Bedeutung der Einzelschule und ihres pädagogischen Profils**
- Exoebene bzw. -system: die Einzelschulentwicklung im Rahmen einer Bildungsregion (Schulamt, Oberschulamt, Bundesland)

Makroebene bzw. -system: die Qualität des Bildungswesens in einem Staat
Fend plädiert für eine mehrebenenanalytische Betrachtung des Schulsystems. Die Qualität eines Bildungswesens erweist sich in einem produktiven Zusammenspiel dieser unterschiedlichen Ebenen von Schule.
(vgl. auch: H. Fend, Qualität im Bildungswesen, Weinheim/München 1998, bes. 199–275).
N. Collmar greift diese Differenzierung auf, um die Ebenen des schul- und religionspädagogischen Handelns differenzieren zu können (Schulpädagogik und Religionspädagogik, Tübingen 2003, 247–326).
U. Bronfenbrenner versteht in seiner ökologischen Perspektive von Lebensraum »Mesosystem« als die Wechselbeziehung zwischen mehreren Mikrosystemen, denen das Individuum angehört. In unserem Fall könnte es für Pubertierende die Wechselbeziehung der Lebensräume »Schule« – »Peergroup« – »Familie« sein.
»Nach meiner Definition umfasst das Mesosystem die Wechselbeziehungen zwischen zwei oder mehreren Lebensbereichen, an denen die sich entwickelnde Person beteiligt.«
(Die Ökologie der menschlichen Entwicklung, Stuttgart 1980, 199)
U. Böhm übernimmt diese Begrifflichkeit, um für eine Öffnung des Lebensraums »Schule« zu argumentieren. Die Wechselbeziehungen von Schule – Verein, Schule – Kirche oder Schule – Stadtteil eröffnen neue Lernchancen (Kooperation als pädagogischer Leitbegriff der Schule, Münster 2003, 17–22).
In diesem Kapitel verwende ich den Begriff »Mesosystem« jedoch im Sinne der ersten Definition! Es geht um die Relevanz bestimmter Lernformen an einer einzelnen Schule, um die dort habitualisierte Lernkultur.

terricht sowie die Bearbeitung von Genderfragen im Rahmen einer Pädagogik der Vielfalt leisten dazu ihren Beitrag.«[7]

Damit sind die Überlegungen zu elementaren Lernformen in das weite Feld der Schulentwicklung gestellt. Weil Unterrichtsentwicklung ein zentrales Element von Schulentwicklung ist, inkludieren neue (und wiederentdeckte alte) Lernformen[8] einen pädagogischen Fortschritt für die Schule. Das Spektrum schulischer Lehr- und Lernformen wird erweitert. Das wiederum kann erheblich zur Profilierung der Einzelschule beitragen.

Im Bereich der Makroebene schließlich können Schulrecht, Bildungspläne und die Rahmenbedingungen von Schulorganisation elementare Lernformen fördern oder auch erschweren. Wenn etwa der neue Bildungsplan von Baden-Württemberg im Bereich der Realschule[9] für jedes Schuljahr ein Themenorientiertes Projekt fordert, dann ist zu erwarten, dass projektartige Lernformen mit fächerverbindenden Fragestellungen aufgrund dieser Vorgabe auf der Makroebene gefördert werden. Kollegien sind herausgefordert, sich über den Projektbegriff zu verständigen, inhaltlich zu kooperieren und im Schulcurriculum festzuhalten, mit welchem Akzent die themenorientierten Projekte in den einzelnen Schuljahren durchgeführt werden, so dass die Schülerinnen und Schüler in Klasse 10 für ihre eigene Projektprüfung ein möglichst umfassendes Projektverständnis haben.

– *Von der didaktischen Theorie zur Unterrichtspraxis:*
  Elementare Lernformen als fünfte Dimension der Elementarisierung

Zielte das Bemühen der Elementarisierung in der Religionspädagogik der 60er und 70er-Jahre darauf, sich von einer reinen Elementartheologie abzugrenzen und den didaktischen Aspekt im Elementarisierungsprozess mit eigenem Gewicht zu versehen, so schlägt inzwischen das Pendel eher zur anthropologischen Seite aus. Die psychologischen und sozialwissenschaftlichen Aspekte in Bezug auf die Lernenden stehen deutlich im Vordergrund. Aus Sicht eines Lehrers ist am Tübinger Modell der Elementarisierung hilfreich, dass das didaktische Nachdenken über die Frage der angemessenen Umsetzung im (Religions-)Unterricht inzwischen zentral Berücksichtigung findet.

»*In älteren Darstellungen zum Elementarisierungsverständnis blieb dieser Aspekt* [d.i. die Frage nach den elementaren Lernformen; M. S.] *zu*

---

7   Scheilke 2002, 351.
8   Vgl. hierzu: entwurf 2/2003 (Neue) Lernformen im RU.
9   Bildungsplan für Baden-Württemberg – Realschule, Stuttgart 2004, 173ff.

Unrecht häufig ausgeblendet. Es wurde übersehen, dass zwischen den elementaren Erfahrungen und Zugängen einerseits und den elementaren Lernformen andererseits ein innerer Zusammenhang besteht, der im Grunde schon in den elementaren Strukturen angelegt ist.« [10]

Spätestens seit der für das Tübinger Modell wichtigen Veröffentlichung aus dem Jahr 1995[11] gewinnt die Fragerichtung der elementaren Lernformen an Relevanz. Grundlegend muss sich allerdings die Erweiterung des Nipkow'schen Modells um den Aspekt »elementare Lernformen« zwei kritische Fragen gefallen lassen:

1. Ist eine Erweiterung des Elementarisierungsmodells zu rechtfertigen, (nur) damit es eine für Lehrerinnen und Lehrer handhabbarere Leitlinie zur Unterrichtsvorbereitung darstellt?

Ein Modell zur Elementarisierung ist dann handhabbar, wenn wenige Fragedimensionen überzeugend ineinandergreifen und zugleich das didaktische Feld zwischen Sache und Person hinreichend erfassen. Deshalb ist bei der Einführung einer neuen Fragerichtung zunächst Vorsicht geboten! Wer sagt, dass es nicht ebenso gerechtfertigt wäre, nach elementaren Vorfragen, Zusammenhängen, Handlungen oder Personen[12] zu fragen? Das Ergebnis wäre ein hoch komplexes Gebilde unterschiedlichster Fragerichtungen, ungeeignet zur Vorbereitung von Unterricht.

Existiert ein unabweisbarer innerer Zusammenhang zwischen elementaren Strukturen, Erfahrungen, Zugängen und Wahrheiten auf der einen und elementaren Lernformen auf der anderen Seite?
Elementarisierung geschieht immer mit der Blickrichtung auf Unterricht, ist Vorbereitung auf eine Lehr-/Lernsituation. Deshalb ist die Form der Darstellung (performance) wichtig. Inwiefern wird die gemeinsame Suche nach Wahrheit durch eine offene Form von Unterricht unterstützt? Kann eine elementare Struktur wie die Freude an der

---

10 Schweitzer 2003, 24.
11 Schweitzer u.a. 1995.
12 So betont z.B. Ralph Sauer die Bedeutsamkeit einer personalen Elementarisierung:
*»Jesus als Identifikationsfigur für junge Menschen ... scheint keine große Attraktivität mehr auszuüben. Dieses Dilemma können wir nicht mit methodisch noch so geschickt arrangierten Lernprozessen beheben, vielmehr bietet sich dafür der Weg über den authentischen Glaubensbegleiter an, über den Religionslehrer oder die Katechetin. Auf diese Weise erfolgt **eine personale Form der Elementarisierung**, über die sich die herkömmliche religionspädagogische Literatur zur Elementarisierung leider ausschweigt.«*
(Sauer 2003, 40; Hervorhebung M. S.)

Schönheit der Schöpfung durch erfahrungsorientierte Lernformen spürbar werden? Inwieweit werden elementare Zugänge gemeinsam bewusst gemacht, indem Schülerinnen und Schüler zeigen dürfen, was sie bereits können und kennen? Eine angemessene Lernform ist für gelingende unterrichtliche Inszenierungen wichtig, denn die beste didaktische Absicht kann infolge einer inadäquaten Lernform merklich gehemmt werden. Insofern ist die Frage nach den elementaren Lernformen ein notwendiger fünfter Schritt, um die Elementarisierung bis in die konkreten Unterrichtsschritte hinein zu durchdenken und mit viel didaktischer Kreativität möglichst interessante Wege der Aneignung zu eröffnen.

»Quer zu den genannten vier elementarisierenden Fragerichtungen liegt die Suche nach den geeigneten Lernwegen bzw. –formen. Sie werden zu Recht dem großen Feld der Unterrichtsmethoden zugeordnet.«[13]

Mit dieser Einordnung lässt sich die zweite Anfrage zum erweiterten Elementarisierungsmodell verbinden:

2. Ist die Frage nach den elementaren Lernformen kategorial mit den Fragen nach Strukturen, Erfahrungen, Zugängen und Wahrheiten stimmig?

Was »quer« liegt, ist nicht nur eine ergänzende, sondern eine in den anderen Aspekten immer schon enthaltene Fragerichtung. Sie ausdrücklich zu nennen, trägt dazu bei, dass die Dimension der adäquaten unterrichtlichen Umsetzungsmöglichkeiten mitbedacht wird. In der Unterrichtsvorbereitung mag dann anhand der elementaren Lernform deutlich werden, wie weit es gelungen ist, die didaktischen Vorüberlegungen zu »erden«.

*»Elementarisierung muss auch **elementare Formen des Lernens** einschließen. Wenn wirklich elementar gelernt werden soll, kann dies nicht bloß im Frontalunterricht geschehen und auch nicht allein auf einer abstrakt-kognitiven bzw. ausschließlich verbalen Ebene, so wichtig diese in der Schule auch sein mag. Körper und Ästhetik, Kreativität und Spiel, Handeln und Praxis – solche Begriffe deuten an, wie eine **elementare pädagogische Lernkultur** aussehen könnte. Zugespitzt lässt sich sagen, dass Elementarisierung am Ende auf einen notwendigen weit greifenden Wandel von Schule und Unterricht verweist – sie zielt auf einen Unterricht, in dem in lebendiger und lebensbedeutsamer*

---

13 Schweitzer u.a. 1995, 179.

Weise gelernt werden kann, sowohl von den Inhalten als auch von den Lernformen her.«[14]

Erweiternd lässt sich zur kategorialen Stimmigkeit der fünften Dimension anmerken, dass jede Fragedimension im didaktischen Feld zwischen Sache und Person anzusiedeln ist: Strukturen sind eindeutig auf der Sachseite, Zugänge eindeutig auf der Personenseite. Erfahrungen und Wahrheiten hingegen sind dazwischen anzusiedeln: Es können die einstigen Erfahrungen sein, die sich in einem (biblischen) Text verdichten, es können heutige Erfahrungen sein, die einen Text lebendig werden lassen. Es können die Wahrheitsansprüche der überlieferten Tradition gemeint sein, aber auch die lebensorientierenden Gewissheiten, die eine Schülerin bzw. ein Schüler im gemeinsamen religiösen Fragen für sich formulieren lernt.

Auch die elementaren Lernformen bewegen sich zwischen Sache und Person. Sie müssen einerseits sachangemessen und zugleich altersadäquat sein. Nur so stellen sie eine motivierende Herausforderung dar, die weder unter- noch überfordert.

Für den Gang von der didaktischen Theorie zur Unterrichtspraxis kann gelten: Elementare Lernformen konkretisieren den Weg von der Sache zur Person.

Wie hat sich im »Tübinger Modell« der Elementarisierung die Frage nach elementaren Lernformen herausgebildet?
Ausgangspunkt war ab 1990 die Frage, wie sich die Überlegungen zur religionsdidaktischen Elementarisierung im »System Schule« angemessen umsetzen lassen.

»Elementarisierung zielt auf die Ermöglichung elementaren Lernens. Soweit sie als Form der Unterrichtsvorbereitung betrieben wird, fügt sie sich ein in den Rahmen der Schule – des Fachunterrichts also mit ein oder zwei Wochenstunden. Ist dieser Rahmen geeignet für ein Lernen, das in religiöser Hinsicht als elementar bezeichnet werden darf?
An dieser Rückfrage wird deutlich, dass auch die Gestaltung der Schule zu den Voraussetzungen von Unterricht gehört. Die Aufgabe, die sich deshalb immer wieder stellt, liegt in der Prüfung, ob die Schule den Kindern und Jugendlichen in ihrem Aufwachsen sowie den Aufgaben in der Gesellschaft tatsächlich entspricht. In der Pädagogik wird heute etwa darüber diskutiert, ob und wie der Mangel an elementaren Lernmöglichkeiten im Umgang mit einer noch nicht oder doch wenig präparierten Wirklichkeit, unter dem die Kinder und Jugendlichen heute innerhalb und außerhalb der Schule zu leiden haben, entgegenwirken könnte.«[15]

14 Schweitzer 2000, 250f.
15 Schweitzer 1991, 36f.

Zweierlei wird deutlich: Ausgangspunkt für die Suche nach elementaren Lernformen ist die Erfahrungsarmut in der heutigen Lebenswelt von Kindern und Jugendlichen. Für das Fach Religion ist dies besonders relevant. Heute ist die religiöse Sozialisation innerhalb der Familie die Ausnahme. Der Religionsunterricht kann folglich nicht nur die Reflexion religiöser Erfahrungen zum Thema haben, sondern muss Lernwege suchen, die Schülerinnen und Schülern anbieten, eigene Erfahrungen zu machen, um sie anschließend nachdenkend einzuordnen und zu bewerten. So drängen sich praktische Lernformen mit spirituellen Unterrichtssequenzen geradezu auf.

Zugleich ist klar, dass es bei elementaren Lernformen nicht nur um auf die Lebenswelt reagierende Unterrichtsmethoden für das Fach Religion geht, sondern die Schulkultur insgesamt in den Blick kommt. Wie ist Lernen zu gestalten, damit es eine Chance bekommt, »elementar« für Schülerinnen und Schüler zu werden? Diese Frage ist für das Thema »Industrialisierung« in Geschichte ebenso bedeutsam wie für den Vorgang der »Photosynthese« in Biologie oder ein klassisches Drama wie »Romeo und Julia« im Deutschunterricht. Neben nach wie vor sinnvollen überblicksartigen Kursen gilt es vor allem, die Schülerinnen und Schüler aktivierende Möglichkeit entdeckenden Lernens einzusetzen.

1995 enthält das fünfte Kapitel »Elementarisierung als Modell der Planung von Unterricht«[16] ein kleines Unterkapitel: »Elementarisierung und Lernwege«[17], das erstmals ausdrücklich auf elementare Lernformen hinweist. In Anknüpfung an die Überlegungen von Copei zum »fruchtbaren Moment im Bildungsprozess«, von Klafki zur »Frage V seiner didaktischen Analyse« und von Berg zur »Lehrkunst« nennen die AutorInnen vier Gütekriterien einer elementaren Lernform[18]:

- Es ist eine die Schülerinnen und Schüler aktivierende, ihre Kreativität fördernde Lernform.
- Lernen anhand eines kognitiven Konflikts verstärkt die persönliche Relevanz des Problems.
- Dilemmata-Geschichten fördern die kognitive und emotionale Auseinandersetzung mit einem (ethischen) Konflikt.
- Geeignet sind Lernformen, die gemeinsames Handeln von Schülerinnen und Schülern initiieren.

Der Katalog ist ein erster Wurf ohne systematischen Anspruch. Leicht ist zu erkennen, dass das erste und vierte sowie das zweite und dritte Kriterium inhaltlich dicht beieinander liegen. Elementar sind Lernformen, wenn sie den Einzelnen aktivieren, der Gruppe die Möglichkeit

16 Schweitzer (u.a.) 1995, 165–183.
17 Ebd., 179–181.
18 Ebd., 180.

geben, gemeinsam zu handeln, und in der Auseinandersetzung mit kognitiven Konflikten reifen.

Für die Frage nach elementaren Lernformen in der Pubertät bietet sich Schweitzers »Die Suche nach eigenem Glauben«[19] aus dem Jahre 1996 als Fundgrube besonders an, denn hier steht die Lebensphase der Jugendlichen im Mittelpunkt seiner religionspädagogischen Überlegungen. Schweitzer fordert im dritten, dem praktischen Teil des Buches, dass der Religionsunterricht verstärkt den Lebens- und Erfahrungsbezug als Herausforderung begreift.[20] Für alle religionspädagogischen Arbeitsfelder mit Jugendlichen formuliert er vier übergreifende Handlungsperspektiven:

- *»Religion der Jugend wahrnehmen und anerkennen, herausfordern und begleiten*
- *Orientierung in der Pluralität ermöglichen*
- *Die Lebensphase Jugend unterstützen und begleiten*
- *Gemeinsames Lernen der Generationen fördern«*[21]

Wie sind solche allgemeinen religionspädagogischen Handlungsperspektiven im schulischen Religionsunterricht realisierbar? Schweitzer nennt zwei Wege: praktisches Lernen und Elementarisierung.

»Unter praktischem Lernen wird hier nicht nur herstellendes Tun verstanden, sondern auch ästhetisches, sozial-helfendes sowie erkundendes Handeln. Es geht um ein weites Verständnis von Praxis, bei dem vor allem solche Formen des Lernens im Blick sind, bei denen die Schule ihr Lernspektrum in Richtung von Lebensbezug und Erfahrung erweitert. Beispiele stellen etwa Projekte zur Gestaltung von Klassenzimmer oder Schulhaus dar, die Einrichtung ökologischer Schulgärten, die Haltung von Tieren an der Schule oder die Pflege eines Weinbergs. Partnerschaften zwischen Schulen und diakonischen Einrichtungen, sei es mit Altenheim oder Heimen für behinderten Menschen, sind dabei ebenso vertreten wie historische und zeitgeschichtliche Projekte etwa zur ›Schule im Dritten Reich‹ oder zur Pflege eines jüdischen Friedhofs. Gemeinsam ist den verschiedensten Bemühungen der Versuch, die Schule bewusst zu einem Lebens- und Erfahrungsraum werden zu lassen und sie gemeinsam mit den Jugendlichen zu gestalten. Die Gleichsetzung von Schule und Unterrichtsanstalt soll aufgehoben werden, so dass die immer stärkere Zusammengehörigkeit von Schulzeit und Jugendzeit

---

19 Schweitzer ²1998 (1. Auflage: 1996).
20 Schweitzer konkretisiert seine Beschreibungen und Deutungen auch für die Praxisfelder Konfirmanden- und Jugendarbeit sowie Seelsorge für Jugendliche. Im Kontext dieser Arbeit ist jedoch der Religionsunterricht von besonderer Bedeutung.
21 Schweitzer ²1998, 153f.

durch ein verändertes Schulkonzept konstruktiv aufgenommen werden kann.«[22]

Praktische Lernformen korrespondieren mit einer Öffnung des Unterrichts zur Lebenswelt hin. Sie vermeiden eine nur theoretisch-intellektuelle Auseinandersetzung mit einer Fragestellung, geben den Schülerinnen und Schülern die Chance, eigene Erfahrungen zu sammeln und auszuwerten, und sind letztlich ein Beitrag zur Schulkultur.
Im Blick auf Elementarisierung betont Schweitzer deshalb drei Aspekte:

- *»die Notwendigkeit, den Erfahrungsbezug religionsunterrichtlicher Themen stärker zum Tragen zu bringen« (170)*
- *»die konstitutive Bedeutung der biografischen Dimension« (171)* sowie
- *»dass Unterricht als offener Prozess gestaltet wird« (172)*

Zentral ist die Offenheit des Unterrichts für die Erfahrungen der Jugendlichen sowie ein methodisches Arrangement, das ihnen ermöglicht, neue Erfahrungen mit sich, ihrer Umwelt und dem Glauben zu machen.

Bisher am ausführlichsten stellt Schweitzer 2003 seine Überlegungen zu den elementaren Lernformen im Kapitel »Elementarisierung nur der Inhalte – oder elementare Formen des Lernens?«[23] dar.
Die Frage ist rhetorisch gemeint. Ein vielfältiger Einsatz unterschiedlicher Methoden ist zwar wichtig, aber noch nicht das Kernproblem. Es geht Schweitzer um die Wahl einer bestimmten Lernform nach *»ziel- und funktionsbezogenen Kriterien«*[24].
Inwiefern gelingt es mit Hilfe einer Lernform, das didaktische Ziel einer Unterrichtsstunde bzw. –einheit schülergerecht(er) zu konkretisieren? Schweitzer nennt fünf Kriterien für die Wahl einer Lernform, die dem Erschließungsprozess zwischen Person und Sache förderlich sein können, ohne mit dieser Liste Vollständigkeit zu beanspruchen:

- Lebens- und Handlungsbezug
- existenzielle Herausforderung
- Perspektivenübernahme: vom Anderen her sehen lernen
- Subjektorientierung
- eigenes Entdecken[25]

---

22 Ebd., 145.
Im Übrigen ist das Konzept des Praktischen Lernens – wie sich schon in dieser kleinen Auflistung andeutet – im Rahmen des Geschichts- und Gemeinschaftskundeunterrichts entwickelt worden. Gerade der Aspekt des sozial-helfenden Handelns spricht aber dafür, es auf den Religionsunterricht zu übertragen.
23 F. Schweitzer 2003, 187–201.
24 Ebd., 190.
25 Ebd., 190f.

Der Lebens- und Handlungsbezug greift den ersten und vierten Aspekt 1) des Katalogs von 1995 auf. Wichtig dabei ist das sukzessive Anwachsen des Zutrauens in die Schülerinnen und Schüler. Schritt für Schritt dürfen (und sollen!) sie Verantwortung übernehmen. Die Ernstsituation darf zwar nicht ein Sprung ins kalte Wasser sein, sondern muss unterrichtlich vorbereitet und ausgewertet werden, aber die Erfahrung, die Praxiselemente schon gut bewältigen zu können, kann das Selbstbewusstsein der Jugendlichen deutlich fördern. Im Rahmen des Religionsunterrichts bieten sich Sozialpraktika ebenso an wie die Möglichkeit, einen Schulgottesdienst gemeinsam zu planen und durchzuführen.

Existenzielle Herausforderungen verstärken die persönliche Relevanz 2) eines Themas. Insofern knüpft dieses Kriterium an das zweite von 1995 an. Existenzielle Herausforderungen werden durch dialogisch konzipierte Lernformen ermöglicht. Dazu gilt es, eine Gesprächkultur zu entwickeln, in der unter den Schülern Offenheit gewagt wird und Lehrer nicht nur initiierender Beobachter bleiben, sondern sich authentisch in das Gespräch einbringen. Kontroverse Diskussionsbeiträge und persönliche Bekenntnisse bekommen somit in der Schule einen Raum, der unerlässlich ist. Oft ereignet sich eine solche Gesprächssituation unerwartet und es ist eine Frage der (religions-)didaktischen Sensibilität, diesen Impuls zu spüren und für das Überraschende offen zu sein.

Eine plurale Welt kennzeichnet ein buntes Nebeneinander von Vertrau- 3) tem und Fremdem. Konvivenz, die Fähigkeit, in der Verschiedenheit einander achtend zusammenzuleben, setzt voraus, dass alle bereit sind, sich in die fremde Lebenswelt bzw. den fremden Menschen hineinzudenken. Im Fach Religion ist im ersten Schritt das interkonfessionelle Wahrnehmen wichtig.[26] Dies lässt sich in den verschiedensten Formen eines konfessionell-kooperativen Unterrichts im Unterrichtsarrangement verstärken. Beides soll deutlich werden, das Gemeinsame und das Unterscheidende.[27] Ebenso gilt es durch die Begegnung mit nichtchristlichen Religionen, den eigenen Glauben zu dialogischer Rechenschaft herauszufordern. Noch basaler ist das Anderssein des Mitmenschen erfahrbar in seiner Rasse, in seiner Krankheit oder in seiner Behinderung. Empathische Lernformen fördern die Fähigkeit zum Perspektivenwechsel, zur Sicht aus dem Blickwinkel des Anderen.

---

26 So wird in Baden-Württemberg mit dem Schuljahr 2005/2006 ein Versuch zur konfessionellen Kooperation gestartet, in dem gemischt-konfessionelle Lerngruppen in einem bestimmten Wechsel von einer evangelischen bzw. katholischen Lehrkraft unterrichtet werden.
»Dabei wird in qualifizierter Zusammenarbeit das konfessionelle Profil beider Kirchen in den Religionsunterricht eingebracht.«
(aus: Konfessionelle Kooperation an allgemein bildenden Schulen – Vereinbarung vom 1. 3. 2005, S. 5)
27 Schweitzer/ Biesinger 2002.

4) Die Subjektorientierung liegt nahe am zweiten Kriterium der Darstellung von 1995. Ist Unterricht an existenziellen Herausforderungen gelegen, so muss er sich in seinen Lernformen an den Kindern und Jugendlichen orientieren. Geplantes Unterrichtsergebnis und tatsächlicher Unterrichtsprozess können deshalb – durchaus und mit gutem Recht – voneinander abweichen.

5) Entdeckende Lernformen schließlich nehmen Kinder und Jugendliche ernst und trauen ihnen interessante Lösungsansätze zu. Gleichzeitig gibt entdeckendes Lernen dank seiner Fehlerfreundlichkeit dem Unterricht einen spielerischen und experimentellen Charakter. Manche (Lern-) Umwege ließen sich durch entsprechende Vorgaben gewiss vermeiden. Didaktisch ist allerdings abzuwägen, wie viel temporäres Stochern im Unbekannten für die Schülerinnen und Schüler im Sinn eines nachhaltigen Lernens zuzulassen ist.

Im Vergleich zu den vier Kriterien in der Veröffentlichung von 1995 fällt auf, dass die Auseinandersetzung mit ethischen Dilemmageschichten nicht aufgegriffen wird. Eine Begründung hierfür wird nicht gegeben, deutet aber vielleicht an, dass der Kanon an elementaren Lernformen noch durchaus flexibel ist.

Ich will nicht unerwähnt lassen, dass es auch außerhalb des Tübinger Modells zur Elementarisierung Ansätze gegeben hat und gibt, die dem Aspekt der elementaren Lernform Bedeutung beimessen.[28] Exemplarisch stelle ich die Überlegungen von Hubertus Halbfas vor.

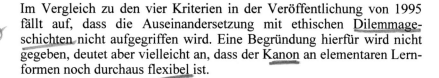

Sehr früh – vielleicht als einer der ersten innerhalb der Religionspädagogik überhaupt – hat Hubertus Halbfas die Bedeutung der gesamten Schulkultur für das Lernen im Religionsunterricht nachdrücklich vor Augen geführt. In seiner religionsdidaktisch grundlegenden Veröffentli-

---

28 So zeigt I. Baldermann in seinen Veröffentlichungen, wie sehr elementare Strukturen, Wahrheiten, Erfahrungen und Zugänge mit elementaren Lernformen zusammenhängen. Zusammenfassend bezeichnet er sie in seiner »biblischen Didaktik« als »elementare Arbeitsformen«. Hierzu zählen für ihn das assoziierende Gespräch, das kreative Lernen und nonverbale Gestaltungsformen wie Malen, Pantomime und Klangbilder.
(vgl. I. Baldermann: Einführung in die biblische Didaktik; Darmstadt 1996, 15–23 u. 41–52)
Interessanterweise sind diese didaktischen Konkretisierungen in der ersten Fassung der biblischen Didaktik bei Baldermann – so ausdrücklich – noch nicht erwähnt.
(I. Baldermann: Die Bibel – Buch des Lernens; Göttingen 1980)
Es scheint – wie beim Tübinger Ansatz – vor allem die Erkenntnis der letzten zehn Jahre zu sein, dass Elementarisierung auch der elementaren Arbeitsformen bzw. Lernformen bedarf.

chung »Das dritte Auge«[29] befassen sich die beiden Schlusskapitel mit Fragen des Verhältnisses von Schulkultur und Religionsunterricht sowie der Bedeutung der Montessori-Pädagogik für den Religionsunterricht. Manches hier mit Verve Vorgetragene liest sich nach über zwanzig Jahren visionär, in jedem Fall weitsichtig im Aufdecken neuralgischer Punkte des Religionsunterrichts.

Vier Aspekte von Schulkultur sind Halbfas zufolge für den Religionsunterricht außerordentlich bedeutsam:
- Lernen als räumliche Erfahrung
- Lernen als Umgang und Gesittung
- Lernen als Weg in die Stille und
- Lernen als Handeln

»Die Schule wirkt auf die räumliche Sensitivität des Menschen besonders nachhaltig ein. Sie sendet mit der Architektur ihrer Gebäude, ihrer langen Flure und gleichförmigen Klassenzimmer, mit der Funktionalität ihrer Tische, Stühle, Tafeln und Kartenständer über viele Jahre Botschaften aus, die von den meisten Schülern niemals bewusst gelesen, dafür aber umso auswegsloser mit Leib und Seele verinnerlicht werden.«[30]

Halbfas stellt Raumerfahrung und Lernatmosphäre in direkten Zusammenhang. Sympathisch ist, dass er nicht lediglich hehre Forderungen formuliert, deren Finanzierung sowieso utopisch wäre, sondern seine Anmerkungen zu schulischen Raumkonzepten in sieben »Grund-Sätzen« für die einzelne Lehrkraft konkretisiert:

(1) »Die räumliche Qualität eines Klassenzimmers ist nicht von außen bestimmbar, sondern nur als innere Erfahrung von Schülern und Lehrern, d.h. als Resultat gemeinsamen Lernens.
(2) Phantasie und Engagement von Lehrern und Schülern, nicht aber der Schuletat bestimmen den Maßstab des Möglichen.
(3) Je jünger die Kinder sind, umso wichtiger ist die Wohnlichkeit des Klassenzimmers.
(4) Ein Klassenzimmer muss veränderbar sein. Insbesondere muss die Zuordnung der Arbeitsplätze variabel sein.
(5) Neben der allgemeinen Verkehrs- und Arbeitsfläche ist eine Gliederung des Klassenraumes in funktionsverschiedene Zonen wichtig.
(6) Von besonderer Wichtigkeit sind ein Vorrat und die offene Zugänglichkeit vielfältiger Materialien.

---

29 Halbfas [7]1997 (1982 !), bes. 177ff.
Vgl. Das Konzept der Symboldidaktik, S. 175ff.
30 Halbfas 1982, 167.

(7) Sobald sich die unterrichtlichen Aktivitäten verzweigen, ist die Einbeziehung von Nebenräumen, Sonderräumen und Fluren in den Aktionsbereich der Klasse wünschenswert.«[31]

Zwanzig Jahre später lässt sich im Blick auf Schulhausgestaltung, Klassenzimmereinrichtung und Mobiliar feststellen: Es hat sich zwar einiges getan. Gerade hinsichtlich der Ergonomie ist von der Schulmöbelindustrie inzwischen vieles verbessert worden. Aber hinsichtlich ihrer gesamten räumlichen Ausstattung und der architektonischen Gesamtplanung für individuelle Formen des Lernens stehen Schulen vor neuen Herausforderungen. Beim Bau einer Schule überschneiden sich (Innen-) Architektur und pädagogische Grundsätze schulischen Lernens. Hier Kompromisse zu finden, die Räume in die Zukunft öffnen, bleibt eine große gesellschaftliche Herausforderung.[32]

Bei Halbfas sind räumliche Voraussetzungen für individualisierte Lernformen in den »Grund-Sätzen 4 und 7« schon erwähnt. Sie in Zeiten des öffentlichen Sparzwangs und größer werdenden Klassen zu realisieren, dürfte viel Kreativität und auch manche Überlegung in Bezug auf den Stellenwert von Bildung in einem Staat erfordern. Eine Idee, wie im Kontext des Bestehenden neue Lernformen räumlich verwirklicht werden können, sei mit der Idee der »freien Mitte« angedeutet:

»Das Prinzip kann in großen und in kleinen Räumen angewendet werden und läuft ganz einfach darauf hinaus, die Mitte des Raumes freizuhalten – das ist der Marktplatz und hier ist der Platz zum Zusammenkommen. Die Marktstände werden am Rand des Raumes aufgestellt, eventuell voneinander getrennt durch leichte Schirmwände oder Aufbewahrungsmöglichkeiten, so dass man von der Mitte aus den vollen Überblick über das Warenangebot und die Aktivitäten bekommt. Durch dieses Einrichtungsprinzip ist es möglich, zwischen Versammeln im Kreis mit Blick auf eine einzelne Person und Aktivitäten zu kleineren Räumen zu wechseln, die für die jeweiligen Aktivitäten eingerichtet sind. Das ermöglicht einen weitaus größeren und gefühlsmäßig variierteren Eindruck, der sowohl Lehrer als auch Schüler in ganz anderer Weise stimuliert als die stereotype Einrichtungsform, die wir so gut kennen.«[33]

---

31 Ebd., 169–172.
32 Das gilt verschärft heute, da alle Kommunen bzw. private Schulträger unter großem Sparzwang stehen. Zwar ist es erklärter politischer Wille, in Bildung zu investieren, aber die Normgröße der Klassenzimmer und der offizielle Raumbedarf eines Schülers im Pausenbereich ist mit den Erlassen der letzten Jahre deutlich nach unten gelockert worden, um den Städten und Gemeinden die Finanzierung ihrer Schulen eher zu ermöglichen.
33 Eriksen 2002, 14.

1. Die fünfte Dimension: elementare Lernformen

Im Teilabschnitt »Lernen als Umgang und Gesittung« greift Halbfas das Bild eines den eigentlichen Unterricht begleitenden »Rauschens« auf. Das Rauschen entspricht wohl dem, was auch als »Atmosphäre« in einer Schule bezeichnet werden könnte. Es ist nicht offensichtlich zu messen und bestimmt doch untergründig entscheidend das Schulleben.

»Es gibt keine Schule ohne ein jeweils spezifisches Rauschen, aber was Schule von Schule unterscheidet, ist die Frage, ob es verletzend erfahren wird oder fördernd, abstoßend oder anziehend. Wesentlich dafür ist die Grundeinstellung des Lehrers, seine Hinwendung zum Schüler, die Freude, die er empfindet, mit Kindern gemeinsam zu sein und ihnen zu helfen, ein wahrhaftiges Leben zu führen.«[34]

Wie kann es einer Schule bzw. einzelnen Lehrkräften gelingen, »fördernde Rauschen« auszulösen? Halbfas nennt als Beispiele den Start in den Schultag mit einem gemeinsamen Frühstück in der Klasse. Rituale sollen helfen, sowohl den Wert der Nahrungsmittel als auch den Aspekt der Gemeinschaft bewusst zu machen. Ein zweites Beispiel stellt für ihn das gemeinsame Singen und Musizieren dar, nicht als Maßnahme zur Disziplinierung, sondern als Ausdruck gemeinsamer Freude. Beide Vorschläge, die Lernatmosphäre positiv zu beeinflussen, scheinen mir besonders für die Grundschule geeignet.

Anders ist das in Bezug auf kontemplative Lernformen: alle Klassenstufen benötigen Hilfestellung, um einen Weg nach innen erahnen zu können. Und für viele Schülerinnen und Schüler ist das Angebot, zur Stille zu kommen, eine beeindruckende Kontrasterfahrung zum lauten Alltag. Auf Stilleübungen geht Halbfas in diesem Abschnitt zu elementaren Lernformen am ausführlichsten ein. Dass Schülerinnen und Schüler einen Weg in die Stille finden, hält er für das Gelingen schulischen Unterrichts geradezu für konstitutiv, zumal wenn es sich um Religionsunterricht handelt:

»Nur wo Schüler zur Stille befähigt werden, kommen ihre Worte von innen, ist ihre Arbeit Ausdruck innerer Haltung; nur wo Stille ist, sind Vorlesen und Erzählen möglich, weil die Kinder zuhören können; und nur wo Stille ist, können sie mit Farbe oder Ton ihren inneren Empfindungen im freien Gestalten angemessen Ausdruck geben. Mehr als jedes andere Fach ist der Religionsunterricht auf Stille angewiesen. Was hier zu sagen und zu erfahren ansteht, lässt sich nicht dem üblichen Unterrichtskonsum unterstellen, es sei denn um den Preis seiner inneren Dimension.«[35]

---

34 Halbfas 1982, 173f.
35 Ebd., 180.

Eine Voraussetzung für erfolgreiche Stilleübungen in der Schule liegt darin, dass es der Lehrkraft gelingt, aus einer Art inneren Ruhe in die Unterrichtssituation zu kommen und sehr genau zu wissen, welches Ziel sie in dieser Unterrichtsstunde realistischerweise erreichen kann. Für die Schülerinnen und Schüler mag die Verlangsamung der Wahrnehmung aufgrund der bewussten Reduktion der Lernkanäle auf einen der fünf Sinne eine Hilfe auf dem Weg zur Stille sein. Besonders eindrücklich ist, was Halbfas zur Aktivierung des Riechsinns schreibt, der ansonsten eher vernachlässigt wird:

»Das Riechen wirkt unter allen Sinnestätigkeiten am tiefsten. Darum können Gerüche mit frühesten Erinnerungsschichten verbinden. In unserer optischen und akustischen Wahrnehmung von Dingen können wir differenziert und distanziert zu diesen Dingen Stellung nehmen. Beim Riechen aber fällt die Empfindung, die unser Geruchssinn auslöst, mit der Wahrnehmung des betreffenden Gegenstandes unmittelbar zusammen, zumal eine Geruchserfahrung von ungewöhnlich starken emotionalen Komponenten begleitet sein kann.
Von manchen Menschen sagt man, dass man sie nicht riechen könne. Es ist die elementarste Wahrnehmung, ob zu diesem Menschen eine persönliche Beziehung möglich ist oder nicht. ... Als Stille-Übung geben wir jedem Kind das Blatt eines Gewürzkrauts. Es empfiehlt sich, mit einem kräftigen Geruch anzufangen (z.B. mit Liebstöckel, Pfefferminze, Lavendel, Rosmarin), jedoch sollte man möglichst bei einem Kraut bleiben, also nicht mehrere Proben nebeneinander vorlegen.«[36]

Nahe am Tübinger Ansatz von Elementarisierung betont Halbfas schließlich den Handlungsaspekt im Lernprozess. Handlungsorientiertes Lernen ist nachhaltiger als ein rein kognitiver Zugang. Es fördert die Kooperation der Schülerinnen und Schüler und schafft ruhige, konzentrierte Arbeitsphasen, gleichsam eine »gefüllte Stille«. Obwohl Lernen als Handeln zunächst eher nicht mit dem Religionsunterricht verbunden wird, lassen sich durchaus entsprechende Bereiche finden. Halbfas nennt
- Arbeiten mit Ton – der manuelle Bereich
- Umgang mit der Natur – Pflanzen und Tiere im Klassenzimmer
- Begegnung mit Menschen – soziale Aufgabenfelder

Elementare Lernformen in der Phase der Pubertät legen m.E. besonders den letztgenannten Bereich nahe. Halbfas konkretisiert ihn an einem Begegnungsprojekt einer Klasse mit »Behinderten«:

»Kann man das Schicksal der Behinderten thematisieren, ohne Behinderte selbst zu hören, wie sie leben, wie sie ihre Mitmenschen erfahren,

---

36 Ebd., 185.

was sie suchen und wünschen? Hier könnte eine Begegnung zweier Schulklassen vorbereitet werden, sorgfältig auch im Detail, und gewiss würden beide Seiten, die gesunden und die behinderten Kinder nachhaltig davon profitieren. ... Die vielen Worte bewirken erwiesenermaßen nichts, aber Gespräche, ein gemeinsames Festprogramm, Begegnungen im Handlungsraum würden Brücken zueinander bauen.«[37]

Für zwei der elementaren Lernformen erkennt Halbfas in der Montessori-Pädagogik wertvolle Ansätze, die eine ganzheitliche Religionspädagogik aufgreifen sollte: Lernen als räumliche Erfahrung findet Widerhall in der didaktischen Sorge um eine vorbereitete Lernumgebung und das anregende Materialangebot. Das Lernen als Weg in die Stille kann dank der Polarisation der Aufmerksamkeit (d.i. die Konzentration auf einen Gegenstand) und Stille-Übungen aus der Montessori-Pädagogik gefördert werden. Im Text wird deutlich, dass Halbfas nicht eine reine Adaption der Gedanken von Maria Montessori für die Religionspädagogik anstrebt, sondern ein kritisches Lernen von der Montessori-Pädagogik.

Hubertus Halbfas hat seinen religionsdidaktischen Ansatz in »Das dritte Auge« durch Schülerbücher[38] und sehr ausführliche Lehrerkommentare[39] für die Praxis des (katholischen) Religionsunterrichts fruchtbar werden lassen, zunächst für die Grundschule, anschließend für die Sekundarstufe I. Später wurden ergänzend zum Unterrichtswerk Arbeitshefte[40] für die einzelnen Schuljahre entwickelt. Insgesamt ist die Konsequenz der Ausführung über annähernd zwanzig Jahre hinweg sehr beeindruckend; die äußerst sorgfältig ausgearbeiteten Lehrerbände mit vielen interessanten Details haben den symboldidaktischen Ansatz bis weit in die evangelische Lehrerschaft hineingetragen.

In der evangelischen Religionspädagogik hat Horst Klaus Berg den Gedanken, dass Religionslehrerinnen und Religionslehrer viel von der Montessori-Pädagogik profitieren können, etwa zehn Jahre nach Halbfas aufgegriffen und sowohl theoretisch diskutiert[41] als auch unterrichts-

---

37 Halbfas 1982, 190.
38 H. Halbfas (Hg.): Religionsbuch für das erste Schuljahr; Düsseldorf 1983 ... (bis) ders.: Unterrichtswerk für die Sekundarstufe 1 – Religionsbuch für das neunte und zehnte Schuljahr; Düsseldorf 1991.
39 H. Halbfas: Religionsunterricht in der Grundschule – Lehrerhandbuch 1; Düsseldorf 1983 ... (bis) ders.: Religionsunterricht in Sekundarschulen – Lehrerhandbuch 10; Düsseldorf 1998.
40 H. Halbfas, Religionsbuch für das 5. (usw.) Schuljahr – Arbeitsheft, Düsseldorf 1993–1999.
41 H. K. Berg: Montessori für Religionspädagogen. Glauben erfahren mit Hand, Kopf und Herz; Stuttgart 1994; ders.: Maria Montessori – Mit Kindern das Leben suchen; Freiburg 2002.

praktisch mit der Ausarbeitung von Freiarbeitsmaterialien für den Religionsunterricht konkretisiert.[42] Viele Kopiervorlagen und ein didaktisches Begleitheft dokumentieren die Möglichkeit, auch in der Sekundarstufe I Freiarbeitsphasen in den Religionsunterricht zu integrieren, ohne das dafür nötige Material selbst entwickeln zu müssen. Inwiefern lohnt aber dieser methodische Aufwand? Berg resümiert die Lernpotenziale der Religionspädagogik von der Montessori-Pädagogik folgendermaßen:

»Vielleicht gelingt die Erziehung zur Liebe im Religionsunterricht oft nicht gut, weil sie viel zu direkt und steil ansetzt, weil sie sich auf der Ebene der grundlegenden biblischen Zusagen und Forderungen bewegt; dann bleibt es bei verbalen Bekundungen, die keine Veränderungen auslösen. Die Montessori-Pädagogik mit ihrem zurückhaltenden, indirekten Ansatz bietet gute Chancen, neu an der im Neuen Testament ausgerufenen Liebe Maß zu nehmen und im Erfahrungs- und Experimentierraum der Lerngruppe praktische Liebe zu üben. Dazu ist kein eigenes Programm nötig; sondern wo religiöse Erziehung sich redlich und sachlich am Menschenbild und Erfahrungskonzept Maria Montessoris orientiert, kann Liebe erfahren und geübt werden.«[43]

– *Lernformen in der Pubertät –*
Vom Zusammenhang elementarer Zugänge und elementarer Lernformen

Nimmt man die Erfahrungen von Schülerinnen und Schülern ernst und bedenkt ihre entwicklungspsychologische Zugänge in der Unterrichtsvorbereitung mit, dann versteht sich eine positive Bewertung des Zusammenhangs von Pubertät und elementaren Lernformen fast von selbst. Jede Entwicklungsstufe erfordert altersadäquate Lernformen.

Auch ältere Bildungspläne berücksichtigen diesen Zusammenhang ausdrücklich:

»Die seelisch-körperliche Entwicklung der Jungen und Mädchen, die oft durch Labilität und Reizbarkeit zum Ausdruck kommt, wirkt sich auf die Unterrichtsgestaltung aus. Verständnis für ihre entwicklungsbedingte Situation ist notwendig. Inhaltlich und methodisch wird der Unterricht an Schülerinteressen einerseits und an erzieherischen Erfordernissen andererseits ausgerichtet. Gerade die Labilität und Reizbarkeit machen

---

42 H. K. Berg/ U. Weber: So lebten die Menschen zur Zeit Jesu; Stuttgart 1996; dies.: Ostern – In Bildern Spuren des Neuen Lebens entdecken; Stuttgart 1998; dies.: Symbole erleben – Symbole verstehen; Stuttgart 2000.
43 Berg 1994, 108f.

1. Die fünfte Dimension: elementare Lernformen

es erforderlich, den Unterricht so zu gestalten, dass Schülerinnen und Schüler aktiv, eigenständig und eigenverantwortlich, aber auch kooperativ in Gruppen, arbeiten. Die Gesprächsform der Diskussion gewinnt hier an Bedeutung; dabei werden Argumente ausgetauscht, Standpunkte vertreten, Kompromisse geschlossen und eingehalten. Einen besonderen methodischen Schwerpunkt bildet die Arbeit in Projekten oder projektartigem Unterricht. Die Ausrichtung an Sachstrukturen in Verbindung mit methodischer Vielfalt ermöglicht ganzheitlichen und handlungsorientierten Unterricht. Die eigenverantwortliche Durchführung von Aufgaben trägt zur Selbstfindung bei.«[44]

Eigenverantwortung ist auch aus meiner Erfahrung ein überaus wichtiger Aspekt, aber gleichzeitig dürfen die Möglichkeiten der Heranwachsenden nicht überschätzt werden. In der Hinterhand kleinschrittigere Angebote vorbereitet zu haben, hilft Überforderungen und die damit verbundenen Frustrationen zu verringern.

Insgesamt spiegelt diese Darstellung des Bildungsplans aus dem Jahre 1994 eine überzeugende Verbindung von Spezifika der Entwicklungsphase »Pubertät« und den dazu passenden Lernformen. Allerdings laufen solche Anmerkungen aus dem Bereich allgemeiner Vorbemerkungen immer Gefahr, zur wohl klingenden »Bildungsplan-Lyrik« zu werden und den konkreten Unterricht in Deutsch, Mathematik oder Religion nur sehr bedingt zu erreichen.

Aber gilt denn eine solche entwicklungspsychologische Beschreibung für alle Schülerinnen und Schüler einer 7. Klasse gleichermaßen? Ich sage: Nein! Deshalb sollen auch nicht alle über den gleichen Leisten geschlagen werden. Es gibt Jüngere und Ältere in der Klasse, z.B. Wiederholer; es gibt Jungen und Mädchen; es gibt Spät- und Frühentwickler. Trotzdem lässt sich ein erfahrungsgemäßer Durchschnittsstand der Entwicklung für einzelne Klassenstufen nennen und es ist Aufgabe der Lehrkraft, dann auf die jeweilige Klasse bezogen zu beurteilen, inwiefern eine Abweichung vom Durchschnitt der Entwicklung gegeben ist und welche methodischen Konsequenzen dies zeitigt.

---

44 Baden-Württemberg: Bildungsplan 1994 – Realschule, 139.

2. Pubertät

Im konstruktiven Teil meiner Arbeit appliziere ich das Unterrichtsprinzip Elementarisierung auf die Alterstufe Pubertät. Deshalb kläre ich im nächsten Abschnitt, was unter »Pubertät« zu verstehen ist, wie sich diese Altersstufe im Laufe der Menschheitsgeschichte herausgebildet hat und welche körperlichen sowie seelischen Veränderungen sie kennzeichnen. Ich zeige auf, wie – unter Einarbeitung neuer Erkenntnisse der Hirnforschung – die Entwicklung des Denkvermögens zu verstehen ist und welche Konsequenzen eine postmoderne Gesellschaft für die Identitätsentwicklung in der Pubertät hat. Schließlich versuche ich das Dargestellte in vier schulpädagogischen Konsequenzen zu konkretisieren, um Lehrerinnen und Lehrern für die alltägliche Arbeit Hinweise zu geben, was Elementarisierung konkret für einen auf die Pubertät ausgerichteten Unterricht heißen könnte.

– Pubertät und Adoleszenz

Der Begriff Pubertät kommt vom lateinischen »pubertas«, was mit »Mannbarkeit, Geschlechtsreife«, übertragen auch mit »Zeugungskraft« oder »erstem Bartwuchs«[45] übersetzt werden kann. Das zugrunde liegende Substantiv »pubes, -is f.« verweist zunächst als »Unterleib, Schoß, Scham(gegend)« auf den körperlichen Aspekt der Entwicklung. Weiter gefasst versteht man unter »pubes« eine »junge Mannschaft, erwachsene Jugend«, gar »Männer, Leute« überhaupt. Das Adjektiv »pubes, -eris« schließlich bedeutet »mannbar, erwachsen«, übertragen »saftig, kräftig«. Die »puberes« sind die Waffenfähigen. Damit kommt stärker die neue soziale Stellung der Heranwachsenden in den Blick.

In der Entwicklungspsychologie heute wird die ursprünglich auf den Körper bezogene Wortbedeutung aufgegriffen. Pubertät umfasst die Phase der körperlichen Reifungsprozesse, das Längenwachstum sowie die Ausbildung der primären und sekundären Geschlechtsmerkmale. Da diese Prozesse nach außen hin sicht- und leicht verifizierbar sind, ist Pubertät eine zeitlich eng umgrenzte Lebensphase. In der Regel beginnt sie bei den Mädchen zwei Jahre früher als bei den Jungen, allerdings variiert die Pubertätsphase interindividuell erheblich.

Der Terminus »Adoleszenz« hat vom Lateinischen ein sehr ähnliches Wortfeld[46]:

---

45 Der kleine Stowasser; München 1980, 371.
46 Ebd., 14.

2. Pubertät

- adulescens, -entis f.   – als Partizip: heranwachsend, jung, jugendlich
- – als Substantiv: Jüngling bzw. Jungfrau
- adulescentia, -ae f.   – Jugendzeit (etwa von 17–30 Jahren); met. die jungen Leute
- adolesco und adulesco   – heranwachsen, vorrücken; met. wachsen, erstarken, zunehmen

Der Adoleszente ist im Begriff, ein Erwachsener zu werden. Die Bezeichnung Adoleszenz hat sich aus der amerikanischen Jugendforschung der 1950er-Jahre in der heutigen Entwicklungspsychologie etabliert und meint die psychische und psychosoziale Verarbeitung der körperlichen Reifungsprozesse. Folglich setzt Adoleszenz Pubertät voraus und ist eine nach hinten zeitlich eher offene Lebensphase. Um es zeitlich ungefähr einzuordnen, ließe sich sagen: Die Pubertät dauert etwa vom 11.–15. Lebensjahr, während so mit 14 Jahren die Adoleszenz beginnt.[47]

Die psychische Verarbeitung der körperlichen Entwicklung ist stark von den Rahmenbedingungen abhängig. Ob ein Junge auf seine erste Ejakulation bzw. ein Mädchen auf ihre Menarche mit Scham oder Stolz reagiert, mit Gefühlen der Peinlichkeit und Schuld oder mit Vorfreude

---

[47] Andere Jugendforscher meiden die Differenzierung der Entwicklung in körperliche und seelische Aspekte und erweitern den Begriff der »Pubertät« oder der »Adoleszenz«.
»Ich spreche durchgängig von Pubertät, weil ich die Wechselwirkung von körperlichen, geistigen und gefühlsmäßigen sowie sozialen Veränderungen betonen möchte. Dabei unterscheide ich drei Phasen: Die Vorpubertät (erste Phase) reicht vom 11. bis zum 14. Lebensjahr. Die ›eigentliche‹ Pubertät (zweite Phase) lässt sich zwischen dem 14. und 16. Lebensjahr verorten. Es versteht sich, dass diese Zeiteinteilung idealtypisch ist. Die Phasen können sich nach vorn und nach hinten verschieben. Die Nachpubertät umfasst den Zeitraum zwischen dem 16. und 18. Lebensjahr (dritte Phase).«
J.-U. Rogge: Pubertät. Loslassen und Haltgeben; Hamburg [8]2003 (1998), 18
»In der internationalen Jugendforschung ist der Terminus Adoleszenz vornehmlich im Kontext entwicklungsbezogener Veränderungen der Jugendphase gebräuchlich. Die Adoleszenz erstreckt sich insgesamt über ca. ein Jahrzehnt, das qualitativ wie quantitativ sehr heterogene Entwicklungsprozesse aufweist. Zur Differenzierung der Veränderungsdynamik werden drei Phasen mit jeweils zugeordneten Altersbereichen unterschieden: (1) frühe Adoleszenz zwischen 11 und 14 Jahren (2) mittlere Adoleszenz zwischen 15 und 17 Jahren und (3) späte Adoleszenz zwischen 18 und 21 Jahren.«
Oerter/ Montada: Entwicklungspsychologie; Weinheim/ Basel/ Berlin [5]2002 (1982), 259.
In jedem Fall dürfen »Pubertät« und »Adoleszenz« nicht im Sinne eines strengen Nacheinander verstanden werden. Der Prozess des Erwachsenwerdens beginnt zwar mit den körperlichen Veränderungen, aber die seelische Verarbeitung setzt mit diesen Umwälzungen ein, auch wenn sie bis ins dritte Lebensjahrzehnt hinein als Aufgabe der Persönlichkeitsbildung virulent bleibt.

auf das nun deutlich beginnende Erwachsenwerden, ist nicht biologisch vorgegeben. Es ist Resultat frühkindlicher Erfahrungen, der primären Bezugspersonen in der Familie sowie der gesellschaftlichen Bewertung insgesamt.

»Insofern die Pubertät eine biologisch bedingte Entwicklung darstellt, ist sie relativ kultur-unabhängig, jedoch als psychosoziale Bewältigung des puberalen Triebschubes [in unserer Terminologie als »Adoleszenz« bezeichnet; M. S.] und der damit reaktivierten Problematik der infantilen psychosexuellen und narzisstischen Vorgeschichte ist sie soziokulturell bestimmt. Dieses soziokulturelles Bedingungsgefüge hat zwei Ebenen: eine, die die zurückliegenden Faktoren der primären Sozialisation enthält, die auf dem Wege über die Verinnerlichung der infantilen Objekterfahrungen den psychosozialen Adoleszenzverlauf mitbestimmen; eine andere, die die jeweils aktuellen Bedingungen im familiären und außerfamiliären sozialen Umfeld darstellen, in dem der Jugendliche seine Adoleszenz durchlebt. Im Wechselspiel von Triebreifung, Außenweltgegebenheiten und internalisierten Kindheitsbedingungen vollzieht sich der individuelle Adoleszenzprozess.«[48]

Habe ich schon in Bezug auf den Pubertätsverlauf interindividuelle Varianzen betont, so ist die Vielfalt des Verlaufs der Adoleszenz noch einmal deutlich größer, einfach schon deshalb, weil die unterschiedlichsten Faktoren den Verlauf beeinflussen. Nicht zuletzt spielt die (Aus-) Bildung der Jugendlichen dabei eine wichtige Rolle. Gerade Jugendliche aus bürgerlichen Milieus neigen zu einer verlängerten Adoleszenz, in der idealistische und kreative Vorhaben sowie eine hoch qualifizierte Ausbildung ein langes Moratorium auf dem Weg zum Erwachsenen zur Folge haben.

Die Einteilung des menschlichen Lebens in verschiedene Phasen geht mindestens bis auf Solon (640–561 v.Chr.) zurück, einem Politiker und Philosophen im frühen Athen.[49] Er vertrat eine Hebdomadenlehre und teilte den Lebenszyklus eines Mannes in zehn Stufen zu je sieben Jahren ein. Für Kindheit und Jugend ergeben sich für ihn folgende Abschnitte:

- *»0–7: Knabe zuerst ist der Mensch, unreif: da wirft er der Zähne Hag, der dem Kinde entspross, von sich im siebenten Jahr.*
- *7–14: Wenn zum andern Mal Gott schloss die Sieben der Jahre, Zeichen der Mannheit dann keimen, der nahenden, auf.*
- *14–21: Während der dritten umkraust sein Kinn – noch wachsen die Glieder – wolliger Flaum, da der Haut Blüte im Wandel verwich.«*[50]

---

48 Eckensberger 1983, 58f.
49 Finley [2] 1983, 22ff.
50 Levinson 1979, 443.

Die Römer haben die Differenzierung des Lebenslaufs aus der griechischen Kultur aufgegriffen und auf fünf Entwicklungsstufen reduziert[51]:

0–7	infans, -ntis m./f. – kleines Kind	
8–16	puer, pueri m. – Junge	puella, -ae – Mädchen
17–30	adulescens, -ntis m. – junger Mann	virgo, -inis f. Mädchen, Jungfrau
31–45	iuvenis, -is m. – (jüngerer) Mann	matrona, -ae f. – (verheiratete) Frau
ab 45	senex, senis m. – alter Mann	anus, -us f. – alte Frau

Die Phase der frühen Kindheit entspricht dem Schema der Entwicklungspsychologie heute. Die späte Kindheit (7–10 Jahre) und die Pubertät (11–15) werden zugunsten einer längeren Knaben- bzw. Mädchenzeit zusammengefasst. Die Phase der Adoleszenz ist wieder annähernd gleich lang. Das Erwachsenenalter ist noch einmal in zwei Abschnitte untergliedert, wobei man heute das Alter frühestens mit fünfundsechzig Jahren beginnen ließe.

– *Vom Übergangsritus zur Lebensphase*

Die »Entdeckung« einer expliziten Lebensphase »Jugend« – und als ein Teilaspekt davon: die »Pubertät« – ist ein gesellschaftlich relativ spätes Phänomen v.a. des 20. Jahrhunderts. Selbstverständlich ist schon lange davor das Verhältnis von Jungen und Alten bedacht worden. Es ließen sich Zitate aus 4000 Jahren zusammenstellen, an denen deutlich würde, dass der Blick auf die nachwachsende Generation schon immer höchst ambivalente Gefühle ausgelöst hat.

Als Beispiel beschränke ich mich auf einige Zitate aus dem Alten Testament. Dort sind Überlieferungen aus vielen Jahrhunderten zusammengestellt, die m.E. auch im Abstand von über zweitausend Jahren den Blick der Erwachsenen auf »die Jugend«[52] für heutige Sichtweisen durchaus erhellend darstellen.

---

51 Langenscheidts Grundwortschatz – Latein; Berlin/München ^{5}1991 (1987), 7.
52 Spätestens heute gilt, dass es **die** Jugend nicht gibt, sondern lediglich sehr unterschiedliche Jugendkulturen, die neben- und z.T. auch gegeneinander parallel in einer Gesellschaft existieren. Vgl. E. Liebau: Jugend gibt es nur im Plural; in: Pädagogik 7–8/1990, 6–9.

Allerdings zeigt sich in der exegetischen Arbeit an den alttestamentlichen Texten, dass die Zuordnung zu einem bestimmten Lebensalter nicht unproblematisch ist. Das Wort נער – na'ar ist 239 Mal im AT belegt. Etymologisch wird נער – na'ar auch von der »Rauheit der Stimme zu Beginn der Pubertät« abgeleitet.[53] Der Plural נערים – na'arim kann mit »Jahre der Jugend, Jugend(zeit)« übersetzt werden. In alttestamentlichen Texten findet sich oft das Kompositum מנעורי – min^e'uri »von meiner Jugend auf«, z.B. »Wir haben gesündigt wider den HERRN, unseren Gott, wir und unsere Väter, von unserer Jugend an bis auf den heutigen Tag« (Jer. 3,25).

In Opposition zum Wort אדון 'adon – »Herr« zeigt es ein Dienstverhältnis an. Der נער – na'ar »Knecht« bzw. die נערה na'arah – »Magd« stehen in einem Abhängigkeitsverhältnis zum Herrn, aber im Gegensatz zum עבד aebaed – »Sklave« ist es eine selbstgewählte Lebensform. Oft ist na'ar auch mit זקן zaqen – »die Alten« kombiniert. »Jung und Alt« bringen als Extreme in den Lebensstufen die Gesamtheit der Bevölkerung zum Ausdruck. »Junge Männer und auch Jungfrauen, Alte samt den Jungen: Sie sollen loben den Namen des HERRN« (Ps. 148,11f.) Damit kommt zum Ausdruck: das ganze Volk stimmt in das Lob Gottes ein.

Will man nun die Altersstufe des na'ar fassen, so öffnet sich eine Spanne vom drei Monate alten Säugling Mose (Ex. 2,6) über den Knaben Benjamin (Gen. 43,8), dem jüngsten der zwölf Söhne Jakobs, bis hin zum herangewachsenen jungen Mann Sichem, der um Dinas Hand anhält (Gen. 34,19). Allerdings lässt sich ein deutlicher Schwerpunkt für das Jugendalter konstatieren:

»na' ar ist ... eindeutig eine Altersbezeichnung für das Jugendalter. Wie weit dies nach oben reicht, wird verschieden angegeben: bis 20 Jahre (z.B. Ex. 30,14), bis 25 Jahre (Num. 8,24), bis 30 Jahre(z.B. Num. 4,3.23).«[54]

Die Weite des Begriffs נער – na'ar von »unerfahren; untergeben; jung« sowie die Schwierigkeit einer genauen altersmäßigen Zuordnung bestätigt die Feststellung zu Beginn des Abschnitts, dass »Jugend« als explizite Lebensphase ein spätes gesellschaftliches Phänomen darstellt. In einer frühen Kultur wie die der israelitischen Stämme in Vorderasien geht es meist um die Opposition »jung – alt« und das gesellschaftliche Miteinander dieser polaren Altersgruppen.

Im Folgenden gehe ich – trotz der einschränkenden exegetischen Vorbemerkungen – einigen für das Verhältnis Jung – Alt in der Hebräischen Bibel kennzeichnenden Stellen entlang.

---

53 W. Gesenius: Hebräisches und aramäisches Handwörterbuch über das Alte Testament; Berlin 1962, 510.
54 Fuhs; Art. נער – na'ar; In: Theologisches Wörterbuch zum AT, Bd. V; Stuttgart 1986, Sp. 513.

2. Pubertät

Zunächst ist von Kritik an einer anmaßenden und zugleich gefährdeten Jugend zu lesen.

»Ich mache junge Burschen zu ihren Fürsten. Willkür soll über sie herrschen. Dann bedrängt im Volk einer den anderen, und jeder bedrängt seinen Nächsten. Die Jungen sind frech zu den Alten, die Geringen zu den geachteten Männern«[55] (Jesaja 3,4f.).
»Simson veranstaltete ein Trinkgelage, wie es die jungen Leute zu machen pflegen« (Richter 14,10).

Das Leben zerfließt in Ausschweifungen. Belehrung der Jugend ist deshalb eine wichtige Aufgabe des Alters. Diese Belehrung basiert auf der religiösen Unterweisung und reicht hinein bis in die Tischsitten.

»Weisheitliche Texte betonen neben der Jugendlichkeit des na' ar besonders seine Unreife, Unmündigkeit und Unselbstständigkeit. Er ist ohne Verstand, lässt sich verführen und betören, bedarf strenger Zucht, damit er erfahren und klug und so vor dem Tod bewahrt bleibt. Ein na'ar als Herrscher bedeutet den Zusammenbruch jeder staatlichen Ordnung und den Untergang des Gemeinwesens.«[56]

Auf der Grundlage einer patriarchalischen Gesellschaftsordnung wird von jungen Männern erwartet, auf die Weisheit der Alten zu hören. Geschieht dies nicht, zerfällt die staatliche Ordnung.

»Wie geht ein junger Mann seinen Pfad ohne Tadel? Indem er sich hält an sein Wort« (Psalm 119,9).
»Du sollst vor grauem Haar aufstehen, das Ansehen eines Greises ehren und deinen Gott fürchten« (3. Mose 19,32).
»Als Jüngerer ergreife (bei Tisch) das Wort nur, wenn du musst, wenn man dich nachdrücklich zwei- oder dreimal auffordert. Dränge die Worte zusammen, fasse dich kurz, sei wie einer, der etwas weiß, aber auch schweigen kann« (Jesus Sirach 32,7f.).

Lebenskunst erwächst im Hören auf das Wort Gottes und zeigt sich in der Achtung vor der Lebenserfahrung des Alters sowie einem zurückhaltenden Auftreten gepaart mit hoher Kompetenz. Diese Lebenskunst haben die Jungen von den Erfahrenen zu lernen.

»Dies sind die Sprüche Salomos, des Sohnes Davids, des Königs von Israel, um zu lernen Weisheit und Zucht und zu verstehen verständige Rede ... dass die Unverständigen klug werden und die Jünglinge vernünftig und besonnen« (Sprüche 1,1–2.4).

---

55 Alle alttestamentlichen Stellen sind nach der Einheitsübersetzung zitiert.
56 Fuhs; Art. נער – na'ar; In: Theologisches Wörterbuch zum AT, Bd. V; Stuttgart 1986, Sp. 514f.

»*Torheit steckt dem Knaben im Herzen, aber die Rute der Zucht treibt sie ihm aus*« (Sprüche 22,15).

Erziehung der jungen Generation erfolgt in zwei Formen: Einerseits durch mündliche Belehrung in der Familie. Hier sind es vor allem die Väter, die für die Weitergabe der religiösen Tradition verantwortlich gemacht werden. Hinzu kommt die Einführung der Heranwachsenden und des Volkes insgesamt in die göttliche Lehre durch die Priester im Heiligtum.

«*Versammle das Volk – die Männer und Frauen, Kinder und Greise, dazu die Fremden, die in deinen Stadtbereichen Wohnrecht haben –, damit sie zuhören und auswendig lernen und den Herrn, euren Gott, fürchten und darauf achten, dass sie alle Bestimmungen dieser Weisung halten. Vor allem ihre Kinder, die das alles noch nicht kennen, sollen zuhören und lernen, den Herrn, euren Gott zu fürchten*« (Deuteronomium 31,12f.).

Religiöse Erziehung der Heranwachsenden ist durchgehend geprägt von der familiären Unterweisung und von punktuell[57] zentralen Belehrungen durch Priester im Tempel. Die Torah als das alle verbinde und verpflichtende Wort Gottes soll im Volk nicht in Vergessenheit geraten.

»*Der wesentliche Unterschied zwischen der religiösen Erziehung in vorexilischer und nachexilischer Zeit ist nicht an den beteiligten Institutionen abzulesen, sondern besteht in der fast durchgängigen Ausrichtung der Unterweisung am Gesetz und in der Betonung des Lernens derselben. Diese Torah-Orientierung durchdringt im Grunde alle Bildungstraditionen, seien sie kultisch oder weisheitlich orientiert.*«[58]

Erziehung der Heranwachsenden durch die Eltern schließt im Denken der alttestamentlichen Weisheitsliteratur Bestrafung – auch Prügelstrafe – nicht aus. Im Gegenteil: Wer seinen Sohn zu schonend erziehen will, schadet ihm letztlich, weil er ihm nicht nachdrücklich genug den Weg zum Guten weist (vgl. Sprüche 3,11 und 13,24).

»*Torheit ist nicht nur ein intellektuelles Manko, das man über mündliche Belehrung beseitigt, sondern auch der Wille zu bösartigem, frevelhaftem Verhalten. Die Prügelstrafe soll entsprechend den Sohn hindern, seine Untaten zu wiederholen. Steht vielleicht die pädagogische Absicht dahinter, mit dieser Strafe dem Kind einen Vorgeschmack auf die viel*

---

57 Hier: in jedem siebten Jahr beim Laubhüttenfest (vgl. Dtn. 31, 10).
58 Wanke 1994, 61.

härtere Strafe zu geben, die ihm bei einer Fortführung seines Lebenswandels bevorstünde?«[59]

Im Gegensatz zur Erziehung im alten Ägypten[60] soll die Unterweisung in Israel die Heranwachsenden befähigen, im Hören auf Gottes Wort heute Entscheidungen zu treffen, die ein gutes Leben in der Zukunft vorbereiten.

»Ziel der Unterweisung sind Weisheit und Einsicht, und die lassen sich nicht mit Schlägen erzielen. Nur an einigen wenigen Stellen dient die Rute als Erziehungsmittel. Dann ist sie kein der mündlichen Überlieferung gleichberechtigtes, sondern ein ihr untergeordnetes Mittel. Sie darf eingesetzt werden, um den Sohn, bei dem die mündliche Erziehung zu keinem Ergebnis geführt hat, vor dem Abgleiten in die Unterwelt ... als vor dem Tod zu bewahren. Die Schläge sollen in diesem Fall dem Sohn einen Vorgeschmack auf das geben, was ihn erwartet, wenn er die Regeln des Miteinanders weiterhin verletzt.«[61]

Dass zur Not auch körperliche Strafe als Konsequenz von Ungehorsam nicht ausgeschlossen wird, muss nicht in jedem Fall nur im Verhalten der jungen Menschen begründet sein, sondern kann auch auf die Schuld der Vätergeneration verweisen, deren Folgen die Jungen tragen müssen. Ein israelitisches Sprichwort sagt:

»Die Väter essen saure Trauben und den Söhnen werden die Zähne stumpf« (Ezechiel 18,2).

Die im Sprichwort manifeste intergenerative Vergeltungslehre weisen die Propheten allerdings ausdrücklich zurück!

»So wahr ich lebe – Spruch Gottes, des Herrn –, keiner von euch in Israel soll mehr dieses Sprichwort gebrauchen. Alle Menschen sind mein Eigentum, das Leben des Vaters ebenso wie das Leben des Sohnes, sie gehören mir. Nur wer sündigt, soll sterben« (Ezechiel 18,3f.).

Den kritischen Tönen im Blick auf die Jugend stehen aber auch ermutigende gegenüber. Jugend wird als eine bevorzugte Lebensphase betrachtet. Im Sinn eines »Carpe diem« (»Nutze den Augenblick«) werden die Chancen des Jungseins betont.

---

59 Delkurt 1993, 42.
60 *»Das Ohr eines Jungen sitzt auf seinem Rücken; er hört, wenn man ihn schlägt«* (Papyrus Anastasi III; nach Delkurt 2001, 29).
61 Delkurt 2001, 34.

»Freu dich, junger Mann, in deiner Jugend, sei heiteren Herzens in deinen frühen Jahren! Geh auf den Wegen, die dein Herz dir sagt, zu dem, was deine Augen vor sich sehen« (Kohelet 11,9).
»Aber der Herr erwiderte mir: Sag nicht: Ich bin noch so jung. Wohin ich dich auch sende, dahin sollst du gehen, und was ich dir auftrage, das sollst du verkünden« (Jeremia 1,7).

Die Spannung zu den kritisch mahnenden Tönen ist offensichtlich. Allerdings wird hier nicht auf einmal Hedonismus gelehrt, sondern die Freuden und Möglichkeiten des Jungseins sollen bewusst genossen werden als Geschenk Gottes in einer frühen Phase des Lebenswegs.

Ein weiterer Aspekt des Verhältnisses Jung-Alt:
Gott kann einen noch ganz jungen Menschen gegen die gesellschaftlichen Konventionen berufen. Im Vorrang des Jüngeren stellt Gott die Älteren in ihrer so sicher geglaubten Weisheit und Würde in Frage. Das findet sich nicht nur bei der Berufung des Jeremia, sondern in ähnlicher Weise bei der Erwählung Josefs vor seinen älteren Brüdern, bei der Berufung Samuels im Tempel von Silo oder bei der Salbung Davids zum König.

»Keine biologische Regel ist ohne Ausnahme. In wichtigen Partien der biblischen Überlieferung aus verschiedenen Zeiten trifft Jahwes Wahl einen Jungen, während Ältere hintangestellt oder gar verworfen werden.«[62]

Schließlich trägt die Jugend in sich die Hoffnungsperspektive für eine stets gefährdete Gesellschaft. Ist die Jugend zerstört, ist die Zukunft verbaut; gedeiht aber die Jugend, so öffnen sich dem Leben neue Horizonte.

»Die Jungen werden müde und matt, junge Männer stolpern und stürzen. Die aber auf den Herrn vertrauen, schöpfen neue Kraft, sie bekommen Flügel wie Adler« (Jesaja 40,30f.).

Die Wertschätzung von Jugendlichkeit ist keineswegs nur in ihren körperlichen Kräften begründet. Auch geistlich wird jungen Menschen in der Bibel hohe Verantwortung zugesprochen: Jeremia wird jung von Gott zum Propheten berufen. Als er seine Jugend als Argument gegen die Berufung anführt, bekräftigt Gott, dass er gerade in und wegen seiner Jugend berufen sei und auf Gottes Wegbegleitung vertrauen solle. Daniel erweist sich im babylonischen Exil als Muster dafür, wie eine aktive Gestaltung des (weltlichen) Lebens in der Fremde bei gleichzeitiger Bewahrung der religiösen Identität gelingen kann. Im Neuen

---

62 Wolff [3]1977, 186.

2. Pubertät

Testament berichtet der Evangelist Lukas, wie der zwölfjährige Jesus von Nazareth mit seinen Fragen und Kommentaren die Religionsgelehrten im Tempel in Staunen versetzt. Der Apostel Paulus ermutigt seinen Mitarbeiter Timotheus, sich trotz seiner Jugend beim Bau der neuen Gemeinden nicht von anderen – vermutlich Älteren, die ihn kritisierten – verunsichern zu lassen.

Neben diesen jugendlichen Einzelpersonen in der Bibel findet sich eine grundsätzlichere Kennzeichnung Jugendlicher als Propheten für eine Gesellschaft. Sie registrieren die gesellschaftliche Wirklichkeit kritischer und nehmen Zukunftsprobleme sensibler wahr – sei es im Bereich des Friedens oder der Ökologie.

»Danach aber wird es geschehen, dass ich meinen Geist ausgieße über alles Fleisch. Eure Söhne und Töchter werden Propheten sein, eure Alten werden Träume haben, und eure jungen Männer haben Visionen« (Joel 3,1; vgl. Apostelgeschichte 2,17!).

Im Zusammenhang der Pfingsterzählung wird diese alttestamentliche Beschreibung von Jugend aufgegriffen. Zeichen des kommenden Heils ist ein Miteinander der Generationen: Während die Alten träumend das Vergangene verarbeiten, reden die Jungen prophetisch in Visionen über eine gottgemäße Gestaltung der Zukunft. Träume und Visionen verschmelzen zu einem vom Geist Gottes durchtränkten Geschichtsstrom.

»Bezeichnenderweise kommt bereits in der biblischen Prophetie jungen Menschen eine besondere Qualität in der Phantasie zum Besseren, in der Offenheit dem Geist der Transparenz gegenüber zu, und diese Qualität wird ihnen auch zugesprochen.«[63]

Das scheint mir (religions-)pädagogisch außerordentlich wichtig: Niemand wird die schwierigen Seiten Heranwachsender übersehen können: ihre unberechenbaren Schwankungen, ihre schonungslose Kritik an dem Bestehenden und ihre mitunter selbstherrliche (narzisstische) Art. Entscheidend ist – in dieser stacheligen Schale[64] den jede Gesellschaft bereichernden Kern zur Entfaltung kommen zu lassen. Die prophetische Kraft der Jugend kann neue Wege für ein gutes Miteinander erahnen und in jugendlichem Idealismus auch tatkräftig anstreben. Dieses Veränderungs- und Mitgestaltungspotenzial gilt es immer wieder zu nutzen.

---

63 Fuchs 1986, 53.
64 Ein amerikanischer Erziehungsratgeber für die Teenagerzeit verwendet im Untertitel die einprägsame und m.E. treffende Metapher: »Die Kunst, einen Kaktus zu umarmen«.
(Arp, C. & D.: Und plötzlich sind sie dreizehn; Gießen [28]2005; Original: Almost Thirteen. Shaping your child's teenage years today; Nashville 1986)

Papst Benedikt XVI z.B. lobte beim Weltjugendtag in Köln in seiner Abschlusspredigt vor über einer Million Jugendlichen deren Einsatz für eine gerechtere Welt:

»Ich weiß, dass ihr als junge Menschen das Große wollt, dass ihr euch einsetzen wollt für eine bessere Welt.«[65]

Wolff fasst das alttestamentliche Menschenbild im Blick auf die Jugend so zusammen:
»Kennzeichen der heranwachsenden Jugend ist das Einleben in die Welt der Erwachsenen.«[66]

Das Einleben wird erleichtert durch ihre ansteckende Freude und hingebende Liebe, durch die Schönheit des jugendlichen Körpers sowie die Kraft der jungen Menschen; es wird behindert durch zaghafte Unentschlossenheit und mangelndes Selbstbewusstsein, durch unbesonnenen Rigorismus und Verachtung des Alters.
Ich glaube, diese Ambivalenz von Potenz und Gefährdung, von Genuss des Augenblicks und Lernen für die Zukunft, von mutigem Zutrauen und vorsichtiger Zurückhaltung sei auch für Jugendliche heute durchaus kennzeichnend. Das Alte Testament bewertet zwar das Alter höher als dies heute der Fall ist, aber es weiß auch darum, dass Glaube und Weisheit die gesellschaftlichen Normen umkehren können:

»Besser ein junger Mann, der niedriger Herkunft aber gebildet ist, als ein König der alt, aber ungebildet ist – weil er es nicht mehr versteht, auf Ratschläge zu hören« (Kohelet 4,13).

Im Folgenden möchte ich die Zitate des Alten Testaments nun in einen größeren geschichtlichen Zusammenhang einordnen und dabei verdeutlichen, dass Jugend in der längsten Phase der Menschheitsgeschichte mehr einen Übergangsritus denn eine eigenständige Lebensphase darstellte.

In archaischen Gesellschaften war der Schritt aus der Welt des Kindes in die Erwachsenenwelt durch Übergangsrituale klar definiert. Die Eingliederung als rechtsfähiges, verantwortliches Glied in die Gemeinschaft der Erwachsenen vollzog sich für Mädchen und Jungen getrennt. Mit Hilfe welcher Rituale das Mädchen zur Frau wurde, spielte eine eher nebensächliche Rolle, weil die Frau sich in archaischen Gesellschaften stark über den Mann zu definieren hatte. Die Initiation des Mädchens war eine eher individuelle Veranstaltung und stand in engem Zusammenhang mit Feiern zu ihrer ersten Menstruation. Die männliche

---

65 Stuttgarter Zeitung vom 22. 8. 2005 (Titelseite).
66 Wolff ³1977, 181.

Initiation hingegen war in Sitte und Gebräuchen dominant. In einem kollektiven Initiationsritus wurden die Jungen zu Männern.

»Zu jeder Pubertäts-Initiation gehört eine Anzahl mehr oder weniger dramatischer ›Prüfungen‹: Trennung von der Mutter, Isolierung im Busch unter Aufsicht eines Instruktors, Verbot des Genusses gewisser tierischer und pflanzlicher Nahrung, Zahnausschlagung, Zirkumzision (Beschneidung), Aderlass usw. Ebenfalls einen Teil der Initiationsprüfungen bildet das Zeigen heiliger Gegenstände wie Schwirrholz, Götterbild usw. Meistens enthält die Pubertätsinitiation das Motiv von ›Tod und Auferstehung‹.«[67]

Das Übergangsritual wurde meist zwischen dem 12. und 14. Lebensjahr vollzogen und war eine zeitlich eng begrenzte Phase. Seit 1909 werden nach van Gennep (1873–1957) die »rites de passage« in drei Phasen untergliedert:
– die Trennung (rites de séparation)
– der Übergang (rites de marge)
– die Einfügung (rites d'agrégation)[68]
Trennung, Wandlung und Wiedereingliederung charakterisieren das Initiationsritual. Es impliziert die Attribution eines sozialen Status, des Erwachsenenstatus. Im Ritual wird die soziale Identität und Ehre des Einzelnen gestiftet. Sie wird vermittelt durch Belehrung und Weiheakt. Lässt sich dieses Schema eines (dreigliedrigen) Übergangsritual für Jungen und Mädchen in der Kultur der israelitischen Stämme im Vorderen Orient im Alten Testament nachweisen?

Da der heutige alttestamentliche Textbestand viele Überarbeitungen erfahren hat, ist ein klares Initiationsschema im Judentum nicht zu erkennen, aber die Phänomene Beschneidung, die Bar-Mitzwa-Feier und der Einzug der Braut in das Haus ihres Mannes (und ihrer Schwiegereltern) können als Übergangsrituale betrachtet werden.[69]

»In Israel wurde die Beschneidung nur beim männlichen Geschlecht vollzogen, zunächst in der Reifezeit (Gen. 34; Ex. 4,25; Jos. 5,2f.), später beim Kleinstkind (Gen. 17).«[70]

---

67 M. Eliade; Art. Initiation; in: ³RGG, Bd. 3; Tübingen ³1986 (1959), Sp. 752.
68 van Gennep 1969, 13–44.
69 Andere Ritualformen sind aufgrund der Quellenlage im Alten Testament eindeutiger nachzuweisen, z.B., Einweihungsrituale für den Tempel in Jerusalem (1. Könige 8), Wallfahrten dorthin (4. Mose 16,16f.), das Sündenbock-Ritual am Versöhnungstag (3. Mose 16) oder Rituale zum Passah-Fest, einem Erinnerungsfest an den Auszug des Volkes Israel aus Ägypten. So werden z.B. an Passah die Türpfosten in jüdischen Häusern mit einem blutgetränkten Ysopzweig bestrichen (2. Mose 12, 22).
70 K. Galling: Art. Beschneidung; in: ³RGG, Bd. 1; Tübingen ³1986 (1957), Sp. 1091.

Die Beschneidung – bei Proselyten bis heute erforderlich – ist die Eingliederung des Einzelnen in die religiöse Volksgemeinschaft, in den Bund Gottes, und die Voraussetzung für die Kultfähigkeit. Mit der Beschneidung ist der Junge religionsmündig und zugleich verantwortlich für sein Handeln.

»Beschnitten muss sein der in deinem Haus Geborene und der um Geld Erworbene. So soll mein Bund, dessen Zeichen ihr an eurem Fleisch tragt, ein ewiger sein« (Genesis 17,13).

Als die Beschneidung schon in einer frühen Phase der israelitischen Geschichte bereits am achten Tag erfolgte (Gen. 17,12), wurde sie durch eine spätere religiöse Unterweisung ergänzt.[71] Heute feiern jüdische Jungen mit dreizehn bzw. Mädchen mit zwölf nach einem einjährigen Religionsunterricht in der Synagoge ihre Bar- bzw. Bat-Mitzwa. Sie sind dann »Söhne« bzw. »Töchter des Gesetzes«, dürfen den hebräischen Bibeltext in der Synagoge vorlesen und zählen zur jüdischen Religionsgemeinschaft.

An der Geschichte, wie Rebekka Isaaks Frau wird (Gen. 24), zeigt sich prototypisch, wie eine junge Frau ihre Sippe verlässt und ein Brautwerber sie ihrem Mann und seiner Sippe zuführt. Das ist der entscheidende kulturelle Schritt vom Mädchen zur Frau. Mit der ersten Monatsblutung wird das Mädchen auch in die Reinigungsrituale nach der Zeit der Menstruation im Frauenbad (Mikwe) eingeführt.

In anderen frühen Kulturen zeigt sich das dreigliedrige Übergangsritual eindeutiger. Klaus Wegenast berichtet von einem Initiationsritus der Aborigines in Australien:

»Die Novizen werden dort von der übrigen Gesellschaft isoliert und in Hütten irgendwo im Busch verbracht. Dort werden sie mit weißer Farbe angemalt als Zeichen dafür, dass sie wie Totengeister sind, die umherirren. Wie solche essen sie nicht mit den Fingern, sondern nehmen ihre Nahrung direkt mit dem Mund auf. Die Hütten, in denen sie leben, werden als Körper von Untieren verstanden, welche die Kinder verschluckt haben. Sie bleiben im Bauch dieser ›Bestien‹, bis sie wiedergeboren oder auferweckt werden. In diesem Zusammenhang gibt es auch symbolische Bestattungen von Novizen oder kultische Begehungen, in deren

---

71 Im Talmud, einer Sammlung der frühen Auslegung biblischer Texte durch berühmte Rabbiner, wird in »Die Sprüche der Väter« von Rabbi Jehuda, Temans Sohn, folgende Stufung der religiösen Entwicklung eines Jungen vorgeschlagen: *»Als Fünfjähriger zum Bibellesen, als Zehnjähriger zum Mischnalesen, als Dreizehnjähriger zur Gebotserfüllung, als Fünfzehnjähriger zum Gemarastudium, als Achtzehnjähriger zum Trauhimmel; als Zwanzigjähriger zum Streben.«*
In: Der Talmud. Ausgewählt, übersetzt u. erklärt von R. Mayer; München [5] 1980, 388.

2. Pubertät

Raum die Novizen vorgeben, ihr ganzes bisheriges Leben, ihre Namen und Familienbeziehungen vergessen zu haben und jetzt alles neu lernen zu müssen. Wie immer, durch die Initiation hindurch verlassen die Novizen die Kindheit und gewinnen den Zugang zu einem neuen Leben als Erwachsene, gehen einen Weg von der Natur hin zu Kultur.«[72]

Eine körperliche Markierung (z.B. Beschneidung oder Tätowierung) verdeutlicht, dass dieser Übergang in die Erwachsenenwelt irreversibel ist.

Am Ende des Initiationsritus steht meist ein Fest, in dem die Aufnahme des Novizen in die Erwachsenenwelt gefeiert wird. Von nun an ist er mit allen Rechten und Pflichten Mitglied der Ethnie.[73] Die Übergangsrituale haben für den Einzelnen eine identitätsstützende Funktion.[74] Sie schaffen einen Übergang von der Natur zur Kultur.

Auch Märchen erzählen vom Übergang des Kindes in die Erwachsenenwelt. Besonders eindrücklich ist das Grimmsche Märchen vom Eisenhans.[75] Die Initiation des Jungen durchläuft in diesem Märchen fünf Stufen:

- Trennung von der Mutter
- Bindung an den Vater und erneute Trennung
- ein Mentor, der dem Jungen einen Zugang zur eigenen Größe und seinen Fähigkeiten ermöglicht
- eine Lehrzeit, in der der Junge aus der Energiequelle eines archetypischen Bildes trinkt
- und schließlich die Hochzeit mit der Königin

Anselm Grün belegt Parallelen zwischen der Märchengestalt des Eisenhans' und Johannes dem Täufer aus dem Neuen Testament. Wie Eisenhans im Wald, so ist Johannes in der Wüste ein Beispiel für den Typus »wilder Mann«, einer notwendigen Durchgangsphase in der männlichen Identitätsentwicklung:

---

72 Wegenast 1991, 41.
73 H. Barz: Art. Pubertät; in: RGG⁴ Bd. 6, Sp. 1820f. (2003).
74 In den Sitten und Gebräuchen besonders in ländlichen Regionen, aber auch in den Städten waren bis ins 20. Jahrhundert hinein Pubertätsriten für junge Männer üblich. Während auf dem Land Knabenschaften eine feste Gruppe bilden und Annäherungen an das andere Geschlecht in Form von klar umschriebenen Ritualen erfolgt (z.B. das Fensterln oder das Stellen einer jungen Birke), ist für junge Männer in der Stadt die Zunftordnung für Gesellen wichtig (z.B. Verhaltensregeln auf der Walz).
(P. Hugger: Pubertätsriten – einst und jetzt – aus der Sicht eines Volkskundlers; in: G. Klosinski 1991, 25–39.)
75 Brüder Grimm: Kinder- und Hausmärchen, Bd. 2; München 1984, 534–541.

»An Johannes dem Täufer kann der Mann lernen, das Wilde und Sperrige, das Unangepasste und von den Mächtigen Unerwünschte in sich zuzulassen. Johannes hat ein Gespür für das Wesentliche. Er kämpft dafür, ob gelegen oder ungelegen. Er traut seiner inneren Stimme mehr als den Stimmen, die ihn von außen überstimmen und ihn in das Korsett der Wohlanständigkeit zwingen möchten. Er stellt sich den Gefahren. Er verkörpert einen wesentlichen Aspekt männlicher Spiritualität. Denn von ihm geht Kraft aus. Die männliche Energie Johannes des Täufers könnte Männern helfen, ihre eigene Identität zu finden.« [76]

Vielleicht lassen sich solche Stufen der Initiation leicht modifiziert auch für Mädchen formulieren. Jedenfalls zeigt das Märchen als ein Dokument der Volksweisheit, dass der Übergang in die Erwachsenenwelt in der Volksweisheit eine ausdrückliche Inszenierung verlangt, einen mehrfachen Wechsel von Abgrenzung und Neueingliederung.

Ich halte nochmals fest: Von einer expliziten Jugendphase können wir in der längsten Phase unserer Menschheitsgeschichte nicht sprechen. In Form eines Übergangsrituals wurde bis ins 19. Jahrhundert hinein das Kind in die Welt der Erwachsenen aufgenommen.[77]
In der heutigen Gesellschaft jedoch finden wir eine völlig geänderte Lebenssituation vor.
Die erste Phase, die Trennung vom Elternhaus, insbesondere die Loslösung von der Mutter, kommt nur schleppend in Gang.[78] Die »Séperation« erfolgt nicht selten gegen den Widerstand der Eltern. Die zweite Phase, der Übergang, ist durch das lange Verweilen in Jugendkulturen und Alternativwelten der Heranwachsenden gedehnt. In diesem ge-

---

76   Grün 2003, 157f.
77   Als kleiner Zwischenschritt kann ein Blick in die Mitte des 19. Jahrhunderts dienen. Daniel Schreber (1808–1861), Arzt und Mitbegründer des Leipzigerturnvereins, der eine Erziehungslehre unter Berücksichtigung von anatomischen und orthopädischen Gegebenheiten des kindlichen Organismus forderte, ging von folgender Einteilung der Altersstufen aus:
  • das erste Lebensjahr (»Säuglings-Alter«)
  • das zweite bis siebente Lebensjahr (»Spiel-Alter«)
  • das achte bis sechzehnte Lebensjahr (»Lern-Alter«)
  • sowie das siebzehnte bis zwanzigste Lebensjahr (»Jünglings- und Jungfrauen-Alter. Übergang zur Selbständigkeit«)
  (aus: Oelkers 2004, 108f.)
Besonders interessant ist hier die ausdrückliche Zwischenstufe von 17–20 Jahren in die Selbstständigkeit der Heranwachsenden. Nach der Lernphase geht es hier um berufliche Etablierung (der Männer) und Partnerfindung, so dass mit Heirat und Familiengründung der endgültige Schritt ins Erwachsenenleben erfolgen kann.
78   Nicht umsonst wird vom »Hotel Mama« als der bequemen Rundum-Versorgung gesprochen. Hilfe beim Selbstständigwerden können heute u.a. von Gruppenerfahrungen mit erlebnispädagogischen Akzenten sowie internationale Schüleraustauschprogramme ausgehen.

streckten Übergang kann der Zeitpunkt für die dritte Phase, die Einfügung in die Erwachsenenwelt, nur noch verschwommen benannt werden. Ist die Einfügung mit einem Bildungsabschluss wie dem Abitur, einem Diplom, dem Gesellen- oder Meisterbrief gegeben? Ist sie mit einem bestimmten – unter juristischen Gesichtspunkten relevanten – Alter: 18 oder 21 Jahre erreicht? Oder ist die Gründung einer eigenen Familie als endgültige Einfügung in die Erwachsenenwelt zu verstehen?

Initiation einst und Erziehung und Bildung heute unterscheiden sich nicht nur im Zeitfaktor. War über lange Phasen der Menschheit die Zukunft einer Gesellschaft – und die Aufgabe des Einzelnen darin – einigermaßen klar absehbar, so hat sich das dramatisch geändert: Wir wissen heute nur sehr bedingt, auf welche Gesellschaft und welche Anforderungen hin wir erziehen. Deshalb ist es wichtig, Kinder und Jugendliche zunehmend am Erziehungs- und Bildungsprozess zu beteiligen.

»Partizipatorische Erziehung bereitet die Heranwachsenden darauf vor, in die ausdifferenzierten gesellschaftlichen Handlungsfelder einzutreten und dort selbstständig tätig zu werden. Hier unterscheidet sich moderne Erziehung von älteren Formen der Initiation. Sie führt die Jugend nicht mehr in eine fertige gesellschaftliche Ordnung ein, sondern bereitet sie auf eine gesellschaftliche Praxis vor, deren Zukunft ungewiss ist und in der die Aufgaben der Tradierung und Veränderung konfligieren können.«[79]

In jedem Fall sind die drei Phasen des klassischen Übergangs von der Kindheit in die Erwachsenenwelt heute doppelt verändert: Der Abschied von der Kindheit beginnt infolge einer beschleunigten körperlichen Reifung immer früher und aufgrund langer Ausbildungsgänge wird das Erreichen der sozialen Reife immer weiter hinausgeschoben. Man kann folglich inzwischen von einer Jugendphase von gut fünfzehn Jahren sprechen (zwischen dem 11. und 25. Lebensjahr).

»Ein in unserer Gesellschaft zu lange währendes psychosoziales Moratorium, d.h. die Zeit zwischen der Geschlechtsreife und der beruflichen Integration bewirkt, das [sic. – dass] *es zu einer Séparation und Marge kommt, wobei aber die Agrégation und die Intégration auf sich warten lassen. Je länger dieses Moratorium dauert, desto mehr wird es noch von ihren Eltern abhängige Eltern geben, d.h. Eltern, die mit ihren Kindern um Anerkennung gegenüber den Großeltern rivalisieren. Reife und Verantwortung wird* [sic. – werden] *häufig in unserer Gesellschaft erst*

---

79 Benner 2004, 24.

dann übernommen, wenn sie eigentlich bereits wieder an die nächste Generation abgegeben werden müsste.«[80]

Diese lange Phase des Übergangs kennzeichnen Begriffe, die teilweise synonym gebraucht werden:
- Jugendliche (ca. 11–25-Jährige)
- Pubertierende (ca. 10–16-Jährige)
- Adoleszente (ca. 12–20-Jährige)
- Teenies (> engl. 13–19-Jährige)
- Twens (> engl. 20–29-Jährige)
- Junge Erwachsene (ca. 20–25-Jährige)

Die Bezeichnung »Jugendlicher« lässt sich als Oberbegriff für die gesamte Zeit des Übergangs verstehen. Von der Schule her gedacht ließe sich sagen, dass »Pubertät« in der Sekundarstufe I stattfindet, »Adoleszenz« bis in die Sekundarstufe II oder Berufsschule hinein reicht. Die Anglizismen »Teeny« und »Twen« sind eine eher umgangssprachliche Differenzierung, die sich am Lebensalter orientieren. »Junge Erwachsene« befinden sich in der heutigen Gesellschaft in einem Studiengang oder sie machen erste Schritte in ihr Berufsleben.[81]

Aufgrund pluralisierter und individualisierter Lebensläufe gibt es heute nur noch Rudimente von Übergangsritualen, z.B. Konfirmation oder Jugendweihe.

»In der westlichen Welt sind die durch die christliche Tradition bereitgestellten Pubertätsriten Konfirmation und Firmung heute stark durch sekundäre Motive überlagert und müssen – in der ehemaligen DDR z.B. durch die attraktive Konkurrenz der Jugendweihe – um ihre Akzeptanz fürchten. Dem stehen Beobachtungen und Spekulationen gegenüber, die säkulare Initiationsäquivalente umkreisen: Von Konformitätsritualen wie Abitur und Führerschein über die Inszenierung von Gegenwelten in Jugendgangs, Musikszenen und Fantasy-Rollenspielen bis zu individuellen Formen der ›Autoinitiation‹ wie S-Bahn-Surfen, Graffiti-Sprayen oder Piercing.«[82]

Diese Initiationsäquivalente als religiöse Phänomene einzuordnen ist erweiternd und problematisch, erweiternd weil aktuelle Erscheinungsformen in einem Traditionsstrom eingeordnet sind und damit grund-

---

80 Klosinski 1991, 18.
81 Im Kinder- und Jugendhilfegesetz (Sozialgesetzbuch VIII, § 7) wird wie folgt differenziert:
- 1–13 Jahre: Kind
- 14 – 17 Jahre: Jugendlicher
- 18–27: junger Volljähriger
82 H. Barz: Art. Jugend; in: RGG^4 Bd. 4, Sp. 649f. (2001).

2. Pubertät

legendere Bedeutung erlangen, problematisch weil die Jugendlichen selbst ihnen nicht das Attribut »religiös« geben würden.

Unbestritten ist hingegen, dass die christlichen Rituale Konfirmation bzw. Firmung Initiationsrituale darstellen. So bildete im evangelischen Bereich die Konfirmation einen christlich akzentuierten Übergangsritus zwischen Schulzeit und Lehre, zwischen Kinder- und Erwachsenenwelt, zwischen unmündigem und selbstverantwortetem Glauben.
Die Geschichte der Konfirmation beginnt im Jahr 1538[83] mit der so genannten »Ziegenhainer Ordnung« des Reformators Martin Bucer. Seine Konfirmationsordnung besagt, dass die Kinder von Gemeindeältesten und Pfarrern im Katechismus unterwiesen werden sollen, ehe sie in einem Gottesdienst der Gemeinde dargestellt und »confirmieret« werden.

»Besonders im deutschen Pietismus sowie in der Aufklärung verband sich mit der Konfirmation vielfach die Erwartung eines persönlichen Glaubensbekenntnisses, das zum Teil die Gestalt eines formellen religiösen Eides annahm. Auf diese Weise wurde aus der Konfirmation ein religiöser Passageritus, der zum erwachsenen Glauben führte – dem Glauben eines autonomen Individuums, das selbst für diesen Glauben Verantwortung übernimmt. Dieses Verständnis der Konfirmation hatte wichtige Folgen dafür, wie junge Menschen wahrgenommen und in Familie und Gesellschaft behandelt wurden. Beispielsweise waren bestimmte Formen der Arbeit erst nach der Konfirmation erlaubt, so dass die allgemeine Einführung der Konfirmation in der Tat einen Lebensabschnitt vor der vollen Teilnahme am Arbeitsleben definierte.«[84]

Luther selbst war der Katechismusunterricht, das heißt die religiöse Unterweisung der Heranwachsenden in der kirchlichen Lehre, wichtiger als die Konfirmationsfeier. Die Taufe ist für ihn das maßgebende Sakrament. Ihr ist die Katechese zugeordnet. Demgegenüber ist die gottesdienstliche Einsegnungsfeier sekundär. Luthers reservierte Haltung zur Konfirmation ist ein Grund dafür, dass sie erst vier Jahrhunderte nach der Reformation flächendeckend in Deutschland zum festen Bestand evangelischer Kirchen gehörte.

Im 19. und 20. Jahrhundert wurde die Konfirmation am Sonntag vor Ostern (Palmsonntag) gefeiert, denn zu Ostern endete auch das Schul-

---

83 Zunächst war diese Ordnung nur in Hessen gültig. Sie stellte u.a. einen Kompromiss zwischen Protestanten und Wiedertäufern dar. In Württemberg wurde die Konfirmation 1723 eingeführt und erst seit 1832 (!) gilt sie flächendeckend in allen evangelischen Gebieten Deutschlands (vgl. Ev. Gemeindeblatt für Württemberg 11/ 2005, 10).
84 Schweitzer 2003 (b), 66f.

jahr und damit die Schulzeit. Die in feierliches Schwarz gekleideten Kinder wurden aus der Schule hinaus und »ins Leben hineinkonfirmiert«. Die feierliche Aufnahme in die Kirchengemeinde und die erste Teilnahme am Abendmahl waren ein wichtiger Einschnitt im Leben, der erste Schritt ins Erwachsenenalter.

Die heute völlig veränderte Lebenswelt (der Postmoderne) hat die einstigen Passageriten ihrer ursprünglichen gesellschaftlichen Bedeutung entkleidet. Eine gewisse Rollenkonfusion der Heranwachsenden ist die Folge.
Einerseits sind die zunehmenden Freiheiten und Lebensmöglichkeiten der Jugendzeit attraktiv. So ist für viele Jugendliche – anders als in den archaischen Kulturen – nicht die schnelle Eingliederung in die Erwachsenenwelt das Ziel. Es geht um das Ausleben einer expliziten Jugendkultur, die im Kontrast zur »spießbürgerlichen«[85] Erwachsenenwelt inszeniert wird.
Andererseits bleiben eine gewisse Schutzbedürftigkeit und finanzielle Abhängigkeit von den Erwachsenen und damit eine soziale Unmündigkeit, die zunehmend als unbefriedigend empfunden wird. Verstärkt wird die Verunsicherung in der Jugendphase noch durch die Tatsache, dass »Jugend« auch für manche Erwachsene attraktiv ist und viele sich bemühen, möglichst lange »jugendlich« zu wirken, was mit »dynamisch, attraktiv und frei« konnotiert ist.[86]
Die heute enorm verlängerte Jugendphase lebt von einer gewissen Ambivalenz: Potenziell wäre schon vieles möglich, aber die Verantwortung wird noch lange letztlich von Eltern, Lehrern und anderen Erwachsenen übernommen. Schule und Jugendzeit sind koevolutiv entstanden. War man einst mit vierzehn Jahren gezwungenermaßen in einem zeitlich eng begrenzten Übergangsritual zum Erwachsenen geworden, so beginnt heute die Erwachsenenphase mindestens zehn Jahre später.
Damit werden Pubertät und Adoleszenz zur eigenständigen Lebensphase.

---

85 »Spießbürger« sind von der Wortbedeutung her Menschen, die ihre Städte in alter Tradition noch mit Spießen verteidigen, obwohl schon längst Feuerwaffen erfunden sind. Dieses Verhaftet-Sein im Gestern macht »Spießbürger« unfähig, den heutigen Herausforderungen des Lebens angemessen zu begegnen.
86 Etliche Dauerjugendliche der Generation Golf verharren in ihrer Protesthaltung. Viele Jugendliche heute dagegen streben wieder klassische Werte an (z.B. sorgfältige Vorbereitung auf den Beruf), so dass es ihnen schon fast wieder erstrebenswert erscheint, ein »Spießer« zu werden – wie es der aktuelle Werbespot einer Bausparkasse in Umkehrung der Generationenverhältnisse witzig und tiefsinnig zugleich auf den Punkt bringt. (vgl. Sonntag aktuell, 6. 3. 2005, S. 3)

2. Pubertät

– *Physische und psychische Veränderungen*

Fünf bedeutsame körperliche Veränderungen bestimmen die Pubertät:
- Wachstumsschub und Gewichtszunahme
- ein neues Verhältnis von Körperfett und Muskelmasse
- Veränderungen im Herz-Kreislauf-System und der Atmung
- Entwicklung der primären Geschlechtsorgane
- Ausbildung sekundärer Geschlechtsmerkmale

»Bis zum 11. Lebensjahr sind Jungen und Mädchen etwa gleich groß. Danach wachsen Mädchen im Durchschnitt bis zu 9 cm pro Jahr, Jungen sogar 10,5 cm pro Jahr. ... Der Wachstumsschub setzt bei Mädchen früher ein als bei Jungen. So sind die Mädchen im Alter von 11 bis 13 Jahren größer als die Jungen. Im Durchschnitt überholen die Jungen die Mädchen erst mit 14 Jahren. Die Erwachsenengröße von Jungen liegt durchschnittlich 12 cm über der von Mädchen.«[87]

Besonders problematisch ist das überproportionale Längenwachstum aufgrund des asynchronen Verlaufs. Kopf, Hände und Füße, Arme und Beine sowie schließlich der Rumpf wachsen in Schüben, so dass die Koordination des Körpers mitunter schwieriger wird. Gerade bei sportlich engagierten Jugendlichen kann dies zu temporären Leistungseinbrüchen führen. Da sich Jungen in dieser Lebensphase stark über ihre sportliche Leistung definieren, wird Pubertät ambivalent erlebt: Eigentlich sollte man aufgrund des Wachstums vieles noch besser können, aber die motorische Feinabstimmung bereitet erhebliche Probleme.

Im Bereich Körperfett und Muskelmasse differieren die körperlichen Veränderungen in der Pubertät stark zwischen Jungen und Mädchen. Während bei den Jungen die Gewichtszunahme vorrangig aus dem Aufbau von Muskulatur resultiert, ist bei Mädchen der Aufbau von Körperfett vorherrschend. Das hat deutliche psychische Auswirkungen: während Jungen eher stolz auf ihre neue Stärke sind, empfinden sich viele Mädchen in der Pubertätsphase als »zu fett«.

»Bei Jungen ist der Fettanteil am Gesamtgewebe insgesamt geringer als bei Mädchen. Jungen haben am Ende des Jugendalters etwa dreimal so viel Muskelmasse wie Fettgewebe. Bei Mädchen dagegen ist die Verteilung mit 5: 4 zugunsten des Körperfetts nahezu ausgeglichen. ...In dieser Phase besteht ein erhöhtes Risiko, dass Mädchen – insbesondere frühentwickelte Mädchen – Essprobleme (v.a. Anorexie und Bulimie) entwickeln.«[88]

---

87 Grob/Jaschinski 2003, 34.
88 Ebd., 34f.

Die zunehmende körperliche Überlegenheit der Jungen zeigt sich auch im Bereich der Ausdauerleistungen. Herz- und Lungenvolumen vergrößern sich bei den Jungen mehr als bei den Mädchen. Bei der Geschlechtsreifung, der Ausbildung primärer und sekundärer Geschlechtsmerkmale, zeigt sich erneut, wie sorgfältig zwischen Mädchen und Jungen zu differenzieren ist.

»Bei Jungen beginnt die Geschlechtsreife mit dem Wachstum von Hoden, Hodensack (10 bis 13,6 Jahre) und ersten Schamhaaren (10 bis 15 Jahre). Danach beginnt das Peniswachstum (11 bis 14,6 Jahre). Später tritt der erste Samenerguss auf; erst als letztes wachsen die Achselhaare (etwa zwei Jahre nach den ersten Schamhaaren). Zu demselben Zeitpunkt wird die Haut rauer und sondert vermehrt Talg ab. ... Bei den Mädchen wachsen zunächst die Brüste (8 bis 13 Jahre) und Schamhaare (8 bis 14 Jahre). Später beginnt die Veränderung der Genitalien (Vergrößerung von Uterus, Vagina, Schamlippen und Klitoris), während die Menarche erst spät auftritt (10 bis 16,6 Jahre). Ein regelmäßiger Eisprung erfolgt erst etwa zwei Jahre nach der Menarche.«[89]

Die Jahresangaben verdeutlichen, dass die körperliche Entwicklung bei Mädchen in einem noch höheren Maße individuell variiert als bei den Jungen, so dass für die Phase der körperlichen Reife, der Pubertät, ein Korridor von acht Jahren einzurechnen ist (ca. 10.–18. Lebensjahr). Allerdings setzen sowohl ältere psychoanalytische Untersuchungen (S. Freud u. S. Bernfeld) als auch moderne neurophysiologische Ansätze voraus, dass die Wurzeln der Pubertät weit in die Kindheit hinein reichen, so dass Sexualität mit Beginn der Pubertät nicht aus dem Nichts aufbricht.

Die psychosexuelle Entwicklung verläuft nach Freud in der frühen Kindheit in drei Phasen der Triebentwicklung: der oralen (Nahrungsaufnahme), analen (Körperausscheidung) und phallisch-genitalen Phase (sexuelle Erregung). Diese drei Triebe bilden für Freud die grundlegende Schicht der Persönlichkeitsentwicklung.

»Mit der Reifung der phallisch-genitalen Triebkomponente zentriert sich das seelische Erleben auf Fragen der Sexualität im engeren Sinne, des Geschlechtsunterschiedes, der Beziehung zwischen Vater und Mutter und die Bestimmung der eigenen Geschlechtsrolle. Die psychosexuelle Entwicklung nimmt nun bei Jungen und Mädchen einen geschlechtsspezifisch unterschiedlichen Verlauf; das Mädchen gibt die Mutter als primäres Liebesobjekt auf und wendet sich dem Vater zu (Objektwechsel), der Junge hält an der Mutter als bevorzugtem Liebes-

---

89 Grob/ Jaschinski 2003, 35.

objekt fest, verändert jedoch seine Einstellung zu ihr, insofern er eine phallisch-männliche Position einnimmt.«[90]

Freud zufolge kommt diese frühkindliche Phase der psychosexuellen Entwicklung im Alter von sechs Jahren mit der Überwindung des ödipalen Komplexes zu einem vorläufigen Abschluss. Der Sohn[91] gibt den Anspruch auf seine Mutter auf und verinnerlicht die väterlichen Ge- und Verbote im Über-Ich. Hier lokalisiert Freud auch den Ausgangspunkt für die religiöse Entwicklung des Menschen: Gott ist im Grunde nichts anderes als ein überhöhter Vater.[92]
Die Latenzzeit führt zu einer verstärkten Außenorientierung. Erst in der Pubertät gewinnen sexuelle Bedürfnisse für den Jungen erneut hohe Bedeutung.
Diese psychoanalytische Verstehensweise der frühkindlichen sexuellen Entwicklung mag für heutige Ohren etwas spekulativ klingen, wird aber in jüngster Zeit von biologischen Studien ergänzt, die von vorpubertären Entwicklungen menschlicher Sexualität ausgehen. Dies zeigt sich darin, dass die hormonellen Veränderungen der Pubertät einen längeren zeitlichen Vorlauf haben.

»Je nach Geschlecht werden in der Pubertät unterschiedliche Mengen von Androgenen und Östrogenen ausgeschüttet, während vorher beide Typen von Hormonen bei Jungen und Mädchen etwa in gleichem Ausmaß produziert wurden. Mit dem Beginn der Pubertät steigt der Anteil von Testosteron bei den Jungen um das 18fache, bei den Mädchen der Anteil von Estradiol um das 8fache. Viele hormonelle Veränderungen beginnen bereits im siebten Lebensjahr, also lange bevor die sichtbaren äußerlichen Veränderungen der Pubertät einsetzen.«[93]

Wie kann man sich die früh einsetzenden hormonellen Veränderungen erklären?

»Die Forscher führen den Beginn der sexuellen Neugier und erotischer Phantasien auf die bereits im Alter zwischen sechs und elf wachsende Produktion von Adrenalin zurück, einem Botenstoff, der erst später aufgespalten wird in die geschlechtsspezifisch dominierenden weiblichen (Östrogen) und männlichen (Testosteron) Sexualhormone. Wenn ein Kind sechs Jahre alt ist, ist der Adrenalinspiegel noch relativ niedrig, bis zum Alter von zehn Jahren wächst er deutlich an. Für McClintock

---

90 D. Eckensberger 1983, 53.
91 S. Freud denkt betont von der Entwicklung des Jungen her. Die Perspektive der Mädchen spielt in seinem Denken eine Nebenrolle.
92 Vgl. zu Fragen der religiösen Entwicklung aus tiefenpsychologischer Sicht die Ausführungen S. 287–291.
93 Grob/Jaschinski 2003, 34.

und Herdt befinden sich Sechsjährige daher bereits im ›infancy stage of puberty‹. Erst im Alter von zehn gehe dieses Stadium in deutlicher geschlechtshormonell gesteuertes Erleben über, was im Rückblick von Erwachsenen auch deutlicher erinnert werde. Die Wahrnehmung der eigenen Sexualität setze demnach nicht erst mit der Zeugungs- und Gebärfähigkeit, der ›Gonardarche‹ ein. Es sei ein neurobiologischer Vorgang, der als ›Adrenarche‹ nicht nur die Entwicklung des sexuellen Begehrens, sondern auch die Kognition, die Gefühle, die Motivation und das Sozialverhalten beeinflusse. Diese Auffassung legt einen Paradigmenwechsel in der Pubertätsforschung nahe: Die körperliche Disposition, sexuelle Stimuli zu erleben, hat ihre Wurzeln schon lange vor der Ausbildung der äußeren Geschlechtsmerkmale.«[94]*

Eine pädagogische Konsequenz aus diesen Erkenntnissen liegt darin, die gegengeschlechtliche erotische Anziehungskraft in der späten Kindheit nicht zu unterschätzen. Zärtlichkeit und das Reden darüber ist im Schulalltag der Grundschule und Orientierungsstufe weitgehend tabuisiert. Oft scheinen Neckereien und Rempeleien genau das gegenteilige Bedürfnis zu artikulieren. Zumindest in Sternstunden des Unterrichts, in denen plötzlich Offenheit herrscht und Rollenmasken abgelegt werden, sollte eine Lehrkraft auf die unter der Oberfläche oft schon sprießenden sexuellen Phantasien gefasst sein.

Die körperlichen Entwicklungen in der Pubertät zeitigen psychologische Folgen, die sich geschlechtsspezifisch deutlich unterscheiden:

»Mädchen sind mit ihrem Aussehen generell unzufriedener als Jungen. Aber auch wenn Jungen sich weniger Sorgen wegen ihres Körpers machen als Mädchen, sind dennoch viele unzufrieden mit ihrer Figur. Während Mädchen meist schlanker sein möchten, wünschen sich Jungen typischerweise eine kräftigere Figur.«[95]

Im Laufe der Pubertät werden Jungen mit ihrem Körper zunehmend zufriedener. Mädchen gewinnen mit dem Wachstum der Brüste an weiblicher Identität, aber sie können in dieser Lebensphase das heutige gesellschaftliche Schlankheitsideal kaum erfüllen. Die wachsende Unzufriedenheit mit sich selbst und die daraus resultierende Unsicherheit treibt nicht wenige in wechselnde Diäten und in schlimmeren Fällen in psychische Krankheiten wie Ess-Brech-Sucht.

Geschlechtsspezifisch different zu bewerten sind auch pubertäre Früh- und Spätentwicklung:

---

94 Milhoffer 2001, 13f.
95 Grob/Jaschinski 2003, 35f.

2. Pubertät

Das Risiko bei Früh- und Spätentwicklung ist bei Jungen und Mädchen unterschiedlich.[96] Verallgemeinernd lässt sich festhalten, dass Frühentwicklung für Jungen (Beginn der Pubertät vor dem 11. Lebensjahr; ca. 18% aller Jungen[97]) eher vorteilhaft ist.

»Aufgrund der positiven Bewertung von Größenwachstum und Muskelmasse haben sie bei Gleichaltrigen einen höheren Sozialstatus als Spätentwickler. Sie werden als reifer wahrgenommen, sind populärer, haben häufiger Führungsrollen inne, machen früher sexuelle Erfahrungen als Gleichaltrige und haben ein positiveres Selbstbild.«[98]

Dank der ihnen zugestandenen Führungsrolle sind sie allerdings auch in der Konfrontation mit den Erwachsenen die Vorreiter, fallen in der Schule eher durch undiszipliniertes Verhalten auf und neigen vermehrt zu Delinquenz.

Bei Mädchen ist es gerade umgekehrt: Spätentwicklerinnen (Beginn der Pubertät nach dem 14. Geburtstag; 24% aller Mädchen) haben es leichter. Sie entsprechen länger dem gesellschaftlichen Schlankheitsideal, können ihre Menarche schon etwas reifer und selbstbewusster als Teil ihrer Weiblichkeit annehmen, halten länger die Psyche stabilisierende Mädchenfreundschaften aufrecht, zeigen weniger normbrechendes Verhalten und haben auch im Bereich des schulischen Leistungsvermögens ein klares Plus für sich zu verzeichnen.

»Die Spätentwickler kämpfen mit Bindungsängsten in Bezug auf die Peer-Gruppe und mit Trennungsängsten, was die Eltern angeht. ...Es ist bekannt, dass eine Kirchen- und Kulturbindung am ehesten dazu führt, dass die Initiation in das Rauchen, den Alkoholkonsum, in frühzeitige Unabhängigkeit und frühzeitige gegenseitige geschlechtliche Kontakte verzögert wird. ... Die Spätentwickler weisen eine größere Ich-Stärke auf (und entwickeln) das größere politische Interesse.«[99]

Frühentwicklung von Jungen und Mädchen kann als Risikopfad, Spätentwicklung hingegen als Sicherheitspfad durch die Altersphase Pubertät verstanden werden. Welche Form der pubertären Entwicklung sich ergibt, ist sowohl von individuellen Einflussgrößen (z.B. genetische Disposition) als auch von sozialen Faktoren (z.B. sozioökonomischer Status) abhängig.

---

96 Ich führe für Jungen und Mädchen jeweils die positive Variante von Früh- bzw. Spätentwicklung aus. Für die Spätentwicklung von Jungen bzw. die Frühentwicklung von Mädchen ergeben sich die negativen Folgen aus dem Umkehrschluss des Dargestellten.
97 Zahlen nach: Grob/Jaschinski 2003, 39.
98 Ebd., 38.
99 Klosinski 2004, 99f.

Knapp zwei Drittel der Entwicklungen sind im mittleren Bereich der Norm (Mädchen im Alter von 12 bis 13 Jahren – 64%; Jungen mit 12 bis 14 Jahren – 63%). Die faktische Früh- oder Spätentwicklung stellt noch kein Problem an sich dar, sondern sie muss mit einer entsprechenden Selbstwahrnehmung des Mädchen bzw. Jungen gekoppelt sein.

– *Kognitive und hirnphysiologische Entwicklungen*

In den letzten Jahren spielen in der Erziehungswissenschaft hirnphysiologische Forschungsergebnisse eine zunehmend wichtige Rolle. Nicht dass sich pädagogische Maximen eins zu eins aus der Hirnforschung ableiten ließen, gleichsam die Schaffung einer »Neuro-Pädagogik«. Trotzdem ist für die Frage nach sinnvollem Lernen das Wissen um Aufbau und Funktion unseres zentralen Lernorgans »Gehirn« eine wichtige Grundlage.[100]
Schon evolutionär ist bemerkenswert, wie sehr das Gehirn die Gattung Mensch bestimmt. Obwohl es mit etwa 1400 Gramm nur etwa zwei Prozent des Körpergewichts ausmacht, werden mehr als 20% der Energie im Körperhaushalt für seine Arbeit verwendet.[101]

»Von allen Körperorganen ist das Gehirn, was den Brennstoffverbrauch angeht, am anspruchsvollsten. Es verbrennt Sauerstoff und Glukose zehnmal so schnell wie das gesamte übrige Körpergewebe in Ruhe. Tatsächlich braucht das Gehirn so viel Energie, dass es stirbt, wenn die Sauerstoffzufuhr auch nur wenige Minuten lang unterbrochen wird.«[102]

Das Gehirn ist für den Menschen von zentraler Bedeutung. Dieser Energiefresser hat dem homo sapiens evolutionär einen entscheidenden Vorteil verschafft. Nur so ist der hohe Energieeinsatz rückblickend zu erklären. Folglich ist die Beschäftigung mit dem Gehirn eine Auseinandersetzung mit dem, was den Menschen in seinem Kern – medizinisch gesehen – ausmacht. Da sich gleichzeitig im letzten Jahrzehnt die Forschungsmöglichkeiten in der Hirnphysiologie verfeinert haben und man durch Magnetresonanztomographie (MRT) Bilder vom lebenden Gehirn anfertigen kann, die das Wohlbefinden des Untersuchten nicht beeinträchtigen, eröffnen sich neue Forschungsmöglichkeiten.

---

100 In diesem Teilkapitel habe ich einige längere Zitate aus der neueren Fachliteratur zur Hirnforschung wiedergegeben. Aufgrund der stark naturwissenschaftlich geprägten Erkenntnisse schien mir eine freie Paraphrasierung etwas gewagt. Ich halte diese ersten Erkenntnisse für die Überlegungen zu den Lernformen allerdings für wichtig genug, um mich etwas ausführlicher mit ihnen zu befassen.
101 Spitzer 2002, 13f.
102 Greenfield 2003, 45.

2. Pubertät

»Die Methoden der Gehirnforschung erlauben es uns erstmals in der Geschichte der Menschheit, dem Gehirn beim Lernen zuzuschauen, und damit das Organ der menschlichsten aller Körperfunktionen, des Lernens, bei der Arbeit zu studieren.«[103]

Welche Relevanz könnte die Hirnforschung für die Frage nach elementaren Lernformen in der Pubertät haben? Dazu will ich weiter ausholen und zunächst bei Ergebnissen für die frühe Kindheit einsetzen. Wie gelingt es einem Kind innerhalb von knapp drei Jahren, seine Muttersprache zu lernen? Wie arbeitet dabei das kindliche Gehirn im Gegensatz zu einer Lehrkraft, die dem Heranwachsenden eine fremde Sprache vermitteln möchte?

»Wenn wir in der Schule oder Universität ein kompliziertes Stoffgebiet lernen (sagen wir: Latein oder Mathematik), dann sorgt der Lehrer oder Professor dafür, dass wir mit einfachen Beispielen beginnen und uns daraus zunächst einfache Strukturen erschließen. Sind diese erst einmal gefestigt, kommen im nächsten Schritt etwas kompliziertere Strukturen ›oben drauf‹, die man nur dann richtig verstehen kann, wenn man zunächst die einfachen gelernt hat. Und so geht es weiter, Schritt für Schritt, bis wir ausgehend vom Einfachen bis hin zum Komplizierten einen insgesamt komplexen Stoff beherrschen.«[104]

Nun ist aber das Arrangement beim Erlernen der Muttersprache für ein Kind völlig anders: Es bekommt keinen wohlgeordneten Lerngang präsentiert, sondern unterschiedliche Sprachmuster begegnen ihm völlig ungeordnet. Dennoch versinkt das Kleinkind nicht in einem Chaos von Lauten, sondern es kann aus den etwa 40 Lautkombinationen seiner Muttersprache erste eigene Wörter, etwas später kleine Sätze bilden und somit in verbale Kommunikation mit seiner Umwelt treten. Diese beeindruckende Leistung des Gehirns ist nur möglich, wenn das reifende Gehirn im verwirrend vielfältigen Lernangebot des Lebens momentan Wichtiges von weniger Wichtigem unterscheidet und eine Auswahl trifft. Insofern ersetzt das kindliche Gehirn »automatisch« den Lehrer, der das Lernangebot klar strukturiert! Das Gehirn elementarisiert quasi von alleine, um vernünftig lernen zu können.

»Wenn wir mit einem Kind sprechen, dann liefern wir ihm letztlich eine Spracherfahrung ... Wir benutzen Zweiwortsätze und Zehnwortsätze, Aussagesätze von Subjekt-Prädikat-Objekt-Struktur und Schachtelsätze beliebig komplexer Struktur, kurz, Einfaches und Kompliziertes. Das Kleinkind bekommt davon genau dasjenige mit, was es verarbeiten kann. Alles andere rauscht an ihm vorbei (was man sehr wörtlich neh-

---

103 Spitzer 2003, 3.
104 Spitzer 2002, 232.

men kann: Im statistischen Sinne ist hohe Komplexität für ein System nichts als strukturloses Rauschen.) Da gelernt wird, was verarbeitet wird, lernt das Kleinkind zunächst einfache sprachliche Strukturen. Noch einmal: Dies geschieht **nicht**, weil ihm zuerst einfache Strukturen beigebracht werden, sondern weil es zunächst nur einfache Strukturen verarbeiten kann. Es sucht sich dadurch automatisch[!] aus dem variantenreichen Input heraus, was es lernen kann.
Hat es erst einmal einfache Strukturen gelernt und reift danach zu etwas mehr Verarbeitungskapazität heran, dann wird es neben diesen einfachen Strukturen zusätzlich etwas komplexere als solche auch erkennen, verarbeiten und daher auch lernen. Da nach wie vor auch einfache Strukturen im Input vorhanden sind, verarbeitet und weiter gelernt werden, kommt es nicht zu deren Vergessen. Es wird vielmehr das Komplexere **dazu**gelernt und das Einfache gerade nicht vergessen, sondern behalten. Und so geht es weiter mit zunehmend komplexen Inhalten. Die Tatsache der Reifung während des Lernens ist damit nicht hinderlich, sondern überaus sinnvoll: **Gerade weil das Gehirn reift und gleichzeitig lernt, ist gewährleistet, dass es in der richtigen Reihenfolge lernt**. Dies wiederum gewährleistet, dass es **überhaupt** komplexe Zusammenhänge lernen kann und auch lernt.«[105]

Dieser komplexe hirnphysiologische Vorgang bezieht sich nicht nur auf den Spracherwerb des Kleinkindes, sondern kann als Grundprinzip des organischen Lernens überhaupt bezeichnet werden. Die Vielfalt des Besonderen wird gefiltert, kategorisiert und nach dem dahinter stehenden Allgemeinen befragt. Es bilden sich im Gehirn Strukturen aus, die es erlauben, weitere Informationen dazu assoziierend bzw. akkommodierend in Beziehung zu setzen.

»Wenn in der Schule etwas gelernt wird, was dann im Leben wirklich angewendet wird, dann ist es meist von dieser Struktur: Es ist ein allgemeiner Zusammenhang, der anhand vieler Beispiele erworben und gefestigt wurde. Gerade weil er allgemein ist, betrifft er nicht nur die Beispiele, sondern lässt sich auf immer neue Sachverhalte anwenden. Demgegenüber sind einzelne Fakten – der höchste Berg von Grönland, das Bruttosozialprodukt von Nigeria, das Geburtsdatum von Mozart oder der Zitronesäurezyklus – für die Probleme des Lebens völlig nutzlos.
Ich glaube, dass dieser Gedanke letztlich hinter dem Begriff der metakognitiven Kernkompetenz steckt: Nicht Einzelheiten sollen gelernt werden, sondern Kulturtechniken und Problemlösungsstrategien, die eben genau deshalb nicht veralten, weil sie immer wieder auf neue Art angewendet werden können. Es geht um das Können (Kompetenz), nicht um das auswendig gelernte Wissen. Dieses Können bewerkstelligt das

---

105   Spitzer 2002, 234f.

2. Pubertät

Gehirn gerade nicht dadurch, dass man Regeln paukt. Wann immer wir Beispiele wirklich verarbeiten, entsteht – ganz allgemein – im Gehirn Struktur (d.h. neurologische Repräsentanz äußerer Gegebenheiten) und diese kann auf neue Sachverhalte angewandt werden.«[106]

Das so genial selbstgesteuerte Lernen des Gehirns ist allerdings von den Erfahrungen abhängig, die ein Kind in seinem Lernumfeld machen kann: Je vielfältiger die Lernangebote und je freundlicher und ermutigender die Lernatmosphäre, desto größer die Lernchancen. Daraus ergibt sich für Erwachsene eine hohe Verantwortung im Blick darauf, welche Erfahrungen es dem kindlichen Gehirn als Grundlage seines Lernens ermöglicht. Pokemon oder Natur? Spitzer verweist auf eine Studie der Universität Cambridge[107], in der bei Kindern im Alter von 4 bis 11 Jahren vergleichend untersucht wurde, inwieweit sie Tiere und Pflanzen bzw. Pokemon-Figuren identifizieren können. Während die Vierjährigen noch signifikant mehr Tiere und Pflanzen kennen, haben sich die Achtjährigen zu Pokemon-Spezialisten entwickelt. An die Stelle der Kenntnisse über die natürliche Umwelt tritt Wissen über Fantasieprodukte, die zu tauschen in der Klasse oder bei Freunden eine wichtige Rolle spielt.

»Gehirne sind darauf spezialisiert, das Allgemeine aus den Signalen der Umwelt zu extrahieren. Sie tun dies, auch ohne dass wir dieses Allgemeine als solches lernen. Im Gegenteil. Meist lernen wir Allgemeines, ohne es als solches explizit zu wissen. Wichtig ist jedoch eines: Das Allgemeine, das wir gelernt haben, ist abhängig von den Erfahrungen, die wir in der Welt machen. Dies wiederum mahnt zur Verantwortung, denn ganz offensichtlich sind wir für einen großen Teil dessen, womit wir uns beschäftigen, selbst verantwortlich. Unsere Verantwortung bezieht sich vor allem auch auf unsere Kinder, denn für deren Erfahrungen sind nicht sie selbst verantwortlich, sondern zum größten Teil wir Erwachsenen.«[108]

Unter der Voraussetzung, dass Eltern und Lehrkräfte sich bemühen, dieser Verantwortung für das Lernumfeld gerecht zu werden, ist es m.E. aufschlussreich zu sehen, wie das menschliche Gehirn »automatisch« nach dem Prinzip der Elementarisierung arbeitet. Das Gehirn organisiert von selbst so etwas wie »exemplarisches Lernen«. Es entwickelt aus den besonderen Erfahrungen verallgemeinernde Kategorien. Schulisches Lernen unterscheidet sich von informellem Lernen dadurch, dass die Komplexität des Lebens von der Lehrperson ausgeblendet, zumindest reduziert wird. Der Lernstoff wird – im Idealfall – so selektiert,

---

106 Spitzer 2003, 4f.
107 Spitzer 2002, 448f.
108 Ebd., 447.

dass ein Lerngang vom Einfachen zum zunehmend Komplexen erfolgt. Der Lehrer übernimmt die Funktion des Gehirns und filtert das zunächst Störende, Verwirrende und Überfordernde aus, um die Grundstruktur zu festigen. Das Prinzip des biologischen Lernens ließe sich auf schulisches Lernen übertragen.[109]

Für den Gesichtspunkt der elementaren Lernformen in der Pubertät ist ein zweiter Aspekt der Hirnphysiologie mindestens so entscheidend: Das menschliche Gehirn entwickelt sich bis in die Adoleszenz hinein. Gehlen beschreibt den Menschen bei seiner Geburt als Mängelwesen. Im Vergleich zu vielen Tieren sei er unfertig. Vieles müsse sich erst in einem vergleichsweise langen Prozess entfalten, bis es richtig funktionstüchtig sei. Das ist einerseits unbefriedigend, andererseits aber eben auch die Chance, nicht nur instinktgeleitet, sondern ausgesprochen flexibel zu reagieren. So ist gerade das Heranreifen des Gehirns nach der Geburt bis in die Adoleszenz hinein keinesfalls ein Mangel des menschlichen Wesens, sondern ein großer Vorteil. Die verlängerte Entwicklungszeit gibt dem Kind und Jugendlichen die Möglichkeit, sich optimal an die Sprache der Umwelt, ihre Lebensformen und Herausforderungen anzupassen. Allerdings: Die Plastizität des menschlichen Gehirns ist auch riskant, denn die Ausreifung ist von Umweltreizen abhängig.

Welche Reifungsprozesse des Gehirns ereignen sich in der Pubertätsphase und wie wirkt sich das aus?
Unsere Großhirnrinde, der Kortex, ist für die langfristige Ordnung und Speicherung von Informationen zuständig. Sie setzt sich aus einer unvorstellbar großen Zahl von Neuronen zusammen (etwa 10^{14}!). Erstaunlich ist, dass bei der Geburt alle Neuronen bereits vorhanden sind und dass sich eine Abnahme der Neuronenzahl vom Neugeborenen bis zum alten Menschen von etwa zehn Prozent feststellen lässt. Gleichzeitig aber wächst das Volumen von Kopf und Gehirn eines Babys bis zum jungen Erwachsenen fast auf das Doppelte. Was bewirkt die Zunahme an Gehirn?

»Die Dicke der Fasern! ... Die Entwicklung des Gehirns (besteht) nach der Geburt bis nach der Pubertät vor allem in Veränderungen der so genannten ›Verdrahtung‹ der Neuronen. Wesentlich hierfür ist unter anderem, dass dicke Nervenfasern die Impulse 30- bis 40-mal schneller leiten als dünne. Erst durch diese hohen Geschwindigkeiten können die

---

109 Allerdings sind diese Analogien nur mit Vorsicht zu ziehen, denn es besteht die Gefahr eines Zirkelschlusses: Hirnforscher verwenden für ihre Deutungen das schulische Lernen als Modell. Was aus der Pädagogik in die Hirnforschung hineingetragen wird, kommt als angebliches Produkt der Hirnforschung in die Pädagogik zurück.

Verbindungen richtig genutzt und damit ganze Bereiche des Gehirns überhaupt richtig in den Informationsverarbeitungsprozess einbezogen werden.«[110]

Diese Erkenntnis ist nicht neu. Der deutsche Neurologe Paul Flechsig (1847–1929) hat sie schon vor über hundert Jahren nachgewiesen. Wie nun kann man sich die »Verdrahtung« der Neuronen genauer vorstellen?

»Nervenfasern können von Myelinscheiden umgeben sein oder nicht. Sind sie es nicht, leiten sie Aktionspotentiale mit maximal etwa drei Metern pro Sekunde, also recht langsam. (Man stelle sich einen zwei Meter großen Menschen vor, der nur mit solchen Nervenfasern ausgestattet ist. Wenn er mit dem Fuß auf einen spitzen Gegenstand tritt, würde eine korrigierende Bewegung mehr als eine Sekunde später erfolgen, da die Signale vom Fuß ins Gehirn und wieder zurück zu den Muskeln im Bein entsprechend lange Zeit benötigen würden.) Die Isolierung von Nervenfasern mit Myelin (und damit deren Dickenzunahme) führt zur Zunahme der Geschwindigkeit der Nervenleitung auf bis zu 110 Meter pro Sekunde. Hieraus erklärt sich die enorme Bedeutung der Myelinisierung der Verbindungsfasern. Dies gilt nicht nur für die ›langen Bahnen‹ und die Nerven in Armen und Beinen, sondern auch für die Verbindungsfasern innerhalb des Gehirns. Die Zeit, die Impulse von einem kortikalen Areal zu einem anderen, sagen wir zehn Zentimeter entfernten, Areal benötigen, beträgt bei einer Nervenleitgeschwindigkeit von drei Metern pro Sekunde etwa 30 Millisekunden. Dies mag sich kurz anhören, ist jedoch sehr lang, wenn man einmal bedenkt, dass kortikale Informationsverarbeitung vor allem in einem Wechselspiel der Informationen zwischen den kortikalen Arealen besteht. Dieser rasche Austausch zwischen kortikalen Arealen setzt rasche Leitung voraus, woraus sich wiederum ergibt, dass ein Areal, dessen Verbindungsfasern noch nicht myelinisiert sind, nur wenig zu Informationsverarbeitung beitragen kann. Damit ist eine nichtmyelinisierte Nervenfaserverbindung im Kortex so etwas wie eine tote Telefonleitung; die Verbindung ist physikalisch zwar vorhanden, sie ist jedoch zu langsam, um eine Funktion gut zu erfüllen.«[111]

Allerdings scheint die Myelinisierung der Nervenfasern nur ein Grund für das Wachstum des Gehirns zu sein. Ein anderer liegt darin, dass Teile des Gehirns, die entwicklungsgeschichtlich spät entstanden sind und den Menschen insbesondere auszeichnen, z.B. der frontale Kortex, auch in der individuellen Entwicklung erst sehr spät ausgebildet werden.

---

110 Spitzer 2002, 52.
111 Ebd., 230f.

Erneut deutet sich eine gewisse Parallelität von Phylogenese und Ontogenese an.

»Diese spezifisch menschlichen Funktionen tauchen offensichtlich erst spät in der Entwicklung auf, und ihre Entstehung dürfte durch die lange bestehende, übergroße Zahl von Synapsen im präfrontalen Kortex begünstigt werden.«[112]

Inzwischen ist sich die Verhaltensforschung im Allgemeinen und die Hirnforschung im Besonderen sicher, dass es für bestimmte Entwicklungsschritte »Zeitfenster« gibt, das heißt besonders »sensible Phasen«[113], in denen etwas zu lernen besonders leicht fällt und das Neue sich besonders gut eingeprägt. Dies bedeutet nicht, dass bestimmte Entwicklungen nicht mehr nachzuholen wären, aber sie benötigen dann einen viel höheren Einsatz und können nicht mehr in der gleichen Perfektion vollzogen werden. Eindrücklich ist z.B. die Fähigkeit von Kindern, eine fremde Sprache zu erlernen. Selbstverständlich können auch Jugendliche und Erwachsene Fremdsprachen erlernen, aber es fällt ihnen ungleich schwerer und sie werden diese nie mehr akzentfrei sprechen lernen. Das zeigt sich eindrücklich am so genannten Kissinger-Effekt: Henry Kissinger, der ehemalige amerikanische Außenminister, hat erst mit zwölf Jahren Englisch gelernt und immer mit deutschem Akzent gesprochen, während sein nur zwei Jahre jüngerer Bruder (amerikanisches) Englisch perfekt beherrschte.

Zeigt die Hirnentwicklung im Pubertätsalter eine kritische Phase? Wenn ja, was wird in dieser Phase gelernt?

»Wenn Giedd Recht hat und das Gehirn in der Pubertät einen Überschuss an Synapsen aufweist, stellt sich natürlich die Frage, wie sich dies auf Entwicklung und Verhalten der Teenager auswirkt. ... Müssen Teenager in ihrer Sturm-und-Drang-Periode ganz bestimmte Aufgaben meistern oder Erfahrungen durchleben?
Die meisten Gehirnforscher würden einräumen, dass sie darauf noch keine Antwort haben. Wenn er eine Vermutung äußern solle, so Giedd, würde er jedoch sagen: Jede entscheidende Phase in der Gehirnentwicklung bei Jugendlichen könnte durchaus im Zusammenhang mit einer der entscheidenden Tätigkeiten des Menschen stehen, die in der Pubertät an Bedeutung gewinnt: mit der Partnerwahl.

---

112 P. R. Huttenlocher: Connections in Brain Provide Clues to Learning; Chicago 2000; nach: Strauch 2003, 37.
113 Von »sensiblen Phasen« für bestimmte Lernfelder ist schon Maria Montessori in ihrer Pädagogik ausgegangen. Für sie war es entscheidend, diese so optimal wie möglich für den angestrebten Lernprozess zu nutzen. Da aber die Entwicklungen bei den Kindern nicht synchron verlaufen, ist ihr der Freiraum für die Eigentätigkeit bedeutsam.

2. Pubertät

Gerade in diesem Alter geht es doch darum, die Fortpflanzungsaussichten zu verbessern, oder? Da glaubt man vielleicht, man müsse studieren und eine gute Stelle finden, damit man einen guten Partner bekommt oder man müsse teuer einkaufen gehen, um attraktiv auszusehen – das alles dürfte eine Rolle spielen. Die wichtigste Aufgabe für Jugendliche besteht darin, komplizierte soziale Rangordnungen zu durchschauen und das hat natürlich eine Menge mit der Kultur zu tun. Viele Tätigkeiten jedoch – gut auszusehen, die richtige Musik zu hören – kann man vor dem Hintergrund sehen, dass man beliebt sein möchte.«[114]

Aus evolutionärer Sicht ist mit dem Abschluss der geschlechtlichen Reifung die Suche nach einem geeigneten Geschlechtspartner das Gebot der Stunde. Es gilt, sich durch die Nachkommen einen Platz in dieser Welt zu sichern, vielleicht sogar den eigenen Lebensraum zu erweitern.

Was sagen die hirnphysiologischen Erkenntnisse über Jugendliche in der Pubertät?
Sie machen einerseits deutlich, dass das jugendliche Gehirn auf viele Herausforderungen deutlich schneller und damit in einigen Fällen einzig angemessen reagieren kann, was einen Gewinn im Reifungsprozess darstellt! Andererseits ist der heranwachsende Mensch diese Verarbeitungsgeschwindigkeit noch nicht gewohnt. Am Anfang kann es zu Überforderungen in der Verarbeitungsdichte kommen. Man hat den Eindruck: die jungen Leute stehen ständig unter Strom! So könnte die späte Reifung des präfrontalen Kortex manch unüberlegte Handlung und ein insgesamt sprunghaftes Verhalten erklären.

»Viele Teenager sehen einfach nicht, welche Folgen ihre Handlungen haben. Sie denken nicht voraus. Ihnen ist nicht klar, dass gute Schulnoten heute von großer Bedeutung für später sind. Wenn sie älter werden, begreifen sie das allmählich. Ich glaube, das hat mit der Entwicklung des Gehirns und insbesondere des präfrontalen Kortex zu tun, mit dem Bereich, der für Kurzzeitgedächtnis, Hemmungen und Impulssteuerung verantwortlich ist.«[115]

Wenn Eltern oder Lehrer danach gefragt werden, was das Zusammenleben und Arbeiten mit Pubertierenden so anstrengend macht, so sind das zum einen die schwankenden Gefühlswelten. Was heute vehement vertreten wird, kann morgen schon wieder ganz anders gesehen werden. Irritierende Wechsel zwischen Coolness und bewundernswerter Empathie, zwischen abgrundtiefer Verachtung und glorifizierender Verehrung, zwischen Drang nach Selbstständigkeit und Sehnsucht nach Geborgenheit sind im Zusammenleben mit ihnen zu erleben. Zum ande-

114 Strauch 2003, 72.
115 Ebd., 52.

ren ist es die überhöhte Risikobereitschaft, die den Erwachsenen den Atem stocken lässt. Selbst in vielem bewundernswerte Jugendliche »flippen« manchmal aus und tun Dinge, die sie Kopf und Kragen kosten können.
Wo liegen die Ursachen für Gefühlsschwankungen und Risikobereitschaft?

Traditionell wird die vermehrte Ausschüttung von Hormonen, besonders der Sexualhormone Testosteron oder Östrogen, für die schwankenden Gefühlswelten verantwortlich gemacht. Ein solcher Hormonschub erfasst den jungen Menschen elementar und setzt die kognitiven Kontrollmechanismen außer Kraft. Das ist im Sinn einer großen Begeisterungsfähigkeit faszinierend und wäre auch im Erwachsenenzustand eine Bereicherung. In Hinsicht auf Selbstzweifel oder Aggression kann es aber ausgesprochen gefährlich sein und zu Suizid oder sinnloser Zerstörung führen.
Ein neuerer Erklärungsansatz stellt einen Zusammenhang mit der jugendlichen Gehirnentwicklung her. Eine zentrale Rolle spielt hierbei der Neurotransmitter Dopamin.

»Dopamin trägt nicht nur zum reibungslosen Ablauf der Muskelbewegung bei, sondern es spielt auch eine zentrale Rolle für eine Art Lust-Belohnungs-Schaltkreis, der in Aktion tritt, wenn uns etwas gefällt und wenn wir uns wohl fühlen. Solche angenehmen Gefühle entstehen unter anderem durch einen erhöhten Dopaminspiegel und sind ein Beweggrund dafür, später das Gleiche erneut anzustreben.
Wie nicht anders zu erwarten, haben wir uns in der Evolution so entwickelt, dass unser Streben nach Belohnungen die Überlebensaussichten verbessert. Wir haben Sex, weil es Spaß macht; wir essen, weil etwas schmeckt oder gut riecht und weil wir das Gefühl eines gefüllten Magens mögen. Und nach Ansicht vieler Fachleute nehmen wir auch manche Risiken auf uns, weil das in unserer Evolutionsgeschichte ebenfalls unsere Überlebenschancen verbessert hat.«[116]

Zugleich ist es aber so, dass der präfrontale Kortex, der für eine komplexe Folgeabschätzung so wichtig ist, sich erst in der Adoleszenz vollständig ausbildet. Diese Mischung einer euphorisierenden Dosis Dopamin und einer eingeschränkten Folgeabschätzung lässt manche pubertäre Verhaltensweisen plausibler erscheinen:

»Die von Dopamin verstärkte Gefühlsintensität und das erhöhte Risikoverhalten können sich ohne weiteres unabhängig von einer langsameren kognitiven Entwicklung abspielen. Wenn das stimmt, so Dahl, sind junge Menschen heute, da Mädchen – und nach seiner Vermutung auch

---

116 Strauch 2003, 137.

2. Pubertät

Jungen – zwei Jahre früher in die Pubertät kommen als noch vor hundert Jahren ›besonders verletzlich‹, und für diejenigen, die ungewöhnlich früh heranreifen, erhöht sich die Gefahr noch einmal. Das Dopamin könnte den Hang zum Nervenkitzel auslösen, bevor es eine ›systemübergreifende Koordination‹ gibt, wie Dahl es nennt, bevor also der präfrontale Kortex wie ein Polizist die rote Kelle schwenkt.«[117]

Der hirnphysiologische Ansatz erklärt sicher nicht alle Irritationen im Umgang mit Pubertierenden, aber er hilft Lehrerinnen und Lehrern sowie Eltern doch, einer schwierigen Übergangsphase weniger emotional zu begegnen und das oft provozierend wirkende Verhalten von Jugendlichen nicht als persönliche Infragestellung überzubewerten. Didaktisch wäre zu überlegen, wie man Heranwachsenden Erlebnisfelder eröffnen kann, die diesen Nervenkitzel befriedigen und dennoch langfristig keine nachteiligen Folgen haben. Zu denken ist an Exkursionen in einen Hochseilgarten, risikofreudige Sportarten wie Skifahren oder Wildwasserkajak sowie intensive Naturbegegnungen wie beim Tauchen oder auf ausgedehnten Gebirgstouren.

Für die in diesem Kapitel leitende Frage nach elementaren Lernformen in der Pubertät sind zusammengefasst zwei Ergebnisse der Hirnforschung besonders interessant:
– Das menschliche Gehirn kennt ein der Elementarisierung vergleichbares Prinzip, wenn es Lernprozesse strukturiert.
– Und: Unser Gehirn entwickelt sich bis weit in die Jugendphase hinein. Dieser lange Reifungsprozess stellt einige Besonderheiten der Pubertät in ein überraschend neues Licht.

---

[117] Ebd., 141.

– *Entwicklung des religiösen Denkens und Handelns*

Soll das Spezifische der Lebensphase Pubertät erfasst werden, dann ist es notwendig, auf physische und psychische sowie kognitive Entwicklungen einzugehen. Auf Grund der rasanten Entwicklung in den vergangen zehn Jahren war es auch nahe liegend, nach den hirnphysiologischen Bedingungen pubertärer Entwicklung zu fragen. Weniger selbstverständlich im Kontext einer erziehungswissenschaftlichen Arbeit ist die Berücksichtigung religiöser Entwicklungslinien. Da ich jedoch den Religionsunterricht als ein wichtiges schulisches Praxisfeld im Blick habe, messe ich der Frage nach einer transzendenten Anbindung des Lebens in der Jugendphase erhebliches Gewicht bei. Erwachsen werden heißt auch, die Bedeutung von Religion im persönlichen Leben – gerade angesichts des Zugewinns rationaler Weltzugänge im Jugendalter – neu zu klären. Gibt es Gott? Wer ist Gott (für mich)? Soll (mein) Gottesglaube Einfluss auf mein Denken und meine konkrete Lebensgestaltung haben? Oder umgekehrt: Warum will ich mein zukünftiges Leben bewusst ohne Religion und Glauben gestalten?

Anlehnend an Erikson nennt der Kinder- und Jugendpsychiater Gunther Klosinski sechs für die Pubertätsphase kennzeichnende Problemkreise. Der sechste davon beschäftigt sich mit dem Gegensatzpaar »Rationalismus – Irrationalismus bzw. Areligiosität – Religiosität«:

»Mit dem Eintritt in die Pubertät wird es dem Jugendlichen immer mehr möglich, mit abstrakten Begriffen zu operieren, er verlangt nach rationalen Begründungen, er hinterfragt bisher Gültiges und stellt es in Zweifel. Es ist das uralte antinomische Verhältnis von Glaube und Wissen, das im Jugendalter erlebt und durchkämpft wird. Ziel aller seelisch-geistlichen Entwicklung in der Adoleszenz ist die totale Sinngebung und Sinnerfahrung im persönlichen Leben.« [118]

Um den sechsten Problemkreis besser in die Gesamtentwicklung eines Jugendlichen einordnen zu können, werde ich im Folgenden drei Konzepte zur Entwicklung religiösen Denkens und Handelns vorstellen. Diese Konzepte lassen sich aus den drei Erklärungsmodellen einer *allgemeinen* Entwicklungspsychologie des Jugendalters herleiten: dem endogenen, dem exogenen und dem handlungstheoretischen Konzept. [119]

Endogene Ansätze gehen davon aus, dass das Allermeiste im Kind/ Jugendlichen angelegt ist. Erziehende sollen um diese Entwicklungsschritte wissen. Zwar können sie versuchen, förderliche Rahmenbedin-

---

118 Klosinski 2004, 64.
119 Vgl. H. Fend: Entwicklungspsychologie des Jugendalters; Opladen ²2001, bes. 459ff.

gungen zu gestalten, aber entscheidend ist, geduldig den Reifungsprozess zu begleiten.

Exogene Modelle hingegen betonen die äußeren Einflüsse auf die Entwicklung im Kindes- und Jugendalter. Maßgeblich für eine gedeihliche Entwicklung ist ein stützendes familiäres und gesellschaftliches Umfeld. Eine wichtige Fragestellung liegt darin, zu eruieren, welche Umweltfaktoren Entwicklung gefährden und wie erzieherisch gegebenenfalls interveniert werden kann, um problematische Entwicklungen zu vermeiden.

Neue handlungstheoretische Konzepte bestimmen die aktuelle wissenschaftliche Diskussion:

»Jugendliche als Co-Konstrukteure werden in der neueren Jugendforschung am Beginn des 21. Jahrhunderts stärker als zu Beginn des 20. akzentuiert. In der Geschichtswissenschaft werden Heranwachsende nicht länger nur als Objekte und Opfer geschichtlicher Prozesse dargestellt; in den Quellen wird vielmehr nach Belegen für den Akteurstatus der jüngeren Generation gesucht. In wissenschaftlichen Modellen von Erziehung und Sozialisation werden Eigenaktivität und Selbstsozialisation von Jugendlichen hervorgehoben. Der veränderte wissenschaftliche Blick korrespondiert mit einer säkularen historischen Tendenz, wonach die Chancen der Jüngeren, als aktiv Handelnde am pädagogischen Moratorium zu partizipieren, im Verlauf des letzten Jahrhunderts ansteigen.«[120]

Handlungstheoretische Konzepte vermitteln zwischen endogenem und exogenem Entwicklungsverständnis, indem sie die Eigenaktivität des Heranwachsenden herausstellen und damit jeden Jugendlichen für seine Entwicklung mit verantwortlich machen.

»Im handlungstheoretischen Paradigma tritt in den Vordergrund, dass der Jugendliche eigenverantwortlich an seinen Entwicklungsaufgaben arbeiten muss, dies aber nur auf der Folie von personalen und kontextuellen Ressourcen tun kann. Es gilt hier vor allem, seine Möglichkeiten zu stärken, mit Entwicklungsaufgaben produktiv umzugehen.«[121]

Menschliche Entwicklung kann – handlungstheoretische Konzepte stützend – als Selbstkonstruktion (Autopoiese) aufgefasst werden. Neben der aktiven Beteiligung des Kindes bzw. Jugendlichen an seiner Entwicklung ist wichtig zu sehen, dass Entwicklung als Wechsel von sta-

---

120 Zinnecker, J.: Art. Jugend; in: Benner/ Oelkers: Historisches Wörterbuch der Pädagogik; Weinheim/ Basel 2004, 488.
121 Fend ² 2001, 459.

bilen Perioden und kritischen Phasen verstanden wird. Veränderungen finden beschleunigt in den kritischen Phasen statt. Diese sensiblen Zeiträume gilt es didaktisch mittels entsprechender Anregungspotentiale optimal zu nutzen, weil sie maßgeblich die Gesamtentwicklung beeinflussen.

Betrachtet man das Verhältnis von Jugend und Religion, so lassen sich die drei Erklärungsmodelle auch auf die *religiösen* Entwicklungslinien anwenden.[122]

Endogen akzentuierte Erklärungsmodelle religiöser Entwicklung beschäftigen sich mit der Abfolge einzelner Entwicklungsschritte und ihrer durchschnittlichen zeitlichen Einordnung. Die Modelle verstehen sich epigenetisch. Voraussetzung für die nächsthöhere Entwicklungsstufe ist das Durchlaufen der vorhergehenden. Das Überspringen einer Stufe ist nicht möglich, wohl aber differiert die Zeit, die ein Kind bzw. ein Jugendlicher benötigt, um eine Stufe zu durchlaufen. Stagnation und regressive Phasen sind möglich. Innerhalb des endogenen Konzepts sind psychoanalytische und strukturgenetische Ansätze zu unterscheiden. Letztere untersuchen kognitive, moralische oder i.e.S. religiöse Aspekte der Entwicklung von Kindern und Jugendlichen.
Erklärungsmodelle religiöser Entwicklung, die exogene Einflussfaktoren betonen, untersuchen die soziokulturellen Rahmenbedingungen, innerhalb derer Glaube wachsen kann bzw. die ein Wachsen im Glauben erschweren. Die Ergebnisse beeinflussen die Gestaltung von religiösen Lernprozessen, sei es im Kontext einer einzelnen Kirchengemeinde oder im öffentlichen Raum. Es kommt in diesem Modell wesentlich auf das didaktische Arrangement religiöser Lernprozesse in Schule und Gemeinde sowie auf die Darstellung von Glaubensfragen im Umfeld des Heranwachsenden und der Medien an.
Handlungstheoretisch akzentuierte Modelle dominieren heute auch im Blick auf die Beschreibung von religiösen Entwicklungslinien. Sie nehmen Kinder und Jugendliche in ihrer Kompetenz des Theologisierens ernst. Die persönliche Aneignung im Lernprozess gewinnt an Bedeutung. Die Vermittlung von Glaubenstraditionen hat dann lediglich die Aufgabe, in den geschichtlichen Frageprozess einzuführen und

---

122 Diese Schematisierung lehnt sich an die Gliederung der »Entwicklungspsychologie des Jugendalters« bei H. Fend an. Sie steht in der Gefahr, einzelne Erklärungsmodelle zu überzeichnen, denn meist verstehen sie sich weder ausschließlich endogen noch ausschließlich exogen, sondern vielmehr interaktiv! Auch wenn es nicht um die Ausschließlichkeit eines Modells geht, sondern um deren gegenseitige Ergänzung, so kann doch die etwas überzeichnete Zuordnung das Profil schärfen auf das Verständnis verschiedener Faktoren religiöser Entwicklung insgesamt erleichtern. Es ist durchaus zu konzedieren, dass beispielsweise die Autoren des strukturgenetischen Ansatzes religiöser Entwicklung sich nicht ausschließlich endogen verstehen!

mögliche Antworten auf persönliche Fragen aus Bibel, Kirchen- und Zeitgeschichte vorzustellen. Die Heranwachsenden konstruieren aus diesem Angebot ihren persönlichen Glauben. Es stellt sich das Problem einer eher eklektizistischen Patchwork-Religiosität, die sich allerdings im Lauf der Zeit in eine gewisse systematische Stringenz der Glaubensvorstellungen einfügen sollte.

Im Folgenden werde ich diese drei Modelle religiöser Entwicklung hinsichtlich ihrer Aussagen auf die Lebensphase Pubertät fokussieren. Ich beginne mit dem endogenen Erklärungsmodell religiöser Entwicklung.

A) Endogene Modelle religiöser Entwicklung

1. Religiöse Entwicklung in der Psychoanalyse

Innerhalb der psychoanalytischen Forschungsergebnisse ist zwischen der durch Sigmund Freud geprägten Es-Psychologie und der Ich-Psychologie, wie sie Anna Freud entscheidend weiterentwickelt hat, zu unterscheiden.

»Die Tiefenpsychologie war lange Zeit vor allem eine Es-Psychologie. Relativ spät begann Freud auch eine Ich-Psychologie zu entwickeln, die in der Psychotherapie seiner Nachfolger eine steigende Bedeutung gewann.«[123]

In der Es-Psychologie ereignet sich alles tiefenpsychologisch Wesentliche in der (frühen) Kindheit. Im Vordergrund steht die Untersuchung der Triebe des Menschen, sein Unbewusstes, das Lustprinzip, seine Natur. Bildlich gesprochen ist hier das Ich ein hilfloser Reiter auf dem unzähmbaren Pferd der Triebe. Die Ich-Psychologie hingegen geht von einem lebenslangen psychischen Entwicklungsprozess aus und vertraut stärker auf die Kräfte und Fähigkeiten des Ich. Das Ich sorgt für eine Annäherung der Triebe an die realen Möglichkeiten. Dabei kann das Ich nur dann seine Kontrolle korrekt ausüben, wenn es Bewusstsein erlangt. Die Kultivierung des Menschen ist schlussendlich Aufgabe des Ich.

Die erste Generation der Psychoanalytiker um **Sigmund Freud** geht vom Es aus, dem dunklen, unzugänglichen Teil unserer Persönlichkeit. Hier dominieren – unabhängig von den Einflüssen der Umwelt – die Triebe und Bedürfnisse des Menschen. Am ehesten werden sie für den Therapeuten dank der Analyse von Träumen zugänglich. Die Energie für die Persönlichkeitsentwicklung entstammt den Trieben. Dominant ist der Sexualtrieb. Freud spricht darüber hinaus z.T. von einem Selbst-

---

123 Knoll 1979, 87.

erhaltungstrieb, später auch vom Aggressionstrieb. In den Trieben zeigt sich die grundlegende Schicht der menschlichen Persönlichkeit. Die Entwicklung des Menschen gliedert sich Freud zufolge in vier Phasen: die orale, anale und phallische Phase sowie daran anschließend die Latenzzeit.

Welche Relevanz hat das Freud'sche Entwicklungsmodell für das Verständnis von religiöser Entwicklung in der Pubertät? In der phallischen oder auch genitalen Phase im Alter von vier bis sechs Jahren erwacht das Interesse des Kindes an seiner Sexualität. Es wird sich seiner geschlechtlichen Identität bewusst; das sexuelle Streben richtet sich auf ein einzelnes Objekt als konkretes Gegenüber, in der Regel gegengeschlechtlich auf den Vater oder die Mutter. In der Latenzzeit (7–11 Jahre) spielt dieser sexuelle Aspekt keine tragende Rolle. Umso heftiger aber bricht er in der Pubertät wieder auf. Es kommt zu einer starken Identifikation des irdischen mit dem himmlischen Vater.

»Allein die psychoanalytische Erforschung des einzelnen Menschen lehrt mit einer ganz besonderen Nachdrücklichkeit, dass für jeden der Gott nach dem Vater gebildet ist, dass sein persönliches Verhältnis zu Gott von seinem Verhältnis zu seinem leiblichen Vater abhängt, mit ihm schwankt und sich verwandelt und dass Gott nichts anderes ist als ein erhöhter Vater.«[124]

Die notwendige Loslösung vom irdischen Vater geht einher mit einer Abkehr von Gott, dem himmlischen Vater. Beide scheinen die freie Entfaltung des Ichs zu hemmen und werden abgelehnt. Die Entwicklung von Mädchen spielt in Freuds Überlegungen (noch) keine Rolle. Ergänzend kann man heute im Vergleich der Geschlechter konstatieren: Meist ist die Ablehnung des (irdisch-himmlischen) Vaters bei Jungen wesentlich stärker ausgeprägt als bei Mädchen. Festzuhalten ist Freuds grundsätzlich kritische Einstellung gegenüber Religion:

»Einmal lässt sich für ihn Religion zurückverfolgen auf den – meist drohenden und strafenden, jedenfalls aber übermächtigen – Vater der Kindheit. Zum anderen bleibt Religion in Freuds Sicht eine kindliche und das heißt unreife Seite des Menschen: Auch im Erwachsenenalter bleibt die kindliche ›Vatersehnsucht‹ bestimmend. In der Religion verfehlt der Mensch demnach die volle Ausbildung der Vernunft und seiner Selbstständigkeit. Religion und Erwachsenwerden im vollen Sinn schließen sich gegenseitig aus. Religion ist und bleibt das Erbe einer unbewältigten Kindheit – ist ein infantiler Zug.«[125]

---

124 S. Freud: Gesammelte Werke Bd. 9: Totem und Tabu; Frankfurt [5]1973 (1944), 177.
125 Schweitzer, [4]1999, 61.

Freuds religionskritische Aussagen sind einerseits biografisch und zeitgeschichtlich bestimmt, gehen aber andererseits von einem Religionsbegriff aus, wie er sich im Glauben des »gemeinen Mannes« zeigt. Religion ist in seinen Augen mehr die Krücke des noch unselbstständigen Kindes, die es im Laufe des Erwachsenwerdens loszulassen gilt.

»Mediziner generell und Psychiater/ Psychotherapeuten insbesondere freudianischer Ausrichtung sind entweder äußerst zurückhaltend in Bezug auf religiöse Fragen und eigenes Stellung-Beziehen, oder aber sie sind von ihrer Ausbildung her überzeugt, religiöser Glaube sei überwiegend Ausdruck eines Noch-Verhaftet-Seins in infantilen Vorstellungen von einem Über-Vater und Ausdruck einer kollektiven Neurose gemäß dem Alt-Vater der psychoanalytischen Bewegung, Sigmund Freud.«[126]

In der theologischen Anthropologie zeigen sich in Bezug auf das Freiheitsverständnis durchaus Parallelen zu diesem psychoanalytischen Modell der menschlichen Entwicklung: Der Mensch ist frei und unterliegt Gott gegenüber nicht dem Zwang eines absoluten Gehorsams. Umgekehrt ist aber auch Gott dem Menschen gegenüber frei, so dass Gott nicht zum Erfüllungsgehilfen eines infantilen Wunschdenkens zu degradieren ist. Theologisch gesehen ist das Freiwerden von der Vergangenheit für eine unbelastete – von Gott geschenkte – Zukunft durchaus eine dem Evangelium entsprechende Denklinie.
Im Blick auf die doppelte Loslösung vom frühkindlichen Vaterbild spricht man religionspädagogisch in der Phase der Pubertät vom Phänomen des »Schüleratheismus« als einer notwendigen Phase religiöser Entwicklung.

»In der pubertären Negation Gottes wird im Wesentlichen der nicht bewältigte Konflikt mit dem Vater zur Vermeidung des akuten Konflikts auf Gott umgelenkt. Je unlösbarer der entwicklungspsychologische Grundkonflikt ist, desto heftiger dürfte die Religionskritik wirken. Die pubertäre Ablehnung eines Gottes kann aber auch als erster Akt der nachfolgenden Ablösung von der Familie verstanden werden.«[127]

Unter religionsdidaktischem Fokus ist eine verständnisvolle Begleitung in dieser schwierigen Ablösephase außerordentlich wichtig. Die Ablehnung als entwicklungspsychologisch notwendig zu akzeptieren und dennoch zu kritischen Gesprächen bereit zu bleiben, beides kennzeichnet diese Begleitung. Auf Seiten des Jugendlichen korrespondiert sie mit der Ambivalenz von selbstbewusster Abwehr und nach Selbstvergewisserung suchender Frage. Die Ungeborgenheit hat eine Affinität zu

---

126 Klosinski 2005, 22.
127 Lämmermann ²1998, 51.

(alternativen) Glaubensformen, die Vertrauen stiften können. Insofern fordert die religionsdidaktische Begleitung in dieser Phase pädagogisches Taktgefühl – zwischen der großzügigen Gewährung von Freiräumen des religiösen Denkens einerseits und dem schützenden Angebot einer tragenden Glaubensgemeinschaft von jungen und älteren Menschen andererseits. Der schulische Religionsunterricht kann für Schülerinnen und Schüler Religiosität und Spiritualität außerhalb konventioneller sozialräumlicher Umgebung erlebbar machen.

Ging es Sigmund Freud im Schwerpunkt um die frühe Kindheit und den unbewussten Einfluss dieser Lebensphase auf die weitere Persönlichkeitsentwicklung, so hat sich **Anna Freud** in ihren Arbeiten stark mit der Jugendphase und der sie bestimmenden Psychodynamik befasst. Wie verändert sich nach ihr das Verhältnis zwischen ES, ICH und ÜBER-ICH in der Jugendphase?

»Physiologische Veränderungen und sexuelle Reifung erzeugen ein Ungleichgewicht zwischen dem ES und dem ICH, d.h. erhöhte Triebimpulse konfligieren mit vorhandenen Möglichkeiten der Triebabwehr durch das ICH. Gleichzeitig kommt das ÜBER-ICH – Instanz der moralischen Standards der Personen, mit denen sich der Jugendliche identifiziert – in Konflikt mit dem ICH, das sich im Kampf mit den ES-Impulsen befindet. Aus der Intensität der Konflikte resultieren erhöhte Ängste, denen der Jugendliche ausgesetzt ist. Ihre Bewältigung beruht einerseits auf bereits vorhandenen Abwehrmechanismen, andererseits auf der Entwicklung neuer Formen der Impulskontrolle.«[128]

Im Gegensatz zur Es-Psychologie betrachtet die Ich-Psychologie nicht nur die Kindheit, sondern den gesamten Lebenslauf als für die psychische Entwicklung relevant. Das hat **Erik Erikson**, ein Schüler von Anna Freud, anschaulich herausgearbeitet, indem er in acht Stufen vom Säuglingsalter bis ins hohe Alter je ein Gegensatzpaar postuliert, in dessen Spannungsfeld sich die Psyche des Individuums im Durchgang durch eine alterstypische Krise entwickelt oder eben auch Schaden erleidet. Der Durchgang einer Krise endet nicht in einem Entweder-Oder, im Bewältigen der Entwicklungsaufgabe oder ihrem Scheitern. Vielmehr geht es um ein mehr oder weniger erfolgreiches Vorankommen zwischen den Polen. Das Spannungsfeld wird in früheren Stufen bereits vorbereitet und wirkt in späteren Stufen nach. Vorrangiges Ziel ist eine Balance zwischen den Polen.

»In der krisenhaften Erschütterung der Pubertätszeit entscheidet sich, ob das Kind seine eigene Identität gewinnt oder sich der negative Gegenmodus der Identitätskonfusion bzw. -diffusion durchsetzt. ... Erikson

---

128 Oerter/ Montada ⁵2002 (1982), 265.

selbst weist übrigens auf die besondere Bedeutung dieser Phase für die religiöse Entwicklung hin, weil sich hier die ›Fähigkeit zu reifem Glauben‹ entscheidet. Das bisherige Gottesbild und die religiösen Dispositionen der früheren Phasen werden nun auf ihre Relevanz für und auf ihre Übereinstimmung mit der angestrebten Ich-Identität hin überprüft und gegebenenfalls neu gestaltet.«[129]

Das für die Pubertät und Adoleszenz kennzeichnende Gegensatzpaar »Identität gegen Identitätskonfusion« wird im nachfolgenden Kapitel zur psychosozialen Entwicklung (vgl. III. 2. 6) ausführlich dargestellt.

2. Religiöse Entwicklung in der Kognitionspsychologie

Schwerpunkt der psychoanalytischen Herangehensweise an religiöse Entwicklung ist die Untersuchung der dabei wichtigen Gefühle und unbewussten Triebe. Die Kognitionspsychologie hingegen fragt stärker nach der Entwicklung des Verstehens und inwieweit sie die religiöse Entwicklung beeinflusst. Eine wichtige kognitionspsychologische Prämisse lautet:
Das Denken der Kinder ist nicht unvollkommen oder gar falsch! Allerdings ist es anders als das der (meisten) Erwachsenen! Eltern, ErzieherInnen und LehrerInnen sollten diese Denkweisen verstehen, um die ihnen anvertrauten Kinder angemessen fördern zu können.

Die Aneignung von Welt vollzieht sich nach **Piaget** in einem Wechselspiel von Assimilation und Akkomodation. Assimilation geht vom Kind aus und bezeichnet anpassendes Lernen. Das Kind gleicht den neuen Lerngegenstand bereits Bekanntem an und nutzt die vorhandenen geistigen Verarbeitungsmöglichkeiten. Assimilation sichert die Kontinuität von Lernen, wird aber dem Lerngegenstand nur bedingt gerecht. Das Neue wird in das bereits Vertraute eingepasst. Deshalb ist die Akkomodation im Lernprozess unerlässlich. Dadurch ist der Lerngegenstand der Ausgangspunkt und es kommt zu veränderndem Lernen. Das Kind lässt sich intensiv auf das Neue ein, so dass diese neue Wahrnehmung das bisher erlernte Schema abändert bzw. erweitert. Akkomodation wird zwar dem Lerngegenstand gerechter, ist aber eine Herausforderung für die Kontinuität von Lernen.
Die kognitive Entwicklung vollzieht sich in diesem Wechselspiel von erkennendem Subjekt und seiner zu neuer Erkenntnis herausfordernden Umwelt. Äquilibration ist nach Piaget der stabilisierende Ausgleich zwischen beiden.
Im Denken Piagets verläuft diese kognitive Entwicklung im Kindes- und Jugendalter in vier Stufen:

---

129 Lämmermann ²1998, 52f.

- *»das Stadium der sog. sensomotorisch-vorsprachlichen Intelligenz*, welches die Ausbildung und Koordination sensorischer und motorischer Schemata (Seh-, Hör-, Greif-Schemata) beinhaltet;
- das Stadium der **präoperationalen Intelligenz**, das durch vorbegrifflich-anschauliches Denken charakterisiert scheint und eine Unterscheidung zwischen Symbol und Realobjekt ermöglicht; d.h. durch eine symbolische Repräsentation eine Vorstellung vom gemeinten Objekt hervorrufen lässt;
- das Stadium der **konkret-operationalen Intelligenz**, in dem die Verzahnung von Gedankengängen, die allerdings noch von der anschaulichen Gegenwart der Bezugsobjekte abhängig sind, möglich wird. So entstehen jetzt Invarianzbegriffe der Menge, des Gewichts, des Volumens, der Zeit, des Raumes etc.
- das Stadium der **formal-operationalen Intelligenz**«[130]

Das Ergebnis der strukturgenetischen Untersuchungen Piagets ist ein Konzept der geistigen Bildung vom Säugling bis zum Jugendalter. Bildungstheoretisch setzen bestimmte mathematische Operationen, physikalische Denkweisen oder historische Inhalte ein bestimmtes Denkvermögen der Schülerinnen und Schüler voraus. Entwicklungspsychologisch stellt sich folglich die Frage, ob eine bestimmte Denkleistung in einer vorgegebenen Altersstufe in der Regel überhaupt erwartet werden kann?

In der Pubertätsphase ist der Übergang von der dritten auf die vierte Stufe bedeutsam. Für die Kognitionspsychologie ereignet sich hier eine Revolution des Denkens: Es löst sich von der Anschauung des konkreten Gegenstands und wird abstrakt. In die Phase der Pubertät fallend, wenngleich nicht durch sie ausgelöst, findet ein für die religiöse Bildung entscheidender Schritt der Denkentwicklung statt: Die Fähigkeit zum formal-operationalen Denken und das Erfassen von symbolischen Aussagen eröffnen neue Zugänge zu religiösen Sprachformen[131] und Handlungen[132]. In Gedanken können Schülerinnen und Schüler zunehmend Verbindungen herstellen, die den bisherigen Denkhorizont deutlich überschreiten.

Piaget verneint zwar einen unmittelbaren Zusammenhang zwischen Pubertät und der Ausbildung von formalem Denken, gibt jedoch zu bedenken:

---

130 Zitiert nach: Wegenast 1993, 87.
Die ungefähre Alterszuordnung sieht wie folgt aus: sensomotorisch (0–2 Jahre), präoperational (2–7 Jahre), konkret-operational (7–11 Jahre) und formal-operational (ab 12 Jahre).
131 Z.B. ein metaphorisches Verstehen von Gleichnissen.
132 Z.B. Was geschieht beim gemeinsamen Feiern des Abendmahls in einer Kirchengemeinde?

»Die Ausbildung des formalen Denkens ist ... keineswegs eine Folge der Pubertät. Muss man sie aber nicht als die Manifestation von Transformationen im Gehirn ansehen, die auf die Reifung des Nervensystems zurückgehen und deshalb direkt oder indirekt mit der Pubertät zusammenhängen können? Es ist tatsächlich anzunehmen, dass das Kind von 7 bis 8 Jahren (sehr seltene Ausnahmen ausgenommen) mit den Strukturen, die sich der Heranwachsende in unserer Gesellschaft mit 14 bis 15 Jahren ohne weiteres erarbeitet, noch nicht umzugehen vermag, weil ihm gewisse Koordinationen fehlen, deren Ausformung zeitlich durch die Etappen der Reifung bestimmt sind.«[133]

In seinen frühen Studien zum kindlichen Weltbild (1926) und zum moralischen Urteil des Kindes (1932) postulierte Piaget: Religiöse Vorstellungen erledigen sich spätestens mit der Zeit der Pubertät von selbst, weil sich in dieser Zeit bei den Heranwachsenden naturwissenschaftliches Denken aufbaut.

Jeder Lehrende weiß, wie schwer sich Stufenmodelle auf Unterrichtssituationen anwenden lassen, denn dabei muss man im Auge behalten, dass sich innerhalb einer Klasse sehr verschiedene Stufen des Denkens zeigen. Ziel muss es sein, eine dosierte Überforderung für möglichst viele Schülerinnen und Schüler zu bieten. So bietet Unterricht viele herausfordernde Lernzumutungen, was klassisch auch als »Verfrühung« bezeichnet wurde.

*»In jeder Kultur aber treten die wirklichen großen Errungenschaften ›verfrüht‹ an uns heran, weil wir nie und nimmer imstande gewesen wären, sie auf dem Weg der Entdeckung oder Erfindung selbst herzustellen. Aber auch wo wir sie zu verstehen glaubten, irrten wir uns: Das Große verstehen wir **immer** anders, indem wir selbst in es hineinwachsen. Verfrühung ist also wesentlich der Weg der Kultur.«*[134]

Langeveld fordert schon 1963 vom »guten« Lehrer die Bereitschaft, dem kindlichen Theoretisieren als Voraussetzung eines kooperativen Lehr-Lern-Verfahrens Raum zu geben. Entscheidend ist ihm die kindliche Initiative. Dann kann Verfrühung der Auslöser zu einer Sternstunde schulischen Unterrichts werden.[135]

---

133 J. Piaget / B. Inhelder: Von der Logik des Kindes zur Logik des Heranwachsenden; Olten 1977, 323.
134 M. J. Langeveld: Die Schule als Weg des Kindes; Braunschweig 1963 (!), 68f.
135 Vgl. auch für den Ethikunterricht: E. Martens: Philosophieren mit Kindern; Stuttgart 1999
Die Sorge vor Verfrühung kann aus einem weiteren Grund gedämpft werden. Fragt man Lehrerinnen und Lehrer nach dem Anspruchsniveau einer eben gehaltenen Unterrichtsstunde und stellt dem das Ergebnis der Befragung der Schülerinnen und Schüler gegenüber, so ist festzuhalten, dass SchülerInnen manches deutlich ein-

Neuere Untersuchungen zur Entwicklung des Weltbilds beweisen die Bedeutung der Spannung zwischen religiösem und naturwissenschaftlichem Zugang zur Welt in der Pubertät. Dass es hier nicht nur ein Entweder-Oder gibt, leuchtet Jugendlichen in dieser Altersphase nur in Ausnahmefällen ein.

»(Ältere) Kinder, Jugendliche und Wissenschaftler stimmen überein in der Grunderkenntnis, dass in bestimmten Fällen eine einzelne Erklärung bzw. ›Theorie‹ nicht genügt. Kindern und selbst manchen Jugendlichen fehlt allerdings gewöhnlich das Rüstzeug, diese Einsicht in eine Lösung umzusetzen, die auch Erwachsene voll befriedigt. Deshalb ist es wichtig, die Entwicklung komplementären Denkens zu studieren und aufgrund der erworbenen Einsichten zu fördern.
Wie das diesbezügliche Studium bereits zeigte, ist beispielsweise ein Aspekt dieser Entwicklung, dass das Erkennen versteckter innerer Zusammenhänge erst nach dem Verstehen der äußeren Erscheinungen möglich wird, ein anderer, dass irgendwann auf dem Entwicklungsweg die Begrenzung durch die klassische Logik mit ihrem Ausschluss des Dritten (›tertium non datur‹) durchbrochen werden muss. Gerade dies fördert die Entwicklung.«[136]

Pubertierende neigen zu exklusiven Denkweisen: Entweder stimmt das bisher vertraute religiöse Weltbild oder aber das sich nun entfaltende naturwissenschaftliche. In Absetzung von der Kindheit wird letzteres klar präferiert. Komplementäres Denken hingegen strebt eine Synthese beider Zugänge auf einer neuen Verstehensebene an. Beide Sichtweisen der Welt, die religiöse und die naturwissenschaftliche, stehen als gleich bedeutsam für ein umfassendes Verständnis von Wirklichkeit nebeneinander, ohne dass ihre Spannung nivelliert werden muss. Die Klassifizierung verschiedener Abstufungen von komplementären Verstehensmöglichkeiten und deren Zusammenhang mit den Piagetschen Stufen zur Entwicklung des mathematisch-logischen Denkens[137] wurde von Helmut Reich zunehmend verfeinert und weist nunmehr fünf Niveaus auf. Am Beispiel eines bejubelten Auftritts einer Konzertpianistin macht er die Abstufungen deutlich. Ist ihr bezaubernder Vortrag Folge intensiven Übens oder genialischer Musikalität?

---

fächer empfinden als die LehrerInnen das einschätzen und damit eher die Gefahr einer Unterforderung und der damit verbundenen Langeweile besteht! Eine angemessene Passung darf folglich im Zweifelsfall den SchülerInnen eher einmal mehr als zu wenig zumuten.
Vgl. I. Hosenfeld / A. Helmke / F.W. Schrader: Diagnostische Kompetenz: Unterrichts- und lernrelevante Schülermerkmale und deren Einschätzung durch Lehrkräfte in der Unterrichtsstudie SALVE; in: ZfP 45. Beiheft 2002, 65ff.
136 F. Oser / H. Reich: Wie Kinder und Jugendliche gegensätzliche Erklärungen miteinander vereinbaren. In: Schweizer Schule 4/1991, 27.
137 Vgl. S. 292.

2. Pubertät

▶ *»Niveau I bezeichnet die anfängliche Konzentration auf nur einen Aspekt, z.B. wenn zur Erklärung des Könnens einer Pianistin nur das Üben (A) herangezogen wird. (Strukturell gleichwertig wäre eine andere einseitige Antwort, nämlich eine Erklärung ausschließlich mittels angeborener Begabung, B.)*
▶ *Auf Niveau II kommen sowohl A als auch B ins Blickfeld, beide werden versuchshalber für eine Erklärung benutzt, z.B. ›Dass die Frau gut spielt, weil sie viel übt, das stimmt, aber dass sie von Hause aus begabt ist, das stimmt auch. Ihre Mutter ist ja auch so musikalisch.‹*
▶ *Niveau III beinhaltet die Einsicht, dass immer alle in Frage stehenden Aspekte zur Erklärung herangezogen werden müssen, beispielsweise ›Beide sind für das Können wichtig, das Üben und die Begabung.‹*
▶ *Niveau IV bedeutet Fokussierung auf die subtile Verschränkung zwischen den verschiedenen Aspekten A, B, (C) und gleichzeitig kommt die Kontextabhängigkeit (zumindest rudimentär) ins Blickfeld: ›Üben erlaubt, die Begabung auszunutzen. Wenn man begabt ist, geht es beim Üben schneller voran; dann macht es auch mehr Spaß. Und wenn man eine gute Fingerfertigkeit erworben hat, dann kann sich die musikalische Begabung auch noch stärker in der Interpretation ausdrücken. Für fehlerfreies Vorspielen muss man viel üben.‹*
▶ *Niveau V liegt dann vor, wenn alle relevanten Denkelemente und -prozesse voll entwickelt sind und – bei genügender Sachkenntnis und Motivation – die volle Einsicht in die Sachzusammenhänge relations- und kontextkritisch dargestellt werden. Im Fall der Konzertpianistin schließt das die Betrachtung weiterer Aspekte ein, wie den Kontext des Vorspielens (Konzert, Wettbewerb für einen Preis, Geselliger Abend usw.), Reaktionen des Publikums, Alter und Persönlichkeit der Pianistin usw. Denken auf Niveau V beinhaltet u.a. volles Beherrschen von Differenzieren und integrieren sowie Denken in verschiedenen Logiken.«*[138]

Reich spricht deshalb nun genauer vom relations- und kontextkritischen Denken (RKD). Jugendliche in der Pubertät sind in der Regel zwischen Stufe II und III. In Reichs Untersuchungen wird deutlich, dass ein reifes Denken in Komplementaritäten (Stufe IV oder gar V) in der Regel erst in einer späten Jugendphase erreicht wird – wenn überhaupt! Gerade hinsichtlich dieses Aspekts religiöser Entwicklung ist der Religionsunterricht in der Sekundarstufe II bzw. in der Berufsschule wichtig.

Welche lebenspraktische Relevanz komplementäres Denken für Schülerinnen und Schüler erlangen kann, will ich an einem Extrembeispiel verdeutlichen. Dietrich Bonhoeffer ist über zwei Jahre Gefangener des

---

138 H. Reich: Vom Entweder-oder zum Sowohl-als-auch: Entwicklung der Postformalen Denkform RKD. Posterbeitrag auf dem 40. Kongress der Deutschen Gesellschaft für Psychologie ›Wissen und Handeln‹, München September 1996; in: Büttner/ Dietrich 2000, 233.

NS-Regimes (1943–45) in der Haftanstalt Berlin-Tegel : er friert und freut sich über eine Zigarette, er liest Bücher und beruhigt seine Verlobte und Eltern, er sehnt sich nach menschlicher Nähe und guten Gesprächen, schriebt Brief und konzipiert Bücher.

»Welch eine Befreiung ist es, denken zu können und in Gedanken die Mehrdimensionalität aufrecht zu erhalten. Ich habe es mir fast zur Regel gemacht, wenn die Leute hier vor dem Angriff zittern, immer nur davon zu reden, dass für die kleinen Städte ein solcher Angriff noch viel schlimmer wäre. Man muss die Menschen aus dem einlinigen Denken herausreißen – gewissermaßen als ›Vorbereitung‹ bzw. als ›Ermöglichung‹ des Glaubens, obwohl es in Wahrheit erst der Glaube selbst ist, der das Leben in der Mehrdimensionalität ermöglicht und uns auch diese Pfingsten trotz Alarmen feiern lässt.«[139]

Komplementär denken zu können, ist für Dietrich Bonhoeffer eine Propädeutik des Glaubens.
Da sich dieses Denken jedoch nur langsam und in Schüben entwickelt, ist es in der Pubertät durch Diskussion entsprechender Dilemmata anzuregen. Dabei erweist sich häufig ein didaktischer Umweg als Abkürzung, weil er Abwehr- und Immunisierungsreaktionen vermeidet und so der kognitiv einfacher zu fassende Fall genutzt werden kann, um an ihm einen Transfer in den Grenzbereich z.B. von Glaube und Naturwissenschaft vorzubereiten. Jugendlichen leuchtet unmittelbar ein, dass ein (Liebes-) Gedicht nicht mit binärer Logik sachgemäß erfasst wird. Ein (Liebes-) Gedicht versucht Unsagbares in Metaphern zu artikulieren. Entsprechend kann der Wahrheitsgehalt der biblischen Schöpfungserzählung – und das ist nun der zu leistende Transfer – nicht von vorneherein mit naturwissenschaftlichen Kriterien abqualifiziert werden.[140]
In neuen Untersuchungen zur Weltbildentwicklung bei Kindern und Jugendlichen differenziert Helmut Reich *Objekt*reflexion im *kindlichen* Glauben und *Mittel*reflexion im Erkennen *Jugendlicher*.

»Der entscheidende denkerische Schritt in der Entwicklung vom Kind zum Jugendlichen liegt im Übergang von der Objekt- zur Mittelreflexion. Von einer ›Mittelreflexion‹ sprechen wir dann, wenn der Heranwachsende die eigenen Vorstellungen und Denkkategorien zu reflektieren beginnt, statt sie unbewusst und kritiklos anzuwenden. Der Punkt, an dem sich in unserem Zusammenhang der Übergang am eindeutigsten ausmachen lässt, ist die Kritik am Anthropomorphismus der Gottesvorstellung. Kinder statten ihren Gott fraglos mit sehr menschlichen Zügen aus, mit Augen, Ohren und Händen aus. Der Jugendliche hingegen wird sich

---

139 D. Bonhoeffer: Widerstand und Ergebung; München [10]1978 (1951), 155.
140 Vgl. hierzu: Reich/ Schröder: Komplementäres Denken im Religionsunterricht; in: Loccumer Pelikan 1997 – Sonderheft 3.

bewusst, dass er sich damit ein Bild Gottes macht, das eine Kopie des Menschen ist.«[141]

Zunächst macht sich der Schritt zur Mittelreflexion an besonders markanten Einzelpunkten fest (Gottesbild, Vorstellungen über den Anfang menschlichen Lebens u.a.). In der späteren Jugendphase kann die partielle Mittelreflexion dann ganzheitlich-systematischen Charakter gewinnen. Mittelreflexion ist ein rein formaler Entwicklungsschritt. Welche inhaltlichen Schwerpunkte lassen sich für die Reflexionsstufe der Jugendlichen festmachen?

»Auch inhaltliche Differenzen trennen sie [d.i. die Jugendphilosophie; M. S.] *von der Kinderphilosophie: das neu erwachte Bewusstsein der eigenen Subjektivität, bedingt nicht zuletzt durch die Erfahrung der Pubertät, der Diskrepanz zwischen dem Triebleben und einem idealen Wollen; das Streben nach Mündigkeit und einer eigenen Identität; die Dominanz eines neuen Weltsichtsparadigmas wie des naturwissenschaftlichen.«*[142]

Unterrichtspraktisch fordern Fetz/ Reich/ Valentin eine Stimulation von Mittelreflexion mit dem Ziel, komplementäre Denkformen zu ermöglichen und das Entweder-Oder-Schema zu überwinden. Damit diese Stimulation gelingt ist auf drei Momente zu achten:

»Als erstes muss der Jugendliche aussprechen können, wie er denkt und welche Probleme ihn beschäftigen. Durch ein geduldiges Hinhören und Nachfragen muss der philosophische Lehrer zu den Denkstrukturen vorstoßen, in denen sich sein Gesprächspartner bewegt. ... Das zweite Moment ist ein Hinterfragen, bei dem jene Voraussetzungen aufgedeckt werden, die das Denken des Edukanden bestimmen, ohne ihm selbst bewusst zu sein. ... Das dritte Moment schließlich ist der eigentliche Anstoß, der Hinweis auf Denkmöglichkeiten, die aus den Grenzen und Zwängen des bisherigen Denkens hinausführen und einen neuen, dem Problem angemessenen Reflexionsraum eröffnen.«[143]

Diese drei Momente bestätigen auf der Basis strukturgenetischer Untersuchungen im Grunde das sokratische Modell der Mäeutik.

141 Fetz/ Reich/ Valentin 2001, 345.
Diese Untersuchung ist m.E. beeindruckend, denn hier wurden über zehn Jahre hinweg in einer Langzeitstudie Kinder und Jugendliche dreimal nach ihrem Welt- und Gottesbild befragt. Aus dem Vergleich dieser Interviews haben sie ein Stufenmodell der Reflexion entwickelt. Theorie und anschauliche Fälle erhellen sich gegenseitig. Schließlich haben sie Konsequenzen dieses Stufenmodells für den Unterricht in Religion bzw. Philosophie/ Ethik dargestellt.
142 Ebd., 352.
143 Ebd., 361.

Heute versteht die Religionspädagogik das Theologisieren von und mit Kindern und Jugendlichen als Verwirklichung des Perspektivwechsels hin zu den Subjekten des Glaubens und als spannende Bereicherung des Unterrichtsprozesses.[144] Die Unterschiedlichkeit im Verstehen der Schülerinnen und Schüler ist nicht vorrangig eine Erschwernis des Lernprozesses, sondern eine Chance für gemeinsames religiöses Lernen.

»Der Umgang mit Heterogenität [ist] dem Religionsunterricht seit jeher bekannt, da er stets mit unterschiedlichen religiösen Lernvoraussetzungen umgehen muss. ›Elementarisierung‹ und neuerdings der Begriff ›Kindertheologie‹ sind Konzepte, die vom Kind her denkend Heterogenität didaktisch und methodisch produktiv aufgreifen.«[145]

Auch ein Seitenblick zur Gleichnisdidaktik ermutigt zu einer dosierten Verfrühung in Fragen der Weltbildentwicklung. Kann – so wird hier gefragt – die Entwicklungspsychologie sagen, ab welcher Klassenstufe Gleichnisse im Unterricht angemessen behandelt werden können: schon in der Primarstufe, in der Orientierungsstufe oder gar erst gegen Ende der Sekundarstufe I? Wann werden Gleichnisse von Kindern verkürzt assimiliert oder welche Abstraktionsfähigkeiten müssen vorhanden sein, um einen konkret-bildhaften Text in seiner symbolischen Tiefe zu erfassen? Auf die Stadien der kognitiven Entwicklung bei Piaget[146] bezogen: Ist die Fähigkeit formal-operationalen Denkens Voraussetzung oder vermögen auch schon davor Kinder ein Gleichnis zu erfassen?
In einer empirischen Studie am Beispiel von biblischen Parabeln rekonstruiert Anton Bucher vier Stadien des Gleichnisverständnisses. Ein explizites und reflektiertes Verstehen von Gleichnissen ist für ihn frühestens mit dem Beginn der Sekundarstufe I erreicht.[147] Andere – wie Halbfas, Oberthür oder Müller/ Büttner u.a. – erachten es nicht als zwingend notwendig, dass Kinder beim Hören von Gleichnissen schon deren metaphorischen Sinngehalt erfassen:

»Wenn sich die Fähigkeit, die Gleichnissprache als solche zu verstehen, aber allmählich entwickelt, kann die didaktische Frage nicht lauten, ab welcher Altersstufe Gleichnisse behandelt werden können, sondern sie muss heißen: Ab wann kann man mit der Förderung einer solchen Entwicklung beginnen?«[148]

---

144 Vgl. nähere Informationen zu diesem aktuellen religionspädagogischen Ansatz auf S. 311f.
145 Zweigle 2005, 289.
146 Vgl. Übersicht auf S. 292.
147 Vgl. A. Bucher: Gleichnisse verstehen lernen; Freiburg 1990.
148 P. Müller / G. Büttner / R. Heiligenthal / J. Thierfelder: Die Gleichnisse Jesu. Ein Studien- und Arbeitsbuch für den Unterricht; Stuttgart 2002, 61.

Dieses Argument lässt sich auf die Weltbildentwicklung in der Pubertät übertragen. Obwohl komplementäres Denken nur in Ausnahmefällen schon möglich sein dürfte, lässt sich über entsprechende Impulse ein solches Denken schon frühzeitig anregen.

Trotz der skeptischen Position Piagets bezüglich der religiösen Entwicklung wurden in der strukturgenetisch orientierten Entwicklungspsychologie mehrmals Schemata zur religiösen Entwicklung des Kindes und Jugendlichen formuliert. Zu nennen sind insbesondere die Schweizer **Fritz Oser und Paul Gmünder** sowie der Amerikaner James Fowler. In beiden Stufenmodellen fällt für die Zeit der Pubertät (13–16) eine hohe Divergenz der Entwicklungsstufen (Stufen 2–4) auf. Diese große Streuung impliziert unterrichtlich einerseits ein Problem, weil Über- und Unterforderung nahe beieinander liegen. Gerade aber in der Diskussion über Dilemma-Geschichten stellt die religiöse Argumentation auf unterschiedlichem Niveau auch eine Lernchance dar. Im Klassengespräch erhalten die einen Anregungen für die Weiterentwicklung ihres religiösen Denkens, die anderen haben die Möglichkeit, das bereits Erreichte in der kontroversen Diskussion zu festigen und abzusichern.

Für Oser/Gmünder ist die Entwicklung des religiösen Urteils geprägt vom Spannungsfeld Heteronomie – Autonomie: Inwieweit versteht sich das Kind (noch) als ganz von Gott abhängig, inwiefern der Heranwachsende ganz in der Freiheit seiner eigenen Entscheidung? Inwieweit ist es dem jungen Erwachsenen gelungen, beides in einer höheren Einheit zu verbinden? Die Grundspannung Heteronomie – Autonomie konkretisiert sich für Oser/Gmünder in fünf Stufen des religiösen Urteils. Der Begriff »religiöses Urteil« könnte nahe legen, es sei ausschließlich der kognitive Bereich einer Person betroffen. Für Oser/ Gmünder hängen aber religiöses Urteil und persönliche Motivlage eng zusammen.

»Wenn wir von Identität und damit auch von Urteil sprechen, so ist damit die Persönlichkeit und das für sie absolut Gültige gemeint. Wer eine Grenzsituation (z.B. den Todesfall eines Freundes) religiös verarbeitet, tut das nicht auf rein rationale, kognitive Weise. Er steht zu dem, was er sagt, er lebt es. Das religiöse Urteil meint also die Tiefenstruktur und damit auch einen umfassenden Teil der Person.«[149]

Für die Pubertät kommt es in der Entwicklung des religiösen Urteils auf den Übergang von Stufe 2 nach Stufe 3 an. In knapp 300 semiklinischen Interviewgesprächen mit Kindern und Jugendlichen zum Paul-Dilemma untersuchten Oser/ Gmünder deren Formen der Kontingenzbewältigung

---

149 Oser/Gmünder: Der Mensch – Stufen der religiösen Entwicklung ; Gütersloh [4] 1996 (1988), 222.

300   *III. Konstruktion: Elementare Lernformen in der Pubertät*

und ihr Verhältnis zu einer – wie auch immer näher zu bestimmenden – ultimaten Größe.

»Entscheidend sind für Oser/Gmünder dabei nicht die inhaltlichen Antworten oder die positive oder negative Einstellung zu Gott. Auch darauf, ob an Gott geglaubt wird oder nicht, kommt es Oser/Gmünder bei ihrer Untersuchung nicht an. Sie verstehen das religiöse Urteil als eine Tiefenstruktur, die allem Denken und Urteilen über religiöse Fragen zugrunde liegt. Diese Tiefenstruktur findet sich nicht nur bei Christen ebenso wie bei Hindus, Moslems oder Buddhisten, sondern auch bei Atheisten.«[150]

In Stufe 2 versteht sich das Kind nicht mehr völlig der Autorität einer letzten religiösen Instanz, dem Ultimaten, ausgeliefert. Durch Riten und Gebete kann der Einzelne sich bemühen, Gottes Wohlwollen zu erreichen. Es bildet sich ein strenger Tun-Ergehens-Zusammenhang. Belohnung oder Bestrafung durch Gott sind die gerechte Folge des menschlichen Verhaltens.[151] Der Übergang zu Stufe 3 ermöglicht zwei Richtungen, in der die religiöse Entwicklung voranschreiten kann:

»Der junge Mensch meint, dass Dinge geschehen, die unabänderlich sind und über die er auch bei aller Anstrengung nicht verfügen kann. (Der Schüler merkt z.B., dass da ein Kleinkind stirbt und dass niemand an diesem Tod schuldig sein kann; Hiob sieht nicht ein, warum er mit Schuld beschlagen wird, obwohl er gerecht gelebt hat.) Deshalb wird negiert, dass der Mensch das Ultimate beeinflussen kann; er nimmt die Sache so weit wie möglich selbst in die Hand, d.h. im Übergang beginnen Personen zu trennen zwischen dem, was sie vermögen und wofür sie selber verantwortlich sind, und dem, was sie einem Unbedingten für angemessen halten. Der Übergang zeigt sich in einem Kampf zwischen Ablehnung religiöser Praktiken einerseits und dem Annehmen einer religiösen Dimension andererseits. Je nach dem, wie der Sozialisationspfad verläuft, fällt man im Übergang einmal in eine extrem atheistische Spur, das andere Mal lässt man sich faszinieren von ›konsequenter‹ Religion (z.B. Jugendreligionen), die ein Göttliches über alles andere, über Welt und Mensch stellt.«[152]

Auf Stufe 3 der religiösen Urteilsbildung schlägt das Pendel ganz auf die Seite der (menschlichen) Autonomie aus: Der humane und der göttliche Bereich sind vollständig voneinander getrennt. Der Mensch allein

---

150 Schweitzer [4] 1999, 122.
151 Nach einer altrömischen Rechtsformel für gegenseitige Verträge und Geschäfte bezeichnen Oser/Gmünder mit der Formel: »do ut des« (»Ich gebe, damit du gibst.«).
152 Oser/ Gmünder [4] 1996, 85f.

hat zu urteilen, die ultimate Macht hat keinen Einfluss auf das Weltgeschehen.[153]

Schaut man auf die prozentuale Verteilung des religiösen Urteils in den verschiedenen Altersstufen, so ist im Verlauf der Pubertät deutlich eine Verschiebung in Richtung auf Stufe 3 zu erkennen. Zu Beginn der Pubertät (11/12 Jahre) sind 70% auf Stufe 2 und lediglich 20% schon auf Stufe 3. Am Ende der Pubertät (14/15 Jahre) zeigt sich das höchste Maß an Entwicklungsdifferenz in allen Altersgruppen: 5% befinden sich nach der Eingruppierung der Autoren immer noch in Stufe 1 und ebenfalls 5% haben schon den Übergang in Stufe 4 erreicht. 55% der Jugendlichen sind in der Spätpubertät noch in Stufe 2, 35% schon in Stufe 3[154]. Diese Entwicklung setzt sich etwa bis zum 25. Lebensjahr fort und flacht dann im Erwachsenenalter ab.

In der Pubertätsphase korreliert das Autonomiebestreben in der Beziehung zu den Eltern mit dem in der Gottesbeziehung. Insofern ist der deutliche Entwicklungsschritt von Stufe 2 nach Stufe 3 des religiösen Urteils einleuchtend. Die religionsdidaktische Konsequenz heißt, den Heranwachsenden im religiösen Denken und Handeln viel zutrauen, möglichst große Freiheit gewähren und dennoch das Angebot einer Begleitung, einer Brücke zur religiösen Tradition, anzubieten. Das Ziel religiöser Mündigkeit ist in der Pubertät vorrangig!

Vor Oser/Gmünder hat **James Fowler** um 1975 eine Stufentheorie zur Entwicklung des Glaubens[155] in die amerikanische Diskussion eingebracht. Anders als Oser/ Gmünder verknüpft er den kognitivistischen Ansatz von Piaget mit weiteren Ansätzen: dem tiefenpsychologischen von Erikson, dem theologischen von Tillich und Niebuhr sowie Smiths

---

153 In Anlehnung an eine philosophische Auffassung der Aufklärung kennzeichnen Oser/Gmünder Stufe 3 mit dem Begriff »Deismus«. Zwar postuliert das deistische Denken noch einen Schöpfergott, dieser nimmt aber auf das aktuelle Weltgeschehen keinen Einfluss. Göttliche Offenbarungen, gar Eingriffe in die Wirklichkeit, sind ausgeschlossen.
154 Mit 90 Interviews ist diese Phase quantitativ am besten abgesichert!
155 Fowler spricht dezidiert von »faith« (Glauben als Vertrauen/ als Lebenshaltung; vgl fides qua creditur – Glaube, durch den geglaubt wird), nicht von »belief« (Glaube an bestimmte Inhalte; vgl. fides quae creditur – Glaube, der geglaubt wird).
»Faith ... is the dynamic process of constructual and commitement by which we focus our trust and loyalty, our dependence and confidence, in a center or centers of value, and on images and realities of power.«
(J. Fowler, Stages in Faith Consciousness San Francisco 1999; In: Büttner/ Dieterich 2000, 110)
Stärker als Oser/Gmünder hat Fowler eine Affinität zum christlichen Glauben – seine Probanden hatten einen protestantischen, katholischen oder jüdischen Hintergrund – er schließt aber andere Glaubensformen in seiner Stufentheorie keineswegs aus.

Modell aus der vergleichenden Religionswissenschaft. Auch für Fowler ist die Auswertung von Interviews die Basis seiner Stufentheorie der Glaubensentwicklung, allerdings erfassen seine Probanden nicht nur Kindheit und Jugend, sondern beziehen die gesamte Lebensspanne (4–84) ein. Von insgesamt 359 Interviewten waren 26 junge Männer und 30 Frauen im Alter von 13–20 Jahren. Nach Fowler kennzeichnet die Jugendlichen in der Regel ein synthetisch-konventioneller Glaube. In seinem Schema ist das die 3. Stufe der Glaubensentwicklung: Stufe 3: 53,8% männlich bzw. 46,7% weiblich. Die Anderen sind entweder auf einer Zwischenstufe auf dem Weg zu dieser Stufe des Glaubens oder sie gehen schon erste Schritte in Richtung eines »individuierend-reflektierenden Glaubens« (Stufe 4). Die religiöse Entwicklung der jungen Frauen in dieser Lebensphase überflügelt die der jungen Männer leicht.[156]

Synthetisch ist der Glaube in der Pubertät, weil er unterschiedliche Elemente mit divergierenden Überzeugungen zusammenfügt, ohne kritisch zu prüfen, ob sich bereits ein stimmiges Ganzes dabei ergibt. Man könnte von einer Art Patchwork-Glauben sprechen. Die Pubertierenden stehen vor der schwierigen Aufgabe, das Verschiedenartige, das Widersprüchliche, das ständig sich Verändernde zusammenzuhalten und immer neu zu balancieren. Dabei kann ihnen das Reden über den christlichen Glauben im Religionsunterricht oder in der Konfirmandenarbeit eine erste Orientierungshilfe sein und das Zusammensein mit erwachsenen Christen Modelle der Identifikation anbieten.

Konventionell ist der Glaube in der Pubertät, weil die soziale Anerkennung durch andere Personen, die dem Heranwachsenden wichtig sind, im Vordergrund steht. Die wichtigen Bezugspersonen (Fowler: significant others) sind es, die in dieser Phase den Glauben formen und stärken. Die Konfirmandengruppe, die Jugendgruppe, der ehrenamtliche Mitarbeiter oder der Jugendleiter, auch der Pfarrer oder die Lehrerin können solche »significant others« werden. Das Konventionelle des Glaubens ist ambivalent: Die »significant others« können Mentoren auf dem Weg zu eigenem Glauben werden, sie können aber auch in einem säkularisierten Umfeld es schwer machen, sich persönliche Zugänge zum Glauben zu bewahren.

»As we begin to have the burden and the possibility of seeing ourselves as others see us, and as we confront the task of integration these multiple experiences of self brought be our relationships with different persons, we face in conscious ways the struggle for identity. At the same time we begin to construct an awareness of our interiority and that of

---

156 Vgl. im konstruktiven Teil meiner Arbeit das Teilkapitel ›Geschlechterdifferenziertes Lernen in Religion‹, S. 395ff.

others. We are newly and deeply interested in ›personality‹. New steps towards interpersonal intimacy and relationship result. These newly personal relations with significant others correlate with a hunger for a personal relationship to God in which we feel ourselves to be known and loved in deep and comprehensive ways.«[157]

Der Gottesglaube kann Jugendlichen gerade in dieser Lebensphase in Form einer persönlichen Beziehung zu Gott oder Jesus wichtig werden. Dort, wo es der religiösen Sozialisation gelingt, im Rahmen von Freundschaften und Gruppenerlebnissen das Selbstvertrauen der Pubertierenden zu fördern, erhalten diese Hilfestellung, ihre Identität herauszubilden und öffnen sich ihnen Wege, Gott zu vertrauen.

Der Fokus in diesem Teilkapitel liegt auf der religiösen Entwicklung in der Pubertät. Dennoch ist diese nicht unabhängig von der kognitiven Entwicklung sowie der Entwicklung des moralischen Urteils zu sehen. Parallelisiert man die Entwicklungsaspekte in einer zeitlichen Synopse[158], so lässt sich vermuten, dass die moralische der religiösen Entwicklung zeitlich vorangeht. Beim Versuch, eine integrative Entwicklungstheorie zu formulieren, zeichnet sich eine Interdependenz verschiedener Entwicklungshinsichten ab. Neuere Untersuchungen von **Oser/ Reich** gehen Schritte in Richtung eines integrativen Entwicklungsmodells. Im Zentrum steht bei ihnen der allgemeine (kognitive) Kernbestand. Die kognitive Entwicklung ist die Basis für die moralische und religiöse. Während die moralische Entwicklung noch maßgeblich von sozialen Perspektiven beeinflusst wird, sind Weltbildvorstellungen für die religiöse Entwicklung eine wesentliche Einflussgröße. Zwischen allen Teilaspekten von Entwicklung besteht das Verhältnis einer dynamischen Interdependenz. Oser/ Reich stellen zur genaueren Kennzeichnung dieser Interdependenz vier Hypothesen auf:

»Prediction 1: Moral judgement (MJ) and religious judgement (RJ) stages are not higher than the corresponding cognitive core stages (CC), at least up to intermediate stages.
Prediction 2: MJ can be (a) higher, (b) equal to, or (c) lower than RJ stages, depending on the strength of the link, the nature of an individual's socialization, and his or her experience.
Prediction 3: Pure domain stimulation will also stimulate development of other domain(s) to a degree which depends on the contemporaneous strength of the link.

---

157 J. Fowler: Stages in Faith Consciousness; San Francisco 1991; in: Büttner/ Dieterich 2000, 114.
158 Vgl. Büttner/ Dieterich 2000, 21f.

Prediction 4: *The higher the stage, the lesser the probability for a strong and mutual relationship.«*[159]

Sie kommen zum Ergebnis, dass die Daten die Hypothese 2–4 bestätigen. Allein Hypothese 1 sei weiter zu diskutieren. Für die religiöse Entwicklung heißt dies, dass sie weit mehr ist als die Entfaltung einer a priori gegebenen menschlichen Religiosität. Kognitive, soziale, moralische und Weltbildentwicklung beeinflussen die religiöse Entwicklung. Dies legt nahe, neben den endogenen auch die exogenen Faktoren religiöser Entwicklung zu bedenken. Das will ich nun tun.

B) Exogene Modelle religiöser Entwicklung

Für Jugendliche in der Pubertät ist das soziale Umfeld von nicht zu unterschätzender Bedeutung. Wie »man« über Glauben denkt, hat großen Einfluss auf das eigene Verhältnis gegenüber Fragen des Glaubens. Eine Offenheit der Freunde für religiöse Erfahrungen erleichtert eigene erste Gehversuche in einem erwachsen werdenden Glauben. Eine überwiegend ablehnende oder gar lächerlich machende Haltung des Freundeskreises macht es dagegen dem einzelnen Jugendlichen schwer, über seinen Glauben bzw. seine Zweifel zu sprechen.
Das Verhältnis von Jugend und Religion wird in jugendsoziologischen Studien nicht selten tabuisiert oder marginalisiert.[160] Lapidar konstatiert etwa die 14. Shell Jugendstudie (2002):

»Außer Betracht bleiben für die Strukturanalysen auch die in der Jugend deutlich marginalisierten Wertorientierungen der Konformität, der Tradition und Religiosität, weil diese für die Mehrheit der Jugendlichen wenig verhaltensprägend sind.«[161]

»Religion« scheint aus der Sicht der verantwortlichen Autorinnen und Autoren der Studie für die meisten Jugendlichen in Deutschland kein relevantes Thema (mehr) zu sein. Wer sich die Mühe macht, in den Shell Jugendstudien die qualitativen Interviews mit den einzelnen Jugendlichen zu lesen, wird an etlichen Stellen überrascht feststellen, dass Religion Jugendliche mehr umtreibt, als man auf den ersten Blick vermutet – in Zustimmung wie in entschiedener Ablehnung.[162] Wenn die

---

159 Oser/Reich: Moral Judgement, Religious Judgement, World View and Logical Thought. A Review of their Relationship; in: British Journal of Religious Education 1990, 173.
160 Thonak 2004, 49–56.
161 Deutsche Shell (Hg.): Jugend 2002; Frankfurt 2002, 155.
162 So stellt die 14. Shell Jugendstudie (2002) in einem Kurzporträt Petra vor (S. 372–375), deren gesellschaftspolitisches Engagement eindeutig kirchlich-religiöse Wurzeln hat.

2. Pubertät

quantitative Hauptbefragung im Sinn des Perspektivwechsels möglichst genau das Lebensgefühl und die Lebenswelt Jugendlicher ermitteln möchte, dann sollte die religiöse Dimension nicht außen vor bleiben.

»Dies ist im Blick auf konfessionell engagierte Jugendliche tragisch, denn einerseits handelt es sich bei diesen Jugendlichen nicht selten um hoch motivierte und für das Gemeinwesen engagierte Jugendliche, deren Image aber durch oberflächlich abwertende Aussagen der Shellautoren in der Öffentlichkeit beschädigt wird.«[163]

Es stellt sich die Frage, welcher Religionsbegriff der Jugendforschung zu Grunde gelegt wird. Soziologische Studien konzentrieren sich meist auf die institutionelle Gestalt von Religiosität, nicht zuletzt, weil diese empirisch am eindeutigsten zu fassen ist (z.B. Kirchenmitgliedschaft, Häufigkeit des Gottesdienstbesuches). Individuelle Gestalten von Frömmigkeit und die gesellschaftlichen Formen von Glauben werden kaum oder nicht erfragt.[164] Gekoppelt mit einer grundlegenden Säkularisierungsthese kommen die Studien dann zu Wertungen, die mit den Begriffen Traditionsabbruch und Verfall von Religion und Glauben zu umschreiben sind. Der Blick auf die scheinbar unumgängliche Säkularisierung erfasst mitunter auch kirchliche Repräsentanten. Statt deutlich zu machen, wofür Kirche steht, das Profil zu schärfen sowie die durchaus vorhandenen religiösen Potenziale der Jugendlichen sensibel wahrzunehmen und kreativ aufzugreifen, besteht die Gefahr einer Selbstsäkularisierung und Selbstbanalisierung.

»Wie viele kirchliche Repräsentanten glauben ja noch immer an den Mythos einer allumfassenden Säkularisierungstheorie, derzufolge Religion im Schwinden sei, als gäbe es nicht auch ein Wiedererwachen der Religion bzw. die gut belegte These vom Gestaltwandel der Religion.«[165]

Die Säkularisierungsthese ist (zu) einseitig, zumal wenn man über Mitteleuropa hinaus die Entwicklungen betrachtet. Religion bleibt für überraschend viele – auch junge – Menschen ein wesentlicher Aspekt ihrer Welterfahrung. Heute will ich – wie Schleiermacher vor über 200 Jahren – nicht trotzig, aber durchaus zuversichtlich konstatieren:

---

163 Thonak 2003, 300.
164 D. Rössler differenziert religiöse Phänomene heutiger Wirklichkeit und spricht von einer dreifachen Gestalt des Christentums in der Neuzeit: der kirchlichen, öffentlichen und privaten Religion. Vgl. D. Rössler: Grundriss der praktischen Theologie; Berlin/ New York 1986, 79
165 Scheilke 2004, 29.

»In das Hilferufen der meisten über den Untergang der Religion stimme ich nicht ein, denn ich wüsste nicht, dass irgendein Zeitalter sie besser aufgenommen hätte als das gegenwärtige.«[166]

In einer globalisierten Welt wird bedeutsam, den Glauben des Anderen wahrzunehmen, den Fremden in seiner Religion zu verstehen und in der Konvivenz[167] mit ihm, das Nebeneinander verschiedenster Lebenskonzepte zu akzeptieren. Die dauerhafte Ausblendung von Religion würde diesen auf interreligiösem Dialog basierenden einfühlsamen Umgang mit Andersdenkenden bzw. Andersgläubigen beeinträchtigen und einem »Kampf der Kulturen«[168] Vorschub leisten. Vielleicht lässt sich nicht zuletzt deswegen in unserer Gesellschaft in den letzten Jahren ein gesteigertes Interesse an religiösen Fragestellungen erkennen.

Folglich ist von jugendsoziologischen Untersuchungen ein Religionsbegriff zu fordern, der zwischen der Einstellung Jugendlicher im Blick auf kirchliche Institutionen und der persönlichen Frömmigkeit sowie den gesellschaftlichen Formen von Religiosität unterscheidet. Während die Kirchlichkeit in den letzten Jahrzehnten deutlich zurückgegangen ist, lässt sich dies von Formen persönlicher Religion nicht in gleicher Deutlichkeit sagen.

Kirchlichkeit zeigt sich in Mitgliedschaft, in der Akzeptanz von zentralen Glaubenssätzen, in der Teilnahme an religiösen Festen und eben auch im Besuch der Gottesdienste. Am Bespiel des Gottesdienstbesuchs heißt es in der Shell-Studie aus dem Jahre 2000:

---

166 F. Schleiermacher: Über die Religion. Reden an die Gebildeten unter ihren Verächtern – In der Ausgabe von Rudolf Otto; Göttingen ⁷1991 (1967; Originalausgabe: 1799!), 20.
167 Konvivenz ist für den Missionstheologen Theo Sundermeier die entscheidende Stufe des Verstehens auf der pragmatischen, für den Alltag relevanten Handlungsebene. Dabei hat Konvivenz drei Grundpfeiler:
– Konvivenz ist eine Hilfsgemeinschaft (Nachbarschaftshilfe).
– Sie ist eine Lerngemeinschaft (Erfahrungs- und Lernwissen).
– Und Konvivenz feiert ihre Höhepunkte als Festgemeinschaft, indem der Fremde eingeladen wird und ein Lebensraum der Freude sich entfaltet.
Vgl. Sundermeier, T.: Den Fremden verstehen. Eine praktische Hermeneutik; Göttingen 1996, bes. 183ff.
168 Samuel T. Huntington geht in seinem Buch »Kampf der Kulturen« davon aus, dass im 21. Jahrhundert die Auseinandersetzungen nicht mehr vorrangig ideologisch oder ökonomisch begründet seien. Vielmehr würden zukünftige Konflikte durch die kulturellen und religiösen Differenzen zwischen Völkern bzw. Volksgruppen bestimmt. Dieser Ansatz wurde und wird nach den Ereignissen des 11. September 2001 im Blick auf die Auseinandersetzung zwischen dem fundamentalistischen Islam auf der einen Seite und der hoch technisierten säkularen westlichen Welt auf der anderen Seite lebhaft diskutiert.

»83% aller Befragten sind in den letzten vier Wochen gar nicht zum Gottesdienst gegangen, 9% einmal, 4% zweimal 4% dreimal und öfter. Von der jüngsten bis zur ältesten Altersgruppe geht der Anteil von 22% auf 14% zurück; eher die weiblichen als die männlichen Jugendlichen gehen zum Gottesdienst.«[169]

Betrachtet man die Entwicklung des Gottesdienstbesuchs auf der Zeitleiste, so ist von 1984–1999 ein stetiger Rückgang zu verzeichnen: 1984 – 27%; 1991–21%; 1999 – 16%. Kennzeichnend für sehr viele Jugendliche ist somit eine zunehmende Distanz zur institutionalisierten Religion. Dabei ist eine Anmerkung im Befund wichtig:

»Die Gottesdienstbesucher leben eher in kleinen Gemeinden, diejenigen, die nicht zum Gottesdienst gehen, eher in größeren.«[170]

Es ist in Bezug auf den Gottesdienstbesuch ein deutliches Land-Stadt-Gefälle zu konstatieren. Zugleich gilt wohl: Eine überschaubare Zahl von Gottesdienstbesuchern mit der Möglichkeit zu Kontakten nach dem Gottesdienst vermitteln ein Gemeinschaftsgefühl, das für Jugendliche wichtiger ist als eine noch so ansprechende Verkündigung des Wortes Gottes oder ein lediglich äußerlich liturgisch feierlicher Gottesdienst. Aufschlussreich sind die Unterschiede zwischen den einzelnen Gruppen von Jugendlichen. Dass Jugendliche in Ostdeutschland zu einem noch geringeren Prozentsatz (7%!) einen Gottesdienst besuchen, ist die Konsequenz einer vier Jahrzehnte währenden sozialistischen Erziehung. Bemerkenswert ist, dass ausländische Jugendliche eher einen Gottesdienst besuchen. Bei italienischen – katholischen – Jugendlichen liegt der Anteil bei 21%, bei türkischen – muslimischen – Jugendlichen sogar bei 35%.

»Die von vielen geäußerte Hoffnungen, dass die Konfrontation mit der Präsenz der islamischen Religionspraxis und deren stärkere Akzeptanz unter den türkischen Mitbürgern zu einer Revitalisierung christlicher Religionspraxis führen wird, haben sich ... nicht erfüllt. Eher wird umgekehrt von einer wachsenden Angleichung zwischen türkischen und deutschen Jugendlichen auszugehen sein und entsprechend von einer mittelfristig abnehmenden Religiosität auch in dieser Untergruppe.«[171]

---

169 Deutsche Shell (Hg.): Jugend 2000; Opladen, Bd. 1, 162f.
Befragt wurden 4546 Jugendliche in Deutschland sowie 648 ausländische Jugendliche. (Ebd., 349ff.)
170 Jugend 2000, 163.
171 Münchmeier 2004, 130.

Die kritische – oder auch gleichgültige – Distanz der Jugendlichen zur Kirche ist aber nicht gleichzusetzen mit grundsätzlicher religiöser Abstinenz. Religion ist vielmehr weit gehend zur Privatsache geworden und das nicht nur unter Jugendlichen. Am Arbeitsplatz, beim Sport oder in der Kneipe wird selten über den persönlichen Glauben gesprochen, noch seltener im öffentlichen Raum der Politik[172] und der Medien – sieht man einmal von der großen Medienwirksamkeit des Papstamtes ab. In Krisenzeiten kann sich das jedoch wieder ändern. Was motiviert Menschen, mutig gegen den Strom zu schwimmen? Am Beispiel von Hans und Sophie Scholl oder von Dietrich Bonhoeffer wird deutlich, dass Glauben durchaus eine gesellschaftliche und politische Relevanz haben kann, ja manchmal haben muss![173]

Neben der Privatisierung und Individualisierung von Religion tritt noch eines hinzu: Individuelle Formen von Religiosität, die persönliche Frömmigkeit also, ist empirisch deutlich schwerer zu erfassen. Ein möglicher Indikator ist das Beten, wobei hier noch zu differenzieren wäre zwischen gemeinsam gesprochenen bzw. vorformulierten Gebeten im Gottesdienst oder bei Tisch und dem stillen Gebet des Einzelnen.

---

172 Der Hauptkommentar in der Stuttgarter Zeitung vom 11. Januar 2005 bringt die eigentlich erwartete öffentliche Abstinenz von Glaubensfragen im Blick auf Bundespräsident Horst Köhler erstaunt und treffend zum Ausdruck: *»Das große Thema seiner Präsidentschaft ... hat Horst Köhler schon vor seinem Amtsantritt gefunden: die grundlegende Reform des Wirtschaftsstandortes Deutschland. Er will seinen Teil dazu beitragen, Deutschland an die Weltspitze zurückzuführen. Er will helfen, den Staat zu entrümpeln, der Wirtschaft Barrieren aus dem Weg zu räumen und den Sozialstaat bezahlbar zu halten. Da ist der ehemalige IWF-Chef ganz Pragmatiker, ganz kühler Reformer. Wenn er dann allerdings über die eine Welt spricht, in der wir leben , über die gemeinsame Verantwortung für diesen Globus, wenn er den Deutschen den Blick über den Tellerrand hinaus auf die Armen dieser Erde zu öffnen versucht, bekommt er etwas ähnlich Missionarisches wie Johannes Rau: Beide wurzeln tief im christlichen Glauben. Ebenso selbstverständlich, wie Horst Köhler sagt, er liebe sein Land, bekennt er, dass er für die Opfer der Flut betet, ruft er zum Gebet für sie auf. Vielleicht ist es diese Spannung zwischen dem pragmatischen Reformer und dem missionarischen Bekenner Köhler, die ihn so fremd, so sperrig erscheinen lässt, die seinen Aha-Effekt ausmacht«* (Karl-Ludwig Günsche). Pragmatische Zugänge zur Welt und religiöse Rückbindung scheinen nicht in die moderne Welt zu passen – und doch hat die Kombination von beidem eine geheimnisvolle Ausstrahlungskraft!
173 Das zeigte sich schon bei den ersten Christen in Jerusalem. Petrus und Johannes werden vom Hohen Rat, dem jüdischen Religionsgericht, dringend ermahnt, nicht mehr den Menschen von Jesus von Nazareth zu erzählen oder in seinem Namen zu heilen. Sie antworten dem Gerichtshof: *»Ob es vor Gott recht ist, auf euch mehr zu hören als auf Gott, urteilt selbst! Denn es ist uns unmöglich, von dem, was wir gesehen und gehört haben, nicht zu reden«* (Apostelgeschichte 4, 19f.).

2. Pubertät

»27% der Befragten beten manchmal oder regelmäßig, 56% tun das nie, 17% möchten darüber nicht sprechen.«[174]

Man darf davon ausgehen, dass ein Teil derer, die nicht darüber sprechen wollen, durchaus für sich beten, dies aber als Intimsphäre betrachten und deshalb in einer Befragung sich zu ihrer persönlichen Gebetspraxis nicht äußern möchten. Eine 2004 durchgeführte repräsentative Befragung von 1300 Erwachsenen zwischen 18 und 98 Jahren ergab u.a. am Beispiel Beten, dass Religion im Alltag des Einzelnen eine größere Rolle spielt, als so manches leere Gotteshaus vermuten lässt: 39% der Befragten halten das persönliche Gebet für sehr wichtig und 23% beten ein- oder mehrmals am Tag.[175]

Insgesamt lässt sich verallgemeinert sagen, dass zwar nur jeder fünfte Jugendliche sich in der Kirche beheimatet fühlt, aber jeder dritte im persönlichen Bereich für Fragen des Glaubens ansprechbar ist. Auch hier ist allerdings die Tendenz abnehmend: 1984 – 36%; 1991–39% (!); 1999 – 28%.

Nach der neuesten Shell-Jugendstudie[176] erstaunt bei weit gehender Ausblendung religiöser Fragestellungen, dass 38% der befragten Jugendlichen den Gottesglauben für wichtig halten und immerhin noch 18% mit »teils – teils« antworten. Das liegt deutlich über dem Engagement der Jugendlichen für Politik.

»Das Politikengagement, der von den Autorinnen und Autoren zum Hauptthema dieser 14. Shell Jugendstudie 2002 erklärte Untersuchungsgegenstand, ist für 56% der Jugendlichen unwichtig, für 22% teils – teils wichtig und nur für eine Minderheit von 22% wichtig. Der Gottesglaube – von den Verantwortlichen dieser Jugendstudie so marginalisiert, dass er strukturell außer Betracht bleibt – ist aus Sicht der Jugendlichen deutlich wichtiger als das Politikengagement: für 46% ist der Gottesglaube unwichtig, für 16% ist er teils – teils wichtig und für immerhin 38% der Jugendlichen ist der Gottesglaube wichtig.«[177]

Zu beobachten sind immer wieder religiöse Aufbrüche innerhalb und außerhalb der Kirchen, die gerade Jugendliche besonders ansprechen, seien es charismatisch orientierte Erneuerungsbewegungen in der Kirche und an deren Rändern, die das Begeisternde des Glaubens und seine emotionale Tiefe erfahrbar machen,[178] seien es esoterische oder okkulte

---

174 Jugend 2000, 164.
175 Vgl. www.psychology-of-religion.de.
176 Deutsche Shell (Hg.): Jugend 2002; Frankfurt 2002.
177 Thonak 2004, 50.
178 Vgl. die qualitative Studie zu Jana (19 Jahre). In: Jugendwerk der dt. Shell (Hg.): Jugend '97; Opladen 1997, 107–121.

Zirkel, die das Numinose fassbar machen wollen oder seien es ökologische und pazifistische Gruppen, die den Menschen in seiner Ganzheitlichkeit und seiner mitgeschöpflichen Verantwortung betonen. Sie alle sprechen transzendente Sehnsüchte vieler Jugendlicher an. Jugendliche stellen leidenschaftliche Fragen. Gelingt es religiöser Bildung diese Fragen nach »Frieden, Gerechtigkeit und Bewahrung der Schöpfung«[179] angemessen aufzugreifen? Thomas Luckmann stellt in seinen soziologischen Untersuchungen fest, dass auch in modernen Gesellschaften, die Religion sowohl individuell wie öffentlich keineswegs ihre Funktion verloren hat:

»Eine objektive Weltansicht ist natürlich ebenso ein konstitutives Element jeder Gesellschaft, wie zu jeder persönlichen Identität ein individuelles Relevanzsystem gehört. Die Aussage, dass Religion in ihrer unspezifischen Form in allen Gesellschaften und allen ›normalen‹ (sozialisierten) Individuen zu finden ist, gilt deshalb a priori. Sie bezeichnet eine religiöse Dimension in der Definition von Individuum und Gesellschaft, ist aber bar jedes empirischen Gehalts.«[180]

Der Religionsunterricht ist in diesem gesellschaftlichen Spannungsfeld von Entkirchlichung und Sehnsucht nach dem Religiösen für viele Jugendliche der einzige Ort, an dem ihnen Fragen des Glaubens regelmäßig – über viele Schuljahre hinweg – immer wieder begegnen. Hier können sie sich kritisch und konstruktiv mit Religion auseinandersetzen. In früheren Generationen hatte der Religionsunterricht eine eher ergänzende und die kirchliche Sozialisation verstärkende Aufgabe. Heute kommt ihm eine wichtige grundlegend informierende Vermittlungsaufgabe zu. Zugleich soll er zur kritischen Reflexion und persönlichen Aneignung anregen. Das ist eine enorme Herausforderung.

C) Handlungstheoretische Modelle religiöser Entwicklung

Es hat sich gezeigt: Endogene und exogene Faktoren wirken auf die religiöse Entwicklung Jugendlicher ein. Welchen Stellenwert haben nun aber sie selbst in diesem Entwicklungsprozess? Handlungstheoretische Konzepte zur Erklärung religiöser Entwicklung setzen endogene und exogene Einflüsse voraus, halten aber das Subjekt für den entscheidenden Faktor der religiösen Entwicklung.

---

179 So die zentralen Begriffe des konziliaren Prozesses der christlichen Kirchen in der ökumenischen Bewegung.
180 Luckmann 1991, 118.

2. Pubertät

»Der Einzelne ist nicht bloß ein vom Ganzen geprägter Teil, sondern konstruktiver Akteur, der der gesellschaftlich-kulturellen Umwelt als eigenständiger auch gegenübertritt und mit ihr interagiert.«[181]

Gilt das auch für die Religionspädagogik? Seit etwa zehn Jahren wird intensiv eine »Kindertheologie« diskutiert und gefördert.[182] Dabei geht es nicht um eine Theologie für Kinder, also um die Frage, welche theologischen Einsichten für Kinder besonders relevant sein könnten; vielmehr ist eine Theologie mit Kindern, eventuell sogar von Kindern, gemeint. Mit Kindern findet ein Gespräch über Glauben auf gleicher Augenhöhe statt bzw. Kinder produzieren eigenständig wichtige theologische Gedanken. Schweitzer fordert, diesen religionspädagogischen Ansatz des Perspektivwechsels auf die Jugendlichen zu erweitern, was für die erwachsenen Gesprächspartner eine Herausforderung impliziert.

»Jugendliche als Theologen zu verstehen ist nur möglich, wo auch die Dynamik zwischen den Generationen in ihrer manchmal sowohl für die Jugendlichen als auch für die Erwachsenen herausfordernden bis verletzenden Form mit einbezogen wird.«[183]

Mein Exkurs zu den alttestamentlichen Aussagen über Jugendliche hat gezeigt, dass u.a. deren prophetische Kraft als Bereicherung des religiösen Zusammenwirkens der Generationen betrachtet wurde.[184] Jugendlichen wurde ein für Volk und Glauben wichtiges Potenzial zuerkannt: Sie spüren feinfühliger Gefahrenpotenziale für zukünftiges Leben, protestieren, klagen ihre Elterngeneration ob ihrer Gleichgültigkeit an und entwickeln Visionen, die Kraft geben, das heute Notwendige zu ändern. Deshalb kann eine rigide religiöse Erziehung – gerade in der Pubertät – durchaus pathogene Folgen haben.

»Religiöse Erziehung kann indoktrinieren, wenn sie mit einem absoluten Wahrheitsanspruch aufwartet und kritische Rationalität und Dialogfähigkeit insbesondere in der Pubertät verhindert. Eine religiöse Erziehung, die durch überzogene Persönlichkeitsideale zur Entwicklung von Minderwertigkeitsgefühlen führt oder durch entsprechende Strenge ›überzogene Forderungen‹ auferlegt, führt zu Schuldgefühlen und Angst und kann in eine Depression münden.«[185]

---

181 Luther 1985, 318.
182 Vgl. hierzu bes. das seit 2002 erscheinenden »Jahrbuch der Kindertheologie«, herausgegeben von A. Bucher, G. Büttner, P. Freudenberger-Lötz u. P. Schreiner; aktuell: Themenheft der Zeitschrift für Pädagogik und Theologie »Kindertheologie« (1/ 2005)
183 Schweitzer 2005, 49.
184 Vgl. S. 259ff.
185 Klosinski 2005, 25.

Um diese Gefahren wissend und sie beachtend kann Religion jedoch einen aufbauenden Beitrag zur Entwicklung Jugendlicher leisten. Wie ein befruchtendes Miteinander von religiösem Nachdenkens und Persönlichkeitsentwicklung aussehen könnte, zeigte Anfang des 20. Jahrhunderts schon Eduard Spranger. Er hat zunächst die denkende und gestaltende Kraft der Jugendlichen, ihre philosophische Kompetenz, herausgestellt:

*»... Was ist Pubertät anderes, als zum bewussten Selbstleben und Welterleben zu erwachen? Die entscheidenden Fragen, die hierbei auftauchen, weisen alle unmittelbar ins Metaphysische hinab: Geborensein und Sterben, Liebe und Geschlechtsunterschied, Neigung und äußere Verpflichtung, zuletzt die eigene Bestimmung und ›der Sinn des Lebens‹. Man könnte mit viel größerem Recht fragen, wie ein Jugendlicher es anfange, diesem neuen Erlebnisstrom gegenüber **nicht** zum Philosophen zu werden, als weshalb dies alles seinen Wissensdrang reize. In der Tat – philosophische Anwandlungen sind in diesem Lebensalter fast so häufig und entwicklungsnotwendig wie die poetischen.«*[186]

Auch was die religiöse Entwicklung der Jugendlichen anbelangt, betont Spranger den aktiven Anteil der Jugendlichen an diesem Prozess und die daraus resultierenden durchaus unterschiedlichen religiösen Haltungen:

»Im Anfang sahen wir in der Fantasie – der leichten, beweglichen – das Organ, mit dem sich der Jugendliche zaghaft in die Welt hinübertastet oder zuversichtlich des Lebens bemächtigt. Jetzt erkennen wir, dass das alles doch nur der farbige Abglanz ist. Das Entscheidende aller seelisch-geistigen Entwicklung ist die Herausbildung dieser totalen Sinngebungen und Sinnerfahrungen im persönlichen Leben. Nur die wenigsten nennen das Religion; die wenigsten ahnen auch nur, dass sich alles in ihnen um diesen letzten Zentralpunkt dreht. Menschwerdung ist immer nur möglich in der Berührung mit dem Göttlichen.«[187]

Einen derart engen Zusammenhang zwischen Menschwerdung und religiöser Entwicklung würden heute wohl nur wenige Entwicklungspsychologen behaupten, aber die aktive Rolle der Jugendlichen in der religiösen Entwicklung dürfte allgemein akzeptiert sein.

Unbestritten sind die neuen Dimensionen, die sich im Denken der Jugendlichen ergeben: Losgelöst von konkreten Anschauungen können sie im formal-operationalen Denken Möglichkeiten erfassen. Ohne Vorbehalte, ja mit einer manchmal erschreckenden Respektlosigkeit entfaltet

---

186 E. Spranger: Psychologie des Jugendalters; Leipzig ^{8} 1927 (1925), 271f.
187 Ebd., 325f.

sich eine hypothetisch-deduktive Denkhaltung, vor der nichts sicher ist. Alles unterliegt einer kritischen Prüfung und wird als fließend betrachtet. Gerade für den Religionsunterricht stellt das philosophische Potenzial der Heranwachsenden eine Chance dar, in Diskussionen dem christlichen Glauben neue Räume zu eröffnen, so dass der jugendliche Relativismus nicht die letzte Stufe ihrer Entwicklung bleibt:

»The adolescent is a philosopher by nature, and if not by nature, by countercultural pressure. The high school must have, and represent, a philosophy if it is to be meaningful to the adolescent. If the high school is to offer some purposes and meanings which can stand up to relativistic questioning, it must learn philosophy.« [188]

Sowohl Piaget im psychologischen als auch Mead im soziologischen Bereich haben die Bedeutung der Interaktion in der Ich-Entwicklung – und somit die exogenen Faktoren – betont. In der Interaktion aber wirkt nicht nur das Außen auf ein Subjekt ein, sondern das Subjekt nimmt seine Umwelt immer selektiv wahr und wirkt seinerseits auf sein Umfeld zurück. Dass dies – wenn die Umwelt die Einwirkungen der Jugendlichen ernst nimmt – für den Bestand einer Gesellschaft durchaus positiv ist, macht Carol Gilligan deutlich, indem sie die visionäre Kompetenz der Jugendlichen hervorhebt:

»In der Fähigkeit, diese Visionen zu konstruieren, liegt ebenso das Potenzial für Nihilismus und Verzweiflung wie die Möglichkeit der gesellschaftlichen Erneuerung, die der Jugendliche symbolisch darstellt. Weil sich die adoleszente Leidenschaft für Moral und Wahrheit auf die Frage der sozialen Gerechtigkeit und der Fürsorge richtet, stellen Jugendliche die Gruppe dar, in deren Entwicklungsproblemen sich die Regenerationsprobleme der Gesellschaft widerspiegeln.« [189]

Für Erwachsene ist vieles (zu) selbstverständlich geworden. Außerdem steht oft die Sicherung der eigenen Familie im Vordergrund. Globale Themen gehen im Alltagstrubel unter oder werden eher fatalistisch hingenommen. Da können Jugendliche in ihrer Radikalität und ihrem Engagement eine manchmal störende, aber gesellschaftlich unerlässliche Herausforderung sein.

Was hieße es im Blick auf das (religions-)didaktische Modell der Elementarisierung, wenn in der religiösen Entwicklung der handlungstheoretische Aspekt betont und die Jugendlichen als »Theologen« im unterrichtlichen Gespräch ernst genommen würden?

---

188 Kohlberg/Gilligan 1972, 177.
189 Gilligan 1983, 97.

»Elementarisierung wird nicht nur von den Unterrichtenden vollzogen, sondern die Jugendlichen elementarisieren selbst, indem sie sich mit den ihnen dargebotenen Inhalten auseinander setzen, dabei für sie Wichtiges und Einleuchtendes auswählen und es neu deuten.«[190]

Darum ist es für eine Lehrerin bzw. einen Lehrer so wichtig, mit den Schülern über ihre elementaren religiösen Erfahrungen bzw. die Gründe für deren Ausfall ins Gespräch zu kommen. Sich sensibel in seine Schüler hineinzuversetzen ist ein erster Schritt, aber im Gespräch ergeben sich gemeinsame Problem- und Themenanalysen, die eine Art Grundgerüst der Unterrichtsarbeit für ein Schul(halb)jahr darstellen könnten.[191]

D) Fazit: Entwicklung des religiösen Denkens und Handelns in der Pubertät

Im Vergleich zu anderen Aspekten der Pubertät habe ich in diesem Teilkapitel die religiöse Entwicklung der Schülerinnen und Schüler in der Pubertät relativ ausführlich dargestellt. Was lässt sich zusammenfassend festhalten?

Ein Blick in die Geschichte der Entwicklungspsychologie macht die zeitbedingte Dominanz je eines der drei Entwicklungsfaktoren deutlich. Bis weit ins 20. Jahrhundert hinein war das endogene Modell sowohl in biologischer als auch in psychologischer Zugangsweise bestimmend. Der Glaube eines Jugendlichen reift danach gemäß eines internen Programms. Die in ihm angelegten Dispositionen entfalten sich. Auf die religiöse Bildung bezogen heißt dies, dass so etwas wie ein »homo religiosus« konstatiert wird.
In der zweiten Hälfte des 20. Jahrhunderts gewannen exogene Modelle an Bedeutung. Wichtig für die Entwicklung von Glauben seien vor allem die gesellschaftlichen Gestaltungskräfte. Die Umwelt beeinflusse maßgeblich die innere Entwicklung des Jugendlichen.
Heute bestimmt eher das handlungstheoretische Modell die Forschungen – auch zur religiösen Entwicklung.

»Personen setzen sich handelnd mit den systemisch verwobenen Bedingungen ihrer Umwelt auseinander. Sie sind an der eigenen Entwicklung beteiligt. Jugend hat nach dem handlungstheoretischen Paradigma die

---

190 Schweitzer 2005, 52.
191 Selbstverständlich wird der Lehrer die Vorgaben des Bildungsplans ins Gespräch einbringen. Aber etliche Vorgaben geben ausreichend Raum für situative Adaptionen!

Möglichkeit, sich eigenständig zu entfalten. Sie kann eine eigene Stimme erwerben und sie kann Eigenintentionalität entwickeln.« [192]

Wenn nicht alles täuscht, werden in den nächsten Jahren die endogenen Faktoren von Entwicklung wieder ins Zentrum rücken. Die Faszination von und die Hochschätzung für die Hirnphysiologie ist ein Indikator für diese Tendenz. Hinzu kommt, dass die Psychologie und Medizin im Dritten Reich manche endogenen Forschungsansätze aufgrund der Unrechtsgeschichte desavouiert hat. Im zeitlichen Abstand wird eine größere Unbefangenheit im Umgang mit endogenen Modellen eintreten. [193]

Die Frage, welches Modell von Entwicklung das psychologische Denken bestimmt, wirkt sich auch auf die Religionspädagogik aus. So lässt sich zusammengefasst hinsichtlich der religiösen Entwicklungslinien in der Pubertät dreierlei festhalten:

- Religion bzw. der christliche Glaube stehen aufgrund der neuen kognitiven Möglichkeiten des Jugendalters vor erheblichen Herausforderungen.

- In der Pubertät muss der kindliche Glaube abgelegt werden. Das soziale Umfeld kann diese Entwicklung des kindlichen Glaubens hin zu erwachsenen Formen des Glaubens motivieren oder erschweren.

- Großen Einfluss auf das Denken in religiösen Fragen haben schließlich die Jugendlichen selbst. In deren Fragen und Denken steckt ein konstruktives Potenzial für eine zeitgemäße Erneuerung von Glauben und Kirche.

– *Postmoderne Identitätsbildung (psychosoziale Entwicklungen)*

Klassische Aufgabe der Pubertät in der Moderne ist die Identitätsbildung.
»Wer bin ich? Wie sehen mich die anderen? Wer möchte ich sein? Was möchte ich anstreben? Was entspricht mir und was nicht?« – Diese Fragen verlangen nach einer, zumindest vorläufigen Antwort. Ein psychologisches Wörterbuch definiert »Identität« folgendermaßen:

»Bezeichnung für eine auf relativer Konstanz von Einstellungen und Verhaltenszielen beruhende, relativ überdauernde Einheitlichkeit in der Betrachtung seiner selbst und anderer. Auf der Suche nach Identität

---

192 Fend³ 2003, 206f.
193 Die nächsten Jahrzehnte werden zeigen, inwieweit hier meine Einschätzung zutreffend ist.

geht es darum, das Denken, Handeln und Fühlen in Gleichklang zu bringen und Widersprüche zwischen Erwartungen an die Zukunft und Erfahrungen aus der Vergangenheit in ein ausgewogenes Gleichgewicht zu bringen.«[194]

Erik Erikson spricht in der Darstellung der psychosozialen Krisen für die Phase der Pubertät von der Spannung zwischen den Polen »Identität und Identitätskonfusion«. Mit dem Terminus der »psycho-sozialen« Krise macht Erikson deutlich, dass Entwicklung nicht nur ein endogenes Geschehen der Reifung und des inneren Wachstums darstellt, sondern auch exogen sich in einem sozialen Kontext ereignet, so dass genauso interpersonale und gesellschaftliche Beziehungen bedeutsam sind.

»In der Pubertät werden alle Identifizierungen und alle Sicherungen, auf die man sich früher verlassen konnte, erneut in Frage gestellt, und zwar wegen des raschen Körperwachstums, das sich nur mit dem in der frühen Kindheit vergleichen lässt und dem sich jetzt die gänzlich neue Eigenschaft der physischen Geschlechtsreife zugesellt. Der wachsende und sich entwickelnde Jugendliche ist nun, angesichts der physischen Revolution in ihm, in erster Linie damit beschäftigt, seine soziale Rolle zu festigen.«[195]

Obwohl Erikson für acht Altersstufen vom Säuglingsalter (Grundvertrauen vs. Grundmisstrauen) bis zum Hohen Alter (Integrität vs. Ekel und Verzweiflung) Entwicklungskrisen formuliert, hat er in seinen Forschungen der Frage nach der Identitätsbildung im Jugendalter besondere Bedeutung beigemessen.
Was versteht Erik Erikson unter »Identität«? Er geht davon aus, dass ein Jugendlicher alle in der Kindheit übernommenen Identifikationen kritisch prüft, zum Teil für sich zurückweist und zum anderen Teil bewusst als für sich selbst gültig annimmt.

*»Der Begriff ›Identität‹ drückt also insofern eine wechselseitige Beziehung aus, als er sowohl ein dauerndes **inneres Sich-selbst-Gleichsein** wie ein dauerndes **Teilhaben an gruppenspezifischen Charakterzügen** umfasst«*[196] (Hervorhebung; M. S.).

Das wiederholte Adjektiv »dauernd« betont, dass Erikson Identität als Zeit übergreifende Einheit versteht. Kontinuität konstituiert Identität. Dabei hat Identitätsbildung eine zweifache Ausrichtung: Sie ist ein Prozess nach innen, so dass der Einzelne mit sich selbst ins Reine kommt

---

194 M. Dieterich / J. Dieterich: Wörterbuch Psychologie und Seelsorge; Wuppertal 1996, 151.
195 Erikson [10]1987, 106.
196 Ebd., 124.

2. Pubertät

und eine authentische Einheit aus Denken, Fühlen und Wollen bildet. Identitätsbildung ist zugleich ein Prozess nach außen, in dem der Einzelne Gruppenbeziehungen aufbaut, die seiner Persönlichkeit entsprechen und in die er sich mit seinen Begabungen einbringen kann. Die von anderen erfahrene Wertschätzung stärkt wiederum den Prozess der Identitätsbildung.

Die Identitätsbildung in der Pubertät hat nach Erikson in der Pubertät ihren Höhepunkt, aber – wie bei den anderen sieben Stufen auch – wird sie in den Phasen davor vorbereitet und erfährt auch in späteren Lebensphasen möglicherweise noch (leichte) Modifikationen.

»Für die Identitätsbildung kommt es nach Erikson auf eine Neubewertung und Umformung der in der Kindheit vollzogenen Identifikationen an: Die in der Adoleszenz entstehende Identität sei allen früheren Identifikationen (mit Eltern, Lehrern usw.) übergeordnet. Sie schließe diese Identifikationen ein, verändere sie aber und mache daraus ein neues zusammenhängendes Ganzes. So gesehen schließt die Identitätsbildung die kindliche Entwicklung ab und eröffnet zugleich den Weg ins Erwachsenenalter.«[197]

Welche Relevanz haben Fragen der Identitätsbildung im Religions- und Ethikunterricht?
Im Begriff der »Ideologie« zeigt sich bei Erikson die Bedeutung von Religion im Jugendalter:

»Die Identitätsbildung setzt nach Erikson für ihr Gelingen ein orientierendes, sinnstiftendes Bezugssystem oder Weltbild voraus, das er, mit einem etwas unglücklichen Begriff, als ›Ideologie‹ bezeichnet. Diese Bezeichnung soll auf den vereinfachenden Charakter solcher Weltbilder hinweisen, den Erikson besonders in der Adoleszenz für unvermeidbar ansieht. Die Ideologie des Jugendlichen stehe in der Spannung zwischen ›Ganzheit‹ und ›Totalität‹: In beiden Fällen gehe es um ein abgerundetes Weltbild. ›Ganzheit‹ bedeute ›eine gesunde, organische, fortschreitende Wechselseitigkeit zwischen vielfältigen Funktionen und Teilen innerhalb eines Ganzen, dessen Begrenzungen offen und fließend sind.«[198]

Erfolgreiche Identitätsbildung ist für Erikson von einer für den Jugendlichen plausiblen Weltdeutung abhängig. Im Rahmen des Religionsunterrichts bemüht sich die Religionslehrkraft, den christlichen Glauben als eine überzeugende Form der Welterklärung ins Gespräch zu bringen. Der Ethikunterricht stellt dem christlichen Glauben andere »Ideologien« gleichwertig zur Seite. Der Ideologie schreibt Erikson eine wichtige

---

197 Schweitzer [4]1999, 79.
198 Ebd., 86.

Rolle in der Adoleszenz zu: die Einbettung des Prozesses der Selbstwerdung in eine »*bedeutsame Überlieferung*«[199].
Idealtypisch haben sich am Ende der Pubertät eine selbst-bewusste junge Frau und ein selbst-bewusster junger Mann herausgebildet, die gelernt haben, sich in einem geklärten Verhältnis zu den gesellschaftlichen Erwartungen einzuordnen, ohne ihr Selbst zu verleugnen.

Können Heranwachsende in der Postmoderne[200] diese Aufgabe überhaupt noch leisten?
Die Postmoderne des 21. Jahrhunderts ist gekennzeichnet durch Globalisierung und Pluralität[201] einerseits, durch Individualisierung und Vereinzelung andererseits. Unterschieden sich die Generationen der Eltern und Heranwachsenden in den 70er und 80er-Jahren eher in äußerlichen Dingen wie Kleidung, Musikstil oder politischem Engagement, so hat sich in der Postmoderne die zeitliche Tiefenstruktur verändert. Dadurch kommen sich Eltern- und Kindergeneration in den Alltagserfahrungen näher. War noch vor dreißig Jahren ein erlernter Beruf eine das ganze Leben umspannende Aufgabe bzw. Tätigkeit, so ist heute berufliche Flexibilität gefragt und in allen anspruchsvollen Sparten wird lebenslanges Lernen zu einer unabdingbaren Voraussetzung. Vieles scheint in der Postmoderne eher vorläufig und kontingent. Alles fließt, ja droht in subjektivistischer Beliebigkeit zu zerfließen. Das gilt nicht nur beruflich, sondern auch privat. War Identitätsbildung schon immer ein komplexes Geschehen und nur bedingt abschließbar, so scheint sie heute nur noch fragmentarisch denkbar, positiver formuliert: Identitätsbildung erweist sich

»als ein offener, mit großer Wahrscheinlichkeit lebenslang anhaltender Prozess. In dem Maße, in dem sich die Erfahrung von Übergangsperioden im Leben vervielfacht – mit beruflichen Veränderungen, neuen Ausbildungen, zweiten und dritten Ehen usw. – wird auch das Bedürfnis, die

---

199 E. H. Erikson: Der junge Mann Luther; Hamburg 1970, 129 (Original: Young man Luther, 1958).
200 In Anlehnung an J.-F. Lyotard und H. Blumenberg definiert M. Welker »Postmoderne« folgendermaßen:
»Theorien oder Denkhaltungen werden ›postmodern‹ genannt, wenn sie die Unterstellung der ›Einheit der Wirklichkeit‹ und der ›Einheit der Erfahrung‹ aufgeben. An ihre Stelle tritt die für Differenzen sensible Unterstellung einer ›Wirklichkeit‹ bzw. von Wirklichkeiten, die aus einer Pluralität partiell miteinander verträgliche und partiell miteinander unverträglicher Ereignis- und Lebenszusammenhänge bestehen.«
In: M. Welker: Geist Gottes; Neukirchen-Vluyn 1992, 46f.
201 Pluralität steht für ein »gleich-wertiges« Nebeneinander inkompatibler Facetten der Wirklichkeit. Im Begriff der Pluriformität wird dem egalistischen »anything goes« ein Bemühen um gemeinsam zu akzeptierende ethische Grundwerte gegenüber gestellt. Dies scheint mir angesichts der auch in Schulen zunehmenden Heterogenität unverzichtbar.

eigene Identität neu auszugestalten und neu zu begründen, zu einer dauerhaften Aufgabe, die sich niemals ganz abschließen lässt.«[202]

In der Moderne spielte das soziale Umfeld für das Gelingen von Identitätsbildung eine entscheidende Rolle. Postmodern gesehen ist jedoch das Subjekt – und damit auch die individuelle Verantwortung – ungleich größer. Damit wird das Gelingen von Identität zu einem äußerst fragilen Prozess. Worin erweist sich eine gelingende Identitätsbildung?

»Gelungene Identität ermöglicht dem Subjekt das ihm eigene Maß an Kohärenz, Authentizität, Anerkennung und Handlungsfähigkeit. Weil diese Modi in der Regel aber in einem dynamischen Zusammenhang stehen, weil beispielsweise Authentizität und Anerkennung in Widerstreit geraten können, ist gelungene Identität in den seltensten Fällen ein Zustand der Spannungsfreiheit.«[203]

Für Keupp ist Ambiguitätstoleranz eine entscheidende Fertigkeit für das Gelingen von Identität. Wer sich der Vieldeutigkeit der ihn umgebenden Welt öffnet und aushalten lernt, in Spannungen zu leben und Fehler zu machen, kann den Veränderungsprozessen der Gesellschaft eher folgen.

»Es wird zunehmend zum Normalfall, in unterschiedlichen Welten zu agieren, nicht nur, weil die Mobilität der Subjekte gewachsen ist, sondern auch, weil deren ›eigene‹, heimatliche Welt beständig umgekrempelt wird. Deswegen werden in vielen Bereichen – und anders als noch in den vorhergehenden Generationen – auch immer wieder Erwachsene zu Anfängern. Sie erleben sich als jemand, der häufig inkompetent ist, Fehler macht, sich irrt, nicht weiß, was kommt, entwertete Überzeugungen und zu wenige Informationen hat – und ständig Entscheidungen treffen muss. Trotz dieser Ungewissheiten, die nicht aus persönlichem Unvermögen, sondern aus der objektiven Ambiguität der Welt resultieren, sollen die Subjekte ihrer sicher sein, ohne Angst vor Fehlern und Misserfolgen eingreifen, gestalten und planen.«[204]

Das macht deutlich: Die postmoderne Form der Identitätsbildung ist nicht nur ein Verlust an stabilisierender Orientierung, sondern auch eine Befreiung zu einer bisher nicht denkbaren Offenheit und Weite.
Aus der praktisch-theologischen Diskussion bestätigt Henning Luther ein offenes, prozessartiges Verständnis von Identität: Identität ist als regulatives Prinzip, nicht als konstitutives Ziel zu verstehen. Den Gedanken einer vollständigen und dauerhaften Ich-Identität hält Luther für ein Missverständnis:

---

202 Schweitzer 2003 (b), 72.
203 Keupp ²2002, 274.
204 Ebd., 280f.

»Die mit dem Gedanken der vollständigen und einheitlichen Ich-Identität verbundenen Verkürzungen werden nun – nicht erst, aber besonders – unter religiöser und theologischer Perspektive sichtbar. Dies wird allerdings dann verschleiert, wenn die religiöse Dimension des Glaubens lediglich additiv dazu benutzt wird, das Konzept der einheitlichganzen Ich-Identität religiös dadurch zu überhöhen, dass der Glaube als Ermöglichungsgrund oder als letzter abrundender Abschluss der Ich-Identität genommen wird. Meine These ist die, dass die in sich geschlossene und dauerhafte Ich-Identität theologisch nicht als erreichbares Ziel gedacht werden kann – und darf.«[205]

Identitätsbildung als zwingend fragmentarisch bleibender Prozess, das ist eine ernüchternde und befreiende Perspektive zugleich; ernüchternd, weil sie die Begrenzungen menschlicher Entwicklungsmöglichkeiten offen eingesteht, befreiend, weil sie diesen Schwebezustand als eine entwicklungspsychologische Gegebenheit gelassen akzeptiert.

Für den Religionsunterricht in der Pubertät ergeben sich aus der postmodernen Perspektive des pluralen Selbst vier Konsequenzen:

- Das Gespräch zwischen Lehrenden und Lernenden wird symmetrischer, weil es lediglich graduelle Unterschiede im Prozess der Identitätsbildung gibt.
- So wie im Allgemeinen von einer Patchwork-Identität gesprochen werden kann, so entwickelt sich im Bereich des Glaubens verstärkt eine Patchwork-Religiosität. Das interreligiöse Lernen gewinnt an Bedeutung. Es zeigt gemeinsame Fragen und Antwortrichtungen der verschiedenen Religionen, es verdeutlicht aber auch Inkompatibilitäten, die nicht verschleiert werden sollen.
- Die Offenheit für weitere Entwicklungen des Selbst im Lebenszyklus vermindert den Erwartungsdruck auf die Jugendphase. Es darf experimentiert werden. Es dürfen »Fehler« gemacht werden. Es gibt die Chance zu anpassenden Korrekturen. Letztlich wird die Einheit der Person nicht vom Einzelnen in disziplinierter Arbeit am Ich erzielt und verantwortet. Letztlich ist das Gefühl von Identität eine Gewissheit des Angenommenseins bei Gott.
- Die Pneumatologie und Eschatologie sind in der Religionspädagogik neu zu entdecken. Der Geist Gottes schenkt Freiheit, eine Freiheit, die sich an den Prinzipien der guten Schöpfung Gottes orientiert.[206] Vielfältigste Identitätsbildungen dürfen gleichwertig nebeneinander ein Spiegelbild der Fülle Gottes sein. Die endzeitliche Perspektive kann Ich-Entwicklung als einen notwendig fragmentarischen Prozess

---

205 Luther 1985, 322.
206 Welker 1992, bes. das Kapitel: Gottes Geist, die Selbstgefährdung moderner Gesellschaften und die postmoderne Sensibilität (S. 38–49).

auf Zukunft hin begreifen. Die Sehnsucht auf Totalität ist eingebettet in eine von Gott geschenkte Zukunft.

Identitätsbildung bleibt eine zentrale Aufgabe der Pubertät, aber in der postmodernen Situation lässt sie sich gelassener und spielerischer konstruieren. Scheitern muss keine Katastrophe sein, sondern kann wertvolle Hinweise geben für einen neuen Ansatz. Allerdings:

»Das Lob der Fragmente sollte uns nicht die Hoffnung auf Heilung des Zerbrochenen vergessen lassen. Heilung kann hier jedoch nicht bedeuten, dass die Fragmente einfach zurückbleiben und verworfen werden, sondern dass sie im Prozess der Heilung integriert werden können. Sofern die menschliche Existenz in ihrem fragmentarischen Charakter aber nicht idealisiert wird, kann der Begriff eines fragmentarischen Selbst für eine – realistische, aber auch kritische – Auseinandersetzung mit der Erfahrung des pluralen Selbst hilfreich sein. Im christlichen Verständnis muss das menschliche Selbst keine perfekte Einheit erreichen, sondern darf fragmentarisch bleiben.«[207]

Theologisch ist die Vorstellung von einer in sich abgerundeten Identitätsbildung im Lebenszyklus zu revidieren. Nicht nur den hinter dem Identitätsgedanken stehenden Perfektionsidealen ist zu widersprechen, nicht nur der offenkundige Leistungsaspekt ist durch die Bedeutung des Urvertrauens, das jenseits allen menschlichen Tuns geschenkt wird, zu relativieren, sondern es stellt sich die Frage, ob nicht häufig die Begegnung mit dem Heiligen alles Bisherige so grundlegend in Frage stellt, dass nicht selten ein totaler Bruch mit dem Vergangenen, eine Umkehr bzw. Konversion die Folge ist.

»Nach biblischem Zeugnis besteht die elementare Wirkung jeder Begegnung mit dem Heiligen nicht einfach in einer simplen Stabilisierung der Identität; vielmehr gibt es diese Stabilisierung häufig nur auf dem Weg der Erneuerung, ja Veränderung des bisherigen Selbstseins. ›Nun lebe nicht mehr ich, sondern Christus lebt in mir.‹ (Gal. 2,20) Die neue Existenz, die das Evangelium dem Glauben verleiht, bedeutet nicht einfach die Verlängerung oder Gesundung des bisherigen Lebens, sondern dessen gründliche Umstrukturierung. Die Identität des Glaubens erwächst aus der Konversion der Person.«[208]

Identitätsbildung im Lebenszyklus ist folglich kaum als linearer Prozess zu denken. Weit realistischer ist, Wirrungen und Irrungen, Schuld und Versagen, Zusammenbruch und Neuanfang, Abkehr von vertrauten Denk- und Lebensweisen und Hinwendung zu alternativen Lebenskon-

207 Schweitzer 2003, 89.
208 Josuttis 1997, 100.

zepten als manchmal schmerzlichen, aber letztlich nicht zu vermeidenden Teil der Identitätsbildung anzuerkennen.

– *Schulpädagogische Konsequenzen:*
   Grundsätze für einen angemessenen Umgang mit Pubertierenden

Lassen sich aus den oben dargestellten Forschungsergebnissen zur Pubertät für Lehrerinnen und Lehrer verhaltenstherapeutische Ratschläge ableiten, die im Umgang mit Jugendlichen angemessene Reaktionen fördern?[209] Ich will vier schulpädagogische Konsequenzen nennen, die meines Erachtens dazu beitragen, dass auch Schülerinnen und Schüler in der Pubertät Schule als einen sinnvollen Lebensraum wahrnehmen können.

1. Wertschätzung vermitteln

Jugendliche in der Pubertät wollen sich von Erwachsenen ernst genommen fühlen. Weil ihr Selbstbild noch labil ist, sind Vertrauen, Zuverlässigkeit sowie das Wissen um eine liebende Akzeptanz durch zentrale Bezugspersonen für Pubertierende grundlegend wichtig.

»*Gerade die ›unerträglichen‹ Jugendlichen brauchen das Gefühl, ›getragen‹, d.h. als Person akzeptiert und wertschätzend behandelt zu werden.*«[210]

Beziehung ermöglicht Erziehung. Wer sich jedoch hinter dem Überlegenheitsgestus eines Erwachsenen versteckt, wird kaum fähig sein, Beziehungen zu Jugendlichen zu knüpfen. Im Rahmen der Schule kann dies heißen: Gerade zu Beginn einer Beziehung, z.B. wenn eine Lehrkraft eine Klasse neu übernimmt, ist Wertschätzung leichter zu gewähren. Wer signalisiert, dass er individuelle Besonderheiten als Bereicherung von Unterricht zu integrieren versucht, kann unter Umständen mancher Provokation im Vorfeld die Spitze nehmen.

---

209 Die Gefahr, das fragwürdige Niveau einer rezeptartigen Ratgeberliteratur zu betreten, ist bei dieser praktologisch ausgerichteten Fragestellung gegeben. Dies ist dem Bemühen einer wissenschaftlichen Arbeit zwar abträglich, aber mir als Lehrer ist es wichtig, dass (Erziehungs-)Wissenschaft eine der Praxis dienende Funktion hat, eine Theorie der Praxis ist. Insofern darf sie sich nicht zu schade sein, nach den praktischen Konsequenzen ihrer Ergebnisse zu fragen. Das will ich in diesem Unterkapitel wagen, indem ich die Erkenntnisse zur Lebensphase »Pubertät« auf vier Grundgedanken konzentriere, die m.E. einem konfliktärmeren Umgang zwischen Schülern und Lehrern dienen.
210 Kircher 2001, 26.

2. Pubertät

»Die Grundbedürfnisse einer gedeihlichen Entwicklung sind die einer liebenden Akzeptanz und Annahme des Kindes von Anfang an, das Gewähren eines Freiraumes zum Experimentieren und Entfalten der Persönlichkeit. Hinzu kommt, dass die Eltern ein Verständnis für die Besonderheit ihres Kindes auf seiner augenblicklichen Entwicklungsstufe aufbringen müssen.«[211]

Das ist im Blick auf die Eltern formuliert, hat aber als Forderung durchaus auch im institutionellen Rahmen von Schule seine Berechtigung. Ist ein Freiraum zur Entfaltung der jeweiligen Persönlichkeit gegeben, bieten sich meist sehr rasch Gelegenheiten zu lobenden Rückmeldungen, so dass gewünschte Verhaltensweisen positiv verstärkt werden können.

»Ohne solche Akzeptanzerfahrungen gibt es keine pädagogische Beeinflussungsmöglichkeit mehr. Jugendliche dürfen nicht erleben, dass der Umgang mit ihnen ein ›Kreuz‹ ist. Erwachsene sollen vielmehr unprätentiöse Freude im Umgang mit Jugendlichen demonstrieren.«[212]

Schule kann Jugendlichen vielfältige Erfolgserlebnisse bescheren, nicht nur kognitive, sondern auch sportliche, musikalische oder soziale. Die positive Bewährung in einem dieser Felder ermutigt die Schülerinnen und Schüler am ehesten, auch in anderen nicht ganz hinter ihren Möglichkeiten zu bleiben.

Der ihnen gewährte Freiraum ist allerdings kein Raum der Beliebigkeit, sondern einer des Zutrauens. Manche Felder mögen in den Augen der SchülerInnen auch zu Räumen der Zumutung werden. Pubertierende dürfen erwarten, dass sie in der Schule gefördert werden. Umgekehrt aber sollen sie wissen, dass etwas von ihnen erwartet wird. Zumutungen können sich auf intellektuelle Herausforderungen und praktische Aufgaben beziehen. Gerade herausfordernde praxisrelevante Aufgabestellungen können ihnen die Ahnung vermitteln: Ich werde in dieser Gesellschaft gebraucht!

»Jugendliche müssen das Gefühl entwickeln, nützlich zu sein. Es müssen sozialräumliche Integrationshilfen zur Lebensbewältigung entwickelt werden. Eine gute sozialräumliche Integration gelingt dann, wenn Jugendliche die Gemeinde als attraktiven Lebensraum wahrnehmen. Es entsteht dann ein Stück Heimat, wenn Räume angeeignet, Beziehungen aufgebaut werden und wenn Jugendliche erleben, dass sie wahrgenom-

---

211 Klosinski 2004, 198.
212 Fend ³2003, 463.

men und ernst genommen werden und sich mitgestaltend einbringen können.«[213]

Im selbstständigen Lösen einer Aufgabenstellung erleben Schülerinnen und Schüler in der Pubertät: Wir können schon erstaunlich viel – weitgehend selbstständig – bewältigen! In der Konfrontation mit ernsthaften Anforderungen machen Jugendliche die wichtige Erfahrung eigener Nützlichkeit.

2. Systemische Hindernisse abbauen

Das System Schule hat – wie andere gesellschaftliche Systeme auch – seine eigenen Gesetzlichkeiten, die die individuelle Begegnung maßgeblich präjudizieren. Aus Schülersicht hat der Kontext Schule – gerade in der Pubertät – oft ein negatives Vorzeichen. Was können Lehrerinnen und Lehrer tun, um für die Kommunikation dennoch eine positive(re) Atmosphäre zu schaffen?

In einem gegliederten Schulsystem ist zum einen immer wieder die Frage virulent: Bin ich an der »richtigen« Schule? Deshalb ist eine ehrliche Laufbahnberatung, die den persönlichen Begabungen ebenso wie den gesellschaftlichen Bedingungen gerecht wird, wichtig, denn (latente) Überforderung oder – eher selten – Unterforderung verstärken aggressives Verhalten, sei es aus Frustration, sei es aus Langeweile.

»Bis zu 90 Prozent der Eltern erwarten von ihren Kindern einen Real- oder Gymnasialabschluss: Hier wird nicht wenigen Kindern Gewalt angetan, da sie dieses Ziel nicht erreichen können.«[214]

Problematisch ist hierbei, dass viele Eltern sich – aufgrund des gesellschaftlichen Drucks zur höheren Bildung – als ausgesprochen beratungsresistent erweisen. Im Bestreben, das Beste für ihr Kind zu wollen, halten sie jenseits seiner kognitiven Möglichkeiten am Ziel eines höheren Bildungsabschlusses fest. Angesichts zunehmender Engpässe auf dem Arbeitsmarkt wird sich diese Tendenz noch verstärken. Erst wenn es gar nicht mehr anders geht, stimmen sie dem Schulwechsel zu. Für die Schülerinnen und Schüler ist es bei einem solchen »Abstieg« besonders einschneidend, das vertraute soziale Umfeld zu verlassen und an der neuen Schule wieder bei Null anfangen zu müssen.[215]

---

213 Klosinski 2004, 200.
214 Ebd., 199.
215 Systeme – auch Schulsysteme sind gesellschaftliche Konvention. Eine Einheitsschule für alle von Klasse 1–10 könnte die Allokationsfunktion von Schule in der Pubertätsphase mindern und damit systemisch den Labilitäten der Lebensphase Pubertät gerechter werden.

Zum anderen können Schulräume durchaus einladend und die Kommunikation fördernd gestaltet und eingerichtet sein.²¹⁶ Dabei geht es für Jugendliche in der Pubertät nicht um einen (architektonischen) Ästhetizismus, sondern um möglichst variable Ausgestaltungsmöglichkeiten von Räumen. Die Schülerinnen und Schüler sollten sich als Gruppe ihre Lernräume aneignen und bedürfnisorientiert ausgestalten können.

Schließlich scheint mir gerade in der Schule wichtig, Stille einzuüben. Nur wer das Schweigen, das konzentrierte Zuhören lernt, kann »voll bei der Sache«²¹⁷ sein. Deshalb sind Stilleübungen und ruhige Arbeitsphasen in Einzel- und Freiarbeit eine für alle wohltuende Unterbrechung des stressigen Schulalltags und zugleich Bedingung der Möglichkeit, in anderen Phasen des Schultags wieder ganz Ohr zu sein.

Systemische Hindernisse abbauen bedeutet allerdings nicht, sie aufheben. Das würde den Schülerinnen eine Beziehungssymmetrie vorgaukeln, die letztlich im Kontext Schule nie gegeben ist. Im schulischen Religionsunterricht geht es um ein sensibles Wechselspiel von Distanz und Nähe, das einerseits sich der institutionellen Rahmenbedingungen bewusst bleibt und Distanz aufrecht erhält, das andererseits um der Sache und der Beziehung willen Nähe fördert. Wie wichtig in der Schule die Distanz von Lehrenden und Lernenden werden kann, zeigt sich in Konfliktfällen.

3. Konflikte aushalten

Schon im Verlauf der ersten Stunden in einer Klasse werden sich Konflikte nicht vermeiden lassen. Schülerinnen und Schüler in der Pubertät müssen und wollen ihre Grenzen kennen. Das Aushandeln solcher Grenzen verläuft selten konfliktlos. Für die Lösung dieser Konflikte gilt: Der Mitmensch – sei er nun Lehrer, Schüler, Reinigungsfrau oder Rektorin – ist zu achten. Wenn das gelingt, ist viel gewonnen! Wer glaubwürdig die Person des Anderen akzeptiert, kann umso überzeugender einzelne Verhaltensweisen kritisieren.

---

216 Bastar 2005, 8–11.
Am Beispiel der Eingangsklasse einer Förderschule für Erziehungshilfe wird deutlich, wie entlastend für Lehrer und Schüler ein funktional gegliederter Raum mit ganz unterschiedlichen Lern- und Aufenthaltsbereichen ist. Durch die hochwertigen Materialien des Mobiliars kommt zudem eine Wertschätzung dieser ansonsten oft vernachlässigten Kinder zum Ausdruck, die Vandalismus auf ein Minimum reduziert.
217 Vgl. Endres/ Bernard 1996.

»Die Jugendlichen brauchen und wollen Autoritäten, die sie ernst nehmen, ihnen Orientierung geben und Grenzen setzen – aber sie müssen sich dabei akzeptiert fühlen.«[218]

Zur überzeugenden Orientierung gehört die strikte Beachtung der gesetzten Grenze sowie die konsequent durchgeführte Sanktionierung von Grenzüberschreitungen. Dies erwarten die Jugendlichen. Lehrer oder Eltern, die dazu in letzter Konsequenz nicht bereit sind, sollten die Grenzziehung besser so nicht vornehmen.

»Lehrer sollten Souveränität durch Sicherheit in den eigenen Anforderungen demonstrieren, ohne sich aber Begründungsansprüchen zu entziehen. Sie sollten also eine gewisse Furchtlosigkeit im Umgang mit Jugendlichen zeigen, die nicht aus Machtbewusstsein, sondern aus innerer Sicherheit resultiert.«[219]

Wollen Lehrer im Umgang mit Pubertierenden hingegen Konflikte vermeiden, schaffen sie erst recht welche. Schülerinnen und Schüler in der Pubertät brauchen den Widerstand Erwachsener, um Fragen klären und ihre Identität entwickeln zu können. Deshalb ist entscheidend, wie es gelingt, Konflikte zu bearbeiten, ohne sich auf der persönlichen Ebene zu verletzen.

»[Die Jugendlichen] wollen die Auseinandersetzung mit den LehrerInnen und sind sogar versessen darauf, Widerstand und Gegenwehr zur eigenen Klärung zu bekommen. Wäre den LehrerInnen dieser Umstand stärker bewusst, könnten sie eine andere Haltung zu den Konflikten mit den Jugendlichen entwickeln. Sie könnten anders mit den heftigen Gefühlen der Jugendlichen umgehen, sie erlauben, sie akzeptieren, ohne sich angegriffen zu fühlen.«[220]

In Konfliktsituationen ist es mitunter schwer, die aggressiven Worte nicht als Missachtung der eigenen Person zu verstehen. Die Spirale der Aggressivität müsste der Lehrer jedoch leichter verlassen können, indem er einerseits gelassen und souverän bleibt, andererseits den Widerstand aufrecht erhält. Keine Grenzen zu setzen ist ebenso problematisch wie zu enge Grenzen! Gerade in der Differenz zur Überzeugung des Erwachsenen hat der Jugendliche die Chance, seine Identität zu bilden. Nicht unwichtig ist die Vorbildfunktion der Erwachsenen in der Konfliktbewältigung. Wird alles harmonisierend unter den Teppich gekehrt und damit eine heile Erwachsenenwelt vorgegaukelt? Oder erleben Schülerinnen und Schüler umgekehrt, wie Kolleginnen und Kollegen

---

218 Kircher 2001, 26.
219 Fend [3]2003, 462.
220 Kircher 2001, 23.

einander diffamieren und jeder versucht, sich auf Kosten des Anderen zu profilieren? LehrerInnen sind ein Vorbild dafür, wie Konflikte professionell ausgetragen und in ungünstigen Fällen ausgehalten, in günstigeren Fällen beigelegt werden können.

4. Gesprächsbereit bleiben

Der tägliche Umgang mit pubertierenden Jugendlichen setzt Erwachsene immer wieder irritierenden Widersprüchlichkeiten aus. In der Phase des Übergangs schwanken sie zwischen energischen ersten Schritten in die Selbstständigkeit und Regressionen in die Kindheitsphase. Das Timing zwischen beidem fällt ihnen schwer. Darum gilt für die LehrerInnen: Fortschritte sind zu stärken (Lob!) und Fluchten in den Schoß der Kindheit immer wieder zu gestatten. Es hilft, wenn allzu große Konsequenz vorerst noch nicht erwartet wird. Erwachsene müssen die hohe Kunst der indirekten Begleitung lernen und signalisieren: Du kannst mit mir reden. Indirekt wirkende Erfahrungsfelder erweisen sich im Vergleich mit direkter Belehrung als das reizvollere Angebot.

»Auch wenn sich der Pubertierende zurückzieht und die Kontaktaufnahme verweigert, auch wenn sich die Kommunikation als schwierig erweist, so ist es doch wichtig, im Gespräch zu bleiben, Normen und Werte zu vermitteln. Nur in der Reibung, nur im Abarbeiten an vorgelebten Modellen kann der Pubertierende diese prüfen und übernehmen.«[221]

Pubertät ist eine außergewöhnliche Lebenssituation, eine individuelle Krise. Deshalb sind für die Heranwachsenden solche Gesprächsmöglichkeiten wichtig. Vorzugsweise sprechen sie mit den Kumpeln in der Peer-Group oder dem Freund/ der Freundin einer Zweierbeziehung. Mitunter kann auch das Gespräch in der Klasse gelingen. Aber gerade aus der Auseinandersetzung mit einem Erwachsenen können wichtige neue Impulse entstehen, wenngleich dies selten zurückgemeldet wird:

»Jugendliche suchen ein anderes Verhältnis von Distanz und Nähe zu Erwachsenen als Kinder. Sie brauchen die objektive Beurteilung, die klare rationale Reflexion über das, was ist und sie brauchen Perspektiven dazu, was sein soll. Sie suchen bei den Lehrern keine Gleichen – jung und egalitär sind sie in der Regel schon unter sich genügend. Sie erwarten objektive Spiegel.«[222]

---

221 Rogge ^{8}2003 (1998), 18.
222 Fend ^{3}2003, 463.

Im schulischen Umfeld stehen gerade der Religions- und Ethikunterricht für die Ausbildung personaler Kompetenzen. Hier können Schülerinnen und Schüler einen sonst seltenen Raum zum Gespräch über anthropologische Grundfragen finden:

»In eine Situation prinzipiellen Neudenkens kann jeder geraten. Daher ist der philosophische Diskurs keineswegs auf einen kleinen Kreis besonders philosophisch Begabter und Interessierter beschränkt, auch nicht auf existenzielle Grenzsituationen oder auf eine Expertenrunde zur Lösung wissenschaftlich-technischer Orientierungsprobleme. Vielmehr ist Philosophieren Sache von jedermann, etwa ... von Jugendlichen in ihrer Orientierungsunsicherheit zwischen Kindheit und Erwachsenensein.«[223]

Deshalb sind schulische Gespräche von LehrerInnen mit SchülerInnen mehr als Belehrung. Gegenseitiges Zuhören braucht Zeit, innere Ruhe und Empathie. Pubertierende wollen nicht »zugetextet« werden, sondern brauchen Menschen, die ihnen aktiv zuhören. Dabei spielen die mitschwingenden Gefühle oft eine größere Rolle als die ausdrücklich verhandelten Fakten.

»Die Akzeptanz der Gefühle allein wirkt häufig deeskalierend und die gemeinsame Suche nach Lösungen und Konsequenzen auf dem Boden von Wertschätzung wird einfacher.«[224]

Klassendiskussionen sind eine ausgezeichnete Plattform, um eine Streitkultur sowohl verbal als auch emotional einzuüben. Wie bringe ich meine Argumente angemessen vor? Wie gelingt es mir, Sachebene und Beziehungsebene in der Diskussion klar zu trennen, so dass ich bestimmt im inhaltlichen Bereich, aber vermittelnd im persönlichen Bereich spreche? Die deutlich überlegene Sprachkompetenz der Lehrkraft darf nicht dazu verleiten, Pubertierende vor der Klasse bloßzustellen. Zynismus oder gar Sarkasmus sind angesichts der persönlichen Unsicherheit und der hohen Bedeutung, die der Peergroup zugemessen wird, für Jugendliche nicht zu ertragen. Als Beziehungsgift für die Kommunikation im Klassenzimmer gilt ebenso die Ironie der Lehrperson. Die rhetorische Überlegenheit mag für den Erwachsenen verführerisch scheinen, ist aber im Blick auf einen wertschätzenden Umgang in jedem Fall zu meiden.

Ein probates Mittel im (Streit-) Gespräch hingegen ist der Humor. Er lässt die innere Souveränität des Erwachsenen aufblitzen, verletzt aber

---

223 Martens 2003, 19.
224 Kircher 2001, 25.

2. Pubertät

den Heranwachsenden nicht, sondern befreit nicht selten beide zu einem Lachen über das scheinbar so unlösbare Problem:

»Eine adäquate pädagogische Haltung gegenüber Jugendlichen, die jeder für sich erarbeiten muss, hat Momente des Humors, Momente des richtigen Tones, Momente von Distanz, sie kann abwarten, sich auf das Im-Hintergrund-Bereitstehen beschränken, zeigt Takt für die spezifischen Verletzbarkeiten dieses Alters, setzt Zeichen des Sich-Einmischens als Zeichen des Engagements für das Wohl des anderen. Sie organisiert gute Erfahrungen, kann sich dann aber zurückziehen und eigene Erfahrungen machen lassen.«[225]

Auch die Grenzen der Lehrerin und des Lehrers sollen in einem solchen Gespräch transparent werden. Dies kann für Pubertierende zu einer wertvollen Erfahrung werden.

»Durch eine Ich-Botschaft übernimmt die LehrerIn die Verantwortung für ihre Gefühle und teilt diese mit. Gerade in der Pubertät, die durch ein Gefühlschaos gekennzeichnet ist, ist es wichtig, auch die LehrerIn als Mensch mit Gefühlen, Wünschen und Grenzen zu erfahren.«[226]

Ich-Botschaften verletzen im Gegensatz zur Du-Botschaft die Beziehung nicht. Während Du-Botschaften in ihren Verallgemeinerungen zur Verteidigung herausfordern, ebnen Ich-Botschaften den Weg zu einem ehrlichen Gespräch.

Ist diese offene Gesprächsform Bestandteil des Miteinanders geworden, fällt es auch einem Lehrer weit weniger schwer, sich für einen Fehler zu entschuldigen. Das signalisiert: Fehler machen ist erlaubt und wer zu seinem Fehler steht, wird trotzdem – oder gerade deshalb – geachtet. Außerdem ist es aus Sicht der Schülerinnen und Schüler befreiend, wenn sie wissen: Unser neuer (Klassen-) Lehrer hat sich nicht bei den bisherigen Lehrern über uns informiert. Er will allen Schülerinnen in der Klasse die Chance eines Neuanfangs geben:

»Nicht das Abwarten, bis der Spuk der Pubertät vorüber ist, wird hier propagiert, sondern aktiv mitzuleben, sich einzumischen und sich zu beteiligen.«[227]

Sicher ließen sich noch weitere schulpädagogische Konsequenzen für einen angemessenen Umgang mit Pubertierenden benennen. Eine Kon-

---

225 Fend ³2003, 470.
226 Ebd.
227 Ebd., 468.

zentration auf das Wesentliche erhöht jedoch die Chancen der Umsetzung.
Vorrangig wichtig erscheinen mir eben die dargestellten vier Aspekte:
- ohne Vorbedingung Wertschätzung vermitteln,
- systemische Bedingungen verdeutlichen und Hindernisse – so weit möglich – abbauen,
- die Bereitschaft Konflikte auszuhalten
- und dennoch gesprächsbereit zu bleiben.
Diese vier Aspekte greifen die fruchtbare didaktische Spannung von Fördern und Fordern auf. Gerahmt werden die schulpädagogischen Konsequenzen von annehmenden bis hin zu vergebenden und Neuanfänge gewährenden Zugehensweisen. Dazwischen aber bleibt das Fordern als Zumutung an die Lernenden bestehen: auch wenn systemische Hindernisse abgebaut werden, letztlich hat das System Schule eine stratifikatorische Ausrichtung: Sie verteilt Lebenschancen junger Menschen. Außerdem können Grenzen nicht nur fakultativ ausgehandelt, sondern müssen zum Teil apodiktisch gesetzt werden (z.B. das absolute Rauchverbot auf dem Schulgelände). Wer nicht lernt, solche gesetzten Forderungen in einem gegebenen System zu akzeptieren, macht sich und anderen das Leben schwer.

3. Elementare Lernformen in der Pubertät

3.1 Vom Individuum zur Lebenswelt – Versuch einer Systematisierung

Die Auflistung der einzelnen elementaren Lernformen für die Altersstufe Pubertät lässt nach einer möglichen Systematik für ihre Anordnung fragen. Eine Systematisierung nach sprach- und bildorientierten Unterrichtsmethoden sowie musikalischen, spielerischen und meditativen Handlungselementen[228] bietet sich nicht an, da Lernformen umfassender zu verstehen sind als einzelne Methoden. Schon eher könnte eine Einordnung in die Rubrik »methodische Konzepte« passen. Adam und Lachmann kategorisieren diese Rubrik im Vorwort des Aufbaukurses ihres methodischen Kompendiums so:

»Darauf folgt eine Gruppe von Beiträgen, die wir mit ›Methodische Konzepte‹ überschrieben haben. Hierbei handelt es sich nicht um einzelne methodische Elemente, sondern eher um Gesamtzugänge zur Methodenfrage überhaupt. Entsprechend wird in diesen Entwürfen sowohl ein Gesamtverständnis von Unterricht erkennbar als auch – diesem jeweils korrespondierend – ein Verständnis der Zielgruppe, als dessen Kristallisationspunkt man wohl die Autonomie der Person bezeichnen kann.«[229]

Daran knüpft mein Strukturierungsversuch der elementaren Lernformen an. Ausgangspunkt sind das lernende Subjekt und die Frage, welche Intentionen des Lernprozesses im Vordergrund stehen. In konzentrischen Kreisen weiten sich die Lernformen vom Ich über das Wir hinein in die Gesellschaft. Zusammengefasst lassen sich drei Teilgruppen unterscheiden:
In der Pubertätsphase sind Lernformen zur Sensibilisierung der Selbstwahrnehmung unabdingbar. Identitätsbildung ereignet sich jedoch nicht monologisch, sondern in der Begegnung und Auseinandersetzung mit einem signifikanten Du. Deshalb sind partnerschaftliche und gruppenorientierte Lernformen eine wichtige zweite Gruppe. Schließlich weitet sich der Kreis des Lernens vom engeren face-to-face-Bereich in den gesellschaftlichen Raum und die Geschichte. Jeder Mensch ist räumlich und zeitlich situiert, sowohl als Einzelner als auch als Gruppe, und der gesellschaftliche Kontext bleibt nicht ohne Einfluss auf die Gestaltung seines Lebens. Dafür kann in gesellschaftsorientierten Lernformen ein Gespür entstehen.

Die erste Gruppe fokussiert auf die Persönlichkeitsentwicklung. Diese Lernformen sollen dazu beitragen, dass Schülerinnen und Schüler ein

---

228 Vgl. Adam/ Lachmann ²1996 (1993), 113ff.
229 Adam/Lachmann 2002, 10.

bewussteres Verhältnis zu sich selbst und ihrem religiösen Denken und Fühlen gewinnen. Die Aufgabe des Religionsunterrichts ist eine vorlaufende und begleitende pädagogische Unterstützung dieses Prozesses. Ich bezeichne sie zusammenfassend als subjektorientierte Lernformen. Ihnen habe ich exemplarisch biografisches, kreatives und kontemplatives Lernen zugeordnet. Diese Lernformen bieten sich aufgrund der Entwicklungsaufgaben in der Pubertät besonders an, passen aber auch zu einer die 90er-Jahre der Religionsdidaktik beherrschenden Tendenz. Englert resümiert im Jahrbuch der Religionspädagogik 18 (2002):

»Die beiden Tendenzen, die aus meiner Sicht die religionsdidaktische Entwicklung in den letzten Jahren am deutlichsten bestimmt haben, zeigen sich auch im vorliegenden Jahrbuch: die Neubewertung der Schülerperspektive und die Wiederentdeckung konkreter Religion. Mit der ersten Tendenz verlagert sich die religionsdidaktische Aufmerksamkeit, sehr verknappt gesagt, von der Frage, wie Lehrer lehren sollen, zu der Frage, wie Schüler lernen können. ... Alle diese Konzepte [z.B. der religionspädagogische Elementarisierungsansatz; M. S.] *sind vermittlungsskeptisch. Im Zentrum dessen, worum es ihnen geht, steht nicht mehr die Vermittlung von ›Sachen‹ (Inhalten, Botschaften usw.), sondern der Aneignungsprozess der Subjekte – ohne dass freilich das eine gegen das andere ausgespielt werden dürfte (wie dies etwa das Elementarisierungskonzept oder eine dekonstruktive Didaktik sehr deutlich zeigen). Es geht um die Animation der SchülerInnen zu einer individuellen Rekonstruktion der ›Sachen‹ und um die Anregung zu multiperspektivischer Auseinandersetzung. Die Schülerinnen und Schüler sollen ihre eigene Sichtweise, ihre eigene Religiosität entwickeln.«*[230]

Subjektorientierte Lernformen sind Wege, diese religionspädagogische Zielsetzung didaktisch anzubahnen. Kontemplative Lernformen öffnen den Raum für eigene Erfahrungen mit Religiosität, biografische und ästhetische Lernformen sensibilisieren, Glaubensaspekte in der eigenen Lebensgeschichte zu entdecken und sie in eine persönlich gestaltete äußere Form zu bringen.

Eine zweite Gruppe betont das Verhältnis des Individuums zu anderen Menschen. Ich-Werdung ereignet sich stets in der Begegnung, in der Anpassung und Abgrenzung zum Wir einer Gruppe.[231] Identität und

---

230 Englert 2002, 234.
231 Wie dieser Prozess vom Ich zum Wir entwicklungspsychologisch genauer zu denken ist, kann hier nur angedeutet werden: Nach Piaget muss von einer kindlichen Egozentrik ausgegangen werden. In einem systematischen Prozess der Dezentralisierung öffnet sich das Kind für soziale Beziehungen und gliedert sich zunehmend in die vorhandene Sozialität ein. Merleau-Ponty geht von einer Reetablierung einer ursprünglichen beim Kleinkind schon vorhandenen Sozialität im Jugendalter aus. In

3. Elementare Lernformen in der Pubertät

Kommunikation bedingen sich gegenseitig. »*Der Prozess der Sinnkonstitution ist ein gemeinschaftlicher Prozess*« (P. L. Berger). Die Lernformen der zweiten Gruppe fördern diesen Prozess. Ich bezeichne sie übergreifend als dialogische Lernformen. Hier lassen sich geschlechtsspezifisches und projektartiges Lernen sowie Lernen durch Lehren subsumieren.

»*Die Beziehung zum Du ist unmittelbar. Zwischen Ich und Du steht keine Begrifflichkeit, kein Vorwissen und keine Phantasie; und das Gedächtnis verwandelt sich, da es aus der Einzelung in die Ganzheit stürzt.*«[232]

Im Zwischen begegnen sich Ich und Du. Die Beziehung zwischen Ich und Du bildet das gemeinschaftliche Wir. Diese Beziehungen können auch scheitern. Nichtsdestotrotz sind sie das Lebenselixier der menschlichen Entwicklung und auch für schulisches Lernen unerlässlich.[233] Gerade an allgemein bildenden Schulen sind Begegnungen institutionell vorgegeben, die sich ansonsten im freien Spiel der gesellschaftlichen Gruppen selten ereignen. Diese befruchtende Spannung sollen dialogische Lernformen aufgreifen und kultivieren. Die Begegnungen im Nahbereich sind für die Persönlichkeitsentwicklung junger Menschen von nicht zu überschätzender Bedeutung. Gemeint sind dabei nicht nur Beziehungen und Freundschaften mit Gleichaltrigen, sondern auch über die Generationen hinweg.

»*Erziehungs- und Bildungsprozesse brauchen Begegnung. Das personale Angebot schafft Orientierung. Junge Menschen brauchen nicht nur Wissensvermittlung, sondern die Begleitung durch orientierende Persönlichkeiten zum Beispiel in der Jugendarbeit oder während ihrer Konfirmandenzeit. Gerade in den Zeiten des Übergangs sind solche Beziehungen außerhalb des Elternhauses von großer Bedeutung und für die Eltern entlastend.*«[234]

Die dritte Gruppe schließlich stellt das lernende Subjekt in den größeren gesellschaftlichen Kontext: seine natürliche Umwelt, seine historischen

---

jedem Fall aber ist die Phase der Pubertät wichtig, damit die Heranwachsenden einen harmonischen Ausgleich von Individualität und Sozialität finden.
(vgl. Boschki, R.: Beziehung als Leitbegriff der Religionspädagogik; Ostfildern 2003, 70)
232 Buber, M.: Ich und Du (1923); in: Das dialogische Prinzip; Gerlingen [7]1994, 15.
233 Die Bedeutung der Kategorie des Zwischen für das religionsdidaktische Elementarisierungsmodell von K. E. Nipkow habe ich im Fazit des Kapitels II.2.2.3 ausgeführt (vgl. S. 174ff.)
234 Baur, W.: Aktuelle bildungspolitische Aufgaben einer Landeskirche – Vortrag zum 75. Geburtstag von K.E. Nipkow; Stuttgart 2004, 5.

Wurzeln und die politische Gegenwart sowie die massenmedialen Einflüsse. Zwar ist in den letzten Jahren in der (Religions-) Didaktik eine Tendenz hin zur persönlichen Praxis zu erkennen; Wahrnehmung und Erlebnisorientierung werden betont. Aber dennoch dürfen die ethischpolitischen Fragen nicht vernachlässigt werden, schon gar nicht mit dem Argument, politische Probleme seien derart komplex, dass sie von Heranwachsenden noch nicht hinreichend erfasst werden könnten. Stattdessen müssen Schülerinnen und Schüler gesellschaftliche Entwicklungen wahrnehmen und (ideologie-) kritisch reflektieren.
Zugleich kann der Religionsunterricht den Heranwachsenden Räume zur Verantwortungsübernahme in der Gesellschaft anbieten bzw. auch einmal »zumuten«[235].

»Wer Heranwachsenden keine Pflichten zumutet, die sie bewältigen können, entmutigt sie, gibt ihnen keine Verantwortung und sollte sich auf Dauer nicht wundern, wenn sie sich zurückziehen und nicht bereit sind, Aufgaben zu übernehmen.«[236]

Die entsprechenden Lernformen sollen das Bewusstsein für die Bedeutung der gesellschaftlichen Dimension im Blick auf die persönliche Lebensgestaltung fördern. Der Oberbegriff für diese Gruppe lautet: gesellschaftsorientierte Lernformen. Sie können differenziert werden in diakonisches und generationenübergreifendes Lernen sowie Lernen an und mit neuen Medien.

Und wo bleibt in dieser Systematik die Dimension »Gott«, die für den Religionsunterricht zentrale »religiöse Kompetenz«[237]?
Sie ist in allen drei Gruppen das verknüpfende Band! Selbstannahme wird leichter, wenn ich mich mit meinen Stärken und Schwächen als ein Original Gottes angenommen weiß. Der Umgang mit anderen lässt im Gelingensfall die Liebe Gottes im Du erfahrbar werden. Ist das Miteinander schwierig, bekommen ethische Ansätze eine transzendente Dimension, denn ich lerne im Gegenüber ebenfalls ein Geschöpf Gottes wahrzunehmen. Schließlich ist die Welt als Ganzes Gottes gute Schöp-

---

235 Collmar, N.: Religionspädagogisches Handeln in der Schule; Tübingen 2003, bes. 224ff.: Zumuten als religionspädagogische Operation in der Schule?
236 Rogge [8]2003, 161.
237 *»Religiöse Kompetenz ist zu verstehen als die Fähigkeit, die Vielgestaltigkeit von Wirklichkeit wahrzunehmen und theologisch zu reflektieren, christliche Deutungen mit anderen zu vergleichen, die Wahrheitsfrage zu stellen und eigene Positionen zu vertreten sowie sich in Freiheit auf religiöse Ausdrucks- und Sprachformen einzulassen und sie mitzugestalten.«*
aus: Bildungsplan 2004 – Baden-Württemberg: Realschule, 23;
zur Problematik des Begriffs »religiöse Kompetenz« vgl.:
Rupp/Müller: Bedeutung und Bedarf einer religiösen Kompetenz; in: entwurf 2/2004, 14–18.

fung, die es gemeinsam zu bewahren gilt, auf der wir uns um ein friedliches und gerechtes Miteinander bemühen.

Schön zusammengefasst sind diese drei wie in konzentrischen Kreisen angeordneten Gruppen »Ich – Wir – Gesellschaft« sowie der Gottesglaube als das alle drei Bereiche zusammenhaltende Band in einem Text von Pierre Stutz:

Solidarisch werden
Mit allen Menschen guten Willens

Solidarische Menschen
möchten wir werden:
Menschen mit größter Sorgfalt
uns selber gegenüber,
Menschen mit größter Einfühlsamkeit
anderen gegenüber,
Menschen mit größter Verbundenheit
mit der ganzen Mitwelt

Gerechtigkeit
Frieden
Bewahrung der Schöpfung –
das sind jene großen
Lebensaufgaben
die uns mit allen Menschen
guten Willens
auf dem ganzen Erdkreis verbinden

Dich, Gott
suchen wir in diesem
Solidaritätsprozess
wir suchen dich in all dem
was verbindet
in allen Religionen[238]

Sorgfalt sich selbst gegenüber, Einfühlsamkeit anderen gegenüber und Verbundenheit mit der ganzen Mitwelt anstreben und in all dem Gott suchen, das ist nicht nur ein Ziel für Mystiker, sondern eine Lebensaufgabe für alle Menschen (guten Willens). Der Religionsunterricht an öffentlichen Schulen kann – hoffentlich – dazu beitragen, dass sich möglichst viele Menschen diesem Solidaritätsprozess anschließen.

---

238 Stutz 2003, 32.

Eine ähnliche Aufteilung der Lernformen findet sich – in Bezug auf die kindliche Erziehung – auch in der Montessori-Pädagogik. In den »Übungen des praktischen Lebens« unterscheidet Maria Montessori drei Aufgabenfelder:
- Übungen zur Pflege der eigenen Person (z.b. sich selbstständig an- und ausziehen)
- Übungen, die dem angemessenen Umgang mit anderen dienen (z.b. Formen der Begrüßung)
- Übungen zur Gestaltung der Umwelt (z.b. einen Tisch decken)

Bei Maria Montessori sind die Aufgabenfelder ganzheitlich und eher auf eine frühkindliche Entwicklungsphase bezogen, aber auffallend ist wiederum der Dreischritt vom Selbst über das Du zur Umwelt. In dieser Trias differenziert Maria Montessori zwei Formen von Arbeit: die einfach koordinierende Aktivität und die produktive Arbeit, die intellektuell weit höhere Ansprüche stellt.

»Die erstere ist die für die kleinen Kinder angemessene Arbeit, die sich bewegen müssen, um zu lernen, ihre Bewegungen zu koordinieren. Sie besteht in den so genannten Übungen des praktischen Lebens, die dem psychischen Prinzip der Bewegungsfreiheit entsprechen. Es genügt, eine geeignete Umgebung zu schaffen, so wie man einen Zweig im Vogelkäfig anbringen würde. Und dann lässt man den Kindern Freiheit in ihrem Aktivitäts- und Nachahmungstrieb. Die Gegenstände, die sie umgeben, müssen der Größe und den Kräften des Kindes entsprechen: leichte Möbel, die es tragen kann; niedrige Schränke, die sein Arm erreichen kann; leicht zu handhabende Schlösser; ... Kleider, die es leicht an- und ausziehen kann: Das ist eine zur Tätigkeit einladende Umgebung, in der das Kind nach und nach unermüdlich seine Bewegungen vervollkommnet und Anmut und menschliche Geschicklichkeit erlernt. ... Der Nutzen dieser Übungen liegt nicht in der Bewegung selbst, sondern in einem starken Koeffizienten der komplexen Bildung seiner Persönlichkeit: Seine sozialen Gefühle in den Beziehungen, die es mit anderen freien, aktiven Kindern knüpft, die Mitarbeiter in einer Art Haushalt zum Schutz und zur Hilfe ihres Wachstums sind; das Gefühl der Würde, das das Kind überkommt, wenn es lernt, sich selbst zu genügen in einer Umgebung, die es bewahrt und beherrscht; all dies sind die Koeffizienten des Menschseins, die die freie Bewegung begleiten.«[239]

Annähernd hundert Jahre später nimmt Martin Weingardt soziales Lernen mit dem Ziel in den Blick, in Jugendlichen die Bereitschaft zu wecken, Verantwortung zu übernehmen. Ausgehend von der Verantwortungsethik bei Hans Jonas differenziert er in drei Bereiche: die Selbst-

---

239 Montessori, M.: Schule des Kindes. Montessori-Erziehung in der Grundschule; Freiburg 1976, 143f.

verantwortung, die soziale und die globale Verantwortung. Er erläutert dieses System der Ausdifferenzierung in drei Verantwortungshorizonte folgendermaßen:

»1. Selbstverantwortung: Die Verantwortung für das eigene Leben, für persönliche Entfaltung, materielle Sicherung der Lebensführung, Biographiegestaltung mit anderen.
2. Soziale Verantwortung: Die Verantwortung im gesellschaftlichen Nahbereich: Verantwortung z.B. für soziale, politische und natürliche Lebensgrundlagen im lokalen Bereich; Einsatz für Solidarisierungs- und Gemeinschaftsformen im Gemeinwesen.
3. Globale Verantwortung: Die Verantwortung für die Erhaltung der weltweiten natürlichen Ressourcen, für Gerechtigkeit und Frieden zwischen Bevölkerungsgruppen und Ethnien, Nationen und Erdteilen.

Allen drei Ebenen ist gemeinsam, dass verantwortungsbewusstes Handeln darauf zielt, dass Leben gelingt, indem aktiv und subjektiv richtig geantwortet wird auf die Wirklichkeit, die auf den Einzelnen zukommt, die ihn umgibt.«[240]

Diese Systematik ist ebenfalls konzentrisch gegliedert: der Lernende übernimmt Verantwortung für sich selbst, für andere und für die Welt insgesamt. Dabei gilt dies nicht im Sinne eines strengen Nacheinanders, vielmehr gehen die Verantwortungshorizonte sehr wohl ineinander über. So können schon Kinder – behutsam durch entsprechende Informationen und Bilder eingeführt – Verantwortung für die Eine Welt übernehmen, indem sie z.B. sich in einem schulischen Hilfsprojekt engagieren. Umgekehrt fällt es gerade Heranwachsenden in der Pubertät schwer, Verantwortung für sich selbst wahrzunehmen.

Es zeigt sich: Meine Differenzierung der elementaren Lernformen in einen subjektorientierten, einen dialogischen und einen gesellschaftsorientierten Horizont weist etliche Parallelen zu anderen Veröffentlichungen in der Pädagogik auf. Dennoch ist sie keine Systematik mit logisch zwingender Stringenz. Die einzelnen Horizonte: das Selbst, der Andere und die Mitwelt können in Bezug auf die Lernformen nur den Schwerpunkt der didaktischen Intention angeben. Überschneidungen sind nicht zu vermeiden, sondern wechselseitig befruchtend.

Insofern hat die vorgenommene Differenzierung eine heuristische Funktion. Sie fördert als strukturierende Arbeitsthese eine Einordnung

---

240 Weingardt/Böhm/Willrett/Stöffler: Soziale Verantwortung wahrnehmen; Stuttgart 2000, 12.

der einzelnen Lernform in ein größeres Ganzes und akzentuiert diese Lernform in spezifischer Weise. Ich will den heuristischen Charakter der Anordnung der Lernformen an drei Beispielen veranschaulichen:

1. Kontemplatives Lernen kann nicht nur die Identitätsbildung stärken, sondern in der Klasse ein Wir-Gefühl wecken und ggf. sogar zum Ausgangspunkt für gemeinsames gesellschaftliches Engagement werden. Wenn ich es der Kategorie der subjektorientierten Lernformen zuordne, betone ich jedoch die persönlichen Dimensionen der Lernerfahrung.

2. Diakonisches Lernen kann sowohl eine wichtige persönliche Erfahrung enthalten, indem ich etwas bewerkstellige, das ich mir – und vielleicht auch andere mir – gar nicht zugetraut hätten und auf das ich stolz bin. Wenn es gemeinsam mit Klassenkameraden entstanden ist, stärkt es auch das Wir-Gefühl und das Produkt des Lernprozesses dient der Gesellschaft. Noch konkreter formuliert: Ich erlebe mich als Schüler in einem von der Klasse aufgebauten Babysitter-Service als Person, die für kleine Kinder Verantwortung übernimmt und von diesen als Autorität anerkannt wird. Wir kooperieren als Klasse, indem wir uns auf bestimmte Betriebsstrukturen geeinigt haben und gemeinsam z.B. die Werbung für unser Angebot organisieren. Schließlich erleben sich die Schülerinnen und Schüler als ergänzende Hilfe in einem gesellschaftlichen System, in dem die Kleinfamilie auf Unterstützungsleistungen von außen angewiesen ist. Durch die Einordnung in den Bereich der gesellschaftlichen Lernformen betone ich die Öffnung der Schule bzw. des Religionsunterrichts zum sozialen Umfeld und die partielle Übernahme von gesellschaftlicher Verantwortung durch die Schülerinnen und Schüler.

3. Besonders deutlich wird der heuristische Charakter meines Vorschlages zur Strukturierung der Lernformen in der Pubertät, wenn ich versuche, sie auf eine Lernform anzuwenden, die mir im Blick auf den Religionsunterricht in dieser Altersphase nicht primär geboten scheint: das interreligiöse Lernen. Ist das nun eine subjektorientierte, dialogische oder gesellschaftsorientierte Lernform? Für jede Zuordnung ließen sich Gründe anführen! Lange Zeit genügte es für die Mehrzahl der Menschen, in einer bestimmten Religion leben und kommunizieren zu können. Kulturelle Eliten blieb es vorbehalten, über Religion – jenseits kultureller Grenzen – zu kommunizieren. Das hat sich in der heutigen Gesellschaft grundlegend geändert. Die reflexiv gewordene Moderne stellt an jeden Menschen hohe Anforderungen sich über Religion mit Andersdenkenden zu verständigen, will man die schlechten Alternativen Fundamentalismus oder Relativismus vermeiden. Insofern leistet der Religionsunterricht in der modernen Gesellschaft durch das Anbahnen von Differenzkompetenz einen

wichtigen Beitrag zur schulischen Allgemeinbildung. Aber worin liegt der Fokus interreligiösen Lernens?
- Geht es um den Aufbau eigener religiöser Identität, um Beheimatung im Glauben der eigenen Kultur, ein Vertrautwerden mit dem Glauben, aus dem der Einzelne kommt? Dann müsste interreligiöses Lernen den subjektorientierten Lernformen zugeordnet werden.
- Steht hingegen die Verständigung mit Mitmenschen anderen Glaubens aus dem unmittelbaren Umfeld von Klasse und Wohnort im Zentrum des didaktischen Interesses, ginge es vorrangig um die Befähigung zum religiösen Gespräch und eine ehrliche Unterscheidung[241] auf der Suche nach Wahrheit, dann läge es nahe, interreligiöses Lernen als dialogische Lernform zu verstehen.
- Schließlich könnte eine Verständigung in Glaubensfragen auch getragen sein vom Bemühen, einen wichtigen Beitrag zum Weltfrieden zu leisten. Das globale Denken dieser Form interreligiösen Lernens betont folglich den (gesamt)gesellschaftlichen Charakter der Lernform.

Alle drei Einordnungen wären sinnvoll und verdeutlichen, dass hier zwar analytisch einzelne Gesichtspunkte durchaus voneinander unterschieden werden können, die Übergänge aber fließend sind. Unter diesem heuristischen Vorbehalt sei im Folgenden die Differenzierung in subjektorientierte, dialogische und gesellschaftliche Lernformen im Blick auf einen schülergemäßen Religionsunterricht in der Pubertät gewagt.

3.2 Subjektorientierte Lernformen

In der neueren Didaktik zeichnet sich die Tendenz ab, die Schülerperspektive stärker zu gewichten. Die Möglichkeit einer gradlinigen Vermittlung von Lerninhalten in die Schülerköpfe hinein wird bezweifelt, die Notwendigkeit der persönlichen Aneignung herausgestellt. Unterricht will und soll das Individuum fördern und fordern.

»Inzwischen ist in religiösen Lernprozessen eine Tendenz zur Individualisierung zu verzeichnen. Das Individuum hat die Aufgabe der Situationsdefinition und –bewältigung selbst zu leisten. Es nimmt zur Lösung dieser Aufgabe von den Sinnangeboten nur das in Anspruch, was von unmittelbarer Relevanz zur Konstruktion und Deutung der Biogra-

---

241 So steht z.B. die Festschrift der Ev. Zentralstelle für Weltanschauungsfragen zum 70. Geburtstag von Reinhart Hummel bezeichnenderweise unter dem Titel: »Dialog und Unterscheidung. Religionen und neue religiöse Bewegungen im Gespräch« (Berlin 2000).

phie im Kontext von Umbrüchen, Übergängen und Kontingenzen ist. Diese Entwicklung kann produktive Elemente enthalten. Menschliches Leben ist Leben in natürlichen und sozialen Beziehungen, im Austausch mit dem, was wir nicht sind.«[242]

Subjektorientierte Lernformen spielen bei einer zunehmend heterogen zusammengesetzten Schülerschaft eine nicht zu unterschätzende Rolle. Wie lässt sich didaktisch angemessen die vorzufindende Differenz in den Unterrichtsprozess einbetten? Wie lassen sich Unterschiede in sozialer Herkunft, Ethnie, Temperament oder Begabung nicht als Hindernis für gemeinsames Lernen, sondern als Chance zur gegenseitigen Bereicherung nutzen?
Subjektorientierte Lernformen dürften dazu beitragen, Wege in der Beantwortung dieser Fragen aufzuzeigen. Sie haben zum Ziel, (Binnen-)Differenzierung als besonders gepasstes Bildungsangebot für den Einzelnen sowie als Bereicherung des Unterrichtsgeschehens insgesamt an der öffentlichen Schule zu etablieren. Zur Umsetzung dieser Lernform eignen sich Methoden wie Stillarbeit, Freiarbeit, Arbeit mit computergestützten Lernprogrammen oder projektorientierte Lernphasen mit Referaten einzelner Schülerinnen und Schüler bzw. Schülergruppen, in denen sie ihr Spezialwissen vertiefen, systematisieren und schließlich den Klassenkameraden präsentieren.
In der Pubertätsphase scheinen mir drei Formen des subjektorientierten Lernens besonders wichtig: das biografische, das kontemplative und das kreative Lernen.

– Biografisches Lernen

Begrifflich sind Lebenslauf und Biografie zu unterscheiden.
Der Terminus *Lebenslauf* ist ein entwicklungspsychologisch geprägter Begriff. Jeder Mensch durchläuft in einer bestimmten Abfolge und in einem mehr oder weniger großen Zeitkorridor bestimmte Stufen bzw. Phasen seiner Entwicklung. Es können Aussagen mit einer gewissen Allgemeingültigkeit über den Entwicklungsstand in einer bestimmten Altersstufe gemacht werden, auch wenn verabsolutierende Verallgemeinerungen gerade nicht dem Einzelnen gerecht werden. Entsprechend bemüht sich die Lebenslaufforschung, die Phasen menschlichen Lebens von der Geburt bis zum Tod gegeneinander abzugrenzen und in einen idealtypischen Lebenszyklus einzuordnen
Die Bezeichnung *Biografie* hingegen – oder synonym verwendet: *Lebensgeschichte* – stellt die subjektiven Orientierungen, Deutungen und Handlungen eines Menschen in den Mittelpunkt. Hier geht es um die Einmaligkeit jedes Lebens in seiner zeitgeschichtlichen Gebundenheit

---

[242] Biehl 1999, 82.

und seinen individuellen Ausprägungen, mit seinen besonderen Leistungen und seiner persönlichen Schuld.

»Wir verstehen die Biografie als eine in einem lebenslangen Prozess erworbene Aufschichtung von Erfahrungen, die bewusst oder unbewusst geronnen in unser Handeln eingehen.«[243]

Neben der Lebenslaufforschung entwickelt sich in den letzten Jahren verstärkt die Biografieforschung. Sie will die Lebensschicksale Einzelner unabhängig von ihrer sozialen Stellung würdigen und bei der Aufarbeitung von Schuld Tätern und Opfern helfen.[244]

»Biografische Forschung arbeitet mit einer Vielzahl von qualitativ-empirischen Methoden. Als Datenmaterial kommen neben biografischen Erzählungen alle Dokumente in Betracht, die Auskunft über ein Leben geben, wie Briefe, Tagebücher, Gerichtsprotokolle, Fotoalben, gemalte Bilder u.ä. Für die Erhebung biografischer Erzählungen ist das von Fritz Schütze entwickelte ›biografische Interview‹ von Bedeutung. Es zielt darauf, dass die Menschen die Regelsysteme ihrer Orientierung, Deutung und ihres Handelns sowohl in der Struktur ihrer Erzählung als auch inhaltlich durch die Erzählung wichtiger biografischer Ereignisse und ihrer Zusammenhänge explizieren.«[245]

Unbenommen bleibt, in der genauen Betrachtung des Einzelfalls Rückschlüsse auf das menschliche Leben überhaupt zu ziehen.

»Wenn es gelänge, einen einzigen menschlichen Lebenslauf in seinem ›so und nicht anders‹ vollständig durchsichtig zu machen, wüssten wir zugleich alles Wissenswerte über alle nur erdenklichen Lebensläufe.«[246]

Beim biografischen Lernen geht es um die Lebensgeschichte von Jugendlichen, nicht ihren Lebenslauf. Die Schülerinnen und Schüler sind nicht nur als Akteure ihrer Bildungsgeschichte ernst zu nehmen, sondern auch darin, dass sie eine je eigene Herkunftsgeschichte haben und zunehmend aktiv nun an ihrer Lebensgeschichte mitschreiben.

243   Gudjons ^{6}2003 (1986), 16.
244   So gab es z.B. im Mai 2005 im Südwestrundfunk eine Serie, in der ganz unterschiedliche Personen ihre Erlebnisse des Kriegsendes vor 60 Jahren einer breiten Hörerschaft erzählten. Diese Serie fand große Resonanz und soll nun in einer größeren Dokumentation zusammengefügt werden.
Vgl. www.swr3.de/info/magazin/kriegsende.
245   Klein, S.: Art. Biografieforschung; in: LexRP; Neukirchen-Vluyn 2001, Sp. 202.
246   Bittner 1979, 126.
Bittner verwendet hier allerdings den Begriff »Lebenslauf« konträr zu dem, wie ich ihn eben definiert habe!

Ich konkretisiere biografisches Lernen zunächst anhand einer Unterrichtseinheit aus Religion in der (Abschluss-) Klasse 10 der Realschule.[247]
Gegen Ende ihrer Realschulzeit bekommen die Schülerinnen und Schüler an der Schwelle zu neuen Lebensfeldern die Aufgabe, sich Gedanken über das zu machen, was bisher war, was wohl kommen wird und was sie sich für ihre weitere Zukunft vorstellen bzw. wünschen. Glaubensschritte können in diesen Lebensweg eingeflochten werden, müssen aber nicht. Nach diversen Hinführungen lautet die zentrale Aufgabe: Gestalte deinen Lebensweg, indem du Wollfäden entsprechend auswählst und anordnest: Die Farbe ist von Bedeutung, die Dicke des Fadens, Verdichtungsbereiche, Hochs und Tiefs usw. Für diese Gestaltungsaufgabe bekommen die Schülerinnen zwei Doppelstunden, was ihnen in der Auseinandersetzung mit dem Material viel Zeit für eine intensive Beschäftigung mit ihrer Biografie lässt. Anschließend haben sie die Möglichkeit, ihr Kunstwerk der Klasse zu präsentieren, müssen das aber nicht. Die Freiwilligkeit in der Präsentation ist wichtig, denn biografisches Lernen ist sensibles Lernen. Gerade im System Schule kann das am ehesten gelingen, wenn Schritt für Schritt Vertrauen zueinander und Offenheit füreinander wachsen können und niemand sich gedrängt fühlt, Persönliches preiszugeben. Biografisches Lernen bietet sich folglich eher am Ende einer gemeinsamen Unterrichtszeit an.
Anhand der Novelle von Josef (Genesis 37–50) sehen die Schülerinnen und Schüler parallelisiert an einer biblischen Lebensgeschichte: Gott geht mit – in Augenblicken, in denen man glaubt, die Welt läge einem zu Füßen ebenso wie in Augenblicken, da man tief unten in der Zisterne sitzt und keinen Ausweg mehr für das eigene Leben sieht. Am Schluss können sich Schülerinnen und Schüler im Rahmen einer liturgischen Klassenfeier gegenseitig den Segen Gottes für den weiteren Lebensweg zusprechen. Das könnte auch ein wichtiges Element in einem Abschlussgottesdienst für die Zehntklässler sein: Jeder bekommt den von ihm gestalteten Lebensweg überreicht, verbunden mit einem Segenswort bzw. Segensgebet seines Religionslehrers oder seiner Religionslehrerin.

»Die Einladung zu einem von Schüler(inne)n und Lehrer(inne)n vorbereiteten Gottesdienst anlässlich der Schulentlassung kann z.B. in einer Gegend, in der die meisten Menschen Kirchenmitglieder sind und die Kommunikationsform Gottesdienst kennen, ein wichtiger Beitrag zur Schulkultur sein. Solch eine Zusammenkunft bietet den Ort des Dankes für die zurückliegende Zeit, der Rückschau und der Äußerung von Hoffnung und Sorgen in einer Situation, in der die Grenzen menschlichen Planens und Handelns deutlich zu Tage treten. Die Erinnerung an das Evangelium, das untrennbar mit dem Kreuz verbunden ist, bietet eine

---

247 Vgl. Dornblüth/ Fuoss/ Gabius/ Schnitzler 1998.

gute Möglichkeit, sich der Ambivalenz des Schulabgangs zu stellen und einen weiter reichenden Zuspruch zu empfangen.«[248]

Unabhängig von der Möglichkeit eines Entlassgottesdienstes ist eine biografisch ausgerichtete Unterrichtseinheit am Ende der Schulzeit aus mehreren Gründen sinnvoll:
Zum einen ähnelt die Zeit der Adoleszenz psychoanalytisch gesehen einer zweiten Geburt.[249] Die französische Psychoanalytikerin Françoise Dolto veranschaulicht die Adoleszenz mit der Zeit, in der ein Hummer seinen Panzer wechselt.[250] Der alte ist zu klein geworden und muss abgestoßen werden, der neue ist aber noch ganz weich. In der Zeit des Panzerwechsels ist der Hummer sehr gefährdet. Deshalb zieht er sich zum Schutz in die Tiefen des Meeres in seine dunkle Höhle zurück.

»In der Nähe eines schutzlosen Hummers lebt fast immer ein Meeraal, der nur darauf lauert, ihn zu verschlingen. Die Adoleszenz, das ist das Drama des Hummers! Der Meeraal – das ist alles, was uns bedroht, von innen und von außen, und oft ist er auch dort, wo wir ihn gar nicht vermuten. Der Meeraal, das ist vielleicht das kleine Kind, das man gewesen ist, das nicht verschwinden will und das Angst hat, von den Eltern nicht mehr beschützt zu werden. Es lässt uns an der Kindheit festhalten und verhindert, dass der Erwachsene, der wir einmal sein werden, zum Vorschein kommen kann. Der Meeraal, das ist auch das wütende Kind in uns, das glaubt, man wird erwachsen, indem man gegen die Erwachsenen zu Felde zieht. Der Meeraal, das sind vielleicht auch jene gefährlichen Erwachsenen, die uns ausnutzen, die sich in der Umgebung Jugendlicher herumtreiben, weil sie ihre Verletzlichkeit spüren.«[251]

Der Panzerwechsel ist biografisch eine verletzliche, eine sensible Phase. Deshalb bietet sich in der Pubertät biografisches Lernen besonders an. Das Abstreifen des ersten Panzers, das Verlassen des Schutzraumes Familie und das Ausbilden eines neuen Panzers, die Entwicklung eines eigenen Lebenskonzepts, brauchen Phasen des Zurückziehens, des ruhigen Nachdenkens, Freiräume für spielerische Selbstentwürfe und Gespräche mit anderen darüber.
Oder im Bild der zweiten Geburt formuliert: Nach der natürlichen Geburt und dem Hineinwachsen in eine familiär geprägte Lebenswelt erfolgt in der Adoleszenz eine Art geistige Geburt, eine bewusste Ent-

---

248 Grethlein ²1996 (1993), 389.
249 Pubertät als zweite Geburt zu bezeichnen, hat – beginnend mit Rousseau – in der Pädagogik Tradition.
250 Die Parabel vom Hummer, der seinen Panzer wechseln muss, ist von verschiedenen Autoren als Bild für die Pubertät aufgegriffen worden, u.a. J.-U. Rogge, Loslassen und Haltgeben , Hamburg ⁸2003 (1998), 11.
251 Dolto/ Dolto-Tolitch ²1991, 16.

scheidung für diese oder jene Lebensform, die Übernahme der Verantwortung für die Gestaltung des eigenen Lebens.

»In der Adoleszenz bringt man sich selbst noch einmal zur Welt, man muss die Verantwortung für sich selbst übernehmen, ganz gleich, ob man als Baby gut aufgenommen worden ist oder nicht. Wenn man die Geschichte seiner Familie, seiner Eltern kennt, dann fühlt man sich unter Umständen schuldig für etwas, das sie vielleicht getan haben. Dabei sollte man es annehmen, denn Schuldgefühle sind ein gefährliches Gift ... Ein kleines beschämendes Ereignis im Leben eines Menschen, das verschwiegen wird, kann so das Leben seiner Nachkommen vergiften. Um sich von einer solchen Neurose zu befreien, kann man zum Beispiel eine Psychotherapie machen. Allerdings: So bedeutsam die Vergangenheit ist, man darf doch nie vergessen, dass die Karten jeden Tag neu gemischt werden. Keine noch so miese Vergangenheit kann eine gute Zukunft ausschließen, im Gegenteil.«[252]

Schulischer Unterricht ist keine Psychotherapie. Aber er kann vielleicht doch beim Wechsel des Panzers helfen, indem er einen gewissen Schutzraum gewährt und die besondere Verletzlichkeit als entwicklungsbedingte Gegebenheit versteht. Gerade das christliche Menschenbild – wie es im Religionsunterricht zur Sprache kommt – strebt nicht den »perfekten« Menschen an, sondern weiß um einen Gott, der Brüche in der Biografie – seien sie nun selbst- oder fremdverschuldet – heilen kann. Die Biografie jedes Menschen ist im christlichen Glauben in eine eschatologische Wirklichkeit eingefügt, die auf eine Vollendung aller menschlichen Ansätze in Gottes zukünftigem Reich vertraut. Klassisch formuliert das der Apostel Paulus in seinem Hohen Lied der Liebe im 1. Brief an die Gemeinde in Korinth:

»Jetzt sehen wir nur ein unklares Bild
wie in einem trüben Spiegel;
dann aber schauen wir Gott von Angesicht.
Jetzt kennen wir Gott nur unvollkommen;
Dann aber werden wir Gott völlig kennen,
so wie er uns jetzt schon kennt.«
(1. Kor. 13,12; Einheitsübersetzung)

Eine biografisch akzentuierte Unterrichtseinheit ist zum anderen deshalb sinnvoll, weil Lebensläufe heute offener als je zuvor sind. Pluralisierung und Individualisierung kennzeichnen die Postmoderne. Waren einst Berufswahl, Partnerwahl, Wahl des Lebensorts stark durch den Zusammenhalt der Generationen vorherbestimmt, so erfordert der Wandel der Gesellschaft von Jugendlichen – aber ebenso auch von Erwach-

---

252 Dolto/ Dolto-Tolitch [2]1991, 147f.

senen! – eine große Offenheit für Lebenslinien ins Unbestimmte und Ungewisse. Diese Tendenz zeigt sich ebenso im religiösen Bereich: kirchlich-institutionelle Muster verlieren ihre Prägekraft. Gleichzeitig aber wächst das Bedürfnis nach Orientierung und religiöser Anbindung der offenen Lebenswege.

»Die biografischen Verläufe und Notwendigkeiten der Lebensgestaltung können sich nicht mehr am Beispiel der Eltern orientieren. Weil junge Menschen heute länger im Bildungswesen verbleiben und deshalb im Durchschnitt höhere formale Bildungsabschlüsse erwerben als je zuvor, werden sich – ganz abgesehen von allen sonstigen sozialen und technisch-ökonomischen Veränderungsprozessen – ihre Lebensläufe anders entwickeln als bei ihren Eltern.«[253]

Für die Identitätsbildung in der Pubertät hat dies – wie in Kapitel III. 2. 6 ausführlicher dargestellt – weit reichende Folgen:

*»Nicht zuletzt haben Konstruktivismus und Konstruktionismus sich gegen jede Vorstellung einer einheitlichen, in sich geschlossenen Identität gewendet. Das ›Patchwork der Identitäten‹ und ein ›plurales Selbst‹ seien der gegenwärtigen Situation angemessener als solche überholten Vorstellungen, wobei – nach dem Abklingen dieser kritischen Diskussion – selbst von dieser Seite auf **die Notwendigkeit eines Minimums an Kohärenz und Kontinuität** der Identität hingewiesen wird«*[254] (Hervorhebung; M. S.).

Religionspädagogisch ergibt sich für biografisches Lernen eine doppelte Konsequenz: einerseits erlaubt die Rechtfertigung des Menschen jenseits seiner Perfektionierung einen gelasseneren Umgang mit der oft schmerzlichen Fragmentarität menschlichen Lebens.

»Glaubensgeschichten sind als Lebensgeschichten ... niemals glatt. Sie kennen auch Brüche, die im Vertrauen auf den fiktiven ›anderen‹, dem sie erzählt werden, sein dürfen und nicht gerechtfertigt werden müssen. Dieser andere hat in der christlichen Lebensgeschichte einen Namen: Gott. Vor ihm braucht sich der Mensch nicht zu rechtfertigen. Das unterscheidet christliche Lebensbeschreibung von profaner, welche die Öffentlichkeit als Richter bestellt und vor der sich der Mensch, der sich bekennt, reinwaschen will. Genau dieser Rechtfertigungszwang entfällt in der christlichen Autobiographie.«[255]

---

253 Münchmeier 2005, 96.
254 Schweitzer, F.: Art. Entwicklung und Identität; in: Neues Handbuch religionspädagogischer Grundbegriffe, München 2002, 192.
255 Kuld, L: Art. Lebensgeschichte(n) – Glaubensgeschichte(n); in: Neues Handbuch religionspädagogischer Grundbegriffe; München 2002, 178.

Andererseits kann der Glaube dem Lebensweg des Einzelnen trotz und in seinen Brüchen die menschliche Sehnsucht nach einem »Minimum an Kohärenz und Kontinuität der Identität« (s.o.) gewähren. Glauben stellt gerade für Heranwachsende ein Angebot zur Kontingenzbewältigung dar.

»Der Unbestimmtheit der vielen möglichen Wege steht der je eigene Weg gegenüber, der unter Gottes Begleitung und Weisung gegangen werden kann. Bibellesen wird hier gleichsam zu einem Anfang, aufgrund von Gottes Weisung Wege zu gehen, was zugleich bedeutet, dass dieser Weg zum eigenen Weg werden kann, der nicht abhängig ist von den vielen Weisungen anderer. Indem sich Gott als ein Gott des Friedens den Menschen zu erkennen geben will, kann sich die Verheißung dort realisieren, wo Menschen sich von Gottes Wort her beunruhigen lassen und darin Lebensraum für sich und andere entdecken lernen.«[256]

Sollte der Religionsunterricht in der Pubertät – und darüber hinaus – durch biografisches Lernen dazu beitragen, solche Lebensräume zu entdecken, dann dürfte das ein wertvoller Beitrag zur zukünftigen Lebensorientierung von Schülerinnen und Schüler sein, der zwar kaum kompetenzorientiert evaluiert werden kann, der aber Menschen in allem Auf und Ab, in allem Hin und Her ein Grundvertrauen in eine gewisse Kontinuität des jeweiligen Lebenswegs vermittelt.

Wie ist bei einem derart biografisch ausgerichteten Lernen Allgemeinbildung zu sichern? Sind die individuellen Lernwege nicht zu sehr ins Belieben des einzelnen Schülers gestellt?
Kursartiges Lernen in der Schule ist sinnvoll, wenn grundlegende Wissenselemente in einem logisch stringenten Sinn einigermaßen effizient allen Schülerinnen und Schülern vermittelt werden sollen. Die Vermittlung dieses Basiswissens ist mit Hilfe eines guten Lehrervortrags möglich[257], kann aber in einigen Fällen auch durch ein gelungenes Lernprogramm in einem je individuellen Lerntempo angeeignet werden. Schulisches Lernen in der Pubertät steht aber in der Gefahr, den Jugendlichen zu viel an vermeintlich Wissenswertem vorgeben zu wollen. Das Lernarrangement zwingt dann eine ganze Klasse – unabhängig von den subjektiv gerade relevanten Fragestellungen – ein vorgeplantes Lernpensum mitzugehen oder zumindest – nach außen halbwegs interessiert wirkend[258] – über sich ergehen zu lassen.

---

256 Schoberth 1998, 223.
257 Vgl. Pädagogik 5/1998 – Frontalunterricht gut gemacht; Gudjons, H.: Frontalunterricht – neu entdeckt. Integration in offene Unterrichtsformen; Bad Heilbrunn 2003, bes. 39ff.
258 Viele Pubertierende sind hier noch erfrischend direkt und lassen es den Lehrer bzw. die Lehrerin ziemlich deutlich wissen, wenn sie sich im Unterricht langweilen.

3. Elementare Lernformen in der Pubertät

»Biografiearbeit ist eine als Einzelarbeit oder in Kleingruppen mögliche Form handlungsorientierten Lernens. Vorrangiges Ziel der Biografiearbeit darf nicht sein, durch genaue Erkundung der Anknüpfung eine punktgenaue Landung der christlichen Tradition zu ermöglichen. Der Sinn der Biografiearbeit kann nur sein, Biografizität bewusst zu machen und damit die Möglichkeit zu erkennen, sein Leben in Grenzen selbst bestimmen zu können. Dazu gehört auch das Bewusstwerden der religiösen Erfahrung und Kompetenz, die jeder Mensch schon immer besitzt.«[259]

Didaktisch muss es ein Anliegen sein, die Jugendlichen in der Pubertät so oft als irgend möglich eigene Fragen entwickeln zu lassen, sich eigener Fragen aus ihrer Lebensgeschichte heraus überhaupt erst bewusst zu werden! Ausgehend von diesen »echten« Fragen sind sie dann auch eher motiviert, Wege zu Antworten zu suchen. Dafür aber braucht es im schulischen Ablauf Phasen und Räume individualisierten Lernens. Schule als Haus des Lernens kann an einem rhythmisierten Schultag solche Freiräume planen, sei es in der morgendlichen Eingangsphase oder nach einem Unterrichtsblock. Räumlich benötigt selbstgesteuertes Lernen eine Bibliothek, vielleicht sogar eine Mediothek und Computerinseln. Meines Erachtens ließe sich selbstgesteuertes Lernen schulorganisatorisch am besten in Form einer gebundenen Ganztagsschule verwirklichen.

»In Ganztagsschulen gewinnen die erzieherischen Aufgaben an Gewicht, und bei den Bildungsangeboten muss selbstgesteuerten individuellen Bildungsprozessen stärker Rechnung getragen werden, als dies bislang in der Schule häufig der Fall ist. Je weiter sich Schule zeitlich ausdehnt, desto größer wird auch ihre Verantwortung für eine umfassende Persönlichkeitsbildung.«[260]

Otto Herz bezeichnet in seinen Forderungen für eine »Ganztagsschule als gemeinsamer Schule für alle« solche Räume, die selbstgesteuertes Lernen begünstigen, als »Selbstlernzentren«[261]. Die Räume sollten so gestaltet sein, dass Schülerinnen und Schüler sich hier gerne aufhalten und im Sinn entdeckenden Lernens Lust haben, ihren Fragestellungen nachzugehen und erste Lösungsansätze zu finden. Lehrerinnen und Leh-

---

259 Konukiewitz/ Meyer: Art. Handlungsorientiertes Wissen und Projektarbeit; in: Neues Handbuch religionspädagogischer Grundbegriffe; München 2002, 514.
Es deutet sich hier an – und das wird sich im Folgenden bei der Darstellung pubertätsadäquater Lernformen immer wieder zeigen – wie verschiedene Lernformen dicht beieinander sind. In diesem Fall legt biografisches Lernen projekt- und handlungsorientierte Umsetzungsformen nahe.
260 EKD-Stellungnahme: Ganztagsschule – in guter Form!; Hannover 2004, 13.
261 Herz, O.: Welche Pädagogik braucht die Zukunft? Vortrag in der Akademie Bad Boll am 13. 5. 2004.

rer stehen im Hintergrund als Lernberater, aber auch als interessiert Mitlernende zur Verfügung. Es mag utopisch klingen. Aber vielleicht könnte doch manch ein Jugendlicher erahnen, welch ein Privileg »Schule« (ἡ σχολή – wörtlich: ›das Anhalten‹ in der Alltagsarbeit! Raum der Muße, des zweckfreien Nachforschens) sein kann.

»Die Ganztagsschule steht für das Privileg von Kindern und Jugendlichen, dass die Faszination des Lernens der Lebensmittelpunkt sein darf. So erleben Schülerinnen und Schüler: Lernen ist das faszinierendste Abenteuer der Welt. Lernen ist die Vorfreude auf die Entdeckung der Welt. Lernen ist gutes Leben. Unsere abendländische Tradition sagt uns etwas ganz Anderes: Lernen ist leiden!«[262]

Eine wichtige Voraussetzung, dass solche Selbstlernzentren nicht Utopie bleiben, sind Räume der Stille. Subjektorientierte Lernformen gelingen nur, wenn diese Selbstlernzentren weitgehend ruhige Räume sind, die es allen erlauben, sich auf ihre Arbeit zu konzentrieren. Das erfordert von allen (Selbst-)Disziplin. Diese wird Schritt für Schritt gemeinsam angeeignet. So haben die Schülerinnen und Schüler häufig in der Grundschule Freiarbeitsphasen bereits eingeübt. Selbstgesteuertes Lernen kann als vertiefende Fortsetzung der Freiarbeit in der Sekundarstufe betrachtet werden, das zugleich auf das universitäre Lernen vorbereitet.

Selbst das Lernen an der Universität hat häufig enge biografische Züge und wird durch diese umgekehrt nachhaltig motiviert. So weisen Gremmels/ Pfeifer am Beispiel Dietrich Bonhoeffers die enge Verflochtenheit seines selbst gewählten Promotionsthemas mit seiner Biographie nach. Seine Doktorarbeit »Sanctorum Communio« – »Gemeinschaft der Heiligen« hatte mit seinen Eindrücken auf der ersten Reise nach Rom, der Begegnung mit dem dortigen Katholizismus und der für ihn wichtigen Einbettung des einzelnen Christen in die Gemeinschaft der Glaubenden zu tun.

»Bei Bonhoeffer sind Biographie und Theologie schon in der Doktorarbeit aufs engste verwoben: Er hatte konkrete Glaubensgewissheit gesucht und in der Gemeinschaft der Heiligen gefunden. Er hatte enthemmte Ich-Funktionen bekämpfen wollen (das ›In-der-Mitte-sein-wollen‹ im Bericht über die Entscheidung zur Theologie), und dies war ihm mit dem Gedanken der von Gott gegebenen Grenze gelungen. Seine Doktorarbeit, die für ihn selbst wahrscheinlich auch ein wenig Therapie war, wurde in der Öffentlichkeit kaum beachtet. Und sie ist in der Tat schwer verständlich ohne Kenntnis des biographischen Zusammenhangs, in den sie eingebettet ist.«[263]

262 Ebd. (mein Mitschrieb des Vortrags).
263 Gremmels/ Pfeifer 1983, 34f.

In kleinerem Rahmen gilt das ebenso für das Lernen der Schülerinnen und Schüler. Haben sie Freiräume, ein ihnen gemäßes Thema zu wählen und auszuarbeiten, ist die Wahrscheinlichkeit wesentlich höher, dass sie sich in eine Aufgabe hineinbegeben und in deren Bearbeitung sich auch Selbstbildung ereignet, manchmal fast schon therapeutische Effekte auf dem Weg zur Identität erzielt werden.

Biografisches Lernen in der Pubertät[264]

Biografische Lernformen bieten sich in der Pubertätsphase besonders an, weil ...

- sich das Leben der Heranwachsenden in mitunter dramatischen Umbrüchen befindet. In einer Phase der Verunsicherung und Verletzbarkeit hilft es, innezuhalten und einerseits zurückblickend seine familiären Wurzeln als Teil der bisherigen Biografie anzunehmen und andererseits vorausschauend eigene Lebenspläne zu entwerfen.

- alles in Bewegung ist und parallel zur Lust am Ausprobieren von Neuem das Bedürfnis nach grundlegender Orientierung für das eigene Leben wächst. Die Lebensgeschichte eines anderen Menschen, sein authentisches Vorbild, kann – zumindest für eine Über-gangszeit – zu einem nachahmenswerten Muster werden.

- an der Schwelle zu Neuem die Rückbindung der eigenen Existenz an eine transzendente Macht die persönliche Gewissheit verleihen kann, dass das Leben sich lohnt. Dies stärkt Heranwachsende, mutig eigene Schritte ins Leben zu gehen.

– *Kontemplatives Lernen*

Kontemplation und Pubertät stehen in deutlicher Spannung zueinander: Besinnung versus »action«, Wege zur Mitte versus Zerstreuung, die Suche nach der leisen Harmonie versus Spaß am Lauten und schreiend Dissonanten, vita contemplativa versus vita activa. Die Aufgabe von Schule erschöpft sich meines Erachtens nicht darin, das ohnehin Vorhandene aufzugreifen und den Schülerinnen und Schülern bei dessen

---

264 Am Ende jedes der neun Teilkapitel soll eine kurze zusammenfassende Begründung stehen, warum die entsprechende Lernform m.E. gerade in der Altersstufe Pubertät von besonderer Bedeutung ist. Jede der Lernformen kann zwar auch außerhalb der Pubertät sinnvoll sein, aber wenn es den behaupteten Zusammenhang von elementaren Zugängen und elementaren Lernformen gibt, dann lässt sich durchaus zeigen, warum sich einzelne Lernformen in besonderer Weise für eine bestimmte Altersstufe eignen.

350   *III. Konstruktion: Elementare Lernformen in der Pubertät*

Einordnung zu helfen. Vielmehr sollte ergänzend – im Sinne eines Kontrastlernens – das Unbekannte entdeckt werden und das eigene Leben bereichern können. Ein Gedicht von Pierre Stutz[265] fasst die Potenziale kontemplativer Lern- und Lebensformen – gerade für Schülerinnen und Schüler in der Pubertät – so zusammen:

Meine Sehnsucht ist groß

Meine Sehnsucht ist groß
Ich selber zu werden
Nicht gelebt zu werden
Sondern aus meiner Mitte heraus
Mich entfalten zu können

Meine Sehnsucht ist groß
Mich lassen zu können
Idealbilder von mir loszulassen
Damit ich immer mehr so werde
Wie Gott mich von Anfang gemeint hat:
Als sein Abbild

Meine Sehnsucht ist groß
Mich zu finden
Weil ich nur so Gott finden kann
Im tiefsten Seelengrund,
wo ich sein darf vor aller Leistung

Meine Sehnsucht ist groß
Mich lassen zu können
Um in meinen Gaben
Meine Lebensaufgaben zu entdecken
Im Entfalten und Aufgeben meiner Gaben
Zum Wohle der Gemeinschaft

Kontemplative Lernformen können dazu beitragen, eine solche Sehnsucht in Heranwachsenden zu wecken.

Der Begriff »Kon-templation«[266] kommt dem der »Kon-zentration« nahe, nur dass ersterer bestimmter ist, weil er das Heilige (lat. templum – Heiligtum) in seinem Zentrum hat. Im Begriff der »Kon-zentration« hingegen bleibt offen, was im Mittelpunkt der Kreise sich befindet: das Ich, ein zu bearbeitender Gegenstand oder das Nichts? Kontemplatives

---

265 Stutz, P.: Einfach leben; Eschbach 2003, 39.
266 Lat. contemplor – etw. in seinen Gesichtskreis ziehen, seinen Blick auf ein Ziel richten, etw. aus der Nähe betrachten.

3. Elementare Lernformen in der Pubertät

Lernen ist m.E. die dem Fach Religion gemäße inhaltliche Vertiefung dessen, was in anderen Fächern als Konzentrationsspiel, Stilleübung oder Fantasiereise didaktisch arrangiert wird, um in Ruhe unterrichten zu können.[267]
Zeiten der Stille und der Konzentration auf die transzendente Dimension des Seins sind persönliche Zeiten. Sie setzen äußere Ruhe und innere Bereitschaft voraus. Ist dafür Schule nicht ein denkbar ungünstiger Rahmen? Spezieller noch auf den Religionsunterricht hin gefragt: Wie kann in einer einerseits multireligiösen und einer andererseits in nicht unerheblichen Teilen säkularen Gesellschaft angemessen Religion unterrichtet werden? Darf eine staatliche Schule auch zu einem Raum religiösen Probehandelns werden? Fordert eine subjektorientierte Aneignung von Religion nicht zwingend kontemplative Lernformen?

Bevor ich auf diese Fragen eingehe, sollen ein diachroner und ein synchroner Vergleich den Fragehorizont erweitern. Am Beispiel der Landschulheimerziehung zu Beginn des 20. Jahrhunderts will ich zeigen, wie bedeutsam bei Hermann Lietz der Aspekt eines kontemplativen Ruhepols im Tagesablauf war. Mit Blick auf den aktuellen Religionsunterricht in England versuche ich einen internationalen Vergleichsaspekt in die Überlegungen einzufügen.

Schülerinnen und Schüler verbringen zunehmend viele Stunden in der Schule.[268] Damit wird aus der Unterrichtsanstalt – nolens volens – ein Lebensraum für Jugendliche, der eine entwicklungsadäquate Rhythmisierung erfordert, dem Tagesablauf in einem klassischen Landerziehungsheim nicht so unähnlich.
Neben der Landschaft (ländliche Region!), der Leibeserziehung und der praktischen Arbeit war für Hermann Lietz die Stille ein Faktor von besonderer pädagogischer Qualität.

»Unter den funktionalen Prägefaktoren hat Lietz der Stille die größte Bedeutung beigemessen. Der Begriff sagt mehr als Geräuschlosigkeit und Verstummen der Rede. Er meint einen Selbstverzicht zugunsten intensiver Hinwendung zu den Dingen, ihrer inneren Ordnung und zu überpersönlichen Ansprüchen. ...Es gab in den Heimen Einrichtungen und Gepflogenheiten, die im jungen Menschen das Organ für die Stille

---

267 Alternativ könnte ich auch von spirituellem oder liturgischem Lernen sprechen. Die erste Bezeichnung ist mir zu unbestimmt, die zweite bezieht sich stärker auf das kirchliche Umfeld im engeren Sinne. Deshalb impliziert für mich im System Schule der Begriff »kontemplatives« Lernen zwar eine geistliche Dimension, ist aber nicht vorschnell als kirchlich vereinnahmend misszuverstehen.
268 Im Gymnasium müssen sie durch G 8 mit einer Erhöhung der Stundenzahl für die einzelnen Schuljahre (bis zu 34 Pflichtstunden pro Woche!) leben und Deutschland strebt an, dass etwa ein Viertel der Schulen die Möglichkeit haben, zu Ganztagsschulen zu werden.

*ausbilden sollten: die Schweigezeiten bei Tisch, die abendliche Kapelle und die sich anschließende stille Stunde. Die **Abendkapelle**, den geistlichen Mittelpunkt des Heimlebens, hatte Lietz aus Abbotsholme übernommen, ihren kirchlich-religiösen Charakter jedoch aufgegeben. Bei günstiger Witterung fand sie im Freien statt. Lehrer und Schüler lagerten sich auf ihren Mänteln oder in Wolldecken gehüllt zwanglos im Gras, während Lietz nach einem gemeinsamen Lied etwas vorlas, am liebsten aus den Werken der Klassiker. Leitbilder sittlicher Größe sollten dem einzelnen helfen, sein Tun zu messen, mit sich ins Gericht zu gehen, seiner kleinlichen Einstellung zu entsagen, sich für das ›Höhere‹ begeistern zu lassen.«*[269]

Ließe sich mit Hilfe von kontemplativen Lernformen – und zumindest im Rahmen des Religionsunterrichts – in Rückgewinnung des kirchlich-religiösen Charakters nicht gerade auch in der Unruhe heutiger Schulen an diese Tradition anknüpfen?

Ein Blick nach England vermag erste Antworten aus internationaler Perspektive anzudeuten.
In England entstand im Vergleich zu Deutschland schon Jahrzehnte früher eine multikulturelle und multireligiöse Gesellschaft. Da mag ein kurzer Gang durch die Diskussion der englischen Religionspädagogik für die Bewertung der deutschen Situation hilfreich sein.[270]

Schon 1944 wurde in England nach der Einführung des »Agreed Syllabus« der Religionsunterricht nicht mehr nach Konfessionen getrennt erteilt.
Nach 1971 (Schools Council »Religious education in secondary schools«) wurde im englischen Schulwesen zunehmend ein phänomenologischer und undogmatischer Religionsunterricht für alle[271] entwickelt. Alle Religionen wurden in diesem multireligiösen Ansatz

---

269 Bardy 1979, 155f.
270 Sicher: Es gibt in Bezug auf Religiosität beträchtliche Unterschiede zwischen England und Deutschland. In England waren es nach 1945 in der Folge der Auflösung des Commonwealth nicht nur Muslime, sondern auch viele Hindus, die an englischen Schulen zu unterrichten waren. Außer der Anglikanischen (Staats-)Kirche gibt es mehrere Freikirchen, z.B. die Baptisten oder die Methodisten. In Deutschland hingegen gibt es neben je etwa 26 Millionen evangelischen und katholischen Christen vor allem drei Millionen Muslime, überwiegend aus der Türkei. Das interreligiöse Spektrum ist deutlich schmaler.
271 Unter dem Titel »Religionsunterricht für alle« firmiert in Deutschland das Hamburger Modell. Es zeigt Parallelen zum englischen Ansatz und will in der multikulturellen Gesellschaft der Hansestadt einen gemeinsamen Religionsunterricht in evangelischer Verantwortung entwickeln.
Vgl. Doedens/Weiße: Religionsunterricht für alle. Hamburger Perspektiven zur Religionsdidaktik; Münster 1997.

(»multi-faith approach«) gleichwertig behandelt. Die wesentliche Intention war:

»To study the tradition's self-understanding in an empathetic and nonevaluative manner bracketing their own presuppositions and opinions.«[272]

In diesem Religionsunterricht ging es zentral um ein »learning about religion« und nicht um ein »learning from religion«[273]. Die Bezugswissenschaft für Lehrerinnen und Lehrer in Religion war nicht die Theologie, sondern die Religionswissenschaft. Die eigene Glaubenseinstellung sollte für die Wahl des Fachs belanglos sein. Vielleicht – so dachte man – garantiert sogar eine agnostische Grundhaltung ein besonders hohes Maß an Neutralität.

Die englische Religionspädagogik differenziert seit 1971 zwischen »religious education« (RE), einer informierenden Einführung in Glaubensweisen und »christian nurture«, der existenziellen Begegnung mit einer spezifisch konfessionellen Ausformung des christlichen Glaubens. Diese Differenzierung ist auch in der deutschen Diskussion spätestens mit Richard Kabisch und der liberalen Religionsdidaktik ein vertrauter, wenn auch nicht immer gleichermaßen beachteter Topos religionspädagogischen Denkens.

»Der Schulunterricht erzieht zur religiösen Selbstständigkeit des Individuums innerhalb seiner Kulturwelt, der pfarramtliche Unterricht zur religiösen Betätigung des Gemeindegliedes innerhalb der kirchlichen Gemeinschaft.«[274]

Die Reflexion von Religion und religiösen Stoffen gehört in die Schule und betont die individuelle Perspektive. Für die Einführung in die gelebte Religion ist die Kirche zuständig. Hier wird die gemeinschaftliche Perspektive religiöser Bildung wichtig. Diese Denklinie konsequent fortsetzend sollte es in der »public school« Religionsunterricht ausschließlich in Form von »education« geben, das heißt in einer neutral beschreibenden Form der Annäherung an religiöse Fragestellungen. In den Kirchen, Moscheen oder Tempeln hingegen ist der Ort für »nurture« (wörtlich: Nahrung; Pflege, Aufzucht), einer existenziellen Einführung in die spezifischen Glaubensformen der eigenen Religion.

Dieses englische Grundmodell ist in den vergangenen dreißig Jahren zwar weitgehend beibehalten, aber immer wieder auch in Bezug auf die religiöse Bildung als unzureichend kritisiert worden.

---

272 Grimmitt 2000, 27.
273 Vgl. Ruge, L.: Standards und Standardisierung im Religionsunterricht 1993–2003: Eine besondere englische Erfahrung?; in: ZPT 3/2004, 213–226, bes. 215
274 Kabisch ²1912, 277f.

»Das englische Paradigma, das einerseits viele Anregungen bietet, steckt andererseits in einem mehrseitigen, strukturbedingten Dilemma; es ist nicht durch praxisbedingte Einzelschwächen entstanden, sondern durch die Bedingungen, die das Ganze konstituieren. Das Konzept beginnt zu bröckeln, und zwar bezeichnenderweise im Primarschulbereich. Den Ausgangspunkt des Dilemmas bildet das verpflichtende Objektivitäts- und Neutralitätsaxiom.«[275]

So bemüht sich spätestens seit 1990 ein Teil der englischen ReligionspädagogInnen um die erneute Integration von religionswissenschaftlichen und existenziellen Zugängen im religiösen Lernen. Zu nennen sind hier M. Grimmitt, J. Holm, D. Hay und R. Nye.

*»Hay and his colleagues set themselves to the devise a pedagogy which took seriously the need to help pupils to learn to feel empathy with the experiences of religious people, not by **bracketing** their own experience but by helping them to learn to be aware of and take seriously their own inner experience and their potential to be aware. ... Enhancing pupils' self-awareness in order to increase their abilities to connect with the experiences which religious people take seriously can not, however, be achieved unless the child's secularised consciousness is also challenged. The project therefore devised a number of exercises in **experiential learning** which were designed to focus on personal, inner experience, in order to assist young people to explore silence, to center themselves, to be aware of the here-and-now of their experience, to discover awe and wonder in themselves ... and to reflect on these realities in the light of the metaphors and expectations of the (religious) believer. Consistent with this intention, an **active learning** approach was advocated with value being accorded to developing pupils' intuition.«*[276]

Sollen didaktisch-religionswissenschaftliche und erfahrungsorientierte Zugänge (Phänomenologie und Glauben) vermittelt werden, dann bieten sich ergänzend zu den kognitiven Lernformen kontemplative geradezu an. Praktisch wird dieses religionsdidaktische Modell in England u.a. in den Ansätzen von »Godly Play« umgesetzt.

Theologisch basiert »Godly Play« auf einer großen Wertschätzung des religiösen Denkens und Fühlens jedes einzelnen Kindes. Es verfügt über eine reichhaltige Spiritualität, die geweckt und gefördert werden soll. Behutsam wird den Kindern ein Raum des Religiösen eröffnet. Anschließend werden Freiräume zur kreativen Aneignung des Gehörten gewährt. Es findet – um einen Begriff der deutschen Diskussion ver-

---

275 Nipkow 1998 – Bd. 2, 473.
276 Grimmitt 2000, 33.

gleichend zu nennen – ein Perspektivwechsel vom Erwachsenen zum Kind statt.

»Kinder erleben vieles tief und prägend, erkunden gern Neues und Fremdes, gestalten ihre Umwelt spielerisch, hängen an Tieren und Menschen und schauen allein zu den schon körperlich Größeren auf. In allem entwickeln sie aber eine ganz eigene Sicht von Leben und Welt, die es zu erkennen gilt. ... Hier brauchen wir alle einen Perspektivwechsel. Er verlangt, dass Kindern ein fester Platz in der Wahrnehmung der Erwachsenen eingeräumt wird und dass sich Erwachsene immer wieder neu auf den mühsamen Prozess einlassen, Kinder wirklich zu verstehen.«[277]

Pädagogisch kommen viele wichtige Impulse für »Godly Play« von Maria Montessori und ihrer Schülerin Sofia Cavalotti: der gestaltete Raum als vorbereitete Umgebung des kontemplativen Lernens, die Freiarbeit, das Erleben von Ritualen sowie der immer wiederkehrende gestalterische Rahmen einer »Godly-Play«-Stunde[278]. Der sorgsam gestaltete Raum strahlt etwas von der Wertschätzung aus, die den religiösen Inhalten entgegen gebracht werden. Kinder werden nicht belehrt, wer Gott ist, sondern können sich selbstständig den göttlichen Schätzen nähern und eigene Entdeckungen machen.
Jerome Berryman, der »Erfinder« von »Godly Play«, begann vor 30 Jahren in den USA seine ersten Versuche mit dem Konzept in der »Sunday school«. »Godly Play« kommt somit aus dem Bereich katechetischer Unterweisung von Kindern in der Kirche. Es geht ihm um eine Verknüpfung von kindgemäßem Erzählen und einer engen Anbindung an die religiöse Tradition. Eine Godly-Play-Stunde orientiert sich in ihrer Grundstruktur am Ablauf eines Gottesdienstes.[279] Je nach Zählweise lassen sich bis zu sechs Phasen für eine derart aufgearbeitete Lektion unterscheiden[280]:

- »*Threshold*«: Die Kinder erleben das Betreten des speziell eingerichteten Godly-Play-Raums als Zäsur. Die »door person« begrüßt die Ankommenden einzeln und führt sie in den Raum. An der Tür-

---

277 Synode der EKD: Aufwachsen in schwieriger Zeit; Gütersloh 1995, 101.
278 Da für den Ablauf der einzelnen Elemente mindestens 60 Minuten einzuplanen sind, müsste jeweils eine Doppelstunde Religion dafür zur Verfügung stehen.
279 Godly Play kommt aus dem Bereich Kinderkirche (sunday school). Das erklärt den gottesdienstähnlichen Aufbau. Wie für die Erwachsenen im Sonntagsgottesdienst ein heiliger Raum für die Begegnung mit Gott inszeniert wird, so hat auch die Performance von Godly Play die Absicht, durch einen gestalteten Raum den Sinn für das Heilige zu wecken und eine persönliche Begegnung mit der göttlichen Botschaft anzubahnen.
280 Die Phaseneinteilung habe ich übernommen aus: Berryman, J. W.: Teaching Godly Play. The Sunday Morning Handbook; Nashville 1995, 21ff.

schwelle wird der Übergang vom Profanen zum Heiligen bewusst gemacht.
- »*The Circle and Lessons*«: Die Kinder setzen sich in einen Kreis und der »story teller« präsentiert ihnen mit Hilfe von einfachen Holzfiguren in einer Sandkiste, Tüchern oder Gegenständen die biblische Geschichte. Sie wird in schlichten Worten und einem sehr ruhigen Duktus erzählt. Nonverbale Ausdrucksformen (»unspoken lesson«) wie ruhige wiederholende Bewegungen mit den Holzfiguren und Symbolhandlungen verstärken das Gehörte. Der »story teller« trägt die Geschichte auswendig vor, damit die Kinder sie als wertvolles Geschenk wahrnehmen. Was dem Erzähler inwendig geworden ist, wird in dichter liturgischer Präsenz den Kindern vermittelt. Noch im Kreis werden die Kinder nach dem Hören ermutigt, zu sagen, was die Geschichte an Eindrücken, Fragen und ersten Einsichten in ihnen ausgelöst hat.
- »*Responses*«: In dieser Phase haben die Kinder die Möglichkeit, die gehörte Geschichte mit Hilfe des vielfältigen Materials auf ihre je eigene Weise nachklingen zu lassen und kreativ zu verarbeiten. Sie können mit den Holzfiguren die Geschichte nach- und weiterspielen, sie können malen, tonen, basteln oder sich auch mit Materialien beschäftigen, die nicht direkt zur aktuellen Geschichte gehören. Damit die Freiheit nicht im Chaos endet, ist in der Responses-Phase darauf zu achten, dass die persönliche Aneignung der anderen durch den einzelnen nicht gestört und das Material nicht beschädigt wird.
- »*The Feast*«: Ein kleines Fest beschließt die Kreativphase und akzentuiert im gemeinsamen Essen und Trinken den rituellen Rahmen von Godly Play. Das Fest hat deshalb einen eher symbolischen Charakter. Es besteht in dieser Phase auch die Möglichkeit, dass Einzelne ihre Produkte präsentieren, aber das ist absolut freiwillig.
- »*Leaving*«: So wie die Kinder einzeln begrüßt wurden, werden sie nun von der »door person« wieder verabschiedet und ihren Eltern übergeben.[281]
- »*Contemplating and Evaluating*«: Wenn die Kinder den Raum verlassen haben und verabschiedet wurden, haben »story teller« und »door person« die Möglichkeit, in Ruhe das Geschehen zu bewerten, sich über die Reaktion der einzelnen Kinder auf die Geschichte auszutauschen und zu überlegen, wie beim nächsten Treffen eine angemessene Fortsetzung aussehen könnte.[282]

---

281 Bzw. in den weiteren schulischen Unterricht des Tages entlassen.
282 Die Aufteilung des Arrangements in zwei Personen ist in der Schule nur möglich, wenn zwei Religionsgruppen kombiniert werden. Die anschließende Besprechung wird – je nach Stundenplan der Beteiligten – nicht in jedem Fall im unmittelbaren Anschluss möglich sein.

3. Elementare Lernformen in der Pubertät

Diese Gliederung in sechs Phasen repräsentiert den idealen Ablauf, der stark an die gottesdienstliche Abfolge erinnert: ankommen – ruhig werden – die Botschaft hören – in Gebeten und Liedern antworten – gemeinsam Abendmahl feiern – den Segen zugesprochen bekommen. Der Zeitbedarf für jede Godly-Play-Stunde wäre entsprechend hoch. Kürzungen in der einen oder anderen Phase sind möglich, aber nichts sollte grundsätzlich ausgelassen werden. Unabdingbare Elemente für jede Stunde jedoch sind: »entering« (vgl. 1. Phase), »wondering« (vgl. 2. Phase) und »responding« (vgl. 3. Phase). Im Blick auf subjektorientierte Lernformen ist die zweite Phase besonders zu beachten.

Beim »wondering« gibt es kein Richtig oder Falsch. Jedes Kind kann sich mit seinen Gedanken und Fragen in die biblische Erzählung einbringen. Jedem Kind wird eine religiöse Kompetenz zugestanden. Gemeinsam befinden sich alle Beteiligten in einer Such- und Fragebewegung vor Gott. Die vier Leitfragen regen das »Sich-Wundern« des Einzelnen an:

- »I wonder what part of this story you like best? (Ich frage mich, welchen Teil du an dieser Geschichte am liebsten magst?)
- I wonder what part is the most important. (Ich frage mich, welchen Teil du wohl für den wichtigsten hältst?)
- I wonder where you are in the story or what part of the story is about you? (Ich frage mich, wo du in dieser Geschichte bist oder welcher Teil der Geschichte von dir handelt?)
- I wonder if there is any part of the story we can leave out and still have all the story we need? (Ich frage mich, welchen Teil der Geschichte wir auslassen könnten, und ob wir dann noch immer alles in der Geschichte hätten, was wir brauchen?)«[283]

»I wonder ...« ist schwer zu übersetzen. Denkbar wären: »Ich frage mich ... Ich würde gerne wissen ... Was meinst du ...Wer weiß ...Ob wohl ...«. Immer ist die Geschichte offen für individuelle Deutungen der Kinder. Die Wonder-Fragen zeugen vom Interesse des Erzählers, mit den Kindern in ein fragendes Glaubensgespräch zu kommen.

Der Unterrichtsraum ist auf spezielle Weise eingerichtet. Einerseits sollen durch die Präsentation von Bildern und Symbolen zentrale Aspekte des Glaubens in das Zentrum der Wahrnehmung des Kindes gerückt werden, andererseits ermöglichen Materialien unterschiedlichster Art vielfältige Formen der Aneignung des Gehörten.

»Der Raum selber strahlt etwas aus, das Wertschätzung und einen sorgfältigen Umgang mit den vorhandenen Materialien hervorruft.

---

[283] Berryman – Bd. 2; 2002, 64.

Durch seine strukturelle Gestaltung hilft er, sich mit der großen Vielfalt und den Geheimnissen der Wege Gottes auseinander zu setzen.«[284]

Zusammenfassend lässt sich als Ziel der religiösen Erziehung von Kindern in Godly Play sagen:

»Das Herzstück des Godly-Play-Ansatzes ist, dass er nicht auf Wissen basiert, sondern auf persönlicher Reaktion und spirituellem Einlassen auf Gottes Wort innerhalb einer unterstützenden, sicheren Gemeinschaft von Freunden.«[285]

Godly Play zeigt, was subjektorientierte Lernformen leisten können: Das Kind wird in seiner Einmaligkeit bewusst wahrgenommen (persönliche Begrüßung und Verabschiedung) und sein Denken und Fühlen stehen im Mittelpunkt der Rezeption der biblischen Geschichte (sie hören mit ihren Ohren und arbeiten das so Gehörte in der ihnen adäquaten Form kreativ auf). Zugleich jedoch sind die Kinder in eine Gemeinschaft eingebettet (Sitzkreis und Fest) und werden mit einem wichtigen Teil der religiösen Tradition (der biblischen Geschichte) vertraut gemacht.

Was lässt sich nun aus diesem englischen Modell für den schulischen (Religions-)Unterricht in der Pubertät ableiten? Historisch kommt die Idee aus der Kinderkirche und bietet sich deshalb eher für die Vor- und Grundschule an. Aber die Autoren begrenzen Godly Play altersmäßig nicht. Die lange Freiarbeitsphase (»responding«) ist gerade für heterogene Gruppen ein Angebot, mit vielfältigen Möglichkeiten auf die persönliche Begegnung mit dem Religiösen, dem Heiligen, mit Gott und seinem Wort zu antworten. Entscheidend scheint mir im Blick auf das Pubertätsalter, dass die individuelle Aneignung wichtiger ist als die anschließende Präsentation von Ergebnissen in der Gruppe. So kann sich der Einzelne dem möglichen Druck der Peergroup entziehen und in großer Freiheit persönlich relevante Fragen des Glaubens entdecken.
Godly Play wird sich aber nur eingeschränkt schulisch umsetzen lassen. Einmal bedürfte es eines speziell eingerichteten Religionszimmers und zum anderen müssten Formen des Teamteaching möglich sein, so dass für eine Klasse zwei Personen zur Verfügung stünden. Neben diesen materialen Einschränkungen bleibt auch die grundsätzliche Frage, wie viel Ruhe und religiöse Vertiefung sich im Schulalltag realisieren lassen. Unbestritten ist aber, dass es für eine öffentliche Schule wichtig wäre, der Besinnlichkeit Räume zu öffnen und Kontemplation einzuüben. So könnte das Fach Religion einen wichtigen Beitrag zu einer ganzheitlichen Schulkultur leisten.

---

284 Nye 2004, 40.
285 Ebd., 44.

3. Elementare Lernformen in der Pubertät

Zurück zu den Ausgangsfragen hinsichtlich kontemplativer Lernformen. Für die neuere Didaktik lässt sich sagen: Konzentrations- und Stilleübungen, Fantasiereisen und Rituale werden als probate Methoden gelehrt, nicht primär um lebhafte Klassen zu »disziplinieren«, sondern um in Ruhe zu unterrichten bzw. lernen zu können.

Gerade in der neueren deutschen Religionspädagogik gibt es Tendenzen, die elementare Bedeutung von religiöser Erfahrung ausdrücklich anzuerkennen und sie in den Lernprozess eines staatlichen Religionsunterrichts zu integrieren. Ausgangspunkt des so genannten »performativen Religionsunterrichts«[286] ist die religionssoziologische Feststellung des Traditionsverlusts.[287] Eine zunehmend große Zahl von Schülerinnen und Schülern bringt keine Vorerfahrungen mit (christlichem) Glauben in den Religionsunterricht ein. Ein engagiertes Reden über Religion setzt aber zumindest eine ansatzweise religiöse Praxis voraus.

»Lebensweltlich ausgedrückt heißt dies, dass gerade dann, wenn SchülerInnen keinen religiösen Hintergrund mehr mitbringen und sie damit einem Religionsunterricht mit liturgischen Elementen besonders fern stehen, ein solcher am notwendigsten wäre, um dem kognitiven Diskurs eine Erfahrungsgrundlage zu vermitteln.«[288]

Systemtheoretisch formuliert: Wird das Religionssystem nur beobachtend von außen erfasst, lässt sich zwar manches beschreiben, aber keine existenzielle Betroffenheit erreichen. Im Zusammenfließen von Äußerem und Innerem entstehen Räume für Emergenz oder – theologisch zugespitzt – kann die Kraft des Heiligen Geistes wirken. Deshalb ist es schulisch sinnvoll, in gewissen Phasen das Angebot zu machen, am System Religion teilzunehmen, um im Anschluss dem Erfahrenen »nach-zu-denken«, es in seiner Relevanz für das eigene Leben zu reflektieren.

---

286 »Performativ« ist ein Begriff der Sprechakttheorie (J. Austin, J. Searle). Mit performativen Äußerungen wird nicht nur etwas gesagt, sondern zugleich auch etwas getan. So taucht ein Pfarrer bei den Worten »Ich taufe dich ...« zugleich mit seinen Fingern ins Wasser des Taufsteins und benetzt die Stirn des Säuglings mit Wasser. Das Gesagte wird durch bestimmte Handlungen zugleich realisiert. Wort und Tat bedingen und verstärken sich gegenseitig.
287 Viele Autoren sprechen auch von Traditionsabbruch. Ich bevorzuge den Begriff Traditionsverlust, weil er deutlicher macht, dass es sich in den wenigsten Fällen um eine bewusste Abkehr von religiösen Traditionen handelt, sondern dass sie oft schlicht »vergessen« werden. Sie kommen nirgends mehr vor oder scheinen gleichgültig in Bezug auf persönliches und öffentliches Leben.
288 Büttner/ Dietrich 2004, 168.

*»Man kann nicht **über** Gott reden, wenn man nicht **mit** ihm redet. Das **Reden über** setzt auf Dauer ein **Reden mit** voraus. Im **Reden über** stellen wir uns der Wirklichkeit gegenüber; wir erfahren sie als Gegenstand, den wir zu begreifen suchen: Gott wird zu einem Objekt der Reflexion. Wir trennen uns von seiner Fraglosigkeit und bringen uns in ein **dissoziiertes Verhältnis** zu ihm. Im **Reden mit** nehmen wir dagegen Anteil: Wir treten in eine **assoziierte Beziehung** zur Wirklichkeit, die wir Gott nennen. In dieser assoziierten Beziehung werden Erfahrungen zugänglich, die im dissoziierten **Reden über** reflektiert, gedeutet, verstanden werden können.«*[289]

Dafür öffnet der Unterricht Erprobungs- und Erfahrungsräume. Performativ bedeutet: Texte und Bilder der religiösen Tradition erfahren im Prozess der kreativen Aneignung vielfältig neue Gestaltungen. Tradition kann zur Praxis werden. Im performativen Religionsunterricht geht es um ein neues Präsentationsschema: Zunächst wird Religion nach dem Prinzip der teilnehmenden Beobachtung gezeigt, dann über das Gesehene und Erlebte nachgedacht.

»Selbstverständlich soll das Kind nicht mit dem Bade ausgeschüttet werden: Der Religionsunterricht bleibt auf Phasen der Wissensvermittlung und der kritischen Reflexion angewiesen. ... Es kommt aber auch dabei auf eine Gewichtsverschiebung an, mit der elementares religiöses Lernen stärker an die Stelle der Elementarisierung theologischen Fachwissens tritt.«[290]

Da der Religionsunterricht im Raum der öffentlichen Schule stattfindet – und nicht innerhalb einer Kirchengemeinde, ist Freiwilligkeit der Teilnahme und Möglichkeit zur Distanzierung für eine nicht überwältigende und somit letztlich für eine gelingende Performanz unerlässlich.

»Der Religionsunterricht hat sich an der Gestalt der Schule als einer ›Proberealität‹ zu beteiligen, einem Raum für ›Probedenken‹ und ›Probehandeln‹. Eine solche ›Proberealität‹ ist der Vollzug einer Religion in der Schule und in unterrichtlichen Lernprozessen wiederum nicht unmittelbar möglich, nicht ohne reflexive Distanzspielräume. Sonst wäre Religionsunterricht eben doch Kirche in der Schule.«[291]

---

289 Schmid, H.: Mehr als Reden über Religion; in: rhs 1/2002, 2f.
290 Dressler, B.: Darstellung und Mitteilung. Religionsdidaktik nach dem Traditionsbruch; in: rhs 1/2002, 19; Elementarisierung wird hier stark im Sinne einer angemessenen Reduktion der theologischen Inhalte verstanden. Im Begriff des elementaren religiösen Lernens hingegen kommen die Erfahrungen und persönlichen Zugänge umfassend zum Ausdruck.
291 Dressler 2002, 14.

Dennoch rechnet ein performativer Religionsunterricht mit der Entfaltung religiöser Kräfte in den Schülerinnen und Schülern. Religiöse Dynamik, christlich gesprochen: das Wirken des Geistes Gottes, erfährt eine hohe Wertschätzung, ohne dass im Pendant dazu die kognitiven Zugänge obsolet geworden wären! Gerade der angebotene Perspektivwechsel von Teilhabe im religiösen Vollzug und kritischer Reflexion religiöser Phänomene ist ein wesentlicher Zugewinn innerhalb schulischer Allgemeinbildung. Nur dadurch, dass es Schülerinnen und Schülern gelingt, sich in den anderen hineinzudenken und in ihn einzufühlen, ist Verständigung über Werte und religiöse Einstellungen in einer pluralen Gesellschaft möglich.

»Zum entscheidenden Kriterium für religiöse Bildung als einem unverzichtbaren Aspekt allgemeiner Bildung wird damit die Fähigkeit, die Innenperspektive des Vollzugs einer Religion und die Außenperspektive des distanzierten Nachdenkens über Religion ins Verhältnis setzen zu können, ohne dass das eine das andere dementiert. Im Religionsunterricht kann nicht ›über Religion‹ geredet werden, ohne dabei die Differenz zu ›religiösem Reden‹ bewusst zu halten. Das wiederum kann nur gelingen, indem probeweise in der Perspektive ›religiösen Redens‹ kommuniziert wird und die immer unvertrauten genuinen Formgestalten religiösen Redens elementar erschlossen werden: Symbolische Kommunikation einschließlich aller dazu gehörigen metaphorischen und szenisch-gestischen Formen in ihrer Differenz zu diskursiv-argumentativer Sprache.«[292]

Damit sind bereits Möglichkeiten angedeutet, wie kontemplatives Lernen angemessen in der Sekundarstufe I inszeniert werden könnte: in Form von religiösen Texten oder Phänomenen, die die Schülerinnen und Schüler gestisch-szenisch oder audio-visuell bearbeiten, sei es, indem sie ein Standbild erstellen, sei es, dass sie mit der Videokamera eine filmische Sequenz drehen oder ein Psalmgebet musikalisch intonieren. Die unterschiedlichen Transformationen sind ihrerseits Ansatzpunkte, um nach der Relevanz der Tradition für heutige Lebensgestaltung zu fragen.
Weitere Möglichkeiten zur Verwirklichung von Performanz im religiösen Lernen der Schule sind die gemeinsame Gestaltung von religiösen Feiern in der Klasse (z.B. Adventsandacht) oder der Schule (z.B. Schulgottesdienst zum Schuljahresende), die Durchführung von Religionstagen außerhalb der Schule (z.B. in einem Kloster dem Alltagsleben der Mönche und Nonnen nachspüren) oder das Einüben von geistlichen Liedern für eine Aufführung. Schließlich kann auch die bibliodramatische Erschließung von Geschichten zu neuen Begegnungen mit den

---

[292] Dressler 2005, 8.

Personen des Alten und Neuen Testaments sowie der eigenen Persönlichkeit führen.

»Glaube und Religion brauchen leibliche Ausdrucksformen. Der Leib ist eine Grundvoraussetzung, sich religiös zu äußern – eben nicht zuerst in abstrakten theologischen Erkenntnissen, sondern in Grundhaltungen des Leibes, die ja weltweit körpersprachlich große Ähnlichkeit zu haben scheinen. ... Zum Beispiel kann ein Segensspruch über einen Jugendlichen, wenn er oder sie sich auf eine Reise durch die Welt macht, tiefgründige und tiefsitzende Emotionen berühren und bleibende Erinnerungen auslösen.«[293]

Diese Performanz religiösen Lernens hat ihren primären Raum in der Familie, ist in einer kirchlichen Jugendgruppe denkbar, aber vielleicht auch im Rahmen eines Schulgottesdienstes zum Thema »Segen«. Gemeinsam ist allen kontemplativen Lernformen, dass sie einen Religionsunterricht mit Erlebnisqualität anstreben.

Performativer Religionsunterricht versteht den Traditionsbruch als Chance. Fremdheitserfahrungen lösen Neugierde aus und lassen Begegnungen in einer unbekannten Welt zu einer Art Abenteuerreise werden. Die Schülerinnen und Schüler können im Religionsunterricht für sich eine Sprache des Glaubens lernen, indem sie spielerisch mit der Grammatik des Glaubens, so wie sie die biblische Tradition zur Verfügung stellt, umgehen lernen.

»Darum bedeutet ...der Hinweis darauf, dass die Schüler selbst mit der Sprache der Bibel nicht mehr vertraut sind und auch kaum selbst oder im familiären Zusammenhang noch in der Bibel lesen, nicht ein Ende der Bibeldidaktik, sondern ihren Anfang. Diese Unkenntnis kann sogar mehr eine Chance als ein Defizit markieren, insofern die eingespielten ›richtigen‹ Lesarten der Bibel oft genug verhindern, dass diese Worte ihre eigentümliche Wirkung entfalten können.«[294]

Im Blick auf die Altersphase Pubertät beinhaltet der oft beklagte Traditionsabbruch eine weitere Chance: Ist ein Thema stark durch die Eltern belegt wie dies, was Religion betrifft, noch in den 70er-Jahren oft der Fall war, dann eignet es sich als Bereich der Absetzung. Alternative Denk- und Lebensmodelle werden ausprobiert, um den beginnenden Ablöseprozess zu signalisieren.

»Die christliche Religion sieht sich aufgrund ihrer wachsenden Fremdheit nicht mehr so einfach dem Verdacht ausgesetzt, etwas bloß Kon-

---

[293] Biesinger/ Tzscheetzsch 2005, 124.
[294] Schoberth, I.: Glauben-lernen heißt eine Sprache lernen; in: rhs 1/2002, 23.

3. Elementare Lernformen in der Pubertät

ventionelles zu sein, das keine Distinktionsgewinne für Individualität und Unkonventionalität verspricht. Von ihren Eltern können sich pubertäre Jugendliche heute in der Regel gerade nicht durch religiöses Desinteresse oder antireligiöse Vorurteile abgrenzen.«[295]

So sehr performativer Religionsunterricht eine Möglichkeit darstellt, kontemplative Lernformen in den Unterricht zu integrieren, so sehr muss eine Lehrperson auch seine Gefahren sehen.
Im Blick auf die Schülerinnen und Schüler könnte es zu einer Überrumpelung[296] durch konfessorische Elemente kommen. Deshalb sollten didaktisch denjenigen, die sich nicht auf dieses religiöse Probehandeln einlassen wollen oder können, Alternativen angeboten werden, die sie nicht beschämen. Gleichzeitig dürfen sie aber in ihrer alternativen Zugehensweise die anderen in ihrer Kontemplation nicht stören. Vielleicht ist in diesem Punkt der katholische Religionsunterricht (noch) im Vorteil. Da er von der Trias: katholische Lehrperson, katholische SchülerInnen und katholische Inhalte ausgeht, ist die Gefahr einer Überrumpelung theoretisch geringer.[297]
Im Blick auf die Glaubensinhalte kann es zu einer Profanisierung religiöser Rituale im Unterricht kommen. Das Heilige wird entwürdigt, der Glauben (anderer) mit Füßen getreten. Deshalb ist im schulischen Kontext stets auf den Unterschied von bewusster didaktischer Inszenierung und authentischer religiöser Praxis zu achten. Nur so ist eine respektlose Instrumentalisierung vermeidbar.
Das Ziel religiöser Erziehung liegt darin, einen Schutzraum für eigene religiöse Praxis zu bauen und die Glaubensformen der anderen in ihrer eigenen Würde zu achten. Ein nachfolgender Diskurs schließt selbstverständlich eine Auseinandersetzung um »die« Wahrheit nicht aus! Vielmehr gewinnt dieser Diskurs dank der Erfahrungselemente an existentieller Bedeutung.

Auch ein entwicklungspsychologisches Argument unterstützt die Forderung kontemplativer Lernformen gerade in der Pubertätsphase. Aus strukturgenetischer Sicht ist die Pubertät als dualistische Phase zu kennzeichnen: Der Heranwachsende neigt zur Polarisierung. Es gibt schwarz und weiß, richtig und falsch, Gott und Teufel. Diese dualistische Weltsicht ist als Übergangsphase für den Jugendlichen sinnvoll, denn sie nötigt zur Entscheidung und dient der persönlichen Wahrheitsfindung.

---

295 Dressler 2002, 13.
296 Büttner/Dietrich überschreiben das entsprechende Kapitel ihres Kompendiums zum Alltag des Religionsunterrichts treffend: »Zwischen Begeisterung und Übermächtigung – Glauben lernen?« (2004, 163)
297 Interessant ist, dass die Impulse zum performativen Religionsunterricht bisher stärker aus der evangelischen Religionsdidaktik kommen, wohl weil in ihm die Wortlastigkeit – protestantischer Tradition entsprechend – größer ist.

Hans-Jürgen Hermann formuliert in Anlehnung an Bruno Bettelheim »Kinder brauchen Märchen«:

»Jugendliche brauchen dualistische Mythen, also dämonische und engelgleiche Spielfiguren, weil sie ihrer psychischen Befindlichkeit entspricht. Bettelheim meint ja, dass sich der Kinderglaube an Nikolaus oder Hexe von selber auswächst. Eine Fixierung auf dieser Entwicklungsstufe, also ein dualistisches Welt- und Glaubensmodell bei Erwachsenen würden wir dann als neurotische oder sektiererische Schieflage bezeichnen. In diesen negativen und positiven Spielfiguren erkenne ich typische ›Übergangsobjekte der Pubertät‹.«[298]

Das im Bildungsplan von 1994 vorgesehene Wahlthema »Okkultismus – Spiritismus: Vielleicht ist doch etwas Wahres dran?« erfreut(e) sich bei Jugendlichen großer Beliebtheit. Wie lässt sich diese Faszination vom Okkulten – auch Satanischen – erklären? Meines Erachtens ist gerade die dualistische Weltsicht in der Pubertät ein wesentlicher Grund. Das Dunkle als Kontrast des Hellen fasziniert. Die Heranwachsenden spüren: Auch in mir gibt es nicht nur eine helle und liebenswerte, sondern ebenso eine dunkle und gefährliche Seite.
Religionsdidaktisch muss dies eine doppelte Konsequenz haben:

- Die biblische Tradition darf nicht verharmlost, sondern muss auch in ihrer dunklen Seite wahrgenommen werden.[299] Die Thematisierung der menschlichen Schattenseiten hat gerade in der Pubertät sehenden Auges zu erfolgen, ohne moralisch zu verurteilen.
- Der Religionsunterricht sollte sich nicht scheuen, den Pubertierenden konkrete Angebote zu machen, die Macht Gottes zu erahnen, vielleicht sogar zu spüren. Ein kontemplativer Religionsunterricht wagt unterschiedliche Formen der Meditation. Noch einmal von der anderen Seite her gedacht:

»In der Thematisierung des Satanismus wird die Frage nach der Kehrseite Gottes gestellt. Es ist indirekt eine Anfrage an die Wirkungsmacht Gottes, auch an die Erfahrung von Spiritualität im RU. Im Märchen ›Der Teufel mit den drei goldenen Haaren‹ findet der Held schließlich in der Hölle Antwort auf die Fragen, der er lösen muss. Ist denn bei den Kirchen nichts mehr zu holen?«[300]

---

298 Herrmann, H.-J.: Jugendliche sind vom Bösen fasziniert; in: entwurf 3/2002, 11.
299 Z.B. Jakobs Kampf mit Gott am Jabbok, die Thematisierung von Sünde oder die Frage nach dem »freien« Willen des Menschen; vgl. hierzu: Rupp/ Schmidt: Lebensorientierung oder Verharmlosung. Kritik der Lehrplanentwicklung im RU; Stuttgart 2001.
300 Herrmann 2002, 12.

Es ist gewiss nicht ungefährlich, aus dieser dualistischen Weltsicht für kontemplative Lernformen zu plädieren, weil Gotteserfahrungen – zumal im Klassenzimmer – gänzlich unverfügbar sind. Aber vielleicht kann das Denken aus dem Gegensatz den Glaubenden ermutigen, sich mit SchülerInnen in spirituelle Erfahrungsräume zu wagen, nicht zuletzt, weil dies der Bedürfnislage der Schülerinnen und Schüler in der Pubertät entgegenkommt.

Zusammengefasst enthalten kontemplative Lernformen mehr Chancen als Gefahren gerade für einen ganzheitlich orientierten Religionsunterricht in der Pubertät:

»Die szenische Ausdehnung des Unterrichts ist wichtig für den Religionsunterricht, weil sich die Praxis des Evangeliums nicht auf abstrakte Einsichten und Bewusstseinsphänomene beschränkt. Ob man dies nun mit der Vokabel ›Performativer Religionsunterricht‹ [oder auch: kontemplative Lernformen; M. S.] *belegt, ist demgegenüber relativ unwichtig. Wohl aber müssen wir in Zukunft – wollen wir dem gesteigerten ästhetischen Bewusstsein unserer Schülerinnen und Schüler* **und** *der Eigenart unserer religiösen Gegenstände gerecht werden – der Gestaltqualität und der Theatralität unseres Tun mehr Bedeutung zumessen. Dadurch wird ins Bewusstsein gehoben, dass nur dargestellte, d.h. räumlich wahrnehmbare und leiblich vermittelte Inhalte als bedeutsam erkannt und modelliert werden können.«*[301]

Nicht zuletzt sind Eltern zu ermutigen, religiöse Rituale in der Familie nicht vorschnell aufzugeben, wenn ihre heranwachsenden Kinder diese kritisieren. Gerade in der religiösen Erziehung kann es auch ein Übermaß an Toleranz geben, das die Kinder überfordert, statt ihnen in einem geprägten Rahmen eine gute Lebens- und Feierkultur als Gerüst mit auf den eigenen Lebensweg zu geben.

»Viele Eltern verwechseln die Kritik Heranwachsender an familiären Ritualen damit, dass sie mit den gewohnten Regeln nichts mehr zu tun haben wollen. Und deshalb schmeißen sie lieb gewordene Gewohnheiten vorschnell über Bord. Dabei können Konflikte über Rituale zum Anlass genommen werden, über deren Sinn nachzudenken, sie vielleicht mit anderen Inhalten zu füllen. Wenn Rituale für Erwachsene stimmen, dann gilt es daran festzuhalten – ob in gewohnter oder modifizierter Form. Rituale symbolisieren Verlässlichkeit und Vertrautheit, in die die

---

Dem Autor ist hier ein m.E. sehr eindrücklicher Artikel gelungen, der Eltern/ ReligionslehrerInnen hilft, ihre Kinder bzw. SchülerInnen in der Pubertät besser zu verstehen und darauf (religionsdidaktisch) angemessen zu reagieren.
301 Klie, T.: Performativer Religionsunterricht. Von der Notwendigkeit des Gestaltens und Handelns im Religionsunterricht; http://www.rpi-loccum.de.

Jugendlichen nach dem Auszug gerne wieder eintauchen, um sich so einer Zugehörigkeit zur Familie zu vergewissern.«[302]

Kontemplative Lernformen sind für einen Religionsunterricht in der Pluralität und Säkularität unserer Lebenswelt bedeutsam. Aber auch in anderen Fächern werden Konzentrations- und Stilleübungen an Bedeutung gewinnen, damit in einem zunehmend hektischen Umfeld das wichtige Einzelne wieder wahrgenommen und gelernt werden kann. So tragen im Fach Deutsch z.B. produktive Formen des Schreibens dazu bei, dass Schülerinnen und Schüler sich unmittelbarer mit den Personen der literarischen Vorlage identifizieren. Sie formulieren den fiktiven Tagebucheintrag einer Person, sie stellen ein bestimmtes Ereignis aus der Sicht einer anderen Person dar oder formen eine Erzählung in eine dramatische Szene um. Die Leerstellen eines Texts geben ihnen in der Rezeption die Chance, sich einzubringen. In einem zweiten Schritt müssen allerdings die eigenen Produkte in ihrer Stimmigkeit zum vorgegebenen Text diskutiert werden, um eine Beliebigkeit des künstlerischen Produkts zu vermeiden.

Ein zweites Beispiel – diesmal aus dem Geschichtsunterricht – vermag die Bedeutung von Konzentrations- und Stilleübungen in anderen Fächern unterstreichen: Um den historischen Graben zwischen dem Heute und einer längst vergangenen Geschichtsepoche leichter zu überwinden, kann am Anfang der Unterrichtsstunde eine Fantasiereise helfen, imaginativ in die Umstände einer bestimmten Zeit hineinzutauchen, um dann – nach der emotionalen Annäherung – kognitiv über Texte oder Filme bestimmte Details jener Epoche herauszuarbeiten.

Schließlich helfen Rituale das Zusammenleben einer Klasse während des Schultags zu strukturieren: die Schulglocke zeigt allen den Unterrichtsbeginn an, eine höfliche Begrüßungsformel eröffnet einladend die Kommunikation, der Morgenkreis ermöglicht ein Ankommen als Person, der in der Runde wandernde Sprechstein zeigt: Jetzt bin ich dran und alle hören mir zu. Wichtig ist die gemeinsame Einführung »guter« Rituale, denn sie lassen das Gesunde und Hilfreiche zur alltäglichen Selbstverständlichkeit gerinnen, die das Miteinander als cantus firmus in ruhiger, beruhigender Weise prägt. Von Ritualen geht eine geheimnisvoll konzentrierende Kraft aus. Gesunde Rituale geben dem Schultag in seinem Ablauf Vertrautheit und Klarheit. Sie können im Klassenzimmer für alle ein wenig Geborgenheit schaffen.

»Gesunde« Rituale geben dem Leben der Einzelnen Kontur und stärken das Zusammenleben in der Gemeinschaft.

---

302 Rogge [8]2003, 215.

»Der Mensch lebt nicht nur von innen nach außen, sondern auch von außen nach innen. Das heißt: Die Innerlichkeit des Menschen, ihr Selbstbewusstsein, ihre Hoffnung, ihr Gefühl von Zusammenhang und Sinn des Lebens findet sich nicht nur innen als reiner Geist, als Eigenbesitz und Eigenerwerb. Der Mensch liest seine Innerlichkeit auch am Außen ab: an den Symbolen, Zeichen und Überlieferungen, die seine Lebenslandschaft prägen; an den Regeln, Ritualen, Rhythmen und Methoden, die er seinem eigenen Leben gegeben hat und die ihn von außen nach innen prägen.«[303]

Kontemplatives Lernen in der Pubertät

Kontemplative Lernformen bieten sich in der Pubertätsphase besonders an, weil ...

- sie eine Kontrasterfahrung zum ansonsten quirligen Alltag darstellen. Der Weg nach innen verunsichert Jugendliche in der Pubertät und stößt deshalb zunächst auf Widerstände. Wenn es aber gelingt, erste Schritte der Kontemplation gemeinsam zu gehen, kann es für sie spannend und bereichernd sein, neue Innenräume ihrer heranreifenden Persönlichkeit zu entdecken und zu erleben.

- Phasen der Ruhe und Besinnung Voraussetzung dafür sind, das eigene Leben bewusster zu gestalten und nicht nur aufgrund kontingenter Gegebenheiten fremdbestimmt zu existieren.

- sie implizit die Frage nach einer alles gewichtenden Mitte des eigenen Lebens stellen. Das Erahnen einer solchen Lebensmitte hilft Pubertierenden, die je notwendigen Entscheidungen bewusster zu treffen.

---

303 Steffensky, F.: Rituale als Lebensinszenierungen; in: Pädagogik 1/1994, 27. Das Heft »Rituale – Schule und Unterricht Gestalt geben« insgesamt zeigt überzeugend, welche Chance in der Wiederentdeckung von Ritualen für die Gestaltung von Schule liegt.

– Kreatives Lernen

Zwischen dem im vorhergehenden Kapitel besprochenen kontemplativen Lernen und dem kreativen besteht eine Nähe, die wohl am besten im Sinn eines Nacheinanders erfasst werden kann: Vor dem kreativen Akt steht in der Regel die Kontemplation, das stille und zugleich neugierige Betrachten und Meditieren eines Gegenübers, sei es ein Lebewesen, eine Landschaft, ein Text, ein Bild oder eine Skulptur. Aus dieser kontemplativen Grundhaltung erwächst die Inspiration für eigene Schöpfungsakte.

Kreatives Lernen weist zugleich eine große Nähe zu ästhetischem Lernen auf: Ästhetik will die Wahrnehmung für die äußeren Erscheinungen – und deren Schönheit – schärfen, denkt also stärker von der Rezeption her. Im heutigen Sprachgebrauch ist »Ästhetik« die Betrachtung der »schönen« äußeren Form. Zwei Erkenntnisweisen von Wirklichkeit lassen sich unterscheiden: die wissenschaftliche und die ästhetische. Erstere ist distanziert, sachlich und objektivierend, letztere mehr einfühlend über alle Sinne wahrnehmend und nahe am Objekt der Betrachtung. Ziel der Bildung schon der Stoiker in der griechischen Antike ist, einzusehen, dass beide Erkenntnisweisen in ein größeres Ganzes harmonisch einzufügen sind:

»Die äußere Wahrnehmung erscheint als ›aisthesis‹ – davon kommt der Begriff Ästhetik – und erfordert eine Art sinnliche Bildung. Die innere Wahrnehmung ereignet sich in Form von Denken (›logos‹) und erfordert eine ›sittliche Bildung‹, wenn es sich in seinem ethischen Anspruch entfalten soll. Dieses Vermögen kann aber nur ›geweckt‹ bzw. ›hervorgerufen‹ werden, nicht aber von außen hergestellt werden.«[304]

Das Miteinander von äußerer und innerer Wahrnehmung gelingt aus Sicht der Stoiker am ehesten in Form eines Lebens im Einklang mit der Natur. Diese ganzheitliche Sicht der Welt hat auch ethische Implikationen. Ästhetische Bildung will die Schülerinnen und Schüler dafür sensibilisieren, dass es jenseits von Konventionen und Kategorien eine tiefere Dimension von Wirklichkeit gibt. Diese Wirklichkeit – gerade auch in ihrer Gebrochenheit – bewusst wahrzunehmen, ist Bedingung der Möglichkeit ethischen Handelns. Ein bestimmtes Tun hat in der vorrangigen Wahrnehmung seiner Notwendigkeit die entscheidende Motivation.

»Die ökologische Krise ist in ihrem Kern eine fundamentale Wahrnehmungskrise. Ist der Erkennende gegenüber der Wirklichkeit gewaltsam geworden, gibt es nicht mehr die Möglichkeit der Korrektur in einem

---

[304] Treml 2005, 89.

zweiten Schritt. Es wird daher ein integratives und partizipierendes Erkennen gefordert, eine ganzheitliche Wahrnehmung, die unschärfer ist als die segmentierende Herrschaftserkenntnis, aber beziehungsreicher.«[305]

Die grundlegende Dichotomie der Erkenntnisweisen legt in der Schule von heute eine Verstärkung des ästhetisch-expressiven Bereichs nahe. Bildende Kunst, Musik, Sport und auch Ethik bzw. Religion dürfen im Verhältnis zu sprachlichen, mathematisch-naturwissenschaftlichen oder historisch-gesellschaftlichen Fächern nicht marginalisiert werden.[306] Außerdem ist ästhetische Bildung als Sensibilisierung von Wahrnehmung und Förderung von Selbstbestimmung (Eigensinn!) eine über eine bestimmte Fächergruppe hinausgehende Bildungsaufgabe.

»Ästhetische Rationalität zielt nicht auf eindeutige begriffliche Fixierungen; sie ist reflexiv. Diese Reflexion ist immer auch ein Nachdenken über sich und ein anderes. Tendenziell können wir uns der Welt gegenüber sowohl ästhetisch als auch wissenschaftlich verhalten, sowohl handelnd als auch analysierend, sowohl konstatierend als auch erschaffend.«[307]

Ästhetik geht sehr wohl über das Betrachten mit allen Sinnen hinaus. Wie Kreativität möchte sie den Betrachtenden zum kreativen Tun, zum »Mit-schöpfen« ermutigen. Dieser gerade für die Pubertät didaktisch wichtige Gesichtspunkt wird im Begriff »kreatives« Lernen deutlicher.

»Der Begriff Kreativität ist eine Lehnübersetzung des englisch-amerikanischen Begriffs creativity, an dessen Bedeutungsausformung deutsche Forscher beteiligt waren, die in klassisch-romantischer Tradition von individuell gemeintem produktivem Denken, vielleicht sogar von genialer ›Schöpferkraft‹ sprachen. (Wertheimer, Lowenfeld). Guilford kam es darauf an, die amerikanische Gesellschaft voranzubringen, und so stellte er in seinem Kreativitätsbegriff dem konvergenten Denken das divergente Denken gegenüber, das allein neue Ideen, neue Problemlösungsstrategien zu entwickeln in der Lage sei. ... Die drei wesentlichen Kennzeichen solcher Kreativität, nämlich Flexibilität, Flüssigkeit

---

305 Biehl 1997, 396f.
306 So wird z.B. momentan – Herbst 2005 – darüber diskutiert, ob Sport in der gymnasialen Oberstufe obligatorisch bleiben soll oder ob er fakultativ je nach gewähltem Neigungsfach erteilt werden kann. Während die einen die große Bewegungsarmut heutiger Jugendlicher beklagen und vehement für drei Stunden Sport als Pflichtpensum eintreten, sehen andere im fakultativen Sport eine Chance, die Motivation der Gruppe zu erhöhen und einen ohnehin schon engen Stundenplan etwas zu entspannen.
307 Otto/Otto: Art. Ästhetische Erziehung, Ästhetisches Lernen; in: LexRP 2001; Bd. 1, Sp. 15.

und Elaboration, sind auch auf den Umgang mit Sprache und Texte anwendbar.«[308]

Jeder Schülerin und jedem Schüler werden im Sinn einer Alltagskreativität künstlerische Potenziale zuerkannt, ohne dass man gleich geniale Spitzenleistungen erwarten würde. In Bezug auf die Begrifflichkeit wäre denkbar, auch von ästhetischen Lernformen zu sprechen. Ich bevorzuge den Terminus kreative Lernformen, weil so das aktiv Handelnde der Schülerinnen und Schüler stärker betont wird. Es steht nicht das betrachtete Objekt im Mittelpunkt, sondern das handelnde Subjekt. Etwas zugespitzt ließe sich formulieren: So wie Gott die große Schöpfung aus dem Nichts (creatio ex nihilo) bewirkt, ist der Mensch aufgefordert, als Ko-Kreator schöpferisch tätig zu werden. Jeder Mensch bekommt eine besondere Würde zugesprochen. Geht allerdings die Beziehung zum Schöpfer verloren und gerät die Verantwortung für die Schöpfung insgesamt aus dem Blick, dann wird aus der Würde des Mit-Schöpfers eine Gefährdung der gesamten Schöpfung.

»Im Zuge der Säkularisierung des Schöpfungsdenkens stellt sich der Mensch in die Rolle des Machenden, des Weltverändernden; seinen Umgang mit der Welt gründet er, im Zusammenhang mit dem aristotelischen Poiesis-Begriff, auf ein herstellendes Machen und nicht mehr auf ein kontemplatives [!], theoretisches Wissen, auf ein anschauendes Hinnehmen von etwas, was – autopoietisch – von selbst geschieht.«[309]

Das Wissen darum, dass Gott die Welt »sehr gut« (Gen. 1,31) gemacht hat, schützt unsere Erde vor grenzenloser Veränderung und anthropozentrischem Machbarkeitswahn. Die Abfolge von Kontemplation und Kreativität könnte – idealtypisch – so aussehen: kontemplative Annäherung an ein Gegebenes – bewusstes Wahrnehmen seiner Schönheit – Verarbeitung des Gesehenen in einer eigenen künstlerischen Gestaltung. Die Vielfalt künstlerischer Gestaltungsmöglichkeiten gibt vielen eine Chance, Ansatzpunkte für persönliche Begabungspotenziale zu finden: Singen oder ein Instrument spielen, Texte verfassen, Skulpturen in Ton modellieren, ein Holzstück handwerklich bearbeiten, etwas bildnerisch, grafisch oder spielerisch gestalten, einen Tanz einüben und vortragen usw. Wer wäre nicht schon einmal vom erwachenden Eifer so manches Jugendlichen überrascht worden? Plötzlich beginnen Pubertierende ein Tagebuch zu schreiben, stundenlang auf der Gitarre herumzuklimpern oder lernen fast nebenbei die Songtexte ihrer Lieblingsgruppe auswendig. Das Fantasieleben und die schöpferische Kraft der jungen Leute erleben in der Pubertät ein Hoch.

308 Beisbart 2002, 183.
309 Baumann/Treml 1989, 145.

»Wenn es gelingt, dass sie über künstlerische Aktivitäten gleichsam mit sich selbst in einen Dialog kommen, kann dies einem Therapeut-Patient-Dialog entsprechen. Mit anderen Worten: Man kann den kreativen Prozess vergleichen mit einem psychotherapeutischen Dialog, wobei es sich um einen Dialog handelt, bei dem der Künstler mit unterschiedlichen Anteilen seiner eigenen Persönlichkeit Kontakt aufnimmt und sie nutzbar macht.«[310]

Ist die künstlerische Aktivität nicht völlig offen, sondern erhält durch ein kulturelles Produkt oder Symbol einen externen Impuls, dann ist das kreative Lernen nicht nur ein Dialog mit sich selbst, sondern wird auch zu einem Dialog mit der kulturellen Tradition und einzelnen Segmenten ihrer Überlieferung. Ein derartiger Impuls mag provozieren, kann dem lernenden Subjekt in seiner Selbstbildung aber auch neue Sichtweisen von Wirklichkeit erschließen.

»Der Heranwachsende versteht sich selbst, indem er das, was die Symbole zu verstehen geben, in Annäherung und Distanzierung so in das Verstehen einholt, dass der ihm gegebene (neue) Sinn entweder kritisch abgewiesen oder reflexiv angeeignet und weiterentwickelt wird. Indem er das Symbol schöpferisch in Anspruch nimmt, entbindet es neue Erfahrungen und Erwartungen, es schafft aber auch Distanzierung von der entfremdeten Gestalt der Alltagserfahrungen.«[311]

Im Unterricht verstärkt kreative Lernformen mit Schülerinnen und Schüler in der Pubertät zu praktizieren, hat Konsequenzen für die Auswahl der Unterrichtsinhalte. So lässt sich z.B. in Bezug auf die Auswahl religiöser Unterrichtsinhalte feststellen:

»Die Heranwachsenden werden an der Wahrnehmung und Deutung von Alltagsreligion beteiligt, Materialien sind Songs, Graffiti, Video-Clips, Computerspiele, Comics, Werbesprüche ... Sie erhalten die Möglichkeit zur kritischen Auseinandersetzung mit den Alltagsmythen, -symbolen und –ritualen, aber auch die Möglichkeit, Neues zu entdecken, indem sie etwa in einem schöpferischen Umgang mit biblischen Texten Verheißungen wahrnehmen. Die deduktive Didaktik wird nicht durch eine rein empirisch-induktive Didaktik ersetzt, sondern der Ansatz bei der Wahrnehmung zielt auf eine kommunikative Didaktik.«[312]

Kreatives Lernen kommt der pubertären Entwicklungssituation entgegen, weil es mit nichtsprachlichen Ausdrucksformen eine künstlerisch verfremdete Selbstmitteilung erlaubt.

310 Klosinski 2004, 45.
311 Biehl 1997, 402.
312 Ebd., 408f.

»In der mittleren oder eigentlichen Adoleszenz (Hochpubertät) sind sowohl das Fantasieleben als auch die schöpferischen Tätigkeiten auf ihrem Höhepunkt. Die zunehmende Isolierung durch Rückzugsverhalten und die Gefahr eines ›Ich-Verlustes‹ gibt bei manchen Jugendlichen zu Angst und Panik Anlass. Neue Abwehrformationen gegen die Triebhaftigkeit werden notwendig. Zunehmend lernt es der Jugendliche, über die Probehandlungen der Fantasie hinaus seine Fantasie und Einfälle bildlich gesprochen ›festzuhalten‹ und umzusetzen: Es entstehen Tagebücher, Gedichte und Bilder. Die in der Fantasie sich entwickelnde ›Nebenrealität‹ kann jetzt vermehrt bearbeitet und gestaltet werden, dank der erstarkenden Ich-Funktionen und des Aufbaus eines ›Ich-Ideals‹. Ein Nebeneinander von oft überhöhtem Selbstwertgefühl und ›ausgeliefertem Verliebtsein‹ bewirkt offensichtlich einen Anreiz für Produktiv-Schöpferisches auf allen musischen Gebieten.«[313]

Es entsteht ein doppelter Effekt, bei dem sowohl der Gestaltungsprozess selbst als auch das künstlerische Produkt von Bedeutung sind. Die Schülerinnen und Schüler bekommen Freiräume, um Eigenes in Form zu bringen. Dieser Gestaltungsprozess fördert die Auseinandersetzung mit dem Selbst. Die Schülerinnen und Schüler treten im Machen gleichsam in einen Dialog mit sich selbst. Unbewusstes hat die Möglichkeit, Gestalt zu gewinnen.

Die Präsentation hingegen fordert und fördert die Selbstdarstellung im Vergleich zu anderen künstlerischen Produkten und schärft über Bestätigung und Infragestellung das Selbstbild. Hier geht es um eine über den Verstand geleitete Einordnung oder Verwerfung des Gewordenen. Bestenfalls führt dies zur Entdeckung – oder dem Erahnen – neuer Facetten der Persönlichkeit.

Der Dialog mit sich selbst und anderen enthält viele spielerische Elemente. Das Selbst wird skizziert, modelliert, entworfen, zur Disposition gestellt und korrigiert. Der Prozess ist entscheidend, das mögliche Ergebnis außerhalb jeden Leistungsdrucks.

»Denn um es endlich auf einmal herauszusagen, der Mensch spielt nur, wo er in voller Bedeutung des Worts Mensch ist, und er ist nur ganz Mensch, wo er spielt.«[314]

Spiel steht im Gegensatz zur Notwendigkeit und ist ein Signum der Freiheit. Es herrschen spontanes Ausprobieren und Spaß vor. Im Spiel gibt es zwar gemeinsam verabredete Regeln, aber sie dienen allen Mitspielern, um sich optimal zu entfalten und miteinander Gemeinschaft zu erleben. Diese Spielregeln können in Absprache modifiziert und – den konkreten Gegebenheiten angemessen – kreativ umgestaltet werden.

313 Klosinski 2004, 42.
314 Schiller, F.: Über die ästhetische Erziehung des Menschen ; Stuttgart 2000, 62f.

Ein kreatives Spiel mit Wörtern, Gedanken, Fantasien und Gefühlen ist für manche auch das Schreiben. »*Ich schreibe, um zu leben*« (Adolf Muschg). Kreative Lernformen haben eine Nähe zur Kunsttherapie. So hat Texte schreiben durchaus eine selbsttherapeutische Funktion, denn Schreiben ist mehr als Selbstbespiegelung. Schreiben setzt Selbstreflexion voraus und ein selbstverfasster Text ermöglicht vertiefte Selbsterkenntnis. Gerade in der Pubertät kann ein solcher probeweiser Selbstentwurf für die Identitätsbildung hilfreich sein. So haben inzwischen produktive Schreibformen im Deutschunterricht der Sekundarstufe I einen festen Platz.

»In der zweiten Hälfte der 70er-Jahre setzte dann eine breite Schreibbewegung ein, die in Gesellschaft und Schule alle Schichten erfasste. Man kann von einer allgemeinen Subjektivierung sprechen – was im Falle des Schreibens als einer reflexiv begleiteten, kulturellen und damit öffentlichen Tätigkeit nicht in eitler Egozentrik münden muss, sondern durchaus in vertiefender Erkenntnis.«[315]

Kreatives Lernen in Form von personalem Schreiben hat in der Pubertät und Adoleszenz einen transitorischen Wert, d.h. es hat im Übergang von der Kindheit zum Erwachsenen eine den Jugendlichen stützende Funktion. Kreatives Lernen stellt einen Beitrag zur Selbstvergewisserung dar und kann für den Heranwachsenden zu einem Ausdruck von Hoffnung werden. Im schulischen Kontext ist allerdings vor allem in der Präsentation der Kunstprodukte große Zurückhaltung zu üben, sowohl von den Lehrern als auch von den Mitschülern. Vermutlich ist eine Darstellung mit kurzer Erklärung der Intentionen durch den Künstler bzw. die Künstlerin ausreichend. Die große Chance kreativer Lernformen jedoch liegt darin, einen Beitrag dazu zu leisten, dass Heranwachsende in der schöpferischen Arbeit neben Flexibilität und Empathie auch Ambiguitätstoleranz entwickeln.

»Ferner scheint als wichtiges Merkmal die so genannte Ambiguitätstoleranz bei kreativen Menschen eine entscheidende Rolle zu spielen. Diese lässt sich als Fähigkeit definieren, in einer problematischen und unübersichtlichen Situation zu existieren und trotzdem unermüdlich an deren Bewältigung zu arbeiten. Der Kreative kann die Ungelöstheit eines Problems lange aushalten, ohne die intensive Arbeit an ihm aufzugeben.«[316]

Belanglose schulische Rituale führen über die Jahre zur Abstumpfung von Neugier. Das Interesse am Lernen lässt von Schuljahr zu Schuljahr nach. Kreatives Lernen hingegen will das Spannungsverhältnis zwi-

---

315 Beisbart 2002, 178.
316 Klosinski 2004, 38.

schen systematischen Lernprozessen und ihrer Lenkbarkeit auf der einen Seite und kreativ offenen Lernanlässen auf der anderen Seite so ausgleichen, dass die Lernmotivation immer wieder neu entfacht wird.

»Unterricht und Schule sind soziale Ereignisse, bei denen es um Wahrnehmung, Emotionen, Gestaltung, Umgang mit Zielen, Wünschen, Unzulänglichkeiten geht. Mit einer Ästhetisierung des Unterrichts wird versucht, das daraus erwachsende Spannungsverhältnis zwischen Lenkbarkeit und Offenheit produktiv zu handhaben.«[317]

Kreative Lernformen geben einer so verstandenen Ästhetisierung von Unterricht Raum. Schon Aristoteles unterscheidet drei Formen menschlichen Handelns:
- ποίησις – Poiesis – das herstellende Machen
- πρᾶξις – Praxis – das verständigungsorientierte Handeln und Reden
- θεωρία – Theorie – das erkennende Schauen

Poiesis meint die produktive Tätigkeit und hat schon sprachlich eine Nähe zur Poetik, dem Dichten. Weiter gefasst meint Poiesis das persönliche Gestalten und Hervorbringen eines Werks, sei es nun ein Stuhl, eine Tonarbeit oder ein Bild. Kunst und Handwerk sind in großer Nähe zueinander gesehen. Dieses herstellende Machen kann bei den Pubertierenden durchaus einen gesellschaftskritischen Ausdruck finden, in dem das werdende Ich in der Abgrenzung zu den Erwartungen der Anderen seinen eigenen Weg zu skizzieren versucht. Beim kreativen Lernen geht es weniger um die Entschlüsselung einer vorgegebenen Bedeutung als vielmehr um die Freisetzung kreativer Potenziale in den Schülerinnen und Schülern selbst.

In welchem Verhältnis stehen in der Schule »Kunst« und »Handwerk«. Auf den ersten Blick scheint das Handwerkliche, das Lern- und Machbare im Vordergrund schulischen Lernens zu stehen. Welche Aufgabe hat die Sozialisationsinstanz »Schule« in der Jugendphase? Soll sie im Sinne eines »aufklärerischen« Verständnisses konsequent auf die Erfüllung gesellschaftlichen Aufgaben hinarbeiten? Oder darf sie in einem eher »romantischen« Verständnis dazu beitragen, dass das Jugendalter ein Bildungsmoratorium mit dem Schwerpunkt der Persönlichkeitsentwicklung darstellt?

»Während im ›romantischen Modell‹ der biographische Eigensinn und das Eigengewicht dieser Phase akzentuiert wird, gilt dem ›aufklärerischen Modell‹ Jugend als propädeutische Leistungslaufbahn, die ihren Sinn aus der Verknüpfung mit dem zukünftigen – nicht zuletzt beruflichen – Lebenslauf erhält. In ersterer Perspektive wird jugendliches Lernen als Selbsterfahrung und Eigenaktivität verstanden, die Qualität

---

317 Kahlert, J./ Lieber, G.: Ästhetisch(es) Lernen; in: Neue Sammlung 1/2005, 122.

des Moratoriums am Wohlbefinden der Jugendlichen gemessen; in letzterer Sicht handelt es sich um Fragen der Lern- und Zeitoptimierung, um jugendliches Lernen als kalkulierbare Investition in Humankapital.«[318]

Schulische Bildung heute ist bemüht, beide Aspekte zu vereinen. Folglich schließen Bildungsstandards kreative Lernformen ein, auch wenn sie in der Evaluation nicht eindeutig zu erfassen sind. Ausdrücklich fordert z.B. der aktuelle Bildungsplan für die Realschule in Baden-Württemberg für das schulische Lernen den Aufbau von personaler Kompetenz. Im Fach katholische Religion heißt es dort:

»Schülerinnen und Schüler werden darin unterstützt, Fähigkeiten wie Selbstwertschätzung, Selbstbestimmung, Empathiefähigkeit, Dialogfähigkeit, Verantwortungsbereitschaft zu entwickeln; ihre Lebensgeschichte und ihre eigenen Begabungen und Grenzen anzunehmen und Vertrauen in ihr eigenes Leben zu gewinnen.«[319]

In Bildender Kunst ist der Zusammenhang von kreativen Lernformen und der Ausbildung von personaler Kompetenz seit der Kunsterziehungsbewegung in der Reformpädagogik zu Beginn des 20. Jahrhunderts ein zentraler Topos: die ästhetischen und schöpferischen Fähigkeiten der Kinder und Jugendlichen werden aktiviert und dadurch die Erziehung erneuert. Alle Kinder und Jugendliche bringen eine erstaunliche Ausdrucksfähigkeit mit in die Schule. An dieses Potenzial soll der Unterricht anknüpfen und es produktiv weiterentwickeln. Damit ändert sich auch das Lehrerbild:

»Ein Künstler soll der Lehrer sein, nicht wie ein Gärtner oder Handwerker dem Kind gegenübertreten, sondern eher so, wie in Michelangelos Sixtinabild Gottvater den Adam erweckt, durch inspirierendes Anrühren mit seinem Finger, Leben rufend, das bereitliegt und nur des Erweckens bedarf.«[320]

Der aktuelle Bildungsplan für Baden-Württemberg klingt diesbezüglich kaum anders:

»Der Kunstunterricht soll Freude am kreativen Tun wecken. Künstlerische Bildung fördert ganzheitliches und kreatives Denken und Handeln

---

318 Zinnecker, J.: Art. Jugend; in: Benner/ Oelkers: Historisches Wörterbuch der Pädagogik; Weinheim/ Basel 2004, 491.
319 Bildungsplan 2004 – Realschule; Stuttgart 2004, 33.
Die Zielvorgabe des Bildungsplans betont nochmals die Bedeutung von biografischem Lernen in der Pubertät. (vgl. Kap. III. 3. 2. 1)
320 Flitner 1999, 60.

und leistet damit einen entscheidenden Beitrag zur umfassenden Persönlichkeitsbildung der Schülerinnen und Schüler.«[321]

Ähnliches lässt sich auch für die Leitgedanken im Fach Sport sagen: Es geht nicht nur um eine Erziehung zum Sport, sondern auch um eine Erziehung durch Sport.

»Vor dem Hintergrund einer Umwelt, die den Schülerinnen und Schülern immer weniger natürliche Bewegungsanlässe bietet, kommt der altersgemäßen Förderung von Gesundheitsbewusstsein und Fitness eine überragende Bedeutung zu. Individuelle Leistungsfortschritte und Vertrauen in die eigene Leistungsfähigkeit führen zu einem positiven Körpergefühl und zur Stärkung der Persönlichkeit.«[322]

Die Förderung von personaler Kompetenz durchzieht den Bildungsplan. Im Vorwort aller Bildungspläne von Baden-Württemberg differenziert Hartmut von Hentig drei Bestimmungen von Bildung: persönliche, praktische und politische Bildung. Zur Kennzeichnung persönlicher Bildung führt er aus:

»Sie ist ... das, was ›der sich bildende Mensch‹ aus sich zu machen sucht, ein Vorgang mehr als ein Besitz. Diesem Streben folgt er auch unabhängig von der Gesellschaft. Selbst Robinson gibt sich Rechenschaft über die vergehende Zeit; er pflegt seine Erinnerungen; er macht sich Gesetze/Regeln; er beobachtet und erklärt die Natur; er liest, dichtet, singt – und vervollkommnet sich darin; er bildet Vorstellungen aus – Hoffnungen auf Rettung und einen ›Sinn‹ für den Fall, dass sie ausbleibt.«[323]

Schulisch gesehen sind ausreichend Spiel- und Gestaltungsräume gegeben, kreative Lernformen einzusetzen und den Schülerinnen und Schülern jenseits von medialen Fremdbildern und Leistungserwartungen Räume bereit zu stellen, in denen sie ihre innere Wirklichkeit mit der äußeren zusammenbringen können, kurz: in denen sie Eigen-Sinn entwickeln dürfen.

»Einen ›eigenen Sinn‹ nun hat jedes Ding auf Erden. ... Einzig zwei arme, verfluchte Wesen auf Erden gibt es, denen es nicht vergönnt ist, so zu wachsen, zu leben und zu sterben, wie es ihnen der tief eingeborene eigene Sinn befiehlt. Einzig der Mensch und das von ihm gezähmte Haustier sind dazu verurteilt, nicht der Stimme des Wachstums zu folgen, sondern irgendwelchen Gesetzen, die von Menschen aufgestellt

---

321 Bildungsplan 2004, 132.
322 Ebd., 138.
323 Ebd., 9.

sind und die immer wieder von Zeit zu Zeit von Menschen gebrochen und geändert werden. Und das ist das Sonderbarste: Jene wenigen, welche die willkürlichen Gesetze missachteten, um ihren eigenen, natürlichen Gesetzen zu folgen – sie sind zwar meistens verurteilt und gesteinigt worden, nachher aber wurden sie, gerade sie, für immer als Helden und Befreier verehrt.«[324]

Schule und Eigensinn? Ist das nicht wie Feuer und Wasser? Ist das Ergebnis von schulischen Bildungszwecken nicht eher Konformität als Originalität? Sind Bildungsstandards und deren Evaluation nicht von Menschen aufgestellte Gesetze, die die Stimme des Lebens und des Wachstums missachten? Oder könnte Schule dazu beizutragen, den »Eigensinn« der Schülerinnen und Schüler zu fördern, indem sie ihnen kreative Freiräume öffnet?

Mark Twain beschreibt in Tom Sawyer und Huckleberry Finn zwei gesellschaftliche Außenseiter. Tom ist Waisenkind und wird von seiner bigotten Tante Polly zusammen mit seinem Bruder Sid zwar liebevoll aufgenommen, aber erstickend »über-muttert«. Hucks Mutter ist bei seiner Geburt gestorben. Zusammen mit seinem Vater lebt er in einer verwahrlosten Hütte am Fluss. Der Vater ist alkoholabhängig und prügelt in einer Mischung aus Aggression und Verzweiflung seinen Sohn immer wieder. Später wird Huck von der Witwe Douglas adoptiert. Wie gelingt es Huck und Tom – trotz problematischer familiärer Bedingungen des Aufwachsens – zu einer gewissen Anerkennung in ihrem Südstaaten-Städtchen Hannibal zu gelangen?

»Wesentlich ist, was der Schelm Huck in seinem aufsässig-schöpferischen Denken und Handeln vermittelt. Ein Beispiel: Mit den Schablonen des kindlichen Denkens und Sprechens reproduziert er zunächst den Rassismus seiner Zeit. In seinen gemüthaften Reaktionen auf den ›Nigger‹ Jim und in seinem eigenen Handeln überwindet Huck allen Rassismus, stellt sich quer zu seiner Zeit. Gewiss, idealisiert wird sein Widerspruch zur neurotisierenden amerikanischen Provinzgesellschaft schon, aber auch das ist nicht entscheidend. Wichtiger ist das, was bei dem Leser und der Leserin sich innerlich rührt, wenn Huck von seinem Leben erzählt: Sympathie, Lachen, Wehmut. Huck verdeutlicht die zumeist verdrängte Sehnsucht nach einer Welt ohne krankmachende Normen, Regeln und Gesetze, einer eigenen, nicht vorfabrizierten Welt, die mit allen Sinnen erfahren und so in ihrer scheinbaren Banalität zum Abenteuer wird – und zum Abenteuer in der Phantasie einlädt.«[325]

---

324 Hesse; H.: Gesammelte Werke – Bd. 10; Frankfurt 1987, 455.
325 Schiffer 1993, 9f.

Auch in den Schulklassen von heute gibt es so manchen Tom oder Huck, der mit schwierigen familiären Lebensbedingungen zu kämpfen hat. Wenn sie nun in der Schule die Gelegenheit hätten, ihre »aufsässig-schöpferischen« Kräfte zu entfalten und Eigen-Sinn zu entwickeln, dann wäre das eine Chance, eigene Lebenswege zu entdecken, jenseits der großen Wut nach außen (Aggression und Zerstörung) und jenseits des perspektivlosen Rückzugs nach innen (Sucht, Depression oder Suizid).

Um den Bogen zurück zu kreativen Lernformen in reformpädagogischen Ansätzen zu schlagen: Martin Luserke (1880–1968) betont die Bedeutung des Schülertheaters für die Persönlichkeitsentwicklung von Jugendlichen. Auf Juist hatte er in der von ihm gegründeten ›Schule am Meer‹ ein eigenes Gebäude für das Schultheater errichtet und erzielte mit eigenen Stücken und Shakespeare-Adaptionen nicht nur dynamische Prozesse in seiner Schülerschaft, sondern auch eine enorme Außenwirkung. Andreas Flitner fasst Luserkes theaterpädagogischen Ansatz im Blick auf Schule heute so zusammen:

»Theaterspielen ist für die Kinder, so sah es Luserke, nicht eine Kunstbetätigung unter anderen. Es enthält vielmehr die Möglichkeit, sich mit Phantasie und versuchsweisem Handeln in die Welt hineinzubegeben und Erfahrungen darüber zu machen, wie es denn zugeht im Leben der Erwachsenen. ...
Über die Lust und Fähigkeit der Jugend, mit solchen Texten umzugehen und dabei den Weg zwischen den eigenen seelischen Erfahrungen und solchen Situationen und Figuren des Lebens, wie sie in einem Drama höchster Qualität erhalten sind, kann man auch heute in Luserkes Schriften, diesen Niederschlägen einer faszinierenden Theaterpraxis, noch vielerlei Anregungen finden.«[326]

Die erhöhte Lernmotivation ist der äußere Grund für kreative Lernformen in der Pubertät. Der tiefere Grund jedoch ist die Förderung von Eigensinn, der Schülerinnen und Schüler hilft, Lebenswege zu entdecken, erste Schritte darauf zu wagen und sie insgesamt in ihrem Personsein stärkt. Manchmal wird eine solche Entwicklungsphase der Loslösung von den Eltern und der Entwicklung von Eigensinn in der Pubertät aus verschiedenen biographischen Gründen ausgelassen bzw. unterdrückt. Sie muss dann in einer Therapie im Erwachsenenleben mit zeitlicher Verzögerung durchlebt werden.

»In der Therapie konnte er [der jugendliche Patient »Herbert«; M.S.] *seine Pubertät zum Teil nachholen, einen Eigen-Sinn entwickeln, ohne befürchten zu müssen, dass er verstoßen würde. So konnte er die reglementierende Mutter, die ihm im Genick saß, abwerfen. Er begriff auch,*

---

326 Flitner 1999, 68f.

dass er mit der Zigarette nicht die innere Freiheit kaufen konnte. Gefördert und gleichzeitig widergespiegelt wird der therapeutische Prozess durch seine manuell-schöpferische Tätigkeit. Anfangs noch getriebener Sklave eines vorgegebenen Plans, wird er später frei für eine dialogische Beziehung zu seinem Werk. Er ›macht‹ nicht, er lässt sich von seinen eigenen Motiven ansprechen, gleichzeitig auch von der Beschaffenheit des vor ihm liegenden Materials. Um sich frei zu fühlen, braucht er nicht mehr den Rausch. Es findet eine Wandlung statt von der Selbstzerstörung zum aufsässig- poietischen (gestaltenden) Denken und Handeln hin.«[327]

Eigenständigem, eigensinnigem, bisweilen auch aufsässigem Denken und Handeln der Heranwachsenden in der Sekundarstufe I einen legitimen Raum zu geben, ist ein wichtiger Aspekt von Bildung in dieser Altersstufe.

Kreatives Lernen in der Pubertät

Kreative Lernformen bieten sich in der Pubertätsphase besonders an, weil ...

- die Entfaltung der angelegten künstlerischen Potenziale die Kräfte der Pubertierenden in produktive Bahnen lenkt und zugleich aggressive und destruktive Handlungen reduziert.

- Kreativität divergentes Denken ausbildet, so dass Jugendliche neue Problemlösungsstrategien in fantasievollen Probehandlungen entwickeln können. Diese Ansätze und Ideen können zu wichtigen Impulsen gesellschaftlicher Entwicklung werden.

- die Entwicklung von schöpferischem Eigensinn sie in einen konstruktiven Dialog mit sich selbst und andere treten lässt. Die Heranwachsenden werden stark, eigene Wege zu suchen und ordnen sich nicht profillos scheinbaren oder tatsächlichen Konformitätszwängen unter.

- kreative Produkte – jenseits von Sprache – eine verfremdete Selbstmitteilung erlauben.

- Jugendlichen zunehmend bewusst wird, dass es für etliche bedrängende Probleme keine oder nur sehr zeitaufwändige Lösungen gibt. Kreatives Lernen jedoch fördert die dafür nötige Ambiguitätstoleranz, nämlich die Fähigkeit, trotz schwieriger Gesamtsituation das Bemü-

327 Schiffer 1993, 27f.

hen nicht aufzugeben, wenigstens in kleinen Schritten voranzukommen.

– *Elementarisierung in subjektorientierten Lernformen*

Beginnend mit dem Humanismus wird Bildung akzentuiert als Selbstbildung verstanden. Gerade im Übergang vom Kind zum Erwachsenen ist Selbstvergewisserung und Ausbildung von persönlicher Kontinuität in allem äußerlichen Wandel eine vorrangige Aufgabe – auch schulischen Lernens. Zentrale Fragen des Menschseins: Woher kommen wir? Was können wir tun? Worauf dürfen wir hoffen? suchen erste Antworten. Jugendliche in der Pubertät beginnen zu sich selbst in ein reflexives Verhältnis zu treten. Aus der von Anfang der menschlichen Existenz gegebenen personalen Würde bildet sich das bewusst zu sich selbst verhaltende Subjekt.

»Der Gebildete ist derjenige, der sich zu sich selbst verhält. Er nimmt immer den Umweg über sich selbst, er kehrt immer zu sich selbst zurück. Alles dient seiner Selbstentfaltung und Selbstgestaltung.«[328]

Weil Identitätsbildung eine elementare Aufgabe der Pubertät darstellt, sind für einen Unterricht, der die Persönlichkeitsentwicklung des einzelnen Schülers ernst nimmt, subjektorientierte Lernformen so wichtig. Das Modell der Elementarisierung berücksichtigt dies in zweifacher Hinsicht:

– Elementarisierung denkt einerseits entwicklungspsychologisch und spricht von persönlichen Zugängen oder Anfängen. Welche Aufgaben der Persönlichkeitsentwicklung stellen sich gemeinhin in bestimmten Lebensphasen und wie kann ein diesen individuellen Bedürfnissen optimal adaptierter Unterricht geplant, gestaltet und ausgewertet werden? – Das sind Leitfragen dieser Dimension von Elementarisierung. Sie wollen helfen, die Verstehensbedingungen Heranwachsender bewusster wahrzunehmen und in der Planung von Unterricht hinreichend zu beachten.

– Andererseits will das Unterrichtsprinzip Elementarisierung dazu beitragen, dass sich Schülerinnen und Schüler – gerade im Religionsunterricht – elementare Wahrheiten persönlich erschließen. Entscheidend ist hierbei das Wechselspiel zwischen dem persönlich Überzeugenden, das zur persönlichen Gewissheit heranreifen kann und dem »objektiv« vorgegebenem Wahren, das der Lehre und Praxis der Re-

---

328 Ballauff²1988, 511.

ligionsgemeinschaft sowie den Erkenntnissen der Theologie bzw. Religionswissenschaft entspricht.

»Soweit es im Feld der Religion möglich ist, bedürfen deshalb Erfahrungen der bezugswissenschaftlichen Überprüfung. Eine erfahrungsorientierte Religionspädagogik ist hierzu um der intellektuellen Redlichkeit willen verpflichtet, sonst breitet sich in der Berufung auf Erfahrung subjektive Beliebigkeit aus.«[329]

Neuere konstruktivistische Modelle der Didaktik bestärken den schulischen Einsatz von subjektorientierten Lernformen: Gelernt wird vor allem das, was das Subjekt in einem selektiven Wahrnehmungsvorgang als für sich selbst relevant erachtet und darauf seine Aufmerksamkeit fokussiert. Deshalb sagen die Intentionen eines Lehrenden noch wenig über die Ergebnisse des tatsächlichen Lernprozesses. Folglich verlagert sich der Akzent von der Vermittlung von Lerninhalten zur selbstständigen Auseinandersetzung und persönlichen Aneignung von Lerngchalten.
Die radikalste Ausformung des konstruktivistischen Ansatzes findet sich bei Edmund Kösel[330]: In seiner »subjektiven« Didaktik verläuft der Lernprozess aufgrund der jeweiligen Lerner-Biografie höchst individuell. Lernen ist ein subjektiver Prozess und das hat Konsequenzen für die Didaktik:

»Didaktik funktioniert nicht mehr nach dem ›Input-Output-Modell‹ (Nürnberger Trichter, für alle wissenschaftlich objektiviert), sondern kann nur Anreizstrukturen für die je individuell Lernenden geben, die das lernende Subjekt dann im Sinne der Selbstorganisation weiterverarbeitet.«[331]

Ideales Ziel einer subjektiven Didaktik wäre, Lernwelten so zu »modellieren«[332], dass Heranwachsende hinreichend motiviert werden, ihren Lernprozess selbst voranzubringen und in den Verästelungen zu vertiefen, die in gewisser Weise mit ihren subjektiven Lernbedürfnissen korrespondieren.

In der neueren Bildungsdiskussion dominieren Bildungsstandards und – sie konkretisierend – unterschiedlichste Kompetenzen das Gespräch. Subjektorientierte Lernformen fördern in dieser Terminologie besonders

---

329 Nipkow 2005, 337.
330 Kösel, E.: Die Modellierung von Lernwelten; Elztal-Dallau ²1995 (1993).
331 Gudjons 2002, 18
332 Vgl. Titel des Buches von E. Kösel; vgl. aber auch die gestaltete Lernumgebung in der Pädagogik von Maria Montessori.

der Ausbildung von personaler Kompetenz. Darunter wird die Fähigkeit der Schülerinnen und Schüler verstanden

»... sich selbst, andere Personen und Situationen einfühlsam wahrzunehmen, persönliche Entscheidungen zu reflektieren und Vorhaben zu klären.«[333]

Gesamtziel personaler Kompetenz ist persönliche Bildung. Der sich selbst bildende Mensch strebt danach, etwas aus sich zu machen. Persönliche Bildung ist somit kein Besitz, sondern beschreibt einen – letztlich lebenslangen – Prozess.

In der Religionsdidaktik der letzten Jahre – sowohl des Religionsunterrichts als auch der Konfirmandenarbeit – zeigen sich nach Rudolf Englert zwei Tendenzen:
- der Perspektivwechsel von den Lehrstoffen zu den Lernenden[334]
- und die Wiederentdeckung konkreter Religion[335]

»Mit der ersten Tendenz verlagert sich die religionsdidaktische Aufmerksamkeit, sehr verknappt gesagt, von der Frage, wie Lehrer lehren sollen, zu der Frage, wie Schüler lernen können. Damit wird die didaktische Planungs- und Gestaltungsarbeit, die auch bei den meisten Konzepten erfahrungsorientiert war, stärker an entwicklungspsychologischen, phänomenologischen und pädagogischen Einsichten ausgerichtet. Besonders deutlich zeigt sich dieses Konzept in der ›konstruktivistischen Didaktik‹, im religionspädagogischen Elementarisierungs-Ansatz, in der dekonstruktivistischen Weiterentwicklung des Korrelationsprinzips sowie in der Entsicherungsdidaktik von Zilleßen. Alle diese Konzepte sind vermittlungs-kritisch. Im Zentrum dessen, worum es ihnen geht, steht nicht mehr die Vermittlung von ›Sachen‹ (Inhalten, Botschaften usw.), sondern der Aneignungsprozess der Subjekte – ohne dass freilich das eine gegen das andere ausgespielt werden dürfte (wie das etwa das Elementarisierungskonzept oder eine dekonstruktive Didaktik sehr deutlich zeigen).«[336]

---

333 Bildungsplan 2004 – Gymnasium; Stuttgart 2004, 8.
334 Vgl. Mit Kindern und Jugendlichen auf dem Weg des Glaubens. Rahmenordnung für die Konfirmandenarbeit; Stuttgart 2000.
Die Überlegungen zur Neuordnung der Konfirmandenarbeit setzen bei den Konfirmandinnen und Konfirmanden ein (Kap. 2!). In der Rahmenordnung wird dann sogar von einem doppelten Perspektivwechsel gesprochen: hin zu den einzelnen KonfirmandInnen und hin zum konkreten Leben in den einzelnen Kirchengemeinden.
335 Vgl. hierzu besonders die Ausführungen zum »performativen Religionsunterricht« im Abschnitt »kontemplative Lernformen« (Kap. III. 3. 2. 2).
336 Englert 2002, 234.

3. Elementare Lernformen in der Pubertät

Am Beispiel der Taufe lässt sich einleuchtend zeigen, wie bei subjektorientierten Lernformen zwei Aspekte sich gegenseitig ergänzen: Zum einen muss ein Sachverhalt objektiv gegeben vorliegen, zum anderen aber muss dieser, damit er persönlich relevant wird, vom lernenden Subjekt auch in Anspruch genommen werden.

»Die heilsvermittelnde Bedeutung der Taufe gründet nicht in der eigenen Glaubensentscheidung und in einem Verständnis von Glaube, wonach dieser der Aktualisierung eines religiösen Glaubenspotentials im eigenen Inneren ist. Da jedoch die Taufe auch daraufhin vollzogen wird, dass persönlich bejaht und ergriffen wird, was Gott schenkt, ist gleichzeitig dies freie persönliche Verhältnis zu schützen und zu fördern. Das ist der theologische Grund, warum der Religionsunterricht pädagogisch subjektorientiert sein muss.«[337]

Subjektorientierte Lernformen schaffen Brücken zwischen Tradition und Individuum und öffnen Spielräume für die persönliche Aneignung durch das lernende Subjekt. Spielräume sind es jedoch nur, wenn die Schülerinnen und Schüler in großer Freiheit elementaren Aspekten der Überlieferung begegnen können und der Lernprozess ergebnisoffen gestaltet ist.

Für die Altersstufe Pubertät habe ich subjektorientierte Lernformen in drei Ausformungen näher dargestellt:

- Biografisches Lernen hilft, lebensgeschichtliche Bedingungen der eigenen Existenz zu reflektieren und leistet einen Beitrag, die Kontingenzen der persönlichen Lebensgeschichte besser zu bewältigen.
- Kontemplatives Lernen schafft die dafür notwendigen Freiräume. Heranwachsende können in einer lauten und schnelllebigen Umwelt innehalten und im Gegenüber zu einer transzendente Größe ein Selbstbild entwickeln, das mögliche Richtungen für ihre persönliche Entwicklung aufleuchten lässt.
- Kreatives Lernen schließlich ermutigt, in ersten Entwürfen neu gewonnenen Perspektiven Gestalt zu geben. Im Spielraum individuellen Schaffens und Mitschöpfens bilden sich persönliche Entwürfe gelingenden Lebens.

Gemeinsam tragen subjektorientierte Lernformen dazu bei, dass religiöse Bildung in dieser Altersstufe elementar wird, indem sie das Leben des Einzelnen berühren.

---

337 Nipkow 2005, 339.

3.3 Dialogische Lernformen

Persönlich bedeutsam wird der Lernort Schule vor allem infolge der Begegnungen von Menschen: Begegnungen zwischen Lehrern und Schülern sowie Begegnungen der Schüler untereinander. Dialogische Lernformen fordern aktives Mitdenken und Mitreden von Schülerinnen und Schülern und wehren der beziehungslosen Differenzierung von aktivem Lehrer hier und passivem Schüler dort. Ein rein konsumptives Verständnis der Schülerrolle ist ausgeschlossen. Auch wenn der Lehrer letztlich die Verantwortung für den Lernprozess hat und ihm wichtige Impulse gibt, ist er in zentralen Phasen des Lernens ein Teil der Lerngemeinschaft, hineinverwickelt in den dynamischen Prozess dialogischen Lernens. Die Begegnung mit dem Anderen, dem Fremden, konturiert die Identität des Einzelnen. Der Andere, der Fremde setzt in der Begegnung produktive Kräfte frei. Voraussetzung für eine solche Form der Begegnung ist die Offenheit, jedes Einzelnen seine Bereitschaft, sich einzubringen und in der Begegnung zu lernen. Dialogische Lernformen leben vom Diskurs. Jede Person bringt sich selbst erprobend ein und das Wunder eines alle bereichernden Miteinanders kann sich ereignen. Der Grundsatz dialogischen Lernens lautet: Weniger das verfügbare Wissen als vielmehr das lebendige Gespräch, die existenzielle Auseinandersetzung, bilden den Kern des Lernens.[338]

In der Pubertätsphase scheinen mir drei Formen des dialogischen Lernens besonders wichtig: das Lernen in der Begegnung der Geschlechter, das Lernen in der Begegnung mit komplexen projektartigen Aufgabenstellungen sowie erste Versuche eigenen Lehrens, die einen ernsthaften und verantwortungsbewussten Zugang zum eigenen Lernen voraussetzen.

– Geschlechterdifferenziertes Lernen

In der Schule heute unterrichten Männer und Frauen, lernen Jungen und Mädchen. Das ist historisch gesehen keineswegs selbstverständlich. Für das Pubertätsalter lässt sich im Rückblick mit geschlechtsdifferenzierter Brille Folgendes konstatieren:

»Das europäische Jugendmoratorium war zunächst vom männlichen Lebenslauf her konzipiert worden, der auch in der Folgezeit stillschwei-

---

338 Dialogisches Lernen ist stark in der jüdischen Tradition verankert. Ein Rabbi diskutiert mit seinen Schülern höchst differenziert über die Bedeutung einer Schriftstelle. Was auf den ersten Blick nach Spitzfindigkeit aussieht, will in Dialektik einüben, einer Entwicklung von intellektuellen und sprachlichen Fähigkeiten und einer Selbstvergewisserung in der Konfrontation mit dem Gegenüber dienen. Franz Rosenzweig hat diese jüdische Lernform in der Tradition des jüdischen Lehrhauses in Frankfurt um 1920 wiederbelebt. (vgl. Schoberth 1998, 110–130)

3. Elementare Lernformen in der Pubertät

gend als die allgemeine Bezugsgröße für das Moratorium unterstellt wurde. Bis Ende des 19. Jahrhunderts äußerte sich dies vor allem in der historischen Zurückstellung weiblicher Scholarisierung. Mit der Inklusion der Mädchen in das weiterführende Bildungssystem wurde der generelle Ausschluss weiblicher Jugendlicher in verschiedene Formen der Benachteiligung transformiert, was Umfang und Qualität der Partizipation weiblicher Jugendlicher anging.«[339]

Diese Benachteiligungen sind erst in den 1960er-Jahren zugunsten einer Gleichberechtigung anstrebenden Koedukation weit gehend überwunden worden.

In der neueren Literatur gibt es mehrere Begriffe, die das besonders auf Mädchen oder Jungen hin arrangierte Lernen kennzeichnen.

Während »geschlechter*differenziertes*« Lernen die Organisationsformen des Lernprozesses hervorhebt, geht es »geschlechts*spezifischem*« Lernen um die den Mädchen bzw. den Jungen angemessenen Inhalte des Lernens. »*Gender*orientiertes« Lernen schließlich betont die gesellschaftliche Relevanz der schulischen Lernprozesse und ist gerade in der jüngsten didaktischen Diskussion der bevorzugte Terminus.

In der Begrifflichkeit des genderorientierten Lernens hat sich der aus dem Englischen kommende Terminus »Gender« bzw. »Gender Mainstreaming« durchgesetzt. In gesellschaftlichen Zusammenhängen ist damit zunächst eine »Top-down-Strategie« verbunden. Mittels entsprechender Erlasse soll gewährleistet werden, dass Frauen und Männer in gleicher Weise in gesellschaftliche Entscheidungsprozesse eingebunden werden.

»1999 verpflichteten sich die EU-Mitgliedstaaten im Amsterdamer Vertrag, GM (d.h. Gender Mainstreaming) umzusetzen. Seitdem ist der Begriff, der ursprünglich aus dem Bereich der Verwaltung kommt, aus der bildungspolitischen Debatte nicht mehr wegzudenken und seit PISA unverzichtbar verknüpft mit den Überlegungen nach notwendigen Konsequenzen.«[340]

Das Englische unterscheidet zwischen dem biologischen Geschlecht (»sex«[341]) und dem sozialen Geschlecht (»gender«[342]).

---

339 Zinnecker, J.: Art. Jugend; in: Benner/ Oelkers: Historisches Wörterbuch der Pädagogik; Weinheim/ Basel 2004, 494.
340 Wienholz, M.: Gender Mainstreaming in der Schule; in: Lehren und Lernen 4/2003, 3.
341 Zu geschlechtsspezifischen Differenzen im Sinne von Unterschieden in der körperlichen Entwicklung: s. o. III. 2. 5.
342 Ursprünglich bezeichnet im Englischen »gender« das grammatische Geschlecht eines Substantivs, das Genus.

»Mit Gender werden gesellschaftlich und kulturell geprägte Rollen, Rechte, Pflichten, Ressourcen, Interessen von Männern und Frauen bezeichnet.«[343]

Es geht also bei Gender um geschlechtsspezifische Rollenzuschreibungen durch die Gesellschaft. Beziehungen zu den biologischen Differenzen von Mann und Frau können in diese Rollenzuschreibungen einfließen, müssen aber nicht. Die gesellschaftliche Relevanz dieses Prozesses soll durch Gender Mainstreaming bedacht und im Sinn einer gleichberechtigten Partizipation von Männern und Frauen an gesellschaftlichen Prozessen weiterentwickelt werden.

»Gender Mainstreaming hat zum Ziel, die Kategorie Geschlecht (»gender«) in zentrale Entscheidungsflüsse (»mainstream«) und –prozesse zu integrieren und dies für die Gleichstellung von Mann und Frau nutzbar zu machen.«[344]

Was kann Gender Mainstreaming im Kontext von Schule beinhalten?

»Die Schule ist ... gefordert, ihre Anstrengungen neben der Vermittlung fachlicher Inhalte auf den jugendlichen Entwicklungsprozess zu beziehen. Grundsätzlich gilt dies für alle Altersstufen, im besonderen Maße aber für die Phase der Adoleszenz, in der die Auseinandersetzung mit der eigenen Geschlechtlichkeit in den Vordergrund tritt und das jugendliche Subjekt herausgefordert ist, sich als erwachsene Frau oder als erwachsener Mann schöpferisch hervorzubringen.«[345]

Jeder der drei Begriffe könnte für die Kennzeichnung eines Lernens verwendet werden, das bemüht ist, Mädchen und Jungen im Unterricht gerecht zu werden. Ich habe mich für den Begriff des geschlechterdifferenzierten Lernen entschieden, da es in diesem Teil der Arbeit vor allem um elementare Lernformen geht, werde mich aber trotzdem nicht auf die Frage nach den Organisationsmöglichkeiten eines beiden Geschlechtern gerecht werdenden Unterrichts beschränken.

Die Beachtung der Geschlechterdifferenzen ist ein wichtiger Aspekt in der aktuellen pädagogischen und didaktischen Diskussion. Wie kann die Organisation von schulischem Lernen Mädchen und Jungen in ihrer Unterschiedlichkeit gleichermaßen gerecht werden?

---

343 Wanzek, U.: Das Gender-Institut; in: Lehren und Lernen 1/2004, 40.
344 Adolphy, U.: Qualitätsentwicklung und Gender Mainstreaming; in: Lehren und Lernen 1/2004, 11.
345 Hoff, W./ Horstkemper, M.: Hundert Jahre Diskussion um eine gemeinsame Erziehung von Mädchen und Jungen; in: ZPT 4/ 2004, 355.

In den 1980er-Jahren ging es vor allem darum, Benachteiligungen von Mädchen im Kontext Schule wahrzunehmen und den Unterricht sowie die Materialien so zu gestalten, dass Mädchen darin aktiver vorkamen. Geschlechterdifferenzierte Didaktik und Methodik waren auf Möglichkeiten der Mädchenförderung konzentriert. Inzwischen ist aus vielen Untersuchungen klar, dass Mädchen die Gewinnerinnen der Bildungsexpansion sind. Sie sind überproportional in den höheren Bildungsgängen vertreten und erzielen deutlich bessere Ergebnisse als die Jungen.[346]

»Mir scheint nun, dass diese Ansätze [feministische Positionen; M. S.] *in der Sackgasse stecken. Aus zwei Gründen: Die Emanzipation der Mädchen muss die Emanzipation der Jungen einbeziehen. Ein auf Mädchen setzender Ansatz ist also zu eng. Und zweitens: Diskriminierung und subtile Abwertung von Schülern trifft nicht nur Mädchen, und auch nicht generell; sie trifft ... immer wieder jene Kinder beiderlei Geschlechts, die von Lehrern wie von anderen Schülern als Gegenstände der Verspottung, der Ironisierung, der Gewalt, der Missachtung gebraucht werden: dicke, dumme, hässliche, ›schlecht‹ gekleidete, fremdartige, leistungsschwache, abweichende Kinder. Unter ihnen sind mindest so viele Jungen wie Mädchen. ›KinderStärken‹ wäre also der Ausweg aus der bloßen Lobbypolitik für Mädchen und deshalb müssen auch die abgewerteten Jungen – wieder – in den pädagogischen Blick kommen.«*[347]

In einer Gegenbewegung wurden in den 1990er-Jahren stärker die Probleme von Jungen in einem weiblich geprägten Erziehungsumfeld thematisiert.
Heute schließlich steht im Mittelpunkt des Interesses die Frage, wie es didaktisch gelingen kann, sowohl den Mädchen als auch den Jungen in unterrichtlichen Arrangements Bewährungs- und Entfaltungsräume anzubieten. Dabei gibt es u.a. Experimente mit einer phasenweisen Aufhebung von Koedukation, die noch in den 1970er-Jahren als Garant für Gleichberechtigung in der schulischen Bildung galt.

Geschlechtsspezifische Differenzen sind in manchen Fächern offensichtlich, in anderen lediglich latent vorhanden. Folglich wird nicht jede Lehrerin und jeder Lehrer schon in der Fachdidaktik auf die Notwendigkeit geschlechterdifferenzierten Lernens stoßen.

---

346 Vgl. z.B. Gläser-Zikuda/Fuß: Emotionen und Lernleistungen in den Fächern Deutsch und Physik; in: Lehren und Lernen 4/2003, 7 (Tab. 1).
Besonders signifikant ist der Unterschied in der Deutschnote (Realschule – Klasse 7). Während Mädchen einen Durchschnitt von 2,83 erzielen, liegt der Durchschnitt bei Jungen gut eine halbe Note niedriger (3,34)!
347 Preuss-Lausitz, U.: Die Schule benachteiligt die Jungen!?; in: Pädagogik 5/1999, 11.

Ein exemplarischer Gang durch fünf Unterrichtsfächer[348] soll illustrieren, welche Aspekte in Deutsch, Physik, Sport, Musik und Religionslehre besondere Beachtung verdienen und wie geschlechterspezifisches Lernen im Schulalltag stärker beachtet werden könnte.

– Geschlechterdifferenziertes Lernen in Deutsch

Besonders auffällig sind die Geschlechterdifferenzen im Fach Deutsch. Das Schriftbild ist meist eindeutig zuzuordnen: während Mädchen oft beeindruckend schön schreiben, ist die Schrift von Jungen »fahriger« und in nicht wenigen Fällen nur mühsam zu entziffern. Eng damit verbunden sind die Rechtschreibleistungen der Mädchen signifikant besser. In Aufsatzerziehung geben sich die Mädchen in der Regel mehr Mühe und sind in erzählenden und interpretierenden Aufsatzformen überlegen. In Erörterungen hingegen kommt das argumentative Vorgehen, das den Einbezug des Allgemeinwissens erfordert und nur bedingt vorbereitet werden kann, den Jungen entgegen, so dass sie bei dieser Aufsatzform gleichwertige, manchmal sogar von der Substanz her bessere Argumentationen liefern.[349] Nicht zuletzt zeigt sich – wie die PISA-Untersuchung noch mal eindrücklich unter Beweis stellt – die geschlechtsspezifische Differenz in der Lesemotivation und der Lesekompetenz.

»In der Mehrzahl der PISA-Teilnehmerstaaten ist die Einstellung von Jungen zum Lesen deutlich negativer als die der Mädchen. Im Durchschnitt der OECD-Länder stimmen insgesamt 46 Prozent der Jungen der Aussage zu, dass sie nur lesen, wenn sie müssen, während dies nur 26 Prozent der Mädchen von sich behaupten. In Deutschland ist der Anteil für die Mädchen mit dem internationalen Wert vergleichbar, der Anteil der Jungen liegt jedoch deutlich höher (52%). Während in den OECD-Mitgliedstaaten weiterhin 45 Prozent der Mädchen berichten, Lesen sei eins ihrer liebsten Hobbys, machen diese Angabe nur 25 Prozent der Jungen. Die entsprechenden Anteile liegen in Deutschland bei 41 Prozent für die Mädchen und 17 Prozent für die Jungen.«[350]

---

348 Eine ergänzende Betrachtung zum Erlernen von Sprachen sowie der Zugänge zu mathematischen Denken könnten die Zusammenschau sinnvoll ergänzen.
349 Diese persönliche Einschätzung aus vielen Jahren Aufsatzkorrektur scheint im Widerspruch zu den Ergebnissen der PISA-Untersuchung zu stehen. Danach sind die Antworten der Mädchen bei argumentativen Texten zu 64 Prozent richtig, während die Jungen zu nur 56 Prozent (- 8 Prozent) richtig antworten. (Stanat/ Kunter a.a.O., 256; Tab. 5.1) Vielleicht kann die Differenz aber dadurch erklärt werden, dass in der PISA-Studie ein argumentativer Gedankengang lediglich reproduziert werden soll, während in einer Erörterung eine eigene Argumentation möglichst schlüssig konstruiert werden muss.
350 Stanat/ Kunter 2001, 262.

Die geringere Leselust wirkt sich entscheidend auf die Lesekompetenz aus. Das zeigt sich sowohl in der Lesegeschwindigkeit als auch im Textverständnis. Im Fazit zur geschlechtsspezifischen Auswertung von PISA 2000[351] fassen die Autorinnen das Datenmaterial so zusammen:

»Die in diesem Kapitel dargestellten Befunde weisen darauf hin, dass nach wie vor bedeutsame Geschlechterunterschiede in den Schülerleistungen bestehen. Dabei ist vor allem ein vergleichsweise großer Leistungsvorsprung im Lesen zugunsten der Mädchen zu beobachten. Die relative Schwäche der Jungen in diesem Bereich betrifft hauptsächlich das Verständnis von kontinuierlichen Texten und scheint insbesondere darauf zurückzuführen zu sein, dass sie weniger Freude am Lesen haben und seltener freiwillig lesen als Mädchen. Demnach sind Jungen weniger geneigt, die Möglichkeit zu nutzen, in fiktive Welten einzutreten und sich mit diesen auseinander zu setzen, und es bleiben ihnen damit vielfältige Erfahrungen vorenthalten.«[352]

Was die Lesekompetenz betrifft, ist besonders einsichtig, dass die Beachtung geschlechterdifferenzierten Lernens nicht ausschließlich danach fragen kann, wie eine Benachteiligung von Mädchen zu verringern wäre, sondern die Jungen in den Blick bekommen muss. Wie könnten es auf Grund der Auswahl entsprechender Textformen und durch die Berücksichtigung von männlichen Fragestellungen in der Auswahl der Lektüre gelingen, Jungen ans Lesen heranzuführen und Erfolgserlebnisse in Deutsch zu vermitteln?[353] Wie könnten Jungen Texte als Spiegel ihrer selbst entdecken, so dass für sie das Lesen zu einer spannenden Entdeckungsreise in die eigene Person wird?

Einmal ist der Textbegriff weiter zu fassen, um Jungen den Zugang zum Lesen zu erleichtern. Nicht nur (meist lange) narrative Texte sind es wert, im Deutschunterricht bearbeitet zu werden. Auch Sachtexte, Werbeslogans, Tabellen, Diagramme, Karten und Grafiken inhaltlich ent-

351 Der Schwerpunkt der Untersuchung im Jahre 2000 lag auf der Lesekompetenz!
352 Stanat/ Kunter 2001, 266.
353 Mir selbst ging es in Klasse 10 im Schuljahr 2002/2003 so, dass ich vorgab: Es ist ein klassischer dramatischer Text zu lesen. Ich stellte drei mögliche Dramen zur Wahl: »Faust I«, »Wilhelm Tell« oder »Romeo und Julia« (Letzteres war der ergänzende Vorschlag einiger Mädchen aus der Klasse.) Ich bot an, die Dramen »Probe« zu lesen und mit einer entsprechenden Empfehlung der Klasse vorzustellen. Schließlich war die Präsentation zweier Mädchen zu »Romeo und Julia« von W. Shakespeare so überzeugend, dass eine Mehrheit der Klasse sich für dieses Drama entschied. Es wurden zum Teil beeindruckende Literaturstunden, bis hin zu überzeugenden Leistungen in der mündlichen Prüfung, allerdings in deutlicher Dominanz der Mädchen. Im Feedback am Ende der Lektüre wurde deutlich, dass sich letztlich viele Jungen von den Mädchen majorisiert fühlten.

schlüsseln zu können, gehört – wie die Anlage des PISA-Tests zur Lesekompetenz deutlich macht – zur sprachlichen Bildung. Dieser Gesichtspunkt wird vom neuen Bildungsplan in Baden-Württemberg für das Fach Deutsch an Realschulen ausdrücklich berücksichtigt:

»Ausgewählte Bücher und Medien mit unterschiedlichen Identifikationsfiguren für Mädchen und Jungen tragen zur Entwicklung einer geschlechtlichen Identität bei. ... Literarische und pragmatische Texte – unter Berücksichtigung nichtkontinuierlicher Texte unterschiedlicher Art – lernen sie in ihren Aussagen, ihren Absichten und in ihrer formalen Struktur verstehen und in einen größeren Zusammenhang einzuordnen, über sie zu reflektieren und sie zu bewerten. Dabei ist darauf zu achten, dass die geschlechtsspezifisch unterschiedlichen Lesegewohnheiten im Unterricht Berücksichtigung finden und ausgeglichen werden können.«[354]

Gerade den Jungen sind zudem virtuelle Geschichten aus Computer- oder Kartenspielen durchaus vertraut und sie interessieren sich dafür. Das kann ein Anknüpfungspunkt für eine Deutschdidaktik sein, die solche Geschichten nicht gleich als »trivial« abwertet und sich einzig auf literarisch »wertvolle« Texte aus den Leselisten der Lehrpläne kapriziert. Schließlich sind m.E. gerade die Jungen als intrinsisch unmotiviertere Leser bei der Auswahl der Lektüren mitzubedenken und einzubeziehen, so dass sie eher die Klassenlektüre auch als ihr Buch verstehen und sich in den Unterricht integriert fühlen.

Geschlechterdifferenziertes Lernen im Deutschunterricht erfordert folglich nach Jungen und Mädchen unterschiedene Lernschwerpunkten:

»Bei Jungen sollte u.a. verstärkt auf folgende Punkte geachtet werden:
- *die Fähigkeit des flüssigen Lesens*
- *die Beschäftigung mit kontinuierlichen Texten*
- *die Fähigkeit, sich durch Lesen Welten zu erschließen und diese auch mit eigenen Erfahrungen zu verknüpfen*
- *auf ein geeignetes Angebot von Büchern, um das Leseinteresse zu wecken*

Bei Mädchen sollte u.a. verstärkt auf folgende Punkte geachtet werden:
- *Strukturierung von Informationen und eigenen Beiträgen und modellhafte Darstellung von Sachverhalten*

---

354 Bildungsplan 2004: Realschule Baden-Württemberg, 49.
An diesem Beispiel zeigt sich mustergültig, wie neuere Erkenntnisse der Bildungsforschung in Bildungspläne aufgenommen werden können und damit die Lehrerinnen und Lehrer die Möglichkeit haben, diese Erkenntnisse sogleich unterrichtspraktisch umzusetzen.

- *häufiger Umgang mit Sachtexten*
- *Beurteilung von Informationen und Meinungen*
- *Analysieren und Darstellen von Informationen vor allem aus abstrakten und nichtkontinuierlichen Texten.«*[355]

Grundsätzlich gilt für Jungen und Mädchen:

»Leseförderung nach PISA ist gefragt – ohne Zweifel! Jedoch braucht es, um Lesekompetenz überhaupt bilden zu können, einen ›Nährboden‹. Und dieser Boden besteht auch aus Lust am Buch, seiner Form und seinem Inhalt. Darum ist es wichtig, sich Gedanken zu machen über die Präsentation von Büchern in Büchereien und Buchläden, auch in Schülerbüchereien und Leseecken in Klassenzimmern. Es ist nicht nur wichtig, einen Lesesessel in der Kuschelecke zu haben, sondern auch attraktive Literatur zur Verfügung zu stellen – nicht bloß ausrangierte Altbücher vergangener Generationen. Neben ›Schulen ans Netz‹ gehören deshalb auch ›Bücher in Klassen‹ – und zwar neue, attraktive und aktuelle.«[356]

– Geschlechterdifferenziertes Lernen in Physik

Ziemlich offensichtlich sind die geschlechtsspezifischen Differenzen in naturwissenschaftlichen Fächern. Physik und Chemie (Ausnahme: Biologie!) sind bei Jungen deutlich beliebter als bei Mädchen. Die höhere Motivation der Jungen führt meist auch zu signifikanten Unterschieden in den Lernleistungen.

»In den Bereichen Mathematik und Naturwissenschaften sind nach wie vor die Mädchen benachteiligt. Innerhalb der Naturwissenschaften ist dabei die relative Schwäche in Physik und Chemie besonders ausgeprägt. In der Biologie ist dagegen häufig kein Geschlechterunterschied bzw. sogar ein Vorteil zu Gunsten der Mädchen zu verzeichnen. Darüber hinaus konnten sowohl in den Naturwissenschaften als auch in der Mathematik geschlechtsspezifische Stärken und Schwächen bei verschiedenen Anforderungen identifiziert werden. Diese Ergebnisse weisen darauf hin, dass Leistungsnachteile für Mädchen insbesondere bei Aktivitäten zu beobachten sind, die sich auf Modellierungen beziehen (Heranziehen eines mentalen Modells in den Naturwissenschaften,

---

355 Wienholz, M.: Jungen lesen anders – Mädchen auch; in: Lehren und lernen 4/2003, 35.
356 Marci-Boehncke, G.: Können muss man wollen. Leseförderung nach PISA mit Büchern, die wirklich Spaß machen; in: Lehren und Lernen 1/2004, 39.
Prof. Dr. Gudrun Marci-Boehncke leitet seit Mitte 2003 in Kooperation mit dem Ravensburger Buchverlag ein Leseförderprojekt an der PH Ludwigsburg.

rechnerisches Modellieren sowie Mathematisierung von Situationen in der Mathematik). Dies wiederum dürfte zumindest teilweise auf die in der Literatur beschriebene relative Schwäche von Mädchen im räumlichen Vorstellungsvermögen zurückzuführen sein.«[357]

In zwei Denkbereichen werden hier geschlechtsspezifische Unterschiede genannt: in der Modellierung, also der Verallgemeinerung eines Beispiels in einem mentalen Modell, und im räumlichen Vorstellungsvermögen scheinen die Jungen Vorteile zu haben. Liegt hierin eine Wurzel für die innerliche Distanz vieler Mädchen von naturwissenschaftlichen Fächern im Allgemeinen und Physik im Besonderen?

»Für das Fach Physik gilt, dass es eines der unbeliebtesten Fächer vor allem bei Schülerinnen in der Mittel- und Oberstufe ist. In den bislang bestehenden Grund- und Leistungskursen des Gymnasiums findet man kaum Schülerinnen und kaum Frauen, die sie unterrichten. Die Mädchen beteiligen sich im Schnitt weniger mit fachlichen Beiträgen am Unterricht. Physikalische Sachverhalte spielen jedoch in attraktiven technischen Berufen, die von Frauen kaum ergriffen werden, eine große Rolle.«[358]

Was ließe sich tun, um bei den Mädchen mehr Interesse für Physik (oder andere naturwissenschaftliche Fächer) zu wecken? Ein leicht umzusetzender Ansatz nimmt die Frage- und Problemstellungen des Physikunterrichts in den Blick. Oft sind sie sehr abstrakt formuliert, so dass sie – in die richtige Formel eingesetzt – mathematisch gelöst werden können. Motivierender – nicht nur für Mädchen – ist, die Aufgabenstellung aus der Lebenswirklichkeit der Jugendlichen zu formulieren und damit zu einem Alltagsproblem zu verdichten (»life science«). Damit wird im Physikunterricht nebenbei die Lesekompetenz gefördert und nicht allein mathematisch begabte Schüler haben Zugänge zum Fachwissen.

»Mädchen lassen sich für den Physikunterricht durch Sprachbewertung viel besser motivieren. Sie fühlen sich durch personenbezogene Aufgaben, die Lebenssituation bzw. Lebenswirklichkeit einfangen, deutlich stärker angesprochen. Gerade die Themengebiete Umwelt und Soziales werden von den Mädchen innerhalb des Physikunterrichts gerne akzeptiert.«[359]

---

357 Stanat/Kunter 2001, 267.
358 Adolphy 2004, 12.
359 Pippig, R.: Leseförderung im Physikunterricht; in: Lehren und Lernen 1/2004, 35.

An Realschulen in Baden-Württemberg haben Schülerinnen und Schüler nach Klasse 6 die Wahl zwischen drei Wahlpflichtfächern: eine zweite Fremdsprache (meist Französisch), Mensch und Umwelt (MuM) und Natur und Technik (NuT). Das Wahlverhalten im Schuljahr 2002/03 war eindeutig: Die Mädchen wählten vor allem Mensch und Umwelt oder die zweite Fremdsprache (57,1% bzw. 35,7%) während fast drei Viertel der Jungen (72,1%) sich für das Wahlpflichtfach Natur und Technik entschieden. Gegen den Mainstream wählten nur 7,1% der Mädchen Natur und Technik bzw. 9,8% der Jungen Mensch und Umwelt.[360]

Schulorganisatorisch etwas aufwendiger, aber an größeren Schulen durchaus organisierbar wären geschlechtshomogene Gruppen in Natur und Technik bzw. Physik, so dass die Mädchen unter sich ihre technischen Interessen entwickeln und der Sog des Mainstreams, verstärkt durch männliche Dominanz, außer Kraft gesetzt werden könnte. Nicht zuletzt könnten durch besondere Aktionen wie etwa dem »Girls' Day«, einer Kooperation von Schule und örtlichem Handwerk, Mädchen bereits in Klasse 6 die Chance gegeben werden, in einen technischen Beruf hineinzuschnuppern, um dann eine Entscheidung auch für Natur und Technik eher zu erwägen.[361]

– Geschlechterdifferenziertes Lernen in Sport

Der Sportunterricht ist am stärksten von der körperlichen Entwicklung der Pubertät beeinflusst. Während Jungen durch Längenwachstum und Muskelaufbau an Kraft, Ausdauer und Dynamik gewinnen, fühlen sich Mädchen oft zu dick und durch die einsetzende Menstruation beeinträchtigt. So ist Sport bei Jungen mit großem Abstand das Lieblingsfach und das Problem der Lehrer ist eher, dass die Schüler übermotiviert sind. Sportlehrerinnen dagegen haben häufig reduzierte Mädchengruppen vor sich und das Problem, wie sie die Dispensgesuche der Mädchen einzuschätzen haben. Im Sportunterricht selbst gibt es ebenfalls ge-

---

360 Diese Zahlen für das Schuljahr 2002/03 habe ich vom Stat. Landesamt in Baden-Württemberg.
361 Durch diese begleitenden Fördermaßnahmen gelang es z.B. der Otto-Rommel-Realschule Holzgerlingen, den Anteil der Mädchen für das Wahlpflichtfach Natur und Technik im Schuljahr 2002/03 fast zu verdreifachen (statt 7,1% knapp 20%!). So ergab sich auch die Möglichkeit einer reinen Mädchenklasse. Die Erfahrung war die, dass die reine Mädchenklasse so viel leistungsstärker und auch angenehmer zu unterrichten war, dass die Schule wieder zu gemischten Technikgruppen übergegangen ist. Allerdings wird in Natur und Technik viel in Partnerarbeit gelernt und deshalb achtet die Schulleitung darauf, möglichst jeder Technikgruppe eine gerade Anzahl von Mädchen zuzuweisen, um wenigstens eine geschlechterdifferenzierte Partnerarbeit zu ermöglichen.

schlechtsspezifische Vorlieben: während Mädchen am ehesten zu Sportaktivitäten mit ästhetischen Teilaspekten wie Tanz und Gymnastik neigen, bevorzugen Jungen Athletik und Wettkampfspiele, besonders Ballspiele. Allerdings gibt es hier durchaus Übergangsbereiche. So wird die fast artistisch zu nennende Form des Break-dance von Jungen ausgeübt und Mädchen erbringen z.b. in Schwimmsportarten hervorragende Leistungen.

Die Unterschiedlichkeit von Jungen und Mädchen kann jedoch auch zur Chance im Sportunterricht werden. Das zeigt Inge Blum am Beispiel der Sportarten Ringen und Fußball.[362] Die Mädchen sollen gestärkt werden, indem sie lernen, Raum einzunehmen und zu verteidigen. Sie sollen bewusst ihren Körper erfahren und spieltaktisch einsetzen und zugleich Grenzerfahrungen mit Angst machen, um diese abzubauen. Die Jungen dagegen sollen in den Trainingseinheiten gestärkt werden, indem sie lernen, mannschaftsdienlich zu agieren, sich an vereinbarte Regeln zu halten und mit Hilfe von Entspannungstechnik Aggressionen abzubauen.

»Für die Spieltaktik ist das räumliche Denken und Handeln eine wichtige Voraussetzung. Jungen erreichen im Bereich Taktik bessere Ergebnisse als Mädchen, während Mädchen im sozialen Verhalten überlegen sind. Beide Verhaltensqualitäten sind wichtige Bedingungen für ein gutes Spiel.«[363]

Für Sport bietet sich also idealerweise ein Mix aus koedukativen Phasen und der Arbeit in Neigungsgruppen an, wobei die Sportlehrerinnen und Sportlehrer auch ermutigen können, gegen den Mainstream sich als Junge z.B. für Bodenturnen oder als Mädchen z.B. für Basketball zu entscheiden.

– Geschlechterdifferenziertes Lernen in Musik

Im Musikunterricht sind die Unterschiede zwischen den Geschlechtern nicht so auffällig. Die Musikstile und –vorlieben zwischen den einzelnen Jugendlichen differieren deutlich und bilden ein Erkennungsmerkmal innerhalb der jeweiligen Peergroup. Dabei sind sozioökonomische Gruppenbildungsprozesse zunächst wichtiger als geschlechtsspezifische Differenzen. Dennoch lässt sich klischeehaft sagen, dass Mädchen eher romantische, sanfte Musikstile, Jungen dagegen lautere und härtere Richtungen bevorzugen. Eine Schweizer Lehrerin berichtet über die Arbeit mit Bands an ihrer Schule:

362 Blum, I.: Mädchen sind besser – Jungen auch. Mädchen und Jungen im Schulsport; in: Lehren und Lernen 1/2004, 28–31.
363 Blum 2004, 30.

»*Die Mädchen- und gemischten Bands wählen ihre Stücke aus den Sparten Pop und Rock aus, während die Jungenband eher härtere Sachen aus Heavy, Crunch und HipHop spielt. Am selbstständigsten und ehrgeizigsten werde in der Jungenband gearbeitet, deren Mitglieder nun seit zwei Jahren in fester Formation zusammen spielen und die auch zusätzlich proben. Bei den Mädchenbands fand im Laufe des Jahres ein Prozess in Richtung größere Autonomie und mehr Selbstvertrauen statt und sie fingen vermehrt an, selber Songvorschläge mitzubringen.*«[364]

Beindruckend ist, dass es der Musiklehrerin gelungen ist, die Schülerinnen und Schüler zu aktivieren, selbst Musik zu machen und sie nicht nur zu konsumieren!

– Geschlechterdifferenziertes Lernen in Religion

Sind geschlechterspezifische Differenzen des Lernens auch in der religiösen Bildung zu beobachten? Welche Erkenntnisse der Religionspädagogik gibt es und inwieweit lassen sie sich in der Gestaltung des Religionsunterrichts beachten?

Bis in die 1990er-Jahre hinein spielten geschlechtsspezifische Fragestellungen in der Religionspädagogik eine untergeordnete Rolle. Dies zeigt sich besonders deutlich bei der Darstellung entwicklungspsychologischer Erkenntnisse. Sowohl in Fowlers Standardwerk zur Entwicklung von Religiosität[365] als auch in Schweitzers »Lebensgeschichte und Religion. Religiöse Entwicklung und Erziehung im Kindes- und Jugendalter«[366] wird kaum eine Differenzierung von männlicher und weiblicher Entwicklung vorgenommen. Fowler weist erst im neu geschriebenen Vorwort der deutschen Ausgabe[367] darauf hin, dass sich der Übergang von der 3. Stufe (synthetisch-konventioneller Glaube) zur 4. Stufe (individuierend-reflektierender Glaube) für Jungen und Mädchen anders vollziehe. Er vermutet, dass dieser Übergang für Jungen stärker mit Individualisierung und Autonomie einhergehe, während Mädchen an dieser Stelle stärker den Aspekt der Verbundenheit und Beziehung ausbilden würden. Aber vor allem die höchste Stufe der Glaubensent-

---

364 Ott, A.: Gender als Schulentwicklungsthema im Kanton Zürich; in: Lehren und Lernen 1/2004, 22.
365 Fowler 1981.
366 1. Auflage: München 1987.
Allerdings ist in der überarbeiteten 4. Auflage (Gütersloh 1999) ein Kapitel zur religiösen Entwicklung und Sozialisation von Mädchen und Frauen eingefügt (186–198).
367 Fowler 1991, 19; vgl. auch das Kapitel zur Entwicklung des religiösen Denkens und Handelns, S. 301ff.

wicklung (universalisierender Glaube) ist bei Fowler nach wie vor ausschließlich männlich gedacht.

Was lässt sich im Blick auf einen Religionsunterricht sagen, der sich bemüht, Mädchen und Jungen gleichermaßen gerecht zu werden? Er muss zunächst nach Geschlecht differenzierte Felder wahrnehmen und sich dann im didaktischen Arrangement um entsprechend ausgestaltete Lernformen bemühen. Fünf geschlechtsdifferente Felder von religiösem Denken und Handeln lassen sich in der neueren Literatur identifizieren und sollen im Folgenden veranschaulicht werden: Gottesbild, Aufgeschlossenheit für Religion, Gerechtigkeitsverständnis, das Erfassen metaphorischer Rede und Gebet.

(A) Gottesbild

Am dichtesten ist die Forschungslage im Blick auf die Frage nach einem differenzierten Gottesbild. Jungen sind stärker fasziniert durch die Größe und Allmacht Gottes, während es Mädchen mehr darum geht, eine vertrauensvolle Beziehung zu Gott aufzubauen. Mit Verweis auf die empirischen Studien im Kindes- und Jugendalter bei Hyde (1990) fasst Schweitzer zusammen:

»Eine ganze Reihe von Studien weist darauf hin, dass für das Gottesverständnis von Mädchen und Frauen nicht etwa die göttliche Allmacht und Größe zentral ist, sondern die Beziehung zu Gott. Ähnlich betonen die Mädchen auch bei der Beziehung zu Jesus die persönliche Beziehung, während Jungen in ihm eher den Lehrer sehen.«[368]

Wie ist diese Differenz im Gottesbild erklärbar? Ein möglicher Ansatz aus den 30er-Jahren des 20. Jahrhunderts sind psychoanalytische Beobachtungen zum unterschiedlichen Aufwachsen von Jungen und Mädchen.

»In allen drei für die religiöse Entwicklung hervorgehobenen Phasen kann bzw. muss die psychosoziale Entwicklung in geschlechtsspezifisch verschiedener Weise beschrieben werden: Die frühkindliche Entwicklung von Mädchen stehe im Zeichen einer längeren Einheitserfahrung mit der Mutter, während sich die Jungen schon früh als getrenntes Gegenüber erfahren. Die ödipale Zeit verlaufe bei den Jungen krisenhafter – vor allem mit der Folge einer nachhaltigeren Verdrängung der ödipalen Bestrebungen. Aufgrund der unterschiedlichen präödipalen und ödipalen Erfahrungen werde auch die Adoleszenz von Jungen und Mädchen mit ungleichen Voraussetzungen erreicht. Durchweg spiele die Be-

---

368 Schweitzer [4]1999, 189.

ziehung zur Mutter für Mädchen eine weit größere Rolle als für Jungen, was dann in der Adoleszenz zu entsprechenden Ablösungsproblemen führe. Schließlich kommt dazu die Identitätsbildung selbst, die ja stets die Identität als Mann und Frau betrifft. ... Es wäre jedenfalls plausibel, die – den vorliegenden Daten zufolge bei Mädchen u.a. beim Gottesbild stärker ausgeprägte – Beziehungsthematik auf das für die weibliche Entwicklung bestimmende Verhältnis zur Mutter zurückzuführen.«[369]

Ob dieser psychoanalytische Deutungsansatz wirklich trägt, wage ich zu bezweifeln, aber immerhin ist es ein erster Erklärungsversuch. Denkbar ist schon, dass das Gottesbild eine Art Idealbild der Mutter bzw. des Vaters darstellt und Mädchen sich stärker mit der beziehungsorientierten Mutter, Jungen dagegen stärker mit dem machtorientierten Vater identifizieren.

Fragt man Mädchen, ob Gott (auch) als Frau gedacht werden könne, zeigt sich ein erstaunliches Bild. Während nicht-religiös sozialisierte Mädchen dies unbefangen in Betracht ziehen, kommen religiös sozialisierte in einen inneren Zwiespalt. Zum einen wäre es für sie identifikationsstiftend, Gott (auch) so verstehen zu können, zum anderen werden von ihrem Umfeld solche Gedanken eher negativ sanktioniert, so dass sie zum Verschweigen neigen und früher oder später eine Denksperre ausbilden. Hier wäre es religionsdidaktisch geboten, das Gottesbild dynamisch offen zu halten und nicht anthropomorph zu verengen[370].

(B) Aufgeschlossenheit für Religion

Alle neueren empirischen Untersuchungen sind sich einig: institutionelle Religiosität verliert bei Jugendlichen an Bedeutung. So besuchten nach der Shell Jugendstudie 2000 in Deutschland (West) 1984 noch 27% der Jugendlichen mindestens einmal im Monat den Gottesdienst, 1991 waren es 22% und 1999 lediglich 16%. Für Deutschland (Ost) sind die Werte noch drastischer: 1991: 21% und 1999: 11%![371] Gleichzeitig ist aber die Aufgeschlossenheit der Mädchen und Frauen für Religion (noch) auf einem deutlich höheren Niveau: So glauben 32% der männlichen (evangelischen) Jugendlichen an ein Weiterleben nach dem Tod und 22% beten. Bei den weiblichen Jugendlichen sind es jedoch 43% (+ 11%) bzw. 34% (+ 12%).[372] Dass Mädchen/Frauen ein etwas stärkeres Interesse an Glauben und Kirche haben, zeigt sich in allen Teilgruppen

---

369 Ebd., 192.
370 Schweitzer u.a. 1995: Warum kann Gott keine Frau sein? – Weibliche Gottesbilder im Unterricht (137–139).
371 Jugend 2000 – 13. Shell Jugendstudie; Opladen 2000, Bd. 1, 162.
372 Ebd., 158.

der Untersuchung. Obwohl die Absicht, die eigenen Kinder religiös zu erziehen, in allen Teilgruppen noch überraschend hoch ist, z.B. 36% der evangelischen und 44% der katholischen jungen Männer, so ist wiederum bei den jungen Frauen eine Steigerung zu beobachten: 43% (+ 7%) bei den evangelischen und 53% (+ 9%) bei den katholischen jungen Frauen.

»Offensichtlich markiert die Bereitschaft zur religiösen Kindererziehung einen vergleichsweise starken gesellschaftlichen Konsens, eine Konvention, der man nachkommt, auch wenn man in der eigenen religiösen Praxis zurückhaltend ist. Der religionswissenschaftliche Topos vom Auseinandertreten von konventioneller und privater Religiosität ließe sich damit erneut bestätigen.«[373]

Auffällig hoch sind die Werte für religiöses Denken und Verhalten in der Teilgruppe der muslimischen Jugendlichen: Weiterleben nach dem Tod – 46% der jungen Männer/ 43% der jungen Frauen; Gebet – 46% – 38%[374]. Hier ist sogar ein leicht höheres Interesse der jungen Männer zu konstatieren.

Für den Religionsunterricht ist einschränkend zu bedenken, dass die Differenzen zwischen den Geschlechtern nicht so deutlich sind, so dass »Geschlecht« zwar ein relevantes, nicht aber ein ausschlaggebendes Kriterium für die Einstellung der Jugendlichen ist.

»Die Schülerinnen definieren sich als geringfügig religiöser als die Schüler; auch stimmen sie den vorgelegten christlichen Glaubensinhalten mehr zu und erklären eine höhere Bereitschaft, Kinder religiös zu erziehen (40% versus 33%).«[375]

Entscheidendes Kriterium ist allerdings das Alter der Heranwachsenden. So stufen sich noch 70 Prozent der 10- bis 11-Jährigen selbst als »gläubig« ein, während sich nur noch 50 Prozent der jungen Erwachsenen mit 18 und älter als »gläubig« einschätzen.

»Der altersgemäße Rückgang ist ... bei allen Items hoch signifikant, auch bei der Bereitschaft zur religiösen Erziehung der eigenen Kinder: Sie sinkt von 50% auf 24%.«[376]

Für die Gestaltung des Religionsunterrichts heißt dies, dass über die Grundschule bis hin zur Sekundarstufe II mit einer zunehmenden inne-

---

373 Münchmeier 2004, 131.
374 Ebd.
375 Bucher ³2001, 131.
376 Ebd., 132.

ren Distanz zu religiösen Themen zu rechnen ist, sowohl bei den jungen Männern als auch bei den jungen Frauen. Die Entfremdung vom Glauben und von Religion ist damit keineswegs nur eine pubertäre Episode, sondern setzt sich bis weit in die Adoleszenz hinein fort.

(C) Weitere geschlechtsdifferente religiöse Felder

Neben den Gottesbildern und der grundsätzlichen Aufgeschlossenheit für Religion will ich noch drei weitere geschlechtsspezifische Differenzbeobachtungen kurz andeuten:
– ein unterschiedliches Gerechtigkeitsverständnis
– verschieden ausgeprägte Möglichkeiten, metaphorisches Reden zu verstehen
– eine differente Gebetsauffassung

Mädchen haben eher ein personenbezogenes, den Kontext berücksichtigendes und somit empathisches Gerechtigkeitsverständnis. Bei Jungen hingegen hat Gerechtigkeit entscheidend mit gleichmäßiger Verteilung zu tun. Ein relatives Gerechtigkeitsverständnis bei Mädchen steht einem absoluten Gerechtigkeitsverständnis bei Jungen gegenüber.[377]

Der in den anderen Fächern schon konstatierte Entwicklungsvorsprung der Mädchen zeigt sich besonders einschneidend im Verständnis für metaphorisches Reden. Religiöse Sprache ist maßgeblich davon geprägt und insofern ist Mädchen oft früher ein tieferer Zugang zu biblischen Texten möglich als Jungen.

Schließlich ist Mädchen im Gebet das Gespräch mit Gott als Beziehungspflege zentral, während Jungen sich eher in Form von Bittgebeten etwas von Gott wünschen. Der Unterschied im Gebetsverständnis korreliert mit dem Gottesbild: mit einem Freund spreche ich, von einem Vorgesetzten kann ich etwas erbitten.

Wie könnte ein Religionsunterricht aussehen, der sich darum bemüht, einem geschlechterdifferenzierten Lernen gerecht zu werden? Renate Hofmann nennt in ihrer Dissertation vier Aspekte:
– Rezeptionsästhetik
– Sprache
– soziales Lernen
– und »doing gender«[378]

---

377 Vgl. Schweitzer u.a. 1995, 140–142.
378 Hofmann, R.: Geschlechtergerechte Sozialisation im Religionsunterricht; Niebüll 2001, 308–310.

Das Verständnis eines Textes – auch eines biblischen (!) – ist nicht zuletzt vom Geschlecht des Rezipienten abhängig. Mädchen und Frauen lesen mitunter (biblische) Texte anders als Jungen und Männer.[379] Trotz patriarchalischer Tradition lassen sich sowohl in der Bibel als auch in der Kirchengeschichte zahlreiche beeindruckende Frauenbilder finden. Diese sollten gleichrangig berücksichtigt werden, damit auch Mädchen im Religionsunterricht Identifikationsangebote erhalten.

Die geschlechtsspezifische Anrede der Schülerinnen und Schüler in Arbeitsanweisungen oder den Aufgaben der Schulbücher mögen als Äußerlichkeit erscheinen. Dennoch setzt eine beide Geschlechter bewusst einschließende Formulierung Signale. Inklusive Sprache bringt bewusst integratives Denken zum Ausdruck.

Soziales Lernen im Religionsunterricht unter dem Gesichtspunkt der Geschlechterdifferenz will keiner Uniformität das Wort reden. Männer und Frauen sind nicht gleichartig! Aber: Männer und Frauen sind sehr wohl gleichwertig. Das gilt auch in religiöser Sicht: *»Es gibt nicht ... Mann und Frau, denn ihr seid alle ›einer‹ in Christus«* (Galater 3,28). Deshalb müssen Lehrerinnen und Lehrer jedem Ansatz von sexistischer Diffamierung sanktionierend entgegentreten. Das Geschlechterselbstverständnis der Lehrerinnen und Lehrer und das daraus resultierende Verhalten sind aufgrund ihrer Vorbildfunktion für die Heranwachsenden in der Schule von großer Bedeutung.

»Davon ist in der Literatur, die gern von ›LehrerInnen‹ spricht, also unverständlicherweise nicht nach Frauen und Männern unterscheidet, kaum die Rede. Unbestritten sind aber die Lehrkräfte diejenigen, die als Verhaltensmodelle, oft unbewusst, bewertende Signale aussenden, was denn als akzeptables Mädchen- und Jungen-Verhalten gilt.«[380]

Der Religionsunterricht kann darüber hinaus deutlich machen, dass Geschlecht weder eine naturhaft eindeutige noch eine unveränderbare Kategorie ist.

»Doing gender« schließlich macht die in der Klasse dennoch vorhandenen Differenzen in Bezug auf das Geschlecht sichtbar. Dies gelingt

---

379 Das hat Silvia Arzt am Beispiel von Esther 1 überzeugend aufgezeigt: Frauenwiderstand macht Mädchen Mut. Die geschlechtsspezifische Rezeption einer biblischen Erzählung, Innsbruck/Wien 1999.
380 Preuss-Lausitz 1999, 13.
Bei diesem Zitat ist im Artikel der Zeitschrift »Pädagogik« ein Begriff (vielleicht: Vorbilder) verloren gegangen.
»... die sowohl als Verhaltensmodelle als auch als ???, oft unbewusst, bewertende Signale aussenden ...«
Ich habe deshalb eine Konjektur vorgenommen und den Text sinngemäß gekürzt.

durch Phasen des geschlechtergetrennten Unterrichts, dem dann gemeinsame Phasen folgen, in denen die unterschiedlichen Sichtweisen diskutiert und abgeglichen werden können. Vielleicht wird es so möglich, nicht gegenseitig Defizite zu behaupten, sondern miteinander Differenzen wahrzunehmen.

Bei allem Bemühen um geschlechterdifferenziertes Lernen im (Religions-)Unterricht müssen auch die Grenzen dieses Ansatzes klar sein.[381] Andere Sozialisationsinstanzen wie Familie, Peergroup oder Medien können den Versuch eines geschlechtergerechten Umgangs relativieren oder konterkarieren. Aber es kann auch der umgekehrte Effekt einsetzen: Positive Erfahrungen des Umgangs miteinander können aus dem schulischen Kontext in die anderen Lebensbereiche ausstrahlen und scheinbar Selbstverständliches in Frage stellen.

Insgesamt gilt als gesichert, dass Mädchen – über alle Fächer hinweg betrachtet – schulisch weitaus erfolgreicher sind. Mädchen sind überproportional in »höheren« Schularten vertreten. Im Schuljahr 2002/03 gab es bundesweit z.B. 101 253 Schülerinnen, d.h. 42,5% mit Hauptschulabschluss (dagegen 136 640 Schüler), jedoch 126 546 Schülerinnen, d.h. 56,7% mit allgemeiner Hochschulreife (dagegen 96 708 Schüler).[382] Trotz dieser ungleichen Verteilung sind die Mädchen auch innerhalb der Schularten in der Regel die Erfolgreicheren, so dass der Spiegel provozierend titelt: »Schlaue Mädchen – dumme Jungen. Sieger und Verlierer in der Schule«[383] Die Tendenz geht dahin zu fragen, wie den »angeknacksten Helden« zu helfen sei:

»Jungenförderung ist kein Rückschlag. Schließlich müssen die Mädchen mit ihnen leben.«[384]

Die grundsätzlich im Schulalltag zu machenden Beobachtungen bezüglich der Geschlechterdifferenzen verschärfen sich in der Pubertätsphase, so dass gerade in den entsprechenden Klassen der Sekundarstufe I auf geschlechtsdifferenziertes Lernen zu achten ist, um möglichst beiden – Mädchen und Jungen – gerecht zu werden.

»Es liegt auf der Hand, dass es nicht um eine generelle Rücknahme der Koedukation gehen kann, wohl aber um einen reflektierten Umgang mit derselben. Solche ›reflexive Koedukation‹ würde das Geschlechtsbewusstsein als eine wesentliche Komponente von Bildung anerkennen und die Kinder bei ihrer Suche nach Identität unterstützen, die sich

---

381 Hofmann 2001, 310–313.
382 Zahlen aus: Spiegel 21/2004, 84.
383 Ebd., 82–95.
384 Ebd., 90.

auch über Rollenstereotypen frei hinwegzusetzen lernt. Als wesentliche Voraussetzung darf die freiwillige Teilnahme gelten sowie auf Seiten der Lehrenden große Sensibilität, didaktisches Können sowie eine tiefgehende Reflexion der eigenen Rollenvorstellungen und Verhaltensweisen.«[385]

Es wird deutlich: Geschlechterdifferenziertes Lernen ist ein dialogisches Geschehen. Jungen und Mädchen lernen voneinander und miteinander, aber auch Lehrerinnen und Lehrer bringen sich als Mann und Frau je spezifisch in den Lernprozess ein und sind angehalten, ihr eigenes Rollenverständnis reflektiert in den Dialog einzutragen.

In der Adoleszenz ist die geschlechtliche Identität allerdings nur ein Teilaspekt der übergreifenden Frage nach dem Lebenssinn.

»Deutlich wird zum einen, dass sich die Auseinandersetzung um die Auffassung der eigenen Geschlechtlichkeit nicht von der Beantwortung des Sinnproblems als Dauerthema der Adoleszenz trennen lässt. Geht es also um den persönlichen Lebensentwurf, ist die Geschlechterfrage mit präsent, auch wenn sie von den SchülerInnen nicht in jedem Fall explizit thematisiert wird.«[386]

So leistet im Blick auf geschlechterdifferenziertes Lernen gerade auch der Religions- und Ethikunterricht einen wichtigen Beitrag zur Persönlichkeitsbildung Heranwachsender.

Geschlechterdifferenziertes Lernen in der Pubertät

Geschlechterdifferenzierte Lernformen bieten sich in der Pubertätsphase besonders an, weil ...

- die Auseinandersetzung mit der eigenen Geschlechtlichkeit in den Vordergrund tritt. Diese Auseinandersetzung kann durch einen gezielten Wechsel von geschlechterdifferenzierter und koedukativer Arbeit in der Klasse unterstützt werden.

- in den Peergroups oft Rollenklischees ausgebildet werden, die aufgrund einer kontrastiven Reflexion der eigenen Geschlechtsrolle in der Diskussion mit ganz anders denkenden Jungen bzw. Mädchen in der Klasse sowie durch das direkte Gegenüber mit dem anderen Geschlecht in Frage gestellt werden.

- die Heranwachsenden in ihren Lehrerinnen und Lehrern authentische Modelle dafür erleben, was Mann- bzw. Frausein in heutiger Gesellschaft heißen kann.

---

385 Volkmann, A.: »Geh aus deinem Vaterland ... und deines Vaters Hause« (Gen. 12, 1) – und wohin?; in: ZPT 4/ 2004, 340.
386 Hoff/ Horstkemper 2004, 358.

– Projektorientiertes Lernen

Inhaltlich kann ein Projekt den persönlichen, den zwischenmenschlichen oder den gesellschaftlichen Bereich im Fokus haben. Wenn ich dennoch projektorientiertes Lernen den dialogischen Lernformen zuordne, dann deshalb, weil in dieser Lernform immer in der Auseinandersetzung mit anderen – Lehrern, Mitschülern, Eltern, außerschulischen Experten – ein Vorhaben ausgehandelt wird und somit die Verständigung mit anderen und die regelmäßige Rückkopplung von Erfahrungen auf der Inhalts- und Beziehungsebene für das Gelingen konstitutiv sind.

Schule steht heutzutage in der Gefahr, Schülerinnen und Schüler zu infantilisieren. Je mehr sich die Schulzeit über die Kindheit hinaus in die Pubertät und die Adoleszenz ausdehnt, desto dramatischer sind die Folgen: bevormundende Kleinschrittigkeit im Unterrichtsverfahren, Unterforderung für viele im Leistungsniveau, Indifferenz und Lustlosigkeit als Antwort auf Schülerseite, in schlimmeren Fällen auch Zerstörung aus Übermut oder Aggressionen gegen Personen.
Projektartige Lernformen geben Schülerinnen und Schülern die Chance, Verantwortung zu übernehmen. Sie erfahren: Ich bin wichtig! Ich werde gebraucht, auch dann, wenn meine Leistungen in den schulischen Kernfächern nicht so glänzend sind.
Innerhalb eines Projekts gibt es unterschiedliche Aufgaben. Entsprechend ihrer Begabungen können die Schülerinnen und Schüler sich als Team ergänzen. Niemand will sich vor den anderen in der ihm anvertrauten Teilaufgabe blamieren und die Motivation, das Beste für ein gutes Gruppenergebnis einzubringen, erhöht sich.
Im Sinne einer Öffnung der Schule zur Lebenswelt gilt es darüber nachzudenken: Welche außerschulischen Projekte sind durchführbar? Wie gelingt es, dem Projekt einen möglichst authentischen Ernstcharakter zu geben?
Im Übrigen gilt genauso, Schüler vor Überforderung zu schützen. Die ihnen zugetrauten Aufgaben sollten zu bewältigen sein. Aber letztlich beinhaltet vielleicht gerade auch das (partielle) Scheitern eines Projekts Lernpotenziale für weitere Projektvorhaben!

Projektorientiertes Lernen hat historisch vor allem zwei Wurzeln; die deutsche Reformpädagogik und den amerikanischen Pragmatismus. Ursprünglich stammt der Begriff »Projekt« (lat. proicere –hinwerfen, preisgeben; Part. Perf. proiectum – nach vorn geworfen) aus der Ausbildung von Architekten. Seit dem 17. Jahrhundert sollten sie mit Hilfe von gezeichneten und berechneten Entwürfen eines Portals, eines Pavillons oder eines Palais' unter Beweis stellen, dass sie in ihrem Metier ein größeres Vorhaben planen können. Auch in anderen technischen Studiengängen wurden zur Erlangung eines Diploms Projekte verlangt.

Theorie und Praxis sollten eine Einheit bilden. Von der Hochschule wurde die Projektidee Ende des 19. Jahrhunderts in den schulischen Bereich übertragen.

Als ein Beispiel aus dem Bereich der deutschen Reformpädagogik wähle ich den Berliner Fritz Karsen (1885–1951), einen Vertreter der Lebensgemeinschafts- und Arbeitsschulbewegung. Er vertritt einen weiten »Projekt«-Begriff, denn Projekte in der sozialistischen Arbeitsschule dienen dazu, das jeweils konkrete gesellschaftliche Umfeld der Schule zu verbessern. Sie haben insofern letztlich eine sozialpolitische Begründung. Die speziell von der Schulgemeinde entworfenen Arbeitsprojekte ersetzen den staatlichen Lehrplan weit gehend.

»Für Karsen ist die Schule eine ›soziale Arbeitsschule‹. Sie ist wie eine ›moderne Werkstatt‹ genossenschaftlich organisiert. Die Ziele werden daher nicht von außen vorgegeben, sondern von den Mitgliedern selbst festgelegt. Ein Komitee aus Lehrern und Schülern entwickelt am Beginn des Schuljahrs einen Projektplan für die ganze Schule. Die einzelnen Klassen überlegen dann, welche Projekte sie im Rahmen dieses Planes durchführen wollen. Damit will Karsen erreichen, dass die Schüler die Schularbeit als sinnvoll erfahren und lernen, wie durch Zusammenarbeit und Arbeitsteilung Aufgaben und Probleme wirksam bewältigt werden können. Karsen verlangt, dass die Projekte in der Anfertigung ›vorweisbarer Produkte‹ ihren Höhepunkt finden; denn am Ende des Schuljahres sollen sie in einer Ausstellung vereinigt und kritisch gewürdigt werden.«[387]

Der enge Zusammenhang von didaktischen Intentionen mit gesellschaftspolitischen Implikationen zeigt sich auch bei den Ansätzen von Dewey (1859–1952) im amerikanischen Pragmatismus. Ihm geht es um die schulische Erziehung zu einem demokratischen Gemeinwesen.

»Dewey anerkennt den Wert empirischer Wissenschaften und möchte sie als Instrument und Vorbild für Handeln verstanden wissen. So soll sich denn auch die Demokratie im Sinne einer großen Forscherfamilie als ständige Experimentiergemeinschaft weiterentwickeln. Jeder ist handelnd, d.h. experimentierend, auf sich gestellt. Niemand besitzt allein die Wahrheit oder auch das einzig richtige pädagogische Wissen. Daraus folgt, dass sich die Volksbildung und überhaupt jeder Unterricht auch an Lebenspraxis zu orientieren haben. Aufgaben mit Lebensnähe, d.h. mit möglichst geringem künstlich hergestellten Anteilen, bieten die ideale Ausgangsbasis für Bildung.«[388]

---

387 Frey ^{8}1998, 45f.
388 Ebd., 49.

3. Elementare Lernformen in der Pubertät

Gerade im Sinn von »Community Education« öffnen sich für Schulen in Deutschland bei der angestrebten Einführung bzw. Förderung von Ganztagsschulen neue Möglichkeiten. Schulen entwickeln sich zu Bildungszentren für Jung und Alt in einem Stadtteil. Die Maxime vom guten gemeinsamen Leben darf jedoch bei der Wahl der Projektthemen nicht zu einer allein gesellschaftspolitischen Ausrichtung der Themen führen. Gerade Kilpatrick (1871–1965), ein Schüler Deweys, betont mit der Forderung eines ›child-centered curriculum‹ die individuellen Bedürfnisse der Schülerinnen und Schüler.

»Kilpatrick setzte sich mutwillig über Tradition und Konvention hinweg, als er die Projektmethode zu einem ›didaktischen Prinzip‹ erklärte und als ›herzhaft absichtsvolles Tun‹ (hearty purposeful act) definierte. Für Kilpatrick war ›freies und selbstbestimmtes‹ Handeln die Grundlage des Lernens in der Demokratie. Deshalb sollte das Kind – nicht der Lehrer – über Inhalt und Ablauf des Unterrichts entscheiden.«[389]

Selbst wenn ich Kilpatrick in dieser Absolutheit nicht folge, sind für projektorientiertes Lernen die Bedürfnisse der Schülerinnen und Schüler ein entscheidender Ausgangspunkt des Unterrichtsgeschehens. In jedem Fall ist mit einem Lernen in Projektform weit mehr als eine Abwechslung in der Methodik schulischen Unterrichts beabsichtigt.

»Wer Projektlernen im sozialreformerisch-politischen Sinn vertritt, sieht darin nicht nur eine Methode, sondern eine ›Philosophie der Erziehung‹. Diese zielt auf demokratisches Handeln in überschaubaren Gruppen in Schule und Hochschule, Gesellschaft und Kirche. Die Kooperation zwischen verschiedenen Lebensbereichen ist anzustreben, z.B. durch Elternmitarbeit. Seit Mitte der siebziger Jahre wurde der Projektunterricht als Beitrag zur inneren Schulreform wiederentdeckt.«[390]

Dewey hat sich in seiner wissenschaftlichen Arbeit zunehmend der Denkpsychologie gewidmet und die Parallelität des »vollständigen Denkakts« eines Einzelnen mit dem Projektlernen in der Gruppe dargestellt. Fünf Denkschritte sind kennzeichnend: *»1. Begegnung mit der Schwierigkeit 2. Lokalisierung/ Präzisierung 3. Lösungsansatz 4. Simulation der logischen Lösungsmöglichkeiten 5. Experimentelle Prüfung der Lösungsansätze«* (Dewey, J.: How we think. A restatement of the relation of reflexive thinking to the educative process, 1933; aus: Frey [8]1998 (1982), 65)
So spannend diese Parallelisierung ist, weil sie aufzeigt, wie grundlegend Projektlernen im Menschsein verankert ist, so einseitig ist es auch, einen gruppendynamischen Prozess wie das Lernen im Projekt ausschließlich mit einer kognitiven Theorie zu beschreiben. Die Beziehungsaspekte zwischen Lehrkraft und Lernenden sowie der Lernenden untereinander sind für das Erfassen von Projektlernen mindestens ebenso bedeutsam! (vgl. Kriterium: soziales Lernen im Projekt, S. 410)
389 Knoll 1992, 104.
390 Reents [2]1996, 74.

Aus den Wurzeln des Projektgedankens stammen auch die bis heute gültigen drei Kennzeichen dieser Lernform, die eine große Nähe zum handlungsorientierten bzw. praktischen Lernen aufweisen:

»*Von Anfang an stimmten die amerikanischen Pädagogen mit ihren europäischen Kollegen darin überein, dass das Projekt eine Methode des ›praktischen Problemlösens‹ sei, die sich durch drei Merkmale auszeichnete:*
1. *Schülerorientierung – die Schüler bekamen die Aufgabe meist vom Lehrer gestellt, aber für die Planung und Durchführung der Projekte waren sie immer selbst verantwortlich.*
2. *Wirklichkeitsorientierung – die Schüler lernten nicht nur Theorien, sie wandten sie auch in einer Weise an, die der Arbeit in Leben und Beruf nahe kam; und*
3. *Produktorientierung – die Schüler beschrieben nicht einfach, wie sie sich die Lösung eines Problems vorstellen, vielmehr fertigen sie Pläne und Gegenstände an, die es erlaubten, ihre Vorstellungen auch zu überprüfen.*«[391]

In der Didaktik der letzten dreißig Jahre gilt – in Fortsetzung und Erweiterung dieser Traditionslinie – als unbestrittener Konsens: Projektorientierte Lernformen fördern Selbststeuerung, Selbsttätigkeit und Selbstverantwortung der Schülerinnen und Schüler im Lernprozess. Das zentrale Ziel lautet: mehr Handlungsspielräume und Selbstbestimmung für Schüler! Deshalb sind projektorientierte Lernformen gerade in der Zeit des Erwachsenenwerdens eine gute Möglichkeit, einer Infantilisierung von schulischen Lernprozessen vorzubeugen.[392] Zudem ist Projektunterricht bei den Schülerinnen und Schülern äußerst beliebt. Aus der Sicht »unterrichtsmethodisch engagierter« LehrerInnen ist der Projektunterricht bei Schülern die beliebteste offene Unterrichtsmethode. 58,1% schätzen ihn sehr, 34,4% durchaus und nur eine kleine Minderheit nicht.[393]
Aber die Hochschätzung von projektorientiertem Lernen steht in deutlichem Kontrast zur Tatsache, dass Projektlernen in der Schulpraxis unterrepräsentiert ist.[394] 12,5% der »unterrichtsmethodisch engagierten« LehrerInnen an Realschulen in Baden-Württemberg[395] praktizieren Pro-

---

391 Knoll, M.: John Dewey und die Projektmethode; in: Erziehung und Bildung 45. Jg. (1992), 91.
392 Vgl. Hinführung in diesem Teilkapitel: S. 403.
393 Bohl 2000, 291f.
394 Das gilt für andere offene Lernformen wie Freiarbeit, Wochenplanarbeit oder Lernzirkel in ähnlicher Weise.
395 Thorsten Bohl hat die Fragebogen zu den eingesetzten Unterrichtsmethoden an alle SchulleiterInnen der 424 Realschulen in Baden-Württemberg (1996/97) verschickt und diese gebeten, sie an zwei ›unterrichtsmethodisch engagierte‹ KollegInnen weiterzugeben. Insofern sind die Aussagen (674) nicht repräsentativ für alle

jektunterricht, 42,8% davon einmal im Schuljahr und immerhin noch 21,2% einmal im Halbjahr.

»Die Ergebnisse deuten darauf hin, dass der Projektunterricht vorwiegend als Block, also als Projekttage oder Projektwochen praktiziert wird und diese vorwiegend ein- oder zweimal im Schuljahr stattfinden. Im alltäglichen Unterricht wird Projektunterricht nur selten durchgeführt.«[396]

Diese wenig in den »normalen« Unterricht integrierten Projekte sind sicher von allen gut gemeint und von den Schülern auch geschätzt. Dennoch strahlen sie kaum motivationsfördernd auf den normalen Fachunterricht aus und haben im Blick auf das schulische Lernen insgesamt einen entscheidenden Nachteil:

»In Systemen wie Schule können Projekte aber den Nachteil haben, dass sie als Knaller im Feuerwerk von Schulaktivitäten zwar kurz aufmerken lassen, aber kaum Spuren hinterlassen, ja oft bei einzelnen Lehrer/innen ›geparkt‹ werden, ohne dass deutlich wird, welche Bedeutung für das ›Projekt Schule‹ sie haben. Und so beobachten wir seit geraumer Zeit eine wachsende ›Projektitis‹ an Schulen, die viel (individuelle) Zeit verschlingt, aber bei vielen das ungute Gefühl hinterlässt: ›Wir machen doch so viel – aber geändert hat sich eigentlich wenig ...‹.«[397]

Die Diskrepanz von hohem punktuellen Aufwand und mangelnder Nachhaltigkeit verstärkt bei Lehrerinnen und Lehrern die Gefahr eines Burnout-Syndroms und hinterlässt bei den Schülerinnen und Schüler den Eindruck, Projekte seien eine Lernform für einen versöhnenden und möglichst harmonischen Übergang von der Schul- in die Ferienzeit.

Wie ist die Diskrepanz von theoretischer Hochschätzung und praktischer Randständigkeit von projektorientiertem Lernen zu begründen? Ein Grund mag darin liegen, dass pädagogische Utopien nicht nur faszinieren, sondern auch Angst machen. Kann ich mit meinen unterrichtlichen Ansätzen zur Projektarbeit dem didaktischen Ideal auch nur annähernd gerecht werden? Wesentlich pragmatischer lassen sich auch andere Gründe anführen, warum projektorientiertes Lernen zurzeit in unseren Schulen nur begrenzt verwirklicht wird:

LehrerInnen (13668). Die Prozentwerte für die Gesamtheit der LehrerInnen dürften noch deutlich niedriger sein. (vgl. ebd., 195–204)
396 Bohl 2000, 209.
397 Stehen, R.: Bildungsqualität durch Gesundheitsförderung. Gesundheitsförderung durch Schulentwicklung; in: Fachzeitschrift der Aktion Jugendschutz 1/2005, 11.

»Falls die Realisierung von Projekten über sporadische Episoden im sonstigen Unterricht hinausgeht, so kollidiert sie vor allem mit der rigiden Zeiteinteilung des Stundenplans, der fächerspezifischen Aufsplitterung der Lerngegenstände, der mangelnden Verbindung von kognitivem und praktischem Lernen, den dominierenden Vermittlungsformen des Frontalunterrichts, der unzureichenden Lehrerkooperation und einer individualisierten und konkurrenzierenden Leistungsauslese.«[398]

Deshalb sind kleinschrittige Hinführungen für den Schulalltag entscheidend. Nicht alles ist mit einem Projekt abdeckbar, aber viele Projekte akzentuieren unterschiedliche Facetten von Projektarbeit. Der Weg führt von der Anleitung zur Autonomie der Schülerinnen und Schüler. Es geht beim Gegensatz von Anleitung durch die Lehrperson und Autonomie für die Lernenden nicht um ein Entweder-Oder, sondern um ein Mehr und zunehmend Weniger. Das zeigt sich schon in der vielfältigen Begrifflichkeit:

»Heute wird die [Projekt-] Idee im projektorientierten Unterricht weiterentwickelt, wobei die Übergänge zwischen Projekt, Projektwoche, Vorhaben, projektorientiertem Unterricht, Projektunterricht, Projektarbeit fließend sind.«[399]

Projekttage werden bisher bevorzugt am Ende eines Schuljahrs durchgeführt, weil sie schulorganisatorisch so am besten zu bewältigen sind und einer motivationsarmen Unterrichtszeit neue Impulse geben. Die Schule stellt sich ein übergeordnetes Thema und an diesem wird in unterschiedlichsten Projektgruppen jahrgangsübergreifend gearbeitet, um z.B. für ein Schulfest eine ansprechende Darstellung der Schule vorzubereiten. Alternativ bieten in diesen Projektwochen die Lehrerinnen und Lehrer einer Schule Themen an, die sie in ihrer Freizeit beschäftigen, die aber ansonsten in der Schule wenig Raum finden: von der Beschäftigung mit Raumfahrt bis zum kleinen Trainingslager für Tennis, von der anspruchsvollen Hütten-Tour bis zum ökologischen Projekt im Heimatort. Diese Projekte können gewiss für beide Seiten zu Highlights des Schullebens werden, aber ihr Zusammenhang zum Unterrichtsalltag ist meist locker, noch eher über die Personen als über die Inhalte gegeben.

Von projektorientierten Lernformen statt von Projektunterricht zu sprechen ist bescheidener und angesichts schulischer Wirklichkeit sachlich

---

398 Holtappels 1994, 69.
Welche weiteren Schwierigkeiten Projektlernen aus Lehrer- und Schülersicht bereiten kann (z.B. Überforderung, Gammelei, freie Lehrerwahl usw.) zeigt prägnant: Reents ²1996, 78f.
399 Lott, J.: Art. Projektunterricht, -studium; in: LexRP – Bd. 2; 2001, Sp. 1568.

3. Elementare Lernformen in der Pubertät

angemessener. Projektorientierte Lernformen wollen die Projektmethode in den Schulalltag integrieren, ohne damit gleich den Anspruch zu verbinden, alle Aspekte eines idealtypischen Projekts zu verwirklichen. Allerdings muss man um die umfassenden Intentionen von Projektunterricht wissen, um legitimiert mit dem Einsatz projektorientierter Lernformen eine partielle Beschränkung auf einzelne Elemente vorzunehmen. Welches nun sind die Merkmale eines idealtypischen Projekts? Es lassen sich didaktische und methodische Gesichtspunkte[400] für projektorientiertes Lernen unterscheiden.

Folgende zehn didaktische Kriterien sind nach Gudjons[401] für ein Projekt konstitutiv:

- Situationsbezug
Das Thema für ein Projekt sollte eine konkrete Aufgabe oder ein konkretes Problem aus dem Schulleben bzw. dem öffentlichen Leben im Umfeld der Schule sein. Ausgangspunkt ist folglich nicht die Systematik eines Fachs, sondern die Komplexität einer aktuellen Lebenssituation, der man sich gemeinsam lernend annähert.

- Orientierung an den Interessen der Beteiligten
Wird Unterricht als interessevermittelnder Prozess verstanden, dann muss das Interesse der SchülerInnen zwar nicht unbedingt a priori vorhanden sein, sondern kann durchaus in den ersten Projektschritten geweckt werden, aber dann muss der Verlauf des Projekts offen sein und alle Beteiligten sollen die Gestaltung des Ablaufs beeinflussen.

- Selbstorganisation und Selbstverantwortung
Klassischer Unterricht wird von Lehrpersonen so geplant, dass sich die

---

400 Beim Projektunterricht sind Didaktik und Methodik eng miteinander verzahnt. »*Die Projektmethode bleibt beim ursprünglichen Verständnis.* [«Methode« meint nicht nur eine bestimmte Art und Weise, einen Inhalt zu vermitteln, sondern ist auch inhaltlich gefüllt. M.S.] *Sie möchte die Methode nicht als eine verselbständigte Größe ansehen und damit auch der Trennung von ›Was‹ und ›Wie‹ Vorschub leisten, wie dies durch die begriffliche Scheidung von Didaktik und Methodik in der deutschen Pädagogik unglückseligerweise geschieht«* (Frey [8]1998, 15).
401 Bastian/ Gudjons (Hg.) [4]1994, bes. 16–26.
Es gibt viele alternative Kataloge, in denen aufgelistet wird, was als unverzichtbare didaktische Merkmale eines Projekts zu gelten habe. Als pars pro toto eine Auflistung des Dortmunder Schulpädagogen Holtappels (1994, 65–69):
- Lebens- und Praxisbezug
- Schülererfahrungen als Ausgangspunkt
- selbstbestimmtes Planen und Handeln
- Chancengleichheit
- soziales Handeln
- Motivation und Perspektive

Lernenden den Lernstoff aneignen können. Beim Projektunterricht ist das anders: Lehrende und Lernende machen sich gemeinsam über eine aktuelle Situation bzw. Problem sachkundig. Die Verantwortung der Teilgruppe für das Gelingen des Klassenprojekts erfordert die Möglichkeit, Arbeitsprozesse in Freiheit zu planen und durchzuführen. Werden Projektziele nur vorläufig formuliert, können sie konsensual in gemeinsamen Reflexionsphasen revidiert werden.

- Gesellschaftliche Praxisrelevanz

Wie schon beim ersten Kriterium, dem Situationsbezug, angedeutet, muss klar sein: Das Projekt greift in die lokalen Gegebenheiten ein und will etwas zum Positiven verändern. Es hat Ernstcharakter. In der Schulpraxis kann sich zeigen, dass die Schülerinteressen (2. Kriterium) und die gesellschaftliche Relevanz eines Themas zueinander in Spannung stehen.

- Zielgerichtete Planung

Um bestimmte Ziele zu erreichen, müssen die Bedingungen am jeweiligen Schulort (z.B. lokale Marktanalyse), die materialen Grundlagen bedacht sowie notwendige Genehmigungen eingeholt und Möglichkeiten zum Sponsoring des Projekts ausgeschöpft werden. Ein gemeinsames Handlungsziel kann bewirken, dass aus Lehrzielen Lernziele werden.

- Produktorientierung

Die abschließende Überprüfung eines Lehrprozesses mittels einer Lernkontrolle erübrigt sich. Anhand der erbrachten Arbeitsergebnisse können sich die Schülerinnen und Schüler selbst überprüfen. Die Ergebnisse des Projekts werden der Öffentlichkeit zugänglich gemacht. Es kann sich um ein handwerkliches Produkt oder eine Dokumentation des Erkundeten bzw. Gemachten handeln. Die SchülerInnen identifizieren sich im Idealfall mit ihrem Produkt und sind stolz darauf.

- Einbeziehen vieler Sinne

Denken und Handeln, Theorie und Praxis sind – verglichen mit dem »normalen« Fachunterricht – eher in einem ausgeglichenen Verhältnis. Das erfordert z.T. andere Zeitrhythmen fürs Lernen.

- Soziales Lernen im Projekt

Gegenseitige Rücksichtnahme, Kooperationsfähigkeit sowie ein angemessener Umgang mit auftauchenden Konflikten fördern das Gelingen des Projekts. Im Projektverlauf kann sich die Frage stellen, ob der Projektplan und die Produktorientierung oder das krisenorientierte Management in bestimmten Phasen Vorrang haben?

- Interdisziplinarität

Komplexe Lebenszusammenhänge erfordern die Zusammenarbeit mehrerer Fächer, will man einer konkreten Situation bzw. einem konkreten Problem hinreichend gerecht werden.[402] Wichtig ist, die unterschiedlichen Fachaspekte im Sinn einer umfassenden Problemlösung zu funktionalisieren. Allerdings sind fachinterne Projekte nicht völlig ausgeschlossen, zumal wenn sich die Kooperation mit anderen Fächern aus unterschiedlichen Gründen als problematisch erweist.

• Bezug zum Lehrgang: Grenzen des Projektunterrichts
Lehrerzentrierte Lehrgänge bleiben für schulisches Lernen unabdingbar, um im konkreten Einzelfall die Gegebenheiten des Lebens in eine allgemein gültige Systematik einzuordnen. Deshalb will Projektunterricht Lehrgänge nicht ersetzen, sondern ergänzen.

Nicht alle zehn Merkmale müssen nun in jedem Projekt exakt eingehalten werden. Doch sollten in einem Unterrichtsvorhaben, das sich zu Recht Projekt nennen darf, möglichst viele dieser Merkmale erkennbar sein.

Im Blick auf den konkreten Unterricht handelt es sich bei einem Projekt um eine anspruchsvolle methodische Großform. Das Projekt ist einerseits offen und fordert ein hohes Maß an Schüler-Selbsttätigkeit und offene Rollenerwartungen, andererseits ist es ganzheitlich ausgerichtet und erlaubt einen vergleichsweise hohen Anteil an »Handarbeit«.[403]

Methodisch lassen sich nach Dewey und Kilpatrick für ein Projekt idealtypisch vier Phasen formulieren: purposing (Zielsetzung) – planning (Planung) – executing (Ausführung) – judging (Beurteilung). Dieses Grundmuster wird – mit gewissen Modifikationen – noch immer in der Schulpraxis realisiert. Ein Team von RealschullehrerInnen hat es 2001 in einer Fortbildung als Planungshilfe für die KollegInnen[404] auf sechs Phasen erweitert:

---

402 Projektorientiertes Lernen legt vielfach einen fächerübergreifenden Unterricht nahe. Fächerübergreifender Unterricht orientiert sich – im Sinne Klafkis – an epochaltypischen Schlüsselthemen und bricht die Fachorientierung sowohl inhaltlich als auch organisatorisch im schulischen Unterricht auf. Als Vorstufe hierzu ist fächerverbindender Unterricht zu verstehen. Hier werden komplexe Fragestellungen in verschiedenen Fächern aufeinander abgestimmt in einem bestimmten Zeitraum aufgegriffen, ohne die Fachstruktur des schulischen Unterrichts aufzuheben. (vgl. Bohl 2000, 165f.)
403 Vgl. Meyer ^{2}1988, 143–145.
404 Vgl. www.zum.de/Faecher/evr2/BAYreal.
Planungshilfe: Projekte vorbereiten und organisieren; Religionspädagogisches Zentrum Heilsbronn 2001.
Das Planungsschema orientiert sich stark an das von Karl Frey gegebene Grundmuster der Projektmethode.
(vgl. Frey ^{8}1998, 76–85)

- Projektinitiative
- Projektskizze
- Projektplanung
- Projektdurchführung (mit gemeinsamen Fixpunkten)
- Projektabschluss
- Projektrückschau

Eingeschoben ist am Anfang des Projekts zwischen »purposing« und »planning« die Projektskizze. Sie verdeutlicht den offenen, möglichst viele Anregungen einschließenden Prozess beim Start. Vor dem »judging« ist ein offizieller Projektabschluss eingefügt, der eine Präsentation der Projektergebnisse in einer größeren Öffentlichkeit erlaubt.

Bei der **Projektinitiative** geht es darum, ein Thema zu finden, das für möglichst viele interessant sein könnte. In besonders glücklichen Fällen kann eine solche Initiative von einzelnen Schülern[405] oder Eltern ausgehen. Oft wird es allerdings Aufgabe der Lehrperson sein, solche Ideen zu entwickeln, gegeneinander abzuwägen und motivierende Initialimpulse zu überlegen. Gibt es Auswahlkriterien, die als Entscheidungshilfe zwischen verschiedenen Projektinitiativen genutzt werden können?

*»Um die Projektarbeit von bloßer Werkelei abzugrenzen, sollte auf folgende vier Kriterien geachtet werden: (1.) Das Thema sollte einen **Problembezug** enthalten. (2.) Es sollte sich auf eine **gesellschaftlich wichtige Frage** auslegen lassen. (3.) Das Thema sollte zum **interdisziplinären Arbeiten** herausfordern und (4.) **Kopf- und Handarbeit** verknüpfen.«*[406]

Erste Zielvorstellungen für das Projekt zeichnen sich ab. Hier ist kreative Kompetenz Einzelner gefordert.

Die **Projektskizze** will alle am Projekt Beteiligten – vor allem die Schülerinnen und Schüler, aber auch die Schulleitung, kooperierende KollegInnen, Eltern sowie außerschulische Experten – für die gemeinsame Arbeit motivieren: das vorläufige Thema ist vorzustellen und zu

---

405 Weil es Dewey im Projektlernen darum ging, die Denkfähigkeit der Schüler zu entwickeln, äußerte er sich kritisch zu den Möglichkeiten der SchülerInnen bei der Mitbestimmung in der Auswahl von Projektthemen:
»Die Führung, die der Lehrer gab, um die Denkfähigkeit des Kindes zu fördern, war, darauf bestand Dewey, eine Bedingung zur Erweiterung der Freiheit und nicht ein Mittel, sie zu unterdrücken. Dies galt auch für den Projektunterricht. Auch im Projektunterricht blieb die Führung in der Hand des Lehrers. Dewey sprach vom Projekt als einem ›gemeinsamen Unternehmen‹ von Lehrer und Schülern, wobei der Lehrer die Aufgabe hatte, die Projekte auszuwählen und vorzuplanen« (Knoll 1992, 104).
406 Meyer ²1989, 336.

diskutieren. Möglicherweise ergänzende Ideen sind modifizierend einzubauen. Deshalb muss die Planungsarbeit in dieser Phase – aber auch noch später! – offen und revisionsfähig sein. Gruppen für die skizzierte Projektarbeit können sich konstituieren. Im Vordergrund stehen in der zweiten Phase Informations- und soziale Kompetenz.

In der gemeinsamen **Planungsphase** sind die Themenaspekte zu präzisieren. Mögliche Produkte oder Adressaten des Projekts kommen in den Blick. Jetzt müssen Arbeitsmethoden bestimmt, Arbeitsorte festgelegt und Teilaufgaben endgültig Personen zugeordnet werden. Um einen besseren Gesamtüberblick zu behalten, lohnt es sich, einen Projektplan mit Angaben über Zeiträume, Verantwortlichkeiten und benötigte Materialien anzulegen. Die Zielvorstellungen für die gemeinsame Projektarbeit sind nun klar zu formulieren. In dieser Projektphase sind Planungs- und Entscheidungskompetenz gefragt.

In der **Durchführungsphase** dominiert die praktische Arbeit: Materialien werden beschafft und zu einem Produkt verarbeitet, Dienstleistungen angeboten und ausgeführt. Weit gehend selbstständig organisieren die Schülerinnen und Schüler ihr Tun und übernehmen die Verantwortung für Gelingen bzw. Misslingen. Im gemeinsamen Handeln sind Kooperation und Solidarität der Teilgruppen unerlässlicher Bestandteil für das Gelingen des Projekts. Zuvor vereinbarte Fixpunkte erlauben der Gesamtklasse, im Arbeitsprozess eine Informations- und Reflexionsphase einzuschieben. Alle sollen den Gesamtüberblick behalten und bei auftretenden Teilproblemen ist gemeinsam zu entscheiden, ob im laufenden Projekt etwas geändert werden muss oder soll. In der Durchführung eines Projektes kommt es zum Zusammenspiel einer Vielzahl von Kompetenzen: Problemlösungs- und Gestaltungskompetenz, soziale und Konfliktlösungskompetenz sowie Organisationskompetenz.

Den **Abschluss eines Projekts** bildet eine Präsentation des fertigen Produkts bzw. die Darstellung des eigenen Projekts in einer größeren Öffentlichkeit. Da der Prozess für das Projekt sehr wichtig ist, darf diese Phase nicht überbewertet werden. Es geht beim projektorientierten Lernen keineswegs nur um die mögliche Außenwirkung, sondern ebenso um die dynamischen Prozesse des gemeinsamen Arbeitens innerhalb der Klasse. Gefragt ist die didaktische Kompetenz, Ergebnisse des eigenen Tuns werbewirksam ins rechte Licht zu rücken sowie die personale Kompetenz, selbstbewusst und selbstkritisch zugleich das Erreichte vorzustellen.

Die **Projektrückschau** schließlich will den Prozess und das Produkt des Projekts zusammenfassend bewerten und dessen Wirkung beurteilen. Die Reflexion bezieht sich nicht nur auf die erarbeiteten Produkte bzw. erbrachten Dienstleistungen, sondern ebenso auf die Beziehungen der Projektmitglieder zueinander und deren Umgang miteinander. Es ist zu entscheiden, ob und wenn ja, in welcher Form das Projekt dokumentiert wird. Schließlich muss die Frage beantwortet werden, wie eine Fortsetzung des Projekts sinnvoll aussehen könnte und was dabei geändert werden müsste. Hierfür werden Beurteilungs-, Dokumentations- und kommunikative Kompetenz benötigt.

Zusammenfassend betone ich – trotz des eben präsentierten Planungsmusters – die notwendige Eigendynamik jedes Projekts. Eine Gliederung in Phasen kann bei der Strukturierung des Lernprozesses helfen, aber sie darf nicht zu einem formal einzuhaltenden Schema erstarren. Ein solcher Formalismus wäre kontraproduktiv im Blick auf die Intentionen eines Projekts.

Welche inhaltlichen Schwerpunkte für projektorientiertes Lernen sind in der Altersphase Pubertät im Fach Religion besonders geeignet? Warum Projektarbeit ausgerechnet am Fach Religion veranschaulichen, könnte man kritisch einwenden. Gibt es historisch nicht erhebliche Spannungen zwischen projektorientiertem Lernen und dem Religionsunterricht? So stehen Rousseaus Erziehungsmethode oder die Ideen einer sozialistischen Arbeitsschule (vgl. F. Karsen) im Widerspruch zur religiösen Erziehung.[407] Dennoch lässt sich am Beispiel von Otto Eberhard zeigen, wie reformpädagogische Ansätze in den 1920er-Jahren Aufnahme in die Praxis des Religionsunterrichts an der – nunmehr in staatlicher Verantwortung stehenden – Schule gefunden haben. Religionsunterricht sollte den »ganzen« Menschen erfassen.

»Es gilt, nicht den Intellektualismus zu züchten, nicht nur eine Wesensseite der werdenden Persönlichkeit zu pflegen, sondern den ganzen Menschen in der Einheit seines Seins zu erfassen und im Zusammenhang mit der Ganzheit des Lebens zu bilden. Das methodische Gesetz der seelischen Totalität fordert seine Durchsetzung auch als Bildungsgrundsatz. ... Drei Leitbilder stehen also vor uns, wenn wir die Synthese: Arbeitsschule und Religionsunterricht vertreten:
- *die am Stoff selbsttätig werdende Arbeitsgemeinschaft*
- *die zu den verborgenen Quellen des Lebens hernieder steigende Seelengemeinschaft*
- *die zu sozialethischem Handeln eins gewordene Tatgemeinschaft«*[408]

---

407 Vgl. Schweitzer, F.: Was bedeutet projektorientiertes Lernen für evangelische Schulen?; in: Birkacher Beiträge 1: Projektorientiertes Lernen; Stuttgart 1997, bes. 103f.
408 Eberhard, O.: Arbeitsschulmäßiger Religionsunterricht; Stuttgart 1924, in: Nipkow/ Schweitzer: Religionspädagogik. Texte zur evangelischen Erziehungs- und Bildungsverantwortung – Bd. 2/2: 20. Jahrhundert; München 1989, 68.

3. Elementare Lernformen in der Pubertät

Ganzheitliches Lernen umfasst für Eberhard das Denken, Fühlen und Handeln eines Schülers. Erst mit der dritten Dimension, der des Handelns, ist für ihn die religionspädagogische Trias vollständig. Konkret konnte dies z.b. heißen, dass Schülerinnen und Schüler Aktionen starteten, um alten Menschen, die in besonderer Weise unter der Inflationszeit litten, zu helfen. So besuchten sie diese in ihren ärmlichen Hütten, brachten ihnen Feuerholz, sammelten Nahrungsmittel oder halfen ihnen beim Reinigen der Behausung.[409]

»Seid aber Täter des Wortes und nicht allein Hörer, sonst betrügt ihr euch selbst.
Denn wenn jemand ein Hörer des Worts ist und nicht ein Täter, der gleicht einem Mann, der sein leibliches Angesicht im Spiegel beschaut. Denn nachdem er sich beschaut hat, geht er davon und vergisst von Stund an, wie er aussah.
Wer aber durchschaut in das vollkommene Gesetz der Freiheit und dabei beharrt und ist nicht ein vergesslicher Hörer, sondern ein Täter, der wird selig sein in seiner Tat.«
(Jakobus 1,22- 25 in der Übersetzung nach M. Luther)

Religionsunterricht muss nach Eberhards Bibelverständnis anschaulich und praktisch sein. Wie schon Pestalozzi verabscheut er »den Wortkram einer Maulreligion«. Das »sozialethische Tun in der Schul- und Lebensgemeinschaft« ist dabei keine einseitige Hilfe, denn mitunter erzählen die alten Menschen den Kindern aus ihrem »bunt bewegten« Leben, ja »einmal wurde eine Gruppe jugendlicher Helfer von einem Mütterchen bewegten Herzens gesegnet.« Das klingt für heutige Ohren etwas rührselig, aber es zeigt Eberhards Bemühen, religiöse Erziehung in die Lebenswelt und ihre aktuellen Nöte einzubinden und christliches Ethos in konkreter Hilfe zur Tat werden zu lassen. Die Reflexion der christlich-sozialen Tätigkeit erfolgte in den regelmäßigen »Beratungsstunden«.[410]

Eberhard ist theologisch durch sein pietistisches Erbe geprägt, in dem Frömmigkeit stets im praktischen Tun deutlich wird. Zudem gehört Johann Hinrich Wichern zu seinen theologischen Gewährsmännern. Als Begründer der »Inneren Mission« hat er sich im Namen der Kirche für die Gestrandeten der Gesellschaft stark gemacht und Eberhard sieht ihn in der Tradition Pestalozzis. Ein präsentisch geprägtes Verständnis der Gottesherrschaft, ein »Tatchristentum« mit stark diakonischer Ausrichtung bestimmt sein religionspädagogisches Denken.

---

409 Eberhard, O. (Hg.): Lebendiger Religionsunterricht; Stuttgart 1925, 390–395
410 Wollte man aktuelle Parallelen aufzeigen, so könnte z.B. an die Einbindung von Schülerinnen und Schülern in die Arbeit der Vesperkirchen gedacht werden.

Projektorientiertes Lernen im Religionsunterricht heute kann m.E. sehr wohl an diese Tradition anknüpfen. Je nach Spezifizierung sind mehrere Fächer als Kooperationspartner denkbar und unterschiedliche Lebensbereiche im Schwerpunkt betroffen. Vergleicht man die inhaltlichen Ausprägungen von aus dem Religionsunterricht kommenden oder zumindest von diesem mitgetragenen Projekten, so lassen sich vier Richtungen unterscheiden:

Religiös-ästhetische Projekte wie die künstlerische Gestaltung von Kreuzwegstationen regen zur Auseinandersetzung mit der eigenen Frömmigkeit an.»Habe ich tief in mir so etwas wie eine religiöse Gestimmtheit? Was hat sie ggf. verschüttet? Was bleibt mir dennoch wichtig? Warum bin ich Christ bzw. warum nicht?« Diese Fragen klingen in religiös-ästhetischen Projekten an und werden im auswertenden Gespräch über die Kunstwerke indirekt thematisiert. Somit wird die religiöse Selbstvergewisserung Jugendlicher gefördert.[411]

Hauptsächlich im zwischenmenschlichen Bereich angesiedelt sind **liturgische** Projekte.[412] Die Gestaltung religiöser Rituale und Feiern im Klassenverband ist eine Möglichkeit, die Planung eines Schulgottesdienstes für eine Jahrgangsstufe oder die gesamte Schule eine andere. Zu denken ist auch an Möglichkeiten, eine biblische Geschichte in ein musikalisches oder dramatisches Stück umzuformen und dieses den Eltern oder bei einem Schulfest aufzuführen. Die gruppendynamischen Prozesse dieser Projekte fördern das Zusammengehörigkeitsgefühl in der Gruppe und stärken somit die Persönlichkeit der Heranwachsenden.

An der Grenze von zwischenmenschlichem und gesellschaftlichem Bereich sind **kirchengeschichtliche** Projekte angesiedelt. So können sich die Schülerinnen und Schüler auf Spurensuche begeben, wie die Kirchengemeinde in bestimmten historischen Situationen versucht hat, Christsein praktisch zu leben. Wie haben z.B. die einheimischen evangelischen Christen reagiert, als nach dem Zweiten Weltkrieg viele (katholische) Flüchtlinge ins Dorf kamen? Was davon ist beispielhaft? Wo zeigt sich Versagen? Welchen vergleichbaren Herausforderungen sieht sich unsere Kirchengemeinde heute gegenüber und was können junge Christen dazu beitragen, dass Kirche diesen aktuellen Herausforderungen gerecht wird?

Stärker dem gesamtgesellschaftlichen Bereich zugeordnet sind **diakonische** Projekte. Begegnungen mit behinderten oder obdachlosen Men-

---

411 Hier ergeben sich leicht erkennbar Querverbindungen zu den kreativen Lernformen (vgl. Kapitel III.3.2.3).
412 Diese inhaltliche Füllung eines RU-Projektes lässt sich ideal mit Formen des kontemplativen Lernens verbinden.

schen, gemeinsame Aktionen von Alt und Jung, Kooperation mit Partnern in der Dritten Welt u.v.a.m. erweitern den Blick der Heranwachsenden und geben ihnen vielfach Gelegenheit, in helfender Weise Gesellschaft mitzugestalten.[413]

Wichtig für alle Projektmöglichkeiten ist, dass aus einer Projektinitiative ein von möglichst vielen getragenes Projekt wird. Das gilt in besonderer Weise für die Schülerinnen und Schüler. Vielleicht entwickeln sie – nach ersten anregenden Impulsen durch die Lehrkraft – eigene Ideen für ein Reli-Projekt, das ihnen erlaubt, mit ihren persönlichen Stärken einen Beitrag zum Gelingen des gemeinsamen Vorhabens zu leisten.

Projektorientiertes Lernen in der Pubertät

Projektorientierte Lernformen bieten sich in der Pubertätsphase besonders an, weil ...

- Aufgaben im Projekt selbstbestimmt gesteuert sind und insgesamt die Eigenverantwortung von SchülerInnen gefördert wird. Sie können in überschaubaren Teilbereichen zeigen, was sie alles schon können. Dadurch wird ihr in der Pubertät verunsichertes Selbstvertrauen gestärkt.

- die Arbeit im Team jedem Jugendlichen die Chance gibt, mit seinen besonderen Fähigkeiten zum Gelingen des Ganzen beizutragen. Der Ernstcharakter gewährt ihnen die Erfahrung: Ich bin für andere wichtig. Gelingen oder Misslingen eines Vorhabens ist auch von meinem Talent und meinem Engagement abhängig. Die Arbeit im Team – unter der Zielsetzung eines möglichst guten gemeinsamen Produkts – erfordert zu kooperieren und Konflikte konstruktiv zu bewältigen.

- Jugendliche in der Pubertät sich im praktischen Tun selbst erfahren wollen und nach der Relevanz ihres Lernens für die konkrete Lebensbewältigung fragen. Projekte öffnen die Schule in die Lebenswelt und fragen nach pragmatischen Lösungen für (gesellschaftliche) Probleme. Im Idealfall sind die SchülerInnen stolz darauf, einen produktiven Beitrag zur Verbesserung (der Gesellschaft) geleistet zu haben.[414]

---

413 vgl. die ausführlichen Darstellungen dazu im Kapitel »diakonisches Lernen« (III.3.2.2).
414 Gerade beim projektorientierten Lernen wird deutlich, dass die Differenzierung in subjektorientierte, dialogische und gesellschaftsorientierte Lernformen vor allem eine didaktische Akzentuierung im Lernprozess darstellt und die Übergänge zwischen den einzelnen Kategorien fließend sind (vgl. auch: S. 337–339).

– Lernen durch Lehren

»Docendo discimus.«[415] Die lateinische Formel zeigt, dass es sich beim Lernen durch Lehren um eine klassische Lernform handelt, die schon der Antike bekannt war.

Ende des 18. Jahrhunderts leitete der schottische Missionar Andrew Bell nach dem Prinzip »Kinder lehren Kinder« in Madras eine Waisenschule. Mit einem ausgeklügelten Tutorensystem konnte er die Anzahl der erwachsenen Lehrer auf ein Minimum beschränken. Diese hatten im System vor allem eine kontrollierende und beratende, höchstens in der obersten Klasse noch eine lehrende Aufgabe.
Anfang des 19. Jahrhunderts eröffnete der englische Lehrer Joseph Lancaster für arme Arbeiterkinder in den Slums von London eine ähnlich strukturierte Privatschule. Er etablierte an seiner Schule ein System, in dem sich Kinder wechselseitig unterrichteten und erzogen. Um den Schulbesuch – bei geringem Spendenaufkommen – für die Kinder gratis zu halten, musste er aus finanziellen Gründen versuchen, mit möglichst wenigen hauptamtlichen Lehrern auszukommen und das Meiste der Lehrverantwortung auf die Schüler-Tutoren zu übertragen. Bekannt wurde sein Slogan: »Only one teacher to at least one thousand boys.« (»Ein einziger Schulmeister unter tausend Kindern!«)

Diese Ansätze fanden in der Folgezeit als Bell-Lancastersche Schulen in Frankreich und der Schweiz[416], allerdings kaum in Deutschland Verbreitung.[417]
Sie scheiterten nach anfänglicher Faszination[418] jedoch alle nach wenigen Jahren, weil das Unterrichtsprinzip der Elementarisierung unzureichend beachtet wurde. Der gesamte Unterricht war in ein genau vorgeschriebenes Schema gepresst und im Vordergrund standen die

---

415 Es handelt sich grammatikalisch bei diesem lateinischen Sprichwort um ein Gerundium im Ablativ ohne Präposition. (vgl. Krüger, M.: Lateinische Sprachlehre; Frankfurt [16]1973, 139)
Wörtlich ins Deutsche übersetzt könnte die Formel lauten: »durch das Lehren lernen wir« oder »um zu lernen lehren wir«.
416 Zum Beispiel diente das Modell des wechselseitigen Unterrichts dem aargauischen Schulinspektor Heinrich Zschokke 1822 als Grundlage für die von ihm empfohlene Grundschulreform. Schon damals galt es bei knappen Finanzmitteln ein Minimum an Bildung zu sichern, damit das wirtschaftliche Vorankommen des Staates nicht an der Unkenntnis der zukünftigen Arbeiter scheitert.
vgl. Oelkers, J.: Bildungsstandards und Schulentwicklung: Ein Blick in Geschichte und Zukunft; Vortrag im Comenius-Institut am 13. 2. 2004 (Transkript S. 5)
417 Genaueres zu diesen historischen Schulversuchen ist nachzulesen bei: Osterwalder F.: Tausend Schüler, ein Lehrer – Schüler lehren Schüler; in: Pädagogik 11/97, 35–38.
418 1819 wurden in England über 200 000 Schüler in »Bell-Lancaster-Schulen« unterrichtet!

3. Elementare Lernformen in der Pubertät

Organisation des Lernprozesses sowie das ausgeklügeltes System von Belohnung und Bestrafung, nicht der Lerninhalt und seine optimierte Aneignung durch die Schülerinnen und Schüler. Die Lernform wurde nicht elementar den Lernerfordernissen der Schüler angepasst, sondern die Schüler und Hilfslehrer in ein klar vorgegebenes Lernschema eingefügt, dessen oberste Prämisse ein sparsamer Einsatz von (erwachsenen) Lehrkräften war, um mit geringem Einsatz von Mitteln dennoch Unterricht zu ermöglichen. So gesehen sind Bell-Lancaster-Schulen eine aus der Not geborene Lösung, kein pädagogisches Ideal.

»Die Methode des wechselseitigen Unterrichts versagte nicht in den zurückgebliebenen, sondern in den sich entwickelnden, innovativen Systemen der Volksbildung, die relativ schnell lernten, dass die neue Methode nicht das einhielt und einhalten konnte, was sie großzügig versprochen hatte. Sie war für anspruchsvolle Lernprozesse, die Individualisierung verlangen, ohnehin ungeeignet, jedoch verzögerte und komplizierte sie auch die Elementarbildung, also den Bereich, auf den sie eigentlich zugeschnitten war. Der positive Effekt war, dass nach dem Scheitern des Drill-Lernens sich auch hier ein lehrerzentrierter Unterricht in Jahrgangsklassen durchsetzte. Die Methode des ›wechselseitigen Unterrichts‹ war weder individuell genug noch wirklich fordernd, um nachhaltiges Lernen im Elementarbereich auf Volksschulniveau anzuregen.«[419]

Auch in der zweiklassigen deutschen Dorfschule des 19. und frühen 20. Jahrhunderts fand sich ein dem Lernen durch Lehren ähnliches didaktisches Prinzip: Der Dorflehrer unterrichtete vor allem die Oberklasse (5.–8. Schuljahr) und ein besonders begabtes Kind dieser Gruppe[420] wurde vom Lehrer autorisiert, in der Unterklasse (1.–4. Schuljahr) Teile des Unterrichts zu übernehmen. Im Vordergrund der Überlegung stand wiederum nicht ein didaktisches Prinzip, sondern die Notsituation des Lehrers, nicht zwei Gruppen gleichzeitig angemessen unterrichten zu können.

In der neueren Didaktik ist »Lernen durch Lehren« Anfang der 1980er-Jahre von Jean-Pol Martin als Konzept für die Didaktik des Französischunterrichts entwickelt und systematisch erforscht worden.[421] Heute steht weniger der Spareffekt dieser Lernform im Vordergrund der Überlegungen. Einer der wesentlichen Vorteile von Lernen durch Leh-

---

419 Oelkers 2004, 7f.
420 Später war dies, wenn eine Gemeinde sich das leisten konnte/ wollte, Aufgabe des Hilfslehrers, der dem Dorfschulmeister hierarchisch eindeutig untergeordnet war.
421 Z.B. Martin, J.-P.: Für eine Übernahme der Lehrfunktion durch Schüler; in: Praxis des neusprachlichen Unterrichts 1986, 395–403.

ren gerade im Sprachunterricht liegt darin, dass sich die Sprechanteile der Schülerinnen und Schüler entscheidend erhöhen: von etwa 20% auf bis zu 80%! Dennoch ist Lernen durch Lehren für alle Fächer geeignet und gerade auch im Religionsunterricht wertvoll, weil es die Aneignung eines bestimmten religiösen Themenfelds durch die SchülerInnen selbst fördert.

»Sehr gute Erfahrungen mit LdL liegen im Religionsunterricht vor. Im Unterschied zur häufig geübten Praxis des ›Referat-Haltens‹ bekommen die Lernenden die Aufgabe, sich Gedanken zu machen, wie sie Themen und Inhalte ihren MitschülerInnen wirklich vermitteln können. Das kann zu ungeahnten Aha-Erlebnissen führen. Vor allem aber beschäftigen sich die Jungen und Mädchen sehr viel intensiver mit Unterrichtsthemen als im üblichen Unterricht.«[422]

Lernen durch Lehren? Diese Lernform kann vor die grundlegende Frage stellen: Wird hier nicht ein Rollentausch propagiert, der der Wirklichkeit keinesfalls gerecht wird? Schüler – gerade in der Pubertät – besuchen die Schule, weil sie per Gesetz verpflichtet sind zu lernen. Umgekehrt werden Lehrerinnen und Lehrer qualifiziert ausgebildet und gut bezahlt, damit sie in hoher Qualität und motiviert lehren. Das ist die ihnen vom Staat anvertraute Aufgabe. Deshalb geht es beim Lernen durch Lehren nicht um einen generellen Rollentausch, sondern darum, auszuloten, welcher Beteiligungsspielraum im Lehr-Lern-Prozess gerade auch aus Sicht der Lernenden didaktisch hilfreich sein könnte und deren didaktische Kompetenz für den Unterricht fruchtbar werden ließe. Lernen durch Lehren geht von einem dialogischen – nicht von einem instrumentell-strategischen – Handlungsmodell aus.

»Im dialogischen Verständnis des Lehrerhandelns sucht der Lehrende nach Möglichkeiten der wechselnden Beteiligung der Akteure im Lehr-Lern-Prozess. Diesem Lehrerhandeln unterliegt das Verständnis eines Arbeitsbündnisses, das, um Erfolg zu haben, ständig neu ausgehandelt werden muss. Lehren wird in diesem Handlungsmodell als Ermöglichung von Lernen verstanden, weil Lernen ein höchst eigenwilliger und individueller Prozess ist, der in seiner Möglichkeitsvielfalt nicht vollständig antizipierbar ist. Dem Lehrerhandeln unterliegt deshalb das Verständnis eines Arrangeurs von Lernumwelten, mit denen der Lernende sich aktiv auseinandersetzt. Die Aufgabenverteilung folgt dabei dem Modell eines Arbeitsbündnisses. Der Lehrende bleibt der Repräsentant des verallgemeinerbaren kulturellen Lernbedarfs, gleichzeitig aber greift er auf die didaktischen Kompetenzen der Lernenden zurück, durch deren Beteiligung sich Lehre erst in Lernen verwandeln kann. Lehren und Lernen sind in diesem Arbeitsbündnis so aufeinander ver-

---

422 Vgl. Artikel »Lehren durch Lernen«; in: www.wikepedia.org; S. 6.

3. Elementare Lernformen in der Pubertät

wiesen, dass die aktive Mitarbeit der Schülerinnen und Schüler an der Gestaltung der Lehre eine notwendige Konsequenz ist.«[423]

Lernen durch Lehren ist die konsequente Umsetzung eines dialogischen Handlungsmodells. Es beruht – in der Schule Martins – auf drei Komponenten:

»***Pädagogisch-anthropologisch*** *bezieht sich LdL im Wesentlichen auf die Bedürfnispyramide von Maslow. Die Aufgabe, anderen einen Wissensstoff zu vermitteln, soll die Bedürfnisse nach Sicherheit (Aufbau des Selbstbewusstseins), nach sozialem Anschluss und sozialer Anerkennung sowie nach Selbstverwirklichung und Sinn (Transzendenz) befriedigen. Bezüglich des Bedürfnisses nach Transzendenz wird folgende Logik verfolgt: angesichts der auf die Menschheit zusteuernden Probleme ist es unabdingbar, möglichst viele intellektuelle Ressourcen zu mobilisieren; dies geschieht im LdL-Unterricht in besonderem Maße.*
Lerntheoretisch-systemisch *wird LdL der tradierten Stoffvermittlung gegenübergestellt. Während im lehrerzentrierten Unterricht in der Regel eine rezeptive Aufnahme von bereits existierenden Lerninhalten stattfindet (Linearität a priori), wird bei LdL die Konstruktion von Wissen durch die Lerner angestrebt. Ausgehend von im Unterricht bereitgestellten, aber noch nicht geordneten Informationen, stehen die Lerner bei LdL vor der Aufgabe, diese Informationen durch Bewerten, Gewichten und Hierarchisieren zu Wissen umzuformen (Linearität a posteriori). Dieser Prozess kann nur auf der Grundlage intensiver Kommunikation erfolgen.*
Fachspezifisch-inhaltlich *(hier bezogen auf den Fremdsprachenunterricht) soll LdL den seit jeher bestehenden Scheinwiderspruch zwischen Habitualisierung (behavioristische Komponente), Stoffbezogenheit (kognitivistische Komponente) und authentischer Interaktion (kommunikative Komponente) aufheben. Inhaltlich verlangt der Einsatz von LdL, dass der Stoff Anlass zur Reflexion liefert.«*[424]

Die pädagogisch-anthropologische Komponente basiert auf einem weiten Lernbegriff aus der humanistischen Psychologie. Lernen als rein assoziatives Ereignis[425] wird in Absetzung zur behavioristischen Psychologie abgelehnt. Vielmehr wird Lernen als ein Mittel zur umfassenden Bedürfnisbefriedigung verstanden. Das Ziel jedes Organismus besteht darin, die höheren und höchsten Werte anzustreben.

---

423 Bastian, J.: Schülerinnen und Schüler als Lehrende; in: Pädagogik 11/97, 7f.
424 Vgl. Artikel »Lehren durch Lernen«; in: www.wikepedia.org; S. 3f.
425 Z.B. Ich spüre Hunger. Ich bemühe mich aktiv um Nahrungsbeschaffung. Mit der Sättigung verschwindet das Bedürfnis.

»Die Aufgabe der Bedürfnisbefriedigung ist fast vollständig auf die tiefer liegenden angemessenen Befriedigungsfaktoren beschränkt. Auf Dauer kann es keine zufälligen und willkürlichen Wahlmöglichkeiten geben, außer für nicht grundlegende Bedürfnisse. Für die Liebeshungrigen gibt es nur einen echten, auf lange Sicht wirkenden Befriedigungsfaktor, das ist ehrliche und zufriedenstellende Zuneigung.«[426]

Nach Maslow gliedern sich die Bedürfnisse in eine fünfstufige Hierarchie beginnend mit dem Bedürfnis nach Luft, Nahrung und allem, was der physischen Lebenserhaltung dient, bis hin zu Bedürfnissen nach der Einheit der Persönlichkeit, die als »religiös«[427] qualifiziert werden. Die Voraussetzung, dass etwas auf einer höheren Stufe lernbar ist, ist die Befriedigung der Bedürfnisse auf den unteren Stufen. Das Bedürfnis nach Achtung und Selbstachtung (4. Stufe) würde die Erfüllung der Bedürfnisse nach Sicherheit, Stabilität und Schutz (2. Stufe) und nach Liebe, Zuwendung und Zugehörigkeit (3. Stufe) voraussetzen.
Für Abraham Harold Maslow stellt jede spezifische Bedürfnisbefriedigung auf lange Sicht einen Schritt hin zur Selbstverwirklichung dar. Die Bedürfnisse selbst fügen sich bei ihm in eine fünfstufige Hierarchie ein:

»Am Anfang steht das Bedürfnis nach Luft, Nahrung und allem, was zur physischen Lebenserhaltung nötig ist. Es folgt das Bedürfnis nach Sicherheit, Stabilität und Schutz, darauf aufbauend das Bedürfnis nach Liebe, Zuwendung und Zugehörigkeit. Achtung und Selbstachtung stehen an vierter Stelle, und den Abschluss bildet ein Bedürfnis, das Maslow mit dem ›Drang in Richtung auf die Einheit der Persönlichkeit, der spontanen Expressivität, der vollen Individualität und Identität‹ beschreibt und als religiös qualifiziert.«[428]

Lernen durch Lehren könnte nach diesem Schema zu einer Befriedigung der Bedürfnisse von Schülerinnen und Schülern auf der dritten und vierten Stufe beitragen, weil sie in der Darbietung der Klasse als Gruppe einen Lernfortschritt ermöglichen und als kompetente Zeitgenossen Achtung erfahren und daraus auch Selbstachtung schöpfen.
Maslow geht bei der Bedürfnispyramide allerdings davon aus, dass immer zuerst die niedrigeren Bedürfnisse befriedigt sein müssen. Nur so ist die Voraussetzung gegeben, das Nächsthöhere anzustreben. Somit wäre das Streben nach sozialer Anerkennung erst möglich, wenn die beiden ersten Stufen bereits befriedigt sind. Natürlich ist es für das Klassenklima entspannend, wenn ein Raum von Sicherheit, Stabilität und Schutz gegeben ist. Aber vorausgesetzt werden kann dies nicht in

---

426 Maslow ²1978 (1977), 110.
427 Heinen 2005, 306.
428 Heinen, S.: Grundlagen der Religionspsychologie; Göttingen 2005, 306.

jedem Fall. Dass dem nicht so ist, zeigt eindrücklich die religiöse Erfahrung, die höchste Stufe in der Bedürfnispyramide. Viele Heiligenlegenden machen deutlich, dass gerade der Verzicht auf den niederen Bedürfnisebenen die Voraussetzung für die besondere religiöse Erfahrung ist! Umgekehrt gibt es nicht wenige Menschen, die all ihre Energie auf die Befriedigung von Bedürfnissen auf den unteren Hierarchiestufen konzentrieren, so dass sie für weiter gehende Erfahrungen nicht mehr offen sind.

Damit also die pädagogisch-anthropologischen Voraussetzung für ein Lernen durch Lehren gegeben ist, muss ein Schüler sich in einer stabilen Klasse sicher und angenommen fühlen. Ziel müsste es sein, dass Lernen durch Lehren auch unter erschwerten Klassenbedingungen gewagt wird, denn das Bedürfnis nach Achtung und Selbstachtung kann gerade in einem gleichgültigen, vielleicht sogar feindlich ablehnenden Umfeld Befriedigung finden. Allerdings ist die Gefahr des Scheiterns ungleich höher!

Im Kontext dieser Arbeit ist die lerntheoretisch-systemische Komponente des Lernen durch Lehren besonders interessant. Die Aufgabe, aus einem größeren Pool von Informationen für Schülerinnen und Schüler relevantes Wissen zu sondieren, fordert eine Bewertung der Vielfalt und eine Konzentration auf das im gegebenen Kontext Notwendige, die Komplexität muss im Blick auf die Präsentation vereinfacht und sinnvoll strukturiert werden. Damit wird die Aufgabe zu elementarisieren hier den Schülerinnen und Schülern selbst zugetraut. Das ist im Blick auf die Lernenden ausgesprochen sinnvoll, weil sie ihren Mitschülern ja deutlich näher stehen als die professionellen Lehrpersonen. Im Blick auf die zu vermittelnde Sache ist es Aufgabe der begleitenden Lehrer, darauf zu achten, dass Wesentliches und nicht Marginalien im Unterricht zur Sprache kommen.

Faszinierend ist (für mich) das hinter dieser Lernform stehende Menschen- und Weltbild. Jedem Einzelnen kann etwas zugetraut werden. Jeder leistet einen wertvollen Beitrag zum Gelingen des gemeinsamen Ganzen. Und zugleich: Allen muss auch etwas zugemutet werden. Jeder ist bis zu einem gewissen Grad verantwortlich für den Erfolg des von ihm intendierten Lernprozesses, aber auch für das mögliche Scheitern.

»Vorausgesetzt wird unweigerlich, dass Lehrerinnen und Lehrer Schülerinnen und Schüler als gleichwertige Menschen betrachten können, denen etwas zugetraut werden kann. Aus diesem Zutrauen wächst verantwortliche Verpflichtung, Erfolg, intrinsische Motivation und exploratives Verhalten. Lernen durch Lehren setzt dieses Menschenbild ebenso voraus, wie es zu dieser Sichtweise des Menschen verhelfen

kann, wenn im Verlauf dieser Methode deutlich wird, zu welchen Leistungen Schülerinnen und Schüler fähig sind.«[429]

Nebenbei erfordert Lernen durch Lehren Sekundärtugenden wie Zuverlässigkeit in der Auswertung der Informationen, Ausdauer in der Überwindung von Verständnisschwierigkeiten und der Ausführung der Präsentation, Zeitmanagement und Pünktlichkeit bis hin zur Fertigstellung der zugewiesenen Unterrichtsanteile.

Selbstverständlich ist Lernen durch Lehren kein Selbstläufer, der unterrichtlichen Erfolg per se garantieren könnte. Einmal geht es um konsequentes Einüben dieser Lernform. Lediglich punktueller Einsatz reduziert den Ertrag deutlich.[430] Zum anderen gibt es in der Umsetzung von Lernen durch Lehren Klippen, auf die man achten muss, um sie sicher zu umschiffen:

»Den Hauptfehler, den Kollegen bei den Versuchen mit LdL begehen, ist, dass sie nach kurzer Vorbereitung die Schüler vor die Klasse bitten und sich dann aus dem Geschehen heraushalten. Bei LdL muss genau umgekehrt verfahren werden: wenn die Schüler vor der Klasse stehen, müssen sie die intensive – wenn auch meist stumme – Gegenwart des Lehrers spüren. Bei jeder Unebenheit muss der Lehrer sich so bemerkbar machen, dass die Fehler oder Kommunikationslücken von der Klasse behoben werden. Unabdingbar für den Erfolg der Methode ist eine absolute Disziplin, die nur vom Lehrer, nicht von den Schülern hergestellt werden kann.
Eine zweite Ursache für Probleme beim Einsatz von LdL sind ungünstige Rahmenbedingungen. Zwar ist LdL einsetzbar in jeder Klassenstufe, mit jeder Klassengröße und in jedem Fach, von der Grundschule bis zur Universität, sie verlangt aber vom Lehrer genaueste Vorbereitung und hohen Einsatz im Unterricht.«[431]

Eingedenk dieser Klippen stellt Lernen durch Lehren jedoch gerade für Schülerinnen und Schüler in der Pubertät eine gute Möglichkeit dar, das gemeinsame Lernen im Unterricht zu motivieren. Für die Motivation

---

429 Ruep, M.: Lernen durch Lehren. Versuch einer Definition; in: www.ku-eichstätt.de/Fakultäten/SLF/romanistik/didaktik/Forschung/ldl, S. 1.
430 Das lässt sich allerdings verallgemeinernd auf alle Lernformen übertragen. Eine gewisse Routinebildung der SchülerInnen im Umgang mit einer Lernform erhöht die Effizienz erheblich. Deshalb ist im Blick auf die Lernformen in der Pubertät auch nicht anzustreben, alle neun vorgestellten Typen umzusetzen. Vermutlich ist es wirksamer, aus jedem Bereich (persönlich, auf den anderen bezogen und gesellschaftlich) eine Lernform, die auch von der Lehrerpersönlichkeit und ihren Intentionen im Unterricht sich als besonders stimmig erweist, in verlässlicher Konsequenz mit den Schülerinnen und Schülern zu habitualisieren.
431 Martin, J.-P.: Lernen durch Lehren; in: Die Schulleitung 4/ 2002, 9.

3. Elementare Lernformen in der Pubertät

von Lernen wird – je älter die SchülerInnen werden – der Grund immer wichtiger, warum bestimmte Dinge gelernt werden sollen. Erschwerend kommt gerade in der Sekundarstufe I hinzu, dass manches Basiswissen nur bedingt in seiner zukünftigen Funktionalität einsichtig zu machen ist. Für viele Pubertierende ist die bloße Aussicht, nach einer bestimmten Lernsequenz in der (angekündigten) Lernkontrolle eine gute Note zu erreichen, zu Recht nicht ausreichend. Das erworbene Wissen jedoch anderen zu präsentieren, wäre eine Möglichkeit, den Lernanreiz zu erhöhen und ein kurzfristiges Ziel des Wissenserwerbs anzubieten.

»Einen Sachverhalt für einen anderen aufzubereiten ist ein Härtetest für das eigene Wissen, denn man muss sich systematisch in die Position ›Wissender‹ und ›Nicht-Wissender‹ hineinversetzen. Dazu gehört, sich klarzumachen, wie die vielen Einzelheiten miteinander zusammenhängen und was für das Verstehen wichtig, was weniger wichtig ist. Welche sinnvolle Reihung wählt man? Wie lässt sich Überraschendes einbauen? Was ist die zentrale Botschaft und wie transportiert man sie so, dass sie auch ankommt? Die Fragen zeigen die gedankliche Intensität, die sich einstellt, wenn man sein erworbenes Wissen für andere aufbereitet.«[432]

Viele Formen des Lehrens von Schülern sind möglich: ein Einzelner referiert den Mitschülern sein erworbenes Spezialwissen, zwei ältere Schüler führen zu einem von ihnen schon behandelten Thema eine Unterrichtsstunde durch oder eine Klasse trägt bei einem Elternabend oder einer schulischen Veranstaltung anschaulich die Ergebnisse ihrer Projektarbeit vor. In jedem Fall schlüpft der Schüler partiell in die Lehrerrolle und entdeckt dabei seine Fähigkeit, Dinge sprachlich darzustellen und sich mimisch und gestisch auszudrücken, um die Hörer gezielt auf die wesentlichen Inhalte zu lenken.

»Kinder lernen viel voneinander, jüngere vor allem von älteren (cross-age teaching), aber auch ältere, indem sie jüngeren etwas erklären.«[433]

Die in der Schule implizit immer gegebene Frage der didaktischen Gestaltung von Lernprozessen wird den Schülerinnen und Schülern in der Vorbereitung eines Stoffvortrags zur eigenen Aufgabe. Das spiegelt auf den Unterrichtsalltag des Lehrers und der Lehrerin zurück. Die Schüler können sich durch ihre eigenen Unterrichtsversuche viel besser in die Aufgaben eines Lehrers hineindenken und nehmen im sonstigen Unterricht bewusster wahr, was ein Lehrer sehr gut kann und wo auch er seine Schwächen hat. Vielleicht kommt sogar so etwas wie die Ahnung einer gemeinsamen Verantwortung für das Funktionieren von

---

432 Kahlert/ Lieber 2005, 121.
433 v. Hentig 2004, 16f.

Lernprozessen in den Blick. Umgekehrt kann durchaus auch ein Lehrer von den didaktischen Einfällen seiner Schüler profitieren und die eine oder andere Idee in sein Unterrichtsrepertoire aufnehmen!

Unter dem Signum GFS (d.h. gleichwertige Feststellung von Schülerleistungen) fordert der Bildungsplan 2004 für die gymnasiale Oberstufe in Baden-Württemberg neben den üblichen Klausuren drei andere Leistungsnachweise, so dass neben der Reproduktion von Lerninhalten auch deren Präsentation vor anderen als Teil einer schulischen Leistung Beachtung findet.

»Zusätzlich zu den Klausuren müssen sie [d.i. die Schülerin/der Schüler] besondere Formen von Leistungsnachweisen erbringen. Diese beziehen sich insbesondere auf schriftliche Hausarbeiten, Projekte (darunter auch experimentelle Arbeiten im naturwissenschaftlichen Bereich), Referate, mündliche Prüfungen oder anderweitige Präsentationen.«[434]

Bei der Durchführung einer GFS bietet sich die Partizipation von Schülerinnen und Schülern an der Unterrichtsgestaltung geradezu an. Schließlich können sie das ihren Mitschülern am ehesten beibringen, was bei ihnen selbst auf besonderes Interesse stößt. Doch ist das Spektrum des Möglichen nicht beliebig weit und ggf. müssen auch Sachverhalte vorgestellt werden, die den Schülerinnen und Schülern auf den ersten Blick nicht so lohnend erscheinen. Neben den inhaltlichen Lernaspekten gibt es von der Themenfindung über die Informationsbeschaffung, die Ausarbeitung der Darstellung in der Klasse bis zur Auswertung der Präsentation mannigfaltige methodische Lernbereiche.[435] Diese werden am besten in einem schulinternen Curriculum schrittweise aufgebaut, so dass die Lernform[436] »Lernen durch Lehren« bereits in früheren Klassenstufen anzubahnen ist.

Dazu finden sich auch schon etliche Ansätze, die nicht immer unter dem Label »Lernen durch Lehren« firmieren. So wird im Rahmen eines Ar-

---

434 Ministerium für Kultus, Jugend und Sport Baden-Württemberg: Abitur 2007 – Leitfaden für die gymnasiale Oberstufe; Stuttgart 2004, 10.
435 Vgl. hierzu: Hudelmeyer, J.: Präsentationstraining in Klasse 12; in: entwurf 1/ 2005, 33–38.
436 M. Ruep bezeichnet Lernen durch Lehren übergreifend als Unterrichtsprinzip. *»Die Methode vereint sachliche, methodische und soziale Kompetenz und führt zu einer Stärkung des Vertrauens in die eigenen Fähigkeiten. Damit stellt LdL weniger eine Methode als eher ein Unterrichtsprinzip dar, das im besten Sinne einen erziehenden Unterricht darstellen, insoweit, als die je individuelle Persönlichkeit in gleichem Maße gestärkt wird, als Sachen innerhalb eines sozialen Rahmens geklärt werden.«*
Ruep, M.: Lernen durch Lehren. Versuch einer Definition;
In: www.ku-eichstätt.de/Fakultäten/SLF/romanistik/didaktik/Forschung/ldl, S. 2.

3. Elementare Lernformen in der Pubertät

beitskreises der Pädagogischen Hochschule Weingarten die Methode des wechselseitigen Lernens (WELL) entwickelt. Sie lässt sich durch drei Phasen bestimmen: Aneignung von Expertenwissen über ein klar abgegrenztes Teilgebiet durch alle SchülerInnen, wechselseitiges Vermitteln des Expertenwissens und eine Phase der subjektiven Auseinandersetzung, Vertiefung und Wiederholung.[437] Wechselseitiges Lehren und Lernen kann in ersten Ansätzen bereits in der Grundschule verwirklicht werden.[438] Im Blick auf die Altersstufe Pubertät ist die Langzeitstudie im »Markdorfer Modell« besonders interessant. Hier wird der gesamte Unterricht einer siebten Realschulklasse konsequent nach dem WELL-System gestaltet und schon nach wenigen Wochen zeigen sich im Lernverhalten der Schülerinnen und Schüler erstaunlich positive Ergebnisse.[439]
Egal in welcher Schulstufe und unter welchem Namen: Immer wird Lernen als ein aktiver, konstruktiver und selbstorganisierter Prozess verstanden.

In der unterrichtlichen Umsetzung von Lernen durch Lehren ist es möglich, einen größeren Themenkomplex, den die Lehrkraft geplant hat, in überschaubare Themenabschnitte aufzuteilen. Jeder Abschnitt wird von zwei bis maximal vier Schülern übernommen. Die Lehrkraft stellt ihnen Informationsmaterial sowie didaktische Vorschläge zu dessen Umsetzung im Unterricht zur Verfügung. Die Unterrichtseinheit untergliedert sich dann in vier Phasen: die Einarbeitung in den Wissensstoff durch die SchülerInnen (je nach Umfang des thematischen Abschnitts: ein bis drei Stunden), Überlegungen zum Unterrichtsarrangement für eine motivierende Aneignung dieses Themas durch die Klassenkameraden (ca. zwei Stunden) sowie die Präsentation der einzelnen Themenabschnitte durch die Vorbereitungsteams (etwa zwanzig Minuten bis höchstens eine Stunde pro Teilaspekt!)
Den Schülerinnen und Schüler muss klar sein, dass von einer Präsentation mehr erwartet wird als von einem Referat:

»Bei der Präsentation handelt es sich nicht um Referate, denn die Schüler sollen
- *den Stoff nicht nur vorstellen, sondern sie sollen sich während der Präsentation kontinuierlich vergewissern, dass ihre Erläuterungen verstanden werden,*
- *mit selbst entwickelten oder aus dem Buch herausgewählten Übungen dafür sorgen, dass der Stoff eingeübt und verinnerlicht wird,*

---

437 Wahl 2005, 154.
438 Bernhart, A.: Methoden des wechselseitigen Lehrens und Lernens (WELL) in der Grundschule; in: Lehren und Lernen 10/ 2005, 9–17.
439 Hepting, R.: Das Schulentwicklungsprojekt »Markdorfer Modell«; in: Lehren und Lernen 10/ 2005, 18–22.

– *durch eine geeignete Prüfung den Lernerfolg evaluieren.«*[440]

Es genügt somit nicht, das erworbene Wissen irgendwie an die Mitschüler weiterzugeben, sondern – ähnlich wie die Lehrperson – muss der Präsentierende sicher stellen, dass die Mitschüler das Gehörte verstanden haben und fähig sind, es in geeigneter Weise zu reproduzieren. Am Schluss jeder Unterrichtseinheit nach dem Prinzip Lernen durch Lehren sollte ein auswertender Rückblick stehen: Was hat uns das Lernen durch Lehren gebracht? Was war besser als im »normalen« Unterricht? Welche Schwierigkeiten zeigten sich?[441] Dabei spielen Abwechslung im Unterrichtsverlauf und die Chance zum Rollenwechsel sicher eine Rolle. Der selbst vorbereitete Teilaspekt wird deutlich nachhaltiger gelernt. Den Lehrern ein wenig in die Handwerkskiste zu schauen, kann zudem Verständnis für den Sinn bestimmter Unterrichtsarrangements wecken. Nicht zuletzt verhilft Lernen durch Lehren auch zu personaler Kompetenz, wenn ein Schüler feststellt, dass es ihm gelingt, Vermittlungsprozesse zu planen und erfolgreich durchzuführen.

Lernen durch Lehren fördert maßgeblich kooperatives Arbeiten. Eine wichtige Form kooperativen Lernens in der Schule ist Gruppenarbeit. Neben dem Frontalunterricht wird sie von etwa drei Viertel der KollegInnen (77,3%) mindestens eine Stunde pro Woche praktiziert, über ein Viertel (28,7%) arbeiten sogar vier und mehr Stunden in der Woche mit dieser Unterrichtsmethode. Wie kommt es, dass Gruppenarbeit einen festen Platz im Unterrichtsalltag einnimmt?

»Gruppenarbeit weist einen relativ stabilen Anteil im wöchentlichen Unterrichtsgeschehen auf. Hier vermute ich, dass dieser Anteil durch drei Faktoren begründet werden kann:
– *Gruppenarbeit wird an sich als wertvolle Unterrichtsmethode angesehen*
– *Gruppenarbeit wird als Vorbereitung für offene Unterrichtsmethoden angesehen*
– *Gruppenarbeit wird infolge der gegenwärtigen Diskussion zur Teamentwicklung ... aufgewertet.«*[442]

---

440 Martin 2002, 5.
441 Vgl. Do it yourself – Eine 9. Klasse gestaltet Religionsstunden selbst www.zum.de /Faecher/evR2/BAYreal.
442 Bohl 2000, 207.
T. Bohl (ebd., 173–177) unterscheidet – nach einem kurzen historischen Rückblick – vier Grundformen von Gruppenunterricht:
1. Konventioneller Gruppenunterricht als methodische Variation des Frontalunterrichts
2. Gruppenbildung als Basisstruktur des Unterrichts
3. Gruppenarbeit als Element des offenen Unterrichts
4. Gruppenarbeit als Methode zur Teamentwicklung

3. Elementare Lernformen in der Pubertät

So sehr Gruppenarbeit als pädagogisch sinnvoll anerkannt ist, so schwierig scheint aber ihre Umsetzung im Schulalltag: Wie kann gewährleistet werden, dass nicht nur einige wenige Schüler etwas tun, sondern möglichst alle? Welcher Geräuschpegel ist aufgrund der verstärkten Interaktionen tolerabel und ab wann ist sinnvolles Zusammenarbeiten deutlich erschwert? Und wie gelingt es, zeitlichen Aufwand und Lernergebnisse in ein akzeptables Verhältnis zu setzen?
Zwei methodische Umsetzungsmöglichkeiten von Gruppenarbeit, die den Akzent auf Lernen durch Lehren legen, könnten eine Antwort sein: das Gruppenpuzzle und die Gruppenrallye.[443]

Beim **Gruppenpuzzle**[444] wird zwischen Stamm- und Expertengruppe unterschieden. Aufgabe jedes Einzelnen ist, sich sein Spezialwissen in der Expertengruppe anzueignen und es so gut als irgend möglich in seine Stamm- bzw. Diskussionsgruppe einzubringen. Jeder Experte ist in einem Teilaspekt für die Lernergebnisse seiner Stammgruppe verantwortlich. Um den Anreiz zu erhöhen, kann am Schluss ein individueller Test über das gesamte Lerngebiet durchgeführt und die Ergebnisse der einzelnen Stammgruppen können verglichen werden. Ein Gruppenpuzzle eignet sich folglich, um neue Wissensbereiche gemeinsam zu erarbeiten.
Welche Vorteile bietet ein Gruppenpuzzle im Vergleich zur herkömmlichen Gruppenarbeit? Peter Kliemann stellt fünf Aspekte heraus:

- *»Jeder Schüler ist für sein ›Puzzlestück‹ verantwortlich und wird von den anderen Mitgliedern seiner Diskussionsgruppe auch dafür verantwortlich gemacht. Wer seine Arbeit in der Expertengruppe nicht ordentlich erledigt, enthält seiner Diskussionsgruppe wichtige Informationen vor. Das Flüchten in passive Zuschauerrollen wird für den Schüler nahezu unmöglich.*
- *Die langwierige und oft wenig ergiebige Phase des Zusammentragens im Plenum wird durch intensive Schüler-Schüler-Kommunikation in der Diskussionsgruppe ersetzt. ...*
- *Der im Zusammenhang mit Gruppenarbeit oft beklagten Zunahme von Disziplinschwierigkeiten wird dadurch entgegengewirkt, dass jeder Schüler eine präzise, nachprüfbare und für die Klassengemeinschaft wichtige Aufgabe zu erfüllen hat. ...*
- *Noch mehr als bei der üblichen Form der Gruppenarbeit lassen sich durch geschickte und sorgfältig reflektierte Gruppeneinteilung ein-*

---

443 Rotering-Steinberg, S.: Gruppenpuzzle und Gruppenrallye; in: Pädagogik 1/1992, 27–30.
444 Das Gruppenpuzzle wurde Ende der 70er-Jahre in den USA entwickelt und erprobt. Es spielt dort bis heute in der Unterrichtsdidaktik eine wichtige Rolle. Z.B. Aronson, E. u.a.: The Jigsaw Classroom; Beverly Hills 1978.

gefahrene Interaktionsmuster aufbrechen und neue Interaktionsmöglichkeiten fördern.
- *Im Unterschied zur herkömmlichen Gruppenarbeit dauert die Erarbeitung des Stoffes oft nicht länger als im Frontalunterricht.«*[445]

Diese Form von Gruppenarbeit erfordert von der Lehrperson eine sorgfältige Zusammenstellung von Materialien für die Expertengruppe mit präzisen Aufgabestellungen. Die zeitintensive Vorbereitung gibt aber im Unterricht selbst den LehrerInnen die Chance, sich stärker beratend um das Vorankommen der Teams zu kümmern, durch Wertschätzung die Motivation zu fördern und auf die sachliche Solidität der geplanten Vermittlung zu achten. Es ist erstaunlich, dass das Gruppenpuzzle als eine sehr effektive Form von Gruppenarbeit in der deutschen Didaktik bisher eher zurückhaltend aufgenommen wird.

Eine **Gruppenrallye** dagegen eignet sich eher für den Abschluss einer Unterrichtseinheit. Ziel ist, dass alle SchülerInnen einer Gruppe eine Aufgabe möglichst fehlerfrei beherrschen. Deshalb müssen die stärkeren Schüler den schwächeren das Nicht-Verstandene noch mal so beibringen, damit im abschließenden individuellen Test möglichst niemand aus der Gruppe scheitert.

»In zwölf einschlägigen Untersuchungen zeigt sich eine Verbesserung der sozialen Beziehungen in kooperativ lernenden Klassen. Im Gegensatz zum ›normalen‹ Kleingruppenunterricht, bei dem die SchülerInnen nur an einem Tisch zusammengesetzt werden mit mehr oder weniger präzisen Aufgabenstellungen und Angaben für Rückmelde- und Ergebnispräsentationen, verbessern Gruppenpuzzle und –rallye die Kommunikationschancen, die Beziehungen und das soziale Klima in Schulklassen deutlich. Außerdem können sich auch die Einstellungen zum Fach positiv verändern.«[446]

Eine weitere Idee, wie Lernen durch Lehren unterrichtlich konkretisiert werden kann, ist die Aufgabe, komplexe Sachzusammenhänge zu visualisieren. Schon im lehrerzentrierten Unterricht spielt die Veranschaulichung des Gesagten in Grafiken, Schemata oder Skizzen eine große Rolle, weil so die konkreten Inhalte mit Hilfe von Visualisierungen assoziativ strukturiert werden. So hat bereits Comenius in seinem »Orbis sensualium pictus« die didaktische Funktion von Bildern zur Sicherung des Lernprozesses herausgestellt! Mehrkanaliges Lernen stabilisiert das Neue und gibt allen Lerntypen die Möglichkeit, auch den

---

445 Kliemann 1997, 42f.
Zuerst: ders., Gruppenpuzzle; in: entwurf 3/92, 47–50
446 Rotering-Steinberg 1992, 30.

3. Elementare Lernformen in der Pubertät

von ihnen bevorzugten Lernkanal zu aktivieren. Gerade das Sehen spielt hierbei eine entscheidende Rolle.

»Lernpsychologisch wichtig ist, dass wir gerade bei visuellen Sinneswahrnehmungen die neuen Eindrücke ständig (natürlich blitzartig) mit gespeichertem Wissen vergleichen: Was ist bekannt, was ist neu? Wenn wir kein verwendbares Vorwissen zu einem Lerninhalt mitbringen, wird er uns fremd bleiben, – kein Wunder, dass wir wenig oder nichts verstehen. Gespeichertes Wissen fördert also das Erkennen bei der Wahrnehmung eines Objektes. Auch Bilder treffen also auf einen bereits beackerten Boden. Für das Lernen ist dabei wichtig, einen sinnvollen Zusammenhang zwischen einem Bild (oder einer anderen Form der Visualisierung) und dem Vorwissen, das in die Lernsituation eingebracht wird, herzustellen.«[447]

Stehen nun die SchülerInnen selbst vor der Aufgabe einer elementarisierenden Visualisierung, hat das im Sinn einer kreativen Hypothesenbildung eine weitere Funktion:

»Die Crux der meisten Lehr- und Lernmittel besteht darin, dass sie fertige Befunde präsentieren, aber nicht einen korrespondierenden Lern- und Erarbeitungsprozess der Schüler initiieren. Nur selten ist etwas offen und frag-würdig. Es fehlen die Rätsel, Lücken, Widersprüche oder andere Unvollkommenheiten, die bei den Schülern Interesse wecken, Fragen aufwerfen, Diskussionen auslösen und zur aktiv-produktiven Auseinandersetzung anregen.«[448]

Die Präsentation und der Vergleich unterschiedlicher Versuche der Visualisierung eines gemeinsamen Sachzusammenhangs vertieft in der Frage nach der Angemessenheit der Entwürfe noch einmal die sachliche Ebene und kann im Resultat eine Visualisierung ergeben, die dazu beiträgt, die gelernte Sache über das Bild nachhaltig zu verankern.

Lernen durch Lehren hat in allen Altersstufen sein Recht, erscheint mir aber für die Phase der Pubertät besonders geeignet, weil hier die Heranwachsenden in einer staatlichen Institution ein Forum bekommen, sich selbst mit den sich entwickelnden Möglichkeiten positiv darzustellen und in einer angeleiteten aber letztlich doch selbst verantworteten Selbstinszenierung – im Dienst eines wesentlichen Lerninhalts! – selbstbewusster zu werden.

---

447 Gudjons, H.: Ein Bild ist besser als 1000 Worte; in: Pädagogik 10/94, 8.
448 Klippert, H.: Aktives Arbeiten mit gängigen Lehr- und Lernmitteln; in: arbeiten und lernen 49/ 1987, 8.

»Die Schülerinnen und Schüler nehmen sich durch LdL in ihrer Individualität viel stärker wahr. Wer sich normalerweise unauffällig verhält und kaum in Erscheinung tritt, muss jetzt den Unterricht aktiv gestalten, mit den anderen in Kontakt treten, Inhalte vortragen und sich ›zeigen‹. Das fällt manchen gerade in der Pubertät schwer, ist aber eine wichtige Herausforderung. Andere genießen es geradezu, im Rampenlicht zu stehen und können so endlich ihr Bedürfnis nach Aufmerksamkeit befriedigen.«[449]

Lernen durch Lehren in der Pubertät fördert die Persönlichkeitsentwicklung, indem es zurückhaltende Jugendliche stärkt. Sie entdecken: Ich kann durchaus etwas und andere können von meinem Wissen profitieren. Umgekehrt können von sich selbst überzeugte Jugendliche von ihren Mitschülern in ihrem Narzissmus gebremst und auf die gemeinsam zu erfüllende Aufgabe verpflichtet werden. Das wäre – neben dem inhaltlichen und didaktisch-methodischen Lernzuwachs – ein überzeugendes Argument, diese Lernform gerade mit Schülerinnen und Schülern in der Pubertät einzuüben und zu praktizieren.

Lernen durch Lehren in der Pubertät

Diese Lernform bietet sich in der Pubertätsphase besonders an, weil …

- sie eine selbstständige Aneignung des Lernstoffs voraussetzt. Nur nach intensiver persönlicher Auseinandersetzung können die Schülerinnen und Schüler ihnen bedeutsam Erscheinendes im Lehren weitergeben. SchülerInnen elementarisieren somit im Blick auf ihre MitschülerInnen einen Lernstoff selbst.

- Jugendliche durch den Erwerb didaktischer Kompetenzen in die Lage versetzt werden, Inhalte, die ihnen wichtig sind, verständlich und anregend weiterzugeben.

- SchülerInnen dank des partiellen Rollenwechsels ihre oft rezeptive Rolle gegen die aktive Lehrerrolle eintauschen können. In der Position des Lehrenden erhöht sich kurzfristig ihr Lernanreiz und langfristig bereiten sie sich auf zukünftige Vermittlungsaufgaben im beruflichen und gesellschaftlichen Umfeld vor.

---

449 Born, J.; in: www.zum.de/Faecher/evR2/BAYreal/akt/ldl2.htm.

– Elementarisierung in dialogischen Lernformen

Die moderne Gesellschaft zu Beginn des 21. Jahrhunderts ist geprägt von Unübersichtlichkeit und Undeutlichkeit. Klarheit im Erkennen, Fühlen und Handeln scheint schwierig, wenn nicht unmöglich. Elementarisierung – so meine These in der Einleitung[450] – fördert Orientierung. Im Kapitel der subjektorientierten Lernformen habe ich Bildung als selbstgesteuerten Prozess dargestellt. Dialogischen Lernformen aber machen – diesen Ansatz ergänzend – deutlich: Bildung ist im gleichen Maße ein von außen ermöglichter Prozess.

Das Modell der Elementarisierung macht den dialogischen Charakter von Elementarisierung in zweifacher Weise deutlich:
– Elementare Erfahrungen sind einerseits die Erfahrungen des lernenden Subjekts, andererseits aber auch die Erfahrungen anderer Menschen. Die Erfahrungen Anderer können entweder in der Traditionsgeschichte historisch überliefert oder in der Gegenwart die – manchmal konträren, manchmal bestätigenden – Erfahrungen der Mitmenschen sein.
– Elementare Gewissheit bildet und festigt sich im Individuum. Aber Relevanz gewinnt diese Gewissheit im Gegenüber. Der Dialog kann meine Gewissheit in Frage stellen, um neue Aspekte erweitern und insgesamt mein Selbstverständnis in der Auseinandersetzung mit dem Differenten festigen.

Was heißt dies konkret für dialogische Lernformen in einem elementarisierenden (Religions-)Unterricht?
Aus der Unmenge des Möglichen lenkt die Lehrkraft den Blick der Schülerinnen und Schüler auf das besonders Relevante. Die Lehrkraft sollte dazu in besonderer Weise in der Lage sein, weil sie einerseits über breite Fachkenntnisse in dem jeweiligen Teilaspekt gesellschaftlicher Wirklichkeit verfügt und andererseits die Lebenswelt der Heranwachsenden zu diesen Kenntnissen in Beziehung setzen kann. Weil also SchülerInnen von qualifizierten LehrerInnen im Unterricht orientierende Impulse bekommen und im Dialog mit anderen das Gelernte in seiner Relevanz für das alltägliche Leben testen, ist Bildung eines Menschen mehr als Selbstbildung.[451] Dialogische Lernformen haben das Ziel, Beziehungen zu knüpfen. Sie bewahren gerade konstruktivistische Didaktikansätze davor, Bildung als egozentrische Bereicherung des Individuums misszuverstehen.

»Der einzelne ist für seine Konstruktionen und für sein Handeln selbst verantwortlich. Um ein Auseinanderdriften und um einen puren Solip-

---

450 Vgl. S. 45f.
451 von Hentig, H.: Bildung. Ein Essay; München 1996, 39ff.

sismus zu verhindern, sind Kontakte, Beziehung und Vereinbarung vonnöten, das heißt als Eigenbewegungen aufeinander zu beziehen und keine von außen herbeigeführten Fremdbewegungen.«[452]

Gedacht ist eine (annähernd) symmetrische Form der Begegnung. Damit unterscheidet sich dialogisches Lernen von der Aneignung sozialer Kompetenz. Der Bildungsplan 2004 in Baden-Württemberg definiert im Fach Evangelische Religionslehre soziale Kompetenz als

»... Fähigkeit, mit anderen rücksichtsvoll und verantwortungsbewusst umzugehen, für andere, insbesondere für Schwache einzutreten, Konfliktlösungen zu suchen, gemeinsame Vorhaben zu entwickeln, durchzuführen und zu beurteilen.«[453]

Soziale Kompetenz fördert das Miteinander in der Schule. Die Kommunikationssituation ist jedoch eher asymmetrisch gedacht: die Starken nehmen Rücksicht auf die Schwachen. Dialogisches Lernformen hingegen denken stärker symmetrisch: Bildung vollzieht sich grundsätzlich im Miteinander – und zuzeiten durchaus im Gegeneinander – der Menschen. Damit wird deutlich: Orientierung in der unübersichtlichen Welt von heute ist nur in Form von miteinander ausgehandelter Orientierung denkbar.

»Was Bildung, so sie an angemessenen Maßstäben ausgerichtet ist, zunehmend ermöglichen sollte, ist die Fähigkeit, in den oft undeutlichen Situationen des Lebens durch Deutung und damit zur Gestaltung Orientierung zu gewinnen. Orientierungsfähigkeit beinhaltet Beziehungsfähigkeit. Orientierung gewinnen kann nur, wer sich in Beziehung setzen kann und von dort aus sich zu Anderem und gerade auch Fremdem in Beziehung setzen kann. Beides hängt aufs engste zusammen: Der beste Stadtplan, der mir alle Beziehungen einer Stadt durch ein Netz von Straßen aufweist, nützt mir gar nichts, wenn ich nicht weiß, wo ich stehe und von wo aus ich meinen Einstieg in das komplexe Netzwerk von Beziehungen, das mir der Straßenplan zeigt, gewinne. Gehe ich Beziehungen ein, gehe ich, um im Bild zu bleiben, einige Straßen weiter, stellt sich mir immer wieder die Aufgabe der Standortbestimmung – jetzt unter der Voraussetzung des zurückgelegten Weges, der erfahrenen Beziehungsgeschichte.«[454]

Selbstbildung und Bildung als zwischenmenschlicher Prozess, subjektorientierte und dialogische Lernformen ergänzen sich gegenseitig und

---

452 Miller, R.: Beziehungsdidaktik; Weinheim/ Basel [4]2003 (1997), 54.
453 Bildungsplan Gymnasium; Stuttgart 2004, 8.
454 Schwöbel, C.: Glaube im Bildungsprozess; in: ZPT 2/ 1998, 179.

3. Elementare Lernformen in der Pubertät

sind deshalb in einem elementarisierenden (Religions-)unterricht eng aufeinander zu beziehen.

Für die Altersstufe Pubertät habe ich dialogische Lernformen in drei Ausformungen näher dargestellt:

- Geschlechtsspezifisches Lernen hilft, im Miteinander und Gegenüber die eigene Geschlechtsrolle anzunehmen und gestaltend auszufüllen.
- Projektartiges Lernen schafft Lernanlässe, in denen Heranwachsende zwar eigenständig Aktionen planen, durchführen und auswerten können und damit die Ernsthaftigkeit von Lernprozessen für das zwischenmenschliche Verhältnis testen. Dennoch können sie sich durch die Begleitung erwachsener Lehrkräfte auf dem Lernweg rückversichern und tragen im Kontext der Institution Schule nicht die alleinige Verantwortung für ihre Aktionen. Sie agieren gleichsam in einem gesellschaftlichen Schonraum.
- Der Ansatz eines Lernens durch Lehren schließlich ermutigt Schülerinnen und Schüler in der Pubertät, auch im Kontext von Schule, ihre Lernerfahrungen für Mitschüler fruchtbar werden zu lassen, sei es in der gleichen Klassestufe oder sei es jahrgangsübergreifend in einer niedrigeren Klassenstufe.

Gemeinsam tragen alle drei dialogischen Lernformen dazu bei, dass Bildung nicht als solipsistisches Geschehen missverstanden wird. Schulisches Lernen will nicht Konkurrenz anstacheln, damit der Einzelne im zukünftigen Verteilungskampf erhöhte Chancen hat, gesellschaftliche Machtpositionen einzunehmen. (Schulische) Bildung ist stattdessen als dialogischer Prozess zu verstehen und stellt für das multikulturelle und multireligiöse Miteinander ein unverzichtbares Lernfeld dar, um gegenseitiges Verstehen und Toleranz Andersdenkenden gegenüber einzuüben.

3.4 Gesellschaftsorientierte Lernformen

Schule ist kein von der Gesellschaft isolierter Lebensraum. Schulen profitieren von der wirtschaftlichen Prosperität einer Region und leiden in Phasen der Rezession unter eingeschränkten personellen Ressourcen, eingeschränkter sachlicher Ausstattung sowie mangelnder Berufsperspektive für ihre Abgänger. Schulen partizipieren an den politischen Grundstimmungen eines Landes, an Auseinandersetzungen mit Extremismus ebenso wie an Politikverdrossenheit. Vereine und soziale Einrichtungen am Schulort können ihr Bildungsangebot bereichern und ergänzen. Nicht zuletzt können Schulen vom lebendigen religiösen Leben der Kirchengemeinden am Ort profitieren.

Zwar ist es Aufgabe einer Schule, außerhalb der gesellschaftlichen Handlungszwänge und in der Distanz zu konkreten Anforderungen die Kinder und Jugendlichen an die Vielfalt gesellschaftlicher Möglichkeiten heranzuführen. Aber dennoch ist es wichtig, dass schon in der Schulzeit immer wieder Brücken in das gesellschaftliche Umfeld geschlagen werden. Nur so gewinnt das schulische Lernen eine gewisse Zielorientierung und Lebendigkeit.
Die Öffnung der Schule zur Kommune hin belebt einerseits die Schule selbst, ist aber zugleich für das Umfeld eine Chance, in der Schule ein die verschiedenen Bevölkerungsschichten des Ortes verbindendes Bildungszentrum zu sehen.
In der Pubertätsphase scheinen mir drei Formen des gesellschaftlichen Lernens besonders wichtig: das diakonische Lernen im Zusammensein mit Menschen, die Hilfe brauchen und die ihrerseits helfen, das Leben neu wertzuschätzen; die Begegnung mit älteren Mitmenschen, die die Schülerinnen und Schüler lehrt, die eigene Lebenszeit in der größeren Perspektive eines Geschichtsstroms einzuordnen. Schließlich scheint mir für die Erschließung der heutigen Gesellschaft der Umgang mit der Vielfalt der Medien elementar. Neue Medien lassen einerseits die Welt zum Dorf werden, aber andererseits ersetzen sie nicht die Unmittelbarkeit des Zwischenmenschlichen.

– Diakonisches Lernen

Sozialpraktika werden heute zunehmend in betriebliche Ausbildungsgänge integriert, weil Firmen die nachhaltig positiven Auswirkungen sozialen Lernens für sich entdecken. Praktika sollen Empathie ermöglichen, soziale Sensibilität fördern und das Betriebsklima insgesamt verbessern helfen.[455] Wenn soziales Lernen in der Wirtschaft Anerken-

---

455 Unter dem Schlagwort »Corporate Social Responsibility« bekennen sich große Firmen zu ihrer gesellschaftlichen Verantwortung, auch weil sie aufgrund der

3. Elementare Lernformen in der Pubertät 437

nung findet, dann ist es für schulische Bildung umso mehr zu fordern. So nehmen viele Schulen in den oberen Klassenstufen der Sekundarstufe I (Klassen 8–10) Sozialpraktika in ihr Curriculum auf. Entsprechend lässt sich für schulische Bildung von einer sozialen, empathischen oder diakonischen Lernform sprechen. Ziel ist die Förderung einer »Kultur der Barmherzigkeit«.[456]
Der von mir gewählte Terminus »diakonisches« Lernen rekurriert deutlich auf die christlichen Wurzeln helfenden Tuns. Diakonisches Lernen geht davon aus: Alle Menschen in ihrer Vielfalt, mit ihren besonderen Begabungen und mit ihren spezifischen Grenzen, sind Geschöpfe Gottes und miteinander leben sie sowohl von Gottes Güte als auch von ausgleichender Solidarität.
Das griechische Substantiv »Diakonie« (η διακονία) findet sich vor allem im neutestamentlichen Griechisch. Es kennzeichnet »einen Dienst, eine Hilfeleistung oder Unterstützung«. Konkret wird es für die »Bedienung bei Tisch« (vgl. Kellner) bzw. allgemeiner den »Diener im Haus« verwendet.[457] Laut Apostelgeschichte 6,1–7 wählte die erste christliche Gemeinde in Jerusalem sieben Männer als Diakone, deren Aufgabe es war, für die gerechte Verteilung der Güter innerhalb der Urgemeinde zu sorgen. Niemand – auch nicht die ausländischen Witwen – sollten bei der Versorgung benachteiligt sein.[458]
Im 19. Jahrhundert greifen Theologen wie Wichern und Fliedner diese

---

öffentlichen Sensibilität in diesem Bereich durch ihr soziales Engagement einen Wettbewerbsvorteil erhoffen.
Vgl. die Serie der Stuttgarter Zeitung zum Thema: »Wenn Unternehmen auf einmal Gutes tun wollen« (beginnend am 16. 7. 2005). Am Beispiel von acht großen Firmen in Baden-Württemberg wird aufgezeigt, wie die Einzelnen den Gedanken von »Corporate Social Responsibility« in ihren Konzernen umsetzen.
456 Bildungsplan der Realschule – Baden-Württemberg 2004, 27
»Der evangelische Religionsunterricht will Schülerinnen und Schüler ermutigen, für eine Kultur der Barmherzigkeit einzutreten und anhand biblischer Weisungen Verantwortung zu übernehmen.«
457 Der neutestamentliche Diakoniebegriff wird vom katholischen Theologen Collins in letzter Zeit als Verengung in der kirchlichen Tradition dargestellt. Er betont stärker das Amtsverständnis eines Diakons: Er ist Diener in einem kirchlichen Amt und hat als Bote eine Vermittlungsfunktion gegenüber der nicht-christlichen Umwelt. Damit ist er eine Art Außenminister der christlichen Gemeinde.
*»Eine der Schlüsselstellen steht im Philemonbrief (Vers 13): ›Ich wollte ihn (Onesimus) gerne bei mir behalten, damit er mir an deiner statt **diene** in der Gefangenschaft, um des Evangeliums willen.‹ Dieses Verständnis von ›dienen‹ beziehe sich eben nicht auf karikative Handlungen oder auf die Versorgung des gefangenen Paulus mit Lebensmitteln, sondern beschreibe eine Beauftragung, meint Collins. Es gehe nicht um die Aufwartung bei Tisch, sondern um die Beauftragung einer Person, um eine Art Botentätigkeit.«*
(M.E. Wahl; Diakonie, ein großer Irrtum? In: Ev. Gemeindeblatt für Württemberg; 29/ 2005, 3)
458 Bis ins 19. Jahrhundert fand der Begriff »Diakon(us)« in den Kirchen der Reformation für den zweiten, jüngeren Pfarrer einer Gemeinde Verwendung.

neutestamentliche Begrifflichkeit auf und fordern im Zusammenhang der massiv aufbrechenden Sozialen Frage für die kirchlichen Sozialdienste die Ausbildung von Diakonen bzw. Diakonissen als hauptberufliche MitarbeiterInnen. Das hat eine gewisse Professionalisierung diakonischer Arbeit zur Folge. Sie erhöht einerseits die Qualität der diakonischen Arbeit, aber sie nimmt andererseits vielen die Möglichkeit, an den Rändern des Lebens persönlich wertvolle Erfahrungen zu machen.

»Wir haben uns angewöhnt, dass für jedes Problem irgendeine staatliche oder staatlich mitfinanzierte Stelle zuständig ist. Wir haben die öffentliche Fürsorge perfektioniert – bis hin zur höchstrichterlichen Entscheidung, wann die Krankenkassen wie viel Viagra pro Monat bezahlen müssen. Doch sind die Verhältnisse dadurch wirklich sozialer geworden? Es beschleichen einen große Zweifel. Denn eben weil es für alles staatliche Hilfsangebote gibt, haben wir uns angewöhnt wegzuschauen, wo die Menschen früher hingeschaut und selber angepackt haben, weil sie wussten, es kommt auf sie an.«[459]

Ergänzend zur professionell organisierten Hilfe ist spontane Hilfe weiterhin möglich und sinnvoll, ja im Blick auf die Zukunft unserer Gesellschaft dringend geboten. Die gezielte Förderung von ehrenamtlicher Hilfe ist zurzeit ein wichtiges politisches Ziel, um die Solidarität der Bürger untereinander zu ermutigen und – nicht zuletzt – einen sozial verantwortlichen Staat finanzierbar zu erhalten. Der Sinn für ehrenamtliches Engagement muss früh angebahnt werden, damit er sich in den Köpfen und Herzen von Schülerinnen und Schülern verankern kann. Ein obligatorisches Sozialpraktikum, in dem diese – zeitlich begrenzt – Verantwortung für alte, kranke oder sozial schwache Mitmenschen übernehmen, bildet den schulischen Rahmen für diakonisches Lernen. Insgesamt lassen sich im Blick auf die Gesellschaft drei Sozialgestalten der Diakonie unterscheiden: die diakonischen Einrichtungen selbst, die (Kirchen-) Gemeinden am Ort und regionale Initiativgruppen. Diese Sozialgestalten ergänzen sich gegenseitig:

»Die diakonischen Einrichtungen tragen wesentlich zur Akzeptanz der Kirche in der Gesellschaft bei; der Relevanzverlust der Gemeinde ohne Diakonie wäre wesentlich größer. Die Diakonie entlastet die Gemeinde von immer komplexer werdenden sozialen Aufgaben, die ein hohes Maß an Organisation und Professionalität erfordern.
Die (Kirchen-) Gemeinden leisten Hilfe zur Bewältigung von Lebenskrisen (z.B. durch Amtshandlungen). Sie bietet außerdem mit ihrer Verkündigung den motivationalen Rahmen für die Diakonie, d.h. sie moti-

---

[459] Thurner-Fromm, B.: Warum wir Solidarität neu definieren müssen; in: Stuttgarter Zeitung vom 28. 4. 2003.

3. Elementare Lernformen in der Pubertät

viert Männer und Frauen zum ehren- und hauptamtlichen Dienst in der Diakonie. Dazu stellt sie finanzielle Mittel zur Verfügung. Die Initiativgruppen nehmen bestimmte (häufig auch verdrängte) Traditionen christlicher Überlieferung für sich in Anspruch. ... Sie haben im Blick auf Gemeinde und Diakonie eine innovatorische Funktion, vor allem bei der Wahrnehmung struktureller und ökumenischer Probleme. Umgekehrt leistet die Diakonie ihnen gegenüber zum Teil Organisationshilfe bzw. stellt Fachkompetenz zur Verfügung.«[460]

In dieser Beziehungsbeschreibung von Sozialgestalten diakonischen Handelns findet sich Schule zwischen den Rubriken »Gemeinde am Ort« und »Initiativgruppen« wieder. Gemeinsam muss in der Klasse gefragt werden: Wo »brennt« es in unserer Gesellschaft? Was können und wollen wir konkret tun? Mit wem sollten wir in unserem Bemühen, kreativ-konstruktiv auf die Gesellschaft einzuwirken, sinnvollerweise kooperieren? Der Unterricht leistet ein Doppeltes: Er motiviert zum diakonischen Handeln und er organisiert Kooperationen mit sozialen Einrichtungen.[461]

Schulen eröffnen damit ihren Schülerinnen und Schülern in der Pubertät die Möglichkeit, in Sozialpraktika praktische Lernerfahrungen zu machen und zugleich zum Nutzen der Gesellschaft aktiv zu werden. Die Lebenswelt Jugendlicher ist von Individualisierung und Mediatisierung geprägt. Diakonisches Lernen als Kontrastprogramm hilft, eine neue Seite des Lebens zu entdecken: Ich kann für andere hilfreich und zugleich für mich selbst erfolgreich sein. Im Sinn eines erweiterten Lernbegriffs verstehe ich diakonisches Lernen zusammenfassend als *»Änderung von Denkgewohnheiten und als Entwicklung der Fähigkeit, psycho-soziale Umwelten lebensdienlich und menschengerecht zu gestalten.«*[462] Das helfende Tun im Umfeld der Schule ermöglicht direkte Begegnungen und ein Lernen »aus erster Hand«. Das ist umso wichtiger, als über eingeschränkte Spiel- und Sportbereiche und vorgefertigtes Spielzeug sowie intensive Mediennutzung die Wirklichkeit »aus zweiter Hand« für das Aufwachsen von Kindern und Jugendlichen bestimmt

---

460 Ruhfus, M.: Diakonie – Lernen in der Gemeinde; Rothenburg 1991, 18f.
461 Für die diakonischen Einrichtungen selbst sind die schulischen Sozialpraktika durchaus ambivalent. Einerseits können sie in der Begegnung mit den SchülerInnen diesen den Sinn und die Attraktivität von helfenden Berufen verdeutlichen, andererseits aber bedeuten die Sozialpraktika mitunter einen nicht unerheblichen Mehraufwand für die ohnehin schon hoch belasteten MitarbeiterInnen, zumal sie nur sehr eingeschränkt Aufgaben delegieren dürfen. Umso erfreulicher ist deshalb, wie oft Schulen in sozialen Einrichtungen (noch) offene Türen finden, vielleicht auch, weil die Schülerinnen und Schüler »frischen Wind« in die Institution bringen können.
462 Bargheer, F.: Art. Diakonisches Lernen; in : LexRP Neukirchen-Vluyn 2001, Bd. 1 – Sp. 330.

ist. Es ist sinnvoll, diesem Verlust an unmittelbarer Begegnung gegenzusteuern.
Schulen stellen somit für authentisches Erleben in praktischen Tätigkeiten sowohl einen Erfahrungs- als auch einen Schonraum zur Verfügung. Soziales Engagement und Übernahme von Verantwortung sind die Fixpunkte diakonischen Lernens.
In den Schulen der USA ist diese Form des Lernens unter dem Label »service learning« seit zwanzig Jahren immer beliebter geworden.

»Seit Mitte der 80er-Jahre ist in den USA und Kanada eine systematische Vernetzung all dieser Einzelinitiativen zugunsten einer Bewegung für Service Learning zu beobachten. Inzwischen gibt es in allen 50 Bundesstaaten der USA Programme zum Service Learning. Wie weit die Idee vom Lernen in der Gemeinde mittlerweile verbreitet ist, zeigen die Daten des National Student Service Learning and Community Service Survey: über 80 Prozent der weiterführenden Schulen bieten derzeit Formen des Service Learning an.«[463]

In Deutschland setzen gerade kirchliche Privatschulen in ihrem Profil diakonische Akzente. Zum Teil haben sie »Diakonie« – in Kombination mit Religion – als ausgewiesenes Schulfach, das sich in einer Mischung von christlicher Begründung des helfenden Tuns, verschiedenen Praxisfeldern und Reflexionsphasen über mehrere Schuljahre durchzieht.[464]
Ich möchte in diesem Abschnitt zunächst in einer grundlegenderen didaktischen Einordnung den engen Zusammenhang von diakonischem und praktischem Lernen belegen und sodann diakonisches Lernen von Schülerinnen und Schülern in der Pubertät an drei Beispielen aus der Schulwirklichkeit konkretisieren: dem Aufbau eines Babysitter-Services durch eine 8. Klasse, einem schulischen Dritte-Welt-Projekt und der Compassion-Initiative, in der katholische Privatschulen der Erzdiözese Freiburg soziales Lernen stärker in den Schulalltag einbinden.

Diakonisches Lernen ist eine Form des handlungsorientierten Lernens, die sich für den Religions- und Ethikunterricht besonders anbietet.[465] Zunächst werde ich grundsätzlich Gültiges für die Form des handlungsorientierten Lernens ausführen, ehe ich mich im Besonderen dem dia-

---

463 Sliwka, A.: Etwas für andere tun und selber etwas dabei lernen; in: Pädagogik 5/ 2004, 8.
464 Vgl. Gronbach, W.: Bildung in christlicher Verantwortung; in: Birkacher Beiträge 5, Stuttgart 2003, bes. 38–40 sowie: www.ev-schulzentrum-michelbach.de.
465 Am Beispiel des diakonischen Lernens wird erneut deutlich, dass einzelne Lernformen fließend ineinander übergehen und die Kategorienbildung eine eher heuristische Funktion hat. Neben der Nähe von diakonischem und handlungsorientiertem Lernen zeigen sich ebenso Überschneidungen mit praktischem und projektorientiertem Lernen (vgl. Kap. III. 3. 3. 2).

3. Elementare Lernformen in der Pubertät

konischen Lernen als einer speziellen Form des handlungsorientierten Ansatzes zuwende.

Wie eng subjektorientierte, dialogische und gesellschaftsorientierte Lernformen aufeinander bezogen sind, lässt sich gut am handlungsorientierten Lernen verdeutlichen. Einerseits erfährt sich gerade ein Jugendlicher in der Pubertät im Handeln selbst. Im gelingenden Tun entwickelt er Selbstvertrauen, im partiellen Scheitern lernt er den produktiven Umgang mit Fehlern und insgesamt gelangt er zu einer realistischeren Selbstsicht zwischen Selbstüberschätzung und Minderwertigkeitsgefühl. Andererseits ist das Handeln auf ein Gegenüber bezogen, sei es in helfender Zuwendung zu einem Menschen, sei es als gemeinsame Aktion einer Teilgruppe der Klasse. Schließlich aber vollzieht sich das Lernen in einem gesellschaftlichen Kontext, nimmt auf ihn Bezug und versucht, ihn mitzugestalten. Auf letzterem soll der Akzent liegen: Handelndes Lernen ist ein Beitrag der Schule, Gesellschaft mitzugestalten. Dabei kann dies in Form einer Waldputzete oder einer Bachpatenschaft praktisch geschehen, aber auch in Form von schulinternem Handeln für gesellschaftliches Geschehen sensibilisieren. So können beim Lernexperiment »Schule als Staat« Mechanismen und Interdependenzen des staatlichen Miteinanders an den Auswirkungen im Kontext Schule erahnt werden und es fällt sehr viel leichter, die im konkreten Handeln gemachten Erfahrungen auf volkswirtschaftliche oder politische Fragestellungen auszuweiten.

Handlungsorientiertes Lernen soll die Trennung von Schule und Leben nicht grundsätzlich aufheben, sondern nur lockern. Der begrenzte Raum Schule ist nicht per se für praktisches Tun ungeeignet, sondern ermöglicht eine »Spielwiese des Handelns« mit reduzierten Sanktionen.

Der große Vorteil des handlungsorientierten Lernens liegt darin, dass Jugendliche aktiv werden können und sich selbst als kreative Subjekte erfahren, die von der Gesellschaft wahrgenommen werden und die – wenn auch nur ansatzweise – ihre Umwelt beeinflussen können. Jugendliche spüren: Ich bin wichtig! Ich werde gebraucht! Ich kann mich einbringen. Vereine und kirchliche Gruppen stellen ihre Arbeit mit Jugendlichen darauf ein: Handlungsorientierung kommt vor Programmorientierung.

Allerdings: Handeln ist nicht schon an sich sinnvoll, sondern Handlungs- und Reflexionsphasen sind aufeinander zu beziehen. Warum tun wir dies oder jenes? Warum gerade so? Welche Handlungsalternativen gäbe es? Wie nimmt die Umwelt unsere Aktion auf? Und: Wie fühlen wir uns selbst? Was könnten/sollten wir anders machen, wenn wir Vergleichbares planen?
Fachdidaktisch gesehen ist entscheidend, dass die Motivation einer

Handlung, das dahinterliegende Motiv in diesen Reflexionsphasen ins Bewusstsein rücken kann. Somit beteiligt sich z.b. die Konfirmandengruppe nicht nur an der Papiersammelaktion der Kirchengemeinde, weil kräftige junge Leute da ganz gut gebraucht werden können und es Spaß macht, miteinander auf dem Traktor durch den Ort zu fahren. Das eigene Tun wird als Teil der Schöpfungsverantwortung verstanden und der finanzielle Gewinn als persönlicher Beitrag für ein Hilfsprojekt verbucht. Pragmatisches Tun und programmatisches Einordnen bilden im handlungsorientierten Lernen eine Einheit!

Der Handlungsaspekt des diakonischen Lernens gekoppelt mit den vor- und nachbereitenden Reflexionsphasen scheint auch neurobiologisch ein effektiver Zugang für menschliches Lernen darzustellen.

»Für viele Operationen sucht sich das Gehirn selbst die Informationen, die es braucht. Sowohl tätiges Handeln als auch Denken sind kognitiv gesteuerte Prozesse. Die Betonung der Eigentätigkeit und Eigeninitiative für das menschliche Lernen nobilitiert damit nicht die Bedeutung des praktischen Handelns vor dem Denken. Vielmehr ist gerade auch die denkerische Eigentätigkeit gemeint und in diesem Kontext gleichermaßen wie das tätige Handeln von Bedeutung.«[466]

Zudem fordert diakonisches Lernen die Eigeninitiative von Schülerinnen und Schülern und belässt sie nicht in der rein rezeptiven Haltung eines Konsumenten. Einen eigenen Zugang zum Lernfeld gewinnen – denkerisch und handelnd – ist deshalb ein weiterer Vorteil diakonischen Lernens.

Eine didaktisch immer wieder umstrittene Frage lautet, inwiefern Schülerinnen und Schüler zu einem sozialen Engagement verpflichtet werden können oder inwiefern das im Bereich der Freiwilligkeit jedes Einzelnen bleiben sollte.
Ich behaupte, unter der Voraussetzung, dass die Schule ein breites Band sozialer Tätigkeiten anbietet, sollte das Sozialpraktikum verpflichtend sein. Andernfalls wird es abgewertet und nur einige Wenige – ohnehin schon sozial ausgerichtete Schülerinnen und Schüler – erklären sich bereit. Den Anderen bleibt eine für ihre Persönlichkeit wichtige Lernerfahrung vorenthalten, weil sie nicht gezwungen sind, sich auch einmal einen Stoß zu geben und innere Widerstände zu überwinden. In der privaten Salemer Internatsschule heißt eines der fünf Prinzipien der sozialen Dienste »Pflicht«:

»Die Dienste gehören zum unhinterfragbar verbindlichen Kern des Salemer Schulprofils. Jeder Schüler ab der 10. Jahrgangsstufe ist – für

---

466 Scheunpflug, A.: Erinnern und vergessen; in: entwurf 3/2004, 7.

mindestens einen Nachmittag in der Woche – zur Teilnahme verpflichtet. Freiwilligkeit, und damit das Risiko nur sporadischer und im Engagement schwankender Beteiligung würde die Wirksamkeit des Dienstes für den einzelnen und für den Gegenstand des Helfens gefährden. Damit ist zwar anfangs die Spontaneität einer ethisch autonomen Entscheidung ausgeschlossen, aber die Praxis der Salemer Dienste lehrt, dass auch beim Helfen ›der Appetit beim Essen kommt‹. Für die meisten Schülerinnen und Schüler tritt schon nach kurzer Zeit der Pflichtcharakter der Dienste zurück, und in der Selbstwahrnehmung werden positive und primär motivierende Erfahrungen bestimmend wie die, von anderen gebraucht zu werden, etwas zu tun, was anderen Freude macht und Dank und Anerkennung einbringt, etwas – zumal in der Gemeinschaft einer Gruppe – zu leisten, auch schwierigste Probleme meistern zu können.«[467]

Das Salemer Beispiel macht auch etwas anderes deutlich: Soziales Engagement braucht intensive Vorbereitung, Qualifizierung, technischen Drill und Einfühlungsvermögen. Nicht immer werden wie in Salem auf zwei Jahre Ausbildung und Vorbereitung (Klassen 10 und 11) zwei Jahre des aktiven Einsatzes (Klassen 12 und 13) folgen können. Aber es wäre unverantwortlich, Schülerinnen und Schüler in Situationen zu bringen, die sie überfordern.

Bleibt zu fragen, in welchem Verhältnis handlungsorientierte diakonische Projekte zum sonstigen Schulalltag stehen, sei es im einzelnen Fach, sei es an der Schule generell. Sozialpraktika müssen punktuell bleiben. Aber dennoch kann das Schulcurriculum sie in einen Gesamtzusammenhang sozialen Lernens in der Schule einfügen. Fächer wie Geschichte, Gemeinschaftskunde oder Deutsch können sich einklinken, selbst wenn die Federführung für die Konzeption, Organisation und Durchführung bei der Fachgruppe Religion/Ethik bleibt.

»Zum andern sind die Bemühungen um den Zusammenhang von Fachunterricht und Praktischem Lernen zu nennen, zum Beispiel zum Deutschunterricht, zum fremdsprachlichen Unterricht und zur Arbeitslehre. In diesem Fall steht im Vordergrund, dass es nicht ausreicht, zusätzliche Lernangebote und –möglichkeiten lediglich am Rande der Schule einzurichten. Der Fachunterricht als der gleichsam harte Kern von Schule muss sich ändern, wenn Schule mehr und anderes sein will als Unterrichtsanstalt.«[468]

---

467 Ferenschild, H.: Soziale Dienste als bürgerschaftliches Engagement; in: Pädagogik 5/ 2004, 34.
468 Schweitzer, F.: Praktisches Lernen; in: Adam/ Lachmann: Methodisches Kompendium für den Religionsunterricht 2; Göttingen 2002, 78.

Die Chancen, die diakonisches Lernen für Schülerinnen und Schüler in der Pubertät bietet, zeigen sich am anschaulichsten, wenn man sie an schulischen Projekten demonstriert. Die drei folgenden Beispiele sind wie konzentrische Kreise angelegt: zunächst ein Klassenprojekt, dann das Vorhaben einer einzelnen Schule und schließlich die Initiative, die seit 1994 siebzehn katholische Privatschulen in Baden in unterschiedlichsten Projekten zum sozialen Lernen in der Oberstufe verbindet.

Das Klassenprojekt bildet Schülerinnen und Schüler zu Babysittern aus und setzt sie danach so wohnortnah wie möglich in Form einer besonderen Nachbarschaftshilfe ein. Das Projekt zeichnet sich für die Heranwachsenden darin aus, dass sich für sie die Perspektive umkehrt: Sie tragen Verantwortung für Kinder und sind auf einmal »die Großen«.[469] Das ist herausfordernd und enthält die Chance, im Rollenwechsel zur schulischen Standardsituation wertvolle Erfahrungen in Eigenständigkeit und Eigenverantwortlichkeit zu machen.

Die Bereitschaft der Schülerinnen und Schüler(!), sich auf dieses Projekt[470] einzulassen, war sehr groß. Nach einer Marktanalyse in den Wohnorten der SchülerInnen, Überlegungen zur Werbestrategie und einer offiziellen Ausbildung zum Babysitter durch Referentinnen der Volkshochschule konnte es losgehen. Zwei SchülerInnen bildeten ein Team, um in schwierigen Situationen nicht allein entscheiden und handeln zu müssen. Angst vor Überforderung im Vorfeld und Freude über die gelungene Erfüllung eines Babysitting-Auftrags danach prägten die Durchführungsphase. Am Schluss zogen einzelne SchülerInnen für sich folgendes Resümee:

– *»Es hat mir viel Spaß gemacht, weil ich gerne mit Kindern zusammen bin« (Janina).*
– *»Es war lustig, endlich mal Verantwortung zu tragen« (Patrick).*
– *»Am besten fand ich, dass manche Kinder so aufgeschlossen waren« (Damaris).*
– *»Es hat Spaß gemacht, aber das Babysitten war manchmal zu ungünstigen Zeiten« (Florian).*

Nicht zuletzt die Tatsache, dass etliche Schülerinnen und Schüler – nun meist alleine – über den Projektzeitraum hinaus in den jeweiligen Familien »gesittet« haben, zeigt die Nachhaltigkeit dieser Möglichkeit diakonischen Lernens.

---

469 So ist mir bei einem Schullandheimaufenthalt, bei dem ich meinen damals zweijährigen ältesten Sohn mitgenommen hatte, aufgefallen, wie liebevoll und einfühlsam die Meisten mit ihm umgegangen sind, zum Teil gerade auch Jungen, denen ich das nicht zugetraut hätte.
470 Im Schuljahr 2000/2001 habe ich mit meiner damaligen 8. Klasse (Kl. 8c) an der Otto-Rommel-Realschule Holzgerlingen diesen »Kid-Watch-Service« aufgebaut. Für den Wettbewerb »So mobil ist Schule« haben die SchülerInnen eine Dokumentation zusammengestellt, aus der weitere Details dieses Sozialprojekts ersichtlich sind.

Beim zweiten Sozialprojekt ist die gesamte Schule einbezogen. Es verdeutlicht der Schülerschaft eines immer noch reichen Industrielandes die Verantwortung für ein gemeinsames Leben in der Einen Welt. Zugleich verhindert es im Blick auf die andere Lebens- und Lernwelt im besten Fall die larmoyante Betrachtung der eigenen Lebenssituation und setzt die Bereitschaft frei, einen kleinen Beitrag für die Verbesserung der Lebensumstände des fernen Nächsten zu leisten.[471]
In diesem Fall hat die staatliche Realschule Holzgerlingen schon über einen Zeitraum von über fünfzehn Jahren eine Partnerschaft mit einem Internat in Lomé (Togo), in dem Straßenkindern ein Zuhause und schulische Ausbildung ermöglicht wird. Die SchülerInnen lernen die Lebensumstände in diesem westafrikanischen Staat im Allgemeinen und die Arbeit der »Association pour la promotion de l'enfance à Lomé« (APPEL) im Besonderen kennen. Die Französisch-Gruppen übernehmen die Kommunikation und eine Religionsklasse in der Klassenstufe 7/8 die Hauptverantwortung für diverse Aktionen zur Unterstützung der Partnerschule.[472]
Weil die ganze Schule in irgendeiner Form beteiligt ist – aktiv vorbereitend oder zumindest die Aktionen der Mitschüler wahrnehmend – entsteht ein Wir-Gefühl, das sich nicht um sich selbst dreht, sondern im Dienst einer von den meisten als sinnvoll erachteten Aufgabe für andere steht. Dann darf die Schule auch ein bisschen stolz sein, wenn ihr Engagement mit einem ansehnlichen Überweisungsscheck gekrönt wird und die Freude über das damit nun Mögliche in den grauen Schulalltag zurückstrahlt.

»Compassion« kennzeichnet die »Bereitschaft zum Mit-leiden«. Damit ist angedeutet, dass Helfen nicht nur eine Tat darstellt, sondern von Emotionen begleitet wird. Der Helfer versetzt sich in den Anderen. Dessen Leid rührt ihn an und setzt ihn in Bewegung. Das kann vielfältig aussehen: der Umgang mit (geistiger) Behinderung wird historisch, medizinisch und in der konkreten Begegnung erkundet, eine Kultur der Barmherzigkeit theologisch erarbeitet und praktisch erprobt oder kooperative Spiele mit neuen Gruppenerfahrungen werden ausprobiert. Wie gestaltet sich »Compassion« an den vierzehn katholischen Privatschulen konkret?

»Die Schülerinnen und Schüler der 11. Klasse des Gymnasiums bzw. der Klassen 9 bei Haupt-, Real- und Förderschulen verlassen in der Regel für zwei Wochen die Schulräume und übernehmen Verantwortung in

---

471 Vgl. Schnitzler, M.: Kleiner Verzicht – großer Gewinn; in: entwurf 1/2004, 60f.
472 Schnitzler, M.: Vom Glück, lernen zu dürfen; in: Festschrift: 40 Jahre Otto-Rommel-Realschule Holzgerlingen 2003, 57–61; vgl. auch: www.ors-holzgerlingen.de.

Altenheimen, Sozialstationen, Einrichtungen für Obdachlose, Flüchtlinge usw. Der Dienstplan der sozialen Einrichtung tritt an die Stelle des Stundenplans. Die Lehrerinnen und Lehrer besuchen ihre Schülerinnen und Schüler am Praktikumsort, halten Kontakt und erarbeiten im Unterricht Fragestellungen, die mit den Praktika verknüpft werden können. Dabei besteht Compassion-Unterricht gerade nicht nur in der Besprechung der Erlebnisse. Compassion–Unterricht heißt vielmehr die Aufnahme relevanter Themen und Unterrichtsformen in den Ablauf des Unterrichts der jeweiligen Fächer.«[473]

Beeindruckend ist die Vielfalt der Beiträge aus den einzelnen Fächern in der Sekundarstufe II zur Initiative »Compassion«.[474] Kuld/ Gönnheimer haben diesen diakonischen Lernansatz auf andere Schularten und Schulstufen erweitert und die Auswirkungen auf die jeweiligen Schülerinnen und Schüler evaluiert. In der Begegnung mit alten, behinderten oder kranken Menschen wird zweierlei erreicht: die soziale Sensibilität und das Selbstbewusstsein der Schülerinnen und Schüler werden gestärkt. Allerdings ist die Wertschätzung ihres sozialen Engagements in ihrer Umwelt ein wichtiger stützender Faktor.

»Je komplexer die Wahrnehmung der sozialen Wirklichkeit ist, desto komplexer ist das moralische Urteil, desto wahrscheinlicher ist die Übereinstimmung von Handlungsbereitschaft und Handeln. Wir gehen davon aus, dass die von uns untersuchten Jugendlichen einer im Sinne Kohlbergs konventionellen Moral verhaftet sind. Deshalb ist die Anerkennung und Wertschätzung ihres Engagements durch ihre Lehrerinnen und Lehrer, Eltern, Mitschüler und Freunde entscheidend. Bleibt diese Wertschätzung aus, wird die Disposition zur Prosozialität untergraben. Wir bezweifeln, dass sozialverpflichtete Haltungen sich quasi von alleine bilden, obwohl das eigene individuelle Leben immer auch ein Leben mit anderen ist.«[475]

Ist das Überleben unseres Planeten nur möglich, wenn eine zunehmend große Zahl (junger) Menschen gelernt hat, prosozial zu denken und für sich und andere Verantwortung zu übernehmen[476], dann ist das Einüben diakonischer Lernformen in der Pubertät ein wichtiger Schritt, lebenswertes Leben auf der Erde auch für kommende Generationen wahrscheinlicher zu machen.

473 Gönnheimer, S.: Schule als Verantwortungsgemeinschaft; in: Pädagogik 5/ 2004, 24.
474 Vgl. Informationsheft der Katholischen Freien Schulen der Erzdiözese Freiburg: Compassion-Initiative; Freiburg 1992 (Heft 27).
475 Kuld/ Gönnheimer: Compassion – sozialverpflichtetes Lernen und Handeln; Stuttgart 2000, 151f.
476 Vgl. Jonas, H.: Das Prinzip Verantwortung; Frankfurt 1984.

Diakonisches Lernen in der Pubertät

Diakonische Lernformen bieten sich in der Pubertätsphase besonders an, weil ...

- sich durch sie Jugendliche vom Leiden anderer Menschen berühren lassen und Mitleiden einüben können. Das wirkt der Gefahr eines pubertären Egozentrismus entgegen.

- das handelnde Einüben einer Kultur der Barmherzigkeit den Heranwachsenden das Gefühl vermittelt, helfend ihre Lebenswelt zum Besseren zu gestalten. Mittels ihrer Hilfe erfahren sie sich als wertvoller Teil der Gesellschaft und werden in ihrem Selbstbewusstsein gestärkt.

- das Zusammenspiel von konkretem Tun und reflektierender Begründung der Motive des Helfens den wachsenden intellektuellen Möglichkeiten der Jugendlichen gerecht wird.

- die Pubertierenden in einer Lebensphase sind, der eine Disposition für Gerechtigkeit und Prosozialität eignet. Soziales Engagement früh einzuüben, macht es wahrscheinlicher, dass sich die jungen Menschen auch später haupt- oder ehrenamtlich für andere einsetzen.

– Generationenübergreifendes Lernen

Seit einiger Zeit scheint die Bedeutung eines Lernens zwischen den Generationen wieder stärker ins Bewusstsein zu rücken:
- *»Generationen-Projekt: Am 17. Juli ist eine Modenschau im Pflegeheim*
Modewelten treffen aufeinander – und Generationen. In der nächsten Woche werden Pfullinger Förderschüler Kleider aus den letzten hundert Jahren vorführen. Und das nicht irgendwo, sondern im Pflegeheim Samariterstift. Ein Auftritt, auf den sich nicht nur die Schüler freuen.«[477]

Beide, junge und alte Menschen ergänzen sich in diesem Begegnungsprojekt auf geniale Weise: Die Schülerinnen und Schüler haben ein interessiertes und fachkundiges Publikum und die alten Menschen spüren einen Hauch ihrer Lebensgeschichte ins Pflegeheim hineinwehen.

---

477 Vgl. RealSchule – Bildung in Baden-Württemberg: Sozial – aber wie?!; Stuttgart 2004, 33.

- »*Kleinkinder und alte Menschen unter einem Dach*«[478]
  Die evangelische Kirchengemeinde Sindelfingen will in einem Altenpflegeheim einen Kindergarten einrichten und so die Generationen miteinander verbinden. Der Heimleiter sieht in dem geplanten Kindergarten eine Bereicherung für das Heim. Auch die alten Menschen könnten davon profitieren. Allerdings wolle er die generationenübergreifenden Aktivitäten von Alt und Jung nicht diktieren.
- Im Rahmen des Sommerferienprogramms, das Schönaicher Vereine für Kinder jedes Jahr organisieren, sagt Wilhelm Kustus, der Gewässerwart des Sportfischervereins: »*Ich gebe das, was ich weiß, sehr gerne weiter, vor allem an Kinder. Die Heranwachsenden unserer Zeit wissen bestens Bescheid über Modems, Flatrate und Scoubidou. Das Bewusstsein um die Natur bleibt allerdings bedauerlicherweise bei vielen auf der Strecke. Welche Beeren sind essbar? Welche Früchte giftig? Was wächst an welchem Baum?*«[479] An diesem Ferientag können 25 Kinder viel von Herrn Kustus lernen, aber vielleicht auch er, während er die Gruppe in die Geheimnisse der Natur rund um die Fischteiche einweiht.

Dies sind nur drei aktuelle Beispiele, auf die ich bei der (Zeitungs-)Lektüre innerhalb weniger Tage gestoßen bin. Dabei muss es nicht immer ein Lernen zwischen der ersten und dritten Generation sein. Wesentliches ereignet sich auch in der emotionalen Nähe von Eltern- und Kind-Generation, Lernprozesse, die ein ganzes Leben prägen können. Der äußerst eindrückliche Kurzfilm »Vater und Tochter«, der 2001 einen Oscar für den besten Kurztrickfilm erhielt[480], mag dies verdeutlichen. Ein Vater verabschiedet sich liebevoll von seiner Tochter, legt mit einem Ruderboot ab und kommt nie mehr zurück. Seine Tochter aber kommt in den verschiedenen Phasen ihres Lebens immer wieder an die Stelle des Abschieds zurück. Die Sehnsucht nach dem »verlorenen« Vater holt sie immer wieder auf ihren Lebensweg ein: als heranwachsende Tochter, als verliebtes Mädchen, als junge Mutter und schließlich in ganz intensiver Form noch einmal als alte Frau. Die Zärtlichkeit des Vaters ist zu einem Fixpunkt ihrer Lebensgeschichte geworden. Hier geht es um Erinnerung und emotionale Verbundenheit zwischen den Generationen. Dieses die Generationen übergreifende Verbundenheitsgefühl ist mit einfachsten filmischen Mitteln beeindruckend dargestellt.

Wie könnte nun generationenübergreifendes Lernen in der Schule realisiert werden. Nahe liegend ist zunächst, den Altersunterschied zwischen Lehrkraft und Schülern zu nutzen, zumal die Lehrkräfte selbst an einer

---

478 Artikel in der Stuttgarter Zeitung vom 25. 8. 2004 (Böblinger Ausgabe).
479 Schönaicher Anzeigenblatt vom 2. 9. 2004, S. 4.
480 Niederlande/Großbritannien 2000 (9 Minuten); Michael Dudok de Wit (Regie/Buch).

3. Elementare Lernformen in der Pubertät

Schule im Idealfall ein Altersspektrum von nahezu vier Lebensjahrzehnten (25–65) repräsentieren.
Religionsdidaktisch bin ich durch den Ansatz von Karl Ernst Nipkow: *»Gemeinsam leben und glauben lernen«*[481] geprägt. Gerade wenn ich eine neue Religionsklasse übernehme, versuche ich mit Hilfe dieser Formel deutlich zu machen, wie ich mir den Unterricht vorstelle. Das Adjektiv »gemeinsam« betont, dass ich nicht von einem rein asymmetrischen Lehr-Lern-Prozess ausgehe, sondern hoffe, dass an einigen Stellen ein gemeinsames Fragen und Suchen möglich wird. Nicht nur Schülerinnen und Schüler können im Unterrichtsprozess etwas von mir lernen, das hoffentlich auch, sondern umgekehrt kann auch ich durch Fragen und Impulse der Heranwachsenden ganz neue Facetten des Glaubens entdecken, was gewohnte Denkbahnen in ein neues Licht stellt.

Das Lehrer-Schüler-Verhältnis ist im Kontext von Schule zwar das dominierende Feld eines generationenübergreifenden Lernens, aber keineswegs das einzige. Denkbar ist, dass zu bestimmten geschichtlichen oder religiösen Fragen Zeitzeugen bzw. ältere Kirchengemeindemitglieder als Experten in den Unterricht eingeladen werden oder dass in Projekten die Begegnung von Jugendlichen und älteren Menschen bewusst angebahnt wird. Das Verhältnis zwischen Kinder- und Großeltern-Generation ist oft viel unbelasteter und deshalb für ein gegenseitig bereicherndes Lernen besonders geeignet. Zwar ist die Beziehung zwischen Kindern und Großeltern heute in der Regel auf das Wochenende und die Ferienzeit beschränkt, umso wichtiger aber ist, diese Zeiten für ein intergeneratives Lernen zu nutzen.

»In der Rückschau auf das vergangene Leben sehen Großeltern häufig ihre Beziehungen zu ihren Enkeln in einem Kontrastbild zu ihrer Beziehung zu den eigenen Kindern: Häufig ist es ihnen erst jetzt möglich, ohne Druck und Verantwortung ein freundliches, gewährendes und verwöhnendes Verhalten zu entwickeln, das sie früher in der Rolle als Eltern ihren eigenen Kindern gegenüber oft bemängelt haben. Auch werden die Großeltern ihren Enkeln bewusst oder unbewusst bestimmte Aufträge mit auf den Lebensweg geben und die Entwicklung ihrer Enkel in bestimmten Bahnen zu lenken versuchen, die möglicherweise mehr den emotionalen Bedürfnissen der Großeltern dienen als denen der Kinder.«[482]

Gerade wenn der familiäre Zusammenhalt auf Grund von Konflikten zwischen den Eltern krisenhaft wird, können Großeltern eine Art Neben-Eltern-Funktion einnehmen und die Kinder entlasten. Dieses Po-

---
481 Vgl. Nipkow, K. E.: Grundfragen der Religionspädagogik, Bd. 3; Gütersloh 1982.
482 Klosinski 2004, 78f.

tential, das im Zusammenwirken der ersten und dritten Generation liegt, ist nicht nur familiär bedeutsam, sondern sollte auch institutionell im Rahmen von schulischem Unterricht bewusster eingesetzt werden.

Die Konkretisierung am Ende der gesellschaftsorientierten Lernformen verdeutlicht, dass sich die Generationenverhältnisse aus Sicht der Lernenden auch schon umkehren können: die Schülerinnen und Schüler sind im Umgang mit Kleinkindern[483] auf einmal in der Situation der verantwortlichen Älteren. Sie haben Anweisungen zu geben und müssen lernen, damit umzugehen, wenn diese nicht befolgt werden.

Worin liegt die (religions-) didaktische Bedeutung eines Lernens zwischen den Generationen?[484] Generationenübergreifendes Lernen ist heute von großer gesellschaftlicher Relevanz. Wenn sich die Alterszusammensetzung eines Staats so rasant verändert, wie das in Deutschland der Fall ist, dann könnte dies zu einem Verteilungskampf der Generationen führen: Leben die Alten auf Kosten der Jungen? Wie energisch werden die Jungen ihre eigenen Lebenschancen reklamieren? Werden sie ggf. den Generationenvertrag kündigen? Sind alte, kranke bzw. demente Menschen mittelfristig in einer zukunftsorientierten Gesellschaft untragbar? Etliche Veröffentlichungen führen den gesellschaftlichen Sprengstoff, der in einer Gerechtigkeit zwischen den Generationen liegt, klar vor Augen. In einer Analogie von Tier- und Menschengesellschaften schreibt Gronemeyer:

»In manchen Tiergesellschaften genießen alte Tiere ein besonderes Ansehen, da sie die Erfahrenen sind. Bei den Dohlen lehren die alten Tiere die jüngeren, Feinde zu erkennen. In vielen Tiergesellschaften währt die Macht der Älteren nur so lange, wie ihre körperlichen Kräfte reichen. Eines Tages rebellieren die jungen Tiere – zum Beispiel bei den Menschenaffen – gegen die alten. Sie töten oder verjagen sie. Wir haben keinen Anlass, auf dieses Verhalten herabzusehen. Aus zwei Gründen:
1. Es ist kaum als ein Fortschritt zu betrachten, dass alte Menschen in Ghettos verfrachtet werden und inmitten eines Apparateparks dahinvegetieren, bevor sie der Tod von Tropf und Katheter befreit.
2. Die menschliche Gesellschaft hat die Gesetze des Wolfsrudels nahezu beseitigt mitsamt den Wölfen und unzähligen anderen Tieren und

---

483 Auch wenn die Differenz zwischen einem Jugendlichen und einem Kleinkind streng genommen noch keine »Generation« (ca. 25 Jahre) darstellt, so trennen die beiden Alterskohorten doch Welten und diese Form von Lernen kann unter einen erweiterten Generationenbegriff subsumiert werden.
484 Das generationenübergreifende Lernen ergänzt sich ideal mit biografischen Lernformen (vgl. III. 3. 2. 1.).

Pflanzen. Kann der Sieger Mensch stolz sein auf ein Lebenskonzept, das vor allem auf der Vernichtung anderer Lebewesen beruht? Die Entfernung vom Wolfsrudel ist der Versuch des Menschen, andere Formen zur Regelung des Generationenkonflikts zu finden. Der Blick auf die Geschichte des Generationenneids drängt allerdings die Frage auf, ob sich die Menschen viel auf ihre Fortschritte einbilden können.«[485]

Der – bei aller Ambivalenz – zivilisatorische Fortschritt des 20. Jahrhunderts im Umgang mit alten Menschen, möglich geworden durch zunehmende wirtschaftliche Prosperität, ist angesichts der demografischen Situation gefährdet. Gleichzeitig ist richtig: Generationenbeziehungen in der Schule können nicht einfach mit familiären in eins gesetzt werden, da Schule als Institution durch entsprechende Gesetze und Erlasse die Möglichkeiten des Miteinanders eindeutiger definiert. Dennoch ist die Frage berechtigt: Wie könnte ein Beitrag der Schule zu einem gerechten Ausgleich der Generationen (zukünftig) aussehen?
Schon Friedrich Schleiermacher fasst die Erziehungsthematik nicht nur als Ereignis zwischen zwei Personen, dem Erzieher und dem Zögling, sondern in ihrer gesellschaftlichen Relevanz. Dabei unterscheidet er in seiner pädagogischen Vorlesung aus dem Jahre 1826 eine ältere und eine jüngere Generation:

»Ein großer Teil der Tätigkeit der älteren Generation erstreckt sich auf die jüngere, und sie ist umso unvollkommener, je weniger gewusst wird, was man tut und warum man es tut. Es muss also eine Theorie geben, die von dem Verhältnisse der älteren Generation zur jüngeren ausgehend sich die Frage stellt: Was will denn eigentlich die ältere Generation mit der jüngeren? Wie wird die Tätigkeit dem Zweck, wie das Resultat der Tätigkeit entsprechen? Auf dieser Grundlage des Verhältnisses der älteren zur jüngeren Generation, was der einen in Beziehung auf die andere obliegt, bauen wir alles, was in das Gebiet dieser Theorie fällt.«[486]

Das Lernen zwischen den Generationen hat für Schleiermacher im Blick auf die Gesellschaft ein doppeltes Ziel: Tradierung und Fortschritt. Einerseits soll es gewährleisten, dass die jüngere Generation an die Vorleistungen der älteren anknüpfen kann. Andererseits muss generationenübergreifendes Lernen der jüngeren Generation Freiräume eröffnen, muss kreativ an das Vorhandene anschließen und Neues entwickeln.

---

485 Gronemeyer, R.: Die Entfernung vom Wolfsrudel. Über den drohenden Krieg der Jungen gegen die Alten; Frankfurt 1991, 51.
486 Schleiermacher, F.: Vorlesungen aus dem Jahre 1826; in: Pädagogische Schriften Bd. 1; Düsseldorf 1957, 9.

Knapp 200 Jahre später bezeichnet Hilbert Meyer das Verhältnis der Generationen erneut als eines der Schlüsselprobleme von Schulentwicklung:

»Das Generationenverhältnis wird zunehmend brüchig und dadurch zum Problem und Thema der Schule.«[487]
In der Fußnote fügt er kommentierend an:
»In Israel habe ich in Kibbuzschulen einen beeindruckenden intensiven Austausch zwischen den Generationen erlebt. Davon könnten wir lernen!«

Generationenübergreifendes Lernen kann den Blick für das Positive im Miteinander öffnen und den gesellschaftlichen Konflikt entschärfen helfen. Drei Aspekte bieten sich in der (Religions-) Didaktik besonders an, diese Lernform inhaltlich auszufüllen:
- das gemeinsame Erinnern
- das Erzählen sowie
- die Zukunftsperspektive in den eschatologischen Texten der Bibel.

In der jüdisch-theologischen Hermeneutik ist das Erinnern unabdingbar.

*»Den Imperativ des Gedenkens in der jüdischen Tradition gegen die zeitgenössische Tendenz zu systematischem Vergessen immer wieder zu beleben, dürfte auch für den G[enerationenkonflikt] heilsam sein, insofern er sowohl für das Leiden alter Menschen als auch für die Zukunftsängste Heranwachsender sensibel werden lässt.
Im Alltag der Generationenbeziehungen könnte sich eine solche Zeitperspektive darüber hinaus sehr konkret auswirken: Gemeinsame Erfahrungen von Verlangsamung ... anlässlich geschenkter Begegnungen zwischen den Generationen und unverhofft intensiver intergenerationeller Gespräche.«*[488]

Hermeneutisch betrachtet kommt damit die Wirkungsgeschichte eines Texts in den Blick. Wie haben Menschen in einer bestimmten Situation einen Text ausgelegt? Was davon ist noch heute relevant, was ist obsolet geworden? Gerade auch das Lernen im Judentum ist stark vom Dialog des Lesenden mit den Kommentarschichten der verschiedenen Epochen und Gelehrten geprägt. Der überlieferte Text fordert zur lebendigen Auslegung heraus.

---

487 Kiper/ Meyer/ Topsch: Einführung in die Schulpädagogik; Berlin ^{2}2004 (2002), 191.
488 Steinkamp, H.: Art. Generationenkonflikt; in: LexRP – Bd. 1; Neukirchen-Vluyn 2001, Sp. 690.

3. Elementare Lernformen in der Pubertät

»Diese Form der Intertextualität traut dem Leser eine hohe Kompetenz zu: Jede und jeder vermag selbst die Tiefen der Wahrheit des Textes zu ergründen, wenn er sich auf ein Gespräch mit dem Text und seinen Deutungen aus früherer Zeit einlässt. Im Meister-Schüler-Verhältnis ist die dialogische Struktur der Textauslegung personifiziert. Lesen und Wiederlesen der gleichen Stelle, Dialog und Diskussion, pro und contra, hin und her – dies alles macht die rabbinische Herangehensweise aus. Wichtig ist die Tatsache, dass dadurch auch gegensätzliche und widersprüchliche Meinungen überliefert werden. In Talmud, Midrasch und den anderen Kommentaren finden sich zahllose Widersprüche, die daher kommen, dass die Meinung des anderen respektiert wird, auch wenn man selbst gegensätzlicher Auffassung ist. Die abweichende Position könnte sich in Zukunft als genau die richtige erweisen und wird daher mitüberliefert.«[489]

Diese Ehrfurcht vor der Meinung des Andersdenkenden und die Vielfältigkeit im diachronen Lernen der Generationen ist auch für Schule heute ein Aspekt, der nicht verloren gehen sollte, selbst dann wenn es mühsam scheint, sich in diese Vielfalt des Überlieferungsprozesses hineinzudenken und wenn Klarheit und Eindeutigkeit dabei zum Problem werden.

Das gemeinsame Erinnern wirkt sich auf die Beziehung von Lehrenden und Lernenden im Unterricht aus: Generationenübergreifendes Lernen spricht Kindern und Jugendlichen Kompetenzen zu. Sie gestalten ihre Lebenswelt aktiv mit. Gleichzeitig sollen sie aber nicht überfordert werden. Sie bleiben auf wohlwollende Beziehungen angewiesen: zu ihren Eltern, zu ihren Mitschülern und auch zu ihren Lehrerinnen und Lehrern. Letzteren Aspekt betont gerade die biblische Tradition.

»So sehr ein modernes Kindheitsverständnis als eigenem Lebensabschnitt wichtig ist, um die Rechte von Kindern gegen Verzweckung und vorschnelle Ökonomisierung zu wahren, so sehr kann die biblische Rede von Kindern als konsequent in Beziehung eingebundene Wesen der modernen Sicht Korrekturen bieten: Kinder sind angewiesen auf verlässliche und wohlwollende Beziehungen (gerade auch pädagogische Beziehungen), so sehr sie gleichzeitig als autonome, eigenaktiv-realitätsverarbeitende Subjekte gesehen werden dürfen. Die Bibel stärkt die Beziehungsseite in der Dialektik von Autonomie und Verbundenheit.«[490]

Besonders eindrücklich und authentisch ist der Überlieferungsprozess, wenn er über eine Erzählung personal vermittelt in mündlicher Form

---

489 Boschki, R.: Beziehung als Leitbegriff der Religionspädagogik; Ostfildern 2003, 270.
490 Ebd., 258f.

erfolgt. Historisch gesehen ist die biblische Überlieferung über lange Phasen ausschließlich mündlich von Generation zu Generation erfolgt und erst sehr viel später schriftlich fixiert worden.

»Lassen Sie uns wieder das Erzählen entdecken und die Erzähltradition der Bibel und von Jesus aufgreifen – als Vater oder Mutter, als Patenonkel oder –tante. Wie wäre es mit Erzählpatenschaften in einer Kindergartengruppe oder im Rahmen der Kernzeitbetreuung an der örtlichen Grundschule? Es gibt kaum eine bessere Hinführung zur Konzentration, kaum stärkere und nachhaltigere Impulse als fesselnde Erzählungen biblischer Geschichten.«[491]

Erzählen und Erinnern sind zwei Seiten einer Medaille: Erzählen erfolgt asymmetrisch von der älteren Generation für die jüngere, das Erinnern hingegen ist ein gemeinsamer Akt, ein sich Einfügen in einen die persönliche Existenz bergenden Geschichtsstrom.

Die Verbundenheit aufgrund einer gemeinsamen Vergangenheit und die Bedeutung von gelingenden Beziehungen in der Gegenwart werden verstärkt durch den gemeinsamen Blick in die Zukunft, über die Lebensperspektiven der Zeitgenossen hinaus. Letztlich ist dies – theologisch gesprochen – auch eine eschatologische Dimension der Betrachtung von generationenübergreifendem Lernen.

Am Ende des Alten Testaments heißt es im Blick auf den wiederkehrenden Elija, den Vorboten des Messias:
»Er wird das Herz der Väter wieder den Söhnen zuwenden und das Herz der Söhne ihren Vätern« (Maleachi 3,24; Einheitsübersetzung).

Die Vollendung eines harmonischen, sich gegenseitig akzeptierenden und befruchtenden Miteinanders der Generationen muss nicht geschaffen werden, sondern es eignet sich als göttliches Geschenk. Dies entlastet das gemeinsame Lernen hier und heute. Das Scheitern von Generationenbeziehungen kann gelassener ertragen werden. Das momentane Zerbrechen ist in die endzeitliche Hoffnungsperspektive eingebunden. Umso überschwänglicher darf die Freude dort sein, wo fragmentarische Ansätze eines gelingenden Miteinanders aufleuchten, gerade auch im Schulalltag.

Bisher war die Betrachtung des Lernens zwischen den Generationen synchron bestimmt: Kinder – Eltern – Großeltern haben als Zeitgenossen in der Gegenwart miteinander zu tun und lernen voneinander. Die Eltern-Generation steht dabei als gegenwärtig besonders aktiver Perso-

---

491 Baur, W.: Vortrag zum 75. Geburtstag von K.E. Nipkow: Aktuelle bildungspolitische Aufgaben einer Landeskirche; Stuttgart 2004, 5.

nenkreis im Mittelpunkt. Sie fragt einerseits zurück, was sie der noch lebenden Großeltern-Generation an Dankbarkeit schuldet und wie sich das z.B. in Form einer angemessenen Rente konkretisiert. Sie fragt andererseits voraus, welche Leistungen sie der Kinder-Generation schuldet und wie eine sinnvolle Erziehung derselben aussehen könnte.

Ebenso möglich ist die diachrone Sicht von generationenübergreifendem Lernen: Wie haben Menschen in verschiedenen Epochen über einen bestimmten Sachverhalt gedacht? Was hat ihr Leben bestimmt, worüber haben sie sich gefreut, worunter haben sie gelitten? Wie könnte zukünftig lebenswertes Leben auf unserem Planeten gewährleistet werden?

Der Blick zurück auf frühere Generationen verbindet sich mit der Gedenkproblematik. Es geht auch um die öffentliche Anerkennung der Bedingungen des eigenen Handelns, positiv in der Aufnahme von wegweisenden Vorleistungen, negativ in der bewussten Annahme von Schuld. Der Blick zurück erfordert ein Bewerten des Handelns bzw. Unterlassens früherer Generationen.

Der Blick in die Zukunft versucht, noch nicht lebende Generationen in ihrem Lebensrecht zu berücksichtigen. Fragen der Ökologie und der Verschuldung sind wesentlich. Der Blick auf kommende Generationen will deren Chancen und Risiken berücksichtigen und heutiges Handeln so gestalten, dass ihr Lebensrecht öffentlich anerkannt und ernsthaft berücksichtigt wird.[492]

Generationenübergreifendes Lernen in der Pubertät

Generationenübergreifende Lernformen bieten sich in der Pubertätsphase besonders an, weil ...

- gerade Heranwachsende – trotz allem Autonomiestreben – tragende Beziehungen brauchen, die ihnen in den oft heftigen Lebensstürmen einen sicheren Hafen und emotionale Geborgenheit anbieten.

- Jugendliche (als dritte Generation) ältere Frauen und Männer (der ersten Generation) als MentorInnen betrachten können, die ihnen mit viel Zeit, einiger Lebensweisheit und manchen finanziellen Ressourcen den Weg ins Leben erleichtern.

- junge Menschen für den Fortschritt einer Gesellschaft die nötigen Impulse setzen sollen, viel Wertvolles aber verloren ginge, wenn sie sich losgelöst vom bisher tragenden Traditionsstrang verstünden.

---

[492] Vgl. hierzu: Brumlik, M.: Zeitgenossenschaft: Eine Ethik für die Generationen; in: J. Ecarius (Hg.): Was will die jüngere mit der älteren Generation?; Opladen 1998, 139–158.

– *Lernen an und mit neuen Medien*

»Die Mühe, Kinder für ihre Bildung zurückzugewinnen, bleibt keinem Lehrer erspart, mögen noch so viele Computer oder vernetzte Laptops zur Verfügung stehen. Erspart bleibt ihnen auch nicht der tägliche Kampf gegen die Vorstellung, dass jeder Lernstoff unmittelbar und ohne jedes Bemühen erschließbar sein müsse wie ein neues Computerspiel, das man sich nebenbei erklickt.«[493]

»Lernen an und mit neuen Medien« als elementare Lernform mag im Duktus meiner Arbeit auf den ersten Blick überraschen. Ist die Wirkung der neuen Medien dem Bemühen, Elementares bewusst zu machen, nicht diametral entgegengesetzt? Findet nicht in der schönen neuen Medienwelt eher Zerstreuung ins vielfältig Bunte, ins Beliebige statt als Konzentration aufs Wesentliche? Geht es nicht eher um den schönen äußeren Schein als um tiefgründiges Erfassen von Essenziellem?[494] Belässt man es in den neuen Medien nicht eher bei einem gleich-gültigen Nebeneinander von Unvereinbarem als sich auf die konflikträchtige Suche nach Wahrheit zu begeben?[495]

Kritisch lässt sich des Weiteren anmerken, dass der Konsum neuer Medien bei Jugendlichen doch ohnehin schon hoch ist? In ihrer Freizeit beschäftigen sie sich mit Computerspielen: Adventure-, Strategie- und Geschicklichkeitsspielen, Kooperations- und Denkspielen. Sie suchen wie selbstverständlich Informationen im Internet oder beteiligen sich an Chats. Ihre technische Ausstattung mit neuen Medien verbessert sich rasant.[496]

»Der persönliche Besitz ...und der damit einhergehende eigenständige Zugang der Jugendlichen zeigt, wie Medien ganz selbstverständlich in den Alltag der 12- bis 19-Jährigen integriert sind. Das persönliche Handy führt im Jahr 2004 die Liste der Geräte im Besitz junger Men-

---

493 Schönweiss, F./ Asshoff, J.: Bildung und Computer. Wohin mag die Reise gehen?; in: Pädagogik 10/ 2002, 31.
494 Schlagwort: Virtualität.
495 Schlagwort: Pluralismus.
496 Um 2000 galt: 30% der Jugendlichen in Deutschland haben einen eigenen Computer, 26% haben einen Computer zur Verfügung, den sie mitbenutzen können und 44% besitzen keinen Computer. In Bezug auf die Nutzung lässt sich eine altersspezifische Differenzierung feststellen: Jüngere Jugendliche (15–17) bevorzugen Computerspiele, ältere (22–24) nutzen stärker das Internet sowie Textverarbeitung und Tabellenkalkulation.
Vgl. 13. Shell Jugendstudie – Jugend 2000; Opladen 2000, 201.
In der neuesten Studie (2003) ist der Aspekt Medien nicht aufgegriffen, so dass kein direkter Vergleich möglich ist.

*schen mit 90% an, es folgen HiFi-Anlage (mit CD-Player; 82%), Radio
(in HiFi-Anlage; 81%), Fernsehgerät (64%), Computer (54%) ...«*[497]

Beim eigenen Computer zeigt sich der erwartete Unterschied zwischen den Geschlechtern: Während lediglich 43% der Mädchen einen Computer bzw. Laptop besitzen, sind es 64% der Jungen. Obwohl die *Verbreitung* von Computern und Handys unter Jugendlichen in den letzten Jahren deutlich ansteigt, zeigt sich bei der Frage, welches Medium Jugendliche täglich oder mehrmals pro Woche *nutzen*, ein eher traditionelles Bild: »Fernsehen« (92%) und Tonträger zur Wiedergabe von Musik wie CDs oder MCs (90%) sowie Radio hören (78%) stehen weiterhin vor der Computer-Nutzung (offline; 71%) und Surfen im Internet (online; 53%).[498]

»Auch wenn die Nutzung von Computer und Internet immer stärker im Alltag der Jugendlichen verankert ist, bleibt das Fernsehen nach wie vor das bedeutsamste Medium, mit dem die meiste Zeit verbracht wird. Geht es nach der subjektiven Empfindung der Jugendlichen, dann gibt es eigentlich nur vier Programme für diese Altersgruppe. Auf die Frage nach dem liebsten Fernsehprogramm votieren die 12- bis 19-Jährigen eindeutig (33%) für Pro 7. Auf dem zweiten Rang folgt mit Abstand RTL (18%), Platz drei belegt MTV (12%) knapp vor RTL 2 (10%).«[499]

Jugendliche bevorzugen beim Fernsehen folglich Unterhaltungs- und Musiksendungen der Privatsender und machen um die Informationsangebote der öffentlich-rechtlichen Anstalten eher einen Bogen.

Sollte in dieser Situation der weiten Verbreitung und intensiven Nutzung neuer Medien die Schule den Jugendlichen nicht eher Kontrasterfahrungen zum Medienalltag ermöglichen? Sollte sie nicht vor allem über die möglicherweise negativen Folgen wie sozialer Isolation, Erfahrungsverlust oder Orientierungslosigkeit aufklären? Neue Medien sind selbstverständlich nicht – wie das Eingangszitat andeutet – ein didaktisches Allheilmittel. Mit der Aufnahme dieser Lernform will ich deshalb nicht einer überzogenen Modernisierungseuphorie das Wort reden. Aber Lernen an und mit neuen Medien greift die Lebenswelt der Jugendlichen auf und bietet m.E. die Chance, Unterricht innovativ zu ergänzen.

---

497 JIM-Studie 2004. Jugend, Information, (Multi-) Media; Stuttgart Dezember 2004, 9.
498 Ebd., 11.
499 Ebd., 19.

Was ist unter Medien zu verstehen? Der Begriff umfasst einerseits alle Mittel und Verfahren, die Menschen zum Austausch von Informationen dienen.[500] Neben der Information geht es andererseits in der medialen Kommunikation immer auch um Unterhaltung. Der Begriff des »Infotainment«[501] signalisiert, wie sehr beide Aspekte der Kommunikation in den neuen Medien konvergieren.
Zu differenzieren sind auf der einen Seite die direkten Verfahren der zwischenmenschlichen Kommunikation wie Mimik, Gestik und Sprache. In der face-to-face-Begegnung sind Gegenseitigkeit und leibhafte Gegenwärtigkeit kennzeichnend. Den unmittelbaren Erfahrungen sind die medial vermittelten Erfahrungen gegenübergestellt. Diese indirekten Verfahren der zwischenmenschlichen Kommunikation bedürfen der technischen Übermittlung. In der modernen Welt gehen unmittelbare und medial vermittelte Erfahrungsbereiche unmerklich ineinander über. Luhmann unterscheidet eine Realität erster von einer zweiter Ordnung. Die erste Realität ist der Alltag, wie wir ihn erfahren oder vorsichtiger formuliert: der Alltag, so wie wir glauben, dass er sei. Die zweite Realität ist die Darstellung der Welt in den Medien.

»Zweite und erste Realität verhalten sich zueinander etwa wie Landkarte zu Territorium: Man muss sich davor hüten, die Landkarte mit dem Territorium zu verwechseln.«[502]

Sein und Schein, Territorium und Landkarte sind indes nicht so eindeutig auseinanderzuhalten. Medienerfahrungen können subjektiv durchaus bedeutsamer werden als Erfahrungen in der ersten Realität.
Im Blick auf den Unterricht verwenden Lehrerinnen und Lehrer den Begriff »Medien«, um bestimmte Lerninhalte zu veranschaulichen und damit den Lernprozess zu unterstützen.

»Im traditionellen Sprachgebrauch der Pädagogik bezeichnet er [der Begriff Medien; M. S.] *alle Lehr-, Lern- und Arbeitshilfen für den Un-*

---

500 So waren z.B. Kult- und Andachtsbilder in früheren Zeiten ein wichtiges Mittel der religiösen Kommunikation. Das silberne Abbild eines besuchten Tempels oder einer Gottheit, zu der hin man eine Wallfahrt gemacht hat, wurde zum verehrten Mittelpunkt der persönlichen Frömmigkeit.
501 Eine einzelne Nachricht wird, damit sie angenehmer rezipiert werden kann, durch entsprechende Moderationen, Bilder und Soundtracks unterhaltsam verpackt. Edutainment ist ein dem Infotainment verwandter Begriff. Edutainment will fachliche Inhalte im Rahmen eines konsistenten Lernkonzepts präsentieren und so Lernprozesse mit unterhaltenden Elementen verbinden.
502 Luhmann, N.: Die Gesellschaft der Gesellschaft; Frankfurt 1997, 885.

terricht (›Unterrichtsmittel‹). Heute wird er mehr auf die modernen Techniken des Bild-, Film-, Ton- und Computer-Einsatzes bezogen.«[503]

Was ist spezifischer unter »neue« Medien zu fassen?

»Unter neuen Medien werden alle elektronisch und auf digitaler Basis funktionierenden audiovisuellen Medien verstanden, die die Eigenschaft besitzen, seitens des Rezipienten wie des Kommunikators jederzeit aktualisierbar, hochselektiv und hinsichtlich Inhalt wie Form auf maximale Rezeption angelegt zu sein.«[504]

Digitale Medien im Bereich Schule lassen sich in zwei Teilgruppen gliedern: einerseits offline-Angebote wie Lernsoftware für einzelne Fächer (CD-ROMs oder DVD-Produktionen, die Unterrichtsmaterialien beinhalten) oder digitale Software für Präsentationen von Lerninhalten oder Schülerreferaten (Powerpoint, Frontpage, Mediator); andererseits online-Angebote wie Internetrecherchen, Chatrooms oder E-Mail-Partnerschaften. Digitale Medien zeichnen sich vielfach durch ihre ubiquitäre Verfügbarkeit[505], ihre unbegrenzte Wiederholbarkeit und ihre aktive Nutzung aus. Im Gegensatz zur linearen Komposition eines (Schul-) Buchs können neue Medien viele Bezüge gleichzeitig herstellen und Vernetzungen flexibel herstellen. Konstanz und Dignität des klassischen Lernmediums werden durch Dynamik und Aktualität[506] der digitalen Medien ergänzt.

»Erkenntnistheoretisch wird der gesellschaftliche Wandel mit der Tendenzangabe ›von der begrifflichen zur ästhetischen Wahrnehmung‹ erfasst: Wirklichkeit wird nicht wie im Schrift- und Buchzeitalter verbalschriftlich-analytisch, sondern viel stärker visuell-ikonisch-synthetisch wahrgenommen. Beide alltagsverwobenen Verhaltens- und Wahrnehmungsmuster prägen Schülerinnen und Schüler und müssen bei der Re-

---

503 Gottwald, E.: Art. Audiovisuelle Medien in Religionsunterricht und Gemeindearbeit; in: Adam/Lachmann: Methodisches Kompendium für den Religionsunterricht; Göttingen ²1996 (1993), 284.
504 Müller, K.: Art. Neue Medien – Virtualität – Wirklichkeitsverständnis; in: Neues Handbuch religionspädagogischer Grundbegriffe; München 2002, 165.
505 Vorausgesetzt das technische Equipment wie PC oder Laptop sowie Beamer sind vorhanden und die Programme kompatibel!
506 Aktualität ist eine Chance neuer Medien, aber das erfordert eine sorgfältige Pflege der entsprechenden Internetseiten, was nicht automatisch vorausgesetzt werden kann. Es lohnt sich folglich, darauf zu achten, wann das letzte Update dieser Seite stattgefunden hat – wenn es denn angegeben ist.

flexion über Einsatzmöglichkeiten und Zielhorizonte eines Lernens mit audiovisuellen Medien berücksichtigt werden.«[507]

Aber auch Schulbücher werden nach wie vor eine Zukunft haben. Neue Medien sind kein Ersatz, sondern eine innovative Ergänzung. Dabei sind neue Medien weit mehr als eine faszinierende technische Möglichkeit. Sie führen zu einem Wandel in der Lernkultur und werden einen tief gehenden Strukturwandel schulischen Lernens verursachen. Deshalb hat Herbert Gudjons Recht, wenn er fordert:

»Medienpädagogik kann sich heute nicht mehr darin erschöpfen, Heranwachsende für den Umgang mit modernen Medien ›fit‹ zu machen, sondern ist Teil der Allgemeinen Pädagogik, die auch die bildungstheoretische Dimension des gegenwärtigen Wandels der Medienlandschaft zu durchdenken hat.«[508]

Bildungstheoretische Konsequenzen des Wandels in der Medienlandschaft zeigen sich z.B. in der Änderung des Schreibstils. Dominierte sowohl bei handgeschriebenen als auch mit der Schreibmaschine geschriebenen Texten eine lineare Vorgehensweise, so macht die Flexibilität eines PC einen fragmentarischen Stil – dem spontanen Ideenfluss angepasst – möglich. Techniken wie Ausschneiden, Kopieren und Einfügen ermöglichen es, erst im Nachhinein die Textbausteine zu einem konsistenten Ganzen zusammenzufügen. Die neue Technik fördert einen konstruktivistischen Schreibstil! Allgemeiner gefasst lässt sich der Einfluss neuer Medien auf die Bildung so fassen:

»Die neuen Medien ... verändern das Verhältnis von Wissen, Denken und Erfahrung in der Bildung; sie verändern auch das Verhältnis des Menschen zu Zeit und Entfernung, Geld und Arbeit.«[509]

Die Schere zwischen dem (theoretisch) verfügbaren Wissen (Wissensexplosion) und der Kommunikation in virtuellen Welten (Erfahrungsarmut) geht immer mehr auseinander. Gerade im Blick auf Heranwachsende in der Pubertät ist es jedoch wichtig, die Möglichkeiten der neuen Medien als Chance zu verstehen, ohne als Lehrerin und Lehrer aus dem Blick zu verlieren, was verloren gehen kann.

»Vernetzte Computer sind sicher ... kein Allheilmittel für die Probleme der heutigen Schule, weder im Blick auf Lern- und Motivationsprobleme von Schülern noch auf die Frage, was heute Bildung ist oder sein

---

507 Mendl, H.: Art. Audiovisuelle Medien; in: Neues Handbuch religionspädagogischer Grundbegriffe; München 2002, 540.
508 Gudjons, H.: Pädagogisches Grundwissen; Bad Heilbrunn [7]2001, 365.
509 v. Hentig 2004, 7.

könnte. Aber eine zeitgemäße Allgemeinbildung kann auf Computer auch nicht verzichten. Auf der Basis von Konzepten, die den schulischen Allgemeinbildungsauftrag ernst nehmen, können Computer und Internet-Aktivitäten schulischen Unterricht bereichern und zugleich für die moderne Lebenswelt öffnen.«[510]

Vier Chancen eines elementaren Lernens an und mit neuen Medien für Jugendliche möchte ich in diesem Teilkapitel betonen:
- Für die allermeisten Schülerinnen und Schüler ist der Umgang mit Medien selbstverständlicher Alltag. Im Unterricht daran anzuknüpfen, kann ihre Motivation fördern (A).
- Medienkompetenz im technischen Bereich (Handling) ist bei etlichen Jugendlichen (besonders Jungen) in hohem Maße vorhanden. Diese Schüler können als Experten den Unterricht bereichern (B).
- Angesichts eines überbordenden Medienangebots hat die ideologiekritische Funktion des Lernens an und mit neuen Medien große Bedeutung. Jugendliche sollen sich die Strukturen von Medien bewusst machen, sie in ihren problematischen Wirkabsichten durchschauen und insgesamt sinnvoll für sich nutzen (C).
- Schließlich kann es Unterricht im Rahmen von kreativen Adaptionen gelingen, aus reinen Konsumenten wenigstens partiell Produzenten zu machen (D).

A) Motivation dank neuer Medien

Neue Medien sind für die meisten Schülerinnen und Schüler emotional positiv belegt. Sie gelten als Signum eines modernen und aufgeschlossenen Lebens. Deshalb ist der Anreiz, sich in Partnerarbeit auf ein Lernprogramm einzulassen ungleich höher, als Vergleichbares im Schulbuch gemeinsam zu erarbeiten.

»Der RU verstärkt durch die Verwendung der Neuen Medien sein Image eines zeitgemäßen, aufgeschlossenen Unterrichtsfaches, das sich um die schüler- und gesellschaftsorientierte Aktualisierung religiöser Tradition bemüht.«[511]

Das ist zwar ein eher von außen bestimmtes Argument für das Lernen an und mit neuen Medien, aber die Motivation, sich religiösen Fragestellungen zu nähern, lässt sich mittels neuer Medien zweifelsohne erhöhen.

---

510 Heymann, H. W.: Bildung trotz oder mit Internet?; in: Pädagogik 9/ 2000, 8.
511 Pirner, M.: Art. Internet/Computer; in: Adam/ Lachmann: Methodisches Kompendium für den Religionsunterricht 2; Göttingen 2002, 325.

Zweitens verstärken digitale Lernangebote mit den damit verbundenen offenen Unterrichtsformen den Lernanreiz, weil sie individuelle Differenzierungen zulassen. Sie geben den Lehrkräften die Möglichkeit, sich gezielt den schwächeren SchülerInnen zuzuwenden, denn diese benötigen in offenen Lernformen eine intensivere Anleitung.

»Schwächere Kinder können oft mit der Vielfalt des Angebots nicht umgehen, da sie nicht gewohnt sind, Entscheidungssituationen produktiv zu bearbeiten. Offene Unterrichtsformen, so die Lehrkräfte übereinstimmend mit jüngsten Studien aus der empirischen Unterrichtsforschung, überforderten schwächere Kinder permanent.«[512]

Deshalb muss das Arbeiten an und mit neuen Medien gestuft eingeführt werden: zunächst eher eng geleitet mit klar definierten Arbeitsaufträgen, dann mit weiter gehenden Recherche-Aufträgen, was schließlich sukzessive die Weite des Netzes öffnet.

Der gezielte Einsatz von Multi-Media-Programmen zu bestimmten Themenfelder ist eine weitere Stufe in der Arbeit an und mit neuen Medien.[513] Die Verlage entwickeln zurzeit Multimedia-Programme, die inhaltlich, formal und programmtechnisch immer ausgefeilter sind. Die Hemmschwelle, sich mit ihnen zu befassen, wird gesenkt, indem die Oberfläche benutzerfreundlich aufgebaut ist. Ein spannender Lerngang über mehrere Levels gibt die Richtung vor und erlaubt trotzdem individuelle Varianten und vor allem ein individuelles Tempo.[514] Für die Wahl eines medialen Lernprogramms ist die Frage zentral, ob die vermittelten Lerninhalte für die Klassenstufe elementar sind und sich der hohe Zeitaufwand von daher rechtfertigt.[515] Ist dies positiv beantwortet, bleibt allerdings der technische Zugang zum Spiel für die Schülerinnen und Schüler zu klären. Damit die Einzelarbeit nicht zu einem unver-

---

512 Grunder, H.-U. (Hg.): Und nun endlich an die Arbeit!; Baltmannsweiler 2005, 215.
513 So gibt es z.B. von der Stiftung Weltethos die CD-ROM »Spurensuche«, in der in sieben Teilen die Weltreligionen beginnend mit den Stammesreligionen bis hin zum Islam vielfältigst aufbereitet vorgestellt werden. Diese bietet sich erarbeitend für einen Teilaspekt (z.B. Buddhas Lehre), wiederholend für eine ganze Einheit (z.B. Buddhismus) oder vergleichend (z.B. Gebetsformen in den Weltreligionen) an. Auch hier können anfangs stringenter geleitete Aufgaben vorgegeben, später offenere Suchaufträge erteilt werden.
514 Kriterien zur Beurteilung von CD-ROMs bzw. Multimedia-Angeboten im Religionsunterricht finden sich knapp zusammengefasst in: Metzger, M./Dellit, M.: Neue Medien und Schule; in: entwurf 2/1998, 22.
515 Das PC-Adventure-Spiel »Geheimakte Jesus« stellt z.B. in der Orientierungsstufe einen gelungenen neuen Zugang zum klassischen Thema »Jesus« dar. Zur spielerischen Wiederholung des schon erworbenen Wissens könnte es aber auch für Schülerinnen und Schüler in der Pubertät geeignet sein.
Vgl. von Hoyningen-Huene, E.: Geheimakte Jesus; in: entwurf 1/ 2005, 24–26.

3. Elementare Lernformen in der Pubertät

bindlichen und beliebigen Springen durch die Angebote eines Lernprogramms wird, empfiehlt sich ein Fahrplan mit obligatorischen und fakultativen Aufgaben. So wird das fundamental Wichtige im Lernprozess nicht übersehen oder umgangen und es bleibt dennoch Spielraum zur individuellen Vertiefung, je nach Interesse der Lernenden. Diese Vertiefungsaspekte sollten dann als Expertenwissen – (mit)schülergerecht aufbereitet – von den Einzelnen in die Klasse kommuniziert werden.

Allerdings ist auch Vorsicht geboten: Die Faszination der neuen Medien kann bei den Schülerinnen und Schülern schnell wieder verfliegen, wenn sie nicht mit einem didaktischen Mehrwert gekoppelt ist. Dieser liegt vor allem in der Individualisierung von Lernprozessen. Eine hierfür ideale Voraussetzung wäre die Ausstattung der ganzen Klasse mit Notebooks, die von den Schülerinnen und Schülern für schulische Zwecke auch Zuhause verfügbar sein sollten.[516] Notebooks erleichtern individuelle Lernprozesse, so das wichtige Ergebnis eines Modellversuchs:

»Zwei Jahre lang haben die am Projekt beteiligten Schüler und Lehrkräfte ihre persönlichen Notebooks in allen Unterrichtsfächern als Ergänzung zu den traditionellen Unterrichtsmitteln benutzt. Welchen Anteil die mobilen Rechner am täglichen Unterrichtsgeschehen hatten, entschied sich aus der jeweiligen Situation. Die Notebooks wurden als persönliches Lernwerkzeug und Arbeitsgerät, Wissens- und Kommunikationsplattform sowie als elektronisches Heft und kreatives Ausdrucksmittel genutzt.«[517]

Als weitere Effekte der zweijährigen Notebook-Ausstattung zeigte sich eine Verstärkung des projektorientierten Lernens, des fächerübergreifenden Unterrichts und der Zusammenarbeit unter den Fachlehrern.[518]

Drittens erleichtern neue Medien der Lehrperson innerhalb der Klasse eine an den einzelnen Schüler und seine Lernerfordernisse angepasste Differenzierung. Dies kann eindrücklich am Beispiel eines Rechtschreibprogramms gezeigt werden. Mit Hilfe von normierten Testdiktaten können individuelle Fehlerdiagnosen erstellt werden, die wiederum zu passgenauen Förderprogrammen für den einzelnen Schüler führen. Statt eines verallgemeinernden Frontalunterrichts, der viele un-

---

516 So gab es in den Jahren 2003–2005 an der GHS Eberdingen und der RS Besigheim einen entsprechenden Modellversuch.
517 Pressemitteilung 129/ 2005 des Ministeriums für Kultus, Jugend und Sport in Baden-Württemberg: Notebooks erleichtern den Zugang zu eigenständigem Lernen.
518 Für diesen Modellversuch stellte Hewlett-Packard 78 Notebooks sowie Drucker und weitere technische Ausrüstung im Wert von 250 000 € zur Verfügung. Was im Modellversuch über Sponsoring zu finanzieren ist, kann in der Breite aller Schulen jedoch nur peu à peu verwirklicht werden und benötigt ein fortbildungsbereites Kollegium, so dass das technische Equipment dann auch adäquat im Unterricht zum Einsatz kommt.

terfordert und für andere doch wieder zu schnell ist, kann jeder in seinem Tempo in dem Bereich üben, der für ihn relevant ist bzw. neue schwierigere Diktate angehen.[519]

Neue Medien tragen schließlich zu einer Veränderung der Lehrerrolle bei: Aus Lehrenden machen sie Lernbegleiter. So werden – im Idealfall[520] – Lehrerinnen und Lehrer zu Moderatoren eines eigenaktiven Wissenserwerbs.

B) Schüler als kompetente Subjekte ihres Lernprozesses

Im Bereich der Musik-Videoclips kann das Erfahrungs- und Expertenwissen der Jugendlichen mit dem Ziel einer lebensweltorientierten Bildungsarbeit für den Unterricht konstruktiv genutzt werden. Didaktisch heikel ist allerdings, wenn der Hiatus von Lebenswelt und Schule nicht gesehen oder verschleiert wird. Im Alltag nutzen die Jugendlichen Musik-Videoclips und andere Medien zur Unterhaltung und Entspannung. In der Schule kommen Information, Analyse, Reflexion und Kritik hinzu. Das kann im günstigen Fall zu einer Seh- und Hörschule werden, die dazu verhilft, die allgegenwärtige mediale Umwelt differenzierter wahrzunehmen. Im ungünstigeren Fall aber entlarven die Schüler den Weg über das moderne Medium als didaktisches Sprungbrett, das LehrerInnen einsetzen, um traditionellen Lerninhalten in einem modernen Gewand neu Geltung zu verschaffen.

Des Weiteren ist – besonders bei Jungen – die technische Medienkompetenz vielfach erfreulich hoch. Mit diesem Pfund sollte ein Lehrer unterrichtlich wuchern, zumal Jungen sonst eher weniger Gelegenheit haben, in der Schule zu glänzen. Die Schüler-Experten sind stolz darauf, ihr Wissen über Computer, Multimedia oder Videotechnik produktiv in den Unterricht einbringen zu können und feilen u. U. tagelang an ihrer digitalen Software. Die Lehrkraft hat allerdings darauf zu achten, dass die Faszination der Effekte nicht die Inhalte in den Hintergrund drängt. Deshalb ist die Anleitung durch die Lehrkraft wichtig, so dass die Effekte dienende Funktion haben, um die zu vermittelnden Inhalte in den Mittelpunkt der Präsentation zu stellen. Im Lernen an und mit neuen Medien wird deutlich werden müssen: Es geht hier keineswegs nur um

---

519 Vgl. Girke, T.: Computerunterstützte Diagnose des Rechtschreibens; in: Pädagogik 10/ 2002, 22f.
520 Nicht selten ist es im Unterrichtsalltag allerdings auch so, dass gerade die Schülerinnen und Schüler, die ohnehin schwer zum Lernen zu motivieren sind, mit den Freiräumen dieser mediengestützten Lernform überfordert sind und den so gegebenen Möglichkeiten ausweichen. Überspitzt gesagt: Lernen an und mit neuen Medien wird von den schon motivierten Schülerinnen und Schülern gut genutzt, während andere die Freiräume zum unauffälligen »Abtauchen« verwenden.

3. Elementare Lernformen in der Pubertät

die handwerkliche Anwendungsebene, um ein technisches Know-how! Die Inhalte sind und bleiben zentral. Ansonsten wird – schön verpackt – heiße Luft präsentiert.

Hinsichtlich der vermuteten Medienkompetenz von Jugendlichen ist allerdings einschränkend festzuhalten: Keineswegs alle Jugendlichen sind gleichermaßen informiert und kompetent! Eine atemberaubende Schnelligkeit in der Bedienung einfacher Programmfunktionen sagt noch nichts über die Kenntnisse im Hinblick auf das Betriebssystem oder die Fähigkeit, mit ungewohnten Situationen kreativ umzugehen. Außerdem gibt es sowohl geschlechtsspezifische als auch schichtspezifische Differenzen in der Medienkompetenz. Ist das Chatten oder die Verwendung eines Textbearbeitungsprogramms ein eher weibliches Nutzungsmuster des Internets, so ist bei Jungen die Faszination für Computerspiele höher oder das Surfen im Internet beliebter.[521] Schichtspezifisch zeigen Beobachtungen, dass HauptschülerInnen bei der Erstellung von Präsentationen Probleme haben, strukturiert vorzugehen. Sehr viel Zeit verbringen sie mit dem Ausprobieren einfacher Effekte, ohne dabei die Stimmigkeit im Blick auf ein konsistentes digitales Endprodukt zu beachten. »Trial and Error« sind als Zugehensweise dominant. RealschülerInnen hingegen vermögen schon etwas zielgerichteter vorzugehen. Die schulartspezifische Spaltung – die in weiten Teilen auch eine schichtspezifische ist – scheint sich in die digitale Welt hinein zu verlängern.

»Wer im lebensweltlichen Alltag nicht über die notwendigen Kompetenz-Netzwerke verfügt (wie z.B. einige Jugendliche mit Migrationshintergrund) ist hier deutlich benachteiligt und gerät schnell in eine Rückständigkeitsfalle.«[522]

Im Sinn der Chancengleichheit von Heranwachsenden muss Schule im Medienbereich versuchen, kompensatorisch die sozialen Benachteiligungen Einzelner auszugleichen. Das vor allem auch deshalb, weil ohne Medienkompetenz eine aufgeklärte Teilhabe an gesellschaftlichen Prozessen, in der Arbeitswelt und ebenso im Privatbereich, heute kaum noch möglich ist.

»Durch die gesellschaftlichen, wirtschaftlichen und privaten Veränderungen gehören heute sowohl Strategien zur sinnvollen Auswahl von Information wie auch die Urteilsfähigkeit über Information und deren Mittler zur Allgemeinbildung eines jeden Einzelnen, wodurch es ihm möglich sein soll, als konstruktive, engagierte und verantwortungsbe-

---

521 Vgl. Biermann, R./ Kommer, S.: Medien in den Biografien von Kindern und Jugendlichen: in: medien + erziehung 1/ 2005, 56.
522 Ebd., 55.

wusste Person tätig zu sein. Ein früher, qualifizierter Umgang des Einzelnen mit Informationen, Information verarbeitenden Systemen und den neuen Medien als ›vierter Kulturtechnik‹ fördert sein Zurechtfinden in der Informationsgesellschaft und die Teilhabe an den gesellschaftlichen Entwicklungen.«[523]

Ein bewusster Umgang mit der Überfülle des Medienangebots gehört heute wie Schreiben, Lesen und Rechnen zu den grundlegenden Kulturtechniken. Deshalb sollen die informationstechnischen Grundkenntnisse im Bildungsplan 2004 der Realschule in Baden-Württemberg nicht mehr als gesonderter Lerngang in den Klassen 7 und 8 jenseits von bestimmten Inhalten rein technisch erlernt werden. Vielmehr soll der Umgang mit neuen Medien ein fächerübergreifendes Prinzip darstellen, das inhaltlich je nach Fach gefüllt werden kann.

»Der Computereinsatz in den anderen Fächern (so er denn überhaupt stattfindet) wird ...als problematisch beschrieben. So beschränkt sich der Einsatz des Internets nicht selten auf die Nutzung einer Suchmaschine. Diese wird aber nicht – im Sinne der Vermittlung von Medienkompetenz – pädagogisch-didaktisch eingeleitet, indem z.B. gemeinsam Suchstrategien entwickelt werden oder auch komplexere Suchalgorithmen vorgestellt werden. Vielmehr werden die Lernenden nicht selten mit der Aufforderung ›Nun sucht mal XY‹ in den virtuellen Datenraum geschickt.«[524]

So entsteht nun im neuen Bildungsplan umgekehrt die Gefahr, dass im schulinternen Curriculum die inhaltlichen Aspekte der Fächer zu sehr in den Vordergrund treten und eine allgemeine und grundlegende Medienkompetenz nicht (mehr) gezielt vermittelt wird.[525]

C) Medienkritik als notwendiger Teil der Medienkompetenz

Nicht zuletzt muss Lernen an und mit Medien immer eine kritische Dimension haben.
Heinz Moser konkretisiert Medienkompetenz auf vier Ebenen: technische, kulturelle, soziale und reflexive Kompetenzen. Kritische Medienreflexion ist ein traditionelles Ziel der Medienpädagogik. Moser untergliedert die reflexive Medienkompetenz in drei Bereiche:

---

523 Bildungsplan 2004 – Realschule, 192.
524 Biermann/ Kummer 2005, 58.
525 Angesichts der Medienbiographie vieler Lehrerinnen und Lehrer ist das eine durchaus wahrscheinliche, aber im Blick auf die zukünftigen Herausforderungen für die SchülerInnen bedenkliche Entwicklung.

- *»kritische Beurteilung einzelner Medien und der Medienentwicklung;*
- *fähig sein, das eigene Medien-Nutzungsverhalten einschätzen zu können;*
- *über Kriterien verfügen, um Medieninformationen auf ihre Stichhaltigkeit und Relevanz hin beurteilen zu können.«*[526]

Die Vielfalt der Informationen erfordert Kriterien der Bewertung, um eine qualifizierte Auswahl treffen zu können. Welche Information z.B. im Internet ist seriös und welche nicht? Mit Hilfe welcher Kriterien lassen sich problematische Internetangebote jeglicher Art identifizieren? So kann z.B. ein computergestützter Religionsunterricht mit divergierenden Informationen aus unterschiedlichen Pools umgehen lehren. Worin unterscheiden sich die offiziellen Websites großer religiöser Organisationen von diversen individualreligiösen Präsentationen? Wie ist die zu findende religiöse Vielfalt zu bewerten?[527]

»Plant eine Klasse z.B. eine Frankreich-Fahrt mit der Besichtigung verschiedener französischer Kathedralen, so können unterschiedliche Informationsquellen – vom Buch über Video bis zu CD-ROM und Netzinformationen – herangezogen werden. Die Vorzüge und Grenzen der einzelnen Medienarten als Informationsquellen lassen sich dabei – auch im Vergleich mit den späteren Realerfahrungen – ins Bewusstsein heben und diskutieren.«[528]

Medienkompetenz wird angebahnt, indem neue und traditionelle Medien ihre Vorteile wie Aktualität und gewissenhafte Aufarbeitung der Information in den Suchprozess der Klasse ergänzend einbringen und somit ein kritischer Umgang mit medialen Informationen überhaupt erst erprobt werden kann.

Impulse für eine kritischere Wahrnehmung der Lebenswelt ist auch in der Nutzung anderer Bereiche neuer Medientechnologie angesagt: Welchen Informationswert etwa haben Handy-Gespräche? Warum müssen Handys in der Schule ausgeschaltet sein? Wie viel Öffentlichkeit erträgt der private Bereich und wo beginnt die Indiskretion? Welche Folgen hat die Handy-Manie für die direkte Kommunikation? Und schließlich: Welches kommerzielle Interesse steckt hinter den mobilen Telefonaten?

---

526 Moser, H.: Einführung in die Medienpädagogik; Opladen 2000, 218.
527 Vgl. hierzu z.B. den spannenden Unterrichtsvorschlag »Religionen im Medienverbundsystem Internet« von Gernot Meier; in: entwurf 1/2005, 19–23.
528 Tulodziecki, G.: Mögliche Felder der Zusammenarbeit zwischen Medienpädagogik und Religionspädagogik aus medienpädagogischer Sicht; in: M. Pirner / T. Breuer (Hg.): Medien – Bildung – Religion; München 2004, 31.

Haben die Diskussionsbeiträge in Chatrooms oder SMS-Botschaften mit ihrer notwendigen Prägnanz Auswirkungen auf die Differenziertheit der Kommunikation in der direkten Begegnung oder in der Fähigkeit, Erlebnisse zu verschriftlichen? Informationen werden heute stark aus dem Kontext extrahiert und dekontextualisiert. Darauf weisen viele Entwicklungen hin:

»Die Comic-Sprache von Jugendlichen, die heute schon fast zur Chat-Sprache mutiert ist (*seufz*), die sich verkürzenden Aufmerksamkeits-Intervalle und ihre minimalistischen oder ›reizvolleren‹ Pendants der Präsentation, die kritik- und urheberrechtslose Wiederverwertung von Informationen als Reaktion auf die indifferente Überflutung.«[529]

Zu beachten ist jedoch folgende didaktische Sackgasse: Medienkritik durch die Lehrkraft selbst formuliert kann zu einem überzogenen Solidarisierungseffekt der Schülerinnen und Schüler mit »ihrem« Medium führen.
Die Folge? Diese Form von Medienkritik immunisiert eher als dass sie kritisch aufbrechen könnte. SchülerInnen bekommen von ihrer Lehrkraft einen medialen Appetithappen serviert und dann soll ihnen dieser sogleich wieder madig gemacht werden? Es geht auch anders: Nehmen wir z.B. eine Folge der Daily Soap Marienhof, in der es um die Bewältigung von Sterben und Tod geht. Im Religionsunterricht wird diese Folge mit bestimmten Beobachtungsschwerpunkten aufgegriffen. Medienkompetenz gepaart mit Medienkritik lässt sich so anbahnen, ohne dass die SchülerInnen »zumachen« oder die Lehrkraft in der kritischen Distanz von ihnen als »spießig« apostrophiert werden müsste.

»Medienkritik sollte nicht primär von der Lehrkraft mit Verweis auf christliche Normen und Werte eingebracht werden, sondern wo immer möglich, sollten entweder die im Medium selbst liegenden medienkritischen Aspekte didaktisch genutzt werden, oder die Lehrkraft sollte, gleichsam als Regisseurin durch Inszenierungen und Arrangements von (möglichst offenen) Lernsituationen den Schülern und Schülerinnen die selbsttätige Entdeckung von medienkritischen Normen und Werten aus christlicher Tradition ermöglichen.«[530]

Offene Lernprozesse sowie die Möglichkeiten kreativer Verarbeitungsformen erlauben es den Schülern, auf Distanz zum rezipierten Medium zu gehen, sei es nun ein Musik-Clip, ein Film oder die Internetpräsentation eines Idols.

529 Schönweiss, F./ Asshoff, J.: Bildung und Computer. Wohin mag die Reise gehen?; in: Pädagogik 10/ 2002, 30.
530 Pirner, M.: Art. Film/ Fernsehen/ Video; in: Adam/ Lachmann: Methodisches Kompendium für den Religionsunterricht 2; Göttingen 2002, 315.

3. Elementare Lernformen in der Pubertät

D) Kreative Adaptionen

Bei diesem letzten Teilaspekt des Lernens an und mit neuen Medien wird die Nähe zu kreativen Lernformen[531] deutlich, nun eben mit dem Fokus auf digital vermittelter Wirklichkeit, von der die Lebenswelt der Jugendlichen ja maßgeblich beeinflusst ist. In der kreativen Adaption medialer Produkte kann es Jugendlichen gelingen, den Sinn hinter den faszinierenden, rasant wechselnden Sinneswahrnehmungen zu erfassen.

»Das ästhetische Denken bewegt sich von der ›Sinneswahrnehmung‹ zur ›Sinnwahrnehmung‹. Es besteht ein lebendiger Zusammenhang zwischen Wahrnehmen und Denken. Ästhetisches Denken erkennt der Wahrnehmung originäre Wahrheit zu. Der Grund für diese Verlagerung von einem logozentrischen zu einem ästhetischen Denken liegt in der Veränderung der Wirklichkeit selbst, die immer fiktionaler geworden ist. Begriffliches Denken allein vermag einer Wirklichkeit, die wesentlich ästhetisch, vor allem über Prozesse medialer Wahrnehmung konstituiert ist, nicht mehr zu entsprechen. Ästhetisches Denken ist beweglich genug, diesem Wirklichkeitswandel auf die Spur zu kommen.«[532]

Kreatives Arbeiten mit und an neuen Medien fördert das ästhetische Denken. Zugleich nimmt diese Lernform die Schülerinnen und Schüler als handelnde Subjekte ernst. Daraus ergibt sich nach der kritischen Rezeption des Vorgegebenen fast von allein der Gedanke, sie wenigstens partiell zur aktiven Produktion zu ermutigen.

»Kreatives Gestalten mit Folien und Dias, mit Kassettenrekorder und Videokamera und neuerdings auch mit Computer-Animation befähigen dazu, audiovisuelle ›Texte‹ in Form von Bildergeschichten und Toncollagen, von kleinen Recherchen, Dokumentationen oder Videoclips zu ›schreiben‹, zu interpretieren und als eigene Kommunikationsmittel Mitschülern, Lehrern, Eltern oder der Gemeinde gegenüber zu nutzen.«[533]

Schülerinnen und Schüler können für sie relevante Inhalte einem größeren Publikum individuell ausgestaltet zeigen und sich ihnen dadurch selbst mitteilen.
Die kreative Arbeit mit neuen Medien dient jedoch nicht nur der Selbstmitteilung, sondern befähigt in Ansätzen zugleich, fremde mediale Produkte kritisch wahrzunehmen.

---

531 Vgl. Kapitel III. 3. 2. 3.
532 Biehl, P.: Wahrnehmung und ästhetische Erfahrung; in: Grötzinger/ Lott (Hg.): Gelebte Religion; Rheinbach 1997, 392f.
533 Gottwald, E.: Audiovisuelle Medien in Religionsunterricht und Gemeindearbeit; in: Adam/ Lachmann: Methodisches Kompendium für den Religionsunterricht; Göttingen ²1996 (1993), 294.

»Künstlerische Produktion vermittelt als Aneignung von Realität durch das Medium neue Erfahrungen und neue Sichtweisen auf Altgewohntes; diese Prämisse gilt letztlich auch für den Ansatz der Video-Animation. In der kreativen Auseinandersetzung und im spielerischen Umgang mit Video soll ein forschendes Sich-Aneignen der audio-visuellen Zeichensprache ermöglicht werden.«[534]

Kreative Arbeit an und mit neuen Medien bieten sich im Rahmen von Unterricht besonders in Freiarbeitsphasen und bei Projektarbeit an. Kreativität braucht Zeit, weil sich immer wieder inhaltliche und technische Aspekte als widerspenstig erweisen und im Produkt sinnvoll miteinander verbunden werden sollten. Auf dem langen Lernweg ereignet sich ein »Learning by doing«. Dieser instrumentell-konstruktive Zugang verhilft zu umfassender Medienkompetenz. In der Planung kreativer Adaptionen neuer Medien sind deshalb für den Unterricht zwei Voraussetzungen zu berücksichtigen:

»Zum einen hat er einen hohen Zeitanspruch. Dieser Zeitanspruch kann aber in einer verkürzten Schulzeit nur dann eingelöst werden, wenn die Arbeit an Medienproduktionen und damit Medienkompetenz integraler Bestandteil der Erarbeitung und Durchdringung der relevanten Fachinhalte wird. Zum anderen muss Medienproduktion, um das ... Ziel der Medienkompetenz zu erreichen, über die reine Textproduktion hinausgehen, ohne diese zu vernachlässigen. Dies bedeutet, dass an Schulen in Möglichkeiten der Medienproduktion für Schüler/innen investiert werden muss, sowohl was die technische Seite angeht als auch das Knowhow auf Seiten des Lehrkörpers.«[535]

Der Mut des Lehrers, sich gemeinsam mit Schülern auf neues Terrain zu wagen, wird nicht selten mit beeindruckenden Produkten belohnt. Andernfalls war es zumindest eine intensive Form der adaptiven Auseinandersetzung mit der medialen Vorgabe. Auch in diesem Fall dürfte sich ein Lernen an und mit neuen Medien als für die Altersphase Pubertät besonders geeignet erweisen.

Lernen an und mit neuen Medien in der Pubertät

Diese Lernform bietet sich in der Pubertätsphase besonders an, weil ...

- sie den eigenaktiven und individualisierten Wissenserwerb fördert.

---

534 Moser, H.: Einführung in die Medienpädagogik; Opladen 2000, 221.
535 Gries, A.: Learning by doing. Der konstruktive Umgang mit Medien als Lernweg zu einer umfassenden Medienkompetenz; in: entwurf 1/2005, 10.

- ein Lernen an und mit neuen Medien die Lebenswelt der Jugendlichen ernst nimmt und in die Schule holt.

- schulisches Lernen auf diese Weise die verbreitet vorhandene Medienkompetenz der SchülerInnen in der Pubertät aufgreift und als Motivationsschub für den Lernprozess nutzt.

- die durch die neuen Medien geprägten Wahrnehmungs- und Handlungsmuster der Schülerinnen und Schüler in der Pubertät kritisch reflektiert werden.

- die SchülerInnen nicht nur passiv fertige Produkte konsumieren, sondern aktiv eigene mediale Werke produzieren.

– *Elementarisierung in gesellschaftsorientierten Lernformen*

Zwischenräume kennzeichnen das gesellschaftliche Lebensgefühl im Übergang vom 20. ins 21. Jahrhundert: das Leben schwankt zwischen Modernisierung und Zukunftsangst, zwischen Pluralisierung und Vereinheitlichung, zwischen Individualisierung und Kollektivismus, zwischen Säkularisierung und Re-Religionisierung, zwischen Skepsis und Leichtgläubigkeit.[536] Das Individuum – aber auch eine Gesellschaft insgesamt – muss lernen, ein Leben in diesen Zwischenräumen auszuhalten, ja die Spannung zwischen den Polen produktiv zu gestalten. Im 20. Jahrhundert hatte es den Anschein, als sei der jeweils zuerst genannte Pol unausweichlich das Ergebnis gesellschaftlicher Entwicklungen. So langsam aber zeichnen sich die an zweiter Stelle genannten Pole als gesellschaftliche Gegenbewegungen ab. Wie kann schulische Bildung einen Beitrag dazu leisten, dass es zukünftigen Bürgerinnen und Bürgern unserer Staatengemeinschaften möglich ist, friedlich miteinander in diesen Zwischenräumen zu leben, so dass sie einerseits Vielfalt nicht als Bedrohung, sondern als Bereicherung wahrnehmen und andererseits Geborgenheit im Vertrauten nicht exklusiv verengend, sondern einladend offen praktizieren?

Elementarisierung berücksichtigt die gesellschaftliche Dimension des Lernens in zweifacher Hinsicht:
– Den elementaren Strukturen geht es um Gott und die Welt. So bestimmt das Bewusstsein globaler Verantwortung den konziliaren Prozess der Kirchen. In ökumenischer Weite wird gefragt, was zum Frieden, zur Gerechtigkeit und zur Verantwortung für die Schöpfung beiträgt, was dementsprechend Handeln nach dem Willen Gottes in und für diese Welt sein kann und was nicht. Zwar wird der Unterricht

---

536 Schwöbel, C.: Glaube im Bildungsprozess; in: ZPT 2/ 1998, 172–176.

stärker bei den individuellen und zwischenmenschlichen Fragen ansetzen, aber die gesellschaftliche und weltweite Perspektive menschlichen Handeln muss zumindest in der Sekundarstufe immer wieder aufblitzen.
– Persönliche Vergewisserung ereignet sich zunächst im dialogischen Gegenüber mit dem Fremden, aber diese Erfahrung muss verallgemeinert und auf das globale Zusammenleben der Menschen ausgeweitet werden. Elementare Wahrheiten sind als persönliche Gewissheit wichtig, um angstfrei den verschiedensten gesellschaftlichen Strömungen zu begegnen, aber elementare Wahrheiten werden gefährlich, wenn sie exklusiv verstanden einer Gesellschaft das eigene Verständnis von Leben aufdrängen.

In der Einführung zum Bildungsplan 2004 ist für Hartmut von Hentig politische Bildung – neben persönlicher und praktischer Bildung – eine der von Schule zu erbringenden Leistungen:

»Bildung ist drittens das, was der Gemeinschaft erlaubt, gesittet und friedlich, in Freiheit und mit einem Anspruch auf Glück zu bestehen: Sie richtet den Blick des Einzelnen auf das Gemeinwohl, auf die Existenz, Kenntnis und Einhaltung von Rechten und Pflichten, auf die Verteidigung der Freiheit und die Achtung für Ordnung und Anstand. Sie ist für die richtige Balance in der Gesellschaft zuständig.« [537]

Der Beitrag des Religionsunterrichts zur politischen Bildung der Schülerinnen und Schüler wird in den gesellschaftsorientierten Lernformen verwirklicht. Für die Altersstufe Pubertät habe ich drei Lernformen näher ausgeführt. Sie wollen ein Leben aller in den eingangs skizzierten Zwischenräumen fördern.

– Diakonisches Lernen hilft, zwischen Egozentrik (Individualisierung) und Altruismus (Kollektivismus) eigene Lebensräume zu finden, die sowohl das persönliche Wohlergehen als auch die Solidarität mit den Schwachen in einer Gesellschaft berücksichtigen.
– Generationenübergreifendes Lernen schafft Lernanlässe, in denen Heranwachsende erahnen, wie für die Gestaltung der Zukunft (Zukunftsangst) zweierlei notwendig ist: sowohl mutiges Voranschreiten (Modernisierung) als auch eine vergewissernde Rückbindung des Neuen an das bisher Gedachte und Geschaffene. Hierzu bedarf es des Gesprächs zwischen den Generationen. Da dieses im familiären Kontext nicht mehr so selbstverständlich ist, kann die organisierte Form in schulischen Zusammenhängen zumindest erste Impulse setzen, in Vereinen, Kirchen und Parteien das gesamte Spektrum der Generationen einzubeziehen.

---

537 v. Hentig, H.: Einführung in den Bildungsplan 2004; Stuttgart 2004, 9.

– Politisch, sozial und religiös war das 20. Jahrhundert durch Ausdifferenzierungsprozesse (Pluralisierung) geprägt. Lernen an und mit neuen Medien lässt Schülerinnen und Schüler in der Pubertät kritisch mit einer global vernetzten Kommunikation (Vereinheitlichung) umgehen. Visuelle Kommunikationsmedien bieten für eine weltweite Verständigung große Chancen, aber die einzelnen Kulturen unserer Erde in ihrer Vielfalt drohen dabei eingeebnet zu werden und Ökonomisierung alle Lebensbereiche zu durchdringen.

Gemeinsam tragen alle drei gesellschaftsorientierten Lernformen dazu bei, dass durch religiöse Bildung junge Menschen lernen, Zwischenräume zu bewohnen und nicht vorschnell den Denkalternativen des ausgehenden 20. Jahrhunderts Glauben schenken: Weder muss Religion in der Moderne zunehmend bedeutungslos werden (Säkularisierung), noch sollten Schülerinnen und Schüler in der Gegenbewegung fundamentalistischen Frömmigkeitsformen mit allzu klaren Wahrheitsansprüchen blind vertrauen (Re-Religionisierung).

3.5 Lernform und Altersstufe

Gibt es eine spezifische Zuordnung von Lernformen zu einer bestimmten Altersstufe?
Auf diese Arbeit zugespitzt gefragt: Sind die im konstruktiven dritten Teil ausgeführten neun Lernformen spezifisch der Altersstufe Pubertät zuzuordnen oder können sie in unterschiedlichen Altersstufen eingesetzt werden? Ja und nein!

Einerseits nein, denn eine ganze Reihe der dargestellten Lernformen können nicht nur in der Sekundarstufe I (Schwerpunkt: die Klassen 7 und 8), sondern durchaus schon in der Primarstufe oder auch noch in der Sekundarstufe II für die Unterrichtsgestaltung sinnvoll sein. So sind z.B. kreative Lernformen in der Elementar- und Primarstufe eine gute Möglichkeit, die Kinder in ihrer Emotionalität anzusprechen und Sensibilität für Farben und Formen zu verstärken. Doch mit der Altersstufe verändert sich die Lernform: Die Zugehensweisen sind zwar ähnlich, aber der Lernfokus verschiebt sich. So sprühen Kinder in der Grundschule meist noch vor Fantasie und kreatives Lernen kann helfen, durch bestimmte Vorgaben das manchmal Überschäumende in produktive Bahnen zu lenken und damit im Kind Freude und Stolz am Geschaffenen zu wecken. In der Pubertät ist die Kreativität »introvertierter«. Die Verletzlichkeit der Jugendlichen wächst und zugleich die Notwendigkeit der Selbstwerdung. Was macht mich im Innersten aus? Kreative Lernformen können hier erste Wege zum Selbst bahnen helfen. Um ein zweites Beispiel zu nennen: Projektorientierte Lernformen können genauso in der Sekundarstufe II oder im Studium eingesetzt werden, um z.B. ein ausgewogenes Theorie-Praxis-Verhältnis im Lernprozess zu gewährleisten. In der Pubertät geht es jedoch darum, dass Heranwachsende die Möglichkeit erhalten, in praktischen Erfahrungsfeldern Verantwortung zu übernehmen und sich als kompetentes, die soziale Umwelt positiv mitgestaltendes Individuum zu erfahren.

Andererseits gibt es durchaus eine gewisse Altersspezifik der Lernformen. Ich hoffe im konstruktiven dritten Teil meiner Arbeit hinreichend deutlich gemacht zu haben, warum die vorgestellten neun Lernformen gerade für Schülerinnen und Schüler in der Pubertät didaktisch geboten sind.

Die Differenzierung der Lernformen nach den drei Ebenen: subjektorientiert – dialogisch – gesellschaftsorientiert erscheint mir hilfreich. Auf den einzelnen Ebenen wären ergänzende Aspekte denkbar und gegebenenfalls auszuführen. Ich will drei Beispiele andeuten:

Im therapeutischen Bereich spielen gestaltpädagogische Ansätze eine wichtige Rolle. Was davon lässt sich in schulisches Lernen transferieren? Zugeordnet werden könnte diese Arbeitsweise sowohl dem biographischen als auch dem kreativen Lernen.

Erlebnispädagogische Zugänge sind in der verbandlichen und kirchlichen Jugendarbeit eine bevorzugte Lernform. Manches Erleben könnte auch für Schülerinnen und Schüler der Pubertät innerhalb des institutionellen Rahmens zu einer elementaren (Lern-) Erfahrung werden. Erlebnispädagogische Lernformen wären am ehesten eine Form des dialogischen Lernens.

Auf der gesellschaftlichen Ebene lässt sich an die kritische Begleitung und Mitgestaltung von politischen Prozessen auf regionaler Ebene denken. Was in unserer Kommune läuft im Blick auf die politische Akzentsetzung zum Nachteil junger Menschen und welche Formen der politischen Einflussnahme können angestrebt werden? Gerade angesichts der Politikverdrossenheit vieler Heranwachsender wäre demokratisches Lernen[538] eine Lernform im Kontrast.

In der Summe hoffe ich, dass die ausgeführten neun Lernformen Anregungen für einen »elementaren« Unterricht in einer »spannenden«[539] Altersphase bieten.

---

538 Vgl. das Programm der Bund-Länder-Kommission: »Demokratie lernen & leben«.
539 spannenden = schwierigen? = faszinierenden? = anstrengenden? = nach Orientierung suchenden? = ...?

IV. Elementarisierung –
Bedeutung eines Unterrichtsprinzips:
eine zusammenfassende Bilanz

»Elementarisierung« war von Anfang an der inhaltliche Orientierungspunkt für meine Dissertation. Ein zentraler Begriff hilft, bei allen Wendungen einer wissenschaftlichen Arbeit und Vertiefungen in unterschiedlichen Detailaspekten, den roten Faden im Auge zu behalten.

Im hermeneutischen Teil meiner Arbeit konnte ich zeigen, wie sich aus der Bildungs- und Schulgeschichte die Entstehung des Unterrichtsprinzips »Elementarisierung« nachzeichnen lässt. Da war auf das begriffliche Umfeld des Begriffes »Elementarisierung« zu achten, denn es ging um die gemeinte Sache, nicht allein um eine bestimmte Begrifflichkeit. Folglich habe ich das Wortfeld erweitert und dem nachgespürt, wie sich Pädagoginnen und Pädagogen in der Bildungsgeschichte über das Elementare[1] geäußert haben. Dabei zeigte ihr Bemühen um das Elementare eine doppelte Spitze: einmal sollten mit Hilfe dieses Prinzips die wesentlichen Lehr- und Lerninhalte ausgewählt werden, die jeder junge Mensch zur Bewältigung seines Lebens in der je gegebenen Gesellschaft benötigt. Zum anderen ging es um die persönliche Aneignung des Elementaren durch die Lernenden. Die Pädagogen wollten Lehrerinnen und Lehrern zeigten, wie sie »elementaren Lerninhalte« unterrichtlich so aufbereiten können, dass ihren Schülerinnen und Schülern die Bedeutsamkeit der angebotenen Unterrichtsinhalte für ihr gegenwärtiges und zukünftiges Leben klar wird.

Systematisch habe ich die Bedeutung des Elementarisierungsprinzips für die Religionsdidaktik nach 1945 dargestellt und damit einen wichtigen Strang der fachdidaktischen Wirkungsgeschichte nachgezeichnet. Je nach religionspädagogischer Konzeption ergaben sich unterschiedliche Akzentuierungen von Elementarisierung: im Sinn einer Elementartheologie sollten zentrale Inhalte des Glaubens ermittelt werden, im Sinn eines schülerorientierten Vorgehens wurden im Prozess der Elementarisierung die Fragen und Bedürfnisse der jungen Menschen in den Mittelpunkt des Unterrichts gestellt oder im Sinne einer optimierten unterrichtlichen Aneignung danach gefragt, wie Lernprozesse so gestaltet werden können, dass es zu einer wechselseitigen Erschließung von

---

1 Auch: das Fundamentale oder das Exemplarische.

Glaubensinhalten und Schülererfahrungen kommen kann. Gemeinsam ist allen drei Ansätzen der Elementarisierung, elementare Inhalte des Glaubens im Unterricht so zur Sprache zu bringen, dass es zu einer das Leben der Schülerinnen und Schüler bereichernden Begegnung kommt.

Im konstruktiven Teil schließlich habe ich das Unterrichtsprinzip Elementarisierung mit dem Akzent im Unterrichtsprozess ausgeführt. Von meinen schulpraktischen Erfahrungen ausgehend war es mein Ziel, der entwicklungspsychologischen Beschäftigung mit einer bestimmten Altersstufe gemäß einige besonders geeignete Lernformen zu beschreiben. So habe ich in drei Dimensionen (subjektorientiert, dialogisch und gesellschaftsorientiert) neun elementare Lernformen für die Altersphase der Pubertät beschrieben. Mit Hilfe dieser Lernformen für religiöse Lernprozesse hoffe ich, dass Jugendliche in der Pubertät – gerade in dieser kritischen Lebensphase – Glauben als hilfreichen Orientierungspunkt in der persönlichen Lebensgestaltung erfahren können.

– *Verifikation der Thesen*

Im bilanzierenden Rückblick auf meine Arbeit stelle ich fest, dass sich ein Teil der Ausgangsthesen als cantus firmus erwiesen haben. Ein anderer Teil ist im Lauf der Bearbeitung eher in den Hintergrund getreten ist, denn eine wissenschaftliche Arbeit verlangt immer auch nach Begrenzungen. Diese offen gebliebene Fragehinsichten benenne ich im Ausblick als Desiderata und für weitere Studien deute ich dort erste Schneisen einer möglichen Bearbeitung an.
Parallel haben sich im Arbeitsprozess neue Forschungsgesichtspunkte ergänzend entwickelt.
Insgesamt ging es jedoch stets um die Frage, welche Bedeutung das Unterrichtsprinzips »Elementarisierung« in der pädagogischen Reflexion sowie der praktischen Umsetzung von schulischer Bildung hat.
Um meine Bilanz zu konkretisieren, will ich die »Sieben Thesen zur Elementarisierung« aus dem Einleitungsteil[2] aufgreifen.

A) These in Bezug auf die Allgemeine Pädagogik

In Zeiten äußerer Verunsicherung ist die Vergewisserung auf das Elementare, auf das trotz aller Veränderung Tragende und Bleibende, besonders wichtig. Deshalb ist die didaktische Bemühung um Elementarisierung im Bildungswesen ein **Indikator für gesellschaftliche Umbruchphasen.**

2 Vgl. S. 45f.

IV. Elementarisierung – Bedeutung eines Unterrichtsprinzips 477

Diese These hat der geschichtliche Abriss bestätigt. In den vergangenen Jahrhunderten ist in Zeiten, in denen alles ins Wanken geriet, in Bildung und Schule verstärkt bedacht worden, was von bleibendem Wert ist und was somit dem gesellschaftlichen Zusammenleben (neu) eine verlässliche Grundlage geben kann: sei es bei Comenius inmitten der Wirren des Dreißigjährigen Kriegs, sei es bei Pestalozzi nach den enttäuschten Hoffnungen auf die Französische Revolution oder sei es heute in einer zunehmend verunsicherten Weltgesellschaft mit kaum noch lösbaren nationalen und internationalen Problemen. Elementarisierung fordert die gemeinsame Besinnung auf das alle Tragende und hat damit eine stabilisierende gesellschaftliche Funktion.

B) Thesen in Bezug auf Allgemeine Didaktik und Fachdidaktik

*1. Elementarisierungsansätze finden sich **eher in einzelnen Fachdidaktiken** als in der Allgemeinen Didaktik.*

Ein Blick ins Internet[3] oder in das Literaturverzeichnis einer Universitätsbibliothek bestätigt diese These eindrücklich. Nur etwa ein Zehntel der Veröffentlichungen zu Fragen der Elementarisierung kommen aus dem Bereich der Allgemeinen Didaktik. Trotz der geringeren Quantität ist es für die Qualität des didaktischen Nachdenkens wichtig, dass die grundlegenden Linien des Unterrichtsprinzips Elementarisierung überzeugend dargestellt sind, unabhängig von fachspezifischen Fragestellungen.

*2. Weil **Fach**didaktikern die Stofffülle ihrer Fachwissenschaft bedrängend nahe ist, neigen sie dazu, Elementarisierung **einseitig als Reduktion des komplexen Fachwissens** auf einfache Grundwahrheiten zu verstehen. Aufgabe der **Allgemeinen** Didaktik ist, die fachdidaktischen Elementarisierungsansätze kritisch zu befragen, inwieweit **sie die entwicklungspsychologischen Voraussetzungen und die lebensweltlichen Erfahrungen der Lernenden mit bedenken.***

In meiner Arbeit habe ich diese Aufgabe am Beispiel der Religionsdidaktik untersucht. Es hat sich gezeigt, dass es ReligionspädagogInnen bei Elementarisierung um mehr als eine Elementartheologie (elementare Strukturen) geht. Mittels elementarer Zugänge werden die entwicklungspsychologischen Voraussetzungen der Schülerinnen und Schüler bedacht. Elementare Erfahrungen wollen explizit Brücken zwischen Tradition, Unterricht und heutiger Lebenswelt bauen. Profilgebend

---

3 Vgl. die tabellarische Auflistung von Treffern zum Schlagwort »Elementarisierung« auf S. 481.

spielt in der Religionsdidaktik die Frage nach der persönlichen Gewissheit, der elementaren Wahrheit, eine wichtige Rolle.

3. Elementarisierung braucht zu ihrer Konkretisierung im Schulalltag »elementare« Formen des Lernens. Die Allgemeine Pädagogik muss erforschen, welche Lernformen – unabhängig vom Fach – eine pädagogisch elementare Lernkultur fördern.

Der konstruktive Teil meiner Arbeit bemüht sich um die Umsetzung dieser These. Ich habe neun Lernformen benannt, die meines Erachtens in der Altersstufe Pubertät elementar sind. Der Akzent der These hat sich dadurch leicht verschoben. Es geht eher um eine *alters*spezifische Bestimmung von elementaren Lernformen, weniger um eine *fach*spezifische. Zwar sind meine Beispiele häufig aus dem Religionsunterricht genommen, aber an mehreren Stellen weise ich nach, dass eine Übertragung der jeweiligen Lernform in andere Schulfächer nahe liegt.

C) Thesen in Bezug auf die Unterrichtspraxis

*1. Elementarisierung im Schulalltag ist **lernbar** – also auch lehrbar. Deshalb ist Elementarisierung in Studium und Fortbildung zu vermitteln sowie in der Vorbereitung der einzelnen Unterrichtseinheiten von LehrerInnen als Vorarbeit zu leisten.*

Diese These lenkt den Blick auf die Lehrerausbildung bzw. Lehrerfortbildung. Wenn Elementarisierung als Unterrichtsprinzip bedeutsam ist und gelernt werden kann, so sollte sie in der Professionalisierung von Lehrerinnen und Lehrern im Referendariat eine prominente Rolle spielen. Darauf bin ich in meiner Dissertation nicht weiter eingegangen.

*2. Elementarisierung im Schulalltag leisten LehrerInnen »**automatisch**«. Es gehört zu den Grundaufgaben eines Lehrers/einer Lehrerin, komplexe Sachzusammenhänge im Blick auf seine/ihre Schüler zu vereinfachen. Je mehr Erfahrung er/sie darin hat, umso selbstverständlicher wird dies im Einzelfall gelingen. Hier können mitunter Berufsroutine und Intuition im Unterricht zeitaufwendige Vorüberlegungen in der Unterrichtsvorbereitung ersetzen.*

Kann etwas, das »automatisch« – also in der Selbstwahrnehmung der Lehrerinnen und Lehrer sich unbewusst – ereignet, verifiziert werden? Die zunehmend ausgefeilten Möglichkeiten der Unterrichtsforschung könnten diese These durchaus aufgreifen und Anhaltspunkte für deren Richtigkeit liefern. In dieser Arbeit jedoch blieb dieser Gesichtspunkt unbearbeitet.

3. *Das Auftreten des Elementaren im Schulalltag bleibt ein **Geschenk des Augenblicks**. Das Unterrichtsgeschehen ist dynamisch. Unvermutet tauchen Fragen auf, die außerhalb jeder Vorbereitungsmöglichkeit stehen, die aber in der Situation für (einzelne) SchülerInnen elementar sind.*

Diese These relativiert These eins des Abschnitts »Unterrichtspraxis« und postuliert – letztlich – eine didaktische Unverfügbarkeit, die sich einer empirischen Darstellung entzieht.

– *Ausblick*

Obwohl eine Dissertation die profunde wissenschaftliche Erarbeitung einer Frage erfordert, kann sie nie alle Teilaspekte umfassend darstellen. Im Laufe der Erarbeitung öffnen sich neue Felder, die einer gewissenhafteren Nachforschung bedürften oder die zumindest einen interessanten Seitenstrang der Erforschung darstellen würden. Zugleich jedoch muss sich eine Arbeit – will sie überschaubar bleiben und in einer angemessenen Zeit abgeschlossen werden – begrenzen.

Im Ausblick will ich deshalb vier Desiderata aufzeigen, die es mir Wert erscheinen, genauer unter die Lupe genommen zu werden. Ich zitiere einleitend jeweils die These, aus der ich den wünschenswerten weiterführenden Forschungsaspekt ableite.

1. Elementarisierung im Vergleich der Fachdidaktiken

»Weil Fachdidaktikern die Stofffülle ihrer Fachwissenschaft bedrängend nahe ist, neigen sie dazu, Elementarisierung einseitig als Reduktion des komplexen Fachwissens auf einfache Grundwahrheiten zu verstehen. Aufgabe der Allgemeinen Didaktik ist, die fachdidaktischen Elementarisierungsansätze kritisch zu befragen, inwieweit sie die entwicklungspsychologischen Voraussetzungen und die lebensweltlichen Erfahrungen der Lernenden mit bedenken« (These B 2).

Den fachdidaktische Vergleich des Unterrichtsprinzips Elementarisierung habe ich zwar an einigen Stellen meiner Arbeit angedeutet, aber nicht ausgeführt. Eine solche Vertiefung bietet sich aufgrund meiner Recherchen durchaus an und wäre eine spannende interdisziplinäre Arbeit.

Wer heute einen ersten Überblick zu einem Thema gewinnen will, gibt den zentralen Begriff in eine Suchmaschine ein[4] und bekommt so diver-

---

4 In meinem Fall die allgemeine Suchmaschine von GOOGLE.

se Hinweise darauf, welche Verästelungen ein Themenfeld aufweist. Eine Analyse der ersten hundert Treffer zu einem Suchbegriff ist aussagekräftig, wenngleich nur ein geringer Teil des insgesamt Möglichen erfasst ist, denn hier sind die Internetverweise zu finden, die am häufigsten aufgerufen werden.

Für einen Beitrag in einem religionspädagogischen Seminar zum Thema »Elementarisierung als Aufgabe des Religionsunterrichts« hatte ich vor knapp drei Jahren eine solche Anfrage bereits einmal durchgeführt. Nun – zum Abschluss meiner Arbeit – kann ich durch den Vergleich der ersten hundert Treffer auch mögliche Verschiebungen der Gewichte benennen. Ergänzt habe ich diese Recherche mit der Anfrage an eine wissenschaftliche Suchmaschine, in der auf internationaler Ebene Bücher, Rezensionen, Projekte und Artikel in wissenschaftlichen Zeitschriften zu einem Themenkomplex aufgelistet werden.[5]

Als erstes fällt auf, dass die Anzahl der Treffer zum Suchbegriff »Elementarisierung« in der allgemeinen Suchmaschine in vergleichsweise kurzer Zeit stark gestiegen ist. Das liegt allerdings kaum daran, dass die Fragen um das Unterrichtsprinzip »Elementarisierung« in den vergangenen Jahren so sehr an Bedeutung gewonnen hätten. Vielmehr wird deutlich, wie sehr das Internet zum zentralen Medium unseres Alltags geworden ist.[6] Vieles, was sich zu einer Fragestellung ereignet, sei es ein Vorlesungsangebot, die Veröffentlichung eines Artikels oder der Hinweis auf Literatur, alles wird »ins Netz gestellt« und ist somit von der Suchmaschine auch wieder abrufbar.

Die zeitlich deutlich auseinander liegenden Recherchen ergeben ein relativ stabiles Gesamtbild: Den größten Einfluss haben Fragen der Elementarisierung für den Bereich »Religionspädagogik/ Theologie«. Etwa die Hälfte der Treffer führen in dieses Gebiet. Auch für mich waren ja meine religionspädagogischen Interessen Ausgangspunkt der Untersuchung.

Interessant sind die Akzentverschiebungen im Bereich der wissenschaftlichen Suchmaschine.

Der Anteil der Veröffentlichungen im Bereich Physik und Allgemeiner Didaktik erhöht sich deutlich[7], die Querverweise zum religionspäda-

---

5 Mit einem deutschen Suchbegriff führen die meisten Verweise natürlich zurück auf deutschsprachige Veröffentlichungen zum Thema »Elementarisierung«; zur Auswertung vergleiche tabellarische Übersicht auf der nächsten Seite!
6 Vgl. dazu die Hinweise im Kapitel: Elementare Lernformen in der Pubertät – Lernen an und mit neuen Medien (S. 456–471).
7 Die Bedeutung der Elementarisierung in der Allgemeinen Didaktik/ Erziehungswissenschaft habe ich im Einleitungsteil und in der geschichtlich-hermeneutischen Rekonstruktion dargelegt. Diese grundsätzlich relevanten didaktischen Fragen sind in die Bereiche Schul- und Sonderpädagogik sowie Elementarerziehung (zusammen 12 Treffer bzw. 26!) zu differenzieren.

Suchbegriff »Elementarisierung« im Internet –
Auflistung der ersten 100 Treffer nach Fachgebieten

Fachbereich	12/2002 www.google.de	9/2005 www.google.de	9/2005 www.scholar.google.com
Religionspädagogik/ Theologie	42	54	25
Physik	26	18	29
Allgemeine Didaktik/ Schulpädagogik	9	7	20 (!)
Chemie	8	5	5
Deutsch/ Deutsch als Fremdsprache	3	1	2
Ethik/ Philosophie	2	–	–
Elementarerziehung/ Anfangsunterricht	2	2	3
Sonderpädagogik	2	3	3
Mathematik	2	2	3
Psychologie	1	-	-
Politik/ Soziologie/ Geschichte	1	2	2
Geographie	1	-	-
Kunst/ Architektur	1	2	-
Management	-	3	4
Musik	-	1	1
Sport	-	-	2
Medienpädagogik	-	-	1
Gesamtzahl der Treffer	1 120	17 300 (!)	183

gogischen Bereich gehen im selben Maß zurück, so dass man zusammenfassend sagen könnte: Drei Viertel der Veröffentlichungen zum Thema »Elementarisierung« betreffen etwa zu gleichen Teilen die Bereiche Religionspädagogik, Physikdidaktik und Allgemeine Didaktik. Das restliche Viertel verteilt sich über diverse Fachbereiche von Chemie bis Sonderpädagogik. Neu ist, dass der Begriff »Elementarisierung« auch in Fragen des Managements Anwendung findet. Hier geht es darum, die vielfältigen Prozesse eines betrieblichen Ablaufs in seinen wesentlichen Strukturen zu erkennen bzw. aus Rationalisierungsgründen auf diese wesentlichen Prozesse zu konzentrieren.

Überraschend ist die Entdeckung, dass im Blick auf den schulischen Fächerkanon die naturwissenschaftlichen Fächer Chemie und vor allem Physik überdurchschnittlich häufig auf den Begriff »Elementarisierung« rekurrieren. Hieraus ergibt sich das erste Desiderat: Wie sieht das Verständnis von Elementarisierung in der Fachdidaktik Physik im Vergleich zur Fachdidaktik Religion aus?[8] Inwiefern sind die Ansätze der Elementarisierung für die Physikdidaktik analog zu denen der Religionsdidaktik zu verstehen? Inwiefern zeigt sich ein modifiziertes Verständnis von Elementarisierung?
Aufgrund erster Leseeindrücke vermute ich in den Naturwissenschaften eine stärkere Akzentuierung auf die angemessene Reduktion komplexen Fachwissens. Das könnte in einer eigenen Untersuchung differenziert nachgewiesen werden.[9] Querverbindungen zu anderen Fachdidaktiken wie Deutsch, Mathematik, Geographie oder Musik ließen sich aufgrund der nachweisbaren Einzeltreffer ziehen.

---

8 »Einstein begreifen« – unter diesem Motto findet zurzeit (Dezember 2005) eine Sonderausstellung im Mannheimer Landesmuseum für Technik und Arbeit statt. E = mc^2 – Diese Formel kennen zwar viele, aber die einzelnen Komponenten erklären, da kann man schon mal ins Stolpern kommen. Die Sonderausstellung will mit der Hilfe dreier Comic-Figuren, die durch die Ausstellung führen, mit Interaktion und Medialität, Erlebnis und Spiel, das physikalische Gesetz verständlich machen. Zwei Aussprüche Albert Einsteins bilden das Motto der Sonderausstellung:
– »Freude am Schauen und Begreifen ist die schönste Gabe der Natur.«
– »Wichtig ist, dass man nie aufhört zu fragen.«
Die Relativitätstheorie Albert Einsteins so zu elementarisieren und in praktischen Versuchen anschaulich zu machen, dass jeder – auch wenn er keinen Leistungskurs Physik belegt hatte – das Wesentliche verstehen kann, zeigt, was Elementarisierung im Bereich Physik leisten kann.
9 Wenn jemand in seinen Studienfächern beide Richtungen abdecken würde, wäre das für die Erforschung ideal. Ich selbst kam mir beim Einlesen in die Physikdidaktik immer ein wenig dilettantisch vor, denn es gilt ja nicht nur den didaktischen Ansätzen nachzuspüren, sondern auch die dargestellten physikalischen Sachverhalte angemessen zu beurteilen.

2. Elementare Lernformen in anderen Altersstufen

»Elementarisierung braucht zu ihrer Konkretisierung im Schulalltag »elementare« Formen des Lernens. Die Allgemeine Pädagogik muss erforschen, welche Lernformen – unabhängig vom Fach – eine pädagogisch elementare Lernkultur fördern« (These B 3).

Anknüpfend an diese These ergibt sich als zweites Forschungsdesiderat, nach elementaren Lernformen für andere Altersstufen zu fragen. Wenn es für die Altersstufe Pubertät besonders geeignete Lernformen gibt, in denen die entwicklungspsychologischen Bedingtheiten didaktisch geschickt genutzt werden, so ist dies für *andere* Altersstufen ebenso zu vermuten. Die Aufgabe, für den Bereich der Elementarerziehung oder den der Erwachsenendidaktik in ähnlicher Weise elementare Lernformen zu bestimmen, könnte eine reizvolle ergänzende Aufgabe darstellen und meine Ergebnisse hinsichtlich der Lernformen in der Pubertät bestätigen oder relativieren.

3. Das Unterrichtsprinzip Elementarisierung in der Lehrerausbildung

*»Elementarisierung im Schulalltag ist **lernbar** – also auch lehrbar. Deshalb ist Elementarisierung in Studium und Fortbildung zu vermitteln sowie in der Vorbereitung der einzelnen Unterrichtseinheiten von LehrerInnen als Vorarbeit zu leisten«* (These C 1).

Zeitweise dachte ich daran, die hermeneutische Grundausrichtung der Arbeit mit einer empirischen Untersuchung zu ergänzen. Dabei hätten die Lehrbeauftragten der staatlichen Seminare, die für die schulpraktische zweite Phase der Lehrerausbildung verantwortlich sind, fachspezifisch daraufhin befragt werden können, welche Relevanz für ihre Lehrtätigkeit das Unterrichtsprinzip der Elementarisierung hat. Für das Fach Religion kann ich sagen, dass sowohl grundlegend über die Bedeutung von Elementarisierung für die Unterrichtsvorbereitung mit den ReferendarInnen diskutiert wird als auch die Unterrichtsentwürfe für die zweite Staatsprüfung nach den fünf Aspekten der Elementarisierung strukturiert werden: elementare Strukturen – elementare Erfahrungen – elementare Zugänge – elementare Wahrheiten – elementare Lernformen.[10]

---

10 Im Anhang (S. 487–489) füge ich einen Fragebogen bei, den ich Ende 2001 erarbeitet hatte. Vielleicht kann er Ausgangspunkt für ein Forschungsvorhaben in diese Richtung sein.

4. Elementarisierung als Aspekt der Unterrichtsforschung

Elementarisierung im Schulalltag leisten LehrerInnen »automatisch«. Es gehört zu den Grundaufgaben eines Lehrers/einer Lehrerin, komplexe Sachzusammenhänge im Blick auf seine/ihre Schüler zu vereinfachen. Je mehr Erfahrung er/sie darin hat, umso selbstverständlicher wird dies im Einzelfall gelingen. Hier können mitunter Berufsroutine und Intuition im Unterricht zeitaufwendige Vorüberlegungen in der Unterrichtsvorbereitung ersetzen. (These C 2)

In den letzten Jahren ist in der Diskussion um Bildungsstandards, kompetenzorientiertes Unterrichten und Evaluation die Unterrichtsforschung neu in den Mittelpunkt des didaktischen Interesses gerückt. Genau hier ist anzusetzen, will man illustrieren, was »automatische« Elementarisierung durch Lehrerinnen und Lehrer im Unterrichtsalltag konkret heißen könnte.[11] Das ist für mich ein viertes Desiderat. Denkbar ist zum Beispiel, LehrerInnen mit fünf, fünfzehn und fünfundzwanzig Jahren Unterrichtserfahrung zu bitten, eine vergleichbare Stunde zu halten. Lassen sich markante Unterschiede in der Unterrichtsführung sowie in der Fähigkeit zu »elementarisieren« beobachten? Was ist von der Persönlichkeit der Lehrkraft abhängig und was ist Resultat der zunehmenden Berufsroutine? Videografische Vergleichsstudien wären hierfür ein mögliches Evaluationsinstrument.

– *Einfältig klug!*

Am Ende will ich einen Bogen schlagen zu den beiden Leitsprüchen, die ich meiner Arbeit vorangestellt habe. Es sind die Zitate eines Pädagogen und eines Theologen. Allen Facetten der Beschäftigung mit dem Unterrichtsprinzip Elementarisierung haben gezeigt, wie eng beide (Wissenschafts-) Bereiche zusammengehören.

»Alle großen Wahrheiten sind einfach.«[12]
Spranger stellte dieses Motto einem kleinen Aufsatz voran, in dem er aufzeigt, wie wichtig es für alle Formen des Verstehens es ist, das Elementare eines Wissensgebietes erfasst, zumindest erahnt zu haben. Er

---

11 Die Behauptung, etwas sei »unverfügbar« und das Ansinnen, dennoch im Rahmen von Unterrichtsforschung die Anwendung von Elementarisierung als eine Berufsqualifikation von LehrerInnen zu evaluieren, stellt eine Spannung dar, muss aber kein genereller Widerspruch sein. Wenn in der Empirie das Unterrichtsgeschehen als Ganzes erfasst werden soll, dann kommt man nicht umhin, sich auch um die Evaluation so genannter »soft skills« zu bemühen. Das ist verfahrenstechnisch aufwändiger und im Ergebnis angreifbarer, aber dennoch unverzichtbar.
12 Spranger, E.: Die Fruchtbarkeit des Elementaren; in: Pädagogische Perspektiven; Heidelberg [4]1956, 87.

führt das sowohl für naturwissenschaftliche (z.b. die Zusammensetzung aller Stoffe aus kleinsten unteilbaren Teilchen: Atome bzw. Moleküle) als auch für geisteswissenschaftliche Bereiche aus (z.b. die menschliche Beziehung zu Gott als Urphänomen). Erkenntnisbildung wird nach Eduard Spranger erleichtert, vielleicht überhaupt erst möglich, wenn den Lernenden grundlegende Denkmodelle zur Verfügung gestellt werden, die den Zugang ebnen.
»Alle großen Wahrheiten sind einfach.«
Dieser Satz Sprangers gilt in der komplexen modernen Gesellschaft zu Beginn des 21. Jahrhunderts verstärkt: In einem lebenslangen Lernprozess zeigt sich immer wieder die Bedeutung des Einfachen und Klaren. Die Kunst des Lehrens besteht gerade darin, komplexe Zusammenhänge in einfacher Sprache und mit einfachen Erläuterungen in ihrer elementaren Bedeutung aufleuchten zu lassen.[13] Das Unterrichtsprinzip Elementarisierung dient dieser Lehrkunst. Als Berufsqualifikation ist die Beachtung dieses Unterrichtsprinzips ein Merkmal eines »guten« Lehrers bzw. einer »guten« Lehrerin.[14]

»Es gibt keine rechte Einfalt ohne Klugheit und keine Klugheit ohne Einfalt.«[15]

Ab 1940 schrieb Bonhoeffer intensiv an seiner »Ethik«. Im einleitenden Passus »Ethik als Gestaltung« geht er aufgrund seiner Erfahrungen im Widerstand gegen das Dritte Reich der Frage nach, wie das Auseinanderklaffen von privater Tugendhaftigkeit und öffentlichem Schweigen in einer Ethik, die sich als Gestaltung auch des öffentlichen Lebens versteht, überwunden werden kann. Dabei kommt es Bonhoeffer auf das scheinbar paradoxe Mit- und Ineinander von Einfalt und Klugheit an.

»Einfältig ist, wer in der Verkehrung, Verwirrung und Verdrehung aller Begriffe allein die schlichte Wahrheit Gottes im Auge behält, wer nicht ein ἀνὴρ δίψυχος, ein Mensch zweier Seelen (Jak. 1,8) ist, sondern der Mann ungeteilten Herzens. ... Klug ist, wer die Wirklichkeit sieht, wie sie ist, wer auf den Grund der Dinge sieht. Klug ist darum allein, wer die Wirklichkeit in Gott sieht. Erkenntnis der Wirklichkeit ist nicht dasselbe wie Kenntnis der äußeren Vorgänge, sondern das Erschauen des Wesens der Dinge. Nicht der Bestinformierteste ist der Klügste. Gerade

---

13 Das gelingt m.E. hervorragend in: Janssen, U./ Steuernagel, U.: Die Kinder-Uni. Forscher erklären die Rätsel der Welt; Stuttgart/ München ²2005 (2003); darin auch: Grunder, H.-U.: Warum ist die Schule doof?; 182–205.
14 Wichtig im Lehren ist, bei den Lernenden neben der Einsicht in das Elementare die Neugier für die Geheimnisse der Welt zu erhalten sowie deren eigenes Fragen und Suchen anzuregen und in allem auch als Lehrender immer noch ein interessiert Lernender zu bleiben.
15 Bonhoeffer 1949, 15.

er steht in der Gefahr, über dem Vielerlei das Wesentliche zu verkennen.«[16]

Wer kann – angesichts der politischen Herausforderungen – bestehen? so fragte sich Bonhoeffer. Antwort: Nur derjenige, dem es gelingt, Einfalt und Klugheit miteinander zu verbinden! Diese Verknüpfung erst ermöglicht konsequentes Handeln, das der grundlegend erkannten Wahrheit Priorität einräumt vor dem Abwägen aller möglichen Folgen des eigenen Tuns.
Für Bonhoeffer blieb das Ineinander von Denken und Leben, von Klugheit und Einfalt (im Glauben) nicht nur ethische Theorie im Rahmen seiner Entwürfe für eine (theologische) Ethik. Sein Handeln hatte für ihn Gefängnis und schließlich 1945 – kurz vor Ende des Dritten Reiches – die Hinrichtung im KZ Flossenbürg zur Folge.
Ein Jahr vor seinem Tod greift Bonhoeffer in einem Brief aus dem Gefängnis in Tegel den in der »Ethik« ausgeführten Gedankengang noch einmal prägnant auf:

»Einfach kann man werden,
einfältig kann man nur sein.
Zur Einfachheit kann man erziehen und bilden
– ja, es ist eins der wesentlichen Ziele der Erziehung und Bildung –
Einfalt ist ein Geschenk.«[17]

Er unterscheidet hierin Einfalt und Einfachheit. Einfachheit kann im Rahmen von Erziehung und Bildung angestrebt werden, Einfalt hingegen bleibt (göttliches) Geschenk.[18] Wer einfach, ja einfältig denkt und handelt, der bringt auch in einem Unrechtsregime den Mut zum Widerstand auf. Wer dies zudem klug umsetzt, weiß, wann er sich in die Gegebenheiten einpassen kann, ohne Verrat an seinen Idealen zu üben und wann es gilt, kompromisslos nein zu sagen.

Schulische Bildung ereignet sich heute – Gott sei Dank – nicht im Umfeld eines totalitären Staates. Trotzdem geht es im schulischen Lernen auch heute nicht nur um rechtes Erkennen, sondern ebenso um rechtes Handeln. Bonhoeffers Unterscheidung von Klugheit und Einfalt kann helfen, Schülerinnen und Schüler ganzheitlich auf ihr Leben vorzubereiten. Dem entspricht das Unterrichtsprinzip der Elementarisierung. Es geht um die Unterscheidung von Wichtigem und Unwichtigem, von Zentralem und Marginalem – im Denken und Handeln. Es geht in (religiösen) Bildungsprozessen eben auch um die Festigung elementare Wahrheiten, die Ermöglichung von persönlicher Gewissheit.

16 Ebd., 14.
17 Bonhoeffer [10]1978, 111.
18 Bildung am und zum Einfachen kann Einfalt anbahnen, auch wenn sie als Geschenk (Gottes) letztlich unverfügbar bleibt.

IV. Elementarisierung – Bedeutung eines Unterrichtsprinzips 487

– *Anhang*

Entwurf eines Fragebogens
Angaben zur Person

Seminar: Freiburg / Heidelberg / Ludwigsburg / Reutlingen
Tätigkeit: Pädagogik/Fachdidaktik _____ /Schulrecht
Deputatsstunden am Seminar: _____
Am Seminar tätig seit: _____
Geschlecht: ♀ / ♂
Alter: _____

Fragen zum Thema »Elementarisierung«
(Bitte Zutreffendes jeweils ankreuzen bzw. individuell ergänzen)

1. Definition
(mehrere Nennungen sind möglich!)
»Elementarisieren« heißt aus Ihrer Sicht/aufgrund Ihres Vorverständnisses (am ehesten):

- die **komplexe Struktur** eines fachwissenschaftlichen Inhalts sachgemäß **vereinfachen**
- den **Wahrheitsanspruch eines Inhaltes** herausarbeiten und diskutieren
- die **grundlegenden Erfahrungen** einer Sache und der SchülerInnen zueinander in Beziehung bringen
- die **entwicklungsbedingten Verstehensvoraussetzungen** der SchülerInnen im Vermittlungsprozess **berücksichtigen**
- **Lernwege suchen**, die für SchülerInnen einen angemessenen Zugang zu den Inhalten erleichtern
- ...

2. Didaktisches Feld
Gibt es neben »Elementarisierung« andere didaktische Begriffe, unter denen Sie vergleichbare Fragestellungen in Ihrem Seminar behandeln? (z.B. didaktische Reduktion)

3. Bedeutung
In meinen Seminarsitzungen kommt das Thema »Elementarisierung« vor.
- nein (Bitte bei 7. weitermachen!)

- ja

4. Zeitlicher Umfang und Quellen
a) »Elementarisierung« wird in meiner Seminartätigkeit
- kurz erwähnt
- in etwa ____ Minuten angesprochen
- in einer Seminarsitzung dargestellt
- ...

b) Auf der Basis welcher Texte (Zeitschriftenartikel, Buchauszüge o.ä.) diskutieren Sie in Ihren Seminaren darüber bzw. was haben Sie zu Ihrer Vorbereitung zum Thema »Elementarisierung« als wichtig/hilfreich für die Ausbildung von ReferendarInnen empfunden?

5. Fachdidaktische Akzentuierung
Aus der Perspektive Ihrer Fachdidaktik erfährt das allgemeinen didaktische Prinzip der Elementarisierung aktuell folgende Akzentuierung:

6. Historischer Wandel
Gab es Phasen in der Geschichte Ihrer Fachdidaktik, in der das didaktische Prinzip »Elementarisierung« in ihrer Fachdidaktik einen höheren Stellenwert hatte bzw. anders gelehrt wurde als Sie das heute tun?

7. Vergleich

»Didaktische Prinzipien sind zusammenfassende Chiffren für die didaktisch-methodische Akzentuierung eines Unterrichtskonzepts« (Jank/ Meyer 1991, 293).

Nennen Sie – neben der Elementarisierung – drei weitere didaktische Prinzipien, auf die Sie in Ihren Seminarsitzungen bzw. bei Ihren Unterrichtsbesuchen großen Wert legen.
Zu denken wäre z.B. an:
Aktualität, Altersgemäßheit, Differenzierung, Emanzipation, Erfahrungsbezug, Ganzheitlichkeit, Handlungsorientierung, Individualität, Kommunikationsfähigkeit, Lehrerpersönlichkeit, Mündigkeit, Offenheit, Schüleraktivität, Selbsttätigkeit, Solidarität, Veranschaulichung, Wissenschaftsorientierung u.a.m.

(1) _____

(2) _____

(3) _____

Warum scheinen Ihnen diese drei didaktischen Prinzipien besonders wichtig?

Bitte stecken Sie den ausgefüllten Fragebogen in das beiliegende Kuvert und senden Sie dieses an mich zurück.
Herzlichen Dank für Ihre Kooperationsbereitschaft und Ihre Bemühungen!

Literatur

Adam, G.: Kommunikation und Methodenkompetenz; in: Adam/Lachmann: Methodisches Kompendium für den RU – Bd. 2; Göttingen 2002
Adam, G. / Lachmann, R. (Hg.): Religionspädagogisches Kompendium; Göttingen ²1996 (1984)
Adam, G. / Lachmann, R. (Hg.): Methodisches Kompendium für den Religionsunterricht – 2. Aufbaukurs; Göttingen 2002
Adolphy, U.: Qualitätsentwicklung und Gender Mainstreaming; In: Lehren und Lernen 1/2004
Albrecht, C.: Bildung in der Praktischen Theologie; Tübingen 2003
Angermeyer, H.: Didaktik und Methodik der Evangelischen Unterweisung – besonders an Volks- und Realschulen; München 1967
Aronson, E. u.a.: The Jigsaw Classroom; Beverly Hills 1978
Arp, C. & D.: Und plötzlich sind sie dreizehn; Gießen ²⁸2005; Original: Almost Thirteen. Shaping yours child's teenage years today; Nashville 1986
Arzt, S.: Frauenwiderstand macht Mädchen Mut. Die geschlechtsspezifische Rezeption einer biblischen Erzählung; Innsbruck/Wien 1999

Baader, M.: Religion und Reformpädagogik: ein enges Verhältnis; in: Wulf/ Macha/ Liebau (Hg.): Formen des Religiösen; Weinheim/ Basel 2004
Baldermann, I.: Wer hört mein Weinen? Kinder entdecken sich selbst in den Psalmen; Neukirchen-Vluyn ³1995 (1986)
Baldermann, I.: Einführung in die Bibel; Göttingen ⁴1993 (1988) (Neubearbeitung von: Die Bibel – Buch des Lernens. Grundzüge biblischer Didaktik; Göttingen 1980)
Baldermann, I.: Einführung in die biblische Didaktik; Darmstadt 1996
Baldermann, I.: Elementarisierung als didaktische Leistung der Bibel; in: Elementarisering Folkekirkens Pædagogiske Institut 1999
Baldermann, I./ Kittel, G.: Die Sache des Religionsunterrichts. Zwischen Curriculum und Biblizismus; Göttingen 1975
Baldermann, I./ Nipkow, K. E./ Stock, H.: Bibel und Elementarisierung; Frankfurt/M. 1979
Ballauff, T.: Pädagogik. Eine Geschichte der Bildung und Erziehung. Bd. 1: Von der Antike bis zum Humanismus; Freiburg/ München ²1988 (1969)
Bardy, E.: Die Gründer der Landerziehungsheime; in: H. Scheuerl (Hg.): Klassiker der Pädagogik – Bd. 2; München 1979
Bargheer, F.: Art. Diakonisches Lernen; in : LexRP – Bd. 1 Neukirchen-Vluyn 2001
Barz, H.: Art. Jugend; in: RGG⁴ Bd. 4; Tübingen 2001
Barz, H.: Art. Pubertät; in: RGG⁴ Bd. 6; Tübingen 2003
Bastar, T.: Geborgenheit im Klassenzimmer: Wie eine durchdachte und hochwertige Inneneinrichtung das Lernen erleichtert; in: klasse. die Evangelische Schule 1/2005, 8–11

Bastel, H.: Ein Blick über den Zaun; in: Christlich-Pädagogische Blätter 111 (1998), 238f.
Bastian, J.: Schülerinnen und Schüler als Lehrende; in: Pädagogik 11/ 1997
Bastian/ Gudjons (Hg.): Das Projektbuch. Theorie –Praxisbeispiele – Erfahrungen; Hamburg ⁴1994 (1986)
Bauer, W.: Handwörterbuch zum Neuen Testament; Berlin/New York 1971, Sp. 1523f.
Baumann, U./ Treml, A. K.: Schöpfung oder Evolution? Ethische Konsequenzen eines Paradigmenwechsels; in: Preul/ Scheilke/ Schweitzer/ Treml: Bildung – Glaube – Aufklärung; Gütersloh 1989
Becker, G.: Möglichkeiten und Probleme des Elementarisierens im mathematischen Unterricht; in: Die Schulwarte 10/11 1974, 10–20
Becker/ Büchner/ Dressler/ Jessen/ Kämmerer:
Religion 9/10 – Versöhnung lernen; Stuttgart 1997
Religion 9/10 – Versöhnung lernen – Lehrerband; Stuttgart 1998
Beckmann, H.-K.: Beitrag zu einer Fachdidaktik des evangelischen Religionsunterrichts; in: Päd. Rundschau 19 (1965), 404–422
Beckmann, H.-K.: Angebote und Defizite allgemeindidaktischer Theorien: in: EvErz 38 (1986), 460–467
Beilner, W.: Beiträge zur katechetischen Elementarisierung neutestmentlicher Inhalte und Methoden; in: Christlich-Pädagogische Blätter 99 (1986), 272–277
Beisbart, O.: Kreatives Schreiben/ Schreibmeditation/ personales Schreiben. In: Methodisches Kompendium für den Religionsunterricht, Bd. 2; Göttingen 2002
Bendig, V.: Kleine Ursache – Große Wirkung. Zur Bedeutung des elementaren Lehrens und Lernens; Essen 1998
Benner, D.: Erziehung – Religion, Pädagogik – Theologie, Erziehungswissenschaft – Religionswissenschaft; in: E. Groß (Hg.): Erziehungswissenschaft, Religion und Religionspädagogik; Münster 2004, 10–50
Benner, D./ Oelkers, J. (Hgg.): Historisches Wörterbuch der Pädagogik; Weinheim/ Basel 2004
Berg, H.-C./ Gerth, G./ Potthast, K. H. (Hg.): Unterrichtserneuerung mit Wagenschein und Comenius. Versuche Evangelischer Schulen 1985–1989; Münster 1990
Berg, H. K.: Die Bedeutung der Erfahrung für den RU – Zusammenfassende Thesen im Hauptseminar SoSe 1982
Berg, H. K.: Ein Wort wie Feuer. Wege lebendiger Bibelauslegung; Stuttgart/München 1991
Berg, H. K.: Grundriss der Bibeldidaktik. Konzepte – Modelle – Methoden; Stuttgart/München 1993
Berg, H. K.: Montessori für Religionspädagogen. Glauben erfahren mit Hand, Kopf und Herz Stuttgart 1994
Berg, H. K.: »Wahr mutt dat sien ...«; in: Lachmann/Rupp (Hg.): Lebenswege und religiöse Erziehung 3; Weinheim 2000
Berg, H. K.: Maria Montessori – Mit Kindern das Leben suchen; Freiburg 2002
Berg, H. K./ Doedens, F. (Hg.): Unterrichtsplanung als didaktische Analyse. Ein Arbeitsbuch für die Praxis des Religionsunterrichts; Stuttgart/ München 1976
Berg, H. K. / Weber, U.: So lebten die Menschen zur Zeit Jesu; Stuttgart 1996
dies.: Ostern – In Bildern Spuren des Neuen Lebens entdecken; Stuttgart 1998;
dies.: Symbole erleben – Symbole verstehen; Stuttgart 2000
Bernhart, A.: Methoden des wechselseitigen Lehrens und Lernens (WELL) in der Grundschule; in: Lehren und Lernen 10/ 2005, 9–17
Berryman, J. W.: Teaching Godly Play. The Sunday Morning Handbook; Nashville 1995

Berryman, J. W.: The complete guide to godly play – Volume 2: 14 Presentations for Fall; Denver 2002
Beuscher, B.: Positives Paradox. Entwurf einer neostrukturalistischen Religinspädagogik; Wien 1993
Biehl, P.: Erschließung des Gottesverständnisses durch elementare Formen des Gebets. Religionspädagogische Erwägungen zu einer These G. Ebelings; in: EvErz 36 (1984), 168–188
Biehl, P.: Theologie im Kontext von Lebensgeschichte und Zeitgeschehen. Religionspädagogische Anforderungen an eine Elementartheologie; in: Theologica Practica 20 (1985), 155–170
Biehl, P.: Johann Amos Comenius; in: H. Schroer/ D. Zilleßen (Hg.): Klassiker der Religionspädagogik; Frankfurt a.M. 1989 (a)
Biehl, P. (u.a.): Symbole geben zu lernen. Einführung in die Symboldidaktik anhand der Symbole Hand, Haus und Weg; Neukirchen-Vluyn ²1991 (1989) (b)
Biehl, P.: Erfahrung, Glaube, Bildung. Studien zu einer erfahrungsbezogenen Religionspädagogik; Gütersloh 1991
Biehl, P. (u.a.): Symbole geben zu lernen II. Zum Beispiel: Brot, Wasser und Kreuz. Beiträge zur Symbol- und Sakramentendidaktik; Neukirchen-Vluyn 1993
Biehl, P.: Didaktische Strukturen des Religionsunterrichts; in: JRP 12 (1995): Religionspädagogik seit 1945 – Bilanz und Perspektiven; Neukirchen-Vluyn 1996
Biehl, P.: Wahrnehmung und ästhetische Erfahrung; in: Grötzinger/ Lott (Hg.): Gelebte Religion; Rheinbach 1997
Biehl, P.: Festsymbole. Zum Beispiel: Ostern. Kreative Wahrnehmung als Ort der Symboldidaktik; Neukirchen-Vluyn 1999
Biehl, P.: Die geschichtliche Dimension religiösen Lernens. Anmerkungen zur Kirchengeschichtsdidaktik; in: JRP 18 [2002]; Neukirchen-Vluyn 2002
Biehl, P./ Baudler, G.: Erfahrung – Symbol – Glaube. Grundfragen des Religionsunterrichts; Aachen ²1991 (Frankfurt/M. 1980)
Biehl, P./ Nipkow, K. E.: Bildung und Bildungspolitik in theologischer Perspektive; Münster 2003
Biemer/Knab (Hg.): Lehrplanarbeit im Prozess – religionspädagogische Lehrplanreform; Freiburg 1982
Biermann, R./ Kommer, S.: Medien in den Biografien von Kindern und Jugendlichen; in: medien + erziehung 1/ 2005, 56
Biesinger, A.: Bibeldidaktische Hinweise zur Elementarisierung biblischer Inhalte; in: Christlich-Pädagogische Beiträge 99 (1986), 289–291
Biesinger, A./ W. Tzscheetzsch: Wenn der Glaube in die Pubertät kommt; Freiburg 2005
Bildungskommission NRW: Zukunft der Bildung – Schule der Zukunft; Neuwied 1995
Bildungsplan 2004: Realschule – Baden-Württemberg; Stuttgart 2004
Bittner, G.: Tiefenpsychologie und Kleinkindererziehung; Paderborn 1979
Bizer, C.: Unterricht und Predigt. Analysen und Skizzen zum Ansatz einer katechetischen Theologie; Gütersloh 1972
Bizer, C.: Von der Vermittlung des Glaubens. Religionsdidaktische Etuden; in: EvErz 36 (1984), 158–168
Bizer, C.: Die didaktische Meditation; in: EvErz 38 (1986), 408–420
Bizer, C.: Die Gesellschaft auf dem Dachboden und von einem biblischen Kobold. Ein religionspädagogischer Versuch zur Gestaltpädagogik; in: JRP 7 (1990), 161–178
Blättner, F.: Geschichte der Pädagogik; Heidelberg ¹⁴1973 (1951)
Bleichroth, W.: Elementarisierung, das Kernstück der Unterrichtsvorbereitung; in: Naturwissenschaft im Unterricht – Physik; Heft 6, März 1991, 4–11

Bloth, H. G.: Die Elementare Struktur der Evangelischen Unterweisung. Zur Frage des Elementaren in der heutigen Theologie: in: EU 15 (1960), 65–73
Bloth, H. G.: Die Elementare Struktur der Laien-Bibel; in: EU 15 (1960), 94–100
Bloth, H. G.: Die Sachbezüge der Evangelischen Unterweisung im Bildungsprozeß der Schule seit Friedrich Copei und Julius Schieder; in: EU 15 (1960), 156–170
Blum, I.: Mädchen sind besser – Jungen auch. Mädchen und Jungen im Schulsport; in: Lehren und Lernen 1/2004, 28–31
Bochinger, E.: Distanz und Nähe. Beiträge zur Didaktik des Religionsunterrichts; Stuttgart 1968
Böhm, U.: Kooperation als pädagogischer Leitbegriff der Schule; Münster 2003
Böhm, U. / Schnitzler, M.: Religionsunterricht in der Pubertät – Auswertung einer explorativen Studie; Stuttgart 2006
Böhm, W.: Nachträgliche Rechtfertigung einer noch zu schreibenden Geschichte der Pädagogik; in: Vierteljahresschrift für wissenschaftliche Pädagogik 58 (1982), S. 397–410
Bohl, T.: Unterrichtsmethoden an der Realschule; Bad Heilbrunn 2000
Bohne, G.: Das Wort Gottes und der Unterricht; Berlin 1929; in: Nipkow/ Schweitzer: Religionspädagogik – Bd. 2/2; München 1989
Bollnow, O. F.: Über den Wert einer Beschäftigung mit der Geschichte der Pädagogik für die systematische Pädagogik; in: H. Röhrs (Hg.): Die Erziehungswissenschaft und die Pluralität ihrer Konzepte; Wiesbaden 1979, 13–26
Bonhoeffer, D.: Ethik (zusammengestellt und herausgegeben von E. Bethge); München 1949
Bonhoeffer, D.: Widerstand und Ergebung; München ^{10}1978 (1951)
Boschki, R./ Schlenker, C.: Brücken zwischen Pädagogik und Theologie; Gütersloh 2001
Boschki, R.: Beziehung als Leitbegriff der Religionspädagogik; Ostfildern 2003
Breyvogel/Wenzel (Hg.): Subjektivität und Schule; Essen 1983, 137–164
Bronfenbrenner, U.: Die Ökologie der menschlichen Entwicklung; Stuttgart 1980
Brumlik, M.: Zeitgenossenschaft: Eine Ethik für die Generationen; In: Ecarius, J. (Hg.): Was will die jüngere mit der älteren Generation?; Opladen 1998, 139–158
Bruner, J. S.: Der Prozeß der Erziehung; Berlin/ Düsseldorf 1970
Buber, M.: Ich und Du (1923); in: Das dialogische Prinzip; Gerlingen ^{7}1994
Buchenau, A./ Spranger, E./ Stettbacher, H./ de Gruyter, W. (hgg.): Pestalozzis sämtliche Werke (Kritische Ausgabe); Berlin/ Leipzig 1927ff.
Bucher, A.: Gleichnisse verstehen lernen; Freiburg 1990
Bucher, A.: Religionsunterricht zwischen Lernfach und Lebenshilfe; Stuttgart ^{3}2001 (2000)
Büttner, G.: »Experimental Teaching« zur Christologie; in: Fischer/ Elsenbast/ Schöll: RU erforschen. Beiträge zur empirischen Erkundung von religionsunterrichtlicher Praxis; Münster 2003
Büttner, G.: Religion als evolutionärer Vorteil?; in: KatBl 130 (2005), 14–21
Büttner, G./ Dietrich, V.-J.: Die religiöse Entwicklung des Menschen; Stuttgart 2000
Büttner, G./ Dietrich, V.-J.: Religion als Unterricht; Göttingen 2004

Christen, H. R.: Einführung in die Chemie; Frankfurt ^{9}1974, 127
Claudius, M.: Der Wandsbeker Bote; Zürich 1947
Collmar, N.: Schulpädagogik und Religionspädagogik; Tübingen 2003
Comenius; J. A.: Große Didaktik. Übersetzt und herausgegeben von A. Flitner; Stuttgart ^{9}2000 (1954)
Comenius, J. A.: Orbis sensualium pictus (Nachdruck der Erstausgabe von 1658 mit einem Nachwort von H. Höfener); Dortmund 1978

Comenius, J. A.: Pampedia – Allerziehung (in dt. Übersetzung von K. Schaller); Sankt Augustin 1991

Comenius-Institut (Hg.): Elementarisierung theologischer Inhalte und Methoden im Blick auf die Aufgabe einer theologisch zu verantwortenden Lehrplanrevision und Curriculumentwicklung in den wichtigsten religionspädagogischen Praxisfeldern. Zwischenbericht über den Stand des Forschungsauftrags; vorgelegt von H. Stock; Münster 1975

Comenius-Institut (Hg.): Elementarisierung theologischer Inhalte und Methoden im Blick auf die Aufgabe einer theologisch zu verantwortenden Lehrplanrevision und Curriculumentwicklung in den wichtigsten religionspädagogischen Praxisfeldern. Abschlußbericht und Ergebnisse der Untersuchung; vorgelegt von H. Stock unterMitarbeit von H. B. Kaufmann; Münster 1977

Comenius-Institut (Hg.): Die Geistes-Gegenwart der Bibel. Elementarisierung im Prozeß der Praxis; Redaktion: H. B. Kaufmann/ H. Ludwig; Münster 1979

Copei, F.: Der fruchbare Moment im Bildungsprozess; Heidelberg ²1950 (von Sprenger, H. bearbeitet und herausgegeben; Original: Leipzig 1930)

Debot-Sevrin, M.-R.: An Attempt in Experimental Teaching; In: A. Godin (Hg.): From Cry to Word; Brüssel 1968, 135–158

Delkurt, H.: Ethische Einsichten in der alttestamentlichen Spruchweisheit; Neukirchen-Vluyn 1993

Delkurt, H.: Erziehung im Alten Testament; in: Glauben und Lernen 16 (2001)

Deutsche Shell(Hg.): Jugend '97; Opladen 1997

Deutsche Shell (Hg.): Jugend 2000 – Bd. 1; Opladen 2000

Deutsche Shell (Hg.): Jugend 2002; Frankfurt 2002

Diehn, O.: Plädoyer für den Katechismus; in: Brennpunkt Gemeinde 6/ 94, 203–206

Dienst, K.: Eine verlässliche Tradition: Aus der Anfangszeit des »Gesamtkirchlichen Ausschusses für den Evangelischen Religionsunterricht« in der Evangelischen Kirche in Hessen und Nassau; Festvortrag am 12. 11. 2003 in Frankfurt/M.; in: ZPT 1/2004, 42

Dieterich, M./ Dieterich, J.: Wörterbuch Psychologie und Seelsorge; Wuppertal 1996

Dieterich, V.-J.: Johann Amos Comenius; Hamburg 1991

Dieterich, V.-J.: Fächerübergreifender Unterricht; in: JPR 18 (2002)

Dietrich, T. (Hg.): J. H. Pestalozzi – Kleine Schriften zur Volkserziehung und Menschenbildung; Regensburg 1983

Doedens, F./ Weiße, W.: Religionsunterricht für alle. Hamburger Perspektiven zur Religionsdidaktik; Münster 1997

Dolto, F./ Dolto-Tolitch, C.: Von den Schwierigkeiten erwachsen zu werden; Stuttgart ²1991. Originalausgabe: Paroles pour adolescents ou le complexe du homard; Paris 1989

Dornblüth, T. / Fuoss, S. / Gabius, D. / Schnitzler, M.: Lebens-Wege: Woran ich mich halten kann; Gärtringen 1998

Dressler, B.: Darstellung und Mitteilung. Religionsdidaktik nach dem Traditionsbruch; in: rhs 1/2002, 11–19

Dressler, B.: Bildung ist Lernen an Differenzen; Vortrag im Ev. Studienzentrum Stuttgart-Birkach am 30. 11. 2005

Duden 8: Die sinn- und sachverwandten Wörter; Mannheim u.a. 1986

Duden 11: Redewendungen und sprichwörtliche Redensarten; Mannheim u.a. 1992

Ebeling, G.: Studium der Theologie. Eine enzyklopädische Orientierung; Tübingen 1975

Ebeling, G.: Dogmatik des christlichen Glaubens – Bd. 1; Tübingen 1979
Eberhard, O.: Arbeitsschulmäßiger Religionsunterricht; Stuttgart 1924. In: Nipkow/ Schweitzer: Religionspädagogik. Texte zur evangelischen Erziehungs- und Bildungsverantwortung – Bd. 2/2: 20. Jahrhundert; München 1989
Eberhard, O. (Hg.): Lebendiger Religionsunterricht; Stuttgart 1925
Eberhard, O.: Pestalozzi. Mensch, Christ, Bürger, Erzieher; Gießen/ Basel ²1952 (1936)
Ebinger/Hinderer/Wildermuth: Anknüpfen – Praxisideen für die Konfirmandenarbeit; Stuttgart 2005
Eckensberger, D.: Pubertät. Aspekte der Biologie, Psychologie und Soziologie; in: Enzyklopädie der Erziehungswissenschaft; Bd. 8: Sekundarstufe I; Stuttgart 1983
Edelbrock, A.: Symboldidaktik am Beispiel von Hubertus Halbfas und Peter Biehl; in: JRP 18 (2002), Neukirchen-Vluyn 2003
Eliade, M.: Art. Initiation; in: ³RGG, Bd. 3; Tübingen ³ 1986 (1959)
EKD-Denkschrift: Maße des Menschlichen; Hannover 2003
EKD-Stellungnahme: Ganztagsschule – in guter Form!; Hannover 2004
Endres, W./ Bernard, E.: Voll bei der Sache. Ein Konzentrationsprogramm für Kinder; München 1996
Englert, R.: Auffälligkeiten und Tendenzen in der religionsdidaktischen Entwicklung; in: JRP 18 (2002), 233–248
Eriksen, G. M.: Klassenräume: Lernen $^{hoch\ 7}$; in: Lernende Schule 20/2002
Erikson, E. H.: Identität und Lebenszyklus; Frankfurt ¹⁰1987. (Original: Identity and the Life Cycle, 1959)
Erikson, E. H.: Der junge Mann Luther; Hamburg 1970, 129. (Original: Young man Luther, 1958)
Evangelische Zentralstelle für Weltanschauungsfragen: Dialog und Unterscheidung. Religionen und neue religiöse Bewegungen im Gespräch. Festschrift zum 70. Geburtstag von Reinhart Hummel; Berlin 2000

Faust-Siehl, G./ Schweitzer, F./ Nipkow, K. E.: Die Berücksichtigung der religiösen Entwicklung in der Praxis des Religionsunterrichts. Bericht über eine Pilotstudie; in: JRP 6 (1990), 209–216
Faust-Siehl, G./Krupka, B./ Schweitzer, F./ Nipkow, K.E. (Hg.): 24 Stunden Religionsunterricht; Münster 1995
Ferenschild, H.: Soziale Dienste als bürgerschaftliches Engagement; in: Pädagogik 5/ 2004
Fend, H.: Theorie der Schule; München 1980
Fend, H.: Qualität im Bildungswesen; Weinheim/München 1998
Fend, H.: Entwicklungspsychologie des Jugendalters; Opladen ³2003
Feige, A./ Tzscheetzsch, W.: Wenn der Glaube in die Pubertät kommt; Freiburg 2005
Fetz/ Reich/ Valentin: Weltbildentwicklung und Schöpfungsverständnis. Eine strukturgenetische Untersuchung bei Kindern und Jugendlichen; Stuttgart 2001
Finley, M. I.: Die Griechen. Eine Einführung in ihre Geschichte und Zivilisation; München ²1983 (London 1963)
Flitner, A.: Reform der Erziehung; München 1999 (1992)
Fowler, J.: Stages of faith. The Psychology of Human Development and the Quest for Meaning; San Francisco 1981. Deutsch: Stufen des Glaubens. Die Psychologie der menschlichen Entwicklung und die Suche nach Sinn; Gütersloh 1991 (a)
Fowler, J.: Stages in Faith Consciousness; San Francisco 1991 (b)
Fraas, H.-J.: Katechismustradition; Göttingen 1971, bes. 9–53
Freud, S.: Gesammelte Werke Bd. 9: Totem und Tabu; Frankfurt ⁵ 1973 (1944)
Frey, K.: Die Projektmethode; Weinheim/ Basel ⁸1998 (1982)

Friedrich, G.: Das niedere Schulwesen; in: Handbuch der deutschen Bildungsgeschichte – Bd. 3: Von der Neuordnung Deutschlands bis zur Gründung des Deutschen Reiches; München 1987, 123–151
Fuchs, O.: Prophetische Kraft der Jugend; Freiburg 1986
Fuhs, H. F.: Art. נער – na'ar; in: Theologisches Wörterbuch zum AT – Bd. V; Stuttgart 1986, 507–518

Galling, K.: Art. Beschneidung; in: ³RGG Bd. 1; Tübingen ³1986 (1957)
Gemoll, W.: Griechisch-deutsches Schul- und Handwörterbuch; München/Wien ⁵1988 (1954)
Gernhardt, R.: Lichte Gedichte; Zürich 1997
Gesenius, W.: Hebräisches und aramäisches Handwörterbuch über das Alte Testament; Berlin 1962
Giel, K.: Der Elementarunterricht in anthropologischer Sicht; in: D. Lenzen (Hg.): Enzyklopädie Erziehungswissenschaft Bd. 7; Stuttgart 1985, 21–50
Gilligan, C.: Themen der männlichen und weiblichen Entwicklung in der Adoleszenz; in: F. Schweitzer/ H. Thiersch (Hg.): Jugendzeit – Schulzeit; Weinheim/ Basel 1983
Girke, T.: Computerunterstützte Diagnose des Rechtschreibens; in: Pädagogik 10/ 2002
Gläser-Zikuda/Fuß: Emotionen und Lernleistungen in den Fächern Deutsch und Physik; in: Lehren und Lernen 4/2003
Gönnheimer, S.: Schule als Verantwortungsgemeinschaft; in: Pädagogik 5/ 2004
Golding, W: Herr der Fliegen; Frankfurt ⁶1985 (1954)
Gottwald, E.: Art. Audiovisuelle Medien in Religionsunterricht und Gemeindearbeit; in: Adam/ Lachmann: Methodisches Kompendium für den Religionsunterricht; Göttingen ²1996 (1993), 284–296
Greenfield, S.: Reiseführer Gehirn (Original: The Human Brain); Heidelberg/Berlin 2003 (1997)
Gremmels, C./ Pfeifer, H.: Theologie und Biographie. Zum Beispiel Dietrich Bonhoeffer; München 1983
Grethlein, C.: Liturgische Elemente?; in: Adam/ Lachmann: Methodisches Kompendium für den RU; Göttingen ²1996 (1993), 377–393
Gries, A.: Learning by doing. Der konstruktive Umgang mit Medien als Lernweg zu einer umfassenden Medienkompetenz; in: entwurf 1/2005
Grimm, H. u. J.: Kinder- und Hausmärchen, Bd. 2; München 1984
Grimmitt, M.: Pedagogies of Religious Education; Great Wakering 2000
Grob/Jaschinski (Hg.): Erwachsen werden. Entwicklungspsychologie des Jugendalters; Weinheim/Basel/Bern 2003
Grolle, J.: Das Wunder von Bern; in: Der Spiegel 3/2005, 138
Gronbach, W.: Bildung in christlicher Verantwortung; in: Birkacher Beiträge 5; Stuttgart 2003, bes. 38–40
Gronemeyer, R.: Die Entfernung vom Wolfsrudel. Über den drohenden Krieg der Jungen gegen die Alten; Frankfurt 1991
Grün, A.: Kämpfen und lieben. Wie Männer zu sich selbst finden; Münsterschwarzach ²2003
Grüner, G.: Die didaktische Reduktion als Kernstück der Didaktik. Aufgewiesen an Beispielen aus der Berufsschul-Didaktik; in: Die Deutsche Schule 59 (1967), 414–430
Grunder, H.-U.: »Elementarisierung« – schulpädagogisch aufgeladen, aber kaum beachtet; in: ZPT 3/ 2000, 262–275
Grunder, H.-U.: »Und nun endlich an die Arbeit!«; Baltmannsweiler 2005
Gudjons, H.: Ein Bild ist besser als 1000 Worte; in: Pädagogik 10/ 1994

Gudjons, H.: Pädagogisches Grundwissen; Bad Heilbrunn ^{7}2001
Gudjons; H.: Allgemeine Didaktik. Ein Überblick über die gegenwärtige Diskussion; in: JRP 18 (2002), 3–20
Gudjons, H. (Hg.): Auf meinen Spuren. Das Entdecken der eigenen Lebensgeschichte; Hamburg ^{6}2003 (1986) (a)
Gudjons, H.: Frontalunterricht – neu entdeckt. Integration in offene Unterrichtsformen; Bad Heilbrunn 2003 (b)

Halbfas, H.: Das dritte Auge. Religionsdidaktische Anstöße; Düsseldorf ^{7}1997 (1982 !)
Halbfas, H. (Hg.): Religionsbuch für das erste Schuljahr; Düsseldorf 1983 ... (bis) ders.: Unterrichtswerk für die Sekundarstufe 1 – Religionsbuch für das neunte und zehnte Schuljahr; Düsseldorf 1991
Halbfas, H.: Religionsunterricht in der Grundschule – Lehrerhandbuch 1; Düsseldorf 1983 ... (bis) ders.: Religionsunterricht in Sekundarschulen – Lehrerhandbuch 10; Düsseldorf 1998
Halbfas, H.: Religionsbuch für das 5. (usw.) Schuljahr – Arbeitsheft; Düsseldorf 1993–1999
Hammelsbeck, O.: Der kirchliche Unterricht; München 1939
Hauschildt, K.: Fundamentale und elementare Dimensionen der Bibelin der Didaktik des Religionsunterrichts, insbesondere der Berufsschule; in: EU 18 (1963), 141–147
Heesch, M.: J. F. Herbart zur Einführung; Hamburg 1999
Heiland, H.: Art. Pestalozzi; in: LexRP 2001 – Bd. 2, Sp. 1489–1492
Heiland, H.: Art. Ziller; in: LexRP (2001) – Bd. 2, Sp. 2258–2260
Heimbrock, H.-G.: Psychologische Konzepte in der Religionspädagogik; in: EvErz 33 (1981), 468–478
Heimbrock, H.-G.: Perspektiven der Elementarisierung als Hilfe für den Religionsunterricht mit lernbehinderten und geistigbehinderten Kindern; in: Zeitschrift für Heilpädagogik 37 (1986), Heft 2, 96–104
Heinen, N.: Elementarisierung als Forderung an die Religionsdidaktik mit geisigbehinderten Jugendlichen und jungen Erwachsenen; Köln 1988
Heinen, S.: Grundlagen der Religionspsychologie; Göttingen 2005
Henningsen, J.: Wer lehrt, popularisiert; in: Wilhelm, T. (Hg.): Die Herausforderung der Schule durch die Wissenschaften; Weinheim 1966, 99–106
Hepting, R.: Das Schulentwicklungsprojekt »Markdorfer Modell«; in: Lehren und Lernen 10/ 2005, 18–22
Herbart, J. F.: Allgemeine Pädagogik; in: Nohl, H. (Hg.); Weinheim 1951
Herbart; J. F.: Umriss pädagogischer Vorlesungen (1835); in: Esterhues, J. (Hg.); Paderborn 1957
Hericks, U./ Meyer, M./ Neumann, S./ Scheilke C.: Comenius der Pädagoge; Baltmannsweiler 2004
Hermann, U.: Die Philanthropen; in: Scheuerl, H.: Klassiker der Pädagogik – Bd. 1; München 1979
Herrmann. H.-J.: Jugendliche sind vom Bösen fasziniert; in: entwurf 3/2002
Hesse, H.: Gesammelte Werke – Bd. 10; Frankfurt 1987
Heymann, H. W.: Bildung trotz oder mit Internet?; in: Pädagogik 9/ 2000
Hilger, G./ Reilly, G. (Hg.): Religionsunterricht im Abseits? Das Spannungsfeld Jugend – Schule – Religion; München 1993
Höffken, P.: Elementarisierung – Ausweg oder Sackgasse für den Bibelunterricht?; in: EvErz 38 (1986), 168–178
Hoff, W./ Horstkemper, M.: Hundert Jahre Diskussion um eine gemeinsame Erziehung von Mädchen und Jungen; in: ZPT 4/ 2004, 355

Hofmann, R.: Geschlechtergerechte Sozialisation im Religionsunterricht; Niebüll 2001
Holtappels, H. G.: Ganztagsschule und Schulöffnung; Weinheim/ München 1994
Hosenfeld, I./ Helmke, A./ Schrader, F. W.: Diagnostische Kompetenz: Unterrichts- und lernrelevante Schülermerkmale und deren Einschätzung durch Lehrkräfte in der Unterrichtsstudie SALVE«; in: ZfP 45. Beiheft 2002
Huber, W.: Orientierungswissen in Evangelischer Perspektive. Vortrag auf dem Bildungskongress der EKD am 3.5.2004 in Berlin
Hudelmeyer, J.: Präsentationstraining in Klasse 12; in: entwurf 1/ 2005, 33–38
Hugger, P.: Pubertätsriten – einst und jetzt – aus der Sicht eines Volkskundlers; in: Klosinski, G.: Pubertätsriten; Stuttgart 1991
Huttenlocher, P. R.: Connections in Brain Provide Clues to Learning; Chicago 2000

Jank, W./ Meyer, H.: Didaktische Modelle; Berlin [3]1994 (1991)
Janssen, U./ Steuernagel, U.: Die Kinder-Uni. Forscher erklären die Rätsel der Welt; Stuttgart/ München [2]2005 (2003)
JIM-Studie 2004. Jugend, Information, (Multi-) Media; Stuttgart Dezember 2004
Jonas, H.: Das Prinzip Verantwortung; Frankfurt 1984
Josuttis, M.: Unsere Volkskirche und die Gemeinde der Heiligen; Gütersloh 1997
Jüngel, E.: Eine Geschichte von hinten gelesen. Die Rede des Jahres 2003 – eine Predigt über 1. Mose 16; aus: Evangelisches Gemeindeblatt für Württemberg 6/ 2004, 11

Kabisch, R.: Wie lehren wir Religion; Göttingen [2]1912 (1910)
Kahlert, J./ Lieber, G.: Ästhetisch(es) Lernen; in: Neue Sammlung 1/2005
Karrer L.: Der Glaube in Kurzformeln. Zur theologischen und sprachtheoretischen Problematik und zur religionspädagogischen Verwendung der Kurzformeln des Glaubens; Mainz 1978
Kaufmann, H. B.: Martin Luther; in: Schroer/Zilleßen: Klassiker der Religionspädagogik; Frankfurt 1989, 7–23
Kaufmann, H. B./Ludwig, H. (Hg.):Die Geistesgegenwart der Bibel; Münster 1979
Kaufmann, H. B./ Ludwig-Steup, H./ Wrege, H.-T. (Hg.): Elementar erzählen. Zwischen Überlieferung und Erfahrung; Münster 1985 (FS zum 80. Geburtstag von H. Stock)
Keupp, H.: Identitätskonstruktionen. Das Patchwork der Identitäten in der Spätmoderne; Hamburg [2]2002 (1999)
Kiper/Meyer/Topsch: Einführung in die Schulpädagogik; Berlin [2]2004 (2002)
Kircher, I.: Cool – und doch verletzbar; in: Pädagogik 6–7/2001
Kittel, G.: Elementarisierung als Aufgabe der biblischen Didaktik; in: Baldermann/Kittel 1975, 122–137 (a)
Kittel, G.: »incarvatus in seipsum«. Überlegungen zu den Leitideen gegenwärtiger Religionspädagogik und Didaktik; in: Baldermann/Kittel 1975, 53–69 (b)
Kittel, H.: Freiheit zur Sache. Eine Streitschrift zum Religionunterricht; Göttingen 1970
Klafki, W.: Das pädagogische Problem des Elementaren und die Theorie der kategorialen Bildung; Weinheim [2]1963 (1957)
Klafki, W.: Die didaktischen Prinzipien des Elementaren, Fundamentalen und Exemplarischen; in: Blumenthal u.a. (Hg.): Handbuch für Lehrer. Bd. 2: Die Praxis der Unterrichtsgestaltung; Gütersloh [2]1961, 120–139
Klafki, W.: Das Elementare, Fundamentale, Exemplarische; in: Neues Pädagogisches Lexikon [5]1971 (1961), 251–256
Klafki, W.: Studien zur Bildungstheorie und Didaktik; Weinheim 1963
Klafki, W.: Die didaktischen Prinzipien des Elementaren, Fundamentalen und Exemplarischen; in: Heiland, H.: Didaktik; Bad Heilbrunn 1968, 64–83

Klafki, W.: Zur Unterrichtsplanung im Sinne kritisch-konstruktiver Didaktik; in: Adl-Amini/Künzli (Hg.): Didaktische Modelle und Unterrichtsplanung; München 1980, 11–48

Klafki, W.: Neue Studien zur Bildungstheorie und Didaktik. Zeitgemäße Allgemeinbildung und kritisch-konstruktive Didaktik; Weinheim/ Basel ⁵1996 (1985)

Klafki, W.: Die bildungstheoretische Didaktik im Rahmen kritisch-konstruktiver Didaktik. Oder: Zur Neufassung der Didaktischen Analyse; in: Gudjons/Winkel (Hg.): Didaktische Theorien; Hamburg ¹⁰1999 (1980), 13–34

Klein, S.: Art. Biografieforschung; in: LexRP – Bd. 1; Neukirchen-Vluyn 2001, Sp. 202

Klie, T.: Performativer Religionsunterricht. Von der Notwendigkeit des Gestaltens und Handelns im Religionsunterricht; http://www.rpi-loccum.de

Kliemann, P.: Gruppenpuzzle; in: entwurf 3/ 1992, 47–50

Kliemann, P.: Impulse und Methoden; Stuttgart 1997

Kliemann, P.: Art. Elementarisierung; in: Bosold/Kliemann (Hg.): Ach, Sie unterrichten Religion?; Stuttgart 2003

Klippert, H.: Aktives Arbeiten mit gängigen Lehr- und Lernmitteln; in: arbeiten und lernen 49/ 1987

Klippert, H.: Pädagogische Schulentwicklung; Weinheim/Basel 2000

Klosinski, G. (Hg.): Pubertätsriten; Bern/Stuttart/Toronto 1991

Klosinski, G.: Pubertät heute. Lebenssituationen – Konflikte – Herausforderungen; München 2004

Klosinski, G.: Religiosität als Chance und Hindernis der Persönlichkeitsentwicklung; in: A. Biesinger u.a.: Brauchen Kinder Religion?; Basel/ Weinheim 2005, 22

Knab, D.: Art. Schule; in: Mette/ Rickers (Hgg.): Lexikon der Religionspädagogik – Bd. 2; Neukirchen-Vluyn 2001

Knauth, T.: Problemorientierter Religionsunterricht; Göttingen 2003 (a)

Knauth, T.: Das unabgegoltene Potential des problemorientierten Religionsunterrichts; in: Rickers/ Dressler: Thematisch-problemorientierter Religionsunterricht; Neukirchen-Vluyn 2003 (b)

Knoll; L.: Lexikon der praktischen Psychologie; Bergisch Gladbach 1979

Knoll, M.: John Dewey und die Projektmethode; in: Erziehung und Bildung 45. Jg. (1992)

Knoop, K./ Schwab, M.: Einführung in die Geschichte der Pädagogik; Heidelberg 1981

Kösel, E.: Die Modellierung von Lernwelten; Elztal-Dallau ²1995 (1993)

Kohlberg, L./ Gilligan, C.: The Adolescent as a Philosopher; in: J. Kagan/ R. Coles 12 to 16. Early Adolescence; Toronto 1972, 177

Konukiewitz/ Meyer: Art. Handlungsorientiertes Wissen und Projektarbeit; in: Neues Handbuch religionspädagogischer Grundbegriffe; München 2002

Kuld, L. / Gönnheimer, S.: Compassion – sozialverpflichtetes Lernen und Handeln; Stuttgart 2000

Kuld, L: Art. Lebensgeschichte(n) – Glaubensgeschichte(n); in: Neues Handbuch religionspädagogischer Grundbegriffe; München 2002

Lachmann, R.: Die Sache selbst im Gespräch zwischen Religionspädagogik und Pädagogik; in: EvErz 36 (1984), 116–130

Lachmann, R.: Methodische Grundfragen; in: Adam/Lachmann: Methodisches Kompendium für den Religionsunterricht; Göttingen ²1996 (1993)

Lachmann, R.: Wege der Unterrichtsvorbereitung; in: Adam/Lachmann (Hg.): Religionspädagogisches Kompendium; Göttingen ³1997, 222–242

Ladenthin, V.: Das Verhältnis von Religion und Pädagogik in der Praxis; in: E. Groß (Hg.), Erziehungswissenschaft, Religion und Religionspädagogik; Münster 2004

Lämmermann, G.: Tendenzen und Probleme der Allgemeinen Didaktik als Anfragen an eine theologische Fachdidaktik; in: EvErz 37 (1985), 8–31
Lämmermann, G.: Zur Elementarisierung des Elementarisierungsproblems – Vorbereitende Bemerkungen zu einer kritischen Religionsdidaktik; in: EvErz 40 (1988), 551–567
Lämmermann, G.: Stufen religionsdidaktischer Elementarisierung. Vorschläge zu einem Elementarisierungsprozeß als Unterichtsvorbereitung; in: JRP 6 (1990), 79–92
Lämmermann, G.: Grundriß der Religionsdidaktik; Stuttgart u.a. ²1998 (1991)
Lämmermann, G.: Religionspädagogik im 20. Jahrhundert; Gütersloh 1994
Lämmermann, G.: Art. Elementarisierung; in: LexRP; Neukirchen-Vluyn 2001 – Bd. 1
Lange, G.: Glaube – Was ist wesentlich?; in: KatBl 2/2001, 98–101
Langeveld, M. J.: Die Schule als Weg des Kindes; Braunschweig 1963
Liebau, E.: Jugend gibt es nur im Plural; in: Pädagogik 7–8/1990, 6–9
Liedtke, M.: Johann Heinrich Pestalozzi; in: Klassiker der Pädagogik – Bd. 1; München 1979
Leibniz, G. W.: Metaphysische Abhandlungen; in: Krüger, G.: Hauptwerke; Stuttgart 1958
Levinson, D. J.: Das Leben des Mannes; Köln 1979 (New York 1978)
Lexikon der Pädagogik; Freiburg 1913, Bd. 1
Lexikon der Pädagogik (Neue Ausgabe); Freiburg 1971, Bd. 4
Lott, J.: Art. Projektunterricht, -studium; in: LexRP – Bd. 2, Neukirchen-Vluyn 2001
Luckmann, T.: Die unsichtbare Religion; Frankfurt 1991
Lübking, H.-M.: Neues Kursbuch Konfirmation; Düsseldorf 2000
Luhmann, N.: Die Gesellschaft der Gesellschaft; Frankfurt 1997
Luther, H.: Identität und Fragment – Praktisch-theologische Überlegungen zur Unabschließbarkeit von Bildungsprozessen; in: Theologia Practica 20 (1985)
Luther, H.: Sache oder Subjekt?; in: Pädagogik 3/1989, 56

März, F.: Klassiker christlicher Erziehung; München 1988
Marchtaler Plan. Erziehungs- und Bildungsplan für Katholische Freie Grund- und Hauptschulen in der Diözese Rottenburg-Stuttgart
  Band 1: Grundlagen; Rottenburg ²1990 (1987)
  Band 2: Die vernetzten Unterrichtseinheiten; Rottenburg 1990
Marci-Boehncke, G.: Können muss man wollen. Leseförderung nach PISA mit Büchern, die wirklich Spaß machen; in: Lehrern und Lernen 1/2004
Martens, E.: Philosophieren mit Kindern; Stuttgart 1999
Martens, E.: Methodik des Ethik- und Philosophieunterrichts. Philosophieren als elementare Kulturtechnik; Hannover 2003
Martin, J.-P.: Für eine Übernahme der Lehrfunktion durch Schüler; in: Praxis des neusprachlichen Unterrichts 1986, 395–403
Maslow, A. H.: Motivation und Persönlichkeit; Olten ²1978 (1977). Original: Motivation and Personality; New York 1954
Meier, G.: Religionen im Medienverbundsystem Internet; in: entwurf 1/ 2005, 19–23
Melanchthon, P.: Unterricht der Visitatoren (1528); in: Nipkow/Schweitzer (Hgg.): Texte zur evangelischen Erziehungs- und Bildungsverantwortung seit der Reformation; München 1989 – Bd. 1
Melanchthon, P.: Vorrede zu Ciceros Buch »Über die Pflicht« (1534); in: Nipkow/Schweitzer (Hgg.): Texte zur evangelischen Erziehungs- und Bildungsverantwortung seit der Reformation; München 1989 – Bd. 1

Menck, P.: Geschichte der Erziehung; Donauwörth 1993
Mendl, H.: Art. Audiovisuelle Medien; in: Neues Handbuch religionspädagogischer Grundbegriffe; München 2002, 540–543
Mette, N./ Schweitzer, F.: Neuere Religionsdidaktik im Überblick; in: JRP 18 (2002), 21–40
Mette, N.: »Suche den Frieden und jage ihm nach!« (Ps. 34,15) Biblische Wegweisungen zu einer Kultur gerechten Friedens (Schalom); in: Schweitzer (Hg.) 2003 (a), 93–113
Metzger, M./ Dellit, M.: Neue Medien und Schule; in: entwurf 2/ 1998
Meyer, H.: UnterrichtsMethoden I: Theorieband; Frankfurt ²1988 (1987)
Meyer, H.: UnterrichtsMethoden II: Praxisband; Frankfurt ²1989 (1987)
Meyers Großes Universallexikon Bd. 4; Mannheim 1981
Michalke-Leicht, W.: Nachhaltiges Lernen im Religionsunterricht; in: entwurf 2/2004, 19–22
Milhoffer, P.: Das pubertäre Chaos der Gefühle. Entwicklungspsychologische Merkmale und sexualpädagogische Herausforderungen; in: Pädagogik 7–8/2001
Miller, R.: Beziehungsdidaktik; Weinheim/ Basel ⁴2003 (1997)
Ministerium für Kultus, Jugend und Sport Baden-Württemberg. Abitur 2007 – Leitfaden für die gymnasiale Oberstufe; Stuttgart 2004
Montessori, M.: Schule des Kindes. Montessori-Erziehung in der Grundschule; Freiburg 1976
Moser, H.: Einführung in die Medienpädagogik; Opladen 2000
Müller, H.: Elementarischer Unterricht; in: Westermann Pädagogische Beiträge 1957, 68–79
Müller, K.: J. H. Pestalozzi; Stuttgart 1952
Müller, K.: Art. Neue Medien – Virtualität – Wirklichkeitsverständnis; In: Neues Handbuch religionspädagogischer Grundbegriffe; München 2002, 165–168
Müller, P./ Büttner, G./ Heiligenthal, R./ Thierfelder, J.: Die Gleichnisse Jesu. Ein Studien- und Arbeitsbuch für den Unterricht; Stuttgart 2002
Münchmeier, R.: Jugend und Religion; in: Wulf/Macha/Liebau: Formen des Religiösen; Weinheim/Basel 2004
Münchmeier, R.: Zur Bedeutung von (Religiosität in) Familien in sozialpädagogischer Sicht; in: A. Biesinger u.a.: Brauchen Kinder Religion?; Weinheim/ Basel 2005
Musil, R.: Die Verwirrungen des Zöglings Törless; Hamburg ⁴1988 (1959)

Nipkow, K. E.: Grundfragen des Religionsunterrichts in der Gegenwart; Heidelberg 1967
Nipkow, K. E.: Schule und Religionsunterricht im Wandel; Heidelberg 1971
Nipkow, K. E.: Das Theorie-Praxis-Problem: in: Feifel, E. (Hg.): Handbuch der Religionspädagogik (Bd. 1); Gütersloh 1974, 238–250
Nipkow, K. E.: Die Frage der Elementarisierung im Religionsunterricht – Manuskript; Stuttgart 1976
Nipkow, K. E. : Elementarisierung biblischer Inhalte. Zum Zusammenspiel theologischer, anthropologischer und entwicklungspsychologischer Perspektiven in der Religionspädagogik: in: Baldermann/ Nipkow/ Stock: Bibel und Elementarisierung; Frankfurt/ M. 1979, 35–73
Nipkow, K. E.: Grundfragen der Religionspädagogik Bd. 3: Gemeinsam leben und glauben Lernen; Gütersloh 1982 (a)
Nipkow, K. E.: Das Problem der Elementarisierung der Inhalte des Religionsunterrichts; in: Biemer/ Knab (Hg.): Lehrplanarbeit im Prozess – Religionspädagogische Lehrplanreform; Freiburg 1982, 73–95 (b)
Nipkow, K. E.: Sinnerschließender Unterricht und Elementarisierung; in: Breyvogel/Wenzel (Hg.): Subjektivität und Schule; Essen 1983, 137–164

Nipkow, K. E.: Sinnerschließendes, elementares Lernen – Handlungsperspektiven für die Schule angesichts der Lage der Jugend; in: Schweitzer/ Thiersch (Hg.): Jugendzeit – Schulzeit. Von den Schwierigkeiten, die Jugendliche und Schule miteinander haben; Weinheim 1983, 154–176
Nipkow, K. E.: Elia und die Gottesfrage im Religionsunterricht. Elementarisierung als religionsdidaktische Aufgabe; in: EvErz 36 (1984), 131–147
Nipkow, K. E.: Elelementariserung als Kern der Lehrplanung und Unterrichtsvorbereitung am Beispiel der Elia-Überlieferung; in: Braunschweiger Beiträge 1986/3, 3–16
Nipkow, K. E. : Erwachsenwerden ohne Gott? Gotteserfahrungen im Lebenslauf; München 1987 (a)
Nipkow, K. E.: Entwicklungspsychologie und Religionsdidaktik. Zur Problem- und Rezeptionslage und zur Bedeutung entwicklungspsychologischer Fragen in einer elementarisierenden didaktischen Analyse als Kern der Unterrichtsvorbereitung; in: ZfP 33 (1987), 149–165 (b)
Nipkow, K. E.: Bildung als Lebensbegleitung und Erneuerung. Kirchliche Bildungsverantwortung in Gemeinde, Schule und Gesellschaft; Gütersloh 1990
Nipkow, K. E.: Bildung in einer pluralen Welt; Gütersloh 1998 – Bd. 1 u. 2
Nipkow, K. E.: Art. Elementarisierung; In: Neues Handbuch religionspädagogischer Grundbegriffe; München 2002
Nipkow, K. E.: Zur Bildungspolitik der evangelischen Kirche; in: Biehl/Nipkow: Bildung und Bildungspolitik in theologischer Perspektive; Münster 2003
Nipkow, K. E.: Theodizee – Leiden verstehen, Böses überwinden?; in: F. Schweitzer (Hg.), Elementarisierung im RU; Gütersloh 2003
Nipkow, K. E. : Bildungsverständnis im Umbruch. Religionspädagogik im Lebenslauf – Elementarisierung – Bd. 1; Gütersloh 2005
Nipkow, K. E. /Schweitzer, F. (Hgg.): Studienbücher – Religionspädagogik. Texte zur evangelischen Erziehungs- und Bildungsverantwortung seit der Reformation; München 1991 – Bd. 1; Gütersloh 1994 – Bd. 2/1 und 2/2
Nohl, H.: Erziehergestalten ; Göttingen 1958
Nye, R.: Godly Play; in: Christenlehre – Religionsunterricht – Praxis (CRP) 4/2004

Oelkers, J.: Unterrichtsvorbereitung als pädagogisches Problem; in: EvErz 40 (1988)
Oelkers, J.: Religiöse Sprachen in pädagogischen Theorien; in: E. Groß (Hg.): Erziehungswissenschaft, Religion und Religionspädagogik; Münster 2004
Oelkers, J.: Bildungsstandards und Schulentwicklung: Ein Blick in Geschichte und Zukunft; Vortrag im Comenius-Institut am 13. 2. 2004
Oerter/ Montada: Entwicklungspsychologie; Weinheim/ Basel/ Berlin ^{5}2002 (1982)
Oser/ Gmünder: Der Mensch – Stufen der religiösen Entwicklung ; Gütersloh ^{4}1996 (1988)
Oser/ Reich: Moral Judgement, Religious Judgement, World View and Logical Thought. A Review of their Relationship; in: British Journal of Religious Education 1990
Oser, F./ Reich, H.: Wie Kinder und Jugendliche gegensätzliche Erklärungen miteinander vereinbaren; in: Schweizer Schule 4/1991
Osterwalder, F.: Tausend Schüler, ein Lehrer – Schüler lehren Schüler; in: Pädagogik 11/ 1997, 35–38
Ott, A.: Gender als Schulentwicklungsthema im Kanton Zürich; in: Lehren und Lernen 1/2004
Otto, G.: Kirchengeschichte im Religionsunterricht. Zugleich ein Beitrag zum exemplarischen Lernen; in: Die Sammlung 12 (1957), 32–43
Otto, G.: Art. Stock, Hans; in: LexRP; Neukirchen 2001– Bd. 2, Sp. 2064–2066

Otto, G. / Otto, G.: Art. Ästhetische Erziehung, Ästhetisches Lernen; in: LexRP 2001 – Bd. 1

Pazzini, K.-J.: Kunst existiert nicht, es sei denn als angewandte; in: ZPT 3/ 2000, 275–285
Pestalozzis sämtliche Werke (Kritische Gesamtausgabe; K. A.) Buchenau/ Spranger/ Stettbacher (Hgg.); Berlin 1927ff.; Zürich 1956ff. (insgesamt 27 Bde.)
Pestalozzi, J. H.: Wie Gertrud ihre Kinder lehrt (1801); Bad Heilbrunn ^{5}1994
Pfeifer/ Häusler/ Lutz (Hg.): Konkrete Fachdidaktik Chemie; München 1992; bes.: Elementarisierung – ein Kernproblem des Chemieunterrichts, 197–208
Piaget, J./ Inhelder, B.: Von der Logik des Kindes zur Logik des Heranwachsenden; Olten 1977
PISA 2000. Basiskompetenzen von Schülerinnen und Schülern im internationalen Vergleich; Deutsches PISA-Konsortium, Opladen 2001
Pirner, M.: Art. Film/ Fernsehen/ Video; in: Adam/ Lachmann: Methodisches Kompendium für den Religionsunterricht 2; Göttingen 2002, 309–321
Pirner, M.: Art. Internet/ Computer; in: Adam/ Lachmann: Methodisches Kompendium für den Religionsunterricht 2; Göttingen 2002, 322–332
Pippig, R.: Leseförderung im Physikunterricht; in: Lehren und Lernen 1/2004
Prange, K.: Bauformen des Lernens; Bad Heilbrunn 1985
Prange, K.: Plädoyer für Erziehung; Baltmannsweiler 2000
Preul, R.: Kategoriale Bildung im Religionsunterricht; Heidelberg 1973
Preuss-Lausitz, U.: Die Schule benachteiligt die Jungen!?; in: Pädagogik 5/1999

Rahmenordnung für die Konfirmandenarbeit. Mit Kindern und Jugendlichen auf dem Weg des Glaubens; Stuttgart 2000
Ratschow, C. H.: Art. Elemente; in: RGG^3, Bd. 2; Tübingen 1986 (1958)
RealSchule – Bildung in Baden-Württemberg: Sozial – aber wie?!; Stuttgart 2004
Reble, A.: Johann Heinrich Pestalozzi – Wie Gertrud ihre Kinder lehrt; Bad Heilbrunn ^{5}1994
Reble, A.: Geschichte der Pädagogik; Stuttgart ^{19}1999 (1951)
Reble, A.: Geschichte der Pädagogik – Dokumentationsband; Stuttgart ^{4}1999 (1971)
Reents, C.: Projektunterricht; in: Adam/ Lachmann: Methodisches Kompendium für den Religionsunterricht; Göttingen ^{2}1996 (1993)
Reich, H.: Vom Entweder-oder zum Sowohl-als-auch: Entwicklung der Postformalen Denkform RKD – Posterbeitrag auf dem 40. Kongress der Deutschen Gesellschaft für Psychologie ›Wissen und Handeln‹; München 1996
Reich/ Schröder: Komplementäres Denken im Religionsunterricht; in: Loccumer Pelikan 1997, Sonderheft 3
Reilly, G.: Elementarisierung und Korrelationsdidaktik; in: KatBl 2/ 2001, 90–93
Rönne, L. V.: Das Volksschulwesen des Preußischen Staates; Berlin 1855
Rössler, D.: Grundriss der praktischen Theologie; Berlin/ New York 1986
Rohrbach, W.: Das Problem der Elementarisierung in der neueren religionspädagogischen Diskussion: in: EvErz 35 (1983), 21–39
Rogge, J. U.: Pubertät. Loslassen und Haltgeben; Hamburg ^{8}2003 (1998)
Rotering-Steinberg, S.: Gruppenpuzzle und Gruppenrallye; in: Pädagogik 1/1992, 27–30
Roth, H.: Pädagogische Anthropologie – Bd. 1: Bildsamkeit und Bestimmung; Hannover ^{3}1971 (1966)
Roth, H.: Die originale Begegnung als methodisches Prinzip; in: Roth, H: Pädagogische Psychologie des Lehrens und Lernens; Hannover ^{11}1969 (1949), 109–118
Ruep, M.: Lernen durch Lehren. Versuch einer Definition; in: www.ku-eichstätt.de/Fakultäten/SLF/romanistik/didaktik/Forschung/ldl

Ruge, L.: Standards und Standardisierung im Religionsunterricht 1993–2003: Eine besondere englische Erfahrung?; in: ZPT 3/2004, 213–226
Ruhfus, M.: Diakonie – Lernen in der Gemeinde; Rothenburg 1991
Rupp/ Schmidt: Lebensorientierung oder Verharmlosung. Kritik der Lehrplanentwicklung im RU; Stuttgart 2001
Rupp, H./ Müller, P.: Bedeutung und Bedarf einer religiösen Kompetenz; in: entwurf 2/2004, 14–18

Salzmann, C.: Art. Vereinfachen, Elementarisieren; in: Lexikon der Pädagogik (Neue Ausgabe; Bd. 4); Freiburg 1971, 287–289
Salzmann, C.: Die Vereinfachung als didaktisch-methodisches Problem; in: R. Stach: Grundfragen des Lehrens und Lernens; Ratingen u.a. 1974, 75–92
Salzmann, C.: Elementarisierung und Vereinfachung als Kernprobleme des Lehr-/Lernprozesses. Bestandsaufnahme und Versuch einer Systematisierung wesentlicher Aspekte der didaktischen Reduktion; in: Päd. Rundschau 36 (1982), 535–556
Sauer, R.: Elementarisierung als Aufgabe der Bildung von Religionslehrerinnen und Religionslehrern; in: Lachner/ Spiegel: Qualitätsmanagement in der Theologie – Chancen und Grenzen einer Elementarisierung im Lehramtsstudium; Kevelaer 2003, 35–55
Schaller, K.: Johann Amos Comenius. Ein pädagogisches Porträt; Weinheim 2004
Scheilke, C. T.: Art. Schule – Schulentwicklung – Schulkultur; in: Bitter/ Englert/ Miller/Nipkow: Neues Handbuch religionspädagogischer Grundbegriffe; München 2002
Scheilke, C. T.: Fördert Desinformation den Erosionsprozess?; in: H.-G. Ziebertz (Hg.): Erosion des christlichen Glaubens; Münster 2004 (a)
Scheilke, C. T.: »Gern Beten, lernen und fromm sein« – Luther und PISA; Vortrag am Reformationsfest 2004 in der Franziskakirche in Birkach (b)
Scheuerl, H.: Johann Amos Comenius; in: Klassiker der Pädagogik – Bd. 1; München 1979
Scheunpflug, A.: Erinnern und vergessen; in: entwurf 3/2004, 7
Schiffer, E.: Warum Huckleberry Finn nicht süchtig wurde; Weinheim 1993
Schiller, F.: Über die ästhetische Erziehung des Menschen; Stuttgart 2000
Schleiermacher, F.: Über die Religion. Reden an die Gebildeten unter ihren Verächtern – In der Ausgabe von Rudolf Otto; Göttingen ^{7}1991 (1967; Originalausgabe: 1799)
Schleiermacher, F.: Vorlesungen aus dem Jahre 1826; in: Pädagogische Schriften – Bd. 1; Düsseldorf 1957
Schlink, E.: Der Mensch in der Verkündigung der Kirche; München 1936
Schmid, B.: Religionspädagogik als Mitte der Theologie? Korrelations- und Elementarisierungsdidaktik auf dem Prüfstand; in: Rothgangel/ Thaidigsmann: Religionspädagogik als Mitte der Theologie?; Stuttgart 2005, 54–67
Schmid, H.: Mehr als Reden über Religion; in: rhs 1/2002, 2f.
Schmidt, G. R.: Philippus Melachthon; in: Klassiker der Religionspädagogik; Frankfurt 1989, 23–34
Schmidt, H.: Religionspädagogische Rekonstruktionen; Stuttgart 1975
Schnitzler, M.: Elementarisierung im Schulalltag; in: ZPT 3/2000, bes. 291f.
Schnitzler, M.: Vom Glück, lernen zu dürfen; in: Festschrift 40 Jahre Otto-Rommel-Realschule Holzgerlingen 2003, 57–61
Schnitzler, M.: Kleiner Verzicht – großer Gewinn; in: entwurf 1/2004, 60f.
Schnitzler, M./ Böhm, U.: Religionsunterricht in der Pubertät – Auswertung einer explorativen Studie; Stuttgart 2007
Schoberth, I.: Glauben-lernen. Grundlegung einer katechetischen Theologie; Stuttgart 1998

Schoberth, I.: Glauben-lernen heißt eine Sprache lernen; in: rhs 1/2002, 20–31
Schori, K.: Religiöses Lernen und kindliches Erleben: eine empirische Untersuchung religiöser Lernprozesse bei Kindern im Alter von vier bis acht Jahren; Stuttgart u.a. 1998
Schönweiss, F./ Asshoff, J.: Bildung und Computer. Wohin mag die Reise gehen?; in: Pädagogik 10/ 2002, 31
Schröder, B.: Mindeststandards religiöser Bildung und Förderung christlicher Identität; in: Rothgangel/ Fischer: Standards für religiöse Bildung; Münster 2004
Schroer, H.: Erzählung und theologische Elementarisierung; in: Sanders/ Wegenast (Hg.): Erzählen für Kinder – Erzählen für Gott; Stuttgart u.a. 1983, 44–51
Schroer, H.: Glauben, lehren und verstehen. Hermeneutik und Didaktik als elementare theologische Aufgabe; in: EvErz 36 (1984), 107–116
Schroer, H.: Art. Elementarisierung; in: Bitter/ Miller (Hg.): Handbuch der religionspädagogischen Grundbegriffe (Bd. ?); München 1986, 502–505
Schwager, K. H.: Wesen und Formen des Lehrgangs im Schulunterricht; Weinheim 1967
Schweitzer, F.: Lebensgeschichte und Religion; München ^{4}1999 (1987)
Schweitzer, F.: Lebensgeschichte und religiöse Entwicklung als Horizont der Unterrichtsplanung; in: EvErz 40 (1988), 532–551
Schweitzer, F.: Zwischen Theologie und Praxis – Unterrichtsvorbereitung und das Problem der Lehrbarkeit von Religion; in: JRP 7 (1991), 3–42
Schweitzer, F.: Die Religion des Kindes. Zur Problemgeschichte einer religionspädagogischen Grundfrage; Gütersloh 1992
Schweitzer, F.: Der Wandel des Jugendalters und die Religionspädagogik; in: JRP 10 (1993), 71–88
Schweitzer, F.: Vor neuen Herausforderungen: Bilanz und Perspektiven von Religionspädagogik als Theorie; in: JRP 12 (1995), 143–160 (a)
Schweitzer, F.: Art. Pädagogik; in: TRE, Bd. 25; Berlin u.a. 1995, 575–590 (b)
Schweitzer, F.: Was bedeutet projektorientiertes Lernen für evangelische Schulen?; in: Birkacher Beiträge 1 – Projektorientiertes Lernen; Stuttgart 1997
Schweitzer, F.: Die Suche nach eigenem Glauben. Einführung in die Religionspädagogik des Jugendalters; Gütersloh ^{2}1996 (1996)
Schweitzer, F.: Elementarisierung als religionspädagogische Aufgabe: Erfahrungen und Perspektiven; in: ZPT 3/ 2000, 240–252
Schweitzer, F.: Religiöse Erziehung und Religionsunterricht im internationalen Vergleich; in: Loccumer Pelikan 1/2001
Schweitzer, F.: Art. Entwicklung und Identität; in: Neues Handbuch religionspädagogischer Grundbegriffe; München 2002 (a)
Schweitzer, F.: Praktisches Lernen; in: Adam/ Lachmann: Methodisches Kompendium für den Religionsunterricht 2; Göttingen 2002, 76–83(b)
Schweitzer, F. (Hg.): Elementarisierung im Religionsunterricht; Neukirchen-Vluyn 2003 (a)
Schweitzer, F.: Postmoderner Lebenszyklus und Religion; Gütersloh 2003 (b)
Schweitzer, F.: Auch Jugendliche als Theologen ?; in: ZPT 1/ 2005, 46–53
Schweitzer/ Nipkow/ Faust-Siehl/ Krupka: Religionsunterricht und Entwicklungspsychologie. Elementarisierung in der Praxis; Gütersloh 1995
Schweitzer, F./ Biesinger, A.: Gemeinsamkeiten stärken – Unterschieden gerecht werden; Freiburg/ Gütersloh 2002
Schwöbel, C.: Glaube im Bildungsprozess; in: ZPT 2/ 1998, 169–187
Seyfarrth, L. W. (Hg.): Pestalozzis sämtliche Werke – 12 Bde.; Liegnitz ^{3}1903 (1899)
Sick, Bastian: Der Dativ ist dem Genetiv sein Tod; ^{19}2005 (2004), bes. 168–172
Sliwka, A.: Etwas für andere tun und selber etwas dabei lernen; In: Pädagogik 5/ 2004

Spitzer, M.: Lernen. Gehirnforschung und die Schule des Lebens; Heidelberg/ Berlin 2002
Spitzer, M.: Der Mandelkern und die metakognitive Kernkompetenz; in: entwurf 2/ 2003
Spoerl, H.: Die Feuerzangenbowle; München ^{16}1987 (1933)
Spranger, E.: Comenius – ein Mann der Sehnsucht; in: Kultur und Erziehung ; Leipzig ^{2}1923
Spranger, E.: Psychologie des Jugendalters; Leipzig ^{8}1927 (1925)
Spranger, E.: Die Fruchtbarkeit des Elementaren; in: Spranger. E.: Pädagogische Perspektiven; Heidelberg ^{4}1956 (1950), 87–92
Stanat/ Kunter: Geschlechtsunterschiede in Basiskompetenzen; in: Deutsches PISA-Konsortium (Hg.): PISA 2000; Opladen 2001
Starck/Hahn/Szepanski-Jensen/Weber: Grundkurs KU; Gütersloh 2004
Steen, R.: Bildungsqualität durch Gesundheitsförderung. Gesundheitsförderung durch Schulentwicklung; in: Fachzeitschrift der Aktion Jugendschutz 1/2005
Steffensky, F.: Rituale als Lebensinszenierungen; in: Pädagogik 1/1994, 27–29
Steinkamp, H.: Art. Generationenkonflikt ; in: LexRP – Bd. 1; Neukirchen-Vluyn 2001
Stock, H.: Religionsunterricht in der »Kritischen Schule«; Göttingen 1968
Stock, H.: Elementare Theologie als Voraussetzung religionspädagogischer Praxis; in: EvErz 29 (1977), 328–342
Stock, H.: Elementartheologie; in: Böcker u.a. (Hg.): Handbuch religiöser Erziehung (Bd. 2); Düsseldorf 1987, 452–466
Strauch, B.: Warum sie so seltsam sind. Gehirnentwicklung bei Teenagern; Berlin 2003
Stutz, P.: Einfach leben; Eschbach 2003
Sundermeier, T.: Den Fremden verstehen. Eine praktische Hermeneutik; Göttingen 1996
Surkau, H.-W.: Vom Text zum Unterrichtsentwurf; Gütersloh ^{2}1969 (1965)
Synode der EKD: Aufwachsen in schwieriger Zeit; Gütersloh 1995

Theißen, G.: Zur Bibel motivieren; Gütersloh 2003
Thonak, S.: Religion in der Jugendforschung; Münster 2003
Thonak, S.: Religion – das programmatisch und strukturell marginalisierte Thema der 14. Shell Jugendstudie 2002; in: ZPT 1/2004, 49–56
Thurner-Fromm, B.: Warum wir Solidarität neu definieren müssen; in: Stuttgarter Zeitung vom 28. 4. 2003
Tillich, P.: Systematische Theologie – Bd. 2; Stuttgart ^{3}1958
Treml, A. K.: Allgemeine Pädagogik; Stuttgart 2000
Treml, A. K.: Evolutionäre Pädagogik. Eine Einführung; Stuttgart 2004
Treml, A. K.: Pädagogischen Ideengeschichte; Stuttgart 2005
Tulodziecki, G.: Mögliche Felder der Zusammenarbeit zwischen Medienpädagogik und Religionspädagogik aus medienpädagogischer Sicht; in: M. Pirner/ T. Breuer (Hg.): Medien – Bildung – Religion; München 2004

van Gennep, A.: Initiationsriten; in: V. Popp: Initiation; Frankfurt 1969
Vogel, P.: Art. Reduktion, didaktische; in: D. Lenzen: Enzyklopädie Erziehungswissenschaft Bd. 3; Stuttgart 1986, 567–571
Volkmann, A.: »Geh aus deinem Vaterland ... und deines Vaters Hause« (Gen. 12, 1) – und wohin?; in: ZPT 4/ 2004, 340
von Hentig, H.: Bildung. Ein Essay; München 1996
von Hentig, H.: Einführung in den Bildungsplan 2004; Stuttgart 2004, 7–19 (Vorwort zu allen schulartspezifischen Bildungsplänen – im Auftrag des Bildungsrates Baden-Württemberg)

von Hoyningen-Huene, E: Geheimakte Jesus; in: entwurf 1/ 2005, 24–26

Wagenschein, M.: Verstehen lehren. Genetisch – Sokratisch – Exemplarisch; Weinheim/ Basel ^{8}1989 (1968)
Wahl, D.: Lernumgebungen erfolgreich gestalten; Bad Heilbrunn 2005
Wahl, M. E.: Diakonie, ein großer Irrtum?; in: Ev. Gemeindeblatt für Württemberg; 29/ 2005
Wahrig Deutsches Wörterbuch, Gütersloh 1970
Wanke, G.: Religiöse Erziehung im alten Israel; in: M. Liedke (Hg.): Religiöse Erziehung und Religionsunterricht; Bad Heilbrunn 1994
Wanzek, U.: Das Gender-Institut; in: Lehren und Lernen 1/2004
Wegenast, K.: Überlegungen zum Verhältnisder Allgemeinen Didaktik zu einer Fachdidaktik des Religionsunterrichts; in: EvErz 19 (1967), 245–262
Wegenast, K.: Das Fundamentale und das Elementare in Theologie und Religionspädagogik; in: Wegenast, K.(Hg.): Über die Repräsentanz des Christlichen in der Schule (FS für H. Stock zum 65. Geburtstag); Gütersloh 1969, 156–175
Wegenast, K.: Art. Tradition; in: Zilleßen, D. (Hg.): religionspädagogisches werkbuch; Frankfurt/ M. 1972, 149–154
Wegenast, K.: Didaktik des Religionsunterrichts; in: Westermann Pädagogische Beiträge 30 (1978), 226–232
Wegenast, K.: Hoffnung? Ein Versuch elementarisierenden Umgangs mit der Bibel im Unterrricht der Sekundarstufen; in: EvErz 36 (1984), 202–219
Wegenast, K.: Wie man erwachsen wird. Initiationsriten in der Religion gestern und heute; in: G. Klosinski (Hg.): Pubertätsriten; Bern/Stuttart/Toronto 1991
Wegenast, K.: Religionsdidaktik Sekundarstufe I. Voraussetzungen, Formen, Begründungen, Materialien; Stuttgart u.a. 1993
Wegenast, K.: Rezension zu Biehl, P.:Festsymbole (1999); in: ZPT 2/2000
Weingardt, M.: Fehler zeichnen uns aus. Transdisziplinäre Grundlage zur Theorie des Fehlers in Schule und Arbeitswelt; Stuttgart 2002
Weingardt, M./ Böhm, U. / Willrett, S. / Stöffler, F.: Soziale Verantwortung wahrnehmen; Stuttgart 2000
Welker, M.: Geist Gottes; Neukirchen-Vluyn 1992
Wendebourg, D./ Brandt, R. (Hgg.): Traditionsaufbruch; Hannover 2001
Weniger, E.: Didaktik als Bildungslehre. Teil 1: Theorie der Bildungsinhalte und des Lehrplans; Weinheim 1952
Werbick, J.: Zurück zu den Inhalten? Die Forderung nach einer »materialkerygmatischen Wende« in der Religionspädagogik – ihre Berechtigung und ihre Zwiespältigkeit; in: RpB 25 (1990), 43–67
Werbick, J.: Glaube im Kontext. Prolegomena und Skizzen zu einer elementaren Theologie; Zürich u.a. 1983
Wiedenroth-Gabler, I: Religionspädagogische Konzeptentwicklung zwischen Integration und Pluralität; Münster 2003
Wienholz, M.: Gender Mainstreaming in der Schule; in: Lehren und Lernen 4/2003 (a)
Wienholz, M.: Jungen lesen anders – Mädchen auch; in: Lehren und lernen 4/2003 (b)
Wijchers, J. J. W. A.: Der breite und der schmale Weg; Lahr 1991
Winkler, E.: Den Glauben mit anderen teilen. Elementare Mitteilung des Evangeliums; in: Brennpunkt Gemeinde 6/ 94, 207–210
Wolff, H. W.: Anthropologie des Alten Testaments; München ^{3}1977 (1973)

Young, E.: Sieben blinde Mäuse; München 1995

Zahrnt, H.: Die Sache mit Gott; München ⁴1980 (1966)
Zilleßen, D.: Glaube und Erfahrung; in: Zilleßen, D.(Hg.): religionspädagogisches werkbuch; Frankfurt/ M. 1972, 179–183
Zilleßen, D.: Elementare Erfahrungen im Religionsunterricht; in: Heumann, J. (Hg.): Freiheit und Kritik (FS für S. Vierzig); Oldenburg 1992
Zilleßen, D.: Elementariserung theologischer Inhalte oder elementares religiöses Lernen? Ein religionspädagogischer Grundkonflikt; in: Hilger/ Reilly (Hg.): Religionsunterricht im Abseits?; München 1993, 28–42
Zilleßen, D.: Lernentscheidungen: Elementarisierung im Religionsunterricht; in: ZPT 3/ 2000, 252–262
Zilleßen, D./ Gerber, U.: Und der König stieg herab von seinem Thron. Das Unterrichtskonzept religion elementar; Frankfurt/ M. 1997
Ziller, T.: Grundlegung zur Lehre vom erziehenden Unterricht (1864); in: Reble, A.: Geschichte der Pädagogik – Dokumentationsband; Stuttgart ⁴1999 (1971), 437–439
Ziller, T.: Vorlesungen über Allgemeine Pädagogik (1876); in: Reble, A.: Geschichte der Pädagogik – Dokumentationsband; Stuttgart ⁴1999 (1971), 439–443
Zinnecker, J.: Art. Jugend; in: Benner/ Oelkers: Historisches Wörterbuch der Pädagogik; Weinheim/ Basel 2004, 482–496
Zweigle, B.: Religion in der Grundschule einer entkonfessionalisierten Region; in: ZPT 3/2005, 284–294

(ht) - Nipkow III, 187-191   ML + Elucidation
- Jüngel / Prädip zu Kap. 16   S.221 / Fn.237
- entwurf 2/2003   Lernformen in R4
- Schwitzer 1996 / Pulpit. des Jugendalters